# 읽기 교육의 파레르곤

# 읽기 교육의 파레르곤

김도남 지음

경진
출판

  이 책은 읽기를 외부자의 관점에서 탐구한 내용을 담고 있다. 필자는 읽기와 읽기 교육을 다양한 관점에서 탐구해야 한다고 생각한다. 그렇기에 읽기와 읽기 교육을 다양한 학문적 기반으로 논의를 해 왔다. 이들 논의 중 읽기를 외부자의 시각에서 탐구한 논문을 몇 편 선정하여 수정·보완하였다. 읽기를 외부자의 시각에서 논의한 내용은 내부자의 시각에서 보면 의미가 없을 수 있다. 특히 개별 논의로만 보면 그럴 수 있다. 그렇지만 이들을 한곳에 모아 놓으면 내부자에게도 의미가 있을 수 있다. 지난 논의를 모아 굳이 책으로 출판하는 이유는 개별 논의로는 전달할 수 없는 생각이 있기 때문이다. 이 책은 이를 위하여 기획되었다.

  이 책의 이름을 '읽기 교육의 파레르곤'이라고 붙였다. 여기서 '파레르곤(parergon)'은 '작품 바깥', '외적 보충물', '액자'를 뜻하는 말이다. 이 말은 프랑스 철학자 자크 데리다(Jacques Derrida, 1930~2004)가 미술작품을 분석하는 데 활용하면서 널리 알려졌다. 이 파레르곤(parergon)은 '에르곤(ergon)'에 '파(par)'가 덧붙여진 말이다. '에르곤(ergon)'은 '미술작품' 또는 '본질'을 의미하고, '파(par)'는 '외부의 부수적인 것'을 뜻한다. 액자는 미술작품이 아니지만, 미술작품을 미술작품답게 하는 속성이 있다. 데리다에 의하면 액자는 그림의 외부에 덧붙여진 이질적인 것이지만, 그림의 본질을 결정하는 데 관여한다. 이를 좀 더 확대하면, 부수적으로 외부에 덧붙여진 것이 내부의 본질을 결정한다는 뜻이 된다. 이로 보면, 읽기나 읽기 교육이 미술작품이라면, 이를 둘러싸고 있는 외부의 이질적인 논의나 관점은 액자이다. 읽기나 읽기 교육의 본질은 그 외부에 덧붙여진 이질적인 논의나 관점이 결정한다고 할 수 있다.

이 책을 구성하고 있는 내용은 현재 읽기의 규정이나 읽기 교육의 관점에서 보면 파레르곤이다. 읽기와 읽기 교육을 인지적 관점이 아닌 동·서양의 인식론적 논의를 토대로 논의한다. 이는 현재의 읽기나 읽기 교육의 관점에서 보면, 바깥을 이루고 있는 이질적인 내용이다. 이들 논의에 토대가 되는 인식론적 관점은 읽기와 관련된 것이 없다. 읽기를 염두에 두거나 읽기와 관련된 자료를 사용하지도 않는다. 그렇지만 읽기와 관련지을 수 있고, 읽기를 들여다볼 수 있게 하는 단서를 제공한다. 또한 현재의 읽기 현상과 읽기 교육이 간과한 지점을 알려주기도 한다. 이는 현재의 읽기와 읽기 교육이 놓치고 있는 읽기의 에르곤을 드러내는 것이 될 수 있다. 물론 여기 제시된 논의가 이를 완전하게 실현하고 있다는 의미는 아니다. 외부로 여겨지는 논의들이 그렇게 할 수 있음을 전제한다.

이 책의 내용을 구성하기 위하여 선택한 내용 구분 범주는 '동양적 전통'과 '서양적 전통'이다. 내용 구분 범주에 '전통'이라는 용어를 사용한 것은 이들 논의가 전문적인 인식론에 기반한 것이 아님을 의미한다. 필자는 읽기 교육 전공자이기에 이들 인식론적 논의에 전문성이 없다. 그렇기에 일반적인 학습공동체에서 접할 수 있는 관습적 논의에 기대어 논의를 전개함을 드러내기 위해 '전통'이라는 용어를 사용했다. 그리고 '동양적'과 '서양적'이라고 한 것은 읽기나 읽기 교육을 해명하는데, 동양의 인식론이든 서양의 인식론이든 상관이 없음을 강조하기 위한 것이다. 읽기를 해명할 수 있는 인식론이면 무엇이든 읽기의 에르곤을 밝힐 수 있다.

이 책에서 논의하는 내용의 인식론적 토대는 몇 가지로 제한된다. '동양적 전통'에서는 동양 인식론의 뿌리를 이루는 사상들의 논의를 토대로 하였다. 이들이 현대의 의식에도 영향력을 행사하는 점이 있다고 보기 때문이다. 동양적 전통에서 다루는 주요 대상은 노자(老子)의 『도덕경(道德經)』, 유학(儒學)의 『대학(大學)』·『중용(中庸)』, 불교의 〈공사상(空思想)〉, 〈유식사상(唯識思想)〉, 〈여래장사상(如來藏思想)〉 등이다. '서양적 전통'에서는 현대의 서양적 인식론적 논의에 토대를 두고 있다. 이들은 현재 우리의 의식에 직접적인 영향력을 행사하고 있다고 할 수 있다. 서양적 전통에서 다루는 대상은 키에르케고르, 후설, 하이데거, 레비나스, 라캉, 들뢰즈 등이다. 이 책 내용은 이들 대상의 사상 자체나 전체적인 것을 논의하는 것이 아니다. 필자의 입장에서 읽기와 읽기 교육을 설명할 수 있는 개념이나 논리를 부분적이고 국지적으로 선택한 것이다.

이 책의 내용 구성이 이러한 데는 또 다른 까닭이 있다. 필자는 박사학위를 마치고, 본격적인 공부의 길을 찾으려고 노력했다. 그러다 들뢰즈의 『천 개의 고원』(김재인 역, 2001)을 만났다. 이 책을 처음 읽을 땐 좌절감을 느꼈다. 200여 쪽을 읽었는데 내용이 전혀 이해가 되지 않았다. 그래서 이 책을 이해하기 위해 공부 선배님들께 도움을 구했다. 그때 이 책을 읽으려면 불교사상과 서양 현대 철학에 대한 이해가 있어야 한다는 조언을 들었다. 그래서 먼저 불교사상을 공부하기로 했다. 그런데 불교사상을 이해하는 것이 쉽지 않았다. 또다시 자문을 구할 수밖에 없었다. 그러자 노자의 『도덕경』을 이해하면 불교사상 이해에 도움이 된다고 하였다. 그래서 만약 『도덕경』을 이해하지 못하면 어떻게 하냐고 했더니, 그러면 들뢰즈 공부를 포기해야 한다고 했다. 그래서 『도덕경』을 읽기 시작했고, 유학 경전도 함께 읽어야 했다. 그리고 나서 불교사상을 공부했다. 불교사상 공부는 한국연구재단의 도움을 받아 교원대에서 학술연구교수를 하면서 했다. 학술연구교수는 3년을 공부하고, 그 결과를 단행본으로 출간하는 것이 과제였다. 그런데 학술연구교수 2년이 조금 지났을 때, 새 직장이 생겼다. 그래서 학술연구교수를 중단하면서 단행본 출간도 하지 못했다. 새 직장에서 불교사상과 현대 철학에 대해 부분적으로 이해하게 되었다. 그 후 20여 년 동안 들뢰즈를 향한 공부를 지속하였고, 지금도 계속하고 있다. 이 책은 들뢰즈와 과타리의 『천 개의 고원』을 이해하기 위한 토대를 마련하는 과정에서 쓴 글들을 모은 것이기도 하다.

이 책의 주요 예상 독자는 읽기 교육 전공자이다. 읽기 교육 전공자는 하나의 관점과 시각으로 읽기 현상을 탐구할 수도 있고, 여러 관점과 시각을 가지고 탐구할 수도 있다. 이 책의 목적은 특정한 하나의 관점이나 시각으로 읽기를 탐구하는 것을 경계하기 위한 것이다. 그렇다고 이 책의 내용을 중심으로 읽기 교육에 대한 관점과 시각을 정립할 것을 주장하기 위한 것도 아니다. 읽기 현상과 읽기 교육을 다양한 관점과 시각으로 탐구할 필요가 있음을 전달하기 위한 것이다. 한 편의 논문을 쓸 때는 하나의 관점이나 시각이어야 하지만, 한 읽기 교육 전공자로서는 다양한 관점과 시각이 있어야 한다. 그래야 읽기와 읽기 교육을 다각적으로 탐구하고 해명할 수 있다.

이 책에 담긴 논의 내용은 짧은 기간에 집중적으로 집필한 것이 아니다. 필자가 20여 년 동안 쓴 논문 중에서 선택한 것이다. 어떤 논문은 20여 년 전에 쓴 것도 있고, 비교적 최근에 쓴 것도 있다. 그러다 보니 이 책 각 장의 내용은 서로 연결 고리가 분명하지 않다. 단지 읽기를 다각적으로 검토하려는 생각이 공통으로 반영되어 있을 뿐이다. 논의 내용을 검토하면서, 오래전 논의와 지금의 논의를 한데 묶어 내는 것이 필자 개인의 욕심일 수 있다는 생각도 했다. 그렇지만 이들 논의 간의 내재적 관계를 떠올리며, 읽기와 읽기 교육에 대한 인식의 장을 넓히는 나름의 의의가 있다고 생각했다. 20여 년 전의 논의를 뒤적이면서 현재 논의의 뿌리를 확인하는 계기도 되었다. 각 장 논의 내용이 외적인 연결 고리가 분명하지 않기에 각기 다른 장으로 분류하여 묶었다. 그렇기에 이 책을 읽을 때는 장의 순서를 따를 필요가 없다.

이 책은 필자의 다른 책들과 함께 읽는 것이 논의의 전체 취지를 이해하는 데 도움이 된다. 필자는 읽기 현상을 해명하고, 읽기 교육의 방법을 논의하는 데 연구의 대부분 시간을 사용했다. 이순(耳順)에 이른 지금도 이에 집중하고 있다. 지금까지 필자가 출판한 책이 몇 권 되지 않기에 이들을 함께 읽을 수 있다. 읽기 현상을 어떻게 바라보고, 어떻게 규정할 것인가는 읽기 교육의 액자가 될 것을 무엇으로 정하는가에 달려 있다. 읽기 연구자가 선택하는 액자의 모양, 크기, 형태가 다양할수록 읽기와 읽기 교육의 본질은 분명하게 드러날 수 있다. 이를 위한 토대를 마련하기 위하여 필자의 다른 책도 함께 읽기를 추천한다.

이 책의 내용은 필자의 읽기와 읽기 교육에 대한 탐구 여정을 담고 있다. 이 여정에는 여러 가지 일이 있었고, 많은 도움이 있었다. 이 책의 내용 구성과 관련하여 가장 큰 도움을 준 사람은 아내라고 할 수 있다. 필자는 공부한다는 핑계로 가정을 제대로 돌본 적이 없다. 가정을 꾸리고 공부를 가능하게 한 것은 아내이다. 안정된 직장이 없는 몇 년은 보따리 장사를 하면서도 논의를 계속할 수 있게 해 준 것이 아내였다. 이 자리를 빌려 아내에게 감사를 전한다. 그리고 필자의 이질적인 생각과 논의를 응원하고 지원해 준 교원대 학습공동체 분들께 감사드린다. 읽기에 대한 일반적인 생각과 다르고, 교육적 활용이 분명하지 않은 필자의 논의를 존중하고 격려하며 지원해주신 동료 연구자분들께도 감사한 마음을 전한다. 또한 이 책이 나올 수 있도록 지원해주신 경진출판 대표님께도 감사를 전한다.

김도남

머리말 ── 4

# 제1부 동양적 전통

## 제1장 온삶 읽기 ·········································································· 15
1. 도덕경과 읽기 ···································································· 15
2. 온삶 읽기의 구조 ······························································ 19
3. 온삶 읽기의 교육 ······························································ 34
4. 온삶 읽기의 실천 ······························································ 46

## 제2장 자아확립 읽기 ·································································· 48
1. 대학(大學)과 읽기 ····························································· 48
2. 자아확립 읽기의 구조 ························································· 51
3. 자아확립 읽기의 교육 ························································· 69
4. 자아확립 읽기의 실천 ························································· 80

## 제3장 자아실현 읽기 ·································································· 83
1. 중용(中庸)과 읽기 ····························································· 83
2. 자아실현 읽기의 구조 ························································· 86
3. 자아실현 읽기의 교육 ························································· 98
4. 자아실현 읽기의 실천 ······················································· 115

## 제4장 연기적 읽기 ···································································· 118
1. 공사상과 읽기 ·································································· 118
2. 연기적 읽기의 구조 ··························································· 121
3. 연기적 읽기의 교육 ··························································· 135
4. 연기적 읽기의 실천 ··························································· 157

**제5장 유식적 읽기** ················································· 159
　1. 유식사상과 읽기 ············································ 159
　2. 유식적 읽기의 구조 ········································ 163
　3. 유식적 읽기의 교육 ········································ 177
　4. 유식적 읽기의 실천 ········································ 187

**제6장 깨침 읽기** ··················································· 189
　1. 여래장과 읽기 ·············································· 189
　2. 깨침 읽기의 구조 ·········································· 192
　3. 깨침 읽기의 교육 ·········································· 213
　4. 깨침 읽기의 실천 ·········································· 225

# 제2부 서양적 전통

**제1장 자득적 읽기** ··············································· 229
　1. 간접전달 읽기 ·············································· 229
　2. 자득적 읽기의 구조 ········································ 234
　3. 자득적 읽기의 교육 ········································ 248
　4. 자득적 읽기의 실천 ········································ 267

**제2장 초월적 읽기** ··············································· 269
　1. 지향성과 읽기 ·············································· 269
　2. 초월적 읽기의 구조 ········································ 273
　3. 초월적 읽기의 방법 ········································ 288
　4. 초월적 읽기의 실천 ········································ 299

**제3장 실존적 읽기** ··············································· 301
　1. 현존재와 독자 ·············································· 301
　2. 실존적 읽기의 구조 ········································ 304
　3. 실존적 읽기의 특성 ········································ 327
　4. 실존적 읽기의 실천 ········································ 337

**제4장 주체적 읽기** ································· 339
  1. 욕망과 독자 ································· 339
  2. 주체적 읽기의 구조 ······················· 342
  3. 주체적 읽기의 작용 ······················· 355
  4. 주체적 교육의 과제 ······················· 364
  5. 주체적 읽기의 실천 ······················· 374

**제5장 환대적 읽기** ································· 376
  1. 타자와 독자 ································· 376
  2. 환대적 읽기의 구조 ······················· 379
  3. 환대적 읽기의 방법 ······················· 393
  4. 환대적 읽기의 실천 ······················· 402

**제6장 배움 읽기** ··································· 404
  1. 기호와 배움 ································· 404
  2. 들뢰즈의 기호 ······························· 406
  3. 기호와 배움 읽기 ························· 426
  4. 배움 읽기의 실천 ························· 437

**제7장 가능 세계 읽기** ····························· 439
  1. 타자와 가능 세계 ························· 439
  2. 가능 세계의 구조 ························· 443
  3. 가능 세계 읽기의 방법 ··················· 456
  4. 가능 세계 읽기의 실천 ··················· 466

**제8장 차이생성 읽기** ····························· 468
  1. 차이 반복과 읽기 ························· 468
  2. 차이생성 읽기의 특성 ····················· 471
  3. 차이생성 읽기의 방법 ····················· 490
  4. 차이생성 읽기의 실천 ····················· 502

참고문헌 —— 505
찾아보기 —— 516

# 제 1 부

## 동양적 전통

# 제1장 온삶 읽기

## 1. 도덕경과 읽기

노자(老子)는 『도덕경(道德經)』에서 앎과 삶을 변증법적으로 풀어낸다. 『도덕경』에서 앎의 방식과 삶의 방식을 논하면서 앎은 그릇된 앎을 덜어내어 완성되고,[1] 삶은 앎의 실행을 통하여 완성된다고 설명한다.[2] 앎의 완성은 사물의 이치 터득을 통해 만물에 고정된 원칙이

---

[1] 48장 "爲學日益 爲道日損 損之又損之 以至於無爲 無爲而無不爲 取天下 常以無事 及其有事 不足以取天下. 배우는 것은 날로 더하는 것이요, 도를 따른다는 것은 날마다 덜어내는 것이다. 덜고 또 덜어서 하는 일이 없게 되면, 하는 일이 없지만 하지 못하는 것도 없게 된다. 언제나 일없이 천하를 다스리는 법이니, 일거리를 만들어내면 천하를 다스리기 어렵다."(임채우 역, 2008: 221)

[2] 16장 "致虛極, 守靜篤, 萬物竝作, 吾以觀其復. 夫物芸芸, 各歸其根. 歸根曰靜, 靜曰復命. 復命曰常, 知常曰明. 不知常, 妄作凶. 知常容, 容乃公, 公乃王(全), 王(全)乃天, 天乃道, 道乃久, 殁身不殆. 완전히 비우고, 아주 조용함을 지켜라. 만물이 다 함께 자라나고 있지만 나는 오히려 그 되돌아감을 보나니 저 만물은 무성하지만 각기 그 뿌리로 다시 되돌아간다. 근원으로 돌아가면 고요해지니 이를 일러 명(明)을 회복한다고 하고, 명을 회복하면 영원

없다는 것을 볼 수 있는 안목의 확대로 이루어지고,[3] 삶의 완성은 세상의 변화하는 원리에 따르는 자아를 확립하여 삶을 개척할 때 이루어지는 것이다.[4] 『도덕경』의 논리에 따라 읽기를 보면, 읽기는 만물의 근원적 원리를 깨치는 방법이고, 삶을 완성하는 토대이다. 책을 통하여 만물의 이치를 깨치고, 깨친 이치에 따라 만물과 하나 되는 삶을 이루는 것이 읽기의 완성이라 할 수 있다.

읽기는 책을 통하여 대상의 이치를 깨치게 한다. 한 가지 책은 한 대상의 이치를 알려준다. 한 가지 이치의 깨침은 바르지 못한 생각을 버리게 하여[損] 마음에 빈 공간[虛]을 만든다. 독자는 이 빈 공간을 이용하여 다른 이치를 받아들일 수 있는 여유를 얻는다. 이 여유는

---

하게 되며 영원함을 알면 밝다고 하나니, 영원함을 알지 못하면 망령되게 흉한 일을 저지르게 된다. 영원함을 알면 통하게 되니, 통하면 공정하게 되고, 공정하면 왕이 되고, 왕이 되면 하늘과 같게 되고, 하늘과 같으면 도를 얻게 되며, 도를 얻으면 오래갈 수 있으니, 평생 위태롭지 않게 된다."(임채우 역, 2008: 94)

3) 1장 "道可道, 非常道; 名可名, 非常名. 無名, 天地之始; 有名, 萬物之母. 故常無欲以觀其妙, 常有欲以觀其徼. 此兩者同, 出而異名. 同謂之玄, 玄之又玄, 衆妙之門. 도가 말해질 수 있으면 진정한 도가 아니고, 이름이 개념화될 수 있으면 진정한 이름이 아니다. 무는 이 세계의 시작을 가리키고, 유는 모든 만물을 통칭하여 가리킨다. 언제나 무를 가지고는 세계의 오묘한 영역을 나타내려 하고, 언제나 유를 가지고는 구체적으로 보이는 영역을 나타내려 한다. 이 둘은 같이 나와 있지만 이름을 달리하는데 같이 있다는 그것을 현묘하다고 한다. 현묘하고도 현묘하구나. 이것이 바로 온갖 것들이 들락거리는 문이로다."(최진석, 2001: 21) 40장 "反者, 道之動, 弱者, 道之用. 天下萬物生於有, 有生於無. 되돌아가는 것이 도의 움직임이요, 유약한 것이 도의 쓰임이니, 세상 만물은 유에서 생겨나고, 유는 무에서 생겨난다."(임채우, 2008: 186)

4) 63장 "爲無爲, 事無事, 味無味. 大小多少, 報怨以德. 圖難於其易, 爲大於其細. 天下難事, 必作於易, 天下大事, 必作於細, 是以聖人終不爲大, 故能成其大. 夫輕諾必寡信, 多易必多難, 是以聖人猶難之. 故終無難矣. 무위의 방식을 행하며 일거리를 없애는 태도로 일을 하고, 정해진 맛이 없는 것을 참맛으로 안다. 작은 것을 크게 보고, 적은 것을 많게 보며 원한을 덕으로 갚는다. 어려운 일을 하려는 자는 그 작은 일부터 하고, 큰일을 하려는 자는 그 작은 일부터 한다. 세상의 어려운 일은 반드시 쉬운 일에서 시작되고, 세상의 큰일은 반드시 작은 일에서 일어난다. 이런 이치로 성인은 끝끝내 일을 크게 벌리지 않는다. 그래서 결국 큰일을 이룰 수 있게 되는 것이다."(최진석, 2001: 453)

다시 책을 읽어 이치를 받아들일 수 있게 하여 더 큰 여유 공간을 만든다.5) 이치의 깨침은 바르지 못한 생각을 버리게 하여 더 큰 빈 공간을 만드는 것이다. 결국 읽기는 마음속의 바르지 못한 생각을 버리는 활동이다.

노자의 관점에서 볼 때 책을 읽고 새로운 이치를 깨치는 것은 지식을 늘리는 것이 아니라 바르지 못한 생각을 덜어내는 것이다. 책을 읽고 한 가지 이치를 깨칠 때마다 한 가지 아집(我執)을 덜어내는 것이다. 이러한 덜어냄을 통하여 큰 이치를 깨칠 수 있는 마음의 여유를 갖는 것이 앎의 활동인 것이다. 노자는 무지(無知)를 말하지 않지만 무위(無爲)에서 유추하여 보면, 무지는 그릇되게 아는 것이 없음이다.6) 읽기의 관점에서 보면 책을 읽어 그릇된 지식을 모두 버린 것이 무지이다. 무지는 무부지(無不知)로 알지 못함이 없는 것과 상통한다. 모든 그릇된 지식을 버린 것이 무지이고, 그릇된 지식을 모두 버리면 모르는 것이 없게 된다는 말이다.

앎은 삶을 이끌어간다. 독자는 책을 읽어 이치를 깨치면, 깨친 만큼의 지혜를 갖게 된다. 독자는 깨친 그만큼의 지혜를 가지고 자기 삶을 살아갈 수 있다. 좋은 책을 읽어 큰 이치를 깨쳤다면 그 깨친 만큼의 지혜를 갖는다. 독자는 지혜를 가진 만큼의 자기 삶을 살 수 있다. 노자는 지혜롭게 사는 방법을 무위라고 하였다. 무위는 그릇됨이 없는 지혜로운 삶을 사는 것이다. 그릇됨이 없기에 함이 없는 것이 되어,

---

5) 노자는 48장에서 '도를 익히는 것은 덜어내고 또 덜어내는 것[爲道日損 損之又損之]'으로 말하고(각주 1 참조), 5장에서 '텅 비어 있지만 그 작용은 그치지 않고, 움직이면 움직일수록 생명력이 넘친다[虛而不屈, 動而愈出]'(최진석, 2002: 65)이라고 말한다.

6) 71장 "知不知上, 不知知病. 세상 사람이 무지(無知)의 경지를 안다면 최상의 사람이고, 모르면서 억지로 안다 하거나 허망한 마음으로 잘못 안다 하면 병통이다."(송찬우 역, 2000: 224)

무위(無爲)는 무불위(無不爲)와 같다고 한다.[7] 무불위는 '행하지 않는 것이 없다'는 뜻인데 그 속뜻은 '그릇된 행동을 하지 않고 모든 일을 이치에 맞게 한다'는 것이다. 그래서 노자는 '도(道)는 스스로 그러함[自然]을 본받아 이루어진다'라고 말했다.[8]

도덕경의 관점에서 읽기는 무지(無知)를 이루고, 무위(無爲)를 추구하는 행위이다. 이는 독자가 스스로 그러한[自然] 삶을 이루기 위한 것이다. 독자가 무위적 읽기를 통하여 이루어야 하는 삶은 '온삶'[9]이라고 할 수 있다. 책을 읽어 온전한 삶을 이루려는 생각은 오래된 것이라 할 수 있지만 구체적으로 어떻게 하는지와 관련된 생각은 새로운 것이다. 우리는 노자가 말하는 방법으로 읽기를 바라고, 읽기를 하고, 학생들에게 이 방법의 읽기를 해보라고 권유해 볼 수 있다. 읽기를 강조하고, 읽기를 권장하는 것은 읽기를 통하여 앎을 얻고 온삶의 지혜를 구할 수 있기 때문이다. 물론 노자의 인식 논리에 따른 읽기 논의는 낯설고, 적절하지 않다고 할 수도 있다. 그렇다고 노자의 주장을 받아들인 읽기나 읽기 교육에 대한 논의가 잘못된 것은 아니다.

이 장에서는 노자가 『도덕경』을 통하여 밝힌 인식 논리를 읽기 교육에 적용하는 방안을 탐색한다. 이를 통하여 무위적 읽기 원리를 밝혀

---

7) 37장 "道常無爲而無不爲. 도는 항상 무위하지만 이루어지지 않음이 없다."(최진석, 2002: 299)

8) 25장 "人法地, 地法天, 天法道, 道法自然. 사람은 땅을 본받고, 땅은 하늘을 본받으며 하늘은 도를 본받고 도는 스스로 그러함을 본받는다."(최진석, 2002: 215)

9) '온삶'은 장회익(2001)의 '온생명'에 대한 논의의 도움을 받았다. 장회익은 온생명을 "기본적인 자유 에너지의 근원과 이를 활용할 물리적 여건을 확보한 가운데 이의 흐름을 활용하여 최소한의 복제가 이루어지는 하나의 유기적 체계"(227쪽)로 정의하면서 "지구상에 나타난 전체 생명 현상을 하나하나의 개별적 생명체로 구분하지 않고 그 자체를 하나의 전일적 실체"(180쪽)라고 말한다. 즉, 온생명은 지구상의 생명 현상 일체를 이르는 말이다. 온삶은 온생명 속에 있는 하나의 개체인 개인이 온생명의 질서에 맞게 사는 것이라 할 수 있다.

읽기 교육의 접근 가능성을 살펴보고자 한다. 무위적 읽기에 대한 접근은 읽기의 현상을 다른 각도에서 바라보려는 시도이고, 새로운 읽기 교육을 위한 대안을 찾기 위한 것이다. 이를 통하여 읽기와 읽기 교육 탐구의 장을 넓히고, 읽기 교육의 새로운 방향을 찾으려는 것이다. 모든 읽기 교육의 관점이 완전하지 않듯, 무위적 읽기 관점도 완전한 것은 아니다. 이 논의를 통하여 읽기를 온삶을 지향하는 관점에서 바라보고, 읽기 교육의 가능성을 찾아보고자 한다.

## 2. 온삶 읽기의 구조

이 장에서는 『도덕경』의 인식 논리를 토대로 온삶을 위한 읽기 주체의 관념 구성의 틀을 알아본다. 먼저 『도덕경』에 나타난 노자의 인식 논리 구조를 살펴보고, 이 논리를 온삶의 논리 구조로 바꾸어 본다. 그리고 온삶의 논리 구조를 토대로 읽기 주체의 관념 구성 구조를 밝혀 본다. 이를 바탕으로 하여 독자의 온삶을 위한 읽기의 접근 논리를 세워본다.

### 가. 『도덕경』의 인식 구조

『도덕경』에서는 세상을 살아가는 원리를 이야기하고 있다. 세상은 우리가 보고, 듣고, 만지고, 감각하고, 생각하고, 구성하여 인식하는 세계로 이루어진다. 사람은 그 세계를 토대로 존재하고, 삶을 살아간다. 우리가 사는 세상을 지각하기는 쉽지만 이해하는 것은 어렵다. 세상은 사람들이 눈으로 보고 느낀 대로가 아닌 오묘한 원리로 움직여 가고 있기 때문이다. 그래서 노자는 그 세상을 깊이 통찰하고 난 후, '심원하고 또 심원하다(玄之又玄)'(1장)라고 했다.

노자는 이 심원한 세계를 『도덕경』의 첫 장에서 도(道)와 명(名)으로 구분한다.[10] 도는 세상 속 대상[11]의 존재 이치이고, 명은 그 이치의 작용으로 존재하는 대상을 인식하여 규정한 것이다. 이는 우리가 아는 세계가 대상들의 인식으로 이루어짐을 알려준다. 세계는 주체가 대상을 인식한 결과로 이루어지는 것이다. 이로써 인식 대상은 인식 주체의 바깥에 있고, 인식 결과는 인식 주체의 안쪽에 있다는 존재의 구분이 이루어진다. 이 첫 장에서 노자는 대상과 이치와의 관계를 밝혀 드러내면서 '심원하다'고 말한다.

노자는 대상을 단지 객관적 대상으로만 보지 않는다. 대상은 끊임없이 인식 주체와 상호작용하는 존재로 본다. 그래서 노자는 대상을 잘 알아야 하고, 대상이 대상답게 되도록 하는 것이 필요하다고 말한다. 대상을 잘 알기 위해서는 대상의 본질을 이루고 있는 명(命: 이치)을 알아야 한다고 강조한다.[12] 그리고 대상이 대상답게 되도록 하기 위해서는 주체의 배려와 베풂이 있어야 한다고 본다. 노자는 대상에 내재된 본질을 도라고 하고,[13] 주체의 배려와 베풂을 덕(德)이라고 한다.[14]

---

10) 1장 "道可道, 非常道, 名可名, 非常名."(각주 3 참조)

11) 대상은 자신을 포함하여 다른 것과 구분되어 인식되는 단위 인식체이다.

12) 16장 "致虛極, 守靜篤, 萬物竝作, 吾以觀復. 夫物芸芸, 各復歸其根. 歸根曰靜, 是謂復命."(각주 2 참조)

13) 25장 "有物混成, 先天地生, 寂兮寥兮, 獨立不改, 周行而不殆, 可以爲天下母. 吾不知其名, 字之曰道, 强爲之名曰大. 혼돈 속에 생성된 것이 있어 천지보다 먼저 생겨났으니, 고요하고 텅 빈 채, 우뚝 서서 변하지 않으며, 두루 행하여 멈추지 않아서 천하의 어미가 될 수 있다. 나는 그 이름을 알지 못하니 일부러 자(字)를 붙여 도(道)라고 하고, 억지로 이름을 지어 대(大)라고 한다."(임채우, 2008: 127)

노자는 도를 알고 덕을 베풀기 위한 조건으로 이치를 탐구하여 깨치고, 마음을 비울 것을 강조한다. 도를 깨치는 것과 마음을 비우는 것은 모두 주체 안에서 일어나는 것이다. 도를 깨치는 것은 아집을 버리고, 욕심을 덜어내 마음을 비움으로써 이루어진다. 노자는 아집을 버리는 기제로 허정(虛靜)을 말하고,[15] 욕심을 덜어내는 기제로 손충(損沖)[16]을 말한다. 허정은 아집을 없애서 마음을 고요하게 하는 것이고, 손충은 욕심을 덜어서 마음에 공간을 만드는 것이다. 허정은 세상의 이치를 깨지도록 하는 방편이고, 손충은 수용하고, 낮추고 물러서는 방편이다.

허정(虛靜)의 허(虛)에는 대상의 이치를 알기 위해 살피고 따지고 생각하여 대상 속에 존재하는 이치를 탐구하여 이해하는 것이 전제되어 있다. 그래서 허는 주체가 가지고 있는 그릇된 앎을 버려, 마음을 비움이다. 그릇된 앎에 대한 집착을 버리면 버린 만큼의 빈 마음이 생기는 것이다. 그릇된 것에 마음을 두고 관심을 쏟을 필요가 없어지는 것이다. 정(靜)은 고요함을 말하는데 마음을 안정하고, 성찰하여 집착이 없어진 마음을 깨끗하게 함이 전제되어 있다. 그래서 정은 바른 앎을 이루게 한다.[17] 그래서 비움의 끝에 이르고[致虛] 고요함의

---

14) 노자는 자연의 이치를 사람이 본받아서 덕을 베푸는 것으로 보고, 자연의 이치를 다음과 같이 말한다. 10장 "生之畜之, 生而不有, 爲而不恃, 長而不宰, 是謂玄德. 낳아주고, 길러주며 낳지만 소유하지 않고, 일을 하지만 뽐내지 않으며, 길러주지만 부리지 않는 것을 현묘한 덕이라 한다."(임채우 역, 2008: 75) 20장 "孔德之容, 惟道是從. 큰 덕의 모습은 도만을 따른다."(임채우 역, 2008: 113)

15) 16장 "致虛極, 守靜篤, 萬物竝作, 吾以觀復."(각주 2 참조)

16) 48장 "損之又損, 以至於無爲. 덜어내고 덜어내면 무위에 이른다." 4장 "道沖而用之 或不盈. 도는 텅 비어 있지만 그 작용은 끝이 없다."

17) 45장 "躁勝寒, 靜勝熱, 淸靜爲天下正. 움직임은 한기를 이기고, 고요함은 열기를 이기니, 맑고 고요함은 천하의 올바른 것이다."(최진석, 2002: 355)

끝에 이르면[致靜] 만물의 이치를 모두 알아 받아들일 수 있게 된다.

손충(損沖)은 욕심을 버림으로써 마음의 여유를 얻은 것이다. 손(損)은 사물의 이치를 깨쳐 자신을 알게 됨으로써 허황된 욕심을 덜어내는 것이다. 충(沖)은 욕심이 없어진 마음의 공간을 인식하고, 그 공간을 정리하여 확실하게 확보하는 것이다. 마음에 빈 공간이 생기면 쓸모가 많아진다. 남에게 겸손하고, 베풀고, 받아 주게 된다. 그래서 욕심을 끝까지 덜어내면[極損] 사욕이 없어지게 되고, 마음을 끝까지 비우게 되면[極沖] 무엇이든 받아들일 수 있게 된다.[18]

마음의 허정을 지극(至極)히 하면 무지에 이르고, 손충을 지극히 하면 무위에 이른다. 무지는 그릇되게 아는 것이 없는 것을 가리킨다. 그릇된 것을 모두 버림으로써 마음속에는 바른 앎만이 남게 되는 것이다. 즉, 완전한 앎이 마음을 가득 채우게 되는 것이다. 그리고 무위는 일을 힘들이거나 어렵게 하지 않음을 말한다. 즉, 일을 할 때 큰 힘을 쓰지 않고 쉽게 하는 것을 뜻한다. 힘을 쓰고 어렵게 하는 것은 강제적이며 이치에 따라 일을 하는 것이 아니다. 힘들이지 않고 쉽게 하게 되면 하는 것이 없지만[無爲] 하지 않는 것이 없는[無不爲] 것이기도 하다.

모든 것을 알고, 모든 것을 하는 것은 스스로 그러할[自然] 수 있게

---

18) 28장 "知其雄, 守其雌, 爲天下谿, 爲天下谿. 常德不離, 復歸於 兒. 知其白, 守其黑, 爲天下式. 爲天下式, 常德不, 復歸於無極. 知其榮, 守其辱, 爲天下谷. 爲天下谷, 常德乃足, 復歸於樸, 樸散則爲器. 聖人用之, 則爲官長. 故大制不割. 남성다움을 알지만 여성다움을 지키면서 세상의 계곡이 되니, 세상의 계곡처럼 되면 영원한 덕이 떠나지 않으며 어린아이로 되돌아간다. 그 밝은 것을 알되 그 어두운 것을 지킴이 천하의 표준이 되니, 천하의 표준이 되면 영원한 덕이 어긋나지 않으며, 무궁한 세계로 복귀한다. 그 영화로움을 알면서도 그 욕됨을 지키면 천하의 골짜기가 되니, 천하의 골짜기가 되면 언제나 덕이 넉넉하며 다시 질박함으로 되돌아간다. 질박한 통나무가 깨져서 그릇이 되나니, 성인이 이를 이용하여 군왕이 된다. 그러므로 큰 재단은 자르지 않고 짓는다."(임채우, 2008: 140)

되는 것이다. 스스로 그러함은 대상의 이치와 마음의 이치가 하나가
되어 생각의 그릇됨이나 행동의 어긋남이 없어 대상과 조화를 이루는
것이다. 도에 따라 덕을 베풀어 모든 것이 조화롭고 평안해지는 것이
다. 그래서 자신과 세상이 본성대로 이루어지는 것이다.

『도덕경』의 인식 논리 구조를 도식으로 나타내면 〈그림 1〉과 같다.

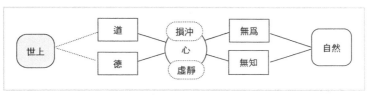

〈그림 1〉『도덕경』의 인식 논리 구조

## 나. 온삶의 체계

노자가 『도덕경』에서 제시하고 있는 스스로 그러함[自然]을 추구하
며 사는 것을 '온삶'이라 할 수 있다. 온삶은 힘들이지 않고 바라는
것을 이루며 세상과 조화를 이루어 사는 것이다. '온'은 '온전한', '꽉
참'을 의미한다. '온전'하다는 것은 부족하거나 잘못된 것이 없는 원래
그대로를 가리킨다. 그래서 온삶이라는 것은 온전하여 가치 있고 흡
족한 삶을 말한다. 가치가 있다는 것은 누구에게나 좋은 것이고, 흡족
하다는 것은 본인에게 만족스러운 것이다. 사람들은 누구나 이런 삶
을 바라고 있다. 온삶은 사람들이 의지를 가지고 이루려고 노력할
때 얻어지는 삶이기도 하다. 그래서 노자는 늘 마음을 다잡으며 사는
것을 강조한다.

『도덕경』에 나타난 노자의 인식 논리를 빌려 온삶의 논리 구조를

생각해 보면 〈그림 2〉와 같다.

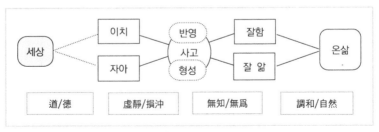

〈그림 2〉 온삶의 논리 구조

노자는 인식의 근본 조건을 도와 덕으로 나누었다. 도는 주체의 외부에 있는 대상의 본질 속성이고, 덕은 주체의 마음에서 우러나는 따뜻한 베풂이다. 노자의 도(道)[19]를 구체화된 말로 바꾸면 '이치(理致)'와 가깝고, 덕은 남에게 베푸는 인성의 본질, 즉 '자아(自我)'로 볼 수 있다. 사람은 삶은 외부 대상과의 관계로 이루어지고, 관계 속에 존재한다. 이 관계에서 외부 대상과 대비되는 주체의 속성이 '자아'인 것이다. 사람을 존재하게 하는 외부 대상은 단순히 대상으로서만 존재하는 것은 아니고 사람에게 지각되고 인식되어 자아와 상호작용을 한다. 이것은 사람이 그 대상의 이치를 파악하고 자아를 드러내 관계를 맺기 때문이다.

이치는 대상을 이루거나 대상이 지니고 있는 본질 속성이다. 사람이 대상과 상호작용하기 위하여 깨쳐야 할 대상의 본성인 것이다.

---

19) 노자의 도(道)는 여러 가지 의미를 갖는다. ① '도'체의 묘사, ② 규율성의 '도', ③ 생활 준칙으로서의 '도' 등의 뜻이 있다(최재묵·박종연 역, 2008: 19~28). 이 논의에서는 도(道)의 의미를 사람이 사물과 만물이 본질적 속성을 탐구하여 밝힌 것의 의미로 제한하여 '이치'라고 명명한다.

이치는 대상에 내재되어 있는 것으로 사람들이 대상을 탐구하여 밝혀 드러내 놓은 것이라 할 수 있다. 사람은 대상의 이치를 밝혀 이해함으로써 대상과 관계를 맺을 수 있게 된다. 즉 사람들이 대상을 알게 됨으로써 대상의 도움을 받거나 도움을 줄 수 있다. 이치는 대상마다 개별적으로 존재하고 대상마다 다르다. 한 사람의 본성과 한 가족의 본성이 다른 것과 같다.

대상의 이치를 파악하고 대상과의 관계를 갖는 주체의 내부 존재가 '자아'이다. 자아는 사람이 대상과의 관계를 맺을 때, 관계를 하고 있음을 알고, 그 관계의 내용이 무엇이고, 그 관계를 어떻게 해야 하는지를 규정하는 존재이다. 자아는 주체가 대상과의 관계 속에서 대상과 구별되는 자신을 규정함으로써 드러난다. 주체가 대상과 자기의 다른 점을 느껴 자기의 존재적 특성을 밝혀내 규명한 것이 자아이다. 이 자아는 주체자가 대상과 관계하면서 자신에 대하여 느끼는 존재감과 같은 것이다. 자아는 노자가 말하는 덕의 실현을 이루어 내게 하는 존재의 속성이기도 하다. 이 자아가 의지를 가지고 행위를 주재하고, 일을 주도해 갈 때에 '주체'[20]가 된다.

사람은 삶에서 대상의 이치를 파악하면서 자아의 존재를 인식한다. 자아를 인식한 사람은 주위에 있는 대상의 이치를 밝혀 이해하고, 자아를 확대하여 규명하려고 한다. 대상의 이치를 밝혀 알고, 자아를 분명히 하려는 것이 사람의 본성이기 때문이다. 이치와 자아를 밝히는 일은 행위가 수반되는 일이기에 주체가 하게 된다. 주체는 마음의 의식 활동을 주관하는 행위자이다. 이 주체는 자아의 상대인 대상의 이치를 찾고, 그 이치들을 통하여 자아를 분명하게 규명하려고 한다.

---

20) 주체는 행위를 주도적으로 이끄는 의식 활동의 주관자이다(김도남, 2008b: 297).

주체는 이 활동을 통하여 이치를 밝혀내는 것은 물론 자아도 규명하게 된다. 주체의 이러한 행위를 우리는 '사고'라고 부를 수 있다.

주체가 이치를 밝혀서 알고, 자아를 규명하는 일은 사고의 작용으로 이루어진다. 이치와 자아를 밝히는 사고의 작용을 노자는 허정(虛靜)과 손충(損沖)이라 했지만, 이를 교육적인 말로 바꾸면 반영(reflection)과 형성(becoming)21)이라고 할 수 있다. 반영은 이치를 내면화함으로써 지식과 지혜를 확충하는 방법이고, 형성은 대상의 이치와 마주하여 이치를 깨치고, 자아를 밝히는 방법이다. 반영은 이중반사라고도 하는데 대상의 이치가 우리 마음에 들어와서 파악되는 것이 일차반사이고, 다시 마음속에서 재해석되고 규명되어 의식의 한 부분으로 되는 것이 이차반사이다. 이 두 가지 반사를 이중반사라고 한다(임병덕, 1995). 우리가 이치를 탐구하여 이해하는 이중반사의 원리가 반영인 것이다. 노자가 마음을 비우고, 고요함을 깊게 지키면 이치를 알 수 있다는 말의 실제적 방법이 반영이라 할 수 있다.

형성은 소크라테스가 소년에게 시도했던 대화(산파술)로 기하(幾何)의 원리를 알게 하는 방식과 비슷하다. 기하에 대하여 소년은 전혀 알지 못하지만, 소크라테스는 몇 가지 질문으로 사각형의 넓이를 구하는 원리를 소년에게 깨우쳐 준다.22) 소크라테스의 이 행위는 소년

---

21) 반영(reflection)과 형성(becoming)은 다양한 의미를 갖는다. 이 논의에서 반영(reflection)의 경우는 숙고, 반사, 이중반사와 같은 의미로 사용한다. 형성(becoming)은 생성, 전성(轉成: 바뀌어 다른 것이 됨), 전화(轉化: 다른 것으로 바뀜)와 같은 의미로 사용한다. 이들 두 용어는 만하이머(Manheimer)의 키에르케고르의 교육론 논의를(이홍우·임병덕 역, 2003) 참조한 것이다. 사고 작용으로서의 반영은 자아의 외부에 있는 이치를 받아들여 자기화하는 사고(학습)의 원리로 '이중반사'라는 용어로 표현되었다. 형성(becoming)은 선험적으로 존재하는 사람의 잠재 능력을 현재 능력으로 이끌어내는 것을 가리키는 말이다.

22) 소크라테스와 소년과의 대화 내용과 그 교육적 의미는 이홍우(2010: 241~247)의 논의를 참조할 수 있다.

이 선험적으로 가지고 있던 기하에 대한 잠재적 인식력을 일깨워 줌으로써 실현된 것이다. 이는 소년에게 기하를 아는 자아를 형성하게 한 것이기도 하다. 노자는 손충을 그릇이나 건축물의 공간, 수레바퀴의 구멍의 존재 가치를 파악하여 자신의 존재 가치를 깨치라고 말한다.[23] 형성은 손충을 적극적으로 실현하는 방법이다. 대상의 빈 공간을 보고 자신의 존재 가치를 인식하는 것과 외부의 도움으로 자신의 존재적 의미를 밝히는 것은 동일한 원리라고 할 수 있다.

반영으로 이치를 탐구하고, 형성으로 자아를 밝혀내는 목적은 잘 알고, 잘하기 위한 것이다. 잘 안다는 것은 아집과 그릇됨이 적은 것이고, 잘한다는 것은 이치에 따라 일을 하는 것이다. 사람이 배우려는 욕망을 가지는 것은 잘 알아서 일을 잘하기 위한 것이다. 노자가 무지와 무위를 이야기하는 것은 잘 알고 잘하기를 강조하는 것이다. 무지는 이치를 잘 아는 것이고, 무위는 일을 잘하는 것이다. 잘 앎과 잘함의 조건은 이치의 이해와 자아의 규명이다. 잘 앎과 잘함은 하나로 연합하여 사람들이 일을 하게 한다. 잘 앎과 잘함은 일 속에서 함께 어우러져 드러나게 된다.

일은 삶이며 삶을 위한 것이다. 사람들은 일을 통하여 대상과 조화를 이루어 만족스러운 삶을 살기를 원한다. 온삶을 지향하는 것이다. 온삶은 주체가 앎과 삶을 융합하여 이루어 낸다. 세상(대상)과 주체가 서로 거슬리지 않고, 서로에게 도움을 주는 호혜적 관계를 이루어

---

23) 11장 "三十輻共一, 當其無, 有車之用. 埏埴以爲器, 當其無, 有器之用. 鑿戶 以爲室, 當其無, 有室之用. 故有之以爲利, 無之以爲用. 삼십 개의 바퀴살이 하나의 곡에 모이는데 그 텅빈 공간이 있어서 수레의 기능이 있게 된다. 찰흙을 빚어 그릇을 만드는데 그 텅 빈 공간이 있어 그릇의 기능이 있게 된다. 문과 창문을 내어 방을 만드는데 그 텅 빈 공간이 있어서 방의 기능이 있게 된다. 그러므로 유는 이로움을 내주고 무는 기능을 하게 한다."(최진석, 2002: 91)

사는 것이다. 주체가 이루고 싶은 바를 모두 이루고, 세상(대상)이 이루고 싶어 하는 것을 이루어 주는 삶이다. 그리고 모든 일을 온전하게 하면서도 힘들이지 않고, 만족함을 느끼는 것이다. 그래서 노자가 말하는 <u>스스로 그러하게 사는 삶</u>을 이루어 내는 것이다. 이는 일을 쉽고 완전하게 함으로써 성립된다.

일이 경미하고 쉬울 때 한 것은 튼실하고 완벽하다. 작은 수고로 할 수 있는 일은 대충할 수가 없기 때문이다.[24] 잠시 마음만 두어도 그 일은 완전하게 된다. 완전하게 된 일은 누가 보아도 잘한 일이 되고, 다시 손을 댈 이유가 없다.[25] 또한 작은 일을 하고 나서 다른 사람에게 내 세울 필요조차 없어진다. 작은 일을 하고 뽐낼 이유가 없는 것이다. 그래서 나서지 않게 된다.[26] 그렇지만 나서지 않는다고 남이 몰라주는 것은 아니다. 그 일을 하지 않으면 곧바로 일이 커져서 다른 사람들이 힘듦을 느끼게 되기 때문이다. 그래서 사람들은 그 사람의 존재를 감사해 할 수밖에 없다. 즉 자신을 내세우지 않아도 일을 잘하는 사람은 다른 사람들을 이끌고 있는 사람이 되는 것이다.[27]

---

24) 63장 "天下難事, 必作於易, 天下大事, 必作於細, 是以聖人終不爲大, 故能成其大. 세상의 어려운 일은 반드시 쉬운 일에서 시작되고, 세상의 큰일은 반드시 작은 일에서 일어난다. 이런 이치로 성인은 끝내 큰일을 벌리지 않는다. 그래서 결국에는 큰일을 이룰 수 있게 되는 것이다."(최진석, 2002: 53)

25) 27장 "善行無轍迹, 善言無瑕謫, 善數不用籌策, 善閉無關楗而不可開, 善結無繩約而不可解. 잘 다니는 이는 흔적이 없고, 잘한 말에는 흠잡을 것이 없고, 잘하는 계산에는 산가지를 쓰지 않고, 잘 닫으면 빗장이 없어도 열 수 없고, 잘 매면 밧줄로 묶지 않아도 풀 수가 없다."(임채우, 2008: 136~139)

26) 51장 "生而不有, 爲而不恃, 長而不宰, 是謂元德. (만물을) 낳되 소유하지 않고, 일하되 자랑하지 않으며 길러주되 주재하지 않으니, 이를 현묘한 덕이라 한다."(임채우, 2008: 222)

27) 27장 "是以聖人常善求人, 故無棄人, 常善救物. 이런 이치를 본받아 성인은 정말로 사람을 잘 구제하였기 때문에 버려지는 사람이 없고, 정말로 사물을 잘 구제하였기 때문에 버려지는 사물이 없다."(최진석, 2002: 231)

읽기를 통하여 변화하는 이치를 깨치면 누구나 일을 어렵게 하지 않을 수 있다. 일이 쉽고[易] 작을[細] 때는 누구나 힘들이지 않고 완전하게 할 수 있다. 물론 일을 쉽게 하기 위한 전제는 알아야 한다는 것이다. 모르는 일을 쉽게 한다는 것은 있을 수 없는 일이다. 아무리 쉬운 일이라 할지라도 방법을 모르면 제대로 할 수 없다. 일이 작고 쉬울 때 하게 되면 큰일이라는 것이 있을 수가 없다. 미리 다 일을 해 두었기에 큰일이 생겨날 원인이 없는 것이다. 그렇게 되면 하는 일이 없으면서[無爲] 모든 일을 다 하게 되[無不爲]는 것이다.

## 다. 온관념의 구성

온삶을 위한 읽기를 설명할 수 있는 틀이 노자의 『도덕경』에 들어 있다. 『도덕경』에서 책 읽기에 대해 말하지 않지만 조금 곁눈질하면 읽기에 대한 단서를 찾을 수 있다. 노자는 힘들이지 않고 스스로 그러한[無爲自然] 삶을 살기 위하여 탐구하고 사색하고, 행동할 것을 강조하고 있다. 앎과 삶을 분리하여 말하고 있는 것이 아니라 함께 말하고 있다. 읽기도 탐구하고, 사색하고, 행동하게 하는 측면을 갖는다. 그렇기에 노자의 『도덕경』에서 읽기의 논리를 유추할 수 있다.

노자는 『도덕경』에서 오래도록 위태롭지 않게 사는 온삶을 이야기하고 있다.[28] 오래 살고, 힘들이지 않고 일하며, 모든 것과 조화를 이루어 살 수 있다는 것이다. 오래 살기 위해서는 변하는 이치를 알아야 한다고 말한다. 일을 할 때에는 일이 작고 쉬울 때 하여 큰일이 없게 하라고 말한다. 그러면서도 완벽하게 할 것을 요구한다. 그리고

---

28) "知常容, 容乃公, 公乃王, 王乃天, 天乃道, 道乃久. 沒身不殆."(각주 2 참조)

스스로 그러함을 본받아서 모든 이치에 어긋남이 없이 살아야 한다고 말한다. 이러한 일들을 모두 읽기를 통하여 할 수 있다.

　세상의 이치를 깨치는 것 중에서 훌륭한 방법이 읽기이다. 읽기는 내가 알지 못하는, 내가 알 수 있는, 내가 겪어보지 못한, 내가 겪을 수 있는 모든 것을 얻을 수 있는 수단이다. 세상의 모든 이치가 책 속에 들어 있기 때문이다. 그래서 책은 훌륭한 스승이다. 독자는 그 책을 통하여 세상의 이치를 얻을 수 있다. 노자의 관점에서 읽기를 보면, 읽기는 일차적으로 대상의 이치를 인식하게 해주고 자아를 발견하게 해 준다. 책은 독자가 접하지 못한 세계의 대상과 그 대상의 이치를 담고 있다. 독자는 책을 읽어 대상과 이치를 인식하면서 그 이치와 마주하고 있는 자아도 함께 발견하게 된다.

　읽기 주체는 책을 읽고, 대상의 이치를 받아들이기 위하여 이치를 분석하고, 탐구하고, 해석하고, 종합한다. 예를 들어, 『도덕경』을 읽는 독자는 노자가 말하는 도와 덕의 세계를 만나고, 도와 덕에 대하여 궁금증을 갖는다. 그렇게 되면 도와 덕의 이치가 무엇인지 그 논리적 구조와 의미를 분석하고, 탐구하게 된다. 노자가 말하는 도(道), 상(常), 허(虛), 충(沖), 무위(無爲), 자연(自然) 등이 무엇인지를 구체적으로 밝혀 해석하고, 이들은 어떻게 관계에 있는지를 종합하여 무위자연의 논리를 파악하려 한다. 그래서 그 내적 논리에 수긍이 가면 노자의 무위자연을 재정리하여 마음속으로 받아들이게 됨으로써 『도덕경』의 이치를 터득하게 된다. 노자가 『도덕경』 81개 장을 통하여 밝히고 있는 이치를 독자의 의식체계로 수용하게 되는 것이다.

　읽기 주체가 『도덕경』을 읽고 탐구하는 과정에서 낯선 생각[無爲]을 접하게 되면 자아를 인식하게 된다. 자아의 인식은 읽기 주체의 관념과 다른 관념이 대비되어 그 차이가 드러날 때 이루어진다. 예를 들어

『도덕경』을 읽는 주체는 『도덕경』을 파악하는 과정에서 자기의 관념과 대비되는 관념을 만나게 된다. '변화가 보편적 진리이고, 변화에 맞게 무위하여 스스로 그러함을 이룬다'는 무위의 관념을 접하게 된다. 이때 읽기 주체는 이 관념을 통하여 자아를 들여다보게 된다. 그래서 읽기 주체는 자기에게 무위의 관념을 가진 자아가 없음을 알게 되고, 무위의 관념으로 새로운 자아를 형성하게 된다. 새로운 자아는 읽기 주체가 그 관념과 관련된 자아의식을 떠올리고, 자아를 규명함으로써 발현된다. 또는 읽기 주체가 무위자연의 관념과 관련된 자아가 있음을 발견하게 되면 분명하게 규명되지 못한 자아의 부분을 수정하여 변화시키게 된다. 이러한 주체의 자아 형성이나 변화는 기존의 문제적 자아를 덜어내는 것이고, 덜어냄은 큰 자아를 확립할 수 있는 능력(공간)을 가지게 되는 것이다.

독자는 탐구를 통하여 이치를 깊이 터득할수록 안목29)의 확대를 가져온다. 안목은 세계의 이치를 알아채고, 그 이치에 맞는 행위를 할 수 있는 준비를 갖추는 일이다. 이치의 터득은 대상의 본성을 깨치는 것이기 때문에 대상과의 관계를 원활하게 할 수 있는 조건이 된다. 예를 들어 교육 관련 책을 읽고, 교육을 탐구하여 교육의 특성, 교육과정, 학생, 교육환경 등에 대하여 알고, 학교를 방문하여 교실에서의 교육활동을 살피게 되면 교육에 대한 이치를 터득할 수 있다. 이는 교육을 올바로 보고, 교육을 할 수 있는 안목을 길러준다.

읽기 주체는 자아를 발현하고, 성찰을 통하여 자아를 확립한다. 자아는 외부의 자극이 없으면 변하지 않지만 자극을 받으면 변화한다.

---

29) 안목은 높은 식견으로 대상이나 현상을 보는 전문적 능력이다. 이홍우(2006: 54)는 안목을 '현상을 보는 눈 또는 학문의 이면에 숨어 있는 기본적 아이디어'로 유치원에서 대학에 이르기까지 학문을 공부하는 사람이면 누구나 배워야 할 교육 내용이라고 말한다.

자아는 기존의 인식 세계와 다른 세계를 만나면 달라진다. 자아는 세계와 관계된 자기를 밝혀 새롭게 규정함으로써 변화하는 것이다. 한 예로 학생의 자아가 교육 관련 책을 읽고 교육의 세계를 인식함으로써 교사의 자아로 바뀌는 것과 같다. 학생이 자신의 학습자 자아를 교사의 세계를 인식하여 자아를 교사 자아로 바꾸어 규명하면 교사가 된다. 읽기 주체가 책을 통하여 다른 세계를 인식하여 자아를 형성하거나 변화시키는 것이다. 이는 읽기 주체가 어떤 대상을 담고 있는 책을 읽느냐에 따라 발현되는 자아가 달라짐을 의미하는 것이기도 하다.

안목의 확대와 자아의 확립은 대상에 대한 통찰력을 키워준다. 통찰은 대상을 온전하게 볼 수 있도록 하는 기제이다. 대상에 대한 통찰은 독자가 책을 통하여 대상에 대한 안목을 확대하고, 자아를 확립함으로써 얻는 것이다. 안목은 주체가 대상의 이치를 자아로 타당하게 규정하는 능력이다. 대상에 대한 이치 터득과 자아를 확립하게 되면 주체는 대상을 규정 능력을 지니게 된다. 사회에서 전문가는 각 분야에 대하여 확대된 안목과 확립된 자아를 가지고 있는 사람들이다. 전문가는 특정 대상을 통찰로 규정하고, 일을 쉽고 온전하게 해낼 수 있는 능력이 있다. 읽기 주체도 읽기를 통하여 안목을 확대하고 자아를 확립하게 되면 대상에 대한 온전한 관념을 형성할 수 있게 된다. 온전한 관념은 대상에 대한 확대된 안목과 확립된 자아를 토대로 구성한 '온관념'이라 할 수 있다.

온관념은 읽기 주체가 확립된 자아를 중심으로 구성한다. 온관념은 읽기 주체가 책의 내용을 중심으로 재구성한 관념이 아니라 독자의 확립된 자아를 바탕으로 새롭게 구성한 관념이다. 즉, 읽기 주체의 존재적 토대인 확립된 자아를 중심으로 대상의 이치를 재규정한 것이다. 이는 온관념이 확립된 자아에 의하여 결정되며 새롭게 구성됨을 의미한다. 이는 읽기 주체가 책을 읽고 자아의 변화를 이루어야만 온관념을 구성할 수 있음을 뜻한다. 읽기 주체가 자아의 변화를 이루지 않고 읽은 책에서 구성한 관념은 새로운 관념일 수 없고, 온관념일 수 없다.

읽기 주체는 책을 읽고 온관념을 구성함으로써 온삶을 살 수 있는 토대를 마련한다. 읽기 주체가 구성하는 온관념은 대상에 대한 깊이 있는 이해는 물론 대상에서 비롯된 확립된 자아를 반영한다. 이는 독자가 읽은 책의 내용이 달라지는 것이 아니라 독자의 관념이 달라지는 것을 의미한다. 즉, 책의 의미가 새로워지는 것이 아니라 읽기 주체가 자아를 새롭게 규명함으로써 구성한 관념이 달라지게 된 것이다. 이는 온관념이 읽기 주체가 자아의 변화를 이루어 구성한 관념이라는 것이다. 이런 온관념의 그 내적 속성은 무위적이다. 온삶은 온관념을 토대로 무위를 지향하는 삶이다. 그릇된 앎을 줄이고, 강제로 하는 일을 하지 않을 수 있는 관념을 기반으로 하는 것이다. 온삶을 위한 온관념의 구성 구조를 보면 〈그림 3〉과 같다.

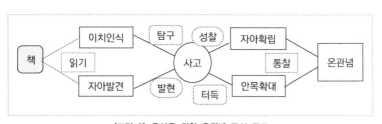

〈그림 3〉 온삶을 위한 온관념 구성 구조

읽기 주체가 이 온관념을 대표하고 있을 때를 일컬어 '무주관(無主

觀'이라고 할 수 있다. 주관(主觀)은 주체가 관념을 대표하고 있을 때를 가리킨다. 주체가 구성한 관념의 속성에 따라 주관의 성질도 달라질 수 있다. 온관념의 대표 속성은 '무위'라고 할 수 있다. 무위의 속성을 지닌 관념을 주체가 대표하고 있을 때를 '무위주관' 또는 '무주관'이라 할 수 있는데, 간명하게 일컬어 '무주관'이라고 하고자 한다.

무주관은 주관의 없음이 아니라 읽기 주체가 무위적 온관념을 구성하였을 때를 말한다. 무주관은 읽기 주체가 앎을 쌓아가는 것이 아니라 그릇됨 앎과 아집을 버려 구성한 관념이다. 독자는 책을 읽으면 기존 앎을 새 앎으로 대체한다. 새로운 앎으로 새로운 자아를 확립하고, 이로써 세계와 조화를 이루고 있는 주체의 관념이 무주관이다. 그러므로 무주관은 늘 새롭게 변화하는 주관이다. 변화하는 것만이 영원한 것이라는 노자의 관점에서 읽기 주체가 이치를 깨치고 자아를 확립할 때마다 기존의 관념을 새롭게 바꾸어 구성한 것이 무주관이다.


## 3. 온삶 읽기의 교육

온삶을 위한 무위적 관념 구성 교육은 읽기 주체가 확립된 자아와 확대된 안목으로 온관념을 구성하도록 하는 것이다. 학생들이 읽기를 통하여 온관념을 구성할 수 있도록 하기 위해서는 읽기 교육적으로 접근할 필요가 있다. 여기서는 온삶을 위한 무주관 구성을 위한 읽기 교육적 접근을 '무위적 읽기 관의 이해', '이치 터득을 통한 안목 확대', '성찰을 통한 자아확립', '온관념의 구성' 등을 중심으로 살펴본다.

## 가. 무위적 읽기관의 이해

읽기에 대한 논의 관점에는 여러 가지가 있다. 독자는 책을 읽을 때 읽기 관점을 확립하고 그 관점에 따라 읽는 것이 필요하다. 그동안 읽기 교육에서 읽기 관점이나 읽기관을 강조하지 않았다. 책을 읽으라고만 했지 무엇을 위해 왜 읽어야 하는지는 학생들에게 분명하게 제시하지 않은 것이다. 경험상 책이 재미있고, 읽기가 가치 있는 활동이어서 학생들도 책을 읽어야 한다고 강조한 면이 있다. 학생들은 학교 교육에서 강조하는 책을 읽어야 하는 이유가 분명하지 않기 때문에 책을 잘 읽지 않거나 책을 읽어도 무엇을 위한 것인지를 모르는 경우도 있다.

온삶을 위한 읽기를 위해서는 먼저 읽기관의 이해가 이루어져야 한다. 읽기가 대상에 대한 안목을 확대하고 자아를 확립하여, 온삶을 위한 온관념을 구성해야 함임을 알게 해야 한다. 읽기관의 이해는 독자가 읽기를 성공적으로 하기 위한 밑바탕이다. 읽기관에 대한 이해는 자신의 읽기 행위에 대한 의미 규정이면서 읽기를 하는 이유와 목적을 밝히는 행위이다. 독자는 읽기관을 가짐으로써 읽기에 대한 계획과 실천 의지를 높일 수 있게 된다.

온삶을 위한 읽기는 세상과 소통하는 읽기이다. 노자는 무위자연의 삶을 위한 세상 이해를 강조한다. 세상에 대한 올바른 이해가 온삶에 이르게 한다는 신념을 드러낸다. 세상에 대한 이해가 세상과 소통하게 하고, 세상과 함께하는 것이라고 말한다. 책을 읽는 것은 사람들이 세상에 대하여 알고, 함께할 수 있게 하는 좋은 수단이다. 책은 사람들이 세상 만물의 이치를 탐구하고, 그 결과를 밝혀 놓은 것이기 때문이다. 독자는 책으로 세상과 소통할 수 있는 길을 여는 것이다. 책을 통하여 세상을 알게 되면 소통할 수 있지만, 알지 못하면 소통할 수 없다. 작은 곤충 한 마리도 알고 나면 별것이 아니지만 모르면 무섭고 가까이 할 수 없는 것이다.

온삶을 위한 읽기는 앎의 실천을 요구한다. 책을 읽는 것이 아는 것을 넘어 실천하기 위한 것이다. 노자는 『도덕경』에서 앎의 목적을 삶으로의 실천이라고 강조한다.[30] 글을 읽고 이치를 터득한다는 것은 이치에 따른 실천을 위해서이다. 실천은 자아의 실천 의지에서 비롯되는데 의지의 실현은 주체를 드러나게 한다. 읽기를 통하여 확립된 자아가 있으면 주체를 통하여 실천을 이루게 된다. 주체가 무위를 할 수 있는 실천 의지를 실행할 때 온삶을 이룰 수 있다. 온삶을 위한 읽기에서는 안목을 키우고, 자아를 일으켜 주체가 안 것을 실천할 수 있게 해야 한다.

온삶을 위한 읽기는 삶의 지혜를 넓혀준다. 이는 책을, 앎을 위해 읽는 것이 아니라 삶의 지혜를 얻기 위해 읽을 때 가능해진다. 지혜는 앎을 일에 알맞게 이용하는 것으로, 일을 쉽고 완전하게 할 수 있게 하는 것이다. 온삶을 위한 읽기는 앎을 삶과 연결시키고, 앎으로 일을 잘 할 수 있게 하는 지혜를 얻기 위한 것이다. 이는 자아의 확립을 통한 읽기 주체와 삶의 주체를 새롭게 함으로써 이루어진다. 앎으로 일을 쉽고 잘하도록 하는 것은 주체이기 때문이다. 읽기 주체가 읽기로 무위적으로 일을 하는 방법을 익혀 온삶을 위한 온관념을 구성할 때 읽기는 지혜를 얻게 하는 방편이 된다.

읽기가 온삶을 지향하면 읽기 주체는 평생 독자로 변화한다. 독자

---

30) 노자는 『도덕경』 16장(각주 2참조)에서 허정(虛靜)으로 대상의 이치를 깨치고, 이를 토대로 무위적 삶을 사는 것을 강조한다.

의 생활은 앎과 삶의 교섭으로 이루어지기에 변화하는 세상에서 주체가 온전한 삶을 이루기 위해서는 언제든 책을 읽어야 한다. 온삶은 변하는 세상에 필요한 이치 터득과 자아확립을 필요로 한다. 세상은 잠시도 멈추지 않고 변하기에 읽기 주체는 이 세상에서 살기 위해서 변하는 세상에 필요한 관념을 구성해야 하는 것이다. 이를 위해 주체는 늘 책을 읽고, 이에 대처하는 것이 필요하다. 온삶을 살기 위해서 독자가 늘 깨어 있어야 하는 이유가 이것이다.

읽기 주체가 온삶을 추구하면 삶을 개척할 수 있게 된다. 노자가 말하는 개척은 늘 다른 것을 받아들임으로써 읽어난다. 새로운 것을 받아들이기 위해서는 마음을 비우고 덜어내는 일을 해야 한다. 마음을 비우는 일은 자신은 새롭게 하는 일이고, 자신을 바꾸는 일이다. 자신의 바뀜은 새로운 삶을 이루어야 함을 전제한다. 삶의 개척은 새로운 일을 하는 것이 아니라 새로운 자아를 확립하는 것이다. 새로운 자아는 독자의 삶을 새롭게 개척하게 만든다.

## 나. 이치 터득을 통한 안목 확대

흥미나 즐거움을 위한 읽기는 가벼운 읽기지만 안목을 확대하는 읽기는 진지한 읽기이다. 진지한 읽기란 대상의 이치를 이해하기 위하여 많은 사고를 하는 읽기이다. 책을 읽고 세상의 이치를 터득하여 안목을 갖는 것은 어려운 일이기 때문이다. 매일 책을 읽어도 평생 천 권을 읽기 어렵다. 세상의 어떤 대상의 이치는 한두 권의 책으로 파악할 수 있지만 대부분의 대상은 한두 권으로 이치를 파악하기 어렵다. 한 권을 읽으면 의심이 더 가중되고, 두 권을 읽으면 '그런가?' 하며 반신반의하고, 세 권을 읽으면 '그럴 수도 있겠네.' 하며, 열 권쯤 읽으면 '그럴 것 같네.' 하고 마음을 주고 본격적으로 탐구하기 시작한다. 그래서 안목을 얻으려는 읽기는 진지한 읽기일 수밖에 없다.

안목은 대상을 충실하게 알 때 생긴다. 읽기 주체가 책을 읽어 대상에 대한 안목을 얻으려면 여러 권의 책을 읽고, 내용을 점검하고 확인하여 관념을 확립해야 한다. 예를 들어 『도덕경』을 이해하기 위해서는 『도덕경』을 풀이하고, 해석하고, 논하는 여러 책을 읽고, 무위의 논리 구조를 자기의 생각으로 확립하여야 한다. 안목은 대상의 본질을 꿰뚫어 이해하였을 때 생기는 것이기 때문이다.

대상의 본질을 꿰뚫기 위해서는 탐구가 필요하다. 탐구는 대상에 관한 책을 종합적으로 읽고, 대상의 본질적 특성을 밝혀내는 것이다. 각 책에서 밝히고 있는 대상의 특성을 파악하여, 비교 분석하고, 종합하는 것이다. 그리고 필요하다면 직접 체험을 통하여 확인할 수도 있다. 책은 한 대상에 대하여 설명이나 논의를 하고 있지만 각 책은 서로 다른 내용을 담고 있다. 이들 책의 내용을 비판적으로 살피고 그 대상의 본질 특성을 밝혀내는 것이 탐구이다.[31] 탐구는 독자가 대상의 본질 특성에 집중하여 그 이치를 명확하게 밝혀 인식하는 일이다. 탐구하여 밝힌 이치를 독자의 의식으로 수용하는 것이 터득이다.

터득은 대상의 이치를 앎으로써 그릇됨을 마음에서 비우는 것이다. 터득의 원리는 반영으로써 대상의 이치를 마음속에 이중으로 반사시켜 독자의 관념을 새롭게 하는 것이다.[32] 탐구를 통한 과정에서 이치

---

31) 예를 들면, 『도덕경(道德經)』의 의미에 여러 책이 논의하고 있다. 하상공의 「하상공장구(河上公章句)」(이석명 역, 2007)는 노장사상의 관점에서, 왕필의 「노자주」(임채우 역, 2008)는 중국 전통 철학적 관점에서, 감산대사의 「노자(老子)」(송찬우 역, 2000)는 불교적 관점에서, 진공응의 「노자(老子)」(최재목·박종연, 2008)와 최진석(2002)의 「노자의 목소리로 듣는 도덕경」은 동양 철학적 관점에서, 김형효(2004)의 「사유하는 도덕경」은 불교철학과 서양철학의 관점에서 설명하고 있다.

를 밝히고 이를 파악하는 것이 일차반사이고, 파악한 이치로 독자의 기존 관념을 덜어내고 바른 관념을 가지는 것이 이차반사인 것이다. 이치를 터득하는 논리적 과정은 일차와 이차의 순서로 이루어지지만 실제 과정은 이치를 파악하면서 동시에 관념을 바꾸기도 한다. 대상에 대한 이치를 탐구하여 터득하게 되면 독자는 대상에 대한 안목을 가질 수 있게 된다.

안목의 확대를 위한 읽기는 대상을 중심으로 읽어야 한다. 읽기 주체의 관심이 책이 아닌 대상에 있어야 한다. 읽기 주체가 대상에 관심을 가지면 대상의 이치를 파악하기 위하여 여러 책을 읽게 되고, 대상의 이치를 파악하지 못하면 읽기를 멈추지 않는다. 이 읽기는 대상의 이치를 파악하기 위하여 복수의 책들을 상호텍스트적으로 연결하여 읽게 한다. 이로 인하여 읽기 주체는 대상에 대하여 넓고 깊이 있는 앎을 갖게 된다. 이를 통하여 대상에 대한 통찰을 얻을 수 있는 안목을 갖게 된다.

안목은 대상의 본질을 꿰뚫어 보는 것이다. 대상에 대한 여러 생각들을 살펴보고, 내용을 종합하여 그 속성을 파악하였을 때 대상의 본질을 볼 수 있다. 읽기 주체가 대상의 어느 한쪽 내용만을 중심으로 파악하게 되면 편협한 생각을 가지게 됨으로써 안목을 가질 수 없다. 노자는 허정(虛靜)을 통하여 그 근본(根)을 보아야 한다[33)]고 했다. 대상이 지닌 근본적인 속성을 알게 되었을 때 안목을 얻을 수 있다. 대상에

---

32) 이중반사에 대한 내용을 임병덕(2003: 89~105)을 참조할 수 있다.

33) 16장 "致虛極, 守靜篤, 萬物竝作, 吾以觀其復. 夫物芸芸, 各歸其根. 歸根曰靜, 靜曰復命. 허심하기를 지극히 하고, 고요를 돈독히 지키면, 만물이 병작하기를 반복하는 것을 나는 본다. 만물은 무성하게 피고 지면서 각각 그 뿌리에 복귀한다. 뿌리에 복귀함을 일컬어 고요함이라 부르고, 그 고요함을 일컬어 자연의 명령을 반복한다고 말한다."(김형효, 2004: 166)

대한 안목은 대상의 이치를 읽기 주체가 확연히 이해하였을 때 갖게 된다.

대상을 이해하여 얻은 안목은 온전한 삶을 살아가는 데 필요한 능력과 자격이다. 안목은 대상을 보고 알기만 하는 것이 아니라 대상이 본성대로 되도록 돕거나 대상의 본성을 이용하여 도움을 받을 수 있는 능력을 갖추는 것이다. 또한 그 대상에 대하여 접근할 수 있는 스스로의 자격을 획득하는 것이다. 대상의 본질을 알게 되고, 깊이 이해를 하였다면 대상이 본성대로 되도록 하는 책임감과 될 수 있게 하려는 신념을 가지게 된다. 이 책임감과 신념이 스스로의 자격이다. 예를 들어, 읽기 교육학을 깊이 이해하면 읽기 교육에 대한 책임감과 신념을 가지게 된다. 그렇게 함으로써 읽기 교육을 논의하고 학생들이 읽기를 할 수 있게 하고, 그들이 읽는 것을 도울 수 있게 된다.

## 다. 성찰을 통한 자아확립

읽기 주체는 글을 읽고 다른 관념을 만나게 되면 자기 관념과의 차이로 드러나는 자기의 존재감을 느끼게 된다. 이 관념의 차이로 인하여 인식되는 자기에 대한 존재감을 규명한 것이 '자아'이다. 독자는 책을 읽으면서 늘 다른 대상을 만나게 되고 그때마다 자아를 지각하게 된다. '내가 갖고 있지 않은 생각인데', '나는 그렇게 생각하지 않는데.', '나와는 다른 생각을 하고, 다르게 살아가네.' 하면서 대상과 자아를 동시에 발견한다. 읽기 주체는 책을 읽으면서 발견되는 이 자아를 쉽게 간과하고 대상에만 집중하는 경향이 있다. 읽기 주체는 책을 읽으면서 자아에 관심을 집중하여 자아를 밝히고, 변화시킴으로써 온삶을 지향할 수 있다.

자아는 개별 주체의 고유한 존재성이다. 자아는 우리가 자기를 어떤 존재라고 여겨서 규정하고 외부에 규정한대로 드러나기를 기대하는 바람이다. 자아가 고유하다는 말은 자신만의 독특성이라는 것이지 확정되어 있어 변화하지 않는다는 것은 아니다. 존재성이라는 것은 주체에게 인식되고 세상에 받아들여짐으로써 규정되는 특성이다. 자아는 주체가 자기에 대하여 내적으로 규명한 것이면서 그 규명이 밖으로 드러나 다른 주체에게 인식되는 특성인 것이다. 읽기 주체는 이 자아를 책의 내용에서 발견하고, 규명하고 변화시켜 확립한다.

　자아는 외부의 도움으로 쉽게 드러난다. 자아는 평소에는 잘 드러나거나 주체에게 확인되지 않는다. 그러다 주체가 자기를 새롭게 인식할 수 있는 계기를 갖게 되면 그때 의식에 곧바로 떠올라 나타난다. 예를 들면, 소크라테스와 대화를 통하여 기하의 원리를 알게 된 소년은 기하를 이해한 자아를 형성하듯, 읽기 주체가 책을 읽고 대상의 이치를 이해하면 그 이치를 이해한 자아가 형성되어 의식에 나타나게 된다. 읽기 주체가 책을 읽을 때 내용을 이해하기 시작하면 의식에 자아도 함께 나타난다. 책을 읽고 대상을 이해하게 되면 대상의 이치를 이해한 자아가 형성되어 의식에 표상되는 것이다. 읽기 주체가 책에서 우주의 질서를 깨치면 그것과 관계된 자아가 표상되고, 이야기 책 속의 인물 행동을 이해하면 또 그와 관련된 자아를 의식할 수 있다. 읽기 주체는 이 자아를 의식에서 붙잡고 규명하여 발현하는 것이 필요하다.

　자아의 발현은 자아를 인식하고 밝혀 드러내는 것이다. 읽기 주체의 의식에 떠오른 자아를 메타적으로 살피고, 분석하여 속성을 파악하여 분별하는 것이다. 자아 발현은 읽기 주체가 자아의 속성뿐만 아니라 역할과 가능성을 분명히 하는 것이다. 읽기 주체가 자아를 밝히는 것은 관련된 이치나 관념을 이용하여 하기에 그 내적 속성과 가능성을 분명하게 할 수 있다. 예를 들어 읽기 주체가 『도덕경』의 무위의 관념을 파악하면서 의식에 떠오른 자아를 보면, 유위의 속성을 지니고 있어 아집과 욕심이 많다는 것을 알 수 있게 된다. 읽기 주체는 자아가 가진 이런 특성을 인식하게 되면 자아의 변화를 추구하게 된다. 읽기 주체는 책의 관념에 기대어 자아의 변화 방향도 찾게 되는 것이다. 그래서 자신은 무위를 지향하는 자아를 갖겠다는 의식을 갖는다. 그러고는 무위적 자아의 특성을 따지고 찾아서 정의하여 수용함으로써 새 자아를 갖게 된다. 이러한 활동의 과정이 자아의 발현이다. 이 자아의 발현은 전성(轉成)과 형성(形成)의 두 형태로 이루어진다. 전성은 기존 자아를 대상의 장점을 받아들여 수정하는 것이고, 형성은 없었던 자아를 새롭게 가지게 되는 것이다. 읽기 주체가 책의 관념과 비슷한 자아를 느끼게 되면 그 관념을 바탕으로 자아를 변화시키고, 낯선 관념을 인식하게 되면 잠재되어 있던 자아를 새롭게 형성하게 된다.

자아확립은 읽기 주체가 자아에 대한 성찰로 그 내적 속성과 가능성을 확고하게 하는 것이다. 자아는 주체의 의지에 따라 형성되고 확립된다. 자아확립의 기제가 성찰인 것이다. 성찰은 발현된 자아를 비판적으로 살피고, 내적 속성을 가감하여 보완하고 그 역할과 가능성의 범위를 넓히고 분명하게 밝히는 활동이다. 자아 성찰의 활동은 읽기 주체가 터득한 이치나 구성한 관념을 토대로 이루어진다. 읽기 주체는 이치나 관념에서 자아의 속성으로 받아들이거나 자아를 변화시킬 요소를 선택한다. 이 요소를 이용하여 읽기 주체는 자아를 새롭게 규명하고, 자아의 역할과 가능성도 새롭게 각성하게 된다. 자아 성찰의 과정은 이치나 관념에 비추어 자아를 분석하고, 비교하고, 덜어내고, 채우는 활동을 반복하는 것이다. 이 과정에서 자아가 확립된다. 주체가 자아를 확립하지 않으면 삶에서 존재의 일관성을 잃게 된다. 그렇기에 주체가 지속적이고 일관성 있는 삶을 이루어 내기 위해서는 자아를 확립하는 것이 필요하다.

자아의 활동은 주체를 통하여 드러나는데, 확립된 자아는 주체가 대상과 관련된 일을 할 때 실체화된다. 읽기 주체는 확립한 자아와 확대된 안목을 바탕으로 통찰하여 온관념을 구성한다. 온관념을 대표하는 주체가 일함으로써 온삶이 이루어지게 된다. 이 온삶은 주체의 의지로 실현할 수 있다. 온관념만 구성한다고 하여 온삶이 실현되는 것은 아니다. 주체가 온관념을 구성하면서 무위의 실천 의지를 가지는 것이 중요하다. 삶의 실체화는 관념에 따라 다른 대상과의 관계를 맺어 스스로 그러한 삶을 살도록 하는 것이다.

## 라. 온관념의 구성

온관념은 읽기 주체가 온삶을 실천하기 위하여 구성한 관념이다. 온관념은 대상에 대한 안목과 확립된 자아를 결합하여 읽기 주체가 구성한다. 온관념은 온전한 관념이라는 의미를 담고 있다. 온전하다는 것은 자아와 이치의 결합, 앎과 삶의 결합을 의미하기도 하고, 무지와 무위를 통한 자연스러움의 지향을 함의한다. 그렇다고 온관념이 완전함을 의미하는 것은 아니고, 늘 변화의 가능성은 내포하고 있다. 노자가 변화하는 것만 진리라고 말하는 것과 같다.

온관념은 무지와 무위의 인식을 바탕으로 구성한다. 무지는 그릇된 생각을 덜어내는 것이고, 무위는 일이 어렵지 않을 때 하는 것을 말한다. 그릇된 생각을 덜어내거나 일이 어렵지 않을 때 한다는 말은 올바른 앎을 이루고, 알맞은 시기에 일을 쉽게 함을 의미한다. 올바른 앎이라는 것은 읽는 대상의 이치를 이해함을 의미하고, 알맞은 시기에 일을 함은 앎을 바탕으로 일을 쉽게 할 수 있을 때 완전하게 하는 것이다. 이는 일에 대한 것을 다 알고 제대로 실천함을 뜻한다. 온관념은 읽기 주체가 읽기를 통하여 세상의 이치를 밝혀 삶과 관련된 관념을 구성한 것이다.

온관념의 속성은 조화이다. 온관념은 절대성을 갖지 않기에 변화하는 세상과 함께하는 관념이다. 이는 대상과 자아의 조화이며, 세상과 자아의 조화를 의미한다. 독자가 책을 통하여 대상을 파악하고, 자아를 확립하여 온관념을 구성하기에 그 관념은 대상과 자아의 조화를 지향하게 되는 것이다. 온관념의 조화성은 독단적이거나 고립적인 생각을 벗어나 있기에 다른 사람과 소통할 수 있고, 공유하고 공감할 수 있는 관념이다. 그러면서 대상과 조화로운 공존 관계를 이룰 수 있는 관념이다.

온관념은 읽기 주체가 이중적으로 구성하는 관념이다. 읽기 주체가 관념을 구성할 때는 일차적으로 책을 중심으로 구성한다. 이는 책의 내용을 충실하게 이해하여 관념을 구성해야 함을 의미한다. 이 일차적 관념은 대상의 이치를 이해함으로써 구성한 관념이다. 이 관념은 확립된 자아와 연합하여 읽기 주체가 주도하는 관념으로 재구성된다. 읽기 주체는 책을 충실하게 이해하고 난 후, 그 이해의 내용을 확립된 자아의 입장에서 살피게 된다. 이때 읽기 주체는 자아의 관점에서 이차적으로 새로운 관념을 생성하게 된다. 그래서 독자는 대상에 대한 충실한 이해와 확립된 자아를 결합하여 온관념을 구성한다. 읽기 주체가 구성한 온관념은 책을 따른 것이지만 자아와 결합되어 있기에 책의 내용과는 다른 관념이다. 책의 내용과 자아를 연결하여 읽기 주체가 구성한 온관념은 주체의 것이 되고, 주체가 주도하는 관념이된다. 예컨대, 『도덕경』의 내용은 변화하지 않았지만 『도덕경』 주체들이 구성한 관념을 달라진다. 각 읽기 주체는 확립한 자아로 『도덕경』에 대한 관념을 정치, 교육, 군사, 수양, 은둔 등의 측면에서 재구성하고, 소통한다.

읽기 주체와 온관념의 결합이 독자의 무주관을 이룬다. 온관념은 무위를 지향하는 관념이기 때문이다. 무주관은 읽기 주체가 무위적 삶의 지향성을 드러낸 주관이다. 삶은 앎의 실천으로 이루어지는데 무지로 무위의 삶으로 실현하려는 지향성을 갖는 주관인 것이다. 무위의 핵심은 일을 잘하는 것이고, 세상과 조화를 이루어 가치 있고 만족한 삶을 이루는 것이다. 이를 위한 주관이 무주관인 것이다. 독자는 무주관을 구성함으로써 삶의 의미를 확립한 생활을 할 수 있게 된다.

읽기 교육은 학생 독자가 온관념 구성의 방식을 익히도록 하는 것이다. 온관념을 구성하는 방식을 익히기 위해서는 이 읽기의 접근 관점을 이해해야 한다. 책을 이해하는 것은 그릇된 생각을 비우는 것이고, 그릇된 욕망에 집착하고 있는 자아를 덜어내는 것임을 인식하는 것이다. 그래서 읽기는 마음을 고요하게 만들고 비우는 일임을 아는 것이다. 그리고 대상에 대한 안목을 넓히기 위한 복수 텍스트들을 상호텍스트적으로 읽어내는 것이다. 그 읽기의 과정에서 안목을 확장하고, 자아를 확립해 내어야 한다. 읽기 주체는 안목과 자아를 통하여 대상에 대한 온관념을 구성하는 것이다.

## 4. 온삶 읽기의 실천

읽기 교육은 읽기를 왜 하는가와 깊이 관련되어 있다. 그동안 읽기의 목적을 학생들에게 무엇이라고 제시하였는지는 분명하지 않다. 읽기 교육이 읽기 능력 신장을 강조한 것은 분명하지만 신장된 읽기 능력으로 왜 책을 읽어야 하는지는 분명히 하지 못했다. 읽기 교육에서는 읽기를 위한 목적을 분명하게 한 후 학생들에게 읽기를 강조할 필요가 있다. 온삶을 위한 읽기 여러 읽기 목적 중의 하나가 될 수 있다.

온관념을 구성하기 위한 읽기도 여러 관점에서 논의할 수 있겠으나 여기서는 노자 『도덕경』의 인식 논리를 중심으로 살펴보았다. 노자는 대상과 인식 주체를 구분하고, 인식 주체는 대상에 대한 이해를 바탕으로 삶을 살아야 함을 강조한다. 이 논의에서는 노자의 인식 논리를 읽기에 적용하여, 읽기 주체가 글을 읽고 대상의 이치를 파악하는 안목을 확대하고, 자아를 확립하여 온관념을 구성하여야 한다고 보았다. 온관념의 구성이 무위자연적 온삶의 토대가 된다고 보고, 읽기 주체는 글을 읽고 온관념을 구성해야 함을 강조하였다.

온관념은 읽기 주체가 대상의 이치 터득으로 갖게 된 확장된 안목과 확립된 자아를 중심으로 구성한 관념이다. 책의 내용은 변하지 않지만 책으로 인하여 변화된 자아를 반영한 관념은 늘 새롭게 변화한다. 그래서 구성된 관념은 읽기 주체의 삶과 깊이 관련된다. 온관념은 무위자연적 논리에 바탕을 두고 구성한 관념이므로 세계와의 조화로운 관계를 지향한다. 세상과 화합하여 자아의 변화를 이루고 세상과 자연스러운 관계를 유지하여 삶을 알차게 한다.

온관념의 구성을 강조하는 읽기 교육을 위해서는 읽기 주체가 대상에 대한 안목을 확대하는 읽기와 확립된 자아를 토대로 관념을 구성하는 방법의 구체화가 필요하다. 읽기 교육이 읽기 능력의 신장을 넘어 온삶을 추구하는 읽기를 지향할 수 있도록 하기 위한 것이다. 이는 학생들이 읽기를 해야 하는 하나의 목적을 확립하는 것이 될 수 있다. 온삶을 위한 무위적 관념 구성을 위한 읽기 교육을 위해서는 이 논의의 관점을 확대하고 실현할 수 있는 세부적인 논의가 필요하다.

# 제2장 자아확립 읽기

## 1. 대학(大學)과 읽기

큰 배움의 목적은[大學之道] 삶의 바른 이치를 밝히고[明明德] 사람들을 친하게 하여[在親民] 참으로 좋은 세상을 이루는 데 있다[在止於至善].[1] 이 말은 『대학(大學)』의 첫 구절이다. 공부하는 사람이 배움의 목적을 어디에 두어야 하는지에 대한 규정이다.[2] 『대학』은 공부의 목적을 '참으로 좋은 세상을 이룸[止於至善]'을 지향하는 것에 두고 있다. 이는 큰 배움 행하는 사람이 배움의 목적을 어떻게 규정할 것인가

---

1) "'대학'의 도는 明德을 밝힘에 있으며 백성을 새롭게 함에 있으며, 至善에 그침에 있다(大學之道 在明明德 在親(新)民 在止於至善)."(성백효 역, 2004b: 23)
2) 모든 사람이 다 함께 사는 참으로 좋은(至善) 사회의 구현 없이는 명명덕과 친민은 아무런 의미가 없다. 대학의 길은 궁극적으로 그러한 이상 사회의 구현을 위한 매진하여 나가는 노력이다(김용옥, 2009: 191).

와 관계된다. 큰 배움의 지향은 자기의 내적 지향을 밝히는 문제 즉, 자아확립의 문제이다. 이는 독자의 지향과도 맞닿아 있다. 『대학』의 관점에서 볼 때, 독자가 글을 읽는 궁극적인 목적은 참으로 좋은 세상을 이룸을 실현할 수 있도록 하는 자아를 확립함에 있다.[3] 읽기 교육의 관점에서, 『대학』의 첫 문장은 교육을 통해 학생 독자의 자아가 지향해야 할 목적에 대한 천명이다. 독자의 자아확립을 위한 읽기를 『대학』의 논리를 빌어 살펴본다.[4]

『대학』의 관점에서 읽기 교육의 목적을 정한다면 독자의 자아확립 능력 신장이라 할 수 있다. 독자마다 확립할 자아가 있을 수 있지만 궁극적으로는 '지선(至善)'을 지향하는 자아를 확립할 수 있는 힘을 길러주는 것이 필요하다. 지선을 지향하는 독자의 자아는 개인의 만족을 넘어 사회나 세상의 바람직한 변화를 추구한다. 이 자아의 규정은 독자에게 읽기의 본질적 목적을 가지게 하여 읽기를 근본적으로 열망하게 한다. 『대학』의 관점에서 읽기는 독자가 지선을 지향하는 의지를 품고, 지선의 성취를 추구하는 목적을 가진 자아를 확립하는 것이다. 독자는 자신의 읽기가 무엇을 하는 것이고, 무엇을 지향하는지를 밝혀 아는 것이 필요하다.

읽기는 독자가 대상이나 세계를 인식하게 하면서 자아를 확립할 수 있게 한다. 독자가 읽기를 하면서 자아에 관심을 가지면 자아를

---

3) "자아를 다양한 관계를 중심으로 인식하는 유학의 관점에서 자신의 인격적 지식에 대한 추구는 또한 공동체에 대한 봉사 행위로도 이해된다. (…중략…) 자아에 대한 유학의 입장은 사회적 측면에서 자기 수양의 임무를 반드시 부과한다."(김용환 역, 2001: 75)

4) 이 논의에서는 자아확립의 논리를 탐구하여 보고 교육적 접근의 가능성을 탐구한다. 김도남(2008a: 48; 본 책 90쪽 참조)은 자아확립의 개념을 응숭깊은 이치의 깨침을 통한 자기 규명이고 심원한 인격의 형성이라고 했다. 이 개념에 근거하여 독자의 자아확립을 위한 논리를 『대학』의 8조목을 바탕으로 생각해 본다.

발현할 수 있다. 글의 내용이 독자의 자아를 발현시켜 변화할 수 있게 하는 토대가 되기 때문이다. 읽기는 독자가 자아를 규정할 수 있게 하고, 새롭게 가질 수 있게 한다. 독자는 자아를 밝히고 확립함으로써 삶의 지향을 갖고, 이 지향을 의지적으로 실현하는 과정에서 존재한다. 읽기는 독자가 자아를 확립하여 존재하게 하는 활동인 것이다.

현재 읽기 교육은 학생 독자의 읽기 능력 향상에 초점이 있어, 독자의 자아확립에는 관심이 적다. 읽기를 강조하지만 글을 읽어서 무엇을 깨쳐야 하고, 깨친 것으로 무엇을 해야 하는지 알려주지 못하고 있는 것이다. 물론 읽기 교육의 잠재적인 목적은 독자의 자아확립을 추구하고 있다고 할 수 있다. 그렇지만 명시적으로 밝히지 않았고, 제시한 적이 없어 학생이 자아확립을 생각해 보거나 하려고 노력하지 않는다. 읽기 교육으로 이루어야 할 독자의 모습이 있다면 이를 분명하게 밝혀 제시하는 것이 필요하다. 그래야 학생들은 그 기대를 이룰 수 있게 될 것이다.

이 장에서는 『대학』의 8조목(條目)에 들어 있는 배움의 지향과 논리를 읽기 교육에 접목하여 독자의 자아확립을 위한 교육의 방향을 생각해 본다. 독자의 자아확립 논리를 『대학』의 8조목에 내재된 논리로 탐색하고, 교육적 접근 방향을 검토해 보고자 한다. 독자의 자아확립을 위한 읽기가 읽기 교육의 최고 지향은 아닐지라도 살펴볼 가치는 충분히 있다. 이 글에서는 『대학』의 관점을 자아확립에 두고, 이를 수용한 읽기 교육의 지향을 살펴본다.

## 2. 자아확립 읽기의 구조

『대학』의 논리에서 볼 때, 독자는 대상이나 세계의 이치를 밝혀 사람들이 친하게 살게 하고 아름다운 사회를 이룰 수 있도록 하는 자아확립을 지향해야 한다. 이를 위해 독자는 마음을 정하여 안정되게 한 후 편안한 마음으로 깊이 생각하고, 생각하여 일의 근본과 말단, 시작과 끝, 선과 후를 분별하려고 노력해야 한다.5) 이의 실현 방법으로 '격물(格物), 치지(致知), 성의(誠意), 정심(正心), 수신(修身), 제가(齊家), 치국(治國), 평천하(平天下)' 8조목을 들 수 있다.6) 이 8조목은 독자의 자아확립을 논의하는 토대가 될 수 있다. 8조목은 독자가 자아를 확립하기 위하여 근본적으로 갖추어야 할 것부터 최종적으로 추구하고 지향해야 할 것을 함의하고 있다. 8조목을 자아의 확립과 관련하여 구분하면 크게는 두 범주로, 세부적으로는 네 범주로 다시 구분할 수 있다. 두 범주는 자아를 내향적으로 발현(發現)하는 것과 자아를 외향적으로 정립(正立)하는 것이다. 자아의 발현은 독자가 글을 통하여 세계와 대면하여 자아를 인식하고, 이 자아를 분명히 밝혀 가지는

---

5) "그칠 데를 안 뒤에 정함이 있으니, 정한 뒤에 능히 고요하고, 고요한 뒤에 능히 편안하고, 편안한 뒤에 능히 생각하고, 생각한 뒤에 능히 얻는다. 물건에는 本과 末이 있고, 일에는 終과 始가 있으니, 먼저하고 뒤에 할 것을 알면 도에 가까울 것이다(知止而后 有定 定而后 能靜 靜而后 能安 安而后 能慮 慮而后 能得. 物有本末 事有終始 知所先後 則近道矣)."(성백효 역, 2004b: 24)

6) "옛날에 명덕을 천하에 밝히고자 하는 자는 먼저 그 나라를 다스리고, 그 나라를 다스리고자 하는 자는 먼저 그 집안을 가지런히 하고, 그 집안을 가지런히 하고자 하는 자는 먼저 그 몸을 닦고, 그 몸을 닦고자 하는 자는 먼저 그 마음을 바루고, 그 마음을 바루고자 하는 자는 먼저 그 뜻을 성실히 하고, 그 뜻을 성실히 하고자 하는 자는 먼저 그 지식을 지극히 하였으니, 지식을 지극히 함은 사물의 이치를 궁구함에 있다(古之欲明明德於天下者 先治其國 欲治其國者 先齊其家 欲齊其家者 先修其身 欲修其身者 先正其心 欲正其心者 先誠其意 欲誠其意者 先致其知 致知 在格物)."(성백효 역, 2004b: 24)

것이다. 그리고 자아의 정립은 자아를 올바르게 하여 사회에서 두루 받아들일 수 있게 하는 것이다. 발현은 세부적으로 자아를 인식하고 확인하여 구체화하는 '형성'과 자아를 바르고 가치 있게 스스로 만드는 '구현'으로 나눌 수 있다. 정립은 구현한 자아를 주변 사람들에게 드러내어 함께하고자 하는 '체현'과 세상이 다 함께 받아들일 수 있는 자아를 추구하는 '지향'으로 나눌 수 있다. 8조목에서 비롯된 자아의 확립 절차를 생각해 보자.

## 가. 내향적 자아의 발현

독자가 자아를 인식할 수 있는 것은 독자가 글에서 대상이나 세계와 마주할 때이다. 글을 읽고 대상이나 세계를 인식할 때 독자는 이들을 인식하여 대면하고 있는 자아를 알아차리게 된다. 독자가 글에서 대상이나 세계와 대면하고 있는 자아에 관심을 집중하게 되면 자아가 드러난다. 대면하고 있는 대상이나 세계가 자아를 이끌어내 보여주기 때문이다. 이 자아를 밝히기 위해 독자는 의식의 작용을 자아가 있는 의식의 안쪽으로 향하게 해야 한다. 독자가 이 자아에 의식을 집중하여 확인하고 자아에 가치 있는 의미를 부여하면 자아가 발현된다. 자아의 발현은 자아를 의식적으로 명료하게 규정하면서 조절할 수 있게 한다. 즉 독자는 글을 읽고, 마음속에 자아를 규명하여 자리를 잡도록 한다.

### 1) 대상적 자아의 형성: 격물치지(格物·致知)

자아는 개인이 자기를 규정하는 관념이다. 자기를 의식하여 밝혀 인식한 내용이 자아인 것이다. 이 자아는 대상이나 세계에 대한 인식이 이루어지면, 의식에 발현된다. 사람이 대상이나 세계를 인식하는 대표적인 방법이 읽기이다. 독자가 글을 읽고 대상을 인식하고, 그 대상과 마주하는 자기를 발견할 때 자아를 만날 수 있다. 그렇다고 독자의 대상 인식이 곧바로 자아를 만나게 하는 것은 아니다. 글에서 대상을 인식한 독자는 자아를 감지할 뿐 자아에 의식을 집중하지 않으면 자아는 의식에서 사라진다. 독자는 이 감지된 자아에 의식을 집중하고 살펴야 한다. 그리고 그 자아를 확인하여 밝혀야 한다. 자아는 독자가 글에서 대상을 인식하고 있는 자기를 의식하고 점검할 때 드러난다. 독자가 글의 내용을 특정하게 인식하는 자기에 대한 메타적 점검이 자아가 발현되게 한다.

독자가 대상을 인식한 자기에게 의식을 집중할 때 자아는 의식 내부에서 생성된다. 자아는 독자 밖에서 주어지는 것이 아니라 안에서 발현된다. 발현된다는 말은 내부에 잠재적으로 존재하던 것이 실체적인 것으로 드러난다는 의미다.[7] 이는 자아가 마음속에 잠재된 상태로 있다가 계기가 될 때 실체화됨을 의미한다. 독자의 자아는 발현하는 것이다. 자아는 독자가 글의 내용을 표상할 때 마음속에서 생기(生起) 또는 발현(發現)하는 것이다. 이 자아는 대상과의 대응 관계에서 비롯된 자아이기에 '대상적 자아'라 할 수 있다. 이 자아는 독자의 마음 내부에서 생겨났지만 익숙하지 않다. 그리고 마음속에 잠재되어 있다가 실체화되어 나타나기에 '형성'이다.

---

7) 형성(形成)은 잠재되어 있던 것이 현재(顯在)화되는 것을 가리키는 용어이다. 이홍우·임병덕 역(2003: 33)에서는 'becoming'을 '형성'이라고 번역하면서 헤겔이 사용한 용어라고 하고 있다. 자기의식적 성찰의 과정인 사고를 통하여 지식이 내면화 될 때, 자아가 점점 뚜렷하게 부각되는데 이를 가리키는 용어로 사용되었다.

대상적 자아는 독자의 대상에 대한 인식이 아니라 대상을 인식하는 의식에 대한 자기규정이다. 대상적 자아는 간단한 사물 의식에서 비롯된 자아부터 사회사상이나 우주 질서를 인식한 자아까지 그 범위는 아주 넓다. 독자의 자아는 이들 범주 속에 다양한 모습으로 존재한다. 독자는 이 범주 속에서 특정 대상이나 조건에 따라 자아를 가지게 된다. 이 자아는 주어지는 것이기보다는 의지적으로 형성하는 것이다. 독자가 글의 내용 인식에서 자기에 대해 적극적으로 규정하려는 의식적 노력을 할 때 자아가 생기하기 때문이다.

『대학』의 8조목을 보면, 격물(格物)과 치지(致知)가 이와 관련이 있다. 격물은 사물의 이치를 궁구하여 이 세계에 대한 이치 파악이 지극하게 되는 것[물격(物格)][8]의 수단을 말한다. 치지는 앎이 깊어져서 아는 바를 극진하게 하는[지지(至知)][9] 방법을 가리킨다. 물격과 지지는 『대학』의 내용으로 볼 때, 단지 대상의 이치 파악이나 앎을 말하는 게 아니라 물격과 지지를 지향하는 자아를 형성하는 과정을 의미한다.[10] 이로 보면, 독자의 지지(至知)는 대상과 세계의 이치 파악이 지극하고 아는 바가 극진한 상태에서의 자기 인식이다. 그리고 이는 물격

---

8) "물격(物格)은 물리의 지극한 곳이 이르지 않음이 없음이다(物格者 物理之極處 無不到也)."(성백효 역, 2004b: 25)

9) "지지(至知)는 내 마음이 아는 바가 극진하지 않음이 없는 것이다(至知者 吾心之所知 無不盡也)."(성백효 역, 2004b: 25)

10) 자기 수양의 중심은 자아를 열린 세계로 인식하는 데 있다. 즉 부단히 확대되는 상호적 관계망에 대한 감수성을 확대하여 외부 세계로부터 끊임없이 배운다. 그런 의미에서 "외물에 대한 탐구"는 외부 관찰자가 외부 사실을 무감정하게 연구하는 것이 아니다. 오히려 그것은 탐구자가 지식을 획득할 뿐만 아니라, 지식에 의해 변화되기도 하는 형태의 탐구를 의미한다. 외물을 탐구하는 것은 주변 세계와 자기 자신을 이해하기 위해 자연 현상과 인간의 일을 연구하는 것이다. 우리는 자연 현상과 인간의 일에 대해 외부 관찰자일 뿐만 아니라 내적 참여자로서 연구하여, 우리의 감정과 마음에 감응되었던 자연과 세계를 자신의 정서를 통해 구체화한다(정용환 역, 2001: 74~75).

이나 지지의 상태라기보다는 지향이다. 지극하게 이치를 파악하고자 하는 바가 극진한 상태가 되는 과정이 있다는 것은 독자가 이를 인식하고 점검하는 것을 전제한다. 즉 자아에 대한 인식이 격물과 치지 활동 속에 들어 있는 것이다.

격물과 치지를 위한 기제를 궁리(窮理)11)와 활연(豁然)12)으로 제시한 것에서 이를 확인할 수 있다. 궁리는 이치를 탐구하는 것을, 활연은 앎이 지극한 상태가 되는 것을 의미한다. 격물과 치지는 독자가 글을 통하여 대상 세계를 탐구하고 궁리하여 활연하게 되어야 함과 관련된다. 궁리하고 활연하게 되는 과정에서 독자는 자기를 의식하게 되고 자아를 형성한다. 『대학』의 격물과 치지에서 비롯된 대상적 자아는 세계에 대한 이치를 심도 있게 깨치고, 앎이 지고의 수준에 이른 상태에서 하는 자기규정이다. 사람은 이치를 깨치고 앎을 이룬 만큼 자기를 알아볼 수 있다. 그렇기에 대상적 자아라는 것은 궁리와 활연의 결과로 확인되는 자아다.

대상적 자아는 독자가 책을 얼마나 넓고 깊게 이해했는가에 따라 달라지는 자아이다. 독자가 책을 통하여 또는 책의 내용에 대하여 궁리하여 활연하게 이해한 만큼 자아를 형성할 수 있다. 독자가 대상적 자아를 갖는 것은 글을 이해하여 얻은 생각 내용만큼의 것이다. 독자의 글에 대한 이해의 깊이가 자아를 형성하는 내적 근원의 깊이다.

---

11) "이른바 지식을 지극히 함은 사물의 이치를 궁구함에 있다는 것은, 나의 지식을 지극히 하고자 한다면 사물에 나아가 그 이치를 궁구함에 있음을 말한다(所謂致知在格物者 言慾致吾之知 在卽物而窮其理也)."(성백효 역, 2004b: 32)

12) "그리하여 힘쓰기를 오래해서 하루아침에 활연히 관통함에 이르면, 모든 사물의 表裏와 精粗가 이르지 않음이 없을 것이요(至於用力久而一旦豁然貫通焉 則衆物之表裏精粗 無不到)."(성백효 역, 2004b: 32)

## 2) 자각적 자아의 구현: 성의정심(誠意·正心)

독자는 글을 읽고 자기에 대한 의식을 스스로 점검 확인할 때 자아에 대하여 알게 된다. 자기에 대한 의식을 점검 확인하는 것은 인식된 글의 내용과 대응되는 자아의 의식 내용을 알아보는 것이다. 자기 점검을 통하여 독자는 자아를 자각한다. 인식한 글의 내용에 의하여 자아가 부각되어 구체적으로 드러나게 되고(구현, 具現), 그 자아를 밝혀 지각하는 것이다. 대상에 대비된 자아와 달리 자기를 밝혀 앎으로써 자기를 규정한 자아를 '자각적 자아'라 할 수 있다.

자각적 자아의 구현은 독자 자신에게 내재되어 있던 자아 또는 대상적 자아를 명시적 실체로 만드는 것이다. 자아를 이루는 요인들은 개인의 마음속에 이미 존재하고 있다. 이를 글을 읽고 분명한 실체로 드러내었을 때 독자의 자아가 된다. 마음속에 들어 있는 대상적 자아를 분명한 실체로 만드는 것은 독자의 자각이다. 자아의 자각은 독자가 글을 통하여 자아를 깨쳐 아는 것이다. 독자가 자아를 깨쳐 아는 것은 두 가지 의식 작용에서 비롯된다. 첫째는 자아를 이루고 있는 내용을 확인하는 것이다. 둘째는 자아를 이루는 내용을 충만하게 하는 것이다. 이 둘째의 자아의 내용을 충만하게 하는 토대는 글의 내용이다. 독자는 글의 내용을 거울삼아 자아의 의식 내용을 확인하고, 자아의 의식 내용을 채워 충만하게 한다. 깨치는 것은 알아차림과 채움의 작용인 것이다. 글의 내용을 토대로 자아를 깨쳐 가지게 되는 것이 자각적 자아의 구현이다. 독자는 글의 내용을 토대로 자아를 구현하게 된다.

독자가 자아를 구현한다는 점에서 『대학』의 8조목은 성의(誠意)와 정심(正心)이다. 성의는 마음속에 있는 의식이나 의지를 돈독하고 정성스럽게 하는 것이고, 정심은 의식이나 의지를 올바르고 정당하게 하는 것이다. 성의와 정심은 독자가 글을 통해 자아를 올곧고 튼실하게 하고, 굳세고 기세 있게 하는 것을 가리킨다. 성의는 스스로를 속이지 않고 좋은 것을 좋아하고 나쁜 것을 나쁘게 여겨 바르고 옳은 것을 쫓는 마음이다.13) 정심은 마음이 한결같아 흔들리거나 다른 길로 벗어남이 없는 것이다.14) 자아를 내적으로 바르고 충실하게, 외적으로 참되고 견실하게 하는 것이 성의와 정심인 것이다. 성의가 자아를 충실하게 한다면 정심은 바르게 한다. 성의와 정심은 독자가 글의 이해로 자아를 알차고 오달지게 한다.

『대학』에서 성의의 주요 기제로 자겸(自謙)을 제시한다.15) 자겸은 스스로 만족함을 의미한다. 마음속에 있는 자아의 내용에 대하여 만족하는 것이다. 만족함의 중요 요인은 자기 스스로 속이지 않는 것이다. 독자가 자아의 내용을 살폈을 때, 그 내용이 옹골지고 그 지향하는 바가 굳세서 스스로 만족하는 것이다. 독자가 자아의 내용에 만족할 수 있는 의식이 자겸이다. 정심의 기제는 심재(心在)이다.16) 심재는 마음을 붙잡아 두는 것이다. 마음이 있다는 것은 독자의 의식적 지향

---

13) "이른바 그 뜻을 성실히 한다는 것은 스스로 속이지 않는 것이니, 惡을 미워하기를 악취를 미워하는 것과 같이 하며, 善을 좋아하기를 여색을 좋아하는 것과 같이 하는 것이다(所謂 誠其意者, 毋自欺也. 如惡惡臭, 如好好色)."(성백효 역, 2004b: 33)

14) "마음이 보존되지 못함이 있으면 그 몸을 검속할 수 없다. 이 때문에 군자는 반드시 이를 살펴서 경(敬)하여 마음을 곧게 하니 그러한 뒤에야 이 마음이 항상 보존되어서 몸이 닦이지 않음이 없는 것이다(心有不存 則無以檢其身 是以 君子必察乎此 而敬以直之 然後 此心常存 而身無不修也)."(성백효 역, 2004b: 36)

15) (각주 13과 연결) "이것을 自謙이라 이른다. 그러므로 군자는 반드시 그 홀로를 삼가는 것이다(所謂誠其意者, 毋自欺也. 如惡惡臭, 如好好色, 此之謂自謙(慊). 故君子必愼其獨也)." (성백효 역, 2004b: 33)

16) "마음이 있지 않으면 보아도 보이지 않으며, 들어도 들리지 않으며, 먹어도 그 맛을 알지 못한다. 이것을 일러 '몸을 닦음이 그 마음을 바룸에 있다.'고 하는 것이다(心不在焉, 視而不見, 聽而不聞, 食而不知其味. 此謂修身在正其心)."(성백효 역, 2004b: 36)

이 올바른 곳을 향하고 있음을 가리킨다. 마음을 붙잡아 두지 않으면 무엇을 하는지, 하는 일이 옳고 바른 것인지를 알기 어렵게 된다. 그래서 정심은 언제나 마음이 요동치거나 사방으로 분산되지 않게 붙잡고 있다. 자각적 자아는 독자가 마음속에 존재하는 자기에 대한 인식 내용을 만족스러운 것으로 만들고 그 내용이 늘 마음속에 자리를 잡고 있도록 하는 것이다.

글은 독자가 자아를 자각하게 한다. 글의 내용은 대상을 통찰할 수 있게도 하지만 독자가 자아를 알아보고 충만하게 한다. 독자가 글을 통하여 자아를 확인할 때, 자각적 자아의 구현을 할 수 있다. 독자는 글을 통하여 대상과 세계를 인식하고 다양한 생각을 만난다. 글의 내용은 독자가 자아를 옹골지게 하는 토대가 된다. 글은 독자가 자아를 볼 수 있게 하는 거울이고, 그 거울을 통하여 자아를 살피고 가꿀 수 있다. 『대학』에서 신독(愼獨)이라고 하는 말[17]이 그것이다. 혼자 있을 때 삼간다는 말은 자신의 거울에서 자아를 발견함을 의미한다. 거울 속에서 자아를 분명하고 감출 수 없는 모습으로 드러나는 것이다. 책을 읽고 이해하는 행위는 독자가 거울을 통하여 자아를 들여다보는 것과 같다.

자각적 자아의 구현은 글의 내용을 토대로 자아를 확인하고 자아를 충실히 하는 것이다. 독자가 글을 읽으면서 자아에 의식을 집중하면 자아를 자각할 수 있다. 자아의 내용을 확인하고, 부족한 것을 채울

---

[17] "小人이 한가로이 거할 때에 불선한 짓을 하되 이르지 못하는 바가 없다가, 군자를 본 뒤에 겸연쩍게 그 不善함을 가리고 善함을 드러내나니, 남들이 자기를 보기를 자신의 肺腑를 보듯이 할 것이니, 그렇다면 무슨 유익함이 있겠는가. 이것을 일러 '中心에 성실하면 외면에 나타난다.'고 하는 것이다. 그러므로 군자는 반드시 그 홀로 있을 때를 삼가는 것이다(小人閒居爲不善, 無所不至; 見君子而后厭(암)然, 揜其不善而著其善; 人之視己, 如見其肺肝然, 則何益矣? 此謂誠於中, 形於外. 故君子必愼其獨也)."(성백효 역, 2004b: 33)

수 있다. 독자가 글을 토대로 자아를 확인하고 채우게 되면 자아의 구현이 이루어진다. 독자의 자아 구현의 근거도 글의 이해이다. 독자는 글의 내용 이해를 토대로 자아를 밝혀 알고 충만하게 채워 그 본체를 응집해 내는 것이다. 자각적 자아는 독자가 글을 통하여 자아를 확인하고 채워가는 것이다. 『대학』의 성의와 정심이 그것이다.

## 나. 외향적 자아의 정립

독자의 의식 속에 발현된 자아는 외부로 드러나야 한다. 발현된 자아가 외부에 드러나기는 하지만 독자의 의식을 벗어나는 것은 아니다. 의식의 안쪽에서 바깥쪽으로 향하여 나아가기는 하지만 의식 속에서 점검되고 보완되어 새롭게 되어야 한다. 자아가 바깥을 향하여 작용하면서 새롭게 변화되고 안착되는 과정이 정립이다. 자아의 정립은 다른 사람과의 관계 속에서 발현된 자아가 드러나 작용하여 구체화되는 '체현(體現)'과 더 발전된 자아를 만들어가면서 궁극적으로 독자가 성취하려고 추구하는 '지향(志向)'으로 구분할 수 있다. 외향적으로 나아가면서 자아를 정립하는 기제를 살펴보면 다음과 같다.

### 1) 관계적 자아의 체현: 수신제가(修身·齊家)

사람은 다른 사람과의 관계에서 존재한다. 사람은 누구나 다른 사람과의 관계 속에서 자기의 존재를 밝혀야 한다. 자신에 대한 인식도 관계에서 비롯되었고, 그 관계 속에서 자신이 누구이고 무엇을 어떻게 왜 해야 하는지를 밝혀 알아야 한다.[18) 관계 속에서 자기를 밝혀 아는 것은 자신의 의식이나 의도를 다른 사람과 공유하고 함께 실현해 넘으로써 분명해진다. 독자는 자각적으로 구현한 자아를 다른 사람과의 관계에서 그 타당성이나 가치성을 확인해야 한다. 독자가 고립된 채 자아를 밝혀내기만 한다면 그것은 가치가 없는 일이다. 다른 사람과 함께 자아 내용을 공유하고 실현해 나가는 것이 필요하다. 다른 사람과 공유하고 함께 실현해 나가야 하기에 이를 '체현'이라 할 수 있다.

독자의 관계적 자아의 체현은 관계 인식에서 비롯되는 것으로 두 가지 방향으로 이루어진다. 하나는 구현된 자아를 글과의 관계 속에서 정연(整然)하는 것이고, 다른 하나는 정연된 자아를 생활 속에서 드러내어 실질화(實質化)하는 것이다. 자아의 정연은 글의 내용을 본받아 자각된 자아를 가지런히 하는 것이다. 가지런히 하는 것은 질서 있게 자리를 잡고, 기준을 가지고 정돈되어 쓰일 수 있게 하는 것이다. 자아의 정연은 독자가 글의 내용으로 자아를 깨쳐서 자아가 의식의 한 부분으로 안착하여 일체를 이루고, 실행의 기준과 요건을 갖추는 것이다. 정연된 자아의 실질화는 자아를 생활 속에서 드러내어 실천으로 체득하면서 이루어진다. 사회 속에서 자아를 드러내고 실행하는 것이다. 이로써 자아는 사회적 관계 속에서 점검받고 정당성을 갖추게 된다. 실행을 통해 실질화되지 못한 자아는 부실하고 빈약하다. 사회적 관계 속에서 체현될 때 자아가 강화되고 실체화되어 안착한다. 독자는 사회적 관계 속에서 자아를 체현함으로써 튼실하게 해야 한다.

자아를 체현한다는 점에서 『대학』의 8조목은 수신(修身)과 제가(齊家)이다. 수신은 마음과 행동을 바르게 하는 것이다.19) 마음속 의식의

---

18) 유학의 관점에서 본다면, 자신의 내적 자아에게 성실해야만 진정한 인간이 될 수 있을 뿐만 아니라 구체적인 인간관계에서 성실성을 발휘하지 않는다면 결코 참된 자아를 찾을 수 없다(정용환 역, 2001: 145).

내용과 의지의 실현이 바름에서 벗어나지 않는 것이다. 마음과 행동이 바름을 판단하는 기준은 생활에 있다. 독자가 스스로 판단하여 바름이 아니라 생활 속에서 살피고 따져서 바른 것이다. 생활의 내용과 형식이 모두 발라 부족함이 없어야 수신이 이루어진 것이다. 속마음과 겉으로 드러나는 행동이 언제나 일치하는 것이 수신이다. 제가는 가장 가까운 사람들과의 교감이다.[20] 즉 제가는 독자가 자아를 드러내어 보여주고, 가까운 사람들이 공감하고 공유하여 함께 이룰 수 있는 자아 내용의 제시와 실현이다. 수신이 관계적 자아의 내재적 바탕이라면 제가는 관계적 자아의 외현적 실현체이다. 수신의 내용이 제가를 통하여 드러나고 실체화되는 것이다.

『대학』에서 제시하는 수신의 주요 기제는 피벽(避僻)이다.[21] 피벽은 편벽되지 않음이다. 편벽되지 않음은 사회적 관계의 기본으로 마음이 한 곳으로 치우치지 않음이다. 사람을 대할 때에 마음에서 치우치지 않도록 하는 것이 피벽이다. 사람은 좋아하고, 싫어하는 것이 있는데, 피벽으로 인하여 마음의 작용을 좋아하는 쪽으로 치우치지 않고 공정할 수 있게 되는 것이다. 자식에게까지 공정하고 바른 마음이 작용할

---

19) "이른바 몸을 닦음이 그 마음을 바름에 있다는 것은 마음에 분치(忿懥)하는 바가 있으면 그 바름을 얻지 못하며, 공구(恐懼)하는 바가 있으면 그 바름을 얻지 못하며, 좋아하고 즐기는 바가 있으면 그 바름을 얻지 못하며 우환(憂患)하는 바가 있으면 그 바름을 얻지 못한다(所謂修身在正其心者, 身[心]有所忿懥, 則不得其正; 有所恐懼, 則不得其正; 有所好樂, 則不得其正; 有所憂患, 則不得其正)."(성백효 역, 2004b: 35)

20) "몸이 닦아지면 집안을 가르칠 수 있다. 孝・弟・慈는 몸을 닦아 집안을 가르치는 것이다(修身則家可敎矣 孝弟慈 所以修身而敎於家者也)."(성백효 역, 2004b: 39)

21) "이른바 그 집안을 가지런히 함이 몸을 닦음에 있다는 것은 사람들이 親愛하는 바에 편벽되며, 천히 여기고 미워하는 바에 편벽되며, 두려워하고 존경하는 바에 편벽되며, 가엽게 여기고 불쌍히 여기는 바에 편벽되며, 거만하고 태만히 하는 바에 편벽된다(所謂齊其家在修其身者, 人之其所親愛而辟(僻)焉, 之其所賤惡而辟焉, 之其所畏敬而辟焉, 之其所哀矜而辟焉, 之其所敖惰而辟焉)."(성백효 역, 2004b: 38)

수 있도록 하는 것이 피벽이다. 제가의 기제는 교행(教行)이다.22) 교행은 가르침을 행하는 것이다. 교행은 갓난아이를 돌보듯이 진정으로 정성을 다하여 가까운 사람을 돕는 것이다.23) 아이를 키우는 일을 따로 배워서 시집을 가는 것이 아닌 것과 같이 그 가르침이 따로 있는 것이 아니라 마음을 다하여 가까운 사람을 대함으로써 그들이 배울 수 있게 하는 것이다. 관계적 자아가 행동으로 드러나 가까운 사람들이 본받아 이해하고 따르게 하는 것이 교행이다.

독자는 글의 이해를 바탕으로 관계적 자아의 체현에 힘써야 한다. 독자는 글 속에서 많은 사람을 만나고 그 사람들은 독자가 어떻게 관계적 자아를 체현해야 하는지를 알려준다. 수신을 위한 자아의 내용과 의도를 드러내 보여주고, 제가를 위한 자아의 실행 방식도 알려준다. 독자가 내적 자아로 향하는 의식을 외부로 향하게 할 때 관계적 자아가 체현될 수 있다. 독자는 글을 통하여 다른 사람과의 관계 내용과 관계 방식을 인지적으로 경험한다. 이를 바탕으로 관계적 자아를 가까운 사람들과 함께 실현하는 일이 필요하다.

## 2) 보편적 자아의 지향: 치국평천하(治國·平天下)

독자는 자신이 현재보다는 더 나은 사람이 될 수 있다는 의식을

---

22) "이른바 나라를 다스림이 반드시 먼저 그 집안을 가지런히 함에 있다는 것은 그 집안을 가르치지 못하고 능히 남을 가르치는 자는 없다. 그러므로 군자는 집을 나가지 않고 나라에 가르침을 이루는 것이다(所謂治國必先齊其家者, 其家不可教, 而能教人者, 無之. 故君子不出家, 而成教於國)."(성백효 역, 2004b: 38~39)

23) "강고에 이르기를 '적자(赤子: 어린 아기)를 보호하듯이 한다.' 하였으니 마음에 진실로 구하면 비록 딱 맞지는 않으나 멀지 않을 것이다. 자식 기르는 것을 배운 뒤에 시집가는 자는 있지 않다(康誥曰: '如保赤子.' 心誠求之, 雖不中, 不遠矣. 未有學養子而后嫁者也)."(성백효 역, 2004b: 39)

지니고 있다. 이 의식은 평생 버리지 않는다. 그래서 독자는 늘 글을 읽어야겠다는 잠재된 지향을 품고 있다. 이것이 독자가 글을 읽게 한다. 독자는 글을 읽어 인간적인 삶의 가치를 높이고 사회적인 정의의 실현을 추구한다. 이는 독자가 글을 읽는 바람이고 지향이다. 이를 위해 독자는 자아를 튼실하게 하고 그 자아를 실현하려는 노력이 필요하다. 자신의 현재적 자아 수준을 진작시켜 시공을 초월하여 실현할 자아가 '보편적 자아'이다. 보편적 자아는 자신의 생활 영역 너머 시공간에 구애받지 않는 자아이다. 시공을 초월한 자아를 규정하는 것은 실제적이기보다는 이상적이다. 이는 실현되는 자아이기보다는 추구하고 지향하는 자아이다. 이 보편적 자아는 독자가 공간과 시간을 넓힐 때마다 새롭게 자아를 규정해야 하는 과제이기도 하다.

보편적 자아는 독자가 궁극적으로 지향하는 자아이기도 하다. 지향이라는 것은 성취되는 것과 더 큰 성취를 기대하는 것을 포함한다. 독자가 자신이 바라는 바를 성취하였다고 하여 자아가 그것으로 실현되는 것이 아니다. 독자는 자아가 추구하는 일을 한 가지를 성취하였다고 하여 그것에 만족하지 않기 때문이다. 독자는 현재 자아의 성취를 통하여 더 큰 성취를 기대하기 마련이다. 자아가 현재에서의 성취를 바탕으로 새롭게 성취할 목표를 가진 자아를 확립하는 것이 지향이다. 보편적 자아는 특정한 자아에 만족하거나 멈추는 자아가 아니다. 더 크고 위대한 것을 추구하면서 계속 변화하는 자아이다. 그래서 보편적 자아는 고정된 한 가지 형태에 머물지 않는다.

보편적 자아의 추구와 관련된 『대학』의 8조목은 치국(治國)과 평천하(平天下)이다. 치국은 나라를 바르게 한다는 말이다. 나라를 바르게 하는 일은 법으로 질서를 규정하고, 명령으로 행동을 통제하는 것을 의미하는 것이 아니다. 독자가 보편적 자아를 드러내어 이웃과 함께 자아 내용의 성취를 이루어 가는 것이다. 독자의 정립된 자아 내용을 이웃과 함께 공유하는 일이다. 이웃들과 함께 자아의 내용을 공고히 하는 것이 치국이다. 평천하는 보편적 자아의 넓은 세계로의 확장이다. 독자의 자아를 누구나 의식하고 그 가치를 인정하여 공간과 시간의 제약을 벗어나 함께하려는 것이다. 보편적 자아는 궁극적으로 시공간을 벗어난 자아의 의식이고 변화하는 의식이다.

『대학』에서 제시하는 치국의 기제는 혈구(絜矩)이다.[24] 혈구는 표준이 되는 자를 의미한다. 내적인 자아와 외적으로 실현되고 있는 자아가 세상의 표준이 되어야 함을 뜻한다. 자아의 내용이나 행동의 내용이 모든 사람에게 타당하게 받아들여지고 부족함이 없는 것으로 여겨져 의식과 행동의 준거가 되는 것을 의미한다. 의식과 행동이 본받을 만하여 모든 사람이 따라 하는 것이 혈구이다. 평천하의 기제는 호인(好仁)이다.[25] 호인은 인간됨의 바른 이치를 좋아함이다.[26] 인간됨의 바른 이치는 성취하기가 어렵기에 끊임없이 노력해야 한다. 좋아한다(好)는 말은 완성할지 알 수 없지만 포기하지 않고 성취하려는 의지를

---

24) "윗사람에게서 싫었던 것으로써 아랫사람을 부리지 말며, 아랫사람에게서 싫었던 것으로써 윗사람을 섬기지 말며, 앞사람에게서 싫었던 것으로써 뒷사람에게 가하지 말며, 뒷사람에게서 싫었던 것으로써 앞사람에게 따르지 말며, 오른쪽에게서 싫었던 것으로써 왼쪽에게 사귀지 말며, 왼쪽에게서 싫었던 것으로써 오른쪽에게 사귀지 말 것이니, 이것을 일러 矩로 재는 도라고 하는 것이다(所惡於上, 毋以使下; 所惡於下, 毋以事上; 所惡於前, 毋以先後; 所惡於後, 毋以從前; 所惡於右, 毋以交於左; 所惡於左, 毋以交於右, 此之謂絜矩之道也)."(성백효 역, 2004b: 42)

25) "윗사람이 인을 좋아하고서 아랫사람들이 의를 좋아하지 않는 자는 있지 않으며, 아랫사람들이 의를 좋아하고서 그 (윗사람) 일이 끝마쳐지지 못하는 경우가 없으며 府庫의 재물이 그 윗사람의 재물이 아닌 경우가 없는 것이다(未有上好仁, 而下不好義者也; 未有好義, 其事不終者也; 未有府庫 財非其財者也)."(성백효 역, 2004b: 48)

26) 모든 사람을 심리학적으로 인(仁)을 실현할 잠재성을 가지고 있을 뿐만 아니라 형이상학적으로도 본질상 우주의 마음과 동일한 도덕적 마음(즉, 인의 마음)을 가지고 있다(정용환 역, 2001: 230).

다지고 실천함을 가리킨다. 성인의 경지는 성취하기 어렵지만 이를 위하여 꾸준히 기꺼이 노력하고 실천해야 함을 뜻한다. 세상 사람의 의식과 행동의 표준이 되는 자아를 마련하여 세상 사람들이 받아들이게 하여 함께 하는 것이다. 그리고 이 자아를 새롭게 고쳐 실현해 나가는 일이다.

글을 읽고 이해하는 것은 글 속에 생각이 머물러 있어야 하는 것을 뜻하는 것이 아니다. 글의 내용을 바탕으로 자아를 발현해 내고 이를 실현하도록 하기 위한 것이다. 글을 읽으라는 요구는 글의 내용대로 하라는 것이 아니라 글에서 비롯된 생각을 바탕으로 새롭게 자아를 형성하고 이를 바탕으로 새로운 자아를 생성하라는 것이다. 이는 보편적 자아를 정립하라는 의미이다. 보편적 자아의 정립으로 자신의 한계를 넘어서는 자아의 확립하고, 이를 통한 세상과의 소통을 기대하는 것이다. 읽기를 학생에게 가르치는 이유도 글을 읽어 보편적 자아를 확립하고, 자아가 지향하는 바를 새롭게 할 것을 바라기 때문이다.

## 다. 내향과 외향의 상보

독자의 자아확립은 내향적 자아와 외향적 자아의 연결과 순환으로 이루어진다. 『대학』 8조목의 설명 논리를 보면, 개별 조목들은 하나씩 맞물려 서로가 조건이고 토대이다.

명덕을 천하에 펼치려면 먼저 치국하고, 치국하려면 먼저 제가하고, 제가하려면 먼저 수신하고, 수신하려면 먼저 정심하고, 정심하려면 먼저 성의하고, 성의하려면 먼저 치지하고, 치지하려면 먼저 격물을 해야 한다고 하고 있다. 그래서 물격해야 지지할 수 있고, 지지해야 성의할 수 있고, 성의해야 정심할 수 있고, 정심해야 수신할 수 있고, 수신해야 제가할 수 있고 제가해야 치국할 수 있으며 치국해야 평천하를 할 수 있다.[27)]

이를 보면 8조목이 서로 상보적 관계에 있으면서 순환적으로 연결되어 있음을 알려준다. 8조목을 통하여 확립되는 자아도 서로 상보적이면서 순환적이라 할 수 있다.[28)] 즉 내향적 자아의 발현과 외향적 자아의 정립은 상보적이고 순환적으로 연결된 구조이다.

내향적 자아의 발현은 외향적 자아 정립의 토대이다. 8조목의 구성 틀로 보거나 자아의 확립 구조로 볼 때, 내향적 자아의 발현은 자아를 인식하고 새롭게 구체화하는 것으로 자아의 잠재태가 드러난 것일 뿐 실체적이지 못하다. 실체적이기 위해서는 외현적으로 드러나서 사회적으로 확립되어야 한다. 세계를 탐구하여 이해하고 이를 통하여 자기가 누구이고, 무엇을 해야 하는지를 규정한다고 하여 곧바로 자아가 확립되는 것이 아니다. 자신을 규정하기 위해서는 사회적 관계 속에서 자신을 확인하는 일이 필요하다. 자아를 내향적으로 규정하는 것만으로는 자아를 확립할 수 없다. 내향적 자아의 규정은 자아를 확인한 것일 뿐 외적으로는 아무런 흔적이 없다. 이는 자아의 발현 그 자체만으로는 가치를 갖지 못함을 의미한다. 자아의 발현은 자아

---

27) "古之欲明明德於天下者, 先治其國; 欲治其國者, 先齊其家; 欲齊其家者, 先修其身; 欲修其身者, 先正其心; 欲正其心者, 先誠其意; 欲誠其意者, 先致其知; 致知在格物. 物格而后知至, 知至而后意誠, 意誠而后心正, 心正而后身修, 身修而后家齊, 家齊而后國治, 國治而后天下平."(한글 번역은 각주 6 참조. 성백효 역, 2004b: 24~25)
28) 팔조목 가운데 격물과 치지는 주로 인식과 관련된 공부이고 나머지는 주로 실천과 관련된 공부하고 설명하는 주희의 분석에 대해 왕부지는 '지'와 '행'은 서로 완전히 분리될 수 없는 것이라 하여 인식의 공부 과정 속에도 실천 공부가 들어 있으며 실천 공부 속에도 인식 공부가 내재해 있다고 주장하였다(윤원현, 2010: 319).

를 확립하기 위한 준비이면서 씨앗에서 싹이 튼 것과 같다. 자아의 발현은 자아를 정립하기 위한 토대일 뿐이다.

외향적 자아의 정립은 내향적 자아 발현의 조건이다. 자아가 밖으로 드러나 구체적인 실체를 보이면서 명확하게 자리를 잡는 것이 정립이다. 개인이 자아를 형성하고 관계적으로 실현하여 그 내용과 의도를 구체화하여 정립함으로써 자아는 안정된 상태를 갖게 된다. 이자아의 정립은 개인에서 가정으로 사회로 세계로 확장된다. 이 자아 정립의 확장은 자아를 키우고 넓혀서 시간과 공간을 확대하면서 이루어진다. 이 확대의 과정은 동일한 자아의 반복으로 이루어지는 것이 아니다. 자아의 확대는 자아의 변화적 순환을 통하여 이루어진다. 관계적 자아나 보편적 자아의 변화만으로 자아가 확립되는 것이 아니라 대상적 자아와 자각적 자아의 변화가 그 토대가 되어야 한다. 독자가 글을 읽으면, 새로운 대상과 세상에 대한 인식이 대상적 자아를 자극하고 자각적 자아를 일깨운다. 그 결과 관계적 자아와 보편적 자아의 변화가 일어나게 되는 것이다.

내향적 자아는 외향적 자아와 상보적으로 작용한다. 자아의 확립에서 내향과 외향은 서로 의지하고 상보적이다. 대상적 자아나 자각적 자아 없이 관계적 자아나 보편적 자아는 존재할 수 없다. 관계적 자아나 보편적 자아 없이 대상적 자아나 자각적 자아의 발현이 일어나지 않는다. 자아의 발현은 자아 정립의 토대이고, 자아의 정립은 자아 발현의 조건이 되어 서로 상보적으로 작용한다. 독자가 자아를 확립한다는 것은 한 가지의 변화하지 않은 자아를 갖게 하는 것을 의미하지 않는다. 자아의 확립은 독자의 인식과 경험의 확대로 변화되는 자아의 정립을 의미한다. 독자는 하나의 고정된 자아로만 살아가는 것이 아니고, 상황에 따라 변화하는 자아를 가지고 살아간다. 이 과정에서 자신의 저치에 맞게 자아를 규정하여 성취하면서 지향하는 자아를 정립하는 것이 자아의 확립이다.

　독자는 평생 글을 읽어야 한다는 의식을 품고 있다. 글을 읽어야 하는 근원적 이유 중 하나가 자아의 확립에 있기 때문이다. 고정된 자아를 추구한다면 평생 글을 읽어야 할 이유가 없다. 독자는 평생 처지에 따른 자아의 발현뿐만 아니라 보편적 자아를 지향하기 때문에 읽어야 한다고 생각한다. 글을 읽음으로써 새로운 자아를 발현할 계기를 갖고, 자아를 정립할 수 있게 된다. 독자는 새로운 글을 읽음으로써 새로운 세계를 만나고 새로운 자아를 정립하게 된다. 그렇다고 자아의 발현이 글을 읽기만 한다고 이루어지는 것은 아니다. 자아의 발현과 정립을 지향하는 읽기를 해야 한다. 독자 의식의 초점이 자아의 발현과 정립에 있고, 의지적으로 자아에 집중해야 한다.

　읽기 교육은 학생이 글을 읽는 방법을 가르친다. 글을 읽는 방법은 글의 내용을 파악하고 이해하기 위한 측면도 있지만, 학생이 독자로서 자신의 마음을 들여다보고 자아를 발현하고 정립할 수 있도록 하기 위한 측면도 있다. 교육이 읽기를 강조하고 학생들이 글을 읽어야 하는 근본적인 이유는 글의 내용보다는 자아의 확립에 있다. 필자가 글을 통하여 추구하는 것은 구체적인 사실을 밝히기 위한 것보다는 독자가 다른 세상을 엿보고 자아를 새롭게 정립하게 하는 것이다. 필자도 글의 주제에 대하여 특정한 지식보다는 안목을 얻었기 때문에 글을 쓰고 독자가 읽기를 바란다. 만약 필자가 지식을 전달하기 위한 것이라면 굳이 글을 정성들여 쓰고 독자가 꼭 읽어야 한다고 생각하지 않을 것이다. 관련된 지식은 다른 글에 이미 많이 존재하기 때문이다. 독자는 글을 읽고 자신을 들여다보고 사회와 세계를 바라볼 수 있어야 한다. 읽기 교육은 이를 위한 교육이 이루어져야 한다.

## 3. 자아확립 읽기의 교육

독자의 자아확립을 『대학』의 8조목 관련하여 볼 때, 독자는 자신과 세상과의 관계를 전제하여 자아를 확립하는 것이 필요하다. 독자는 대상과 관련을 맺으면서 자아를 발현하고, 대상과의 관계 속에서 자아를 정립하여 실현해 나가야 한다. 읽기 교육은 독자가 읽기를 통하여 자아를 발현하고, 이를 정립할 수 있도록 하는 것이 필요하다. 이를 위해 읽기 교육에서는 학생이 읽기를 통한 자아확립의 지향점을 일깨우고, 자아확립을 위한 의식을 가지고 노력하도록 할 필요가 있다. 독자의 자아확립을 위한 읽기 방향을 몇 가지로 정리하면 다음과 같다.

### 가. 자아확립의 지향적 목적에 대한 안내

읽기 교육에서 학생 독자의 자아확립을 지도할 때, 그 지향점을 갖도록 하는 것이 필요하다. 독자의 자아확립이 지향하는 목적에 대한 안내가 필요하다. 자아확립이 지향하는 바가 있어야 자아를 분명하게 규정할 수 있고, 이를 실현할 수 있다. 자아확립이 지향하는 바를 정하는 방식을 『대학』에서 엿보면 단계적으로 정하되 최고의 지향점을 정해 놓아야 한다. 『대학』에서는 최고의 지향을 사회가 지극한 선을 이루도록 하는 것[止於至善(지어지선)]에 두고 있다. 지선(至善)은 실현되거나 달성하기보다는 추구하는 것으로서의 가치이다. 읽기 교육도 독자의 자아확립이 지향하는 목적에 대한 안내가 필요하다.

현재의 우리 교육에서는 학생의 자아확립이 지향하는 바를 제시하고 있다. 교육과정 총론에 제시된 추구하는 인간상이 이와 관련된다.29) 교육과정 총론의 인간상은 교육과정을 이수한 사람이 갖추기를 바라는 덕목이다. 교육과정에 제시된 인간상을 중심으로 읽기 교육을 통하여 독자가 지향해야 할 인간상 또는 자아확립을 생각해 볼 수 있다. 읽기 교육을 통하여 학생들이 구체적으로 지향해야 할 자아확립의 내용도 이와 크게 다르지 않다. 교육과정의 인간상이 각과 교육을 통하여 구체화되기 위해서는 교과에서 이를 위한 실제적 접근이 필요하다. 이와 관련하여 볼 때, 읽기 교육에서 지향하는 인간상 또는 독자가 확립해야 할 자아를 분명히 할 필요가 있다.

국어과 교육의 목적은 '국어 능력'이다. 국어과 교육과정의 성격에서 이를 분명히 하고 있다.[30] 이를 읽기 교육의 목적으로 대체하면 읽기 능력이다. 이 논의와 관련하여 볼 때, 읽기 능력은 자아의 발현과 정립을 통한 보편적 자아의 확립할 수 있는 가능성이다. 보편적 자아의 확립은 두 가지를 요건이 필요하다. 첫째는 읽기를 수행하는 의식 주관자의 측면, 즉 읽기 주체의 요건이다. 보편적 자아는 이를 주관하는 주체가 분명해야 한다. 둘째는 자아를 구성하는 내용적 측에서의 요건이다. 보편적 자아는 그 내용에서의 타당성이 있어야 한다. 자아를 정립하는 주체가 자아의 내용을 타당하게 생성해야 한다. 이를

---

29) 2015 교육과정에서 제시한 추구하는 인간상(국가교육과정정보센터) ㉮전인적 성장을 바탕으로 자아정체성을 확립하고 자신의 진로와 삶을 개척하는 자주적인 사람. ㉯기초 능력의 바탕 위에 다양한 발상과 도전으로 새로운 것을 창출하는 창의적인 사람. ㉰문화적 소양과 다원적 가치에 대한 이해를 바탕으로 인류 문화를 향유하고 발전시키는 교양 있는 사람. ㉱공동체 의식을 가지고 세계와 소통하는 민주 시민으로서 배려와 나눔을 실천하는 더불어 사는 사람

30) 2015 국어과 교육과정의 성격의 일부(국가교육과정정보센터)
학습자는 학교생활을 통해 폭넓은 국어 경험을 쌓으며 일상생활과 학습에 필요한 실질적인 국어 능력을 길러야 한다. 이를 바탕으로 학습자는 더 깊이 있는 사고와 효과적인 소통, 발전적인 문화 창조 능력을 갖추게 된다. 나아가 자신의 말이나 글에 책임지는 태도를 지니고, 바람직한 인성과 공동체 의식을 기름으로써 국어 교육의 목적을 달성할 수 있다.

위해서는 주체는 글의 이해를 통하여 자아의 토대가 되는 의식 내용을 마련해야 한다. 주체의 의식 내용을 주관이라고 할 때, 주체가 글의 이해로 가지게 되는 보편적 의식 내용을 '보편 주관'이라 할 수 있다. 자아확립의 주체가 보편적 자아를 정립하기 위해서는 보편 주관을 생성해야 한다. 이 보편 주관을 바탕으로 주체는 보편적 자아를 확립할 수 있다.

읽기 교육에서 독자의 보편적 자아 정립을 위해서는 보편 주관의 생성에 관심을 가질 필요가 있다. 이 보편 주관은 혈구(絜矩)나 호인(好仁)의 함축적 가치에 기초해 생성할 필요가 있다. 이들 가치는 한두 편의 글을 읽고 갖출 수 있거나 글을 통해서만 갖출 수 있는 것이 아니다. 글의 내용을 이해하고, 다른 글의 이해로 비판적으로 점검하여 독자의 의식 내용을 계속하여 가꾸어 나갈 때 언뜻 언뜻 생성된다. 독자는 이 보편 주관에 대응되는 보편적 자아를 정립해야 한다. 이는 독자의 자아확립이 글의 이해를 바탕으로 이루어짐을 의미한다. 읽기 교육에서 독자의 자아확립을 강조한다는 것은 글의 이해를 전제하는 것임을 뜻한다.

읽기 교육에서 목적이 분명한 독자의 자아확립을 요구해야 학생 독자는 이를 지향할 수 있다. 자아확립의 최고 목적이 정해지면 학생은 이를 성취하기 위하여 의지를 갖고 노력할 것이다. 교육과정의 총론에서 제시하는 인간상은 개인적으로 성취해야 할 인간 특성을 제시하고 있다. 이를『대학』에서 제시하는 친민(親民)이나 지어지선(止於至善)과 비교할 때 그 속성에서 차이가 난다. 교육과정의 인간상은 개인이 갖추어야 할 것이고,『대학』의 친민과 지선은 개인이 이루어야 할 것이다. 읽기 교육에서 독자가 확립해야 할 자아의 내용으로 강조해야 할 것은『대학』에서 제시하는 바와 같은 이루어야 할 것이다. 갖추어야 하는 것은 발현의 수준이고, 이에 이루어야 할 요소를 덧붙여 학생이 자아를 확립하도록 하는 것이 필요하다.

읽기 교육에서 독자의 자아확립의 목적이 되는 내용은 제한하기 어렵다. 독자의 지향이 각기 다를 수 있기 때문이다. 독자의 자아확립에서 지향해야 하는 목적의 조건을 제시하면 다음과 같다. 첫째, 독자 개인의 만족보다는 공적인 바람을 반영하고 있어야 한다. 둘째, 독자가 추구할 만한 실현적 가치를 함의하고 있어야 한다. 셋째, 독자가 갖추어야 하는 것보다 이루어야 하는 것이어야 한다. 독자는 자신이 확립한 자아의 지향대로 삶을 이루어 갈 것이다. 자아의 지향 목적이 구체적인 것보다 이상적인 것일 필요가 있다. 목적은 실현했을 때보다 추구해 나갈 때 더 가치가 있기 때문이다. 읽기 교육은 학생이 독자로서 확립할 자아와 자아가 지향하는 목적을 안내해야 한다.

## 나. 자아의 발현과 정립을 위한 실천

학생이 독자로서 읽기를 통하여 자아를 확립하기 위해서는 두 가지 접근이 필요하다. 자아를 발현하는 접근과 자아를 정립하기 위한 접근이다. 자아의 발현은 글의 이해를 통하여 자신의 마음속에 있는 자아를 탐구하고 규정하는 내향적 활동이고, 자아의 정립은 글의 이해를 통하여 마음속에 발현된 자아를 드러내어 실천하고 그 결과를 성찰하는 외향적 활동이다. 자아의 발현과 정립은 결국 독자가 자신의 자아를 확립하여 삶으로 실현하는 과정이다. 독자가 자아를 확립하기 위해서는 자아의 발현을 위한 내향적 탐구와 자아를 정립하기 위한 외향적 실천이 이루어져야 한다.

자아 발현을 위한 내향적 탐구는 독자의 마음속에 있는 자아를 찾는 과정이다. 독자의 내향적 탐구는 글의 이해로 자신의 마음을 들여다보는 것이다. 이는 독자가 글의 내용이나 대상보다는 자신의 자아에 관심을 가지는 일이다. 글의 내용 이해를 도외시하는 것은 아니지만 독자 관심의 중심을 자아에 두는 일이다. 그동안의 읽기 교육에서는 독자의 관심을 필자의 의도나 글의 주제에 집중하거나 독자의 배경지식에 집중하도록 강조하였다. 자아 발현을 위한 내향적 탐구를 하는 읽기도 대상만 달리할 뿐 마찬가지이다. 독자의 자아에 관심을 집중하고 자아를 탐구하는 읽기를 하는 것이다.

　내향적 탐구를 통한 자아의 발현은 자아를 지각하여 튼실하게 하는 일이다. 학생 독자가 글의 읽고 자아를 지각하여 튼실하게 하기 위해서는 교사의 도움이 필요하다. 도움의 첫 단계는 자아에 관심을 갖도록 요구하는 것이다. 읽기 교육활동에서 교사가 자아에 관심을 가질 것 요구할 때, 학생 독자는 자아에 관심을 집중하게 된다. 둘째 단계는 읽기 과정에서 발현된 자아에 의식의 초점을 맞추게 한다. 독자는 글을 읽을 때 쉽게 글의 내용에만 관심을 둔다. 예로, 『대학』을 읽으면 여러 가지 생각이 일어나지만, 글의 내용에만 의식을 집중하는 경향이 있다. 그러다 형성된 자아를 외면하게 된다. 내향적으로 자아를 탐구하는 읽기는 자아에 의식을 집중하면서 글의 내용을 이해해야만 한다. 세 번째 단계에서는 학생 독자가 글의 내용에 대응하는 자아의 의식 내용을 갖추게 해야 한다. 『대학』의 내용을 떠올리며 '명덕을 밝히는 읽기를 하고 있는가?', '친민을 실천할 수 있는가?', '지극히 선한 세상을 위해 무엇을 해야 하는가?' 등을 생각하게 하고, 독자의 의식이 그것에 이르렀는지 점검해 보게 해야 한다. 『대학』에서 요구하는 자아를 지니고 있는지를 따져보고, 글의 요구에 대응하는 자아를 떠올려 볼 수 있게 해주어야 한다. 요컨대, 학생 독자가 글을 읽을 때, 자아에 초점을 맞추어 자아를 형성하게 하고, 자아를 이루는 의식 내용을 갖출 수 있게 해야 한다. 이는 내향적 탐구를 지향하는 읽기 지도의 과제이다.

자아 정립을 위한 외향적 실천은 독자의 마음속에 있는 자아를 드러내고 보완하는 과정이다. 독자의 외향적 실천은 발현한 자아로 세상과 소통으로 정연하고 실질화하는 것이다. 이를 위한 교육의 첫 단계는 독자의 자아가 세상과 관계를 맺도록 하는 것에 관심을 가지는 것이다. 그러면서 자아를 드러냄이 자아를 안착하고 오달지게 만드는 활동임을 알게 하는 것이다. 두 번째 단계는 자아를 드러내어 실천하면서 점검하도록 하는 것이다. 자아의 내용대로 실천하면서 성취한 것과 더 성취해야 할 것, 잘 성취한 것과 그러지 못한 것, 바람직한 것과 그렇지 않은 것, 계속 추구하며 지향해야 할 것 등을 구분하여 확인하는 것이 필요하다. 이는 글을 읽고 이해하는 과정에서 가능한 것도 있지만 생활 반성으로 분명하게 확인되고 점검된다. 세 번째 단계는 자아가 타당하고 보편적인 내용을 갖도록 하는 것이다. 독자는 자아에 대한 점검과 반성으로 자아의 의식 내용을 타당하게 할 수도 있지만, 글들의 이해로 보편성을 갖게 하는 것이 필요하다. 자아가 실천의 결과로 보편성을 갖게 하는 데는 많은 시간이 걸리고, 하지 못할 수도 있다. 글의 이해를 통하여 보편적 자아를 탐구하면 시간을 줄일 수 있다. 읽기 교육은 학생의 자아를 정립해 주는 것이 아니라 정립하는 방법을 알려주는 것이다.

자아확립 활동에서 의식이 외부 세상을 향하기도 하지만 그 본체는 마음 내부에 있다. 내향적 탐구든 외향적 실천이든 독자의 의식이 자아에 집중되어 있을 때 이루어진다. 내향적 탐구에서의 자아에 관한 관심은 자아의 생성에 있었다면 외향적 실천은 자아의 보완에 있다고 할 수 있다. 독자가 글을 읽고 생성한 자아는 이상적일 수 있고, 독자의 현실과 거리감이 있을 수 있다. 또 현실적인 면에서 자아가 실현되어 있을 수도 있다. 이런 경우 독자는 자아를 새롭게 보완해야 한다. 자아를 세상에 드러내고 이를 점검하여 보완하는 일은 읽기를 통하여 이루어진다. 새로운 자아를 만날 수 있는 글을 선택하여 자아를 만나서 보완하는 활동을 이루어 내는 것이 필요하다. 자아 정립을 위한 외향적 실천과 자아를 보완하기 위한 읽기는 학생 독자가 적극적이고 주도적으로 실행해야 한다.

외향적 실천을 통한 자아의 정립은 자아를 체현하여 실질화하는 일이다. 독자가 발현한 자아는 안정되거나 안착되어 있지 않다. 의식적으로 특정한 내용을 갖추어 놓은 것이지 굳건히 자리를 잡고 있는 것이 아니다. 그렇기에 발현된 자아는 체현하는 활동을 통하여 의식에 안착되어야 한다. 학생이 자아를 실질화하고 보편성을 갖도록 하기 위해서는 스스로 노력이 중요하지만, 이를 위한 교육적 배려가 필요하다. 다른 사람과의 관계 속에서 자아를 드러내어 행동하고, 이를 점검하고 보편화할 수 있게 해야 한다. 다른 사람과의 관계에서 자아가 바탕이 된 소신을 보이기 위해서는 요령과 방법이 있어야 한다. 상황과 형편에 맞게 제시하고 이를 효율적으로 처리할 수 있어야 한다. 그리고 자아가 보편성을 갖게 세우기 위해서는 이를 위한 새로운 글들을 읽어야 한다. 이는 교육적인 장과 여건 속에서 교사의 도움을 받아서 이루어진다. 이들 활동을 함으로써 학생 독자는 자아를 드러내는 것을 성공하고, 자아의 보편성을 강화하게 된다.

독자가 자아를 발현하고 정립하기 위한 내·외향적인 활동의 중심에는 마음이 있다. 내향적 자아의 탐구는 마음 표면에서 마음 심층으로 들어가면서 이루어지지만, 외향적 자아의 실천은 마음 심층에서 마음 표면으로 나오면서 이루어진다. 자아를 확립하는 활동은 모두 마음속에서 이루어지는 활동이기 때문이다. 다만 글과 세계가 학생이나 독자의 마음 밖에서 자아확립의 작용을 지원한다. 독자는 글과 세계 속에 존재하는 개인을 거울로 삼아 자아를 비추어 확인하고 꾸미고 새롭게 바꿀 수 있다. 거울 속의 나는 진정한 '나'가 아니고 거울 속에 비친 나의 모습을 보고 있는 내가 진정한 나이다. 진정한 나는 거울 속의 나를 보고 나를 확인하고 나를 새로운 모습으로 꾸민다. 거울은 나의 모습을 비추어 줄 뿐이고, 그 모습을 보고 진정한 나는 변화하게 된다.

## 다. 자아확립의 읽기 방법 제시

독자의 자아는 변화한다. 자아의 변화는 독자가 자아를 새롭게 하기에 일어난다. 독자가 자아를 새롭게 하는 것은 글의 도움으로 자아를 새롭게 규정하여 확립하는 일이다. 자아의 확립은 독자의 의지만으로는 이루어 낼 수 없다. 8조목에서 밝히고 있듯이 대상을 탐구하여 알아야 하고[格物, 致知], 마음속으로 뜻을 바르게 만들어야 한다[誠意, 正心]. 그리고 이를 조심스럽게 드러내야 하며[修身, 齊家], 이를 넓혀 온 세상으로 확대해야 한다[治國, 平天下]. 자아를 형성하여 구현하는 발현을 하고, 이를 체현하고 보완하여 궁극적으로 이루어야 할 바를 지향하도록 해야 한다. 이는 자아를 한 번 만에 완성된 형태로 만들어 낼 수 없는 것임을 의미한다.

독자가 만족할 수 있는 자아를 확립하기 위해서는 늘 새롭게 만들어야 한다. 자아를 새롭게 만드는 활동은 앞에 제시된 자아의 확립 과정을 되풀이하는 것이다. 되풀이한다고 하여 늘 같은 자아를 재생성하는 것이 아니다. 실현된 자아를 토대로 발전된 자아를 확립하는 것이다. 자아를 새롭게 확립하기 위해서는 발현과 정립의 과정을 순환적으로 반복하는 것이다. 반복의 과정을 통하여 새로운 자아를 생성함으로써 독자는 성장하게 된다. 새롭게 생성된 자아가 생각과 활동을 바꾸고 삶을 달라지게 만들기 때문이다. 교육에서는 학생 독자의 자아확립 과정을 돕고, 학생 독자 스스로 변화를 이루어 낼 수 있도록 격려해 주어야 한다.

독자의 자아확립을 위한 읽기 교육에서는 자아를 확립하기 위한 접근의 틀이 필요하다. 자아확립을 강조한다고 하여 자아를 확립할 수 없다. 글을 읽어 자아를 확립하는 것은 글과 대면한 자신을 인식하면서 시작된다. 독자는 글을 읽어 가면서 언뜻 스치는 자아를 만난다. 이 자아를 바탕으로 독자는 자신의 자아를 얼핏 바라볼 수 있게 된다. 읽기 교육에서 학생 독자가 자아를 확립하도록 하기 위해서는, 먼저 의식에 언뜻 스치는 이 자아에 의식을 집중하도록 해야 한다. 독자는 글을 읽으면 여러 가지 의식 요소가 표상된다. 글의 내용, 필자 의식, 관련된 다른 내용, 공상(독자만의 생각) 등이 함께 표상된다. 독자는 이들 중에서 자아에 의식을 집중해야 한다. 이에 의해 이해가 달라진다. 자아확립을 위한 읽기가 이루어지는 것이다.

독자가 자아를 확립하기 위한 읽기 방법의 측면에서 절차를 정하여 볼 수 있다. 이 절차는 『대학』 8조목을 토대로 발현과 정립 활동의 전개를 고려하여 정하여 볼 수 있다. 이 절차를 '㉠알기 ㉡채우기 ㉢펼치기 ㉣세우기'로 구분하여 본다. 알기는 형성에, 채우기는 구현에, 펼치기는 체현에, 세우기는 정립에 대응된다. 각 절차를 좀 더 구체적으로 살피면 다음과 같다.

알기는 독자가 글의 내용 이해를 바탕으로 자아를 인식하고 지각하게 하는 것이다. 독자는 글에 대한 이해가 이루어지면 글의 내용에 대응되는 자아의식을 생성한다. 예를 들어 독자가 『대학』을 읽고 내용이 이해되면, 독자는 자기 입장에서 자아를 의식하여 자아가 지향하고 있는 바를 스스로 묻게 된다. 이때 독자가 자아의 의식 내용에 집중하게 되면 자아를 확인하여 지각하게 된다. 『대학』을 읽으면서 독자는 확립해야 할 자아를 의식하면서 자신의 지향과 자아가 어떤 상태인지를 알게 된다. 글의 이해를 통하여 자아를 이루고 있는 내용을 알게 되는 것이다. 독자는 글을 이해했을 때 글의 내용에 대응되는 자아의 의식 내용을 만나게 되고, 이 자아에 집중하면 자아를 지각할 수 있다. 이야기 글을 읽었을 때는 글의 인물들과 만나고 사건과 만나면서 이에 대응되는 자아를 알 수 있다. 설명이나 설득의 글을 읽을 때는 대상과 만나고 필자의 생각을 만나 이에 대응되는 자아를 알 수 있다. 자아를 안다는 것은 자신의 현재 자아의 상태가 어떠한지를 알 수 있음을 의미한다.

채우기는 자아를 충만하게 하는 것이다. 독자가 글을 읽으면서 자아를 지각하였다면, 이 자아를 이루는 내용을 글의 내용을 토대로 새롭고 옹골지게 하는 것이다. 독자는 글의 내용에서 바람직한 자아의 내용이 될 수 있는 요인들 찾아낼 수 있다. 예로, 『대학』을 읽고 이해한 독자는 자신이 공부할 내용과 공부의 지향에 대하여 자아를 채울 수 있는 요인들을 떠올릴 수 있다. 자아의 내용과 자아실현에서 추구할 것은 물론, 궁극적으로 성취해야 할 것을 떠올릴 수 있게 된다.[31] 독자는 이를 활용하여 배움에 대한 자아의 의식 내용을 가다듬

---

31) 감산대사는 『대학강목결의』에서 『대학』의 8조목을 불교적 관점에서 풀이하면서 불교의 수행 원리를 제시하고 있다(원조각성 역, 2002).

거나 새롭게 채울 수 있다. 독자가 관심 있게 읽는 글은 자아를 바르게 하거나 부족한 의식 내용을 채울 수 있는 단서를 포함하고 있다. 그래서 독자는 글을 이해하면서 자아를 충만하게 할 수 있다. 독자가 자아를 충만하게 한다는 것은 글의 내용에서 자아를 올곧고 튼실하게 함을 의미한다. 글을 통해 자아를 채우기 위해서는 독자의 의식 작용이 자아에 머물러 있게 해야 한다. 그렇게 해서 자아를 살피고, 의식 내용을 새롭게 생성해야 한다.

펼치기는 발현된 자아를 생활에 드러나게 하는 것이다. 독자는 발현된 자아를 실천으로 체현한다. 독자의 자아 체현은 의지와 신념으로 자아를 실천할 때 이루어진다. 작은 실천은 마음의 다짐으로 가능하지만, 큰 실천은 사고의 틀과 행동의 방식을 바꾸어야 하는 과제가 된다. 그렇기에 강한 의지와 신념이 뒷받침되어야만 자아의 의식 내용대로 실천할 수 있다. 독자가 알고 있고, 자신이 어떠하다고 말하면서도 행동과 반성이 뒤따르지 못한 경우가 많다. 이는 자아를 드러내 실천할 의지와 신념이 약하기 때문이다. 반면 자아의 내용과 지향이 분명하여 결심한 바가 있으면 이를 지속적으로 실천하는 경우가 있다. 자신이 발현한 자아를 실천으로 드러내는 것이다. 자아의 펼치기는 글의 내용보다는 독자의 의지와 신념뿐 아니라 끈기와 용기가 필요하다. 읽기 교육에서는 자아를 펼치는 데 필요한 조건을 알려주고 이를 바탕으로 실천할 수 있도록 하는 것이 필요하다.

세우기는 자아를 가꾸어 타당성과 보편성을 갖게 하는 일이다. 학생 독자의 자아는 세상을 인식하고 이해한 만큼 정립된다. 학생 독자가 큰 꿈을 꿀 수는 있지만, 자신이 어떠한 사람이라고 규정하는 일은 세상 인식의 범위를 벗어날 수 없다. 그렇기에 글을 읽고 이해의 세계가 넓고 깊어질수록, 타당하고 합리적일수록 자아의 규정도 커지고 보편성을 갖게 된다. 이는 자아의 확립이 글을 통한 세계의 인식으로 달라짐을 의미한다. 읽기 교육은 학생 독자가 보편 주관을 생성할 글에 대한 안내와 그 글의 이해로 정립할 보편적 자아에 관심을 가져야 한다. 학생 독자는 글의 이해로 생성한 주관을 확인하고, 정립된 자아를 살펴야 한다. 자아는 한번 정립되었다고 하여 완결되는 것이 아니다. 독자는 새로운 글을 읽고 이해할 때마다 자아는 새롭게 정립될 수 있다. 세우기는 자아를 확립의 앞 단계를 반복하는 활동이면서 궁극적인 목적을 지향하는 과정이다.

이 자아확립의 절차는 순차적일 수도 있지만 동시적일 수도 있다. 독자가 글을 읽고 이해하여 자아를 확립하는 과정이 글을 읽는 순간에 일어나기도 하기 때문이다. 또 자아확립이 한두 편의 글을 읽고 완성되는 것도 아니기 때문에 반복적이고 지속적으로 일어나기도 한다. 이들 단계는 단지 교육적인 접근을 위하여 구분하여 보았을 때 생각할 수 있는 것일 뿐이다. 『대학』의 8조목에 대한 설명도 순차적이기는 하지만 그 실행은 순환적임을 강조하고 있다. 학생의 자아확립을 위한 교육적 접근은 구분되는 절차를 바탕으로 하되 절차를 고정하여 강조할 필요는 없다.


## 4. 자아확립 읽기의 실천

읽기 교육은 독자의 자아확립에 관심을 가질 필요가 있다. 자아의 확립이 글을 읽고 이해할 때 일어날 수 있기 때문이다. 읽기 교육이 학생의 자아확립 방법에도 초점이 놓일 때 한 단계 변화할 수 있다. 현재의 읽기 교육은 학생이 어떤 사람이 되어야 하는가에 대하여 구체적으로 제시하지 않고 있다. 읽기 능력이 높은 사람을 강조하고 있는데 읽기 능력이 높다는 것이 어떤 특성을 가진 사람인지를 드러내기에는 부족하다. 읽기를 잘할 뿐인 사람보다는 자신이 누구이며 무엇을 해야 하는 사람인지를 알게 하는 것이 필요하다.

　이 글에서는 독자의 자아확립을 위한 읽기의 방향을 『대학』의 8조목을 중심으로 살펴보았다. 『대학』의 8조목은 공부하는 사람이 지향해야 할 바를 제시하고, 지향하는 바를 이루기 위하여 어떻게 해야 하는지를 제시한 것이다. 이 글에서는 8조목을 독자가 자아를 확립하는 활동 단계의 내용으로 보았다. 그래서 독자가 자아를 확립하기 위해서는 자아의 발현과 정립이 필요하다고 보고, 발현의 조목으로 '격물·치지·성의·정심'을, 정립의 조목으로 '수신·제가·치국·평천하'를 들었다. 그리고 각 조목을 둘씩 묶어서 발현을 형성과 구현으로 나누고, 정립을 체현과 지향으로 나누어 보았다. 이를 바탕으로 자아확립을 위한 읽기 교육의 방향을 세 가지로 제시하였다. 즉, 자아의 지향적 목적에 대한 안내, 자아의 발현과 정립을 위한 실천, 자아확립의 읽기 방법 제시이다. 이는 읽기 교육에서 독자가 자아를 확립할 수 있게 하는 주요 접근 방향이다.

　읽기 교육은 학생이 읽기의 여러 작용을 이해하고 이를 수행하도록 하는 것이 필요하다. 자아확립을 위한 읽기도 읽기의 작용 가운데 하나이다. 읽기 교육에서는 독자의 자아확립에 대한 접근에 관심을 가질 필요가 있다. 독자의 자아확립은 독자의 읽기 능력을 높이는 것과 같이 중요한 읽기 과제 중의 하나이기 때문이다. 학생들은 여러 교과의 학습에서 자아확립을 하지만 읽기를 통해서는 주체적으로 자아를 확립할 수 있다. 글을 선택하고 읽고 이해하는 과정에서 자아를 적극적으로 확립할 수 있다. 자아확립은 학생의 삶을 새롭게 하는 일이다. 읽기 교육을 통하여 학생이 독자가 되어 자아를 효과적으로 확립할 수 있게 해주어야 한다.

# 제3장 자아실현 읽기

## 1. 중용(中庸)과 읽기

읽기는 독자의 자아실현을 돕는다. 독자의 자아실현은 텍스트 이해를 통한 자아확립을 바탕으로 한다. 독자는 자신에 대한 규명인 자아확립을 한 후라야 자기 삶의 가치를 높이기 위한 자아실현을 할 수 있다. 사람들은 자아실현을 위하여 노력하지만 진정으로 자아실현을 하는지 알지 못하는 경우가 많다. 이는 자아를 분명하게 규정하지 않아, 자기가 해야 할 바에 대한 실천 의지를 갖지 못했기 때문이다. 자아실현은 규명된 자아의 존재 의미에 맞는 실천적인 삶을 이루는 것이다. 이 자아실현은 자아확립과 상보적이다. 자아실현이 자아확립을 이루고, 자아확립이 자아실현을 돕는다. 자아확립을 위한 자아 인식과 자아실현을 위한 실천 의지는 상호 의존하여 이루어지기 때문이다. 독자는 읽기를 통하여 자기의 존재 의미를 규명하고, 규명된 존재

의미에 맞는 삶을 살아갈 수 있는 의지[1]를 가질 수 있다.

자아실현을 위한 읽기의 논의 토대는 『중용(中庸)』[2]에서 찾을 수 있다. 『중용』은 주체의 존재 의미를 규명하고, 규명된 존재 의미를 실현하기 위한 삶의 실천을 강조한다. 『중용』의 인식론에서 보면, 읽기는 독자의 존재 의미를 밝혀 자아확립을 이루고, 확립된 자아를 실천적 삶으로 이끌 수 있는 의지를 다져 자아실현을 가능하게 한다. 이는 읽기 교육이 텍스트의 읽기 방법을 지도해야 한다는 편협한 시각을 벗어나 독자의 존재 의미를 밝히고, 존재 의미를 극대화하기 위한 실천 의지를 갖추도록 하는 방향으로 나아가야 함을 의미한다. 독자가 자아실현을 할 수 있도록 읽기를 하게 하는 읽기 교육이 필요하다.

『중용』은 자사(子思)[3]가 유학(儒學)의 종지(宗旨)를 논한 책으로, '중용'의 이치를 탐구하고 있다. 『중용』은 자기에 대한 인식의 확립과 확립된 인식의 정성된 실천을 통하여 자아실현이 가능함을 역설한다.[4] 그러면서 누구나 중용적 삶을 살아갈 수 있음을 강조한다.[5] 중용

---

1) 자아실현을 실현태가 아닌 가능태인 의지로 말하는 것은 자아실현이 완성이 아닌 의지적 실천과정이기 때문이다.

2) 여기서 『중용(中庸)』은 유학(儒學) 경전 중의 하나이다. 이 논의에서는 『중용』과 '중용'이라는 용어가 함께 사용된다. 『중용』은 경전을 가리키고, '중용'은 일반적인 개념으로써의 중용을 가리킨다.

3) 중용의 저자가 자사(子思)가 아니라는 설이 있다(황갑연 역, 1999: 15~45). 이것은 이 논의와 관계가 없으므로 여기서는 논하지 않는다.

4) 뚜웨이밍(杜維明)은 중용을 인간본성의 실현으로 보고, 인간본성의 실현은 개인적 인간됨의 완성을 넘어 만물의 완성을 돕는 것으로 규정하고 있다(정용환 역, 2001: 341).

5) "어리석은 보통 남자나 여자라 하더라도 이를 접하면 가히 알 수 있는 것이지만 그 지극한 점에 이르러는 비록 성인이라 하더라도 역시 알지 못하는 곳이 있는 것이다. 못난 보통 남자나 여자라도 가히 행할 수 있는 것이지만 그 지극한 면에 이르러는 비록 성인이라 하더라도 역시 할 수 없는 일이 있는 것이다(夫婦之愚라도 加以與知焉이로되 及其至也하여는 雖聖人亦有所不知焉이니라. 夫婦之不肖라도 可以能行焉이로되 及其至也하여는 雖聖

의 원리를 깨치고, 이를 삶으로 실천하는 것이다. 중(中)은 만물 이치의 깨침[未發]이고, 용(庸)은 깨친 이치의 펼침[旣發]이다. 구체적으로 중(中)의 이치 깨침의 본체는 천명(天命)을 아는 것이고, 용(庸)의 이치 펼침의 실체는 달도(達道)를 이루는 것이다. 천명은 순리(順理)이고, 달도는 순리의 현존(現存)이다. 순리를 깨쳐 자아를 확립함이 성(性)이고, 순리가 만물에 현존하게 하여 자아를 실현함이 화(和)이다. 순리를 체득하려는 노력이 교(敎)이고, 순리를 실현하려는 의지가 도(道)이다. 중용은 주체가 순리를 터득하여 자기완성과 더불어 우주 만물이 조화를 이루어 그 완전성을 실현하도록 하는 원칙이다.

읽기 주체의 텍스트 읽기는 중용을 이룰 수 있다. 세상의 이치를 터득하고, 그 이치를 실현하려는 의지를 가져 자신을 완성하고, 세상의 번영을 도울 수 있다. 이러한 읽기를 '중용적 읽기'라 할 때, 중용적 읽기는 몇 가지 정보를 얻기 위한 것이 아니라 자아확립과 자아실현을 위한 것이다. 이는 읽기 주체가 중용적 관념 구성을 통하여 '중주관(中主觀)'6)을 갖는 것이다. 독자는 누구나 자신이 진정한 가치를 지닌 사람이 되어 의미 있는 일을 할 수 있기를 바란다. 이러한 점에서 생각해 볼 때, 읽기 교육은 읽기 주체가 자아실현을 할 수 있도록 해야 하는 것은 당연한 일이다. 그러나 그동안의 읽기 교육은 독자의 자아확립과 자아실현에 대한 문제를 충분히 거론하지 못했다. 이는 읽기에 대한 교육적 의식이 읽기 주체의 자아실현에까지 이르지 못했기 때문이다.

이 장에서는 『중용』을 토대로 중용적 관념 구성을 위한 읽기 교육의

---

人亦有所不能焉이니라)."(김학주 역, 2006: 12장)
6) 중주관(中主觀)은 읽기 주체와 중용적 관념이 결합되어 있음을 나타내는 말이다.

가능성을 탐구한다. 중용을 자아실현의 관점에서 살펴보고, 읽기 교육과의 접점을 찾아본다. 이를 통하여 자아실현을 위한 읽기 교육의 가능성을 타진하여 본다. 이 논의는 중용적 읽기에 대한 방향성을 설정해 보는 것을 목적으로 한다. 중용의 본질적 논의나 중용 읽기를 위한 논의와는 거리가 있다. 중용의 내용 구조를 활용하여 읽기와 읽기 교육을 인식하기 위한 기초를 논의한다.

## 2. 자아실현 읽기의 구조

중용은 앎과 행위가 일치된 삶을 추구하는 의식이다. 앎을 삶으로 드러내려는 의지적 철학인 것이다. 앎은 의식의 내용으로 사람의 도리이며 만물의 이치로 성(性)[7]이라 불린다. 삶은 의식(儀式)의 형식으로 사람의 의례(儀禮)이고 만물을 화육(化育)하는 것으로 도(道)라 불린다. 앎의 내용을 삶의 형식으로 바꾸는 것이 솔성(率性)이고, 삶의 형식으로 앎의 내용을 깨치는 것이 수도(修道)이며, 앎의 내용과 삶의 형식이 일치된 실천이 달도(達道)이다. 삶이 앎에 의해 형식이 변하고, 앎이 삶에 의해 내용이 변화하는 것이 중(中)이고, 앎과 삶이 일순간도 떨어짐이 없이 항상 작용하는 것이 용(庸)이다. 중용의 본질은 성(誠)[8]인데, 성(誠)은 앎(性)과 삶(道)의 형식을 채우고 있는 알맹이로, 성(性)과 도(道)의 본체(本體)를 이루며, 만물의 화육을 이루어 내는 원기(元氣)이

---

7) 성(性)은 사람이 만물의 이치를 깨쳐 인식한 것이다(天命之爲性). 『중용』에서 성(性)은 사물의 본질적인 속성과 사람의 본성적 성질의 의미를 포함한다.
8) 『중용』에서 성(誠)은 진실하고 성실한 사물의 순리적 속성(誠)과 사람의 정성스러우면서 도리에 어긋남이 없게 하는 의지적 실천(誠之)의 의미를 포함한다.

다. 중용은 이치에 대한 지극한 정성과 충만함[誠]으로 만물이 본성에 따라 화육함이 끊임없이 이어지게 하는 것이다. 이 중용의 작용과 자아실현의 원리를 살펴, 읽기 교육에서의 실현 가능성을 알아본다.

## 가. 중용의 작용 원리

중용은 지행(知行)의 균형성과 항상성을 말한다. 균형성은 중(中)의 성질이고, 항상성은 용(庸)의 성질이다. 균형성은 만물이 조화를 이루는 이치를 밝혀 만물의 조화를 이루어 내기 위한 의지적 특성이고, 항상성은 균형성의 의지를 간단없이 실현하려는 지향적 특성이다. 중용의 균형성과 항상성은 상호의존적이다. 균형성의 의지적 특성은 만물 이치의 계획적 탐구와 이치에 대한 실천 의지를 바탕으로 만물의 조화를 이루어 내려는 심적 조건이다. 이 균형성은 일시적이어서는 중의 성질이 될 수 없다. 항상성의 지향적 특성은 삼감과 성실함을 잠시도 잊지 않고 실천하여 만물의 번영을 이루어 내려는 행위 조건이다. 항상성이 이치를 따른 것이 아니라면 용(庸)의 성질이 될 수 없다. 균형성은 항상성에 의지하고, 항상성은 균형성에 의지하여 존재적 의의를 드러낸다. 중용의 균형성과 항상성은 동적이며 비완결적이다. 만물은 늘 변화하기 때문이다.

주자는 『중용』 서문에서 중용을 '진실로 그 가운데를 잡는다(윤집궐 중: 允執厥中)'는 말로 표현했다. 중용의 핵심 원리를 짚은 언급이라 할 수 있다. 가운데를 잡는다는 말은 마음과 행동의 성실성이라 할 수 있다. 마음의 성실성은 성(性)의 깨침과 정(情)의 바름이고, 행동의 성실성은 의지(意)의 굳건함과 도(道)의 신중한 실천이다. 마음으로 만물의 본성을 깨치고, 본성에 합당한 의식을 갖추는 것이 마음의 성실함이다. 그리고 이치에 맞는 행위를 해야 한다는 신념으로, 자신은 물론 만물이 조화롭게 본성을 발휘할 수 있도록 돕는 것이 행위의 성실함이다. 윤집궐중은 미묘한 천명(天命)9)을 깨쳐 의식을 바로하고, 순리에 따라 만물이 번영하게 하는 주체의 의지 실현을 의미한다.

중용의 작용을 중(中)과 용(庸)으로 구분하여 볼 수도 있다. 중(中)은 행위에서 적극적 중도10)의 이룸이고,11) 용(庸)은 행위에서 적시(適時)를 맞춤이다.12) 중(中)의 적극적 중도의 이룸은 주체의 내적 조건의 갖춤과 외적 발현의 요구이다. 이 내적 조건 갖춤의 상태를 미발(未發)이라고 하고, 외적 발현이 이루어진 상태를 기발(旣發)이라 한다. 미발은 성(性)을 깨치고 정(情)을 바르게 하여 행위할 마음의 조건이 갖추어진 상태를 뜻한다[天下之大本]. 기발은 행위가 절도에 맞아서 화합하여 번영하는 상태를 뜻한다[天下之達道]. 용(庸)의 적시는 시기(상황)의 조건에 맞게 지속적 실천을 이룸이다. 시기(상황)의 조건에 맞춤은 필요한 때는 언제든지 행함[時中]이며[天下之大本], 지속적 실천은 잠시라도 잊거나 행하지 않음이 없는 늘 행함[不離]이다[天下之達道].

중용은 일상의 의식이고 생활 원리이다. 그렇지만 사람들이 얻기 어렵고 실현이 힘든 것이라 여긴다. 공자는 중용을 군자의 도(道)라고

---

9) '천명(天命)'의 의미는 '하늘의 명령'이지만 '사물의 당연한 이치'라는 의미로 보면 된다.

10) 중도는 적극적 중도와 소극적 중도로 구별해 볼 수 있다. 적극적 중도는 서로 다른 입장이 대립할 경우 발전 방향을 탐색하는 경우이고, 소극적 중도는 방관하는 것이다.

11) 주희는 '중용 장구' 설명에서 '중이라는 것은 치우지지도 않고 기울지도 않고, 지나치거나 미치지 못하는 일이 없는 것이다(中庸者不偏不倚 無過不及之名)'라고 했고, 정자(程子)는 어느 편으로도 치우치지 않는 것(不偏之謂中)이라 했다. 김학주(2006: 6~7)는 중을 '어떤 경우이건 그때그때 누구에게나 가장 알맞고 모든 일에 가장 적절한 도리'라고 했다.

12) 주희는 '중용 장구' 설명에서 '용은 평상의 뜻이다(庸, 平常也)'라 했고, 정자(程子)는 '언제나 바뀌지 않고 일정한 것(不易之謂庸)'이라 했다. 김학주는 용을 '언제 어디에나 있고 영원불변하다는 뜻'이라고 했다(김학주 역주, 2006: 6~7).

할 때, 중용은 어리석은 사람도 알 수 있고 행할 수 있지만 지극한 것에서는 성인도 알지 못하고 행할 수 없는 것이 있다고 했다(중용 12장). 그러면서 중용의 도는 그 쓰임이 넓지만 본체는 은미하다[費而隱][13]고 했다. 은미함[隱]은 의식을 집중하지 않으면 인식할 수 없음을 말하고, 쓰임의 넓음[費]은 그 작용이 만사에 두루 미침을 뜻한다. 일에는 사소한 것이 있고, 중대한 것이 있다. 사소한 일의 도(道)는 단순한 의식집중으로 인식하여 행할 수 있지만 중대한 일의 도는 성심성의를 다하여야 인식하고 행할 수 있는 것도 있다. 일에 맞는 원리를 인식하고 이를 실천하는 것이 중용이다.

중용은 학습을 통한 이치의 깨침[性]과 의지를 통한 이치의 실천[道]으로 이루어진다. 깨침의 목적은 지성(至誠)이고, 실천의 목적은 이타(利他)이다. 성(誠)은 천명[性과 道]의 내용이다(황갑연 역, 1999: 41).[14] 이 성(誠)을 깊이 있게 탐구하여 아는 것이 지성(至誠)인 것이다. 지성은 타고난 것이 아니기에 공부를 통하여 깨쳐야 한다.[15] 사람이 성(誠)을 깨치게 되면 자기 이룸[成己: 자아확립]을 할 수 있게 된다. 이타(利他)는 성(誠)이 이루어지게 하여 만물이 생성(生成)하고 화육하게 하는 것[誠之][16]이다. 만물이 그 본성대로 되도록 만듦은 만물을 이롭게

---

13) 비이은(費而隱)의 해석에 대해서는 황갑연 역(1999: 222)와 심우섭(2004)의 논의를 참조할 수 있다.

14) 유학에서의 성(誠)은 성실성을 뜻한다. 천명(天命), 성(性), 도(道)는 성실성의 형식을 일컫는다. 천명(天命)은 사람에게 인식되기 이전의 우주적 성실성이고, 성(性)은 사람에게 인식된 성실성이며, 도(道)는 사람이 행위 의지로써의 성실성을 가리킨다. 성(誠)은 정성스럽고 참된 이치가 어긋남이 없이 작용하는 것을 가리킨다. 이치에 맞는 작용을 중용이 추구하기에 성(誠)이 중용의 내용이 된다.

15) (중용 21장) "정성스러움으로 말미암아 밝아지면 그것을 본성이라 말하고, 밝음으로 말미암아 정성스러워지면 그것을 가르침이라 말한다. 정성스러우면 곧 밝아지고, 밝아지면 곧 정성스럽게 된다(自誠明을, 謂之性이오, 自明誠을, 謂之敎니라. 誠則明矣이오, 明則誠矣니라)."(김학주, 2006: 97)

하는 것이고, 그것은 곧 자신의 성숙[成物: 자아실현]으로 이어진다. 지성(至誠)과 이타(利他)는 상호보완적이면서 중용의 본질적 조건이다.17)

중용은 자아확립과 자아실현을 통하여 이루어진다. 자아확립은 웅숭깊은 이치의 깨침을 통한 자기규명이고 심원한 인격의 형성이다. 사람이 만물의 이치를 알고, 그 이치와 합치된 마음을 가지는 것이 자아확립이다. 이는 학습과 읽기를 통한 성(誠)의 자각으로 가능하다.18) 자아확립은 선천적인 것이 아니라 의지적 노력을 통하여 마음을 변화시켜 얻은 것이다. 성(誠)을 깨치고 있는 자신에 대한 인식이 자아확립을 이룬다. 한편 자아실현은 확립된 자아를 바탕으로 간단없이 만물의 조화[天地位焉]와 번영[萬物育焉]을 이루어 내는 것이다.19) 조화와 번영의 이룸은 성(誠)의 발현 결과이다. 자아실현은 깨친 성(誠)에 따른 실천 의지를 갖춤에 기초한다. 실천 의지는 행위의 충실한

---

16) (중용 25장) "성(誠)과 성지(誠之)의 의미는 차이가 있다. 성(誠)은 정성 그 자체이고, 성지(誠之)는 의도적 실행을 말한다. '정성이라는 것은 만물의 처음이요 끝이니, 정성스러움이 아니라면 만물은 없다. 그러므로 군자는 정성스럽게 하는 것을 귀하게 여긴다(誠者는, 物之終始니, 不誠無物이니라. 是故로 君子誠之爲貴니라)."(김학주, 2006: 104~105)

17) (중용 25장) "성(誠)은 자신의 존재 가치를 실현하여 완성하는 원리일 뿐만 아니라 만물의 존재가치도 실현하여 완성하는 원리이다. 성기(成己)는 인(仁)의 덕이고, 성물(成物)은 지(知)의 덕이다. 이 모두는 본성의 본덕이니 내외를 합해야만 수시로 올바름에 합치하여 표현된다(誠者는 非自成己而已也요, 所以成物也니라. 成己는 仁也요, 成物은 知也이니 性之德也요, 合外內之道也니라. 故로 時措之宜也니라)."(황갑연 역, 1999: 307)

18) 여기서의 자각은 진심(盡心)의 의미를 갖는다. "주자에 의하면 진심은 지(知)의 활동이며, 진성은 행에 관한 활동이다. 진심은 지의 활동을 완전하게 하는 것이다. 즉, 심의 지각 작용을 충분히 확충하여 성리의 전체를 파악하는 것이다."(황갑연 역, 1999: 83)

19) 자아실현의 이러한 이치를 충서(忠恕)라고도 할 수 있다. 양조한은 정명도의 말을 빌려 "충(忠)은 중단 없는 실천을 가리키고, 서(恕)는 모든 존재물로 하여금 마땅히 존재해야 할 위치(正所)를 얻게 해주는 것을 가리킨다. 여기에 어떠한 인위적인 간섭과 조종 등을 첨가시키지 않고 충서를 합치면 바로 천도의 전체 내용이 된다"(황갑연 역, 1999: 71)고 말한다.

조건으로 실천의 항상성을 갖게 한다.[20] 사람들이 자아확립과 자아실현을 통하여 중용을 이루게 된다고 할 수 있다.

## 나. 성기(成己): 자아확립

성기(成己)는 자기를 완성하는 것으로 자아확립을 말한다. 중용에서의 자아확립은 자아 형성과 자아 발전이다. 자아 형성은 자기에 대한 인식으로 자기가 어떤 존재이며 무엇을 어떻게 해야 하는지를 아는 것과 관련된다. 자기가 어떤 존재인지를 자신이 규명하는 것이다. 자아 형성은 자신에 대한 의식의 단초를 마련하는 것으로 누구에게나 요구되는 보편적인 것이다. 자아 발전은 자아에 대한 의식을 바람직하고 충실하며 동뜨게 만드는 것이다. 자기에 대한 의식을 건전하고, 견실하게 확대하는 것이다. 자신에 대한 존재 가치를 높여 인식하는 것이고, 자기에 대한 의식을 충일하게 하는 것이다. 자아 발전은 결의를 통하여 이루어지기에 주체의 의식적 노력이 있어야 한다. 자아 형성과 자아 발전에 대하여 구체적으로 알아본다.

자아 형성은 자기가 어떤 존재인지를 규정하여 아는 것이다. 이 자기규정은 타자와 구별되는 자기에 대한 뜻매김으로 근원을 묻는 질문에서 비롯된다. 자기를 규정하기 위한 근원을 묻는 질문은 '사람은 무엇인가?'이다. 만물과 다른 내가 무엇인지를 따지는 것이다. 주체는 이 질문을 통하여 인식된 대상[21]과 다른, 자기의 존재적 속성을

---

20) 정명도는 앎과 의지의 일치를 다음과 같이 말하였다. "내 마음이 이(理)이고, 이(理)가 바로 내 마음이다. 나는 소리의 율칙이고, 나의 행동은 법도이다(心是理 理是心 聲爲律 身爲度也)."(황강연 역, 1999: 57 재인용)
21) 대상(對象)이라는 용어는 주체의 의식에 구체화되어 표상된 객체를 말한다. 이 논의에서

규명함으로써 본성적 자아를 형성할 수 있다. 그다음 질문은 '사람다움이란 무엇인가?'이다. 이 질문을 통하여 사람의 본질을 파악함으로써 자기를 알 수 있게 된다. 사람다움에 대한 물음은 자기의 행위적 속성을 규정하게 함으로써 기질적 자아를 형성하게 한다. 자아 형성은 자신이 사람으로서의 본성과 기질이 무엇인지를 깨쳐 알게 됨으로써 이루어지게 된다.

자신에 대한 본성적 자아를 규명하는 방법은 분별이다. 분별은 자신과 대상의 다른 점을 찾아 구분지어 파악하는 것이다. 분별은 대상에 대한 분석과 확인을 통한 판단이면서 자기에 대한 인식을 확장하는 것이다. 자기가 대상과 어떤 점에서 다른지 그 다름으로 인하여 대상과 어떤 관계에 있는지를 인식한다. 만물이나 다른 사람과 자기를 분별하면서 자기를 인식하여 본성적 자아를 형성하게 되는 것이다. 이 본성적 자아 형성은 대상에 대한 이해가 넓고 깊을수록 분명해진다. 우주의 한 부분으로, 생명체의 한 종으로, 기호로 의사소통을 하는 사람으로, 현재 자신의 문제를 인식하고 해결하는 한 개인으로 자신을 규명하여 이해하는 것이다.

사람의 기질적 자아를 규명하는 방법은 완색(玩索)이다. 완색은 자기와 관련된 대상을 완미(玩味)하고 탐색(探索)하는 것이다.[22] 완미는 인간다움이 무엇인지 밝히기 위하여 깊이 생각하는 것이며, 탐색은

---

는 '대상'이라는 용어를 세 가지로 구분하여 사용하기도 한다. 읽기 주체가 텍스트를 읽어서 마음속에 표상한 객체를 '대상'이라고 하고, 대상과 관련된 텍스트 밖의 실체를 '사물'이라고 하며, 사물의 총체를 '만물'이라고 한다.

22) 완색(玩索)은 주희가 『중용』의 '중용장구'를 들어가면서 쓴 서(序)에서 사용한 말이다. "잘 읽는 사람이 완미(玩味) 탐색(探索)하여 거기서 얻은 것이 있으면 평생토록 써도 다 써내지 못할 것을 갖게 될 것이다(善讀者玩索而有得焉, 則終身用之, 有不能盡者矣)."(차주환 역, 2006: 36)

삶 속에 내재된 인간다움을 찾아내어 밝히는 것이다. 완색의 핵심은 사람다움의 행동과 의식을 찾아 규명하는 것으로 주체가 자기의 앎의 내용과 행위 의식23)을 살피고 밝혀 인간다운 것이 되도록 하는 것이다. 자기의 앎의 내용과 행위 의식은 무엇이고, 어떤 의식으로 행위를 하려고 하며, 행위의 내용과 결과가 인간다운 것일지를 따져보는 것이다. 앎의 내용과 행위 의식의 점검은 자신의 행동적 성향을 알게하고, 인간다운 행위가 무엇인지를 밝혀준다. 이를 통하여 인간다운 의지와 의식을 갖춘 자아를 형성하는 것이다. 기질적 자아는 인간으로서 무엇을 어떻게 해야 하는지를 규명함으로써 생기게 된다. 이 기질적 자아에 대한 규명은 자기 삶의 형식적 특성을 바탕으로 자아형성을 하는 것이다. 기질적 자아를 형성하기 위한 완색의 바탕은 읽기와 사색이라 할 수 있다.

자아 발전은 형성된 본성적 자아나 기질적 자아를 보편적이고 충실하게 함으로써 가능하다. 자아 발전은 주체의 의지에 따라 이루어지며 한계는 정하기 어렵다. 자아가 발전하면 할수록 각 주체의 의식과 삶의 형식이 달라질 것이다. 자아에 대한 인식에 따라 사람의 삶의 방식과 그 양상이 변화하기 때문이다. 따라서 자아를 어떻게 발전시킬 것인가 하는 것은 개인적 문제이기도 하지만 교육의 문제이기도 하다. 특히 교육은 개인의 자아가 보편성을 갖도록 하고, 그 내용이 충실해지도록 하는 강력한 수단이다. 교육의 교육과정과 학생에 대한 기대의식은 주체의 자아 발전에 적극적으로 작용한다. 자아 발전은

---

23) 행위 의식은 아는 것을 실천해야 한다는 생각이다. 이 행위 의식은 실천 의지와 다르다. 아는 것을 행동으로 옮길 수 있다는 의식을 가지고 있지만 행동하지 않을 수 있는 것이 행위 의식이다. 이 행위 의식이 반드시 실천해야 하는 것으로 신념화한 것이 실천 의지이다. 주체가 행위 의식은 가지고 있지만 실천 의지를 갖지 못하면 말로는 실천하지만 몸으로 실천하지는 못한다.

자기의 본성과 만물의 이치를 터득하고, 마음을 닦아서 이루어진다. 즉 자아 발전의 방법은 이치의 깨침과 마음의 수양이다.

자아 발전을 위한 이치의 깨침은 교과의 학습과 읽기를 통하여 이루어진다. 각 교과는 인류가 경험을 통하여 밝힌 이치를 구분하여 정리해 놓은 것이다. 각 개인은 교과의 내용을 파악함으로써 만물의 이치를 깨칠 수 있다. 이치 깨침을 위한 교과 학습의 본질적인 방법은 읽기이다. 텍스트는 교육에서 다루는 모든 정보를 담고 있다. 교과의 학습도 궁극적으로는 읽기를 할 수 있는 조건을 마련하여 준다. 읽기를 통하여 점차 만물의 이치를 깨치게 되면서 읽기 주체는 자아를 보편적이고 충실하게 한다. 주체의 존재와 역할에 대한 구체적인 관념을 구성하기 때문이다. 중용적으로 보면, 자아 발전은 만물의 이치를 깨치고 그 이치에 의식을 맞추는 것이다[率性].

자아 발전을 위한 수양은 마음을 만물의 이치에 맞게 바로 세우는[正心] 것이다. 만물의 이치를 깨쳤다고 하여도 마음을 바로 하지 않으면 그것은 자아 발전으로 이어지지 않는다. 마음을 바로잡는 것은 마음을 지성(至誠)이게 하는 것이다. 지성은 성실함이 지극하게 되는 것이다. 마음을 만물의 이치에 맞게 정성스럽고 성실하게 갖추는 것이다. 마음이 지성을 갖추는 것은 마음이 성실한[誠] 상태가 되도록 하는 것이 아니라 항상 성실하도록[誠之] 의식하게 하는 것이다. 지성은 마음이 곧 천명(天命)이 되도록 하는 것이 아니라 천명을 따라 실천하게 하는 것이다. 요컨대, 자아 발전은 마음이 만물이 나고 자라게 하는 우주의 도를 따라 정성스럽고 성실하려고 노력하는 과정이다.

자아 형성과 자아 발전을 통한 자아확립은 세계를 인식하여 자기를 규명함으로써 이루어진다. 사람으로서의 본성 인식과 사람다움에 대한 기질 파악을 바탕으로 인간성에 대한 자기 인식의 확대가 자아확립을 가능하게 한다. 세계를 인식하고 자기를 규명하기 위해서, 그리고 인간성이 무엇인지를 밝히기 위해서는 이들을 위한 도구가 있어야 한다. 이들 도구의 알짜가 읽기이다. 사람은 책을 읽음으로써 세계를 구분할 수 있고, 자기를 인식할 수 있다. 그리고 성실함이 무엇인지 알고 얻을 수 있다. 자아를 형성하고, 발전시키는 것이 읽기라고 할 수 있다. 개인은 읽기를 통하여 많은 대상을 만나고, 자신을 들여다볼 수 있다. 또한 우주 만물의 도를 깨칠 수 있고, 이를 바탕으로 마음을 바르게 할 수 있다. 책은 그동안 인류의 정신문화를 모두 담고 있기 때문이다.

## 다. 성물(成物): 자아실현

성물(成物)은 만물이 본성에 따라 번영하도록 돕는 의지의 실천이다. 자아확립을 통하여 깨친 이치로 만물이 조화를 이루도록 이타(利他)를 행하는 것이다. 중용적으로 남을 이롭게 함은 단지 자신의 희생을 의미하는 것이 아니다. 자아 발전을 이루면서 남을 이롭게 하는 것이다. 이것이 중용의 자아실현이다. 이 자아실현은 사욕을 버리고, 삼가고 두려워하는 마음으로 만물이 조화를 이루어 번영하도록 끊임없이 도움으로써 가능하다. 자아실현은 자신을 항상 의식하는 것에서부터 만물이 늘 이치를 따라 완성될 수 있도록 하는 것을 모두 포함한다. 중용의 자아실현은 단순히 자신의 바람을 이루는 것이 아니라 자아 발전 과정이면서 만물의 조화를 추구하는 의지의 실천이다.

자아실현은 자신의 마음을 다잡고, 만물이 본성대로 되도록 도움으로써 이루어진다. 자신의 마음을 다잡는 것은 삼감[戒愼]이라 할 수 있고, 만물을 돕는 것은 덕행[行道]이라 할 수 있다. 계신(戒愼)은 자신의 마음과 행동을 살펴 경계하는 것이고, 행도는 이타(利他)를 실행하는 것이다. 마음에 사욕이 없다고 하여 계신이 되는 것이 아니고, 남에게 도움이 되는 행동을 한다고 이타를 행하는 것이 아니다. 사욕이 없으면 사람이 아니고, 도둑도 남에게 도움을 베풀 수 있다. 마음이 사욕에 치우치지 않도록 바른 이치로 마음을 끊임없이 살펴 경계하는 것[敬]이 계신이고, 바른 이치를 알고[明] 그에 맞게 남을 돕는 것[德]이 행도이다. 이치[天命]의 깨침 없이 행하는 모든 계신과 행도는 자아실현으로 나아갈 수 없다.

삼감[戒愼]은 마음이 잠시라도 이치를 벗어나지 않게 단속하는 것이다. 마음의 단속은 자아실현의 바탕이다. 내밀한 마음의 작용을 이치에 맞게 조절하는 것이 자아실현의 시작이다. 그렇지만 마음의 단속은 쉬운 일이 아니다. 공자는 계신을 통하여 중용을 실천함이 칼날을 밟는 것보다 어렵다고 했다.24) 마음이 잠시라도 사욕(私慾)과 불선(不善)으로 흐르지 않도록 단속하는 것은 자율적으로 이루어지고, 드러나지 않기 때문이다. 마음의 단속은 앎을 조건으로 한다. 어떤 마음이 이치에 맞는 마음이고 어떤 마음이 사욕과 불선인지를 알아야 단속이 가능하다. 마음의 작용은 미묘하고 복잡하다. 이 마음을 알기 위해서는 책을 읽어야 한다. 책 속에 이치가 밝혀져 들어 있어 마음을 단속하여 삼갈 수 있게 해준다.

덕행[行道]은 만물이 화육(化育)하도록 이끄는 것이다. 화육은 사람과 만물이 본성대로 되도록 만들고 기르는 것이다. 이러한 만물의 화육은 쉼 없는 지극한 정성[至誠無息]으로 이루어진다. 지극한 정성이

---

24) 9장 "子曰, 天下國家可均也며, 爵祿可辭也며, 白刃可蹈也라도 中庸不可能也니라(공자께서 말씀하셨다. '천하의 국가도 고르게 다스릴 수 있고, 벼슬도 사양할 수 있고, 흰 칼날도 밟을 수 있다하더라도 중용은 잘 해내기 어려운 것이다.')."

없다면 어떤 것도 이치대로 화육하게 할 수 없다.[25] 정성을 다한다는 것은 순리에 맞는 행동을 중단하지 않는 것이다. 그래야만 만물은 화육하게 된다. 만물을 화육하게 하는 이치를 알고, 이를 행한 결과여야 한다. 정성은 우연일 수 없고, 일시적 행동이 아니다. 앎은 배움에서, 의지는 신념에서 비롯된다. 읽기는 앎과 신념을 심어주는 원천이다. 책의 내용이 앎의 내용을 제공하고, 의지를 가질 수 있는 신념을 알려준다.

계신(戒愼)과 행도(行道)를 가능하게 하는 내재적 조건은 화(和)와 용(庸)이다. 화(和)는 조화(調和)를, 용(庸)은 항상(恒常)을 뜻한다. 조화는 어울림이 정도(正道)에 맞아 어그러짐이 없어 만물에 이익이 되는 것이고, 항상은 일의 일어남이 잠시도 멈추거나 잘못이 없는 것이다. 계신과 행도가 이런 조화와 항상을 바탕으로 할 때만이 의미를 갖는다. 계신은 자기 마음의 작용이 항상 천리와 예의에 맞아 조화를 이루도록 의식을 다잡는 것이고, 행도는 행위가 만물이 본성대로 생장할 수 있게 이끄는 것이 항상 이치에 맞아 조화를 이루도록 신중을 기하는 것이다. 자아실현은 마음의 작용이 만물의 이치에 맞고 행동이 만물의 번영을 이루어 냄으로써 이루어진다.

자아실현의 바탕이 되는 화와 용은 유동성을 속성으로 한다. 조화는 매 순간 이루어지는 것이고, 항상은 늘 앞으로 나감의 의미를 갖는

---

25) (25장) "誠者는 物之終始니, 不誠無物이니라. 是故로 君子誠之爲貴니라. 誠者는 非自成己而己也요, 所以成物也니라. 成己는 仁也요, 成物은 知也이니 性之德也요, 合外內之道也니라 (정성이라는 것은 만물의 처음이요 끝이니, 정성스러움이 아니라면 만물은 없는 것이다. 그러므로 군자는 정성스럽게 하는 것을 귀하게 여긴다. 정성스러움이라는 것은 스스로 자기를 이룩하게 할 뿐만 아니라 만물을 이룩하게 하는 까닭이 되는 것이다. 자기를 이룩하게 하는 것은 인(仁)이요, 만물을 이룩하게 하는 것은 지(知)인데, 그것들은 본성의 덕이어서 자기의 안팎을 합치게 하는 도이다)."

다. 고정된 의식과 행동에는 조화와 항상이 존재할 수 없다. 계신과 행도는 잠시라도 순리에서 일탈하거나 멈추어서는 안 되는 것이다. 정도를 벗어남이나 멈춤은 자아를 상실하는 것이며, 만물의 화육(化育)을 방해하는 것이 되기 때문이다. 자아실현은 일상의 매 순간에 자신을 다잡아 만물의 생육을 도와야 한다. 일순간 노력하였다고 하여 마음의 작용이 완벽해지고 만물이 본성대로 되는 것이 아니다. 매 순간, 각각의 일마다 조화와 항상이 이루어질 수 있도록 계신하고 행도를 해야 한다.

## 3. 자아실현 읽기의 교육

'중용'은 유학사상의 핵심 개념 중의 하나이다. 사람의 의식과 세상 이치의 조화를 통한 삶을 이루려는 의식이다. 공자가 교육을 펼친 이후, 유학자들은 '중용'을 이루기 위하여 노력하였다. 사람과 세상이 조화를 이루는 원리는 자기를 완성하고[成己], 만물을 번영하게[成物] 하는 것이다. 이러한 중용의 원리에 따르는 중용적 읽기는 독자가 텍스트를 읽어 만물의 이치 규명으로 자아를 확립하고[成己], 자기와 만물의 번영을 이루려는 의지 갖춤으로 자아를 실현하는[成物] 읽기이다. 이 중용적 읽기를 통하여 자아실현을 이루기 위한 관념 구성이 중용적 관념 구성이다. 이 중용적 관념 구성을 위한 중용적 읽기의 관점에서 읽기 교육에 대한 접근 방향을 알아본다.

## 가. 중용적 관념 구성 구조

읽기 주체는 중용적 관념 구성을 통하여 자아실현을 추구한다. 읽기 주체의 중용적 관념 구성은 두 가지로 구분할 수 있다. 텍스트를 통하여 자기의 존재 의미와 역할 규명으로 구성하는 '구심적 관념 구성'과 세상과 자신의 공영(共榮)을 위한 실천 의지 갖춤으로 구성하는 '원심적 관념 구성'이다. 구심적 관념은 읽기 주체가 텍스트 이해를 통하여 만물의 이치를 깨친 마음을 갖추려는 내향적 의식에서 구성된다. 원심적 관념은 읽기 주체가 텍스트 이해를 통하여 만물이 본성대로 되게 하려는 외향적 의식에서 구성된다. 구심적 관념 구성은 자아 확립을 이루고, 원심적 관념 구성은 자아실현을 가능하게 한다.

### 1) 구심적 관념 구성

읽기 주체의 구심적 관념 구성은 대상과 사물 및 자신에 대한 탐구로 세계와의 관계 속에 있는 자아를 규명하는 '자아 형성 관념'과 만물을 번영하게 하는 자신의 역할과 임무를 깨쳐 구성하는 '자아 발전 관념'으로 구분할 수 있다. 읽기 주체는 자아 형성 관념 구성을 위해 텍스트를 통하여 대상을 분별하고, 각 대상의 본체[26]를 깨쳐 알아야 한다. 읽기 주체가 읽는 텍스트에서 다루고 있는 대상은 읽기 주체와 관계 속에 존재한다. 읽기 주체는 그 대상의 본체를 인식함으로써 존재 의의를 지니고, 대상도 읽기 주체에게 인식됨으로써 존재할 수

---

26) '대상의 본체'는 텍스트를 통하여 인식한 대상의 속성을 일컫는 말이다. 대상을 앞에서 세 가지로 구분하였으므로(각주 21) 각 대상의 속성도 세 가지 용어를 사용하여 구분한다. 대상의 속성은 '본체', 사물의 속성은 '본질', 만물의 속성은 '이치'라고 한다.

있게 된다. 읽기 주체가 텍스트에 나타난 대상의 본체를 이해함으로써 대상과 관련하여 자기를 규명할 수 있게 한다. 읽기 주체가 텍스트에서 다루고 있는 대상의 본체를 깨쳐 알게 될수록 자기의 본성을 깊이 있게 규명할 수 있다. 읽기 주체가 자아를 형성하는 근본적인 방법이 대상과 관계된 자기를 인식하는 것이다. 읽기 주체가 형성하고 발전시킬 자아는 대상과의 관계 속에서 존재를 분명하게 드러낸다. 읽기 주체는 텍스트를 통하여 대상과 관계된 자아를 규명하게 되고, 자아에 대한 관념 내용을 갖게 된다.

읽기 주체는 텍스트를 통하여 자기의 앎의 내용을 들여다봄으로써 기질(氣質)을 알 수 있다. 읽기 주체가 인식하는 자기의 기질은 인간다움에 기초한 자기다움에 관련된 관념 내용이다. 읽기 주체는 텍스트 내용에서 다루어지고 있는 대상의 본체 이해를 통하여 사물의 본질과 만물의 이치를 깨칠 수 있다. 이를 통하여 독자는 자기다움에 대한 관념 구성을 하게 된다. 인문학이나 사회학 관련 텍스트를 읽을 때나 과학 텍스트를 읽을 때도 읽기 주체는 자기다움을 알 수 있게 된다. 읽기 주체가 만물의 이치를 이해하는 과정은 자기다움을 알아가는 과정이다. 읽기 주체는 이치 이해를 통하여 앎의 내용을 분석하여 분별하고 확인한다. 텍스트의 내용은 다양한 방식으로 읽기 주체가 자아를 살필 수 있게 돕는다. 읽기 주체가 자기다움에 대한 인식과 자기다움의 발전적 규정은 자아 형성의 발판이다.

읽기 주체의 자아 발전 관념 구성은 자기가 해야 할 바를 규정함으로써 이루어진다. 읽기 주체가 해야 할 바의 규정은 만물의 이치 이해에서 비롯된다. 읽기 주체가 해야 할 바는 만물과의 관계를 밝히면서 드러나게 되기 때문이다. 읽기 주체가 어떤 것을 해야 한다고 정함은 사물과 어떤 관계 작용을 할 것인가를 정함이다. 읽기 주체는 텍스트의 이해를 통하여 사물과의 관계 작용 내용을 알 수 있게 된다. 대상의 본체를 이해함으로써 사물의 본질과 만물의 이치를 알 수 있게 되고, 자기가 할 바를 알게 되는 것이다. 이는 대상의 본체 규명을 통한 관념 구성이 자아 발전을 이루게 될 관념 구성이 됨을 의미한다. 읽기 주체는 사물의 본질에 대한 충실한 관념 구성을 통하여 자아가 행할 바를 정해야 한다.

읽기 주체가 행할 바를 정하여 알면, 이를 행하려는 의식을 가져야 한다. 읽기 주체가 이치를 아는 것과 행위 의식을 갖추는 것은 다른 것이다. 아는 것이 곧바로 실천되지는 않기 때문이다. 그러므로 읽기 주체가 자아 발전을 이루기 위해서는 아는 것을 바탕으로 행위 의식을 구성해야 한다. 읽기 주체가 앎의 내용을 토대로 행위 의식으로 구성하기 위해서는 의지적 사고 활동이 필요하다. 이 사고 활동은 앎의 내용을 실천해야 한다는 자각과 함께 발심(發心)을 일으켜 행위 의식을 구성하는 것이다. 이런 사고 활동은 텍스트를 읽는 과정에서 반복적으로 이루어져야 한다. 일시의 발심은 행위 의식을 구성할 수 없다. 읽기 주체가 텍스트를 통하여 사물을 본성대로 이루려는 행위 의식을 구성할 때 자아 발전을 이룬다.

읽기 주체의 구심적 관념 구성은 중용적 자아확립을 의미한다. 중용적 자아확립은 텍스트를 통하여 우주 만물 이치와 자아의 존재를 알고, 이치의 성실함(誠)을 본받아, 의식(마음)을 정성스럽게 함(誠之)이다. 읽기 주체는 텍스트를 통해서 자아를 인식하고, 자아의 발전을 이루는 관념 구성을 할 수 있다. 텍스트는 만물의 성실함을 밝혀서 제시하고 있기 때문이다. 그렇다고 텍스트의 내용을 이루는 만물의 성실함이 곧바로 읽기 주체에게 인식되는 것은 아니다. 읽기 주체가 의식을 집중하고 이를 얻기 위한 의식적 노력을 했을 때에만 인식할 수 있다. 자아확립은 성(誠)을 깨치는 것이다. 성은 만물의 이치이고, 마음의 참됨이며 존재의 진실함이다. 인류가 만물을 탐구하여 밝힌 이치와 참된 마음, 존재의 진실한 규정이 모두 텍스트 속에 있다. 읽기 주체는 텍스트를 읽고, 마음을 정성스럽게 함으로써 자아확립을 할 수 있다.

## 2) 원심적 관념 구성

읽기 주체의 원심적 관념 구성은 자아와 만물이 본성대로 되도록 하겠다는 실천 의지의 갖춤으로 이루어진다. 의지는 아는 바를 행하려는 신념이고, 실천은 의지를 실행하는 삶의 과정이다. 실천 의지는 아는 바를 삶의 과정에서 실행하려는 신념이다. 원심적 관념 구성은 발심한 행위 의식을 바탕으로 존재 의미를 높이기 위한 덕행을 이루려는 실천 의지를 갖는 것이다. 이는 만물의 이치대로 행하여 자기와 세계의 조화로운 번영을 이루려는 실천 의식의 신념화이다. 이는 읽기 주체의 관념 구성이 의지의 외적 발현을 지향하기에 원심적이라고 하였다. 자아실현을 위한 실천 의지의 발현은 그 완결 시기를 정할 수 없다. 즉, 자아실현은 언제나 실현 중에 있는 것이다[庸]. 그렇기에 자아실현은 실천을 위한 의지의 갖춤이 중요 관건이 된다. 실천 의지 가 곧 실천으로 이루어지는 에너지이기 때문이다.

읽기 주체의 구심적 관념 구성은 그 자체로서는 큰 의미를 드러내 지 못한다. 구심적 관념은 읽기 주체의 의식 내용을 이루고 있지만 그 실현성이 낮기 때문이다. 구심적 관념은 그 실현을 강조하는 원심 적 관념 구성을 통하여 의의를 지니게 된다. 읽기 주체의 원심적 관념 구성은 온전한 삶을 이루기 위한 관념의 구성이다. 온전한 삶은 위한 관념 구성은 자아와 세계가 조화로운 일치에 도달할 수 있(達道)는 의지를 갖는 것과 관련된다. 원심적 관념 구성은 자기의 완성을 넘어 만물이 본성대로 생육하는 것에 참여할 수 있는 의지를 갖추는 것이다. 원심적 관념 구성이 추구하는 것은 개체의 문제가 아니라 만물 전체와 관계된 문제이다.[27] 원심적 관념 구성은 읽기 주체의 발전과 우주 전체의 번영에 기여할 수 있는 의지를 갖는 것이다.

원심적 관념 구성은 읽기 주체의 자아와 타자의 공존의식을 기반으로 한다. 이는 읽기 주체가 타자(타인과 만물)와 일체를 이루려는 의식에서 비롯된다. 자아는 타자로 인하여, 타자는 자아로 인하여 존재하고 번영한다. 자아는 타자에 의하여 확립되고, 타자를 위하여 실현되는 것이다. 타자와 관계없는 실천 의지는 존재할 수 없다. 타자와 단절되어 고립된 읽기 주체가 있다면 그 읽기 주체는 자아가 필요 없다. 그러므로 원심적 관념을 구성할 필요가 없다. 따라서 읽기 주체의 원심적 관념 구성은 타자의 존재를 본질적으로 필요로 한다. 읽기 주체가 구성한 원심적 관념 구성은 근본적으로 타자와 함께 번영할 수 있는 실천 의지를 확장하는 것이다.

읽기 주체가 구성할 원심적 관념 구성은 두 겹의 원심이 작용한다. 한 겹은 자기를 살피고 조절하여 자기완성을 위한 '반성 관념 구성'이고, 다른 한 겹은 의지의 실천으로 타자의 번영을 이루기 위한 '배려

---

27) 뚜웨이밍(杜維明)은 중용적 자아실현을 다음과 같이 말한다. "인간성은 만물의 필수적인 부분이기 때문에 인간성의 완전한 실현은 만물의 실현으로 나가야 한다. (…중략…) 사람들 사이의 하나됨(oneness)이라는 심오한 의미, 인간과 자연의 유기체적 합일이라는 신념이다. 인간의 본성은 하늘로부터 부여받았지만, 인간은 단순한 피조물이 아니며, 하늘이 혼자서 창조의 과정을 전담하는 것도 아니다. 궁극적인 의미에서 인간은 자신의 인간성을 발휘하기 위하여 우주의 창조적 과정에 스스로 충분히 참여해야 한다. 확실히 인간은 무로부터 창초지는 않지만 천지의 육성 과정을 도울 수 있다."(정용환 역, 2001: 341)

관념 구성'이다. 『중용』의 관점에서 보면, 이들은 삼감과 덕행이다. 읽기 주체가 텍스트를 통하여 자신을 통제하고, 만물이 번영할 수 있도록 하는 실천 의지를 갖는 것은 쉬운 일이 아니다. 많이 배운 사람도 욕망에 사로잡히기 쉽기 때문이다. 주체가 실천 의지를 굳건히 하여 평생을 자기와 타자가 번영할 수 있도록 자기를 통제하여 조절할 수 있을 때에 가능한 일이다.

반성 관념 구성은 주체가 실천 의지를 갖추고, 그 실천이 잠시도 멈추지 않도록 경계하는 의식을 구성하는 것이다. 이것은 읽기 주체가 텍스트를 통하여 실천 의지를 구성하고, 다지는 것에서 비롯된다. 읽기 주체는 텍스트를 통하여 이치에 따른 실천의 중요성을 끊임없이 자각하면서 실천 의지를 확립하고, 이의 실행을 점검할 수 있다. 읽기 주체가 실천 의지를 경계할 때, 행위가 이치에서 벗어나지 않게 된다. 읽기 주체가 텍스트를 통하여 지속적인 실천 의지의 확립을 이룰 때 중용적 자아실현이 가능하다. 따라서 읽기 주체는 텍스트를 통하여 실천 의지의 채움과 경계를 계속하여 새롭게 해야 한다. 즉 읽기 주체의 반성 관념 구성은 자기완성을 추구하는 계신(戒愼)을 바탕으로 이루어진다.

배려 관념 구성은 각 사물이 본질대로 이루어지도록 돕기 위한 실천 의지를 갖추는 것이다. 읽기 주체가 사물의 번영을 위한 이치에 따른 실천 의지를 갖기 위해서는 다른 노력이 필요하다. 사물의 본질(이치)은 사물마다 다르기 때문이다. 배려 관념 구성은 각기 다른 타자의 본성을 확인하고 본성에 따라 타자에게 필요한 도움을 주려는 실천 의지를 구성하는 것이다. 배려는 주체의 능력 갖춤을 바탕으로 타자를 돕는 것이다. 읽기 주체가 타자를 배려할 수 있는 능력 갖춤은 텍스트에서 비롯된다. 즉, 사물의 본질을 깨쳐 아는 것이 능력 갖춤이다. 이 능력 갖춤은 도(道)를 행하려는 실천 의지를 강화함으로써 실현되게 된다. 따라서 배려 관념 구성은 읽기 주체가 지속적인 텍스트 읽기로 존재 의미를 확립하기 위한 행도(行道)의 실천 의지를 갖춤으로써 이루어지게 된다.

구심적 관념 구성과 원심적 관념 구성은 서로 맞물려 있다. 구심적 관념 구성은 원심적 관념 구성의 바탕으로 이루어지고, 원심적 관념 구성은 구심적 관념 구성의 조건이 되어 이루어진다. 중용의 역동성은 여기에서 비롯된다. 구심적 관념 구성과 원심적 관념 구성의 공동 매개가 텍스트로 귀결된다. 텍스트를 통한 이치의 앎은 실천을 가능하게 하고, 실천은 앎을 확충시키는 것이다. 읽기 주체의 구심적 관념 구성과 원심적 관념 구성은 텍스트에 기대어 이루어지게 되는 것이다. 텍스트는 나와 사회의 문지방이고, 나와 우주의 문지방이다. 문지방을 넘어서 들어와야 나의 것이 되고, 문지방을 넘어가야 세계 속으로 나갈 수 있다. 그러나 문지방 위의 문은 방안과 방 밖의 경계일 뿐이지, 그 내용이 다른 것은 아니다.

## 나. 중주관 구성

중용적 읽기에서 읽기 주체는 자아실현을 위한 관념을 구성한다. 자아실현을 위한 관념 구성은 자아를 확립하기 위한 구심적 관념 구성과 자아를 실현하기 위한 원심적 관념 구성의 상보작용으로 이루어진다. 읽기 주체의 자아확립을 위한 구심적 관념 구성은 만물의 이치를 깨쳐 밝은 앎을 이룸이고, 자아실현을 위한 원심적 관념 구성은 만물이 본성대로 번영할 수 있게 하려는 의지의 굳힘이다. 읽기 주체가 자아실현을 위하여 구성한 관념이 '중용적 관념'이다. 이 중용적 관념이 읽기 주체와 결합되어 있는 상태를 '중주관(中主觀)'이라 할 수 있다. 중용적 읽기 관점에서 독자는 중주관의 구성을 지향한다.

독자의 중주관의 구성은 절실함에서 비롯된 것이다. 중용적 관점에서 보면, 읽기 주체가 텍스트를 읽는 궁극의 목적은 자아실현이다. 자아실현은 자기 존재의 본질적 이유를 밝히는 것이다. 이는 자기의 본성적 자아와 기질적 자아를 아는 것과 자기 존재의 정당한 의의를 확립하는 것이다. 읽기 주체가 존재의 본질적 이유를 밝히는 것이 만물이 본성대로 번영하는 것에 기여하는 것이다. 중주관 구성의 절실함은 자기 규명을 위한 앎과 가치 지향적 삶의 실천이 존재 의미를 밝혀주기 때문이다. 『중용』의 관점에서 볼 때, 자기 존재의 본질적 이유는 행위를 통하여 드러나지만, 행위는 앎에 기초해야 한다. 즉, 중용의 실천은 자아확립을 위한 밝은 앎을 바탕으로 한다. 앎에서 비롯되지 않은 행위는 주체적 행위가 아니라 객체적 사물일 뿐이다. 읽기 주체는 자기 규명을 먼저 해야 한다. 또한 행위는 실천 의지를 기반으로 해야 한다. 의지가 바탕이 되지 않은 행위는 객체적이고, 이치를 따르기보다는 사욕에 따르는 것이다. 따라서 독자는 중주관 구성을 통하여 자기 존재의 본질적 의의를 인식하기에 절실할 수밖에 없다.

독자의 중주관은 조화(調和)를 추구한다. 중주관은 의식과 이치의 조화, 앎과 삶의 조화, 자아와 만물의 조화를 기반으로 한다. 읽기 주체가 중용적 관념을 주관할 때는 조화를 이룸이 전제된다. 중용적 관념이 미발(未發)의 상태에 있을 때는 의식과 이치의 조화를 요구한다. 사물의 본질과 읽기 주체의 본성이 조화를 이루는 것이다. 읽기 주체의 의식이 사욕보다는 이치에 합당할 수 있게 해야 한다. 중용적 관념이 기발(既發)의 상태로 실현될 때는 앎의 내용이 삶의 내용과 조화를 이루어야 한다. 읽기 주체의 앎이 삶으로 드러나지 않는 앎과 삶의 분리는 중용을 이룰 수 없다. 중주관은 읽기 주체가 구성 관념의 내용을 삶의 내용으로 삼을 때 그 의의가 생겨난다. 중용에서 달도(達道)는 이상적인 바람이다. 달도는 자아와 만물의 조화를 기반으로 한다. 자아와 만물이 혼연일체가 되어 자아실현을 이룸이다. 만물의 번영과 자아의 발전이 상보적으로 이루어짐을 의미한다. 독자는 자아와 만물의 조화를 이루려는 의지를 가져야 한다.

중주관의 구성은 읽기 주체의 실천(實踐)을 강조한다. 실천의 내용은 자아실현을 위한 삼감과 정성이다. 실천의 형식은 일상성과 부단함이다. 읽기 주체는 대상의 본체와 사물의 본질 및 만물의 이치를 깨침에 조심스러워야 하고, 마음을 다해야 한다. 자아확립을 위한 수행에서도 살피고 따져서 부족하거나 넘치지 않도록 해야 한다. 자아실현을 위한 의지의 실천도 조화로운 번영을 이룰 수 있도록 삼가고 정성스럽게 해야 한다. 이러한 삼감과 정성은 일상에서 이루어져야 한다. 특별한 일이 있거나 자신이 필요할 때만 행하는 것은 중주관이 될 수 없다. 모든 행위에 삼감과 정성이 내재하고, 부단해야 한다. 어느 한순간이라도 삼감과 정성이 모자란다면 중주관이 될 수 없다. 중용에서 말하는 자아실현은 이러한 실천을 토대로 한다.

독자의 중주관 구성은 자기와 만물의 번영을 이루어 자아실현을 하기 위한 것이다. 이 중주관은 어느 한 시기에 완성되거나 완료되는 것이 아니다. 읽기 주체로서 자기를 인식하는 동안 지속된다. 또한 앎을 바탕으로 삶을 살아가려는 모든 주체에게 요구되는 것이다. 중주관은 자기완성을 추구하고, 만물이 본성대로 되도록 하려는 주체의 의식이다. 독자는 중주관 구성을 통하여 이 의식을 가지게 된다. 읽기 교육은 학생들이 중용적 관념 구성을 통하여 중주관을 확립할 수 있도록 안내해야 한다.

## 다. 자아실현 읽기의 교육 원리

읽기 교육은 읽기 주체가 자아실현을 이루도록 해야 한다. 자아실현은 읽기 주체의 중용적 관념 구성을 통하여 이루어진다. 이것은 독자 개인의 바람을 성취하는 것이기보다는 우주적 이치에 따른 만물의 번영을 이루어 내는 실천이다. 읽기 교육은 학생들이 자아실현을 할 수 있도록 지도하는 것이 필요하다. 자기완성과 만물의 번영은 중용적 관념을 구성하도록 하는 것이다. 읽기 교육에서는 학생들이 중용적 관념 구성을 할 수 있도록 지도하는 것이 필요하다. 읽기 교육에서 중용적 관념을 구성할 수 있도록 하는 접근 원리를 알아보면 다음과 같다.

### 1) 이치 깨침을 위한 본질 탐구

읽기는 읽기 주체가 텍스트의 어떤 내용에 관심을 두고 읽는가에 따라 달라진다. 읽기 주체는 텍스트를 읽고 '제시된 내용', '함축된 의미', '대상의 본체', '사물의 본질', '만물의 이치' 등에 관심을 가질 수 있다. 예를 들어 어떤 읽기 주체는 『중용』을 읽을 때, 『중용』에 제시된 내용에만 관심을 두고 읽을 수 있다. 다른 읽기 주체는 유학사상과 관련하여 『중용』에 함축된 의미를 따지는 것에 관심을 둘 수도 있고, 『중용』에서 다루고 있는 '중용'의 본체에 관심을 둘 수도 있다. 또 다른 읽기 주체는 '중용'의 본질을 알기 위하여 『중용』을 읽을 수 있고, 세상의 중용적 이치를 알기 위하여 『중용』을 읽을 수 있다. 이들은 읽기 주체가 읽기를 할 때 동시에 작용한다고 할 수 있지만 읽기 주체가 관심을 집중하는 것이 있기 마련이다. 읽기 주체가 무엇에 관심을 두고 『중용』을 읽는가는 구성할 관념에 영향을 주게 된다.

읽기에 대한 논의도 이들 중 하나에 초점을 두고 이루어진다. 텍스트 중심 논의나 독자 중심 논의는 주로 '제시된 내용'에 관심을 가진다. 텍스트 중심의 내용 구성 요소나 내용 구성 구조에 대한 논의(이삼형, 1994; 서혁, 1996; 김봉순, 1996)는 제시된 내용에 초점을 두고 있다. 독자 중심 읽기에 대한 논의(노명완, 1998; 한철우, 2001; 박수자, 2001)도 크게 다르지 않다. 사실적 이해, 추론적 이해, 비판적 이해 등을 강조하는 읽기 활동에서도 '제시된 내용'에 초점을 두고 이루어진다. 그래서 독자 중심에서 강조하는 읽기 기능이나 읽기 전략들이 주로 '제시된 내용'을 파악하는 것에 초점이 맞추어져 있다. '제시된 내용'을 강조하는 읽기에 대한 논의는 주로 텍스트에 한정된 이해를 읽기 주체에게 강조한다.

현재의 읽기 교육도 텍스트에 제시된 내용을 읽기 주체가 파악하도록 하는 것에 초점이 있다. 읽기 교육과정에 제시된 읽기 내용은 '본질·원리·태도'나(7차), '지식·기능·맥락'(2007년 개정)이다. 읽기 교육의 주요 교육내용은 '기능'이다. 이들의 하위 내용 항목을 보면, '내용 확인, 추론, 평가와 감상'이다. '내용 확인'의 세부 교육내용은 텍스트의 구체적으로 제시된 내용을 파악하기 위한 기능이나 전략이고, '추론'의 세부 교육내용은 텍스트에 제시되지 않았지만 파악 가능한 내용을 찾기 위한 기능이나 전략이다. '평가와 감상의 세부 교육내용'은 텍스트에 구체적으로 드러나 정보의 타당성과 가치성을 평가하고, 그 의의를 따지는 데 필요한 기능과 전략이다. 학생들이 텍스트에 함축된 의미나 주제를 깊이 생각해 볼 수 있는 방법이나 텍스트가 다루고 있는 대상의 본체나 사물의 본질을 파악할 수 있는 방법에 대한 교육내용은 많지 않다.

읽기 교육에서는 읽기 주체가 무엇에 관심을 두고 텍스트를 읽어야 하는지에 대하여 관심을 가져야 한다. 그것도 제시된 내용보다는 대상의 본체나 사물의 본질을 파악하도록 하는 것에 관심을 가져야 한다. 읽기 교육은 안내문이나 생활 잡지 및 신문을 읽을 수 있는 능력을 높이자는 것이 아니다. 인간의 깊은 정신 내용을 담고 있는 텍스트를 읽고 생각을 키우고 세상을 품을 수 있는 의식을 갖도록 하기 위한 것이다. 그런 읽기 교육을 위해서는 읽기 주체가 텍스트에 제시된 내용을 파악하는 것을 넘어 텍스트가 다루고 있는 대상의 본체 이해를 바탕으로 사물의 본질과 만물의 이치를 깨칠 수 있도록 하는 것이 필요하다.

사물의 본질이나 만물의 이치는 텍스트 내에서 이해할 수 있기보다는 텍스트 간에서 이해할 수 있다. 이들은 텍스트에 담겨 있지만, 각 텍스트는 이를 부분적으로 또는 단편적으로 담고 있기 때문이다. 읽기 주체는 이들을 종합하여 하나의 완결된 본질이나 이치를 파악하는 것이 필요하다. '중용'의 본질과 이치는 『중용』에 들어 있을 수 있다. 그러나 읽기 주체가 『중용』만 읽어서는 '중용'의 완결된 본질을 이해하기 어렵다. '중용'을 다루고 있는 관련 텍스트를 참조할 필요가 있다. 사물의 본질을 이해하기 위한 읽기는 텍스트 내 관념 구성에서 텍스트 간 관념 구성으로의 읽기 방법 전환이 필요하다.

읽기 교육의 접근을 세 수준으로 나눈다면 '제시된 내용 이해하기 수준', '대상의 본체 이해하기 수준', '사물의 본질 이해하기 수준'이 될 것이다. 이 수준의 구분이 의미하는 것은 각 수준을 구분하여 지도할 필요성이 있다는 의미보다는 사물의 본질 이해하기를 지도해야 할 필요성을 내포한다. 사물의 본질 이해는 읽기 주체와 관련을 맺고 있는 사람과 물질, 사건과 사회, 문화와 환경에 대한 깊이 있는 관념 구성이다. 읽기 주체의 사물에 대한 본질 이해는 자아를 규명할 수 있게 하고, 자기가 행할 바를 규정하는 바탕이 된다. 이는 독자가 중주 관을 구성할 수 있도록 도와 자아와 세계의 조화를 통하여 자아실현 을 할 수 있게 하는 조건이다.

## 2) 자아확립을 위한 의식 확대

읽기 교육에서 학생들의 자아확립을 위한 관념 구성에 관심을 가져 야 한다. 자아확립은 텍스트에 제시된 내용을 파악하기보다는 함축된 의미나 대상의 본체 이해를 통하여 관념 구성을 할 때 이루어진다. 읽기 주체는 텍스트의 이해를 통하여 본성적 자아와 기질적 자아를 사물의 본질과의 관계 속에서 규명해야 한다. 이는 실제적으로 텍스 트 이해를 통한 만물의 이치에 관심을 가지는 것과 관련된다. 사물의 본질 이해를 위한 읽기는 읽기 주체의 의식 세계를 끊임없이 확장하 게 만든다. 이를 자아확립이라는 면에서 보면, 의식 세계의 확장은 자기를 규명하는 의식으로 수렴되는 확장이라 할 수 있다. 읽기 주체 는 텍스트에서 다루는 대상의 본체 이해를 넘어 사물의 본질에 관심 을 가짐으로써 자아와 만물을 연결할 수 있게 되는 것이다.

읽기 주체가 자아확립을 이루는 방법은 솔성(率性)과 수도(修道)이 다. 솔성은 만물의 이치에 따라 의식을 구성하는 것이고, 수도는 이치 에 따르려는 행위 의식을 새롭게 하는 것이다. 읽기 주체는 텍스트 이해를 통하여 지속적으로 만물의 이치에 맞는 관념 구성과 그 관념 에 대한 행위 의식을 가지게 됨으로써 자아를 확립한다. 자아확립과 관련하여 의식을 구성한다는 것은 자기 규명을 새롭게 함을 의미한다. 개인의 사욕을 바탕으로 한 자기 규명이 아니라 우주적 이치를 바탕으로 한 자기 규명이다. 읽기 주체는 이 자기 규명을 통하여 행할 바를 알게 되고, 행할 의지를 지니게 된다. 그렇게 됨으로써 자아확립을 위한 구심적 관념 구성이 이루어진다.

술성(率性)은 독자가 텍스트를 통하여 사물의 본질을 알고, 그 본질을 따르는 것이다. 사물의 본성을 알기 위해서는 텍스트에 제시된 내용에만 의식을 집중하거나 텍스트에 제시된 부분적 본질에 집착하여서는 안 된다. 의식의 확장을 위한 탐구력으로 사물의 본질과 만물의 이치를 깨쳐야 한다. 그리고 그 이치에 따라야 한다. 이치의 따름도 수동적으로 소극적인 따름이 아니라 이치와 일치된 의식을 확립할 것을 요구하는 것이다. 읽기 주체가 이치를 따른다는 것은 의식의 변화를 의미하는 것이다. 읽기 교육에서는 이를 위한 지도가 이루어져야 한다.

수도(修道)는 마땅히 행할 바를 행하려는 의지(행위 의식)를 다지는 것이다. 읽기 주체가 수도를 한다는 것은 읽기를 통하여 변화된 의식을 행하려는 의지를 굳게 하는 것이다. 의식을 행하려는 의지는 단순히 마음을 다잡는다고 되는 것이 아니다. 이치대로 행하려는 내적 정당화가 필요하다. 내적 정당화를 이루는 방법은 이치의 실천이 주는 존재 의미를 인식하는 것이다. 자기를 완성하고 만물의 번영을 이루게 하는 실천이 자기 존재의 근본적 의의를 확립함을 인식하게 하는 것이다. 존재의 본질적 의의에 대한 인식은 주체에게 앎의 실천 의지를 굳건히 하는 조건이 된다. 주체가 앎을 실행함이 자기 존재의 본질적 의의를 밝히는 것임을 알게 하는 것은 교육이다. 자아확립을 위한 관념 구성은 이치를 따르는 의식의 확립과 이치 실천으로 규명되는 자기 존재의 의의를 밝히는 것이 된다.

읽기 교육은 독자가 자아를 형성하여 확립하는 방법을 제시해야 한다. 자아확립의 방법은 구성한 관념을 바탕으로 자신이 어떤 존재여야 하는가를 묻고 규정할 수 있게 하는 것이다. 만물의 이치로 구성된 관념은 그 이치에 기초하여 자신이 어떤 존재여야 하는지를 알게 한다. 독자는 구성한 관념으로 자신에 대한 의식을 구체화하고, 이치에 따른 자의식을 형성해야 한다. 자의식의 형성은 독자에게 자아의 형성과 변화를 가져다준다. 관념의 구성이 앎의 가져다주는 것이라면 자의식은 앎에 대한 믿음을 가지고 앎을 자기의 의식으로 받아들이는 것이다. 앎의 내용으로 자의식이 확장되면 자아확립이 이루어지게 된다.

### 3) 자아실현을 위한 의지 강화

독자가 자아를 확립하였다면 자아를 실현할 수 있도록 지도해야 한다. 자아실현의 지도는 확립된 자의식을 실현할 수 있도록 의지를 굳혀주는 것이다. 의지의 굳힘은 지속적 실천을 가능하게 하여 자아실현을 돕는다. 읽기 교육에서 자아실현은 행위를 통한 실천이기보다는 실천 의지를 길러주는 것이어야 한다. 실천은 일시적일 수 있지만 실천 의지는 실천을 지속적으로 할 수 있게 하기 때문이다. 그러므로 독자의 자아실현을 위한 읽기 교육은 확립된 자아를 실현할 수 있는 의지를 길러주는 것이어야 한다.

독자의 자아실현을 위한 실천 의지는 앎을 실천하기 위한 의식적 자기 점검을 필요로 한다. 알고 있는 것은 실천하는 것과 다르다. 그래서 알고 있는 것을 행동으로 드러내기 위해서는 행위 의식을 실천 의지로 바꾸는 의식적 점검이 필요하다. 의식적 점검은 지행의 일체화를 추구한다. 지행의 일체화는 텍스트를 통하여 깨친 이치에 따라 만물이 본성대로 생장하도록 돕는 것을 말한다. 만물이 그 본성대로 되도록 하는 것은 주체의 실천 의지이다. 만물의 본성을 알고 있으면서도 본성대로 화육하도록 하지 못하는 것은 실천 의지가 약하고, 실천 의지의 실현을 점검하지 않기 때문이다. 실천 의지가 굳고 이를 점검하는 사람은 반드시 실천할 수밖에 없다. 독자가 앎을 실천하여 자아실현을 하기 위해서는 실천 의지를 점검하도록 해야 한다.

중용에서 실천 의지를 다지는 방법은 계신(戒愼)과 공구(恐懼)이다. 계신은 자아와 만물의 조화를 성실하게 이루어 낼 수 있는지, 만물의 이치에 맞는 실천을 할 수 있는지를 따지는 것이다. 계신은 매사에 정성을 다하여 자기와 만물의 발전을 이루기 위한 실천 의지를 갖추고 점검하는 방법이다. 공구는 의식의 작용을 바르게 하였는지 의심하고 앞으로 해야 할 일을 염려하는 것이다. 공구는 자아확립과 실천의 완전함을 추구하는 마음가짐이다. 앎을 위한 관념 구성과 앎의 실천을 위한 관념 구성을 계신하고 공구하면 신념화된 실천 의지를 확립할 수 있다. 이 실천 의지는 절도에 맞는 행위로 만물의 조화를 이루게 하여 달도(達道)를 가능하게 한다. 그러므로 읽기 교육에서 자아실현을 하는 방법인 계신과 공구의 마음을 지도해야 한다.

자아실현의 궁극 목적은 개인의 바람을 성취하는 것이 아니다. 우주가 바르게 자리를 잡도록 하는 것이고[天地位焉], 만물이 본성대로 생장하도록 하는 것이다[萬物育焉]. 물론 만물 속에는 자신과 타인도 포함된다. 읽기 주체가 자아실현을 위해서는 만물의 이치와의 관계 속에서 자아를 확립하고, 이 자아가 만물과 바람직하고, 효율적인 화합을 이루어 내야 한다. 이는 모든 생물이 화합하여 번성하고, 만물이 조화 속에서 완전할 수 있도록 돕는 것이다. 자신, 타인, 생명체, 무생물이 조화롭게 번영을 이루게 하는 것이 자아실현이다. 독자는 텍스트를 통하여 이를 위한 관념을 구성하고 실천할 수 있는 중주관의 구성이 필요하다. 읽기 교육은 독자가 중주관을 구성할 수 있도록 지도하는 것이 필요하다.

읽기 교육은 학생이 읽기를 통하여 자아실현을 할 수는 조건을 마련해주어야 한다. 학생들은 읽기 교육을 통하여 읽기가 바탕이 된 자아실현의 의미와 자아실현을 위한 의식을 마련해야 한다. 자아실현이 자신을 이룸이며 만물의 이룸임을 믿고 이를 위한 실천력을 키우는 것이다. 읽기 교육이 단지 자신의 지적 욕망을 위한 것이나 몇 가지 정보를 얻기 위한 것이 되어서는 의미가 없다. 읽기 교육은 읽기의 본질을 밝혀 학생이 독자가 될 수 있도록 지도해야 한다.


## 4. 자아실현 읽기의 실천

중용은 주체가 사물의 본질을 깨쳐 만물의 번영을 이루게 함으로써 자아실현을 이루려는 유학사상이다. 중용적 주체는 자아실현을 하기 위하여 자아를 확립하고, 확립된 자아를 바탕으로 만물의 번영을 이루어 내야 한다. 주체의 자아확립은 만물의 이치를 깨침으로써 이루어지고, 만물의 번영은 주체가 만물이 본성대로 되도록 도움으로써 이루어진다. 주체의 자아실현은 궁극적으로 만물과 자아의 공영을 이루는 것이다.

읽기 교육의 본질은 학생이 텍스트 이해를 통하여 자아실현을 할 수 있도록 지도하는 것이다. 학생들이 텍스트 이해를 통하여 무엇을 해야 하는지를 제시하지 못하면 읽기 교육은 의미 없는 몸짓에 지나지 않는다. 읽기 교육에서는 텍스트 이해의 목적이 자아실현을 위한 것임을 학생들에게 일깨워야 한다. 그리고 자아실현은 개인의 바람을 성취하는 것이 아니라 세상의 번영을 이루어 내는 것임을 알려주어야 한다. 한 편의 글을 이해하는 것이 자아확립의 바탕임을 일깨우고, 이해한 내용을 삶의 실천으로 옮기려는 의지가 자아실현임을 알려주어야 한다.

독자의 자아실현을 돕는 읽기 교육의 방법은 여러 가지일 수 있다. 그중 한 가지 방법이 중용적 인식론을 활용하는 것이다. 중용은 만물의 이치 깨침을 바탕으로 만물의 번영을 이루어 내어야 한다고 본다. 독자가 읽기를 하는 소극적 의도는 만물의 이치를 깨치는 것이라 할 수 있고, 적극적 의도는 만물의 번영을 이루어 내려는 의지를 갖는 것이라 할 수 있다. 중용의 인식론과 상통하는 것이다. 그동안 이루어진 독자 중심의 읽기 교육은 읽기 주체가 텍스트 이해를 개인의 인지 조건에 따라 할 수 있음을 강조하였지만, 그 이해가 무엇을 위한 것이며, 무엇을 지향해야 하는지를 제시하지 못했다. 읽기 능력을 강조하였지만, 그 능력을 바탕으로 무엇을 해야 하는지는 묻지 않은 것이다.

중용의 인식론에 기초한 읽기 교육은 읽기 주체의 자아실현을 목적으로 한다. 읽기 주체가 텍스트 이해를 통하여 대상과 사물 및 만물과의 관계 속에서 자아를 규명하고, 자아의 역할 이해를 통한 존재 의의를 확립하도록 하는 것이다. 읽기 주체가 자아의 존재 의의를 확립하지 못한다면 관념 구성은 기계가 제품을 만들어 내는 것과 다르지 않다. 읽기 교육은 읽기 주체가 존재 의의를 확립하는 자아실현을 이루어 낼 수 있도록 해야 한다. 이를 위해서는 중용의 인식론을 수용하여 읽기 교육의 지평을 넓힐 필요가 있다. 이 논의에서는 중용적 읽기 교육의 방향만 생각하여 보았다. 이 논의를 바탕으로 중용적 읽기 교육의 실제적인 논의가 필요하다.

# 제4장 연기적 읽기

## 1. 공사상과 읽기

불교철학은 2500여 년 전에 시작되어,[1] 몇 가지 큰 철학적 줄기를 이루면서 발전했다.[2] 설일체유부(說一切有部)의 아비달마(阿毘達磨) 논사(論師, 5세기)들의 아공법유설(我空法有說)[3]과 용수(龍樹: Nagarjuna, 2~3세기)를 중심으로 한 아공법공설(我空法空說)[4] 및 무착(無着: Asanga)

---

1) 시타르타의 생멸 연대는 분명하지 않다. 시타르타가 80세까지 산 것에는 대체로 동의하나 출생년도는 논자에 따라 B.C. 463년부터 B.C. 624년까지 본다(강기희 외, 1994: 104).

2) 불교의 발전과정에서 약 20여개의 부파가 생겨난다(권오민 역, 1992: 228~240). 이들 부파들의 논리 체계를 크게 세 개(설일체유부(說一切有部), 중관학파(中觀學派), 유식학파(唯識學派))에서 네 가지(앞의 세 가지에 경량부 포함) 정도로 구분하여 볼 수 있다(권오민 역, 1994).

3) 설일체유부(說一切有部)라는 말은 '모든 것이 있다고 말하는 부파'라는 뜻이다. 부처님의 법이 외부 세계에 존재한다는 말이다. 사물을 이루고 있는 어떤 원리나 법칙이 존재한다고 본다. 대개 5위 75법이 있다고 말한다(김성철, 2006: 145~157).

과 세친(世親: Vasubandhu, 4~5세기)을 중심으로 한 아유법공설(我有法空說)[5] 등으로 구분할 수 있다. 이들 논의는 세계를 구성하고 있는 법칙(본체, 본성)의 유무와 그 위치에 대한 고민이라 할 수 있다. 이들 논의는 아직 끝나지 않고 이어져 전개되고 있다. 그래서 현대의 인식론에도 영향을 주고 있다. 지금의 읽기도 불교철학의 관점을 활용하여 설명하고, 읽기 교육의 접근 방향을 탐색할 수 있다. 불교철학의 관점을 읽기와 대강 관련지어 보면, 텍스트가 의미를 지니고 있고 독자가 가지고 있지 않다고 보는 경우, 텍스트와 독자가 모두 의미를 지니고 있지 않다고 보는 경우, 텍스트는 의미를 지니고 있지 않고 독자가 의미를 지니고 있다고 보는 경우 등으로 생각해 볼 수 있다. 이들 관점을 각기 읽기 이론이나 읽기 교육 이론에 적용하여 볼 수 있다.

이 장에서는 용수의 공사상(空思想)[6]을 중심으로 독자나 텍스트가 모두 고유의 특성을 지지고 있지 않다는 관점에서 읽기와 읽기 교육을 논의한다. 공사상의 관점에서 보면, 텍스트나 독자는 고정된 고유한 본질적 속성을 가지고 있지 않다. 이러한 텍스트와 독자의 만남에 의하여 독서가 이루어진다. 독서를 통하여 독자와 텍스트가 연기(緣起)[7]적 관계를 이룸으로써 읽는 행위와 관념 구성 행위의 작용이 생긴

---

4) 중관철학(中觀哲學)이라고 하고, 공사상(空思想)이라도 한다. 이 세상에 존재하는 모든 것은 그 본질적 속성[自性]이 없는 무자성(無自性)이라고 보고, 사물을 구성하는 원인들이 서로 의존적 관계, 즉 연기(緣起)적 관계를 통하여 실체를 드러낸다고 본다(정호영 역, 1991).

5) 유식철학(唯識哲學) 또는 유가행파(瑜伽行派)라고 부른다. 모든 사물은 의식에 의하여 형성된 것이 반영되어 나타난 것으로 본다(안성두 외 역, 1994: 269~276).

6) 용수의 空思想은 모든 사물은 자성이 없다는 것을 철학적으로 논증한 것이다. 대표적인 논서는 용수의 "중론"(김성철 역, 2005)이다. 관련 경전은 반야심경과 금강경이다(정호영, 1991).

다. 공사상의 관점에서 보면, 독자의 관념 구성은 독자와 텍스트의 관계에 따라 달라진다. 독자와 텍스트는 본래 그 본질적 특성[自性]을 지니고 있지 않기 때문에 연기적 관계 맺기에 따라 구성하는 관념이 달라진다. 이렇게 자성이 없는 독자와 텍스트의 연기적 관계 맺기를 통한 관념 구성이 '연기적 관념 구성'이다. 이 연기적 관념 구성의 관점에서 보면, 관념과 독자는 서로를 구성하는 역할을 한다. 서로 상보적으로 의존해 있기 때문이다.

그동안의 읽기 교육의 관점에서 보면, 독자가 독서를 통하여 구성된다고는 인식하지 않았다. 텍스트 중심 접근에서는 텍스트의 의미를 독자가 수용해야 한다고 보았다. 그리고 독자 중심 접근에서는 독자가 주도적으로 구성한다고 보았다. 전자는 독자의 수동적 관념 수용을 강조하였고, 후자는 적극적 관념 구성8)을 강조했다. 이들은 관념의 수용이나 구성에 초점을 둠으로써 독자의 발전적 자기 구성9)에 대해서는 관심을 두지 못했다. 독서를 관념의 수동적 수용이나 주도적 구성으로 봄으로써 독자의 연기적 관념 구성을 통한 자기 발전의 문제를 소홀히 한 것이다. 수용이나 구성의 관점은 독자가 정보를 수용하고, 처리하는 기계적 속성으로 인식한 면이 없지 않다. 독자가 텍스트 읽기를 통하여 자기의 생각이나 마음의 발전을 이루어야 한다

---

7) 연기(緣起)는 사물의 생성 방식을 가리킨다. 사물은 여러 가지 요소들의 결합에 의하여 생겨난다. 여러 요소로 구성된 사물은 구성 요소의 특성에 따라 그 본질적 속성이 달라진다. 사물이 여러 요소의 결합으로 이루어지기에 그 고유한 본질적 속성이 없음을 가리키는 말이다.

8) 독자 중심 읽기 교육에서 읽기 주체가 구성하는 관념은 독자와 심리적 거리가 있다. 이 관념에서의 관념은 독자의 신념에 기초하여 이루어지지 않는다. 그렇기에 관념은 읽기 주체가 구성해 놓은 하나의 산물일 뿐 독자의 마음(의식 내용)이 되지 않는다.

9) 발전적 자기 구성은 독자가 관념을 바탕으로 새로운 마음을 구성하여 의식이 변화 성숙하는 것을 뜻한다.

는 전제가 무시된 것이다. 그 결과 독자는 텍스트 정보처리자로 인식되기까지 한다.[10]

독자 중심 읽기 교육에서 독자는 관념을 구성할 뿐이지 그 관념이 독자의 마음을 이루게 하지 못하고 있다. 읽기 능력 향상은 의미생성 능력의 향상일 뿐 생성한 관념으로부터 독자가 자기의 생각과 마음을 새롭게 하는 능력은 아니다. 읽기 능력은 단지 읽기 주체의 관념 구성의 효율성에만 관련되어 있을 뿐이다. 독자의 정신과 마음을 키워주는 관념의 작용에는 관여하지 않는다. 이 논의에서는 불교의 용수의 공사상을 기초로 읽기 주체와 관념의 연기적 특성에 대한 논의를 통하여 독자의 변화를 추구하는 읽기 교육의 방향을 탐구하여 본다. 독자의 공성(空性)을 논의하고, 이를 기초로 읽기 교육을 비판적으로 살피고, 공사상에 기초한 읽기 교육의 방향을 논의하여 본다.


## 2. 연기적 읽기의 구조

독자의 존재 인식은 텍스트에서 비롯된다. 사람이 텍스트를 인지하고, 텍스트와 의미 소통하기 시작하면 독자가 된다. 누구나 텍스트 내용과 인지적으로 관계 맺으면 독자가 된다. 독자의 존재 현시는 텍스트와의 관념적 관계로 이루어진다. 독자와 텍스트의 관념적 관계는 연기(緣起)적 관계이다. 독자는 텍스트가 있어서 독자이고, 텍스트

---

10) 인지심리학에 기초한 읽기 이론은 읽기를 문제해결로 본다. 여기서의 문제해결은 인지적 정보 처리 과정이다. 전략은 인지적 정보 처리를 위한 기제이다. 그래서 인지적 정보 처리를 잘 할 수 있는 전략의 학습을 통해 읽기 능력의 향상시킬 수 있다고 본다. 이는 독자의 사고의 기계적 속성을 강조하는 것이라 할 수 있다.

는 독자가 있어서 텍스트이다. 독자가 없는 텍스트는 존재할 수 없고, 텍스트가 없는 독자도 존재할 수 없다. 텍스트와 독자는 서로의 존재 근거가 된다. 독자의 본질적 속성은 텍스트에서 찾아야 한다.[11] 마찬가지로 텍스트의 본질적 속성도 독자에게서 찾아야 한다. 텍스트와 관련 없는 사람을 독자라고 할 수 없는 것은 독자가 텍스트에서 비롯되기 때문이다. 이와 같은 독자의 연기적 특성을 살펴본다.

## 가. 독서와 읽기의 공성(空性)

읽기는 독자의 텍스트 읽음[12]이다. 읽기는 독자와 텍스트, 읽음의 얽힘 현상이다. 읽기는 독자 요인, 텍스트 요인, 읽음 요인이 서로 의존하여 일어나는 작용이다. 이는 읽기는 독자 요인이나 텍스트 요인, 읽음 요인 중 하나가 없으면 성립되지 않음을 뜻한다. 읽기라는 말이 지닌 고유한 대상의 개념과 속성이 존재하지 않는다는 말이기도 하다. 읽기는 그 고유의 본질적 속성이 있는 것이 아니라 독자와 텍스트, 읽음의 상호의존 작용에서 드러날 뿐이다. 읽기가 본질적 속성을 갖는다면 독자나 텍스트, 읽음이 없어도 항상 존재해야 한다. 그러나 독자나 텍스트, 읽음이 없다면 읽기는 없다. 읽기는 그 자체 내에서 고유한 본질적 속성을 찾을 수 없기에 공(空)[13]하다. 읽기의 본질적

---

11) 본질적 속성은 본래부터 타고나거나 변할 수 없는 속성(불교 용어로는 '자성(自性)'이라 한다)을 의미한다. 독자를 생각할 때, 독자가 가진 변할 수 없는 본래의 특성이 본질적 속성이다. 이 본질적 속성은 불교의 공사상(空思想)에 기초하여 볼 때 존재하지 않는다(불교 용어로는 '무자성(無自性)'이라 한다)는 것이다.

12) '읽음'은 '읽다'의 명사형이다. 읽는 행위에 대한 이름 붙임이다. '읽음'은 읽기와 같은 의미이다. 다만 여기서는 그 의미를 구분하여 사용한다. '읽음'은 읽기 행위 자체를 가리키고, '읽기'는 읽는 행위의 활동을 가리킨다. '읽음'이 읽는 행위의 정적이고 단면적인 형상을 지시하고, '읽기'는 읽는 행위의 동적이고 작용적 활동을 지시한다.

속성 없는 특성이 읽기의 공성이다. 읽기의 공성은 읽기만의 고유한 본질이 없음을 의미하는 것이지, 읽기 자체가 없다는 것이 아니다.

독자는 텍스트를 읽는 사람이다. 텍스트 읽기를 통하여 관념을 구성한다. 독자는 텍스트 읽기 요인과 관념 구성 요인의 작용으로 드러난다. 텍스트 읽기 요인이나 관념 구성 요인이 없으면 독자는 존재하지 않는다. 항상 독자인 사람이 없기 때문이다. 텍스트 읽기 요인은 '읽기 의도', '읽기' 등으로 세분되고, 관념 구성 요인은 '관념 구성 행위'와 ' 구성 관념', '관념 소유' 등으로 세분된다. 이들 세분된 요인들도 또 다시 세분된다. 즉, 독자의 고유한 본질적 속성을 밝히기 어렵다. 즉, 독자의 속성은 공(空)한 것이다. 독자는 그 본체[自性]를 가지고 있는 대상이 아니다. 독자를 이루는 몇 가지 요인들이 결합되어 텍스트 읽기를 하는 사람으로 작용할 뿐이다. 우리는 읽기의 작용 속에서 독자를 인식할 뿐이다.

독자가 고유한 본질적 속성을 가지고 있지 않다면 '읽음'도 고유한 본질적 속성을 가지고 있지 않다. '읽음'은 읽기 의도와 읽기 행위, 읽는 상황 등의 요인이 결합되어 있다. 이들 요인에서 어느 하나가 빠지면 읽음은 일어나지 않는다. 독자는 의도를 가지고 텍스트를 대하고, 텍스트의 내용을 파악하기 위하여 글자를 해독한다. 이들은 일정한 상황하에서 일어나게 된다. 이들의 어우러짐이 없으면 읽음이라는 대상은 존재할 수 없다. 우리가 읽음이 무엇인지 규정하거나 인식할 수 없게 되는 것이다. 읽음이라는 대상도 다른 독서 요인과 마찬가지로 그 근본적 속성을 가지지 않고 있다. 공(空)하다. 읽음은 읽기

---

13) '空'은 비었다는 말이다. 아무것도 없는 절대 무를 의미하기보다는 '스스로 본래 그러한 성질', 즉 '자성(自性)'이 없다는 말이다.

의도와 읽기 행위와 읽는 상황이 만들어내는 하나의 상태인 것이다.

텍스트도 마찬가지로 공성(空性)을 지닌다. 텍스트가 고유의 본질적 속성을 가지고 있다면 텍스트 해석을 위한 여러 가지 읽기 이론이 존재할 수 없다. 필자 요인, 내용 요인, 텍스트 요인이 있어야 텍스트가 된다. 필자 요인 없이 텍스트가 이루어질 수 없으며, 내용을 가지지 않은 텍스트도 있을 수 없다. 또한 텍스트의 형태적 구조적 요건을 갖추지 않은 텍스트도 없다. 이들 요인이 상호의존적으로 결합하여 하나의 텍스트를 만들어 낸다. 즉, 텍스트는 고유한 본질적 속성이 없는 것이다. 텍스트에 대하여 여러 해석 관점이나 비평이론을 적용하여 다양한 의미를 찾아낼 수 있다. 이는 텍스트의 공성 때문이다. 그렇기에 텍스트는 여러 가지 의미와 기능을 한다. 누가 어떻게 읽느냐에 따라 텍스트의 의미도 다르고 그 역할도 달라진다.

읽기도 마찬가지이다. 읽기는 읽기 주체가 텍스트를 읽는 행위와 관념을 구성하는 행위이다. 읽기 주체의 읽는 행위는 시작과 지속과 끝남으로 이루어진다. 행위가 시작과 지속과 끝남이 없으면 행위가 될 수 없다. 그러면서 읽기 주체의 읽는 행위는 관념을 구성해 내야 한다. 관념 구성을 떠난 읽기는 읽기일 수 없다. 읽기 주체의 관념 구성없이 읽는 행위는 읽기가 아니다. 읽기 주체의 읽는 행위와 관념 구성 행위에 의지하여 읽기가 있는 것이다. 읽기 주체의 읽는 행위가 없는 읽기나 관념 구성 행위가 없는 읽기는 존재하지 않는다. 독서가 독자, 읽음, 텍스트에 의지하듯 읽기는 읽는 행위와 관념 구성 행위에 의지한다. 읽기도 독서의 다른 요인들과 마찬가지로 고유한 본질적 속성을 가지고 있지 못하다. 공(空)한 것이다.

독자와 읽기14)가 고유한 본질적 속성을 가지지 않음이 공성이다. 공성은 사물이나 사태의 속성을 규정하는 하나의 관점이다. 읽기에서 독자나 텍스트는 사물이고, 읽음과 읽기는 사태이다. 공사상의 관점에서 보면, 독자, 텍스트, 읽음은 본질적 속성을 가지지 않는다. 다만 서로 의지하여 작용을 만들어 낼 뿐이다. 독자, 텍스트, 읽음, 읽기는 모두 서로 의지해 읽기의 작용을 만들어 내는 것이다. 이들 요인이 관계 맺음이 없으면 읽기는 존재하지 않는다. 읽기가 일어나기 위하여 독서 관련 요인들이 서로 의지하는 현상이 연기(緣起)이다. 읽기는 관련 요인의 연기에 의하여 일어나고 존재한다. 관련 요인의 사라짐은 읽기 존재의 사라짐을 의미한다. 읽기는 그 자체가 스스로 본래부터 그러한 본성(自性)이 없기 때문이다. 따라서 읽기는 그 구성 요인의 특성에 따라 달라질 수 있는 속성을 가진다. 독자가 누군가에 따라 텍스트가 무엇인가에 따라, 어떤 읽음인가에 따라, 읽기의 작용이 달라진다.

독자와 읽기는 연기에 의하여 존재하기에 공성을 내포한다. 이 말은 독자나 읽기가 반드시 그러해야 하는 속성을 가지지 않는다는 말이다. 그동안 읽기를 바로 보던 관점에서도 이것이 증명된다. 텍스트 이해를 저자의 의도(사상)를 중심으로 해야 한다는 관점도 있고, 텍스트 자체의 내적 구조를 활용해야 해야 한다는 관점도 있다. 지금은 독자의 배경지식이나 사고 작용을 바탕으로 텍스트 이해를 해야 한다고 관점이 지배적이다. 이것은 독서 자체가 본래부터 있었던 속성을 가지는 것이 아님을 의미한다. 읽기 교육도 마찬가지이다. 반드시 읽기 교육이 그러해야 하는 본질적 속성은 없다. 읽기를 할 수 있는

---

14) '독서'와 '읽기'는 같은 의미로 쓰인다. 다만, 국어과 교육과정에서는 논의의 편의를 위하여 이를 구별한다. 국어과의 선택교육과정(고등학교)에서는 '독서'라고 하고, 공통교육과정(초·중학교)에서는 '읽기'라고 하고 있다. '독서'의 사전적 의미는 '책을 읽음'이다. 그리고 '읽기'의 의미는 '국어 학습의 한 부분으로, 글을 바르게 이해하면서 읽는 일, 또는 그 방법'이다(민중대사전, 한컴사전).

여러 요인을 바탕으로 그 작용을 만들어 나갈 뿐이다. 읽기를 공성으로 규정하게 되면 읽기 교육의 방식도 변하게 될 것이다. 읽기가 반드시 어떻게 이루어져야 한다는 고정된 원리를 강조하지 않는 방향으로 바뀌기 때문이다.

## 나. 읽기 주체 존재의 공성

읽기 주체는 읽는 행위를 하는 행위자이면서 읽는 행위를 조절하는 주관자이다. 읽기 주체는 읽는 행위를 주도하기에 독자 자체로 오인된다. 독자는 여러 읽기 주체를 가질 수 있다. 독자 내적으로 구별되는 읽기 주체는 같은 텍스트라도 다른 관점에서 읽어 다른 관념을 구성하면 다른 읽기 주체가 된다.15) 독자 내적으로도 구별되는 여러 주체가 있지만, 보통은 외적인 타 읽기 주체와의 구별에 관심을 둔다. 외적으로 드러나는 읽기 주체는 내적 읽기 주체 중에서 한 읽기 주체를 드러낸 것이다. 외적으로 드러난 읽기 주체는 타인의 읽기 주체와 구별되는 주체이다. 모든 독자에게는 외적으로 드러내는 읽기 주체가 있다. 이 외적으로 드러난 읽기 주체가 다른 독자의 읽기 주체와 대립한다. 그러다 보니 외적으로 드러난 읽기 주체가 독자와 같을 것으로 인식되는 경우가 있는 것이다. 내적으로든 외적으로든 다른 읽기 주체와의 구별에 의하여 읽기 주체가 드러난다. 읽기 주체는 다른 읽기 주체와의 관계 속에서 존재하는 공성을 지니고 있다.

---

15) 이 문제는 피쉬(Fish, 1980)의 논의를 참조할 수 있다. 피쉬는 같은 독자가 한 텍스트를 여러 가지 의미로 해석하는 문제와 여러 사람이 텍스트에 대한 같은 의미를 해석하는 이유를 탐구하면서 해석공동체의 개념을 정리했다. 한 사람이 같은 텍스트를 여러 가지 의미로 해석하는 것은 마음속에 여러 읽기 주체가 있기 때문이다.

읽기 주체의 본질은 공성이다. 한 가지 예를 들면, 읽기 주체는 읽는 행위 주체와 관념 관장 주체로 나눌 수 있다. 읽는 행위 주체는 읽는 행위를 하는 행위자, 읽는 행위를 관리하는 주관자의 역할을 한다. 그리고 관념 관장 주체는 관념을 만드는 구성자와 관념을 드러내는 대표자의 역할을 한다. 읽기 주체는 행위자, 주관자, 구성자, 대표자 등의 여러 역할이 상호의존적으로 결합하여 드러나게 된다. 즉, 읽기 주체는 근본적으로 변할 수 없는 고유한 특성은 가지고 있지 않다. 읽는 행위 주체와 관념 관장 주체의 역할이 연기적 결합으로 읽기 주체의 행위를 만들어 낼 뿐이다. 읽기 주체는 외형적으로 고유한 특성이 있는 것처럼 보이는 것은 읽기 주체의 행위에서 비롯된 것이지 본질적 속성에서 비롯된 것이 아니다.

읽기 주체는 읽는 행위를 한다. 읽는 행위는 글자를 해독하고, 내용을 파악하고, 내용을 해석하고, 관념을 구성하는 등의 과정을 거친다. 읽는 행위는 읽는 과정의 여러 행위 요인이 결합하여 이루어진다. 읽기 주체는 또한 읽는 행위 요인들을 선택하고 결합한다. 읽기 주체가 읽는 요인을 선택하고 결합하는 것은 읽기 의도 때문이다. 읽기 주체의 주관자적 역할은 읽기 의도와 목적을 인식하여 읽기 행위를 조절하는 것이다. 읽기 주체의 읽는 행위 조절은 목표를 지향하는 읽는 행위로의 통제이다. 읽기 주체의 주관자 역할로 인하여 일관된 읽는 행위가 이루어지고 관념을 구성할 수 있게 된다. 읽기 주체의 일련의 읽는 행위도 여러 관련 요인의 상호의존으로 이루어진다.

읽기 주체는 관념을 구성하고, 관념을 대표한다. 읽기 주체의 읽는 행위의 일차적 목표는 관념의 구성이다. 관념 구성을 목표로 하지 않은 읽기 주체의 읽는 행위는 의미 없는 행위이다. 읽기 주체의 읽는 행위는 관념 구성에 의하여 정당성을 인정받는다. 또한 구성된 관념이 읽기 주체의 읽는 행위를 정당화해 주기도 한다. 읽는 행위와 구성된 관념은 서로를 존재하게 보조해 주고 있다. 읽기 주체는 또한 관념을 대표한다. 관념을 대표한다는 것은 읽기 주체가 관념을 밖으로 드러냄을 의미한다. 읽기 주체가 없으면 관념은 존재성이 확인되지 않고, 관념이 없으면 읽기 주체는 들어낼 내용이 없게 된다. 관념 없는 읽기 주체는 무의미하고, 읽기 주체 없는 관념은 공허하다. 읽기 주체와 관념은 서로 의지하여 존재를 드러내는 작용을 한다.

읽기 주체는 텍스트를 읽는 동안 존재한다. 텍스트를 읽는 동안을 어떻게 규정하느냐 하는 것은 읽기 행위 의도와 행위 기능이 존재하는 동안이다. 즉, 관념을 구성할 의도를 가지는 순간부터 관념을 구성하는 과정을 거쳐 관념을 완결하여 그 관념의 대표자 기능을 마칠 때까지이다. 읽기 주체는 완결한 관념이 변화되거나 그 관념을 대표할 수 없게 되면 사라진다. 독자는 그 읽기 행위에 대하여 의식적인 관심을 기울이지 않기 때문에 읽기 주체일 수 없다. 이는 읽기 주체가 나타났다 사라짐을 의미한다. 읽기 주체의 나타남은 독자의 텍스트에 대한 의식적 인지에서 비롯된다. 그리고 읽기 주체의 사라짐은 독자의 의식에서 벗어나는 것이다. 이는 읽기 주체의 고유한 본질적 특성이 항상 존재하고 있는 것이 아니라 텍스트를 읽을 때 생겨남을 의미한다. 즉, 읽기 주체는 본래부터 가진 고유한 특성[自性]을 가지지 않는다.

읽기 교육에서는 읽기 주체를 의식할 필요가 있다. 텍스트 읽기를 행하는 행위자가 있어야 하기 때문이다. 그러나 읽기 주체의 본질적 속성을 강조하여 절대화해서는 안 된다. 읽기 주체는 읽기 행위 주체와 관념 관장 주체의 역할과 기능에 의하여 그 존재가 인식된다. 다시 말하면, 읽기 주체는 읽는 방법이나 구성한 관념에 의하여 결정된다. 읽기 주체의 절대화는 다른 요인에 영향받지 않는 고유한 본성을 강조하게 된다. 읽기 주체 본성의 강조는 텍스트와 대립하거나 관념과의 거리두기로 이어진다. 절대적 주체는 전지전능의 능력을 갖추고 있어서 모든 것을 창조하고, 그 창조물은 주체가 마음대로 조정할 수 있다고 여기기 때문이다. 그래서 절대적 읽기 주체는 자신의 변화 가능성을 상실하게 된다. 그러나 읽기 주체의 공성의 강조는 읽기 주체의 변화를 전제한다. 읽기 주체는 자성(自性)을 가지지 않아 관련된 요인들에 의하여 그 특성이 달라진다고 여기는 것이다.

## 다. 관념 구성의 연기성

관념은 독자가 생각의 내용을 구조적으로 체계화한 구조물이다. 읽기 주체의 읽기 행위 목적이고, 읽기 행위의 결과물이다. 관념은 읽기 주체가 읽는 의도, 방법, 상황, 조건 등에 맞추어 구성한다. 읽기 주체가 관념을 구성하는 과정에서 텍스트의 내용과 여러 생각 줄기가 결합된다. 관념은 생각 줄기들의 결합체이다. 읽기 주체는 생각 줄기들이 결합점을 찾아 연결하여 단위 관념을 구성한다. 관념 구성에 사용되는 생각 줄기들은 텍스트, 독자, 다른 독자, 다른 텍스트 등에서 온 것이다. 생각 줄기는 아무렇게나 연결되지 않는다. 읽기 주체의 의도에 따라 관념의 내용 구조나 순서, 논리 등에 따라 연결된다. 읽기 주체들은 생각 줄기들을 연결하여 체계적인 하나의 관념을 구성한다. 읽기 주체가 구성하는 관념은 생각 줄기들의 연기적 결합을 이룬다.

관념은 연기적으로 구성되기에 본래부터 그래야 하는 내용을 갖지 않는다. 읽기 주체가 처한 상황에 따라 달라진다. 예를 들어, 정지용의 "향수"를 중학생 때 읽고 구성한 관념과 어른이 되어 읽고 구성한 관념은 다르다. 또한 수업 시간에 교재로 읽을 때와 일상생활에서 읽을 때 구성하는 관념은 다르다. 읽기 주체가 관념을 구성하기 위하여 끌어오는 생각 줄기가 서로 다르다. 관념을 구성하는 생각 줄기들은 상황에 따라 달라지는 것이다. '향수'를 읽을 때 읽기 주체가 구성하는 관념이 반드시 그러해야 하는 것은 없다. 생각 줄기들의 상호의존적 관계 맺음에 따라 달라진다. 만약 관념이 본질적 속성을 갖는다면 시간과 상황의 변화에 영향받지 않아야 한다. 그러나 그런 관념은 어디에도 없다. 관념은 유동적이어서 항상 새롭게 변화 발전한다. 그 본질적 속성이 없기 때문이다.

관념은 생각 줄기의 결합으로 속성을 드러낸다. 관념은 여러 생각 줄기에 의존하여 구성되고, 이들 생각 줄기가 관념의 속성을 결정한다. 관념의 속성은 읽기 주체가 텍스트 읽기에서 어떤 생각 줄기를 가져왔는가에 따라 달라지는 것이다. '심청전'은 전통적 유교 관점에서 보면, 효의 본보기이다. 그러나 인권 존중 관점에서 보면, 모든 인물이 합심하여 벌이는 아동 인권의 유린이다. 읽기 주체가 어떤 생각 줄기를 선택하여 연결하느냐가 관념의 속성을 결정하는 것이다. 특정 관점에서 구성된 관념만이 바른 관념이라고 할 수 없다. 관념 내용이 내적 논리 구조를 갖춘 경우에는 타당한 관념으로 인정하게 된다. 즉, 읽기 주체가 구성하는 관념은 생각 줄기 연결에 따라 다양하게 존재할 수 있다. 이는 관념의 속성이 생각 줄기의 연기적 결합으로 결정됨을 의미한다.

읽기 주체와 관념과의 관계도 연기(緣起)적이다. 관념은 읽기 주체의 특성을 결정하고, 읽기 주체는 관념의 속성을 결정한다. 읽기 주체는 관념을 구성하고 대표한다. 읽기 주체의 특성은 대표하고 있는 관념의 속성이 어떤 것인가에 따라 결정된다. 관념이 다르면 읽기 주체도 달라지는 것이다. 읽기 주체는 관념으로 그 특성이 결정되기 때문이다. 언뜻 보면, 읽기 주체가 따로 있으면서 관념을 구성하는 것처럼 보인다. 그래서 읽기 주체를 강조하고, 관념을 소홀히 하는 수가 있다. 읽기 과정에서 주도적인 역할을 하는 것이 읽기 주체이기 때문에 이에 관심을 가지는 것은 당연한 일이다. 그러나 읽기 주체는 관념을 위하여 존재하고, 관념에 의해 그 속성이 결정된다. 읽기 주체와 관념은 서로 연기적으로 의지하여 존재하는 것이다. 이들의 연기적 의존성에 관심을 가질 필요가 있다.

현재의 읽기 교육에서 보면, 읽기 주체는 관념 구성의 주도적 역할을 한다. 특히 독자 중심의 읽기 교육의 관점에서 보면, 읽기 주체는 관념 구성에서 절대적 권위를 갖는다. 읽기 주체의 절대적 권위는 독자가 관념에 대하여 심리적으로 거리를 두게 한다. 독자가 관념을 하나의 소유물로 인식하게 하는 것이다. 그래서 관념을 점유하고 관리해야 하는 대상으로만 여기게 한다. 독자는 관념을 읽기 주체가 주도적으로 구성한 것으로 여길 뿐, 독자의 의지와 신념과는 무관한 것으로 여기게 한다. 그래서 학습자는 관념을 구성할 때, 자신의 신념과 상관없는 임의적인 관념을 구성하기도 한다. 학습자의 임의적 관념은 하나의 대상일 뿐 그 기능과 역할은 학습자의 처분에 따른다. 읽기 주체를 강조함으로써 관념이 읽기 주체의 생산물이 되었기 때문이다. 그렇게 되면 읽기 주체는 읽기 주체대로 존재하고, 관념은 관념대로 존재하게 된다. 그 결과 읽기 주체는 관념에 의하여 변화하지 못하고, 관념은 절대적 주체가 구성하기에 또한 달라질 수 없다. 따라서 읽기 교육에서는 읽기 주체의 공성을 바탕으로 관념을 연기적으로 구성할 수 있도록 하는 것이 필요하다. 읽기 주체를 강조하면 학습자들은 항상 같은 의미만 반복해서 구성할 것이기 때문이다.

## 라. 공주관의 구성

읽기 주체와 관념의 이상적 결합이 주관이다. 읽기 주체는 읽기 행위를 통하여 관념을 구성한다. 그리고 구성한 관념의 대표자이면서 그 관념에 의존해 있다. 읽기 주체는 의존해 있는 관념에 의해 규정될 때 분명한 존재성을 갖는다. 관념은 읽기 주체가 구성한 생각의 구조물이다. 읽기 주체의 의도에 따라 생각 줄기를 연결하여 체계화한 생각의 덩어리이다. 관념은 읽기 주체의 읽기 행위 의도와 기능을 반영하고 있으며, 읽기 주체의 한 부분이다. 관념은 읽기 주체의 읽기 활동 결과이며 언어적 표현으로 드러난다. 이 관념의 내적 내용 구성이 읽기 주체의 특성을 결정짓는다. 읽기 주체는 관념 구성 과정에서 관념의 특성을 결정짓기에 읽기 주체가 누구냐에 따라 관념의 속성은 달라진다. 이러한 읽기 주체와 관념의 상호의존적 결합을 '공주관'이라 한다. 읽기 주체와 관념이 자성을 갖지 않고 연기적으로 결합된 것을 가리킨다.

읽기 주체와 관념은 서로의 구성 근거가 된다. 읽기 주체가 원인이면 관념은 결과가 되고, 관념이 원인이면 읽기 주체가 결과가 된다. 서로 인연(因緣)의 관계16)에 있는 것이다. 인(因)은 결과를 만드는 직접적인 원인이고, 연(緣)은 원인을 도와 결과가 있게 하는 조력자이다. 예를 들면 인(因)은 씨앗이고, 연(緣)은 흙과 물과 햇빛이다. 씨앗만으로는 싹을 틔우고 줄기와 잎이 자라 열매를 맺을 수 없다. 씨앗은

---

16) 인연(因緣)은 불교의 공사상을 떠받치고 있는 핵심 아이디어이다. 모든 사물이 고유한 자성이 없어[無自性] 공한데도 존재하는 이유를 설명하는 단서를 제공한다. 공성(空性)을 가진 사물이 존재하거나 작용하는 방식을 설명하는 기제이다. 인연(因緣)은 단위 사물이 서로 결합되어 존재하는 방식을 설명한 것이고, 연기(緣起)는 인연(因緣)의 보편성을 가리키는 말이다.

뿌리를 내릴 수 있는 흙과 싹을 틔우는 데 필요한 물과 햇빛이 반드시 있어야 한다. 읽기 주체와 관념도 이들과 같이 서로 인연 관계이다. 주체가 있어 관념이 구성되고, 관념이 있어 주체가 드러난다. 주체가 없으면 관념이 없고, 관념이 없으면 주체도 없다. 서로가 원인과 결과의 관계로 맺어져 있다. 인과 연의 관계를 이룸으로써 존재하고, 변화하고, 발전한다.

읽기 주체와 관념의 관계는 연기적이다. 읽기 주체가 관념에 의존하기도 하고, 관념이 읽기 주체에 의존하기도 한다. 또한 읽기 주체가 관념을 구성하지만 관념은 읽기 주제를 구성한다. 읽기 주체와 관념은 서로를 구성하고 서로를 규정한다. 읽기 주체의 변화는 관념의 변화를 의미하고, 관념의 변화는 읽기 주체를 변화시킨다. 읽기 주체와 관념은 서로 상보적으로 작용하고 존재한다. 읽기 주체와 관념은 어떻게 존재하든 서로를 전제해야만 그 존재성을 보장받을 수 있다. 서로 고유의 본질적 속성이 없기 때문이다. 고유한 본질적 속성이 없는 읽기 주체와 관념의 연기적 결합으로 공(空)주관이 성립한다. 공주관은 읽기 주체와 관념이 서로 원인과 조건이 되어 의지하는 것이다.

읽기 이론에서 읽기 주체가 독자나 텍스트 밖에 있는 관념을 찾거나 구성한다고 보는 것은 타당하지 않다. 읽기 주체와 독립적으로 존재하는 관념을 규정하기도 어렵고, 관념과 분리되어 존재하는 읽기 주체를 인지하기도 어렵다. 그래서 읽기 주체라는 용어 속에는 관념이 은연중에 내재되어 있고, 관념이라는 용어 속에도 주체(구성자)가 잠재해 있다. '주체적 읽기'라고 했을 때, 이 말 속에는 주체가 중심이 된 관념 구성을 하는 읽기를 말한다. '주관이 있다'라고 할 때도 주도적인 역할을 하는 읽기 주체와 그 주체를 규정짓는 특성 있는 관념이 있음을 가리킨다. 이들 말은 읽기 주체와 관념이 서로 연기 관계에 있음을 나타낸다. 이렇듯, 공주관은 읽기 주체와 관념의 연기적 관계로 이루어진다.

공주관은 주관의 공성을 의미하기도 한다. 공주관을 읽기 주체와 관념에 초점을 맞추어 보면, 본질적 속성이 없는 읽기 주체와 관념이 상호 의존하여 작용하고 있을 뿐이다. 공주관 구성 요소를 조금 넓혀 보면, 공주관 구성에는 다른 독자와 다른 텍스트, 상황 맥락, 해석공동체의 요인들이 관여한다. 여러 관련 요인이 연기적으로 결합되어 공주관을 구성하게 되는 것이다. 공주관의 연기성은 공주관의 본질적 속성이 존재하는 것이 아님을 의미한다. 공주관을 구성하는 요인에 따라 그 속성이 변화한다. 공주관의 변화는 읽기 주체의 변화와 관념의 변화를 함께 아우른다. 읽기 주체와 관념이 이루고 있는 주관이 항상 변하지 않는 것은 없다. 독자는 그러한 주관을 구성할 수도 없고, 변화지 않는 주관은 존재하지도 않는다. 읽기 주체와 관념의 연기적 결합된 공주관은 항상 변화하는 공성을 갖는다.

읽기 교육에서는 주체의 고정성이나 관념의 유일성을 벗어나야 한다. 읽기 주체는 고유한 속성을 가지고 있지 않고, 관념도 독특성을 가지고 있지 않다. 서로 공하기 때문에 연기되는 조건에 따라 달라진다. 공주관에서 보면, 독자는 텍스트의 내용을 마음대로 해석하고 이해하는 권력자가 아니다. 텍스트에 영향받고, 텍스트에 의하여 달라진다. 텍스트의 의미를 찾아내고, 텍스트의 가치를 판단하는 사람이 아니라 읽은 텍스트에 따라 변화하는 사람이다. 텍스트의 의미도 독자에 의하여 결정되는 것이 아니라 독자 생각과 텍스트 내용과의 연기 관계에 따라 달라진다. 독자의 생각이 텍스트에 의하여 변할 수 있고, 텍스트의 의미도 독자의 생각에 의해 달라질 수 있는 것이다.

읽기 교육에서 읽기 주체의 불변성과 권력성을 강조하는 것은 공주관 구성을 방해한다. 상주관을 방해한다는 것은 독자의 관념 발전을 추구하지 않는다는 말이다.


## 3. 연기적 읽기의 교육

읽기 주체의 공주관 구성은 연기(緣起)를 바탕으로 이루어진다. 공성(空性)을 가진 읽기 주체와 관념이 결합하여 공주관의 작용이 드러난다. 그동안 읽기 교육에서는 이 독자의 공성에 주목하지 못했다. 읽기 주체와 관념은 그 자체의 고유성이 있는 것으로 보았다. 그 결과 읽기 주체의 절대적 권위를 인정하고,[17] 읽기 주체가 구성하는 관념의 이상성(理想性)을 부여했다. 관념의 이상성은 관념은 읽기 주체의 고유한 속성을 반영하고 있어서 읽기 주체만이 구성할 수 있다고 여기는 것이다. 이러한 읽기 주체의 절대성과 관념의 이상성은 다른 독자들이 읽기 주체가 구성한 관념에 다가갈 수 없음을 뜻한다. 관념 구성이 읽기 주체의 고유 권한이며 절대 권한이기 때문이다. 읽기 교육에서 읽기 주체의 절대성과 관념의 이상성을 강조하는 것은 읽기 주체의 공성을 인정하지 않기 때문이다. 이러한 의식은 읽기 교육을 효율적으로 이루어지게 한 면이 있다.[18] 그러나 읽는 과정과 읽기

---

17) 독자 중심의 읽기 교육에서는 독자가 텍스트에 대하여 절대적인 권력을 가지고 텍스트의 의미를 결정하는 것으로 본다.

18) 읽기 주체의 절대화가 읽기 교육에 기여한 내용을 몇 가지 들어보면 다음과 같다. 첫째, 읽기 주체의 절대화는 읽기 주체의 능동성을 강화하였다. 즉, 읽기 주체가 관념 구성의 능동성을 갖게 하였다. 학습자들이 읽기를 적극적으로 할 수 있는 계기를 마련해 준 것이다. 둘째, 독자의 가치를 새롭게 인식할 수 있게 해주었다. 독자도 필자와 같은 의미 구성

기능만 강조하고 관념에 관심을 두지 않아, 내용 없는 활동만 강화된 면이 있다. 읽기 교육에 대한 접근 방향을 검토하기에 앞서 읽기 교육을 연기적 관점에서 비판적으로 검토하여 본다. 이를 바탕으로 읽기 주체의 연기적 관념 구성의 접근 방향을 탐색하여 본다.

## 가. 읽기 교육에 대한 비판적 검토

읽기 교육은 몇 가지 관점에서 이루어져 왔다. 텍스트 중심, 독자 중심, 상호작용 중심 읽기 교육 등이 그것이다.[19] 텍스트 중심 읽기 교육은 텍스트 의미의 객관적 측면을 강조하고, 독자 중심 읽기 교육은 텍스트 의미의 주관적 측면을 강조한다. 사회적 상호작용 중심 읽기 교육은 텍스트 의미의 합의적 측면을 강조한다. 지금의 읽기 교육은 독자 중심 관점이 지배적인 경향성을 띠고 있다. 이들 읽기 교육은 읽기 주체의 주도적 관념 구성을 강조한다는 점에서 공통점을 갖는다. 텍스트의 관념을 수용하든, 텍스트로부터 관념을 구성하든, 또는 독자들이 상호작용을 통하여 합의하든 읽기 주체의 주도적 행위 의지가 없으면 이루어질 수 없다. 이들 읽기 교육의 접근 방식에서 나타나는 문제점을 정리하면 다음과 같다.

---

자로 인식할 수 있게 해주었다. 셋째, 텍스트 해석을 텍스트의 영향권에서 벗어나게 해주었다. 읽기 주체가 처한 상황에 따라 해석할 수 있는 길을 열었다. 넷째, 텍스트 의미의 다양성을 실증하였다. 읽기 주체가 다른 주체와 구별된다는 점에서 텍스트 의미의 다양성을 인정하도록 하였다. 다섯째, 읽기 주체의 주도성의 필요를 인식하게 하였다. 읽음의 행위는 읽기 주체의 의식적 활동이라는 것을 알게 했다. 그래서 반복이나 강화보다 동기나 방법을 강조하는 읽기 교육을 이끌었다.

19) 김도남(2002)은 읽기 교육의 접근 관점을 텍스트 중심, 독자 중심, 사회적 상호작용 중심, 문화 중심으로 구분하였다. 여기서는 텍스트 중심, 독자 중심, 사회적 상호작용 중심에 초점을 두면서, 특히 독자 중심 읽기 교육에 대하여 논의한다.

## 1) 읽기 주체의 절대화

현재의 읽기 교육은 독자 중심 읽기 관점을 바탕으로 이루어지고 있다. 이 관점의 특징은 읽기 주체가 의미 구성에 절대적인 역할을 한다고 여기는 것이다. 읽기 교육에서 읽기 주체를 강조하는 논의는 노명완(1988)의 논의를 시작으로 노명완 외(1991, 1994), 박수자(1993, 2001), 한철우 외(2001), 이삼형 외(2001), 김혜정(2002) 등의 논의로 이어졌다. 이들 논의는 읽기 주체에게 의미 구성에 대한 절대 권력을 부여하고 있다. 독자의 스키마와 읽기 기능을 강조하고, 인지적 사고 과정에 주목하면서 읽기 주체의 의미 구성에 대한 절대성을 강화했다. 이 읽기 주체의 절대성에 대한 강조는 읽기 주체의 능력을 관념 구성 능력 및 독자의 자기 구성 능력으로 오해되는 결과로 이어졌다. 읽기 능력이 곧 관념 내용의 질적 구성 능력이며 독자 발전 능력이라고 인식한 것이다. 즉, 읽기 능력이 높으면 독자가 구성하는 관념의 질이 높을 것이고, 그 결과 독자의 내적 성장이 이루어질 것이라고 가정한 것이다.

읽기 교육에서는 읽기 기능을 교육 내용으로 하여 읽기 주체의 절대화를 공고히 한다. 읽기 기능을 읽기 주체의 행위의 효율성을 높여 준다. 읽기 기능은 읽기 주체가 읽기를 활동 과정에서 부딪치는 문제를 해결할 수 있게 하는 사고 기제이다. 그래서 읽기 주체가 사용할 수 있는 읽기 기능의 수만큼 읽기의 효율성이 높아진다. 읽기 과정에서 부딪치는 문제를 그만큼 잘 해결할 수 있기 때문이다. 그래서 읽기 기능 지도를 통한 읽기 주체의 읽기 능력 신장은 읽기 주체의 활동 효율성을 높이게 되고, 이 활동 효율성은 읽기 주체의 절대성 강화로 이어진다. 읽기 주체의 행위 효율성은 읽기의 모든 문제를 해결해

준다고 여기기 때문이다. 그래서 관념 구성의 문제를 읽기 주체에게 일임한다. 읽기 주체의 절대성을 믿는 것이다.

읽기 주체의 절대화를 위한 읽기 교육의 실제는 읽기 교과서에 반영되어 있다. 그래서 교과서는 읽기 주체의 절대화를 위한 읽기 기능을 지도할 수 있도록 구성되어 있다. 아래에 제시된 교과서의 학습 활동의 구성을 보면 알 수 있다. 예로 제시된 교과서는 '5학년 1학기, 읽기 첫째 마당, 소단원 1 〈이처럼 생생하게〉'의 두 차시이다.[20] 1차시의 활동 전개 구조는 원리학습이다. 원리학습은 읽기 기능 학습을 위한 활동 절차이다. [활동1]~[활동3]을 통하여 읽기 기능을 학습하게 되어 있다. 이 차시에서 배워야 할 읽기 기능은 시에서의 '비유 방법 알기'이다. 2차시의 활동 전개 구조는 적용학습이다. 적용학습은 1차시에서 학습한 읽기 기능을 다른 텍스트에 적용하여 숙련하는 활동이다. 2차시에서는 [활동4]를 통하여 '비유 방법 알기' 기능을 적용하여 익히도록 하고 있다. 그리고 [활동5]를 통하여 비유 방법을 확장 적용할 수 있도록 하고 있다. 이들 읽기 학습 활동은 읽기 기능 학습을 통한 읽기 주체의 읽기 능력을 높이기 위한 것이고, 읽기 주체의 절대 권력을 강화하는 것에 기여한다. 현재의 읽기 교육은 읽기 주체의 읽기 능력을 높이는 데 집중되어 있고, 관념 구성은 읽기 주체에게 일임하고 있다. 절대 권력자가 구성한 관념에 대하여 아무도 관여할 수 없기에 전적으로 읽기 주체에게 맡긴 것이다.

---

20) 이 예시는 제7차 교육과정의 국어 교과서에 있는 읽기 활동 예시이다. 현재는 2015 교육과정의 국어 교과서가 사용되고 있고, 2022 교육과정 국어 교과서를 개발 중에 있다. 현재의 국어 교과서 구성이 7차와 달라진 점은 많지만 독자 중심의 읽기 능력 향상을 위한 교과서 활동 구성은 본질적으로 같다.

5학년 1학기 첫째 마당 〈마음의 빛깔〉

소단원 1. 〈1. 이처럼 생생하게〉

〈1차시〉(원리학습)

학습 목표: 시를 읽고, 비유적 표현을 찾아봅시다.

[활동1] 1.목련꽃을 무엇에 비유하였는지 생각하며 '목련꽃'을 읽어 봅시다.

[활동2] 2.목련꽃을 다시 읽고, 목련꽃을 무엇무엇에 비유하였는지 찾아봅시다. 그리고 그렇게 비유한 까닭은 무엇일지 말하여 봅시다.

[활동3] 3.나는 목련꽃을 무엇에 비유하고 싶습니까? 그렇게 비유하고 싶은 까닭도 말하여 봅시다.


〈2차시〉(적용학습)

학습목표: 비유적 표현을 생각하며 시를 읽어 봅시다.

[활동1]🖊 해바라기를 무엇에 비유할 수 있는지 생각하여 봅시다.

[활동2]🖊 바람과 풀꽃의 모습을 생각하며 '바람과 풀꽃'을 읽어 봅시다.

[활동3]🖊 '바람과 풀꽃'을 읽고, 물음에 답하여 봅시다.

[활동4]🖊 바람과 풀꽃을 무엇에 비유하였는지 찾아봅시다. 그리고 그렇게 비유한 까닭은 무엇인지 알아봅시다.

[활동5]🖊 나는 바람과 풀꽃을 무엇에 비유하고 싶은지 말하여 봅시다. 그렇게 비유하고 싶은 까닭도 말하여 봅시다.


읽기 교과서에 제시된 읽기 활동 내용은 읽기 주체의 읽기 능력 향상에 초점이 놓여 있다. 원리학습의 활동 절차는 비유 방법 알기 기능을 찾아 익히도록 되어 있고, 적용학습은 비유 방법 알기 기능을 읽기 활동에 적용하여 구체적으로 익힐 수 있도록 하고 있다. 읽기 전략을 지도하여 읽기 능력을 높이고자 하는 것이다. 원리학습의 [활동3]과 적용학습의 [활동5]는 '나는'이라는 말을 내세움으로써 읽기 주체를 부각시키고 있다. 이러한 읽기 주체의 부각은 읽기 주체가 구성한 관념 내용에 관한 관심의 부족으로 이어진다. 관념의 내용에 대하여 읽기 주체 외에는 아무도 관여하지 않는다. 읽기 수업에서 관념 구성의 문제는 읽기 주체의 개인적인 문제로 여기기 때문이다. 그래서 읽기 학습 활동 절차의 마무리는 '~말하여 봅시다'가 된다. 읽기 주체가 구성한 관념을 다른 학습자는 그저 한번 들어보라는 것이다. 이것은 읽기 주체가 강조되고 있는 관점에서 이루어지는 읽기 학습 활동 절차의 당연한 귀결이다.

독자 중심 읽기 교육에서의 읽기 주체는 무소불위(無所不爲) 권력을 행사해야 하는 것으로 여긴다. 텍스트에 대한 관념의 결정권이 읽기 주체에게 있기 때문이다. 그래서 아무도 읽기 주체가 구성한 관념에 대하여 이의를 제기하지 않는다. 이러한 읽기 주체의 무소불위 권력은 읽기 주체를 기계화한다. 기계는 제품을 생산할 뿐 생산된 제품에 대한 아무런 의미를 두지 않는다. 기계는 투입된 원료를 제품으로 만들기만 한다. 그리고 기계가 생산한 제품은 일정하다. 다양한 모습이나 질적인 차이가 나는 제품을 만들지 못한다. 사람들은 그것을 기계에게 원하기 때문이다. 기계가 자기 멋대로 제품을 만들어 내면 그 기계는 폐기된다. 무소불위 권력의 읽기 주체도 기계와 마찬가지이다. 텍스트가 주어지면 어떤 텍스트는 같은 방식으로 처리한다. 절대 권력을 가진 읽기 주체는 자신의 방식만 텍스트를 읽고 관념을 구성한다. 다른 관념 구성 방식을 용납하지 않는다. 그래서 기계화된 읽기 주체가 구성하는 관념은 고정된 형식과 내용을 갖는다. 읽기 주체의 절대화는 읽기 주체의 역할과 기능도 형식화시킨다. 지금의 독자 중심 관점에 기초한 읽기 교육에서 이루어지는 학생들의 의미 구성 방식은 기계의 제품 생산과 크게 다르지 않다. 읽기 교육이 그렇게 하도록 조장한다.

읽기 주체를 절대화하면 독자는 내적 성장을 하지 못한다. 기계는 생산된 제품에 의하여 달라지지 않는다. 기계는 자신이 생산한 제품과 내용적인 연관성을 전혀 갖지 않는다. 기계는 기계일 뿐이고, 제품은 제품일 뿐이다. 기계는 제품으로 인하여 변하지 않는다. 읽기 주체도 마찬가지이다. 읽기 주체는 텍스트를 읽고 관념을 구성할 뿐이다. 읽기 주체가 구성한 관념은 읽기 주체와는 상관이 없다. 읽기 주체가 추론하고, 비판하여 재구성한 관념은 읽기 주체의 변화를 만들지 못한다. 관념은 제품과 같이 읽기 주체와는 상관이 없기 때문이다. 읽기 교육에서 학생들에게 텍스트를 읽고 구성한 관념을 바탕으로 마음을 변화시킬 것을 요구하지 않는다.21) 다만, 학생이 구성한 의미가 내적인 합리화를 잘하고 있는가만 따진다. 수업 시간이 지나면 학습자가 구성한 관념은 관심에서 사라진다. 읽기 주체는 기계와 같이 언제나 관념을 생산만 하는 것이다.

읽기 주체의 절대화가 읽기 교육에 부정적으로 작용하면 측면은 읽기로 독자의 마음과 생각을 키워야 한다는 가치를 추구하지 못하게

---

21) 읽기 교육에서 강조하는 것은 읽기 능력의 향상이다. 이것은 국어과 교육 목표가 '국어사용 능력 향상'에서 비롯된다. 읽기 능력 향상은 독자의 마음이나 생각의 향상을 의미하지 않는다. 읽기 교육의 내용이 독자의 마음이나 생각과 관련이 없기 때문이다. 읽기 교육은 읽기 전략을 교육 내용으로 삼고 있다. 읽기 전략을 익혀서 텍스트를 효과적으로 처리할 수 있는 내적 힘을 기르는 것을 강조한다. 읽기 전략은 텍스트의 내용과는 무관하며, 독자가 구성하는 관념과는 관계가 없다. 읽기 주체의 능력은 이 읽기 전략을 효율적으로 운영하는 능력이다. 곧, 관념을 효율적으로 구성하는 능력이다. 읽기 주체는 구성한 관념에는 관심을 가질 필요를 느끼지 않는다. 읽기 능력 향상이 읽기 주체의 목표이기에 그렇다.

하는 것이다. 이것은 읽기 주체가 주체만의 고유한 속성을 가지고 인식하는 것에서 비롯된 것이다. 읽기 주체의 고유한 속성은 변할 수 없는 불변성을 지니는 것으로 여긴다. 그래서 독자는 불변적인 읽기 주체에게 제품 같은 관념의 구성만 요구한다. 독자는 구성한 관념으로 자신의 변화를 의도하지 않는다. 공사상의 관점에서 볼 때, 독자의 발전을 기할 수 있는 읽기 교육이 되기 위해서는 읽기 주체의 공성을 인식해야 한다. 그래야 읽기 주체와 관념이 연기에 의하여 서로를 구성한다는 의식을 가지게 된다. 읽기 주체와 관념이 연기적 의존관계로 인식될 때 독자의 발전이 일어날 수 있다. 읽기 교육에서 는 읽기 주체의 속성을 새롭게 규정할 필요가 있는 것이다. 읽기 주체 를 자성을 가진 하나의 기계가 아니라 자성이 없어 여러 관련 요인의 연기적 관계에 의하여 변화할 수 있는 대상으로 보아야 한다.

## 2) 관념의 이상화(理想化)

관념은 읽기의 결과물이다. 읽기 주체가 읽기 과정에서 구성한 생각의 조직체이다. 읽기 주체는 관념 구성을 위하여 읽기를 한다. 관념을 구성하지 못한 읽기는 실패한 읽기이다. 따라서 읽기 주체의 읽기 행위에는 반드시 관념 구성이 뒤따라야 한다. 읽기 주체가 구성하는 관념은 같은 텍스트일지라도 읽기 주체의 읽는 목적, 읽는 방식, 읽는 조건에 따라 달라진다. 읽기 주체의 읽는 상황에 따라 구성하는 관념이 달라지는 것이다. 관념은 읽기 주체 간에도 같을 수 없다. 읽기 주체를 규정짓는 조건이 다르기 때문이다. 그렇기에 관념은 고정된 특성을 가질 수 없다. 이러한 관념에 대하여 독자 중심 읽기 교육은 고정된 특성을 부여하고 있다.[22] 관념이 이상적 특성을 갖추어야 한다고 생각하는 의식이다.

읽기 교육에서 관념에 대한 이상적 특성을 추구하는 논의 배경은 스키마 이론이다. 스키마 이론은 독자의 의미 구성이 스키마에 의하여 결정된다고 본다(노명완, 1988; 한철우, 2001; 박수자, 2001). 읽기 주체의 관념 구성은 스키마의 동화와 조절을 통한 평형화를 이루는 것이라고 요약할 수 있다. 독자가 이미 가지고 있는 스키마가 읽기 주체가 구성할 관념의 본질적 속성을 결정하는 것이다. 관념의 속성이 스키마의 한계 내에서 이루어지는 것이다. 독자의 스키마는 개별적이다. 독자들이 함께 공유할 수 있는 것이 아니다. 그러다 보니 스키마에 기대어 읽기 주체가 구성하는 관념은 개별적이고, 자기중심적이다. 이렇게 읽기 주체가 구성하는 관념이 독자만의 고유한 것이 되어야 한다는 의식이 관념의 이상화이다. 관념은 독자만의 것이어야 한다는 고착관념이 관념 이상화의 근거가 된다.

독자 중심 읽기 교육은 관념에 대하여 독자 간 개별적인 차이를 강조하면서 철저하게 읽기 주체에게 한정된 것으로 본다. 그래서 읽기 주체들은 서로의 관념에 관여할 수 없다고 여긴다. 관념은 읽기 주체의 스키마와 읽기 기능에 의하여 구성되었기에 고유성을 갖는다고 여긴다. 이런 관념은 오직 읽기 주체만의 것이고, 타 읽기 주체와는 공유할 수 없는 것이다. 이것은 관념에 대한 이상화에서 비롯된 것이다. 읽기 주체가 구성하는 관념은 읽기 주체의 절대성에서 비롯된 것이기에 같은 절대성을 갖는다고 추론한다. 관념에 대한 절대성 인식은 타 읽기 주체의 관념과 구별을 강조한다. 읽기 주체간의 관념이

---

22) 반드시 독자 중심만 그런 것은 아니다. 텍스트 중심 읽기 교육이나 상호작용 중심 읽기 교육도 마찬가지로 관념에 대한 이상화를 요구한다. 텍스트 중심 접근은 필자의 의도에 맞게, 사회적 상호작용 중심은 집단이 합의한 것을 이상적인 관념으로 본다.

절대성(이상성)을 갖기 때문에 서로 달라야 하고, 개별성을 드러내어야 한다고 여기는 것이다. 읽기 수업에서 교사는 학생들의 관념에 대하여 절대성을 부여하고, 그 개별성을 강조한다. 그래서 읽기 주체가 구성한 관념에 대하여 타 주체의 절대 접근 금지의 암묵적 명령이 내려진다. 읽기 주체는 발표나 상호작용 활동에서 구성한 관념을 자랑하듯 제시한다. 읽기 주체가 제시한 관념에 대하여 절대 접근 금지 명령이 제시되어 있기에 타 주체는 접근하지 않는다. 단지 듣기만할 뿐이다.

읽기 주체가 구성하는 이상적 관념은 무조건 허용되는 것은 아니다. 이상적 관념을 구성하기 위해서는 읽기 주체들이 서로 동의하는 최소한 규칙이 있어야 한다. 서로의 관념을 인정해 주기 위한 장치이다. 읽기 주체가 이상적 관념을 구성하기 위하여 갖추어야 할 조건은 '논리적 합리화'와 '독단적 근거 제시'이다. '논리적 합리화'는 이상적 관념이 갖추어야 할 형식적 조건이다. 논리적 합리화는 읽기 주체만이 가지는 논리적 정당성이다. 논리적 합리화는 이치에 합당하면서도 옳다고 여기게 해주는 것이다. 관념의 형식적 내용 구조가 다른 읽기 주체에게 받아들여질 만하다고 여기면서 꾸미는 것이다. 사실은 그럴 듯하게 만드는 것일 뿐 자신의 신념이나 타 읽기 주체가 생각하는 이치와는 상관이 없다. 형식만 갖추는 것일 뿐이다. 읽기 교육에서 읽기 주체에게 의지적 소신에 바탕을 둔 관념 구성을 요구하지 않고, 관념 자체의 내적 합리화를 위한 조건을 갖추도록 요구한다. 그러다 보니, 기발(奇拔)하고 기상천외(奇想天外)한 관념을 구성해 내는 것에 관심을 둔다.23) 그러한 관념을 더 가치 있고, 텍스트 해석을 잘한 것으

---

23) 이것은 읽기 교육의 목표가 '창의적 읽기 능력 신장'이라고 할 때, 창의적 요인을 강조하는

로 인식한다.

　독단적 근거 제시는 이상적 관념이 갖추어야 하는 내용적 조건이다. 관념은 여러 가지의 내용 요소를 포함한다. 이 내용 요소들이 일관성 있고 체계화된 구조를 갖춘 것이 관념이다. 이 관념을 이루는 내용 요소가 근거이다. 절대적 읽기 주체가 구성한 관념의 내용 요소는 독단적인 근거를 바탕으로 한다. 이상적 관념의 내용 요소는 개별 읽기 주체의 고유한 경험이다. 개별 읽기 주체의 경험 특성은 독단적이다. 즉, 타 읽기 주체들은 알 수 없거나 접근할 수 없는 읽기 주체만의 것이다. 이는 타당한 이치 탐구나 타자와의 합의가 전제되지 않아 임의적이고 주관적이다. 지극히 개인적 경험과 인식에 기초한 개별적 사실들이다. 이들 독단적 근거는 읽기 교육에서 강조되고, 의미 있게 받아들여진다. 이 독단적 근거 제시는 읽기 주체에게 이상적 관념 구성을 정당화시키는 역할을 한다.

　읽기 주체가 구성하는 관념의 이상화는 읽기 주체만을 위한 관념 구성이다. 읽기 주체는 관념을 구성하는 기계가 되어 자신에게 주어진 명령대로 관념을 찍어내는 것이다. 학습자는 자신이 구성한 관념에 대하여 진정한 소신이 없다. 일순간 일어날 수 있는 생각의 유창성만 있다. 자신의 신념이 바탕이 된 관념이 되지 못한다. 그러다 보니 다른 학습자에 대한 배려나 존중이 없다. 자신의 의지적 사고와 객관적 판단으로 이루어진 관념이 아니기에 성실하지 못한 것이다. 관념의 불성실은 자신과 타인 모두에게 신뢰감을 주지 못한다. 읽기 수업이 끝나면 학습자들은 무슨 생각을 했는지 기억하지 못한다. 의지가 기반이 된 성실한 관념을 구성하지 않았기 때문이다. 단지 이상적인

---

읽기 교육에서 비롯된 것이다.

관념이 있다는 막연한 의식만이 마음속에 형성되었을 뿐이다. 읽기 관점(읽기 이론)에 따른 읽기 수업이 그렇게 요구하기 때문이다.

### 3) 읽기 주체와 관념의 분화

읽기 주체는 관념을 구성하고, 관념을 대표한다. 읽기 주체는 관념에 의하여 드러나며 관념에 의하여 규정되기도 한다. 관념이 없는 읽기 주체는 공허하다. 읽기 주체를 떠받치는 바탕이 없기 때문에 주체로서 구분됨이나 의미가 없다. 읽기 주체는 관념을 가질 때 주체다운 주체가 된다. 관념도 읽기 주체가 없으면 구성될 수 없다. 관념은 행위 자체가 아닌 행위의 산물이기 때문이다. 그리고 관념은 읽기 주체가 없으면 드러날 수 없다. 관념은 읽기 주체를 통해서만 밖으로 나타난다. 관념과 읽기 주체는 몸과 마음의 관계와 같다. 마음은 몸을 통하여 드러나고 몸은 마음에 따른 특성을 갖는다. 읽기 주체와 관념은 상보적으로 존재한다. 읽기 주체와 관념이 상보적으로 존재하여 드러난 작용이 주관이다.

읽기 주체의 절대화와 관념의 이상화는 읽기 주체와 관념의 분화를 조장한다. 읽기 교육에서 읽기 주체의 강화는 관념의 제품화를 불러온다. 읽기 교육에서 주체 역할 강화는 읽기 주체의 행위의 효율성을 높이기 위한 읽기 기능의 학습으로 이루어진다. 읽기 기능은 읽기 주체의 능력은 강화된다. 반면 읽기 주체의 강화는 관념을 소홀히 하게 한다. 관념은 읽기 주체가 만들어 내는 부산물일 뿐이다. 읽기 주체는 관념에 대한 진정한 관심을 가지지 않는 것이다. 그래서 읽기 주체와 관념 사이에 거리가 생긴다. 읽기 주체는 관념을 만들어 내는 기계일 뿐 구성한 관념에 의미를 부여하지 않기 때문이다. 제품이 기계와 상관없듯 읽기 주체는 관념을 괘념치 않는 것이다.

또한, 관념의 이상화도 읽기 주체와 관념을 분리한다. 관념의 이상화는 관념의 고유성 강조를 의미한다. 고유성은 다른 것과의 대비를 통하여 차이의 확인과 관여를 배제하는 것이다. 일단 만들어진 관념은 그 자체로서 존재성을 부여받는 것이다. 그리고 고유한 관념은 그 자체로서 의미가 있다. 다른 무엇과의 관계를 필요치 않는다. 읽기 주체는 구성자로서 또는 관리자로서 존재하는 것뿐이다. 관념과의 발전적 관계에는 관심을 두지 않는다. 관념은 그 읽기 주체와 대립되어 그 자체로서 존재 의미를 갖는 것이다. 그러므로 읽기 주체는 주체대로의 역할만 하면 되고, 관념은 관념으로서의 존재적 의의만 있으면 된다. 서로 내재적 의존성이 없는 분리된 존재이다. 관념의 강조는 읽기 주체가 관념 구성 결과에만 집착하게 한다. 읽기 주체의 존재를 관념 구성자로만 인식하는 것이다.

현재 읽기 교육은 읽기 주체를 강조함으로써 관념의 구성을 읽기 주체에게 일임하고 있다. 읽기 주체의 역할 강조가 질 높은 독자의 관념 구성을 할 것이라고 기대하기 때문이다. 그러나 그것은 기대일 뿐 읽기 주체는 질 높은 관념 구성을 하지 못한다. 읽기 주체의 역할 강조는 읽기 기능 학습을 통한 읽기 행위의 효율성만 높일 뿐 독자 자신의 질적 관념 구성은 도외시한다. 그 결과 읽기 주체의 질적 성장도 멈추게 한다. 절대적 읽기 주체는 변화할 수 없는 것이다. 그렇게 되어 읽기 주체가 새로운 관념을 구성할 수 있는 능력을 갖추지 못하는 것이다. 그래서 학습자들은 반복적으로 같은 관념을 구성한다. 읽기 주체의 절대적 역할 강조는 읽기 주체와 관념의 분리를 강화하기도 한다. 절대적 읽기 주체가 생산자의 입장에서 제품을 만들 듯 관념을 생산하기 때문이다. 이는 읽기 주체가 관념과 의존적이어서 관념이 읽기 주체를 규정하고, 구성한다는 인식을 읽기 교육에서 지도하지 않았기 때문이다. 교육을 통하여 절대화된 읽기 주체는 효율적인 관념 생산 능력을 갖추어 언제든지 제품 같은 관념을 다량 생산하게 된다. 읽기 주체와 관념의 분리는 읽기 주체도 관념도 존재할 수 없게 한다. 읽기 주체는 관념으로 규정되며 관념은 읽기 주체에 의하여 드러나기 때문이다. 그래서 어느 한쪽을 강조하는 읽기 교육은 바람직하지 않다.

## 나. 읽기 교육의 접근 방향

읽기 교육은 여러 가지 접근 방향이 있다. 읽기에 대한 관점이나 이론이 읽기 교육의 접근 방향을 제시한다. 읽기를 공사상의 관점에서 보고, 교육적으로 논의하는 것도 하나의 접근 방향일 뿐이다. 공사상에 기초한 읽기 교육은 읽기 주체와 관념의 공성을 인식하고, 이들의 연기적 구성을 강조하는 것이다. 읽기 주체를 절대화하지 않고, 독자만의 이상적인 관념을 전제하지 않는 것이다. 이는 읽기 주체와 관념의 연기적 관계를 돕게 되어 독자의 발전을 이끌 수 있다. 연기적 관념 구성을 돕는 읽기 교육의 접근 방향을 정리해 본다.

### 1) 읽기 주체의 공성 인식

읽기 교육에서 읽기 주체에 대한 인식은 중요하다. 읽기 주체를 어떻게 인식하느냐에 따라 읽기 교육의 방식이 달라지기 때문이다. 읽기 주체에 대한 인식을 몇 가지로 구분할 수 있다. 첫째, 텍스트 중심 읽기 교육에서의 읽기 주체는 관념 탐색자나 수용자였다. 텍스트 내용을 이루고 있는 요소를 분석하여 주제를 찾거나 아니면 이미 다른 읽기 주체가 탐구하여 놓은 관념을 수용했다. 학습자들은 주로 관념의 수용자였다. 둘째, 독자 중심 읽기 교육에서의 읽기 주체는 관념의 구성자였다. 읽기 주체가 중심이 되어 텍스트를 해석하고 관념을 구성한다. 읽기 주체는 타 주체의 관념에는 관심을 가지지 않는다. 셋째, 사회적 상호작용 중심 읽기 교육에서의 읽기 주체는 관념의 합의자(협의자)이다. 읽기 주체는 타 주체와 협의를 통하여 관념을 구성한다. 독자 중심 읽기 교육과 사회적 상호작용 중심 읽기 교육은 읽기 주체가 적극적으로 관념 구성에 참여할 것을 강조한다.

　읽기 주체를 수용자로 보든 아니면 구성자나 협의자로 보든 읽기 주체의 본성[自性]을 강조한다는 것에는 차이가 없다. 주체가 수동적이냐 능동적이냐의 문제일 뿐이다. 읽기 주체의 고유성을 인정하는 것이다. 이들 관점에서의 읽기 주체에게는 변하지 않는 특성이 있다. 읽기 주체는 단지 관념에 대한 타자, 즉 관리자나 보관자 또는 책임자나 대표자일 뿐이다. 이들은 관념의 영향을 받지 않고 존재할 수 있다. 읽기 주체는 관념에 대한 타자로서만 인식된다. 관념에 대한 타자로서의 읽기 주체는 타자와 관련하여 규정되기는 한다. 비유하면, 읽기 주체는 관념을 많이 보관하고 있어 관념 부자가 될 수 있다. 읽기 주체가 관념 부자로 규정될 수 있는 것이다. 그러나 관념 부자인 읽기 주체는 관념을 바탕으로 그 자신을 구성하지는 못한다. 많은 관념을 가지고 있지만, 생각과 말과 행동은 그에 걸맞지 않은 것이다. 주체는 관념을 만들기만 하고, 관념을 의식 속으로 받아들이지 않는 것이다. 그것은 읽기 주체가 본질적으로 그러한 특성이 있기 때문이 아니다. 읽기 교육에서 읽기 주체의 절대적 권위를 강조함으로써 이루어진 것이다. 텍스트 중심의 관점은 타당한 관념을 찾아내는 것에 관심이 있고, 독자 중심의 관점은 관념을 구성하는 것에 관심이 있다. 사회적 상호작용을 강조하는 관점은 관념을 합의하는 것에 관심이 있을 뿐이다. 읽기 주체가 이들 관념을 어떻게 해야 하는지는 알려주지 않고 있다.

읽기 주체의 절대성 강조는 독자의 발전을 방해할 수 있다. 읽기 주체의 절대성에 대한 믿음은 읽기 주체가 전능하기에 관념을 바탕으로 독자가 변화 발전할 수 있다는 의식을 배제한다. 그렇게 되면 독자의 내적 성장이 일어나지 않는다. 따라서 독자의 내적 성장을 위해서는 읽기 주체의 공성을 강조해야 한다. 읽기 교육에서 공성의 강조는 주체가 본질적 속성을 가지고 있지 않다고 인식하는 것이다. 읽기 주체는 본성을 가지고 있지 않기 때문에 언제나 변화의 가능성이 열려 있다고 보는 것이다. 읽기 주체는 관념에 의존하여 그 작용을 드러낸다. 그러면서 관념에 의하여 변화한다. 어떤 관념을 만나거나 구성하였는가에 따라 변화하는 주체로 규정해야 한다. 읽기 주체는 관념을 만들어 내는 기계가 아니라 관념에 의존한 유기체이다. 유기체는 외부의 사물을 받아들여 자기 몸을 만든다. 읽기 주체는 관념으로 인하여 새로운 주체로 변화한다. 읽기 주체는 관념을 구성하기도 하지만 구성한 관념으로 자신의 특성을 변화시키기도 하는 것이다. 읽기 주체의 공성은 독자의 내적 변화를 전제한다. 자성이 없기에 언제나 변화 발전하고 새로워질 수 있는 것이다.

읽기 주체는 여러 행위 요인의 연기적 결합으로 이루어진다. 대표적인 관련 요인으로는 읽기 행위 주체의 요인과 관념 관장 주체의 요인을 들 수 있다. 읽기 행위 주체는 텍스트를 읽어가는 행위를 하는 행위자와 읽는 행위를 관리하는 주관자의 역할로 이루어진다. 행위자는 읽는 과정의 전·중·후를 거치면서 낱말과 문장의 의미를 연결해

간다. 주관자는 이들 읽는 과정이 의도에 맞게 이루어지고 있는지 점검하고, 문제가 있으면 이를 해결할 수 있는 방법을 찾아서 해결한다. 관념 관장 주체는 읽는 과정에 파악된 의미를 내외적 생각 줄기들과 연결하여 관념을 구성한다. 구성된 관념에 대해서는 책임감 있게 이를 드러내는 역할을 한다. 관념을 대표하여 언어로 표현하는 것이다. 이들의 과정에서 읽기 주체는 한 가지 특성만 가지지 않는다. 여러 행위의 요인들이 서로 의존적으로 결합하여 읽기 주체를 이룬다. 읽기 주체가 따로 존재하는 것이 아니라 읽는 행위의 과정에서 여러 요인의 연기적 결합으로 작용을 드러내는 것이다. 읽기 주체는 작용만 분명하게 있지, 그 실체는 다양한 요인들로 이루어져 분명하게 규정하기가 어렵다.

대개 읽기 주체의 작용만을 분리하여 읽기 주체로 본다. 이런 읽기 주체는 읽기 기능을 익힘으로 읽기 능력을 갖춘 읽기 주체로 변할 수 없는 속성을 갖는다. 이때의 읽기 주체는 단지 같은 제품을 빨리 더 많이 생산할 수 있는 기계일 뿐이다. 읽기 교육은 이것을 경계해야 한다. 읽기 교육에서 읽기 주체의 강조는 읽기 주체가 배경지식과 읽기 기능으로 어떤 텍스트를 읽어도 똑같은 관념을 구성하게 만든다. 텍스트 중심 읽기 교육은 하나의 텍스트에 대하여 여러 읽기 주체가 같은 관념을 갖게 하였다면, 독자 중심 읽기 교육은 한 읽기 주체가 여러 텍스트를 읽고 단일 관념을 구성하게 한다. 사회적 상호작용 중심의 읽기 교육은 여러 텍스트를 여러 읽기 주체가 같은 관념을 합의하게 한다. 읽기 주체의 본성을 그렇게 하도록 규정하는 것이다. 읽기 주체가 텍스트에 따라 관념을 구성하고, 그 관념이 주체에게 의미 있는 것이 될 수 있도록 하기 위해서는 주체의 공성에 바탕을 둔 읽기 교육이 이루어져야 한다.

## 2) 관념의 연기적 구성

관념은 읽기 주체가 텍스트 읽음을 통하여 얻거나 구성한 것이다. 관념은 읽기 주체로 인하여 생겨나며 읽기 주체에 의하여 드러난다. 관념은 일차적으로 읽기 주체에 의하여 한정된다. 그러면서 관념은 읽기 주체를 한정하고 규정한다. 읽기 주체가 다르면 관념도 다른 내용을 갖는다. 그렇지만 관념은 읽기 주체만 있어서 생겨날 수 없다. 읽기 주체는 하나의 텍스트만으로 관념을 구성할 수 없다. 관념은 단일의 내용적 속성을 가지지 않는다. 관념은 여러 관념의 요소들이 얽혀서 이루어진 것이다. 작은 관념일지라도 단일한 생각을 바탕으로 이루어질 수 없다. 예를 들어, 불경 중에 가장 짧은 경전인 "반야심경"은 262자로 이루어진 텍스트이다. 이 텍스트를 읽는 주체가 구성하는 관념은 여러 요소가 얽혀 있다. 불교와 불경에 관련된 내용 요소와 대승의 공사상 및 소승의 아비달마 사상에 관련된 내용 요소, 기타 반야심경에 대한 여러 논의들의 관념 요소들이 얽힌다. 반야심경은 우리에게 익숙하지 않기에 여러 관념 구성 요소의 관여를 의식적으로 느낄 수 있다. 반면, 익숙한 텍스트는 마찬가지의 여러 관념 구성 요소의 관여가 이루지만 우리가 느끼지 못한다.

읽기 주체의 관념 구성은 인연의 속성이 바탕이 된다. 즉, 중심이 되는 요소와 보조가 되는 요소가 있다. 중심 요소는 관념을 특성을 결정하고, 보조 요소는 관념의 형식과 내용을 결정한다. 물론 관념 구성에서의 중심과 보조는 임의적이어서 서로 넘나든다. 반야심경의 관념을 이루는 중심 요소는 모든 것은 공하다[我空法空]는 것이다. 보조 요소는 부처님의 여러 가르침의 말씀과 아비달마의 사물은 본질이 있고 사람의 마음은 본질이 없다[我空法有]는 생각이나 용수(龍樹)가

『중론(中論)』에서 말한 중관사상(中觀思想) 등이다. 그 외 불교 사상에 관련된 여러 경전의 내용이 보조 요소가 될 것이다. 읽기 주체는 반야 심경을 읽고 세상의 모든 사물은 공하다는 관념을 구성한다. 이 공하다는 관념 내용의 구체화는 여러 요소를 서로 얽어야만 한다. 초기 경전의 부처님의 생각과 아비달마의 생각과 중관의 생각을 끌어오고, 읽기 주체가 끌어올 수 있는 경험 내용이나 주변의 사물 속성에 대한 인식 내용을 얽어야 한다. 요컨대, 관념은 여러 요소가 서로 의존적으로 얽혀서 구성된다.

읽기 주체가 활용하는 관념의 구성 요소는 다양하다. 읽기 주체는 독자 내적, 외적인 여러 요인을 활용하여 관념을 구성한다. 독자 내적으로는 배경지식과 읽기 의도, 읽기 전략 등이 관념 구성의 영향 요인이다. 독자 외적인 요소는 텍스트와 다른 독자, 다른 텍스트, 독서 환경 등에 따른 여러 요인이 작용한다. 읽기 주체의 관념 구성은 이들 요인의 연기적 결합으로 이루어진다. 관념 구성에서의 연기성은 내외적 관념 구성 요인들의 의존적 결합을 의미한다. 관념 구성에 작용하는 요인 중 어느 한 가지만이 핵심적인 역할을 하는 것은 아니다. 모든 관념 구성 요소들이 각자의 역할을 하여 하나의 관념이 완성된다.

현재 읽기 교육에서 추구하는 관념은 기계가 생산하는 제품과 비슷하다. 읽기 주체가 기계적으로 구성하는 관념은 독자의 변화에 아무 기여도 못한다. 읽기 주체가 구성하는 관념이 기계가 생산하는 제품과 같기 때문이다. 학습자는 텍스트를 읽고 생각과 마음의 변화를 일으켜야 한다는 의식은 없다. 단지, 읽기 능력이 높아지면 읽기를 잘 할 수 있게 된다는 전제뿐이다. 읽기를 잘한다는 것이 무엇인지도 분명하지 않다. 텍스트 읽기를 통하여 생각이 깊어지고 마음이 넓어질 수 있는 조건이 없는 것이다. 이런 관념 구성 방식은 개선되어야한다. 그 개선 방향은 관념 구성의 연기적 속성을 강조하는 것이다. 관념은 생각 줄기들의 결합으로 이루어지고, 그 관념은 다른 관념이나 읽기 주체를 이루는 조건이 된다는 의식을 갖는 것이다. 관념의 공성을 인식하는 것이다. 관념은 읽기 주체에 따라 달라지고, 읽기 주체를 이루는 조건이라고 인식하는 것이다. 따라서 읽기 교육에서는 관념의 연기적 특성을 강조하면서 읽기 주체의 관념 구성 방향의 탐색할 필요가 있다.

### 3) 공주관의 강화

공주관은 읽기 주체와 관념의 연기적인 결합을 의미한다. 읽기 주체와 관념이 서로 의존하여 구성된다는 것이다. 주체는 관념의 구성 요소이고, 관념은 주체의 구성 요소가 되는 것이다. 읽기 주체와 관념은 서로를 구성하는 관계가 되는 것이다. 그러나 읽기 주체가 일방적으로 관념을 구성한다는 의식은 주체와 관념의 구분과 거리두기를 전제한다. 그렇게 되면 읽기 주체와 관념은 독자의 의식 속에 따로 존재하는 두 대상이 된다. 그러면서 관념은 독자의 의식적 주의를 받지 못하게 된다. 관념에 기초하지 않은 읽기 주체는 맹목적이고 읽기 주체를 전제하지 않은 관념은 무의미하다. 맹목적인 읽기 주체는 같은 관념을 반복적으로 구성하거나 구성 관념에 관심을 두지 않는다. 결국은 기계적 관념 구성에 머무는 것이다. 읽기 주체와 분리된 관념은 존재 의의를 갖지 못한다. 소용되는 곳이 없기 때문이다. 따라서 읽기 주체와 관념은 의존적으로 존재할 수밖에 없다.

읽기 교육에서 읽기 주체와 관념의 공성은 이들의 절대성에 대한 부정에서 비롯된다. 읽기 주체는 본래의 고유한 속성이 없다고 인식하고, 관념도 마찬가지로 인식해야 한다. 그러면서 읽기 주체와 관념의 존재적 특성을 연기성으로 바라보아야 한다. 그렇게 되면 읽기 주체와 관념을 의존적 관계로 바라볼 수 있게 된다. 읽기 주체와 관념의 개별적 공성에 대한 인식은 곧 연기성에 대한 인식이 된다. 이는 읽기 주체와 관념의 공주관 구성 의식으로 발전하게 된다. 즉, 읽기 주체는 관념에 의하여 그 속성이 구체화되고, 관념은 읽기 주체의 특성에 따라 변화하는 것으로 인식되는 것이다. 이러한 인식은 읽기 주체를 강조하는 이유가 되면서 관념을 소중하게 여기게 한다. 주체의 강조와 관념의 가치 인식은 관념의 질 향상과 주체의 내적 발전 계기가 될 수 있다. 읽기 주체는 관념 구성에 적극적이 되고, 관념은 중요성은 더욱 강화될 것이다.

읽기 주체와 관념의 연기적 의존으로 구성되는 공주관은 자득할 수 있는 것이 아니다. 만약 자득할 수 있는 것이라면 공사상이라는 것이 존재하지 않았을 것이다. 공사상은 학습을 통하여 터득할 수 있는 것이다. 다시 말하면, 교육을 통하여 그 원리를 학습해야만 공주관을 구성할 수 있는 것이다. 공주관 구성 읽기 교육은 읽기 주체의 고정성보다 가변성을 인식하게 하는 데서 시작한다. 읽기 주체는 관념을 구성할 수 있는 절대적 힘을 가지지 않았음을 알게 하는 것이다. 읽기 주체의 실체가 가정된 것이고, 관념에 의하여 구체화됨을 보여줌으로써 가능하게 된다. 관념의 문제도 마찬가지이다. 주인 없는 관념이 존재할 수 없음을 이해하게 함으로써 가능하다. 만든 이 없는 관념은 존재하지 않고, 만든 이와 관계없는 관념도 없다. 이에 대한 예를 제시하여 읽기 주체와 관념이 서로 의존하여 있음을 알게 할 수 있다.

공주관 구성을 강조하는 교육은 독자의 발전을 강화한다. 독자의 발전은 읽기 기능을 많이 알고 효율적으로 사용할 수 있다고 이루어지는 것이 아니다. 읽기 기능의 습득은 발전 가능성만 제공할 뿐이지 실제로 발전이 일어나게 하지 못한다. 많은 읽기 기능을 알고 있다고 하여도 그 독자는 발전한 것이 아니다. 가능성은 현상을 이끌어 내지 못한다. 단지 내재 되어 있을 뿐이다. 독자의 발전은 생각과 마음의 변화이다. 생각과 마음의 변화는 관념을 마음으로 받아들여 자기화하는 것이다. 읽기 주체가 구성한 관념을 받아들여 자기 생각으로 만들 때 독자의 내적 성장이 일어난다. 관념이 읽기 주체를 이루는 조건이 되지 않으면 독자의 발전은 존재하지 않는다. 이는 절대적 읽기 주체에 대한 의식에서 벗어나 읽기 주체가 변할 수 있다는 신념을 가질 때 가능해진다. 읽기 주체와 관념이 연기적으로 결합한다는 것을 의지적으로 실천할 때 발전이 일어나는 것이다. 읽기 주체의 발전은 텍스트에서 더 깊이 있고 심오한 관념을 구성하게 한다. 구성된 심오한 관념은 읽기 주체를 새롭게 발전시킨다. 즉, 읽기 주체가 관념의 질을 결정하고 그 관념이 다시 읽기 주체의 내적 발전을 이끈다. 요컨대, 독자의 발전은 읽기 주체와 관념이 연기적으로 결합되어 공주관을 이룰 때 일어나는 것이다.

　공주관은 주관의 변형이다. 그 변형은 단지 형태를 바꾼 변형이 아니다. 그 본성을 바꾼 것이다. 읽기 주체의 속성과 관념의 속성을 바꿈으로써 일어난다. 주관은 읽기 주체와 관념의 이데아가 있다는 신념의 발로이고, 공주관은 이데아는 없다는 신념의 발로이다. 공주관 구성을 위해서는 주체의 이데아나 관념의 이데아를 버려야 한다. 주체와 관념은 이데아에서 의하여 존재하는 것이 아니라 연기에 의하여 존재하는 것이다. 이데아가 있느냐 없느냐는 관점일 뿐이다. 누구도 이데아를 본 적 없고, 증명한 적도 없다. 단지 있다고 믿는 신념과 없다고 믿는 신념만 있을 뿐이다. 공주관은 이데아[自性]가 없다고 믿는 신념의 결과이다. 없다고 믿는 신념을 통하여 바른 읽음이 이루어질 수 있다면 이에 관심을 기울여 보는 것도 필요하다.

## 4. 연기적 읽기의 실천

읽기 교육은 읽기 주체를 어떻게 규정하는가에 따라 달라진다. 읽기 주체를 강조할 수도 있고, 강조하지 않을 수도 있다. 공사상의 관점에서 보면, 읽기 주체를 강조하지 말아야 한다. 읽기 주체는 고유한 본질적 속성[自性]을 가지고 있지 않기 때문이다. 읽기 주체는 관념을 구성하기도 하지만 관념에 의하여 구성되고 규정된다. 관념과의 관계에 의하여 읽기 주체가 드러나는 것이다. 읽기 주체를 강조한 접근은 읽기 주체에게 절대성을 부여하여 독자의 내적 성숙을 방해한다. 읽기 주체가 관념을 기계처럼 생산만 하도록 하기 때문이다. 이러한 읽기 주체를 구성하는 읽기 교육은 바람직하지 않다.

독자를 바르게 교육하기 위해서는 읽기 주체와 관념의 공성을 강조할 필요가 있다. 읽기 주체와 관념은 어떤 텍스트를 어떻게 이해했는가에 따라 달라진다고 보는 것이다. 읽기 주체는 텍스트를 읽고 관념을 찍어내는 기계가 아니라 생각 줄기들을 결합하여 관념을 구성하고, 구성한 관념에 의지하여 발전한다. 이러한 읽기 주체와 관념의 연기적 관계는 이들이 자성이 없다는 공성의 인식에서 비롯된다. 이 공성 인식은 읽기 주체와 관념이 공주관을 구성하도록 이끈다. 읽기 교육에서는 독자가 공주관을 구성하도록 읽기 주체와 관념의 공성 및 이들의 연기적 관계를 강조할 필요가 있다.

그동안의 읽기 교육에서는 읽기를 통한 독자의 생각과 마음의 변화에 대한 접근이 부족했다. 읽기 주체를 지나치게 강조했었기 때문이다. 이 관점이 읽기 교육에 부정적인 영향만 있다는 이야기는 아니다. 수동적 관념 수용자인 주체를 능동적 관념 구성자로 만든 공로는 인정해야 한다. 다만 읽기 주체에게 절대 권력을 주어 모든 것을 독단적으로 결정하게 하는 우를 범했다는 것이다. 앞으로의 읽기 교육에서는 읽기 주체의 공성을 강조하여 관념과의 연기 및 타 읽기 주체와의 연기로 발전하는 읽기 주체의 교육을 고려해 보아야 한다.

# 제5장 유식적 읽기

## 1. 유식사상과 읽기

유식학(唯識學)은 대승불교철학의 한 종류이다. 대승불교철학은 크게 중관학(中觀學)과 유식학으로 구분된다(이만 역, 2005: 24).[1] 유식학은 세친(世親)에 의하여 성립되었다.[2] 세친은 용수(龍樹)의 공사상[3]을

---

1) 대승 불교 사상을 중관학(中觀學: 三論), 유식학(唯識學: 法相), 화엄학(華嚴學), 천태학(天台學) 등 네 분야로 나누기도 한다(이만 역, 2005: 43).

2) 유식사상(唯識思想)의 성립은 미륵(270(?)~350(?)), 무착(310(?)~390(?)), 세친(320(?)~420(?) 등에 의하여 성립된 것으로 보며, 주요 경론은 〈해심밀경〉, 〈유가사지론〉, 〈섭대승론〉, 〈유식 30송〉, 〈성유식론〉 등이다(이만, 2005: 14).

3) 용수(龍樹, 150(?)~250(?))의 공사상은 모든 사물은 여러 요소가 연기적(緣起的)으로 결합되어 이루어져 있기 때문에 자성(自性)이 없는 공성(空性)을 갖는다는 것이다. 용수의 철학을 공사상(空思想) 또는 중관사상(中觀思想), 중관철학(中觀哲學)이라고 한다. 그의 대표 저서인 『중론(中論)』에서 비롯된 것이다. 공사상을 대표하는 경전으로는 '반야심경(般若心經)'과 '금강경(金剛經)'을 들 수 있다(김철수 역, 2001).

계승 발전시켜 유식학의 체계를 확립했다. 그렇기에 유식학은 중관사상의 핵심인 공사상을 포함하고 있다. 유식학은 이 세계가 오직(唯)식(識)에 의하여 존재하며, 그 식의 내용 세계는 공하다[4]고 여긴다. 이는 모든 사물은 고유의 속성을 갖지 않는 무자성(無自性)[5]으로 연기[6]적 의존관계에 의하여 존재한다는 공사상을 계승하여 발전시킨 것이다.

　유식학은 인식 문제를 탐구하여 정립한 논리 체계이다. 인식 주체가 의식 작용을 통하여 인식한 내용은 대상 그대로가 아니라 인식 주체가 그럴 것이라고 가정한 것이다. 즉, 인식 주체는 대상에 대한 인식 내용을 마음속에서 꾸며내어 구성한다. 유식학은 인식 주체의 인식 주관[7]이 모든 인식 객관[8]을 만들어 인식하도록 조건화되어 있다는 인식에 대한 논리적 설명 체계이다. 이 논리 체계는 의식 작용을 일으키는 8식(識)의 요인[9]과 견분(見分)·상분(相分)[10]의 인식 작용 및

---

4) 공성(空性)은 사물의 존재를 부인하는 것이 아니라 사물이 본질적인 고유의 속성[자성: 自性]이 없다[무자성: 無自性]는 것이다. 이는 사물이 다른 여러 요인이 조건에 따라 의존적인의 관계를 이룸으로써 존재한다고 보는 것이다.

5) 자성(自性)은 사물이 가지고 있는 변하지 않는 고유한 성질을 뜻한다(김길상 편저, 2005: 2190). 무자성(無自性)은 사물이 가지고 있다고 여기는 고유한 성질이 없음을 뜻한다. 즉, 무자성은 사물이 조건에 따라 여러 요인이 연기적으로 결합하여 이루어진 공성을 의미한다(김길상 편저, 2005: 678).

6) 연기(緣起)는 사물이나 현상은 원인(因)과 조건(緣)의 의존관계에서 생겨나고 소멸한다는 법칙이다(김길상 편저, 2005: 1735 참조).

7) 인식 주관은 유식학에서 인식 주체가 인식 객관을 구성하도록 하는 원인을 말한다.

8) 인식 객관은 인식 주체의 의식에 표상된 형상이나 개념이다.

9) 8식(識)은 안식(眼識), 이식(耳識), 설식(舌識), 비식(鼻識), 신식(身識)의 오식(五識)과 의식(意識: 六識), 말나식(末那識: 七識), 아뢰야식(阿賴耶識: 八識)이다(정승석, 2006: 30).

10) 견분(見分)과 상분(相分)은 인식 주체의 인식 작용과 인식 내용을 가리킨다. 견분은 식(識) 속에서 보는 것으로 인식의 능동적인 면이고, 상분은 식(識) 속에서 보여지는 인식의 수동적인 면이다(정승석, 2006: 19). 견분은 주체적 인식 작용이고, 견분은 객체적 인식 내용이다(정승석, 2006: 80).

변계소집성(遍計所集性)·의타기성(依他起性)·원성실성(圓成實性)[11] 등 인식 내용의 속성을 설명하는 구조로 되어 있다(정승석, 2006).

읽기는 읽기 주체의 의식 작용으로 이루어진다. 이 읽기 주체의 의식 작용을 유식학의 논리 체계로 설명이 가능하다. 읽기 주체는 기호를 지각하여 텍스트 내용을 의식에 표상하고, 표상한 내용에서 의미 있는 것을 가려 관념을 구성한다. 이 읽기 주체의 관념 구성은 의식의 외부요인에 의하여 이루어지는 것이 아니라 내부요인의 작용으로 이루어진다. 그동안 읽기 교육은 인지심리학의 관점에서 독자의 의식 작용에 대하여 논의한 결과에 많은 관심을 가졌었다. 인지심리학은 독자의 의미 구성을 위한 사고 과정을 분석하여 읽기 교육의 접근 관점과 교육 내용에 많은 정보를 제공했다. 유식학은 인지심리학과 같이 의식 작용의 문제를 다루면서 다른 측면에서 읽기를 볼 수 있게 하고, 읽기 교육의 접근 관점을 제공한다.

유식학의 관점에서 보면, 읽기는 읽기 주체가 인식 주관을 토대로 텍스트 내용에 대한 인식 객관을 마음속에 구성하는 활동이다. 읽기 주체가 관념을 구성할 때, 텍스트의 내용을 마음속으로 끌어와 관념을 구성하는 것이 아니다. 이미 읽기 주체의 의식 속에 있던 관념 인자[因]가 텍스트의 내용[緣]에 의하여 활성화되어 관념을 구성하는 것이다. 이는 텍스트가 읽기 주체에게 인식 객관의 내용을 전달하는 것이 아니라 읽기 주체가 텍스트의 내용에서 비롯된 의식 작용으로 인식 객관을 구성하는 것이다. 읽기 주체의 관념 구성 작용은 의식(意

---

11) 이 삼성(三性)은 의식이 대상을 인식하고 수용하는 방식과 관련되어 있다. 변계소집성 (parikalpita-svabhāva)은 '보편적 분별에 의해 분별된 것'이라는 의미이고, 의타기성 (paratantra-avabhāva)은 '다른 것에 의존하는 것'이라는 의미이며, 원성실성(parispanna-svabhāva)은 '이미 완전하게 성취되어 있는 것'이라는 의미이다(정승석, 2006: 57~57).

識: 六識)의 작용을 중심으로 이루어지며, 이 의식 작용은 인식 객관을 구성하는 활동인 견분과 의식에 표상되어 인식되는 인식 객관인 상분으로 구분된다.

읽기 주체가 구성한 인식 객관은 텍스트 내용을 지각하여 활성화한 인식 주관에 의하여 만들어진다. 그렇기에 인식 객관은 텍스트 내용 그 자체가 아니라 읽기 주체가 인식 주관을 바탕으로 임의적으로 구성한 것이다. 따라서 읽기 주체가 구성한 인식 객관은 텍스트 내용 그 자체가 아니기 때문에 가설(假說)된 것이라고 한다. 가설된 인식 객관을 바탕으로 읽기 주체의 의식 작용이 다시 일어나게 된다. 인식 객관을 텍스트의 실제 내용이라고 믿고 집착하는 것을 변계소집성이라 한다. 읽기 주체가 인식 객관의 내용이 텍스트의 작용으로 활성화된 인식 주관의 요소들이 의존적으로 결합되어 구성된 것이라고 의식할 수 있는데, 이것을 의타기성이라 한다. 그리고 읽기 주체가 텍스트 읽어 구성한 인식 객관에 대한 분별 작용12)을 통하여, 인식 객관이 여러 요인의 결합되어 있기에 자성이 없는 공한 것이라고 깨친 의식이 원성실성이다. 읽기 주체는 가설된 인식 객관에 집착할 것이 아니라 인식 객관의 공성을 인식하여 실제13)를 알아야 한다.

유식학의 관점에서 보면, 읽기는 읽기 주체가 텍스트를 접하여 생기한 인식 주관으로 인식 객관을 구성하는 행위이다. 즉, 읽기 주체는

---

12) 분별은 의식 작용이 사물을 구분하고 인식하는 것이다. 인식 주체의 분별작용은 의식 작용이 인식 객관이 인식 주관의 요인에 의하여 구성되어 있음을 확인하여 파악하는 것을 말한다.

13) 불교철학에서의 실제(實際)는 제법실상(諸法實相: 모든 존재의 있는 그대로의 진실된 모습, 모든 것은 진실 구극(究極)의 모습)의 다른 이름으로 진실의 이법(理法)을 말한다. 실재의 극한(極限) 존재의 궁극적인 모습으로 법성(法性), 진여(眞如), 공(空)과 같은 뜻을 함축하고 있다(김길상 편저, 2005: 1538~1539).

텍스트에 제시된 객관적 지식을 얻는 것이 아니라 읽기 주체의 처한 조건에 맞게 관념을 연기적으로 구성하는 것이다. 더 나아가 구성 관념의 공성을 깨쳐 실제 관념14)을 구성하는 것이다. 실제 관념은 원성실성에 기초하여 텍스트가 본질적으로 의도한 의미나 실재를 읽기 주체가 깨쳐 구성한 관념이다. 원성실성에 기초한 실제 관념은 읽기 주체가 연기적 조건을 인식하여 관념의 공성을 알고 있기에 집착을 일으키지 않는다.

읽기 교육에서는 유식학적 인식 논리를 활용할 필요가 있다. 유식학적 인식 논리는 읽기 교육에서는 다소 낯선 접근이기는 하지만 그동안의 읽기 교육 논의들이 지적하지 못한 문제들을 찾아내고, 읽기를 더 깊이 있게 이해하도록 한다. 읽기에 대한 깊이 있는 이해는 읽기 교육을 새롭게 접근할 수 있게 하는 계기를 마련해 준다. 이 논의에서는 독자의 텍스트 이해에 대한 교육적 접근을 유식학에 기초하여 살펴보고자 한다. 유식학의 인식 원리를 바탕으로 텍스트 읽기를 규정하고, 읽기 교육적 접근 가능성을 탐색하여 본다.

## 2. 유식적 읽기의 구조

읽기 주체가 구성하는 관념은 인식 조건15)에 제한된다. 읽기 주체

---

14) 실제 관념은 하나로 귀결되는 두 가지 성질을 갖는다. 첫째는 읽기 주체가 인식 대상의 본질을 깨쳐 구성한 관념이라는 것이다. 둘째는 읽기 주체가 관념의 연기성을 깨쳐 구성 관념의 공성을 인식한 관념이라는 것이다. 첫째 성질은 실제 관념을 구성하기 위한 읽기 주체의 의식적 노력이 기반이 되어야 함을 말하고, 둘째 성질은 읽기 주체가 관념 자체의 공적 속성을 깨쳐 알아야 함을 말한다. 이 글에서의 실제 관념은 맥락에 따라 첫째 성질을 의미하기도 하고, 둘째 성질을 의미하기도 한다.

가 어떤 인식 조건을 가지고 있는가에 따라 구성하는 관념이 달라지는 것이다. 유식학적 관점에서 보면, 읽기 주체의 구성 관념은 인식 조건의 차이에 의하여 개별 주체마다 달라진다. 읽기 주체마다 다른 관념이긴 하지만 그 다름은 공성에 수렴되는 다름이다. 공성에 수렴되는 다름이란 관념 자체가 절대적 속성이 없는 무자성임을 의미한다. 무자성의 관념은 읽기 주체만의 고유한 관념이거나 읽기 주체가 그것만이 참된 관념이라고 집착하지 않는 관념이다. 이는 읽기 주체가 구성한 관념이 본질적으로 연기성16)을 바탕으로 한 것이어서 다른 관념과 일체를 이룰 수 있음17)을 뜻한다. 읽기 주체의 관념 구성에 대한 유식학적 논리를 정리하여 본다.

## 가. 기호 해독과 의식 작용

사람은 오감으로 외부 자극을 감각하고[五識],18) 의식[六識]으로 감각 내용을 분별한다. 주체의 의식 작용은 기본적으로 감각 작용과 분별 작용으로 이루어진다. 감각 작용은 오감으로 대상을 감각하는 것이고, 분별 작용은 의식이 내적 조건에 의지하여 감각 내용을 확인

---

15) 인식 조건은 인식 객관을 만드는 인식 주관을 말한다. 인식 주관은 제8식인 아뢰야식에 저장되어 있는데 '종자(種子)'에서 비롯된다. 읽기 주체는 아뢰야식에 저장되어 있는 인식의 종자의 활성화로 인식 주관을 만들고, 이 인식 주관의 활용하여 인식 객관을 구성한다. 따라서 읽기 주체의 인식 주관에 따라 인식 객관이 달라진다. 아뢰야식은 제8식으로 인식 종자를 저장하고 있다고 하여 장식(藏識)이라 하고, 인식 종자로 되어 있다고 하여 종자식(種子識)이라도 한다.

16) 관념의 연기성(緣起性)은 관념이 여러 구성 요인에 의지하여 구성되며, 구성 요인에 의하여 그 속성이 달라지기 때문에, 그 본질적 속성을 가지지 않는 공성(空性)을 지님을 가리킨다.

17) 읽기 주체가 구성한 관념이 다른 관념과 일체를 이룬다는 말은 읽기 주체의 관념을 다른 읽기주체와 소통을 통하여 공유할 수 있고, 변화할 수 있음을 뜻한다.

18) 오식(五識)은 안식(眼識), 이식(耳識), 설식(舌識), 비식(鼻識), 신식(身識)이다.

하여 인식하는 것이다. 분별 작용이 감각 내용을 확인할 때 의지하는 것이 아뢰야식(阿賴耶識: 八識)에 있는 인식종자(認識種子)19)이다. 인식 주체는 감각 작용과 분별 작용으로 대상에 대한 관념소(觀念素)20)를 만든다. 인식 주체의 의식 작용은 단일 경로나 일회성보다는 다중 경로와 반복성의 특성을 갖는다. 오감은 무수한 외부 자극을 감각하고, 의식은 이들을 분별하여 관념을 구성하게 된다. 사람의 대표적인 감각 기관은 눈이다. 읽기도 눈의 감각 작용으로 텍스트의 기호를 감각하면 의식이 기호의 의미를 분별하여 인식한다. 읽기 주체의 감각 작용과 분별 작용이 관념을 구성하는 것이다.

유식학의 논리를 빌려서 볼 때, 읽기는 일차적으로 눈(眼識: 一識)과 의식(意識: 六識) 및 아뢰야식[藏識: 八識]의 상보 작용으로 이루어진다. 눈은 기호를 감각하여 의식 속에 기호의 상(相)21)을 떠올리게 하는 기능을 한다. 의식은 떠올려진 상을 분별하고 확인하여 개념적으로 파악한다. 좀 더 구체적으로 보면, 눈의 감각 작용[眼識]은 시신경[眼根]이 시각 대상[色界]을 감각하여 생겨나고, 의식은 눈의 감각 내용을 지각한 후, 아뢰야식(장식)에서 감각 내용과 관련되어 있는 인식종자[認識素]를 활성화하여 감각 내용을 확인함으로써 인식 내용(관념)을

---

19) 인식종자(認識種子)는 인식 주체의 의식 작용이 개별 대상을 인식할 때 활용하는 인식소(認識素)이다. 주체의 의식 작용은 이 인식종자를 활용하여 오감의 감각 내용과 의식의 인식 내용을 분별하고 판단한다. 이 글에서는 '인식종자'를 상황에 따라 '관념 인자', '인식 원인', '인식소', '(인식)토대', '종자' 등의 용어로 사용한다.

20) 관념소(觀念素)는 관념을 구성하고 있는 단위 관념 내용이다. 단일 자극을 신체 기관이 감각하고, 이 감각한 내용을 의식이 지각하여 분별하고, 그 내용이 무엇인지 인식하여 개념화하거나 이미지로 표상하여 파악한 것이다. 두 가지 이상의 관념소가 결합하여 관념을 구성한다.

21) 상(相)은 모습, 형태, 상태 양상, 양태 등 볼 수 있거나 알 수 있는 성질이나 특징을 말한다(김길상 편저, 2005: 1245).

구성한다. 읽기에서는 읽기 주체가 기호를 눈으로 감각하여, 그 감각한 내용을 의식에 전달하면, 의식은 분별 작용으로 기호의 의미를 표상하여 관념을 구성한다.

읽기와 관련하여 볼 때, 읽기 주체의 의식 작용을 좀 더 깊이 들여다보아야 한다. 읽기는 읽기 주체가 직접 대상을 눈으로 지각하고 그 상을 의식에 떠올리는 것이 아니다. 읽기 주체는 기호를 해독하여 자신의 기억 속에서 기호가 지시하고 있는 개념이나 상을 떠올린다. 읽기 주체가 기호를 해독하여 의식에 표상하는 내용은 기호에 의하여 이루어지는 것이 아니라 의식의 분별 작용, 다시 말하면 아뢰야식의 종자를 활용한 의식 주관의 견분 작용으로 구성되는 것이다. 읽기 주체가 기호에 대한 의식 주관을 갖고 있지 못하면 기호의 개념은 인식되지 않는다. 이런 점에서 볼 때, 읽기에서의 관념 구성은 읽기 주체가 아뢰야식의 인식종자에서 비롯된 인식 주관의 활용으로 인식 객관을 구성하고, 인식 객관에 대한 요별(了別)[22] 작용을 통하여 이루어진다. 읽기 주체가 기호의 해독을 통하여 관념을 구성하는 모든 인식 활동은 의식 작용으로 이루어진다.

유식학에서 말하는 의식(意識: 六識)이 구성하는 인식 내용의 특성은 가설(假設)[23]이다. 가설은 인식 주체가 인식 객관을 임으로 구성하였음을 의미한다. 읽기 주체가 글자를 해독하여 구성한 개념이나 상(相)

---

22) 요별(了別)은 대상을 각기 구별하여 인식하는 의식 작용이다. 여기서는 읽기 주체가 인식 객관에 주의를 기울여 관념 내용을 구성하는 행위를 가리킨다.

23) 유식학에서는 가설을 세 가지로 구분한다. 자성분별, 수념분별, 계도분별이 그것이다(정승석 역, 2006: 31). 자성분별은 파란색을 파랗다고 지각하는 것이고, 수념분별은 과거의 기억에서 확인하는 것이고, 계도 분별은 추리와 구상을 통하여 파악하는 것이다. 이들 세 가설의 속성은 읽기 주체가 파악한 개념이나 상의 본질을 꿰뚫어 보지 못하는 것을 의미한다.

은 실제 대상이 아니라 의식 작용이 지어낸 것임을 뜻한다. 이 말은 읽기 주체가 기호에서 인식한 내용은 텍스트의 본질 의미가 아니라 임의적으로 마음속에 표상한 환영(幻影)임을 뜻한다. 이것은 의식[六識]이 텍스트의 본질 의미를 인식할 수 있는 의지적 의식 작용을 하지 않기 때문이다. 이러한 의식 작용의 결과로 파악된 인식 내용은 선(善)도 악(惡)도 아닌 무기(無記)이다. 무기는 읽기 주체가 인식 내용을 어떻게 활용하는가에 따라 선의 관념도 되고, 악의 관념도 될 수 있음을 뜻하는 말이다.

의식[六識]의 관념이 독자에게 의의가 있는 것은 말나식(末那識: 七識)의 작용에서 비롯된다. 말나식은 읽기 주체가 가설 관념을 실제 관념이라고 집착하여 생기는 인식이다. 읽기 주체는 자신이 구성한 관념이 가설 관념임을 모르고 이에 집착한다. 읽기 주체가 이 가설 관념에 집착하는 것을 변계소집성이라 한다. 이 가설 관념의 집착은 읽기 주체를 미망(迷妄)에 빠지게 만들어 실제 관념을 구성할 수 없게 한다. 읽기 주체는 말나식의 집착에서 벗어나 실제 관념을 구성하는 것이 필요하다. 실제 관념은 읽기 주체가 인식 대상의 실제를 깨쳐 진실로 그러함(眞如)을 보는 것이다. 진실로 그러한 관념의 속성이 연기성이고 공성이다.

## 나. 인식 주관과 인식 객관

유식학의 관점에서 보면, 사람의 인식은 모두 마음이 지어낸 것이다. 마음이 지어냈다는 것은 인식 주관이 구성한 인식 객관이 모두 마음의 작용에서 비롯된 것임을 뜻한다. 주체가 어떤 대상과 접촉하여 인식하더라도 그 인식 객관은 의식을 벗어나서 존재할 수 없다.

인식 객관이 인식 주체의 의식 외부에 존재하면 인식할 수 없기 때문이다. 그래서 주체가 눈으로 대상을 보고, 의식에 표상한 인식 객관은 가설적이다. 읽기 주체가 텍스트를 읽고 구성한 관념도 마찬가지이다. 읽기 주체는 텍스트의 내용이 지닌 실상(實像)을 인식에 구성해 낼 수가 없다. 읽기 주체의 의식 작용이 실상을 구성할 수 있도록 되어 있지 않기 때문이다.

유식학은 인식 주체가 대상을 인식하는 의식 작용의 원리를 견분과 상분으로 설명한다(정승석, 2006: 80). 견분은 인식 주체가 인식의 원인 [種子]으로 인식 주관을 이루어 의식에 인식 객관을 형성하고, 이 인식 객관을 요별하여 인식하는 의식 작용의 일종이다. 상분은 인식 주체가 인식 주관을 활용하여 의식에 표상해 놓은 인식 대상의 형상이나 개념이다. 인식 주관의 구성소인 인식 종자는 의식 외부(아뢰야식)에 미세한 형태로 존재한다. 이들은 인식 주체가 견분의 작용으로 의식을 집중하면 인식 주관이 되어 인식 내용 구성에 관여하게 된다. 의식 작용의 견분과 상분을 컴퓨터 작동원리로 설명할 수 있다.

견분은 컴퓨터의 중앙처리장치가 기억장치에 들어 있는 영화 파일을 활성화하여 모니터에 펼쳐 보이는 작용이다. 의식 작용을 중앙처리장치의 작동으로 볼 때, 견분은 중앙처리장치에서 영화 파일을 화면으로 실행하라는 명령이 주어지면 기억장치에서 파일 내용을 읽어와 모니터에 맞게 파일 내용을 조작하여 모니터에 영화의 장면이 실행되게 하는 작용이다. 상분은 모니터에 실행되고 있는 영화 장면이다. 중앙처리장치가 하는 여러 일 중 영화가 화면에 펼쳐지게 주관하는 작용이 인식 주체이고, 인식 주체가 파일 내용을 영화로 보일 수 있도록 전자기호를 조작하여 놓은 것이 인식 주관이고, 화면에 드러나 있는 영화의 모습으로 영상이 펼쳐지는 것이 인식 객관이다. 견분은 화면에 영화가 펼쳐지도록 하는 일체의 작용이고, 상분은 견분에 의하여 드러나는 결과이다. 주체의 인식은 상분을 견분 작용으로 분별하는 것이다.

인식 주체가 구성한 인식 객관은 인식 주관에서 비롯되었기에 유일하고 고유한 속성을 지니고 있는 것으로 여길 수 있다.[24) 그러나 인식 주체가 구성한 인식 객관의 본질적 속성은 공(空)하다. 인식 주체가 구성한 인식 객관은 그 자체가 여러 요인이 연기적으로 결합되어 구성되었기 때문이다. 모니터에 실행되고 있는 영화는 인물·사건·배경의 이야기 요인과 전기, 컴퓨터 본체, 모니터, 스피커 등의 장치 요인이 필요하고, 시각, 색감, 음영, 음향, 음악 등의 기호 요인들이 결합하여 이루어진다. 그래서 인식 주체가 구성하는 인식 객관은 그 고유의 속성을 가질 수 없는 공성을 가지며, 조건에 따라 여러 요인이 결합하여 이루어지는 의타기성을 갖는다.

읽기 주체가 텍스트를 읽고 마음속에 구성한 관념도 의타기성을 갖는다. 읽기 주체의 인식 주관과 인식 객관 및 텍스트를 읽는 상황적 조건에 따라 관념은 구성되며, 구성된 관념은 여러 관념소가 연기적으로 결합된 의타기성을 지닌다. 읽기 주체가 구성한 관념이 의타기적이라 하여 임의로 구성해도 된다는 말은 아니다. 읽기 주체는 실제 관념을 구성하기 위해 노력해야 한다. 읽기 주체가 기호 해독으로 구성한 가설 관념에 만족하게 되면 실제 관념은 구성할 수 없다. 따라서 읽기 주체는 의타기적 가설 관념 너머에 있는 실제 관념의 구성을 추구해야 한다. 읽기 주체가 구성해야 할 실제 관념의 속성이 원성실

---

24) 인지심리학에 기초한 독자 중심 읽기 교육의 관점에서 보면, 독자는 개인적 요인인 배경지식을 바탕으로 관념을 구성하기 때문에 읽기 주체가 구성한 관념은 독자 고유의 독창적인 것이라고 인식하는 경우가 있다.

성이다.

원성실성은 구성 관념의 실제성으로 진여(眞如)적 속성25)을 말한다. 읽기 주체가 구성한 실제 관념의 진실로 그러함이라는 속성은 공성(空性)이다. 다시 말하면, 원성실성은 읽기 주체가 실제 관념은 변하지 않는 고유한 속성이 없다는 무자성을 깨쳐 안 것이다. 읽기 주체가 관념의 공성을 파악했을 경우에는 그 관념에 집착을 일으키지 않는다. 관념이 본질적으로 변할 수 없는 절대적 가치나 의미를 갖고 있는 것이 아니라 읽기 주체가 특정 조건에서 인식한 실체 그대로일 뿐이기 때문이다. 실제 관념을 구성한 읽기 주체는 구성한 관념이 인식 주관과 텍스트 요인 및 상황 요인의 의존에 의하여 이루어져 있고, 관련 요인이 변하면 관념도 변하여 다른 관념이 될 수 있음을 안다. 원성실성은 의타기성에서 변계소집성을 제외한 것이다(정승석, 2006: 63). 이 말은 실제 관념이 읽기 주체가 집착할 수 있는 자성(自性)이 없는 관념임을 의미한다.

예를 들면 다음과 같다.

중용(中庸) 장구

하늘이 시키는 것을 성(性)이라 하고, 성에 따르는 것을 도(道)라 하고, 도를 닦는 것을 교(敎)라고 한다. 도라는 것은 잠시도 거기서 떠날 수 없다. 떠날 수 있으면 도가 아니다. 그렇기 때문에 군자는 보이지 않는 데서

---

25) 실제 관념의 원성실성은 관념내용이 '인식대상에 대한 있는 그대로의 실재(완전한 존재 형태[眞如])'를 인식한 것과 '인식의 실제 성질로서의 속성[空性]'을 인식한 것의 이중적 의미를 갖는다. 이 두 개념을 하나로 묶어 법성(法性)이라는 용어가 사용된다. 법성은 진여(眞如), 공성(空性), 열반(涅槃) 등의 의미를 두루 포함하는 포괄적 용어이다(이만, 2004: 139~141). 원성실성은 법성과 같은 이중적 의미를 갖는 용어로 이 글에서는 맥락에 따라 진여(眞如)나 공성(空性)의 의미를 나타낸다.

조심하고, 들리지 않는 데서 두려워하는 것이다. 은밀한 곳보다 더 나타나는 곳은 없고, 미세한 일보다 더 뚜렷해지는 것은 없다. 그래서 군자는 자기 혼자만의 경우에 조심한다. 희노애락이 나타나지 않고 있는 것을 중(中)이라 하고, 나타나 다 절도에 맞는 것을 화(和)라고 한다. 중(中)이라는 것은 천하의 큰 근본이고, 화(和)라는 것은 천하에 통용되는 것이다. 중과 화를 철저히 발휘하면 하늘과 땅이 바로 자리 잡히고 만물이 잘 자라난다.[26] (차주환 역, 2006: 37~38)

윗글은 『중용』의 장구(章句)의 일부이다. 읽기 주체는 이 글을 읽고, 중용에 대한 관념을 구성할 수 있다. 일차적으로는 문장을 읽어 가면서 마음속에 들어 있는 여러 인식 요소를 끌어와 통합하여(의타기성) '중용은 하늘의 도를 따르는 것으로 만물이 조화를 이루어 잘 되도록 하는 것이다'라고 생각할 수 있다. 읽기 주체는 '중용'의 의미를 이 정도로 정리하고 『중용』을 파악했다고 여길 수 있다. 읽기 주체가 글자를 중심으로 파악한 『중용』에 대한 생각을 '중용' 실제 관념으로 여길 수 있는데, 이것이 변계소집성이다. 그러나 '중용'을 좀 더 깊이 있게 이해한 읽기 주체는 『중용』 장구에 대한 앞의 생각에 만족하지 못하고, '중용'의 실제에 관심을 둔다. 『중용』의 전체 내용과 유학 경전을 읽고 중용의 본체를 탐구한다. 그래서 '중용'을 '순리에 맞는 마음을 길러 일상에서 자아와 만물이 본성대로 완성되게 하려는 의지와 실천'으로 인식할 수 있다. 이런 생각도 주체의 관점에서 본 것일 뿐,

---

26) 天命之謂性이오. 率性之謂道요 修道之謂敎니라. 道也者는 不可須臾離也니 可離면 非道也니라. 是故로 君子는 戒愼乎其所不睹하며, 恐懼乎基所不聞이니라. 莫見乎隱하고, 莫見乎微니, 故로 君子는 愼其獨也니라. 喜怒哀樂之未發을 謂之中이오, 發而皆中節을 謂之和니라. 中也. 者는 天下之大本也요, 和也者는 天下之達道也니라. 致中和면, 天地位焉하며, 萬物育焉이니라.

중용의 실체와는 다를 수 있다고 인정한다. 이 생각 내용은 『중용』과 유학 경전을 통하여 구성되었다는 의타기성을 의식하면서, 관념 내용 자체에 읽기 주체가 집착하지 않는다. 이 관념은 '중용'에 대한 실제 관념으로 공성을 띠기에 읽기 주체는 소유하거나 고유한 관념으로 내세우지 않는다. 실제 관념의 이러한 속성이 원성실성이다.

읽기 주체가 구성한 관념의 원성실성은 관념이 어떤 것이어야 한다는 절대 기준이 없다는 것을 의미한다. 『중용』에 대한 읽기 주체의 실제 관념은 고유하고 변할 수 없는 관념이 아니다. 이 실제 관념은 읽기 주체가 처한 상황에 따라 변화한다. 일상의 매 순간 일어나는 일에 따라 중용 관념은 다른 형태로 달라진다.[27] 중용에 대한 실제 관념의 원성실성은 고정된 실체가 아니라 일마다 생활 장면마다 달라져야 한다. 읽기 주체가 텍스트를 읽고 실제 관념을 구성하였다면 그 관념은 상황 조건에 맞게 조절될 수 있어야 한다. 실제 관념은 물이 얼음과 수증기로 변할 수 있는 것과 같이 조건에 따라 그 실제를 갖는다. 이 원성실성을 갖춘 관념도 모두 읽기 주체의 인식에서 비롯된 것이다. 읽기 주체가 실제 관념을 구성할 수 있게 하는 토대에 대하여 좀 더 살펴본다.

### 다. 인식 원인과 인식 실제

유식학에서 볼 때, 대상에 대한 인식은 인식 원인[因]과 의식 작용[心王[28]] 및 인식 실제[果]의 유기적 관계에 의하여 이루어진다. 인식 원인

---

27) "중(中)이라는 것은 치우치지도 않고, 기울어지지도 않고, 지나치거나 미치지 못하는 일이 없는 것이다. 용(庸)이란 평상을 뜻한다(中者不偏不倚, 無過不及之名. 庸, 平常也)."(김학주 역주, 2006: 8)

은 아뢰야식에 내재되어 있는 인식 종자이다. 아뢰야식은 인식을 일으키는 원인이 되는 인식 종자를 집적하고 있다고 하여 장식이라고도 한다. 장식에 집적되는 인식 원인은 그 생성 방법을 통하여 그 실체를 짐작할 수 있다. 장식이 인식 원인을 생성하여 집적하는 방법은 훈습(薰習)이다. 훈습은 인식 내용이 그대로 장식으로 들어오는 것이 아니라 꽃의 향기가 옷에 배는 것(정승석 역, 2006: 81)과 같이 부지불식간에 인식한 내용의 특정 속성만이 스미는 것을 가리킨다. 장식은 인식 주체가 인식한 인식 내용[心所29)]의 특정한 속성만 집적(集積)한다. 훈습으로 장식에 생겨난 인식 원인의 속성은 정기(精氣)나 습성(경험의 잠복 형태) 등과 같은 미세한 심적 요소로 습기(習氣) 또는 종자라고 한다.

장식에 내재한 인식 원인을 종자라고 하는 것은 식물의 씨앗에 비유하여 사용하는 말이다. 장식에 이 종자가 만들어지는 근본적인 조건은 경험과 유전이다(정승석, 2006: 77~86). 경험은 인식 주체가 삶의 과정에서 구성한 인식 내용을 훈습으로 종자를 만들게 하고, 유전은 집단적 삶의 과정에서 축적된 인식 내용을 훈습으로 종자를 만들게 한다. 각 개인은 일상생활 속에서 누구나 전7식(前七識)30)의 작용으로 인식 내용을 구성하는 데 이 인식 내용이 종자를 만든다. 유전은 개인 간에 이루어지는 전달과 수수 작용으로 정신적 유전과 생물적 유전을 모두 포함한다. 정신적 유전은 다른 사람이 구성한 관념이 주체에게

---

28) 심왕(心王)은 의식 활동을 이끄는 주체를 말한다(김길상 편저, 2005: 1550). 인지심리학의 관점에서 보면 인지와 초인지의 작용을 모두 포함한 개념이다.
29) 심소(心所)는 마음속에 개개의 감정과 관념을 만드는 정신 작용이다(정승석, 2006: 83).
30) 전칠식(前七識)은 안식(眼識), 이식(耳識), 설식(舌識), 비식(鼻識), 신식(身識), 의식(意識), 말나식(末那式)이다.

영향을 주어 종자를 생성하는 것으로 의식, 무의식, 집단적 의식의 인식 내용이 관여한다. 그리고 생물적인 유전은 단세포 생물에서 사람으로 진화 과정에서 얻은 모든 정보에서 비롯된 요인이 종자를 만드는 것을 말한다. 장식에 들어 있는 이들 종자는 인식 내용의 훈습에 의하여 만들어질 뿐만 아니라 변화한다.

아뢰야식의 종자 생성 관점에서 보면, 읽기는 관념 구성에 필요한 인식종자를 생성하는 활동이기도 하다. 읽기 주체가 관념을 구성하게 되면 그 관념은 훈습의 방식으로 종자를 생성하여 아뢰야식에 저장하거나, 저장되어 있는 종자를 변화시킨다. 읽기의 활동은 개인적 경험과 집단의 정신적 유전이 강하게 작용하여 종자를 만들고 변화시킨다. 읽기 주체는 텍스트를 읽고 관념을 구성하는데 그 관념은 구성되고 난 후 단지 기억 속에 자리만 잡고 있는 것이 아니라 인식종자의 생성과 변화에 관여한다. 읽기 주체의 관념 구성은 인식종자의 생성과 변화를 일으키는 강력한 수단이다. 텍스트는 시공간을 넘나드는 내용을 바탕으로 읽기 주체의 관념 구성을 돕기 때문이다. 읽기 주체에 의한 인식종자의 생성과 변화는 텍스트를 읽고 관념을 구성하는 능력의 향상으로 연결된다.

아뢰야식에 저장되어 있는 종자는 조건이 갖추어지면 발현된다. 이 종자가 발현되는 의식의 작용이 견분이다. 종자의 발현은 외부 자극에 의하여 일어나기도 하지만 내부 심리 작용에 의해 일어나기도 한다. 외부적 자극에 의한 종자의 발현은 오감의 감각에서 비롯된 의식 작용을 들 수 있다. 사람에게 있는 오감의 감각 작용은 의식의 지각 활동이 일어나게 하여 종자의 발현을 이끌어 낸다. 내부 심리 작용에 의한 발현은 꿈과 같이 의식에 의한 지각 활동을 하는 경우나, 특정한 외적 자극이 없는 데도 생각하는 경우를 들 수 있다. 마음속에서 일어나는 모든 의식 작용은 종자의 발현으로 인하여 인식 내용을 만들어 낸다. 그러므로 종자의 발현 없이는 인식이 일어날 수 없다. 인식 내용의 실체인 상분이 생겨나지 않기 때문이다.

읽기는 안식(眼識) 작용이 단초가 되어 인식 원인의 발현을 이끈다. 읽기 주체의 안식이 기호를 지각하여 의식을 자극하면, 의식 작용이 기호의 의미를 분별한다. 의식 작용이 의미를 분별할 수 있는 조건은 아뢰야식에 있는 인식종자의 발현이다. 읽기 주체는 인식종자의 발현으로 말미암아 마음속에 텍스트의 내용을 표상할 수 있게 된다. 읽기 주체는 마음속에 표상된 내용을 통해 텍스트의 본질 의미를 의식 작용으로 분별하여 실제 관념을 구성하게 된다.[31] 읽기 주체가 인식종자를 가지고 있지 않다면 인식 내용(관념)을 만들 수 없어 텍스트의 내용을 이해할 수 없다. 읽기 주체가 텍스트를 읽고 관념을 구성할 수 있는 것은 텍스트 내용과 관련된 인식종자를 가지고 있기 때문이다. 읽기 주체가 텍스트를 이해하는 데 필요한 인식종자를 갖고 있지 못한 경우에는 인식종자를 만들어 아뢰야식에 저장해야 한다.

읽기 주체의 관념 구성에 필요한 인식종자의 생성과 종자의 발현은 순환적이다. 순환적이라는 말은 연기적이라는 말과 같다. 인식종자의 생성과 발현은 서로 의지하여 존재하며 영향을 주고받는다. 이는 인식종자가 관념을 구성해 내고, 관념의 구성이 인식종자를 생성하고 변화시키는 연기적 관계임을 의미한다. 읽기를 통한 인식종자의 생성과 발현의 효율성은 읽기 주체의 의지와 노력에 달려 있다. 읽기 주체

---

31) 유식학의 논사 중의 한 사람인 호법(護法)은 인식 작용을 견분, 상분, 자증분(自證分), 증자증분(證自證分)으로 구분하였다. 이 중 자증분과 증자증분은 인식 내용을 확인하고 증명하는 의식작용이다(김성구, 2003: 89~94). 즉, 견분이 상분을 만들어 인식 객체의 내용을 인식하면 자증분과 증자증분은 견분의 인식 내용을 다시 확인하여 실제 의미를 구성하는 역할을 한다고 할 수 있다.

가 구성한 관념에 집착하면(변계소집성) 인식종자의 생성과 변화는 일어나지 않는다. 자기중심적 관념 구성에 머물기 때문이다. 읽기 주체가 구성한 관념에 대한 성찰을 통하여 실제 관념을 구성하게 되면 (원성실성) 인식종자의 생성과 변화는 적극적으로 일어나게 된다.

유식학의 관점에서 보면, 읽기는 읽기 주체의 인식 문제이다. 이는 텍스트 이해가 텍스트 내용에서 비롯되는 것이 아니라 독자의 마음에서 비롯됨을 의미한다. 독자의 텍스트 이해는 마음속에 집적되어 있는 인식종자(因)와 인식 내용(果)에 대한 태도[32])에 의하여 달라진다. 먼저 읽기 주체가 구성한 관념 내용은 그동안 어떤 인식종자를 생성하여 발현하느냐에 따라 표상 내용이 달라지고, 표상 내용 중 어떤 요인에 의식을 집중하는가에 따라 달라진다. 또한 읽기 주체가 표상한 내용에 대하여 어떤 태도를 지니는가가 관념 내용을 결정한다. 글자로 파악한 관념에 집착하느냐, 글자 너머에 있는 관념에 의식을 집중하느냐에 따라 관념 내용의 형식과 질이 다르다.

읽기 주체가 구성한 실제 관념은 타 읽기 주체의 실제 관념과 일체성을 이룰 수 있다.[33]) 읽기 주체가 구성한 실제 관념은 유일하거나 고유한 것이 아니기에 폐쇄적이지 않다. 실제 관념은 원성실성인 공성을 갖기 때문이기도 하지만 실제 관념의 그 본질은 타 읽기 주체의 실제 관념과 근본적으로 다르지 않기 때문이다. 실제 관념은 자기중심성[自性]을 벗어나 있으면서 서로 구분되는 점이 있지만 그 다름이 부각되어 드러나지 않는다. 실제 관념은 진여의 속성을 갖기에 근본적으로 동질성, 평등성, 보편성을 함축하고 있다.

---

32) 여기서의 태도는 3성설인 변계소집성, 의타기성, 원성실성을 말한다.
33) 인식 주체의 실제 관념이 타 인식 주체의 실제 관념과 일체성을 이루는 논리에 대한 설명은 정승석 역(2006: 142~151)을 참조할 수 있다.

유식학의 관점에서 볼 때, 읽기 주체는 원성실성을 내포한 실제 관념 구성을 지향해야 한다. 관념의 자성을 인정하여 그 관념에 집착하면 실제 관념을 얻을 수 없다. 실제 관념도 공성을 바탕으로 하기에 그 존재적 순간을 정하기 어렵다. 읽기 주체가 특정 조건에서 실제 관념을 구성하면 그때에만 존재할 수 있다. 이 실제 관념은 훈습을 통하여 읽기 주체의 마음속에 그 흔적[習氣]을 남겨 그 존재의 여운을 느끼게 한다. 그래서 실제 관념을 경험한 읽기 주체가 다른 텍스트를 읽을 때 훈습된 인식 원인의 작용을 의식할 수 있게 된다. 이는 실제 관념이 읽기 주체의 의식 속에 사라지지 않고 계속 작용하는 논리가 된다.

## 3. 유식적 읽기의 교육

유식학의 인식 논리가 성립된 지 오랜 시간이 흘렀다. 그렇지만 그 논리가 진부하거나 천협하지 않다. 이를 활용하여 현대의 인식 문제를 효과적으로 해결할 수 있다. 읽기 교육의 측면에서 읽기 주체의 관념 구성에 대한 이해의 노력은 일천한 편이다. 유식학적 인식 논리를 활용하게 되면 또 다른 관점에서 읽기 주체의 관념 구성에 대한 이해의 깊이를 더할 수 있다. 유식학의 논리에서 보면, 읽기는 읽기 주체가 텍스트를 읽고 인식 원인을 바탕으로 실제 관념을 구성하는 일체의 인식 활동이다. 읽기 주체는 인식 활동으로 실제 관념을 구성하여 진실한 지혜[眞如]를 얻는 것이라 할 수 있다. 이는 다른 읽기 교육의 관점과도 같은 것이라 할 수 있다. 여기서는 먼저 읽기 교육에 대한 기존의 접근 관점과 유식학적 접근 관점과의 차이점을 살펴보고, 유식학의 인식 논리에 기초한 읽기 교육의 접근 방향을 생각해 본다.

## 가. 읽기 교육 접근 관점과의 관계

읽기에 대한 유식학의 관점은 기존의 읽기에 대한 관점을 공유하면 서도 구분되는 점이 있다. 독자 중심의 읽기가 배경지식과 사고 작용을 강조하는 것, 텍스트 중심의 읽기가 텍스트의 구성 요소와 요소 간의 관계를 강조하는 것, 사회적 상호작용 중심의 읽기가 읽기 주체 간의 의미 교섭을 강조하는 것 등(김도남, 2005)은 유식학의 관점과 일맥상통하는 부분이 있다. 유식학의 관점이 읽기를 심리의 인식 문제로 보고, 구성 관념의 관계성(연기성)을 강조하는 면에서 현재의 읽기에 대한 인식과 상통한다.

독자 중심의 관점은 읽기를 독자의 심리 작용으로 본다. 경험으로 구성한 배경지식과 독자 의도를 강조하고, 사고 활동을 통하여 구성 된 관념이 인지[34]의 영역에 있어야 하는 것으로 여긴다. 관념 구성 조건과 관념 구성 과정 및 구성 관념을 모두 인지라 본다. 읽기 주체의 관념 구성을 심리 작용에 한정한다는 점에서는 유식학적 관점과 같다. 다만, 배경지식의 구성과 작용 방식 및 구성한 관념에 관한 생각은 다르다. 인지적 관점은 배경지식의 구성이 주로 경험적이고 직접적으로 이루어진다고 본다. 반면, 유식학적 관점은 인식종자의 구성이 선

---

34) 인지(認知)와 인식(認識)은 심리학적인 면에서는 같은 의미로 사용할 수 있지만 그 외의 부분에서는 다른 의미로 사용된다. 인지는 주로 사고 과정을 의미하고, 사고의 결과를 일부 포함하는 의미를 갖는다. 반면 인식은 자극의 감각과 사고 과정 및 사고의 결과를 두루 포함하는 의미를 갖는다. 이 글에서 사용하는 인식(認識)은 유식학에서 말하는 모든 마음 작용의 결과(내용)를 지시하는 의미로 사용된다.

험(유전)과 경험을 바탕으로 하지만 간접적(훈습)으로 구성된다고 본다. 배경지식의 작용 방식은 읽기 주체가 주어진 형식(형식 스키마)으로 텍스트의 내용(내용 스키마)을 수용한다고 본다.35) 반면, 유식학은 읽기 주체가 인식종자를 활용하여 관념을 구성한다고 보지만 구성 관념과 인식종자의 상동성은 강조하지 않는다. 그리고 인지적 관점은 구성 관념에 대하여 개별성과 고유성을 강조하지만, 유식학적 관점은 보편성과 의존성을 강조한다. 이러한 점에서 읽기에 대한 인지적 관점과 유식학적 관점은 서로 구별된다.

텍스트 중심의 관점은 텍스트 내용의 구조 분석을 통한 내용 인식을 강조한다. 이 관점은 텍스트를 객관적 대상으로 보면서 읽기 주체의 이해는 텍스트 내용을 구성하고 있는 요소를 분석하고, 요소의 관계를 따져서 드러난 의미를 파악하여 이루어지는 것으로 여긴다. 이것은 읽기 주체가 구성하는 관념이 여러 요소의 상호 의존 관계에서 비롯된다고 여기는 유식학의 의타기성과 유사하다. 단, 텍스트 중심의 읽기 관점은 텍스트 내용의 구성 요소 간의 관계를 텍스트 내로 한정한다. 반면, 유식학적 관점에서는 관념 구성 요소의 관계를 인식 내의 문제로 한정한다. 텍스트 중심의 읽기 관점은 요소 간의 관계를 분명하게 밝히려고 하지만 유식학적 관점은 관계의 속성만 강조한다. 또한 텍스트 중심의 관점은 관계 분석 과정의 논리성을 강조하지만, 유식학적 관점은 종합성을 강조한다. 텍스트 중심 읽기 관점은 텍스트 자체의 의미를 밝히는 것을 강조하지만 유식학적 관점은 읽기 주체가 실제 관념을 구성할 것을 강조한다.

사회적 상호작용 중심의 관점은 읽기를 사회 구성원 간의 의미 합의

---

35) 배경지식(스키마)의 의미 표상 방식에 대한 논의는 김도남(2004b)를 참조할 수 있다.

로 본다. 텍스트의 의미는 읽기 주체들의 상호작용을 통한 의미 교섭으로 결정된다고 여기는 것이다. 이는 텍스트의 의미가 담화공동체 속에 있다고 보는 관점이다. 이 관점은 텍스트 의미가 정해져 있는 것이 아니라 상황에 따라 변할 수 있다는 생각을 반영한다. 읽기 주체의 구성 관념이 지닌 가변성과 공성을 내포한 인식이라고 볼 수 있다. 그렇지만 유식학에서와 같이 관념의 절대적 가변성과 공성은 인정하지 않는다. 사회적 상호작용 관점은 읽기 주체들이 합의한 관념은 타당성을 가진 것으로 담화공동체 구성원은 누구나 받아들여야 하는 것으로 여긴다. 사회적 상호작용 중심의 읽기 관점은 텍스트와 개별 읽기 주체를 담화공동체의 의미 교섭을 위한 보조 조건으로 여긴다. 담화공동체를 관념 구성의 주체로 여기는 것이다. 반면, 유식학적 관점은 읽기 주체를 주요 관심 대상으로 본다. 담화공동체가 구성한 관념에 관심이 있는 것이 아니라 개별 주체가 구성한 관념에 관심을 둔다. 읽기 주체의 구성 관념 자체가 보편성을 갖는다고 보기 때문이다.

읽기 교육은 읽기에 대한 접근 관점에 따라 달리 이루어진다. 그동안의 읽기 교육은 읽기에 대한 관점을 반영하여 이루어졌다. 텍스트 중심, 독자 중심, 사회적 상호작용 중심의 읽기 교육은 모두 그 바탕이 되는 읽기 관점에 기초하여 이루어졌다. 앞으로의 읽기 교육도 읽기에 대한 관점에 따라 이루어질 것이다. 그런 점에서 유식학적 읽기 관점도 읽기 교육을 위한 하나의 이론적 토대가 될 수 있다. 읽기 주체의 관념 구성에 대한 논리적 설명 틀을 갖추고 있는 유식학적 관점은 다른 읽기 관점과 마찬가지로 하나의 읽기 교육 관점이 될 수 있다. 유식학은 오래된 것이거나 낡은 생각이 아니다. 읽기 교육의 의식에 내재된 하나의 관습이다. 우리는 불교적 사고 관습에 영향을 받았고 아직도 받고 있기 때문이다. 읽기 교육에서는 이 점을 감안하여 유식학적 읽기 관점을 보완하고 발전시켜 활용할 필요가 있다.

## 나. 유식학에 기초한 읽기 교육 방향

읽기 주체의 관념 구성은 일면 유식학적 인식 논리를 따른다. 읽기 주체는 관념 구성에 필요한 인식종자를 이미 가지고 있어서 그 인식 종자를 활용하여 관념을 구성한다. 읽기 주체가 구성한 관념 내용은 가설적인 속성을 갖는다. 읽기 주체는 이 가설 관념에 집착하기도 한다. 그래서 읽기 교육은 읽기 주체가 실제 관념을 구성할 수 있도록 도와야 한다. 읽기 주체가 실제 관념을 구성하도록 하기 위한 교육의 방향을 정리하면 다음과 같다.

### 1) 관념 구성의 토대 마련

유식학의 관점에서 읽기를 보면, 읽기 주체의 관념 구성은 마음속의 의식 작용으로 이루어진다. 읽기 주체가 관념 구성에 활용하는 인식종자, 관념을 구성하는 의식 작용, 관념 구성 결과인 가설 관념과 실제 관념, 이들 모두 마음이 만들어 낸 것이다. 읽기 주체가 읽기를 할 때의 의식 작용이 그렇게 이루어지게 되어 있기 때문이다. 읽기 주체가 텍스트의 내용을 그대로 암송한다고 하여 관념을 구성하는 것이 아니다. 텍스트의 내용을 의식에 표상하고, 표상된 내용을 요별하여 파악하였을 때 관념 구성이 비로소 일어난다. 유식학적 입장에서 보면, 읽기 주체의 관념 구성은 모두 읽기 주체의 의식 작용으로 이루어지고, 관념은 의식 속에 있다.

읽기 교육에서는 학습자들에게 관념의 구성이 마음속에 있는 인식

종자의 작용으로 이루어진다는 것을 일깨울 필요가 있다. 읽기 주체가 텍스트를 읽고 이해하고 못하고는 오직 인식종자에 달려 있다. 다른 사람에게 어려운 텍스트라도 학습자 마음속에 그 텍스트를 읽을 수 있는 토대(인식 원인)가 마련되어 있으면 쉽게 이해할 수 있다. 반면 다른 사람에게 쉬운 텍스트라도 학습자에게 그 텍스트를 읽을 수 있는 토대가 마련되어 있지 않으면 이해할 수 없다. 텍스트의 쉽고 어려움은 절대적인 기준이 아니다. 오직 독자의 마음속 준비에 달려 있다. 이는 학습자가 항상 텍스트를 읽을 수 있는 토대를 마련함이 필요함을 의미한다.

읽기 교육의 인식 토대의 마련은 간접적이지만 적극적으로 이루어져야 한다. 유식학의 관점에서 보면, 인식종자의 생성은 직접적이지 않다. 훈습을 통하여 습기(종자)를 마련하는 것은 간접적인 의식 활동이다. 이는 읽기 교육에서 특정한 텍스트만을 위한, 또는 텍스트 읽기만을 통하여 인식 원인을 마련하지 말라는 의미도 된다. 잠재된 인식종자를 일깨우는 활동이나 풍부한 읽기 경험의 제공으로 인식종자를 구성하게 하는 것이 필요하다. 인식종자의 생성은 읽기 주체의 인식적 감명이나 충격이 클 때 효과적으로 일어날 수 있을 것이다. 그런 면에서 정서적인 감동과 의지적 성취 및 영감을 주는 활동 체험이 효과적일 수 있다. 훈습은 은미하고 느리지만 지속적으로 이루어져 결실을 맺는 것이다. 읽기 교육에서의 인식의 토대를 마련하기 위한 접근도 훈습의 속성을 기반으로 이루어질 필요가 있다.

## 2) 관념 내용의 공성 강조

유식학의 관점에서 보면, 읽기 주체가 구성하는 관념은 본래 그래야만 하는 내용적 속성을 갖지 않는다. 읽기 주체가 텍스트를 읽고 구성하는 관념은 인식 원인에 따라 달라진다. 읽기 주체가 관념을 구성할 때 어떤 인식 원인들이 활성화되어 결합되느냐에 따라 관념 내용은 변화한다. 이러한 점에서 읽기 주체가 구성할 관념이 반드시 어떤 것이어야 한다거나 변할 수 없는 고유한 내용을 담고 있어야 한다는 의식은 의미가 없다. 그렇게 되면 관념에 집착이 생겨 실제 관념의 구성을 할 수 없게 된다. 만약 관념이 절대적이라면 그것을 읽기 주체가 구성할 필요도 없이 모두에게 주어져 있어야 한다. 그러나 관념은 상대적이고, 관계적이어서 자성이 없는 공성을 지닌다. 읽기 주체가 『중용』을 읽고, 중용에 대한 관념을 구성했다는 것은 중용의 절대적 의미를 얻었다는 것을 뜻하는 것이 아니다.

읽기 교육에서는 관념 내용의 공성을 강조할 필요가 있다. 현재 이루어지는 읽기 교육에서는 읽기 주체의 주관적 관념 구성을 강조함으로써 관념 내용의 공성을 제한한다. 읽기 주체의 인지 조건에 맞추어 그 만의 고유하고 개별성 있는 관념 구성을 요구한다. 이런 교육적 요구에서 구성된 관념은 단정적이고 폐쇄적이다. 그래서 변화하거나 발전하지 못할 뿐만 아니라 다른 읽기 주체와 소통하기가 어렵다. 소통이 안 되는 관념은 구성 주체에게만 의의 있는 관념이어서 텍스트에 대한 바른 이해를 방해한다. 읽기 주체가 구성한 관념의 절대적 자성을 강조하기보다 관념의 변화 가능성을 항상 열어 두는 태도를 지도해야 한다. 남과 다른 자신만의 관념을 강조할 수 있지만 그 관념이 다른 관념과 만났을 때는 또 다른 내용으로 변화해야 함을 일깨워 주어야 한다.

읽기 교육에서 관념의 공성 지도는 관념의 내용이 연기적 속성에 의하여 이루어짐을 보여주어야 한다. 이를 통하여 읽기 주체가 텍스트를 읽고 구성하는 관념이 다양한 내용으로 드러남을 확인시켜 주어야 한다. 앞에서 언급한『중용』을 예로 들면, '중용'의 문자적 의미는 '치우침이 없는 일상'이라는 의미를 갖는다. 이 의미의 본질을 드러내기 위하여『중용』33장의 전체 내용이 제시되어 있다.『중용』전체의 내용은 논어나 시경, 필자(증자)의 말이 조합되어 이루어져 있다. 33장의 각 내용은 시간과 장소가 다른 곳에 있던 것이다. 이들이 '중용'의 의미를 드러내기 위하여 함께 모여 있는 것이다. 또한 '중용'의 관념은 『중용』을 읽을 때만 마음속에 존재하는 것이 아니다. 유교 경전을 읽을 때도, 또는 교과서나 신문을 볼 때도 작용한다. 또한 일상의 생활 속에서도 중용의 관념이 드러나 작용한다. 화를 참고 화해를 청하는 것, 기쁨을 친구와 함께 나누는 것이 모두 중용 내용의 드러남이다. 읽기 교육에서는 읽기 주체가 구성할 관념 내용의 실체와 그 속성을 지도할 필요가 있다.

### 3) 실제 관념의 구성 요구

유식학의 관점에서 볼 때, 읽기 주체는 두 가지 종류의 관념을 구성한다. 가설 관념과 실제 관념이다. 가설 관념은 읽기 주체가 글자 해독을 통하여 구성한 관념이다. 실제 관념은 가설 관념을 넘어, 있는 그대로의 실재를 인식하여 구성한 관념이다. 텍스트 이해의 과정으로 보면 가설 관념이 우선하고 실제 관념이 나중에 이루어진다. 읽기 주체가 가설 관념의 허망함을 인식해야 실제 관념을 구성할 수 있기 때문이다. 가설 관념은 읽기 주체의 집착을 일으키는 관념이고, 실제 관념은 집착을 일으키지 않는 관념이다. 실제 관념이 집착을 일으키지 않는 것은 읽기 주체가 구성 관념의 공성을 인식했기 때문이다. 읽기 주체가 관념의 공성을 인식하게 되면 실제 관념이 반드시 어떤 내용이어야 한다는 자성을 강조하지 않기 때문에 집착하지 않게 된다.

읽기 교육은 텍스트 중심의 내용 파악을 위한 접근과 독자의 스키마와 읽기 전략을 활용하여 자기중심적 관념 구성을 하도록 하는 접근을 넘어서야 한다. 읽기 교육이 텍스트 내용 파악을 강조하면 학생들은 텍스트 내용을 그대로 표상한 가설 관념에 집착하게 된다. 텍스트를 읽고 생각해야 하는 것은 텍스트에 글자로 제시된 내용이라고 믿게 된다. 그렇게 되면 텍스트를 읽어서 구성해야 할 실제 관념은 멀리하게 되고, 텍스트를 분석하거나 글자를 그대로 외우게 된다. 또 읽기 교육이 자기중심적 의미 구성을 강조해도 학생들은 자신이 구성한 가설 관념에 집착하게 된다. 타당한 관념을 위한 관념 내용의 변화를 추구하기보다는 가설 관념을 합리화하는 것에 의식을 집중하게 된다. 읽기 주체가 가설 관념에 집착하는 것은 실제 관념의 구성을 방해하게 된다.

읽기 주체의 실제 관념 구성은 가설 관념에 대한 비판적 분별 활동으로 인식 객관의 공성을 인식하여 실제를 인식하도록 교육받았을 때 이루어진다. 읽기 교육에서는 학습자들에게 자신이 구성한 관념이 실제를 인식하여 구성한 관념인지 확인하도록 하는 것이 필요하다. 관념의 확인은 관념이 자성이 없는 공성의 진여(眞如: 진실로 그러함)의 속성임을 밝히는 것이다. 즉, 읽기 주체가 자신이 구성한 관념의 내용 구성을 명료하게 해명하면서 그 가치나 의의를 분명하게 인식하는 것이다. 읽기 주체가 텍스트를 읽고 구성한 관념의 본체가 모호하여 선명하게 파악되지 않는 부분이 있고, 실상이 파악되지 못하여 의심이 가는 부분이 있으면 실제 관념이 아니다. 실제 관념은 표면적으로는 인식 대상의 본질인 진실로 그러함[眞如]을 깨쳐 아는 것을 의미하지만 심층적으로는 구성한 관념 내용의 실체를 읽기 주체가 낱낱이 규명하는 것을 의미한다. 읽기 교육에서는 이러한 실제 관념을 학습자들이 구성할 수 있도록 지도해야 한다.

### 4) 관념 간의 일체성 확보

읽기 주체가 구성한 실제 관념은 다른 관념과 구별되지만 대립적이지 않다. 실제 관념이 특정한 상황에서만 성립하고, 특정한 사람에게만 의미 있는 것이 아니다. 오직 식이 지어낸 것이라 하여 고립적인 것을 의미하지 않는다. 실제 관념이 지닌 원성실성은 누구에게나 통할 수 있는 보편성을 가짐을 의미한다. 나이와 성별에 관계없이 지각이 있는 모든 사람에게 소통할 수 있는 관념이다. 그렇다고 상식적인 것이나 낮은 수준의 관념을 의미하는 것도 아니다. 텍스트를 읽고 깊이 있게 깨친 수준 높은 관념이 그러해야 함을 의미한다. 실제 관념은 서로 구별되지만 다른 실제 관념과 호응하여 결합할 수 있는 속성을 일체성이라 할 수 있다.

읽기 교육에서는 일체성이 내재된 관념 구성을 읽기 주체에게 요구해야 한다. 관념의 일체성은 다른 관념과 소통을 통하여 하나가 될 수 있어야 함을 의미한다. 소통될 수 있는 관념은 개별성(고유성)과 대립성이 강하지 않아야 한다. 이는 관념이 텍스트의 내용에 바탕을 두고 있으면서 보편타당성을 갖추는 것이다. 관념의 보편타당성 확보는 읽기 주체의 의지적 노력으로 이루어진다. 관념이 텍스트 내용의 본질 의미를 반영하고 있으며, 인식 대상의 실재임을 따져보고, 점검하여 바로 잡아야 얻을 수 있다. 그래서 관념이 인식 대상 그대로의 실재를 드러내도록 해야 한다. 읽기 주체가 관념의 보편타당성을 확보하는 것은 다른 읽기 주체가 구성한 관념과 호응할 수 있는 조건을 갖추는 것이다.

읽기 교육에서는 학습자가 다른 관념과 일체성을 이룰 수 있는 관념을 구성할 수 있도록 도와야 한다. 관념이 일체성을 갖도록 돕는 방법은 관념을 성찰하도록 하는 것이다. 성찰은 관념 내용의 보편타당성을 확보하기 위한 심리적 기제로 읽기 주체의 의식 활동과 관념 내용에 대한 메타적 점검 활동이다. 읽기 주체가 의식적으로 인식 내용 밖에서 인식 내용을 평가하고 보완하는 것이다. 읽기 교육에서 읽기 주체가 관념 내용을 성찰할 수 있게 하는 방법이 대응이다. 텍스트의 내용과 관념 내용과의 대응, 인식 대상과 관념 내용을 대응 시켜보는 것이다. 대응은 두 대상을 마주 보게 하여 서로를 확인할 수 있게 한다. 읽기 주체는 관념 내용과 인식 대상을 대응시켜 확인함으로써 관념 내용의 보편타당성을 확보할 수 있다. 관념 내용의 보편타당성의 확보는 읽기 주체의 과제이지만 교육적으로 이를 지도해야 한다.


## 4. 유식적 읽기의 실천

읽기를 설명하는 논리는 다양해야 한다. 읽기는 한두 가지 논리로 설명될 수 있는 것이 아니다. 읽기도 유식학의 관점에서 보면 무자성이다. 그렇기에 읽기를 설명하는 관점에 따라 달라질 수밖에 없다. 읽기를 다양한 논리로 설명해야 하는 것은 읽기 교육을 위한 것이다. 학생들을 우수한 독자로 만들기 위해서는 읽기에 대한 충분한 설명이 필요하다. 유식학은 읽기를 설명할 수 있는 하나의 논리가 될 수 있다.

그동안 읽기 교육에서는 불교철학의 사유 방식에 대한 접근을 거의

하지 않았다. 불교철학의 사유 방식에 대한 인식의 부족에서 비롯된 것이라 할 수 있다. 불교철학에 대한 교육학적 인식이 종교적인 속성을 갖는다는 점에서 배제한 측면도 있다. 그러나 불교철학의 사유 방식은 교육에서 활용할 수 없거나 활용해서는 안 되는 것이 아니다. 물론 종교적인 요인이 있기는 하지만 그것이 전부는 아니다. 불교철학은 다른 어떤 철학적 논리와도 견줄 수 있는 합리적인 사유 방식이다. 읽기 교육을 위한 교육적 논리로 사용할 때 읽기 교육의 효율성을 더 높일 수 있는 가치가 있다.

읽기 교육에서는 유식학의 관점을 수용하여 읽기를 설명하고, 읽기를 지도할 수 있는 구체적인 방법을 찾을 필요가 있다. 유식학은 독자의 마음 작용을 현대의 심리학 못지않게 설명할 수 있는 논리를 갖추고 있기 때문이다. 유식학의 논리가 읽기 교육의 문제점을 완전하게 해결할 수 있는 대안은 아니지만 읽기 교육의 효율성을 높일 수 있는 충분한 조건을 갖추고 있다. 그동안의 읽기 교육에서 해결하지 못했던 자기중심적 관념 구성 문제나 이로 인해 발생한 소통의 불가능성의 문제를 해결할 수 있다. 그리고 독자가 구성하는 관념의 타당성을 논리적으로 확보할 수 있는 여건을 마련해 준다. 읽기 교육에서는 유식학적 관점을 활용한 읽기 지도의 논리와 원리, 방법을 좀 더 숙고할 필요가 있다.

# 제6장 깨침 읽기

## 1. 여래장과 읽기

읽기는 독자가 깨침을 얻기 위한 수단이다. 독자의 깨침은 책을 읽어 관심의 대상을 확연하게 아는 것이다. 독자는 책을 읽으면서 하나의 대상을 만나고, 그 대상을 알게 되고, 그 대상에 대한 깨침의 인식을 얻게 된다. 독자가 대상에 대한 깨침의 인식을 얻는다는 것은 그 대상을 독자의 힘으로 통찰할 수 있게 되는 것이다. 통찰은 예리한 안목으로 대상의 속성과 본질을 꿰뚫어 알아보는 것이다. 독자는 책을 읽고 이 깨침을 얻는 것을 일면 추구한다. 읽기 교육은 독자가 깨침을 이룰 수 있도록 하는 접근에도 관심을 가질 필요가 있다.

현재의 독자 중심 읽기 교육의 관점에서 독자가 책을 이해했다고 할 때, 독자가 어떤 인식 상태에 도달해야 하는지 상정하고 있지 않다. 독자 중심 읽기 교육은 독자가 내용 파악, 추론, 평가와 감상 능력을 갖출 것을 강조한다. 이들 읽기 능력은 책을 읽을 수 있는 가능성을 의미할 뿐 독자가 어떤 읽기 결과에 도달해야 하는지는 가정하고 있지 않다. 읽기의 결과로 도달해야 할 상태는 독자의 몫으로 여겨 이에 대해서는 크게 관여하지 않는다. 독자 중심 읽기 교육에서 독자가 책을 읽고 어떤 인식 상태에 도달해야 하는지 가정하지 않는 것은 이 관점의 논리 때문이다. 즉 독자 중심 읽기 교육에서는 학생에게 읽는 방법은 가르치지만 독자가 구성하는 의미는 독자 고유의 권한에 속하는 것이라고 여기는 것이다. 그렇기에 독자의 읽기 결과에 대해서는 읽기 교육이 관여하지 않으려고 한다.

이 논의에서는 독자가 책을 읽어 도달해야 할 인식 상태를 상정한다. 이를 불교의 여래장(如來藏) 사상의 논리적 구조를 빌려와서 구체화해 보려고 한다. 여래장 사상은 불교의 여러 가지 사상[1] 가운데 한 가지이다. 여래장 사상의 핵심은 누구나 깨달은 자(부처[2])가 될 가능성이 있다는 것이다. 누구나 깨달은 자의 도움을 받아 이치를 깨치면 같은 깨달은 자가 된다는 생각이다. 사람이 깨달았다는 것은 특정한 인식 상태를 가지게 되었음을 의미한다. 여래장 사상은 깨달은 사람의 인식 상태가 어떤 것인가를 규정하려 한다. 그리고 사람들이 깨닫는 방법을 제안하고 있다.

이 장에서는 읽기 또는 읽기 교육의 관점에서 읽기 행위의 지향점에 관하여 탐구한다. 지향점이라는 말도 많은 의미를 포함하지만 여

---

1) 불교의 사상은 아비달마 사상, 공 사상, 유식 사상, 여래장 사상, 정토 사상 등으로 구분할 수 있다.
2) 부처(붓다: buddha)는 깨달은 자를 뜻한다. 석가모니를 지칭하기도 하지만 주로 깨달은 인격체를 지시한다. 석가모니는 깨달음을 이룬 한 인격체이고, 부처는 갠지스 강가의 모래알보다 많다고 한다.

기서는 독자의 인식 상태의 변화에 중점을 둔다. 이는 독자가 책을 이해하였다고 할 때 독자가 어떤 인식의 과정을 거쳐 인식 결과를 이루어야 하는가에 초점을 둔다는 의미이다. 즉 이해의 결과로 독자가 얻어야 하는 것이 무엇이어야 하는지를 알아보려는 것이다. 이는 읽기가 책의 내용을 이해하기 위한 것이라든가 읽기 능력 향상을 위한 것이라는 관점과 다른 관점에서 접근함을 의미한다. 이 논의에서는 읽기가 독자의 깨침 가능성을 발현시켜 깨침 상태에 이르게 해야 한다고 본다. 즉 독자가 책의 내용을 이해했다는 것은 관심 대상을 꿰뚫어 인식한 상태를 얻었다는 것이다. 이 관점을 '깨침 읽기'라 명명한다.

깨침 읽기의 관점은 여러 가지 관점으로 구체화할 수 있다.3) 여기서는 여래장 사상의 논리를 중심으로 깨침의 관점을 살펴본다. 여래장 사상을 선택하는 까닭은 다른 관점의 논의 토대가 될 수 있다는 판단에서이다. 여래장은 구체적인 실체를 가지고 시작하는 것이 아니라 추상의 개념을 원론적으로 실체화한다. 추상을 원론적으로 실체화로 한다는 말은 과학적 근거보다는 논리적 근거, 또는 신념적, 관념적 근거에 기초함을 의미한다. 다른 관점의 논의들도 추상의 구체화는 마찬가지지만 관념적이거나 원론적인 입장이기보다는 과학적, 객관적인 입장을 취하려는 의식이 좀 더 강하다. 여래장 사상의 논리를 활용하여 깨침 읽기의 관점에 대하여 알아본다.

---

3) 깨침의 관점은 소크라테스의 산파술의 관점에도 접근할 수 있고, 칸트의 선험 철학의 관점에도 접근 가능하다. 또한 왕양명의 양명 철학의 관점에서 접근할 수도 있다. 이들의 공통점은 인간의 대상에 대한 이해는 내재된 인식 가능성에서 비롯된다고 보는 것이다.

## 2. 깨침 읽기의 구조

깨침 읽기는 읽기 결과의 측면을 강조하여 인식하는 관점이다. 읽기 결과의 면에서 보면, 읽기를 한 독자는 달라져 있어야 한다. 책을 읽기 전과 후가 달라지지 않는다면 책을 읽을 필요가 없다. 읽기 후 달라져야 한다는 것은 독자 인식의 문제이다. 독자의 인식이 어떻게 달라져야 할 것인가는 읽기 관점에 따라 다를 수 있다. 여기서는 깨침의 관점에서 독자가 어떻게 달라져야 하는지를 여래장 사상의 관점에서 살펴본다. 여래장의 의미와 깨침의 논리를 알아보고, 깨침 읽기의 방법을 살펴본다.

### 가. 여래장 사상의 구조

여래장 사상을 담고 있는 대표 경전은 『여래장경』, 『부증불감경』, 『승만경』이다.4) 그리고 여래장 사상에 대하여 논한 대표적인 논서로는 『보성론』이 있다. 여기서는 여래장 사상의 본질을 논할 것이 아니기 때문에 여래장 경전과 논서 및 논문을 중심으로 여래장 사상의 핵심 아이디어만 살펴본다.

#### 1) 깨침의 씨앗

여래장(如來藏)이라는 말은 여래(如來)와 장(藏)이 결합된 말이다. 글

---

4) 여래장 사상은 대승 불교 사상이기 때문에 대승 경전은 모두 여래장과 관련이 있다고 할 수 있다. 다만 여래장 사상을 직접 언급하고 있는 경전이 이들 셋이라 할 수 있다.

자의 자의대로 풀이하면 '여래를 감추고 있다'는 말이다. 여래라는 말은 여여(如如: 있는 그대로)하게 왔다는 의미로 부처의 열 개 이름 중 하나이다. 여래는 인격체인 석가모니를 지칭할 수도 있고, 석가모니가 깨달은 이치나 불교의 진리 자체를 지시한다.[5] 여기서 여래는 개인 석가모니를 지칭하기보다는 깨달은 사람(buddha: 붓다, 부처)을 지시하며, 불교의 진리인 불법(佛法)을 의미한다. 여래장에서의 여래는 불법을 포함하고 있는 특성을 가리킨다. 즉, '부처의 본성, 깨달은 사람의 본질, 깨달음의 속성'을 뜻한다. 여래장의 '장(藏)'은 한자어의 의미로 '감추고 있다'이지만 '㉠속에 넣어둠, ㉡간직함(저장함), ㉢숨김, ㉣마음속에 품음'(『漢韓大字典』)의 뜻을 담고 있다. 창고나 마음속에 소중한 물건이나 생각을 보관한다는 의미이다. 그래서 여래장은 여래를 담아 보관함 또는 간직함이라 할 수 있고, '여래를 마음속에 품고 있다'라는 의미가 된다.

여래장의 산스크리트어는 'tathāgata-garbha'이다. 'tathāgata-garbha'에서 'tathāgata'는 진여(tathatā, 그러함, 있는 그대로의 진리)를 의미하고, 'garbha'는 '태아' 또는 '자궁'의 의미를 동시에 지닌 말이다(정호영, 2005: 4~7). 'tathāgata'는 여래와 의미 차이가 없지만, 'garbha'는 '장(藏)'과 의미의 차이가 있는 말이다. 'garbha'는 감추고 있다는 의미보다는 '태아'나 '자궁'을 구체적으로 지시하는 말이다. 이들 의미가 비유적으로 사용되면서 태아는 존재 대상의 핵심적인 근원을 지시하는 '씨앗'이 되고, 자궁은 소중한 것을 감싸고 있는 '보호막'이 된다. 이

---

5) '여래'는 여래십호(如來十號: 여래(如來), 응공(應供), 정변지(正遍知), 명행족(明行足), 선서(善逝), 세간해(世間解), 무상사(無上士), 조어장부(調御丈夫), 천인사(天人師), 불세존(佛世尊))로서 상징되는 역사적 인격체인 석존을 지칭할 수도 있고 법신 또는 진여로서의 진리 자체를 의미할 수도 있다(이상섭, 2001: 177).

의미는 인연설(因緣說)6)과 관련되면서 태아는 핵심 조건인 인(因)이 되고, 자궁은 외부 조건 즉, 환경 조건인 연(緣)이 된다. 그래서 여래장 (tathāgata-garbha)은 두 가지 의미를 동시에 담고 있다. 여래가 될 수 있는 씨앗 즉, 깨침의 원인이 되는 인자(因子)와, 여래를 감싸고 있으면서 깨침에 도움을 주는 외부 조건인 환경이다.7) 그래서 여래장은 여래의 인자 또는 여래의 도움자의 의미를 동시에 지닌다.

'garbha(藏)'와 동의어로 'dhātu(因)'와 'gotra(性)'가 있는데(이상섭, 2001: 177) 그 의미는 '여래의 원인'과 '여래의 본성'이다. 여기서 'gotra' 는 일반적으로 혈연적 집단 또는 그 계통을 지칭하는 말로 성(姓), 씨(氏), 가(家)의 의미도 포함한다(정호영, 2005: 7). 이에서 비롯된 의미가 '부처의 집안, 부처의 혈통'이고, 그것을 표현한 말이 '종성(種姓)'이다. 여래의 원인은 '여래가 될 수 있는'의 의미가 되고, 여래의 본성은 '여래를 내재적 성질로 가지고 있는 가족'의 의미가 된다. 그리고 여기서 여래가 가진 속성인 여래지(如來智: 여래의 지혜)나 여래안(如來眼: 여래의 눈)의 의미가 덧붙여진다(종호 역, 2001: 26). 그래서 여래장은 깨달음을 이룰 수 있는 지혜나 눈을 의미하고, 그 '가능성'을 가지고 있다는 의미를 지닌다. 이들의 의미를 종합한 말이 깨달을 수 있는 가능성과 깨달음의 속성을 나타내는 '불성(佛性)'이다. 요컨대, 여래장

---

6) 인연설(因緣說)은 세상의 모든 현상은 인(因)과 연(緣)의 관계로 성립되었음을 밝힌 불교의 한 아이디어이다. '인(因)'은 핵심 요인을 '연(緣)'은 주변 요인을 말한다. 식물을 예로 들면 인(因)은 식물이 되는 데 핵심인 '씨앗'에 해당하고, 연(緣)은 씨앗이 자라는 데 필요한 '환경(물, 공기, 빛, 온도 등)'에 해당한다. 인연설(因緣說)은 보편적 생각으로 바뀌면서 연기설(緣起說)이 된다. 연기설은 모든 현상은 '핵심'이나 '주변' 요인을 구분하지 않는 인연으로 인해 생겨나고, 인연이 다하면 없어지거나 인연이 없으면 존재할 수 없다는 생각이다.

7) 여래가 모태라면 중생은 그 모태에 감싸여져 있는 태아이며(여래=모태, 중생=태아), 여래가 태아라면 중생이 여래를 감싸고 있는 모태가 된다(정호영, 2005: 88~89).

은 '깨달음의 원인 또는 가능성을 지닌'이라는 의미이다.

불성은 여래장 사상에서 두 가지로 구분되는 성질을 가지고 있다고 설명된다. 깨달음이라는 것 그 자체의 성질과 깨달은 결과의 것이 갖는 성질이다. 불교의 논리에서 깨달음은 공성을 깨닫는 것이다. 공성은 이 세상에 존재하는 모든 것(현상)은 절대의 변하지 않은 본성[自性]이 있는 것이 아니라 연기에 의하여 생겨난 것이기 때문에 그러한 본성이 없다[無自性]는 것이다. 그래서 모든 것은 인연으로 형태를 이루고 있다가 인연이 다하면 사라진다는 것이다. 즉 존재하는 모든 것은 본래의 고유한 성질을 가지고 있지 않다는 것을 깨치는 것이다. 깨달음도 깨달음의 씨앗[佛性]도 인연에 의하여 존재하기에 공성을 지니고 있다. 불성의 이러한 특성을 여래장의 관점에서 공여래장(空如來藏)이라 한다. 한편 깨달음을 이루면 깨달은 자의 '덕(德)'이 있게 된다. 이 덕은 존재하면서 여러 가지 형태로 드러나고 표현되는 작용을 한다. 깨달음을 이루는 내용의 핵심은 공성이지만 깨달음의 작용은 상대적으로 형태와 작용이 있는 자성(自性)을 갖는다고 할 수 있다. 즉 깨닫고 나면 그 불성의 인(因)이 아닌 불성의 과(果)가 있어 공(空)하지 않은 형태를 지닌다. 즉 불공(不空)의 상태가 생기는 것이다. 이를 불공여래장(不空如來藏)이라 한다. 여래장이 지닌 공성을 공여래장이라고 하고, 그 덕성을 불공여래장이라 한다.[8]

여래장은 불성을 지니고 있음, 즉 깨달음의 원인과 깨달음의 결과

---

8) 여래장은 깨침의 인자인 불성(佛性)과 깨침의 결과로 나타나는 덕성인 불성(佛性)을 모두를 가리키는 말이다. 여래장은 불성을 간직하고 있다는 의미로 보면, 인(因)의 불성이나 과(果)의 불성은 모두 여래의 속성이다. 이 불성의 측면에서 보면 '불공(不空)'의 의미도 근본적으로는 '공'이라 할 수 있다. 부처가 베푸는 덕성도 공의 성질을 바탕으로 존재하기 때문이다. 다만 불성이 지니고 있는 공성(空性)의 서로 다른 측면을 지시하기 위해 불공(不空)이라 하는 것이다.

를 포함한다. 여래장을 부처의 속성을 지니고 있다는 표면적 의미만 보면 가능성뿐이지만 그 심층적 의미를 보면 깨달음을 실현한 부처의 의미를 담고 있다. 사람들은 부처의 원인을 지니고 있으면서 부처인 것이다. 여래장 사상이 깨달음의 원인과 결과를 어떻게 연결하고 있는지는 아래 2)~5)와 같다.

### 2) 모든 사람에게 불성이 있다(一切衆生 悉有佛性)

모든 사람에게 불성이 있다는 생각은 여래장 사상의 핵심 아이디어이다. 일체중생 실유불성이라는 생각은 『여래장경(如來藏經)』에 처음 나타났다(종호 역, 2002: 17). 이 생각은 모든 사람이 진리를 깨칠 수 있으므로 함께 깨침을 이루자는 생각을 가질 수 있게 하는 토대가 된다. 모든 사람이 불성을 가지고 있다는 것은 불법(佛法)의 진리를 깨친 사람과 깨치지 못한 사람이 함께 협력해야 하는 근거도 된다. 여래장 사상도 대승불교의 관점이기 때문에(고승학, 2002: 25) 여래의 인자를 지니고 있는 모든 사람이 함께 여래가 될 수 있도록 노력해야 하는 것이다.

일체중생 실유불성(一切衆生 悉有佛性)이라는 말은 '(1) 부처의 지혜가 중생들에게 작용하고 있음, (2) 본성상 불변이며 무구(無垢)한 진여가 불이평등(不二平等)함, (3) 부처의 종성(種姓)이라는 '인(因)'에 대하여 부처라는 '과(果)'를 임시로 설정함'으로(고승학, 2002: 23) 세분할 수 있다. 이 말들이 함의하고 있는 의미를 분석해 보면 (1)은 부처가 깨달은 진리[法身]는 모든 사람의 마음속에 들어 있어 세상에 가득 차 있다[遍滿]는 의미를 나타낸다. 그래서 모든 사람은 부처의 씨앗을 가지고 있다는 의미로 확장된다. 이는 '사람이 부처의 태아'라는 의미를 갖는다. (2)는 깨달은 사람과 깨닫지 못한 사람 사이에 번뇌가 없고 있음의 차이는 있을 수는 있지만 불성을 간직하고 있음에는 차이가 없다는 말이다[眞如平等]. 이는 '부처가 사람의 태아'라는 의미를 지닌다. (3)은 불성이 있다는 것은 불성이 실제로 존재함을 가정하고 있음을 나타낸다. 즉 인(因)의 불성은 깨칠 수 있는 가능성을 의미하는 불성이고, '과(果)'의 불성은 깨침을 이룬 불성을 의미한다[有佛種姓]. 이는 과(果)의 불성은 (2)의 깨달은 사람의 불성과 같은 불성이 된다(고승학, 2002: 23~24). 이로 볼 때, 실유불성이 내포하고 있는 의미는 사람이 여래의 지혜가 자신 속에 있음을 알고 깨침을 이루려는 노력으로 부처가 될 수 있도록 해야 한다는 것이다.

모든 사람에게 불성이 있다는 말은 누구나 함께 깨칠 수 있다는 신념을 가지게 하고, 깨치기 위하여 노력해야 함을 밝히는 생각이다. 모든 사람이 깨달을 수 있는 본성을 지니고 있다는 생각은 평등과 존중, 공영과 화합, 깨침과 실천을 함의한다. 누구나 부처의 씨앗을 가지고 있다는 것은 소중한 존재이므로 존중되어야 하고, 그 씨앗을 누구나 가지고 있기 때문에 평등하다는 뜻이다. 부처의 씨앗을 지니고 있는 사람은 함께 깨침을 이룰 수 있도록 해야 하고, 서로 힘을 모아 깨치기 위한 노력을 해야 한다. 모든 개인은 부처의 씨앗을 가지고 있기에 깨치려고 노력하고, 함께 합심하여 서로를 일깨워 주어야 한다.

## 3) 마음은 청정하지만 번뇌에 가려져 있다(心性淸淨 客塵煩惱染)

심성청정 객진번뇌염은 부처의 씨앗을 품고 있는 사람의 마음은 본래 깨끗하고 맑은데 손님에 해당하는 번뇌의 먼지에 오염되어 있다는 뜻이다. 사람의 마음이 맑고 깨끗한데 번뇌에 물들어 있다는 생각은 초기 불교에서도 강조한 사항이라 할 수 있다.9) 사람의 마음은 깨끗하지만 번뇌로 인하여 깨끗한 마음(불성)이 드러나지 못하고 있다는 것이다. 그래서 번뇌를 마음에서 걷어내면 깨끗한 마음을 되찾을 수 있다는 것이다. 이러한 생각은 여래장 사상에 이어지면서 여래장이 청정하다는 생각으로 확장된다. 여래장 사상에서는 심성청정(心性淸淨)이 자성청정심(自性淸淨心)이라는 말로 바뀌게 된다. 자성청정심은 '본성이 깨끗한 마음'이라는 뜻이다. 이 말에서 자성청정(自性淸淨)은 밝게 빛나고 있는 청정이 공이라는 의미를 내포한다(종호 역, 2001: 33~34). 이는 대승불교의 관점에서 자성청정은 연기의 작용에 의한 공성, 즉 무자성을 의미하기 때문이다. 그래서 여래장은 진리의 속성을 담고 있는데 손님인 번뇌 먼지가 이를 덮고 있어서 진리의 깨침이 일어나지 않는다는 것이다.

번뇌의 근본 원인은 무명에 있다. 무명은 밝지 못함으로 무지(모름)에서 생긴다. 무지는 모든 번뇌의 근원이다.10) 모든 번뇌가 모름의 훈습으로 인하여 생기는 것이다. 사람의 마음은 태어나면서부터 여러

---

9) 초기 경전인 니까야에 보면 다음과 같은 말이 있다.
"비구들이여, 이 마음은 빛난다. 그러나 그 마음은 객으로 온 오염원들에 의하여 오염되었다. 비구들이여, 이 마음은 빛난다. 그 마음은 객으로 온 오염원들로부터 벗어났다."(대림스님 역, 2006: 87~88)

10) "이와 같이 무명주지(無明主地: 무명에서 비롯된 번뇌)의 힘은 유애주지(有愛主地: (空하지 않은 것) 있다는 생각에서 비롯된 번뇌)를 포함한 네 가지 주지[견일처주지(見一處主地: 이치를 잘못 이해해서 비롯된 번뇌), 욕애주지(慾愛主地: 욕심에서 비롯된 번뇌), 색애주지(色愛主地: 대상에 집착에서 비롯된 번뇌)에 비해 그 힘이 가장 크니 갠지스 강의 모래보다 많은 수의 번뇌가 의지하는 바요, 또 네 가지 주지의 번뇌를 오래 머무를게 하는 것입니다. (…중략…) 이와 같이 세존이시여 무명주지가 가장 힘이 큽니다(如是 無明主地力 於有愛數四主地 其力最勝 恒沙等數 上煩惱 亦令四種煩惱久住 (…중략…) 如是 世尊 無明主地 最爲大力)."(이기영, 2002: 101~102)

가지 무지의 때로 덮히게 된다. 먹고 살아가기 위한 마음에는 부처의 진리보다는 많이 모아 두어야 한다는 번뇌가 깃들기 시작한다. 맛있는 것, 좋은 것, 예쁜 것, 편안한 것, 하고 싶은 것 등을 쫓는 과정에서 번뇌의 먼지가 훈습에 의하여 청정한 마음을 물들이게 된다. 성장과 사회화의 과정에서 사람의 마음은 청정한 상태를 유지할 수가 없게 된다. 자아의 존재를 고집하게 되고, 아집을 내세우고, 자신의 하찮은 바람을 진리인양 신봉한다. 세상의 모든 것이 무자성의 존재이고 연기에 의한 것임을 잊게 된다. 다시 말하면, 잊는 것이 아니라 청정한 마음이 세상살이의 고민인 객진(客塵)에 가려지게 되는 것이다.

## 4) 번뇌를 제거하면 불성이 나타난다(除滅煩惱 顯現佛性)

불성을 담고 있는 마음이 번뇌의 때에 오염되어 있다면, 때를 제거하면 불성이 드러날 수 있다. 사람의 마음에 물들어 있는 번뇌의 때는 이를 알아차릴 수 있으면 걷어낼 수 있다. 이를 모르기 때문에 걷어내지 못하는 것이다. 『여래장경』에서는 아홉 가지 비유로써 불성이 감추어져 있음을 설명하면서 번뇌의 때를 걷어낼 것을 강조한다(무영, 2008: 112~188).

① 시든 꽃잎 안에 있는 피지 않은 꽃(부처): 시든 꽃잎이 떨어지면 꽃(부처)이 피어난다.
② 바위 끝 나무 위 벌집의 꿀: 바위 끝 나무 위에 올라가 벌을 쫓으면 꿀을 얻을 수 있다.
③ 아직 껍질을 벗기지 않은 벼: 벼의 껍질을 벗기면 쌀을 얻을 수 있다.
④ 흙 속에 떨어진 순금: 순금은 진흙 속에서 변하지 않으므로 찾아내면

얻을 수 있다.

⑤ 가난한 집 보물 창고: 누군가 알려주면 보물을 찾아낼 수 있다.

⑥ 암라나무 열매 속의 파괴되지 않는 씨앗: 씨앗을 땅에 심어주면 큰 나무가 된다.

⑦ 더러운 헝겊에 싸여 버려진 황금상: 천안을 가진 사람이 꺼내 보여주면 알 수 있다.

⑧ 가난한집 여인이 임신한 귀한 자식을 몰라 봄: 부처의 가르침으로 그 소중함을 깨우친다.

⑨ 거푸집 속에 들어 있어 버려진 주물상: 거푸집을 깨면 주물상을 얻을 수 있다.

이들 비유는 불성이 번뇌에 가려진 예를 보이면서 번뇌를 제거하여 불성을 드러내는 방법을 말하고 있다. 각 항목의 콜론(:) 왼쪽이 번뇌에 가려진 불성의 예이고, 오른쪽이 불성을 드러내는 방법이다. 시든 꽃잎을 따고, 벌을 쫓고, 껍질을 벗기고, 찾아내고, 알려주는 것을 알아듣고, 심어주고, 보여주면 보고, 가르침을 배우고, 깨어내는 것이 방법이다. 이들 불성을 드러내는 비유는 우리가 부처의 가르침을 받아들이는 방법이라 할 수 있다. 이들 비유 내용의 핵심은 깨달은 자의 가르침을 받아서 무지의 때를 씻어내 불성을 되찾아 깨침을 이루어야 한다는 것이다. 아홉 가지 비유를 보면 불성은 번뇌에 감싸져 있고, 가려져 있고, 덮여 있다. 불성을 찾기 위해서는 불성이 있다는 것을 먼저 알고, 무지의 때를 걷어내는 것이 필요하다. 그리고 무지의 때를 걷어낼 때는 불성을 감싸고 있는 무지의 때에 맞는 방법을 사용해야 한다. 번뇌의 때를 걷어내고 맑은 마음의 눈으로 대상을 보면 대상의 진정한 실체를 볼 수 있게 됨으로써 깨침의 싹을 틔우게 된다.

## 5) 여래의 설법을 듣고 정진해야 한다(如來說法 衆生精進)

사람이 깨침의 싹을 틔웠다고 하여 깨침이 바로 완성되는 것이 아니다. 깨침의 씨앗에서 싹이 트면 이를 기르고 키워내야 한다. 깨침의 싹을 키우기 위해서는 환경의 조건을 잘 갖추는 것이 필요하다. 환경의 조건이 잘 맞게 되면 깨침은 충실하게 된다. 깨침을 충실하게 하기 위해서는 인(因)의 조건인 개인의 정진과 연(緣)의 조건인 외부의 도움이 있어야 한다. 외부의 조건 중에서 가장 중요한 것이 부처의 말(가르침)이다. 깨친 사람의 말이 개인의 깨침을 충실히 하는 데 직접적인 도움이 되기 때문이다.

불교에서는 사람들이 부처를 만나는 방법에 세 가지 형태가 있다고 말한다. 법신(法身), 보신(報身), 화신(化身)이다(무영, 2008: 259). 법신은 부처가 깨친 진리 그 차제를 인격화한 말로, 수많은 부처가 깨친 진리를 가리킨다. 보신은 부처가 수행하여 그 결과로 얻은 공덕신(功德身)을 말한다. 화신은 응신(應身)이라고도 하며 사람들을 가르치기 위해 여러 모습으로 나타나는 부처의 모습이다. 사람들이 만나는 부처는 진리의 말씀과 깨달은 사람의 베푸는 덕과 다양한 형태로 진리를 드러내 보이는 모든 대상인 것이다.[11]

깨침을 이루고 깨침의 내용을 충실하게 하는 예를 『승만경(勝鬘經)』에서 볼 수 있다. 『승만경』을 보면, 승만 부인은 부모님이 보내온 편지를 통해 부처의 말씀을 접하고(법신), 응신의 모습으로 나타난 부처를 만난다. 승만은 부모님의 편지를 읽으면서 법신을 이해하고, 응신으

---

11) 읽기의 관점에서 보면 부처는 책이다. 책은 진리의 내용을 담고 있고, 진리를 깨진 사람의 덕성이 드러난 물건이며, 깨친 사람이 형태를 바꾸어 나타난 모습인 것이다.

로 나타난 부처를 만나 수기(授記)12)를 받고 섭수정법(攝受正法: 진리 깨침)을 얻는다. 승만 부인은 부처의 말씀을 인연으로 마음속에서 번뇌를 떨쳐버리고, 청정한 마음을 회복하여 깨친 것이다. 이에서 보면, 부처의 말씀을 들은 사람이 곧바로 깨달은 자가 되는 것이 아니다. 부처의 말씀을 되새기며 깨침의 내용을 충실하게 하기 위한 노력이 있어야 한다. 즉 깨침의 싹을 튼실하게 키워내는 것은 과정이 필요하다. 개인이 부처의 말씀에 의지해 깨침의 내용을 충실하게 탐구하는 것이 정진이다. 정진은 불성을 확고한 실제로 확립하여 개인이 부처가 될 수 있게 하는 도구이다. 정진은 깨침의 싹을 틔우는 문제가 아니라 깨침을 충실하게 하는 문제이다. 자신에게 불성이 있다는 것을 알고 그것을 드러내는 것으로 부처가 되지는 않는다. 불성을 드러내고, 그 불성을 충실하게 만들어야 한다. 이에 더하여 정진은 깨침을 체화하는 것이다. 체화함은 부처의 덕을 실현하는 것을 포함한다. 덕의 실현은 깨침이 생활로 드러남이고, 생활로 드러남은 덕의 실천을 가리킨다. 진리의 통찰이 공여래장이라면 이를 체화하여 실천하여 덕이 실현되게 하는 것이 불공여래장인 것이다.

## 나. 여래장 사상과 깨침 읽기

여래장 사상의 관점에서 읽기를 보면, 독자는 깨침의 주체이고 읽기는 깨침의 수단이다. 독자는 여래장을 마음속에 품고 있다. 읽기의 관점에서 말하면, 독자는 책을 읽고 깨침을 이룰 수 있는 인자(因子)를

---

12) 수기(授記)는 기별을 준다는 말이다. 기별은 예언이나 마찬가지인데 부처가 될 거이라는 보장을 주는 것이다. 부처님이 주실 때는 '줄 수(授)'자를 쓰고, 제자가 받을 때는 '받을 수(受)'를 쓴다(이기영, 2002: 25).

이미 가지고 있다. 독자가 책을 읽고 이 인자가 드러나도록 마음을 쓰면 깨침에 이르게 된다. 독자가 깨침을 이룬다는 것은 대상을 꿰뚫어 볼 수 있는 인식의 눈이 생김을 의미한다. 책의 내용을 이해하는 것에 그치는 것이 아니라 대상을 통찰할 수 있게 됨을 의미한다. 독자는 책을 읽음으로써 마음속에 존재하는 깨침의 인자를 일깨워서 깨침의 상태에 이르게 되는 것이다.

여래장 사상의 관점에서 독자가 깨치는 논리를 정리하면 다음과 같다. ① 독자는 깨침의 인자(因子)을 지니고 있다. ② 깨침의 인자는 무지의 때[無明]에 덮여 있다. ③ 깨침의 인자는 청정해 정해진 속성이 없다. ④ 무지의 때를 걷어내면 깨침의 인자가 드러난다. ⑤ 무지의 때는 책 내용의 이해로 걷어낸다. ⑥ 깨침의 내용은 깨침의 인자와 책의 내용에 따라 달라진다. ⑦ 깨침의 내용을 충실하게 하기 위해서는 책을 읽고 탐구하는 노력이 필요하다. 이 논리를 읽기와 관련하여 간추려 정리하면 다음과 같다.

## 1) 읽는 활동은 부처 설법의 들음이다[如來說法].

석가모니는 보리수 밑에서 깨침을 얻고 나서 다른 사람을 깨우치기 위하여 길을 나선다. 석가모니가 하는 일은 여러 사람에게 깨침의 내용을 담은 말을 들려주는 것이다. 사람들은 석가모니의 말을 듣고 깨침을 얻게 된다. 읽기에 비유하면 책은 각 분야의 부처가 그 깨달은 이치를 밝혀 말한 내용을 기록한 것이다. 독자가 책을 읽는 활동은 다른 사람이 깨친 이치의 말을 듣는 인식 활동이다. 독자는 책을 통해 깨친 이의 말을 만나게 된다. 바꾸어 말하면, 책은 부처의 수기이고 섭수정법의 내용이다. 책을 읽는 행위는 기록[授記: 기별]을 받는 일이고, 그 기록을 읽고 바른 이치를 받아들이는 것이다.

## 2) 글 내용의 이해는 무지의 때를 걷어내는 일이다[除滅煩惱].

독자가 책의 내용을 인식하여 이해하는 것은『여래장경』의 아홉 가지 비유에 나타난 것과 같이 깨침의 씨앗을 감싸고 있는 무지의 때를 걷어내는 일이다. 책 내용의 이해는『승만경』의 승만 부인이 부모님의 편지를 읽고 부처의 말씀을 파악하여 마음에 번뇌를 제거해 깨침을 얻는 것과 같다. 독자는 책 내용의 이해를 통하여 마음의 때를 제거하는 것이 필요하다. 자신이 잘못 알고 있는 것, 잘못 생각한 것, 모르던 것을 알게 됨으로써 마음에 물들어 있는 무지의 때를 제거할 수 있게 된다. 번뇌는 무지에서 비롯되었기 때문에 책을 읽어 그 내용을 이해하게 되면 관련된 번뇌를 걷어낼 수 있게 되는 것이다. 즉 깨침의 씨앗이 싹을 틔우게 되는 것이다.

## 3) 독자의 깨침은 불성을 발현시키는 일이다[顯現佛性].

『승만경』의 내용을 보면, 승만 부인은 부모님의 편지로 부처님의 말씀을 만나 깨침의 싹을 틔운다. 그리고 곧이어 나타난 응신과의 대화를 통하여 정법을 깨치게 된다.13) 승만 부인의 깨침은 부처님이

---

13) 그 한 가지 예를 들면 다음과 같다.
　　"세존이시여, 여래장의 지혜는 바로 공(空)을 깨달은 여래의 지혜입니다. 세존이시여, 여래장이라는 것은 일체의 아라한, 벽지불, 대력(大力)보살들이라고 해도 보거나 얻을 수 있는 경지가 아닙니다. 세존이시여, 여래장에 대한 지혜는 두 가지가 있습니다. 세존이시여, 공여래장(空如來藏)은 일체의 번뇌장에서 떠나 있고 벗어나 있으며 그것과 다른 것입니다. 세존이시여, 불공여래장[不空如來藏]은 갠지스 강의 모래알보다도 더 많은 불

일일이 일러주는 것이 아니다. 승만 부인이 부처님의 수기를 받고 열 가지 바람을 말한 후, 부처님과 대화를 나누면서 깨친 내용에 대한 부처님의 동의를 얻는다. 요컨대, 승만 부인은 편지로 부처의 말을 만나 번뇌의 때를 걷어내자 깨침의 씨앗이 발현되어 불법에 대한 통찰을 얻는다. 그 후 응신과 대화를 하면서 깨침을 완성해 간다. 독자의 깨침의 과정도 승만 부인의 깨침과 마찬가지이다. 책의 내용을 이해하고 나면 스스로 책의 내용에 터하여 깨침의 싹을 틔울 수 있게 된다. 깨침은 책의 내용을 재구성하는 것이 아니라 승만 부인과 같이 책에서 다루고 있는 대상에 대한 통찰을 얻는 것이다. 이 통찰의 내용을 다른 책을 읽어 충실하게 만들어야 한다.

## 4) 읽기의 결과는 참된 불성을 갖는 것이다[悉有佛性].

독자가 부처의 말씀인 책 내용의 이해로 깨침을 이루고 나면 깨침의 내용을 충실하게 해야 한다. 깨침을 충실히 하는 것은 깨침의 내용이 옹골찬 참된 불성이 되도록 하는 것이다. 옹골찬 참된 불성을 얻기 위해서는 싹이 튼 깨침의 내용을 탐구하여 인식을 깊고 넓게 해야 한다. 충실한 깨침은 하루아침에 이루어지는 것이 아니다. 깨침을 옹골차게 하기 위해서는 갠지스 강가의 모래 숫자보다 많은 깨친 이의 의견을 확인하는 것이 필요하다. 이는 독자가 책을 읽어 깨친 생각을

---

가사의한 불법을 떠나지 않고 벗어나지 않으며, 다르지도 않습니다. 세존이시여, 이러한 두 가지 공한 지혜는 모든 위대한 성문들도 능히 여래를 믿음으로 말미암아 이해할 수 있을 뿐입니다(世尊 如來藏智 是如來空智. 世尊 如來藏者 一切阿羅漢辟支佛大力菩薩 本所不見本所不得. 世尊 有二種如來藏空智. 世尊 空如來藏 若離若脫若異 一切煩惱藏. 世尊 不空如來藏 過於恒沙不離不脫不異不思議佛法. 世尊 此二空智 諸大聲聞 能信如來)."(무영, 2008: 736)

다른 책을 통하여 확인하고, 확장하고, 정밀하게 다듬어야 함을 의미한다. 이를 통하여 깨침이 옹골차게 된다. 한 권의 책으로 큰 깨침을 얻는 일은 있을 수 없다. 한 권의 책이 독자의 마음을 빼앗을 수는 있지만 그 마음을 가득 채울 수는 없는 것이다. 그래서 독자는 무지의 때가 사라진 자리를 가득 채울 수 있는 여러 권의 책을 읽어야 한다.

깨침 읽기는 책을 읽고 관심 대상에 대하여 통찰을 이루는 것이다. 독자가 통찰을 이룬다는 것은 책을 벗어난 새로운 인식을 얻는 것이다. 글에서 제시하고 있는 내용을 통하여 글에서 다루고 있는 대상을 독자의 심안으로 볼 수 있게 되었음을 말한다. 독자는 글을 읽었지만 글에 얽매이지 않고, 글에서 다루고 있는 대상을 새롭게 인식하고 사유할 수 있게 되는 것이다. 깨침을 얻었다는 것은 글에서 벗어난 독자의 안목을 얻었다는 것이다.

독자의 깨침은 소크라테스의 산파술 이론과도 유사하지만 다른 점이 있다. 플라톤의 〈메논〉에서 소크라테스는 노예 소년이 기하의 원리를 이해하게 만든다(이홍우, 2010: 242~247). 소크라테스는 노예 소년이 기하를 배울 수 있다는 것을 알고 있지만 여래장의 불성과 같은 깨침 인자의 존재와 정진과 같은 자발적 노력의 요인을 강조하지 않는다. 소크라테스는 깨침의 가능성을 구체적 실체로 드러내 보여주고 있을 뿐이다. 소크라테스의 관점으로 읽기를 보면, 독자는 책을 통하여 책이 요구하는 대상을 이해할 수 있게 됨을 시사하는 것으로 한정된다.

독자의 깨침은 불교적 관점에서 보면 연기의 실현이고 공의 성취이다. 연기의 실현이라는 말은 독자의 깨침이 그 근본 원인인 인자와 책의 만남으로 이루어진다는 것이다. 이는 공의 성취와 같은 의미인데 깨침은 책과의 관계에서 이루어지고 관계를 벗어나면 존재하지 않음을 뜻한다. 독자의 깨침 인자는 마음속에 청정하게 존재한다. 어떤 특정한 내용이나 형식을 가지고 있지 않다. 그래서 어떤 책을 읽느냐에 따라 독자가 깨치는 내용은 달라진다. 즉, 독자의 깨침은 읽는 책과의 인연에 의해 결정되는 것이다.

## 다. 깨침 읽기의 방법

독자는 책을 읽어야 깨침을 이룰 수 있다. 독자가 어떤 책을 읽는가에 따라 깨침은 달라진다. 이는 책마다 깨침이 있어야 한다는 의미이기도 하다. 그렇지만 모든 책이 모두 다른 대상을 다루고 있는 것은 아니다. 독자가 깨침을 얻는 것은 대상에 대한 깨침이기 때문에 책마다 깨침을 이루는 것은 아니다. 어떤 책은 깨침의 인자를 발현하게 하고, 어떤 책은 깨침을 충실하게 한다. 독자가 이 깨침을 이루기 위하여 특정한 읽기의 절차를 갖는다. 깨침 읽기의 절차가 고정된 형태로 작용하는 것은 아니지만 깨침 읽기를 이루는 행위 요소들을 논리적 순서로 배열할 수 있다. 논리적 순서라는 말은 실제 읽기에서는 동시적이거나 그 순서가 바뀔 수 있다는 의미이다.

깨침 읽기의 절차를 밝히는 것은 깨침 읽기의 특성을 밝히고, 읽기를 할 때 이들 행위 요소를 염두에 두어야 한다는 것을 강조하기 위한 것이다. 독자가 깨침 읽기를 할 때 관련 행위 요소를 상기하고, 그에 따라 읽기 행위를 하게 되면 읽기가 깨침의 과정으로 될 수 있기 때문이다. 독자는 깨침 읽기의 행위 요소들을 실천함으로써 깨침을 이룰 수 있는 것이다. 독자의 깨침 읽기의 절차를 정리하면 다음과 같다.

## 1) 알기: 자신이 깨칠 수 있음 알기

독자가 깨침 읽기를 하기 위한 첫 번째 행위 요소가 자신이 글을 읽고 깨칠 수 있음을 아는 것이다. 독자는 특정 책에 대하여 자신의 이해 가능성은 물론 깨침의 가능성에 대해 의심을 품고 있다. 책을 쓴 사람의 생각이나 책의 내용을 이해하기 어렵다고 여기는 데서 오는 두려움 때문이다. 다시 말하면, 독자가 책을 어렵다고 생각하는 것은 책의 내용에 독자의 인식이 가닿지 않아 이해할 수 없다고 여기기 때문이다. 이런 독자의 의식은 책을 회피하게 하고, 읽기 의지를 약화시킨다. 여래장 사상의 관점에서 보면 누구나 깨칠 수 있는 인자를 간직하고 있다. 그래서 독자는 어떤 책이라도 이해하고 깨칠 수 있다. 독자는 스스로 자신이 깨칠 수 있는 존재임을 확신하여 아는 것이 필요하다.

알기는 독자가 자신의 마음을 들여다보는 일이면서, 자존감을 갖는 일이다. 마음을 들여다보는 일은 자신의 가능성을 스스로 확인하고, 읽고 끼칠 수 있다는 신념을 확립하는 일이다. 독자는 자신이 책을 쓴 사람과 동등한 인식을 할 수 있는 존재임을 인식하고, 필자와 인식을 공유할 수 있음을 알아야 한다. 독자는 필자와 같은 종성(種姓)을 가지고 있기에 인식을 공유할 수 있는 것이다. 그리고 깨칠 수 있는 것이다. 독자는 자신이 깨칠 수 있다는 신념이 확고할 때 읽기를 통해 관심 대상에 대하여 깨침을 이룰 수 있다. 이는 독자가 자신을 일깨우는 일이다. 독자가 자신의 깨침 가능성을 인식하게 될 때 어렵다고 생각하는 책을 읽을 수 있게 된다. 읽기에 대한 자기 자신의 앎에서 비롯된 자신감은 읽기를 통해 해야 할 것을 분명하게 한다.

독자가 깨침 읽기를 하기 위해서는 자신의 깨침 가능성을 먼저 알아야 한다. 앎은 읽는 목적을 정하게 하고, 읽는 방법을 찾게 하여 읽기를 실행하게 만든다. 독자가 글을 읽는 것은 자신이 독자이고, 독자로서의 가능성을 알고, 이해할 수 있다고 믿고 있을 때이다. 독자가 자신을 안다는 것은 무엇을 해야 하는지 아는 것이고, 어떻게 이루어야 하는지 아는 것이다. 즉, 독자가 자신을 안다는 것은 읽기로 대상에 대한 통찰을 이루어야 함을 아는 것이다. 읽기 교육에서 학생 독자가 자신을 알게 한다는 것은 이를 알게 하는 것이다.

## 2) 걷어내기: 마음속 무지의 때 버리기

독자가 책을 읽을 때 어디에 의식의 초점이 있는가에 따라 이해는 달라진다. 책의 내용에 초점을 맞추면 책의 내용이 독자의 생각을 이끈다. 독자가 책을 읽으며 마음에 초점을 맞추면 마음을 들여다보는 의식이 독자의 생각을 이끈다. 독자가 책을 읽으면서 하는 일은 표면적으로는 책의 내용을 이해하는 것이라 할 수 있지만 본질적으로는 마음을 들여다보는 일이다. 독자는 책의 내용을 파악하면서 자신의 마음을 들여다보아야 한다. 책을 읽으면서 마음을 들여다보면 자신의 마음속을 알 수 있다.

독자가 마음을 들여다보면서 해야 할 것은 자신의 모름을 확인하는 일이다. 책은 대상에 대하여 깨침을 이룬 사람이 쓴 것이기 때문에 독자는 책을 통하여 마음을 들여다보면 모름을 확인할 수 있게 된다. 독자가 책을 읽는 일차적인 이유는 자신의 모름을 확인하고 알기 위한 것이다. 독자가 책을 읽고 자신의 모름을 의식한다는 것은 마음이 청정하다는 증거이고 깨침의 씨앗이 무지의 때로 덮여 있다는 증거이다. 독자는 책의 내용 이해를 활용하여 마음을 보고 모름을 알 수 있게 되는 것이다. 모름을 확인한 독자는 모름을 걷어낼 수밖에 없다. 책 내용의 이해가 마음속에서 무지의 때를 걷어내도록 하기 때문이다. 독자의 마음에 의식의 초점을 놓고 보면, 독자가 책을 이해한다는 것은 무지에서 생겨난 마음의 때를 버리는 일이다. 즉 독자는 모름, 오해, 욕심, 고집, 편견, 아집, 오기 등을 버리게 된다.

독자가 책을 이해하여 무지의 때를 걷어내면 마음이 맑아지게 된다. 마음은 때를 걷어낸 만큼 맑아지게 된다. 마음이 맑아짐은 책에 집중하는 것이면서 마음을 더 깊이 들여다보는 기회를 제공한다. 독자의 마음이 맑아질수록, 마음을 깊이 들여다볼수록 독자는 새로운 생각을 할 수 있게 된다. 새로운 생각을 한다는 것은 책의 내용을 벗어나 독자의 인식 세계를 가질 수 있음을 뜻한다. 읽기 교육에서는 학생 독자가 책을 읽으면서 마음에 초점을 두고 마음을 깊이 들여다볼 수 있게 하는 것이 필요하다.

## 3) 깨치기: 깨침의 인자 발현하기

독자가 책을 읽으며 맑은 마음에 집중하는 것은 삼매라 할 수 있다. 책을 읽으며 마음에 집중한 독자는 자기의 의식 활동과 만나고 있기에 하는 일에 몰입하게 마련이다. 독자는 그 맑아진 마음에 몰입하여 대상을 새롭게 보게 된다. 책이 말하고 있는 바를 알아차리고 책의 내용이 가리키고 있는 대상을 직시하게 되는 것이다. 이는 독자가 책의 내용을 이해한 것이기도 하지만 독자가 대상을 꿰뚫어 보게 되는 것을 가리킨다. 독자가 대상에 대한 자기 인식으로 대상을 꿰뚫어 보는 것이 통찰이다. 이 통찰의 과정을 통하여 독자의 깨침의 인자가 발현되는 것이다. 깨침은 책의 이해가 인연이 되어 독자가 대상을 새롭게 인식하는 마음의 눈을 가지게 되는 것이다. 깨침의 씨앗, 깨침의 가능성이 실현되는 것이다.

독자가 소쉬르의『일반언어학 강의』를 읽을 때를 생각해 볼 수 있다. 이 책을 읽는 독자는 자신이 기호에 대하여 모르고 있었음을 확인하게 되고, 그 모름을 걷어내게 된다. 책의 내용에 대한 이해가 이루어지는 것이다. 그래서 기호의 속성이 청각영상(기표)과 개념(기의)의 결합으로 되어 있다는 것을 받아들이게 된다. 기호에 대한 모름이 마음속에서 사라진다. 그러면서 기호를 이용하여 다른 사람의 생각을 인식하고, 생각을 표현하는 활동이 이해된다. 즉 우리가 사용하고 있는 말에 대한 이해가 생겨난다.『일반언어학 강의』를 이해함으로써 우리가 사용하고 있는 말에 대한 깨침이 생기는 것이다. 이는 책을 이해한 것이기도 하지만 언어라는 대상을 볼 수 있게 된 것이다. 기호에 대한 통찰로 언어를 볼 수 있는 안목을 얻게 된 것이다. 이는 기호의 구조와 작용에 대한 이해로 언어의 실체를 볼 수 있는 눈을 가지게 되었음을 의미한다.

깨치기는 깨침의 인자가 발현되었음을 의미한 것이지 깨침이 완성되었다는 의미는 아니다. 독자가 한 권의 책을 읽고 깨침의 인자를 발현시킬 수는 있지만 깨침을 완성할 수는 없다. 깨침의 인자가 발현되었다는 것은 독자가 대상을 새롭게 볼 수 있는 눈을 가졌음을 의미한다.『일반언어학 강의』를 읽고 우리말에 대하여 눈을 뜨게 되었다는 것이지 언어를 깊이 이해하여 설명할 수 있게 되었다는 의미는 아니다. 독자가 발현시킨 깨침의 인자는 더 많은 인연이 있는 책을 통하여 보완하고 확대할 필요가 있다. 읽기 교육에서는 학생들이 마음에 집중하고, 깊이 있게 들여다봄으로써 대상을 새롭게 통찰할 수 있도록 하는 것이 필요하다.

## 4) 키우기: 깨침의 내용 충실하게 하기

키우기는 깨침의 싹을 튼실하게 자라도록 하는 것이다. 독자는 깨침의 인자를 발현시키고 나면 이를 충실하게 하는 것이 필요하다. 독자가 깨침의 인자를 충실하게 하는 방법은 읽기를 계속하는 것이다. 불교의 관점에서 보면 앎이든 깨침이든 깨침의 충실이든 이것은 모두 연기적으로 일어난다. 씨앗은 환경에 도움이 있어야 싹을 틔우고 자랄 수 있다. 씨앗이 어떤 환경을 만나면 썩어서 사라지고, 어떤 환경을 만나면 씩을 틔우고 자라서 새로운 씨앗을 만들어 낸다. 독자의 깨침의 싹도 더 많은 책을 만나야 튼실해질 수 있다. 계속 책을 읽는 것은 깨침의 싹을 크고 튼튼하게 하는 일이다. 책을 계속 읽음은 좋은 인연을 이루는 관련된 책의 이해로 깨침을 충실하게 만든다.

깨침의 인자를 충실히 하는 것은 관심 대상에 통달하기 위해서이다. 통달한다는 것은 대상을 확연하게 볼 수 있게 됨을 의미한다. 확연하게 볼 수 있음은 그 대상에 대한 인지적 활동에 거리낌이 없음을 의미한다. 독자의 통달은 대상에 관한 모든 책을 읽고, 그 대상의 모든 요소를 하나하나 분석해서 아는 것이 아니다. 선종 불교에서 화두를 가지고 깨침을 얻기 위하여 정진하다 보면 어느 순간에 확연하게 깨친다고 하는 것과 같이 인식의 눈이 확대되는 것이다. 이 인식의 눈이 확대되는 것이 통달이다. 통달은 기본 이치로 대상을 이해할 수 있게 되었음을 의미하고, 복잡한 실제는 그 기본 이치들을 활용하여 파악할 수 있음을 의미한다. 통달했다고 하여 모든 것을 일일이 다 아는 것은 아니다.

『일반언어학 강의』와 관련된 여러 책을 읽으면 언어를 구조적으로 보는 눈을 확대할 수 있다. 구조적으로 언어를 보는 것에 통달을 할

수 있는 것이다. 그렇다고 변형생성문법이나 인지문법까지 통달할
수 있음을 의미하지 않는다. 세상에는 갠지스강의 강변에 있는 모래
알 수만큼 많은 부처의 깨친 이치가 있다. 즉 대상에 대한 이치는
헤아릴 수 없을 만큼 많은 것이다. 독자가 책을 읽어 한 번에 통달할
수 있는 것은 하나의 대상에 한해서이다. 독자가 많은 깨달음을 얻기
위해서는 여러 분야의 책을 읽어야 한다.

## 3. 깨침 읽기의 교육

독자의 깨침은 자신이 깨칠 수 있음을 알고, 책의 이해로 무지의
때를 걷어내어 깨침의 인자를 발현시켜 이를 충실하게 함으로써 이루
어진다. 읽기 교육에서는 학생이 깨침 읽기를 이해하고 할 수 있도록
하는 것이 필요하다. 이를 위한 읽기 교육적 접근 방법은 다음과 같다.

### 가. 독자의 마음에 관심 두기

깨침 읽기의 관점은 책의 내용을 이해해야 한다는 읽기 관점과는
다르다. 깨침은 독자의 생각을 여는 관점이다. 이 관점은 읽기를 책에
서 시작하되 책을 떠난 독자의 인식 세계를 구축하는 관점이다. 독자
가 깨침으로 여는 인식 세계는 책에서 비롯된 것이기는 하지만 책에
얽매이는 인식 세계가 아니다. 책의 이해로 깨침의 인자를 감싸고
있는 마음속 무지의 때를 걷어내고, 깨침의 인자를 드러내고 발현시
켜 독자의 인식 세계를 구축하는 것이다.

독자가 책에서 벗어나기 위해서는 책에서 읽어내야 하는 것이 책의

내용이 아니라 독자의 마음이어야 한다. 독자가 책의 내용에 집중하게 되면 책의 정보를 중심으로 이해하려는 의식이 작용한다. 독자가 책에서 필요한 정보를 찾아 지식이나 지적 정보망을 구축하고 나면 책읽기는 그것으로 끝나게 된다. 그렇게 되면 독자는 책을 떠나 독자의 눈으로 대상을 볼 수 없게 된다. 독자는 책의 내용에 한정된 인식 세계를 구성하게 되는 것이다. 반면 독자가 책을 읽으면서 마음에 집중하게 되면 책의 내용을 넘어 깨침의 세계를 열게 된다. 깨침의 세계는 책에서 시작하지만, 책을 벗어나 독자의 마음으로 돌아와 독자의 인식 세계를 갖게 한다.

그동안 읽기 교육은 책의 내용에 대한 이해를 강조하거나 책의 정보를 이용하여 독자의 지식 정보망을 구성할 것을 강조하였다. 독자가 필자의 의도(필자 중심)나 책의 내용(텍스트 중심), 배경지식(독자 중심)을 중심으로 책을 이해한 것은 독자의 인식 세계를 갖도록 요구하는 게 아니다. 책에 의존하여 자기의 지식구조나 정보의 망을 넓힐 것을 강조한 것일 뿐이다. 이것은 독자의 깨침 인자를 활용하여 독자의 인식 세계를 갖게 하는 것과는 관련이 낮다. 독자가 책을 통하여 자기 무지의 때를 걷어내는 것이 아니라 그때는 그대로 두고 또 다른 때를 덧붙일 것을 강조한 면이 있다.

깨침 읽기의 교육은 일차적으로 독자의 마음에 관심을 가져야 한다. 교육이 학생의 마음에 관심을 두는 것은 당연할 일이지만 그 관심 대상인 마음은 여러 가지 형태를 띤다. 깨침의 읽기 교육의 관심 대상이 되는 마음은 독자가 책을 읽고 난 후에 달라져 있을 마음에 관심을 두는 것이다. 이 말은 읽기 결과에 초점을 둔 것이기는 하지만 읽는 과정을 거치는 것을 함의하고 있다. 깨침이라는 말속에 이미 인식의 결과와 함께 인식의 과정을 포함하고 있다. 이는 독자가 읽기를 통하여 어떤 인식의 상태에 도달해야 하는지에 관심을 가짐을 말한다. 읽기 교육이 독자의 마음을 지향할 때 학습 독자는 읽기를 통하여 자신의 마음을 들여다보게 된다. 책 내용의 파악을 향해 밖으로 내달리던 의식의 방향을 자신의 인식 확립을 위해 안으로 바꾸는 것이다. 안으로 향한 독자의 의식은 자신이 가진 인식의 문제와 한계를 점검하고, 새롭게 인식해야 될 것을 알아내어 그것을 얻을 수 있게 한다. 책을 향한 의식이 방향이 마음으로 향할 때 깨침이 일어난다. 여래장은 의식의 방향이 마음 안쪽을 행해야 함을 일깨운다.

독자의 마음이 밖으로 향하거나 안으로 향하는 것은 읽기 교육에 달려 있다. 읽기 교육에서 독자의 의식이 마음 밖으로 향하도록 교육하면 독자의 마음은 밖으로 향한다. 책을 효과적으로 읽을 수 있는 기능을 익혀 읽기 능력을 높이는 교육을 하면 학생 독자는 신장된 읽기 능력을 지니게 되는 것이다. 즉 책을 잘 읽고 이해할 수 있는 능력을 지니게 되는 것이다. 한편, 읽기 교육에서 독자의 의식이 마음 안으로 향하도록 교육하면 독자의 의식은 깨침을 지향하게 된다. 즉 독자는 깨침을 통하여 인식의 변화를 이루어 갈 수 있게 된다. 깨침을 위한 마음에 관심을 두는 읽기가 초등학교 저학년에게는 필요하지 않다고 말할 수 있다. 그러나 그 학생들이 자신의 마음을 책에서 발견하지 않는다면 그들의 인식 체계의 변화는 일어나지 않을 것이다. 초등학교 저학년에게는 그들에 맞는 깨침의 읽기가 필요하다. 학생들의 학년이 높아질수록 깨침 읽기를 하게 하는 것은 더욱 필요하다. 학생들이 지식정보사회에서 필요로 하는 사람이 되기 위해서는 자신이 관심을 가지는 분야에 깨침을 얻어 안목을 갖는 것에 필요하게 되었기 때문이다.

독자의 의식이 마음에 집중하게 함은 관심 대상에 대하여 활연관통한 인식을 확립하기 위한 것이다. 이는 책의 내용에 집착해서는 이룰 수 없다. 독자의 마음이 지닌 깨침 가능성에 집중하고, 그 가능성을 책의 이해를 통하여 실현할 때 이루어진다. 책은 마음속에서 무지의 때를 걷어내고 깨침의 인자를 드러내는 도구이다. 그리고 깨침의 인자를 발현시켜 깨침에 이르게 하는 환경 요인이다. 독자는 책을 도구 삼아 관심 대상에 대한 통찰을 얻어 인식을 새롭게 하는 것이 깨침이다. 읽기를 통한 깨침은 책과의 만남을 통하여 이루어지며, 만나는 책에 따라 깨침의 내용은 달라진다. 깨침의 씨앗은 정해진 속성이 있는 없어 책과의 만남에 따라 다른 형태의 싹을 틔우게 된다.

깨침 읽기는 여러 읽기 방법 중의 하나이다. 학생이 깨침의 방법으로 책을 읽을 수 있도록 하기 위해서는 가르쳐야 한다. 깨침 읽기의 교육 내용은 자신의 이해 가능성을 알게 하고, 책의 내용 이해로 무지의 때를 걷고, 깨침을 이루고 깨침의 내용을 충실하게 하는 세부적인 절차와 방법이 있다. 이들 절차와 방법을 학생들이 익히도록 할 때 가장 먼저 고려할 것이 독자 의식의 방향성이다. 독자의 의식이 책의 내용 이해 쪽으로만 치닫게 할 것이 아니라 그 방향이 독자의 마음으로 향하게 하는 것이 중요하다. 독자의 의식 작용의 방향성은 책을 이해하고 난 후에 하는 것이 아니라 책을 읽으려는 의도를 가질 때부터 이미 마음을 향할 수 있게 해야 한다. 이는 읽기 교육에서 강조하여 지도할 때 가능해진다.

## 나. 깨침 가능성 일깨우기

읽기 교육은 학생 독자에게 어떤 기대의식을 가지고 있는지 생각해 볼 필요가 있다. 현재의 독자 중심 읽기 교육에서 독자가 책을 통하여 대상을 꿰뚫어 볼 수 있는 깨침을 이루어야 한다고 기대하지 않는다. 독자가 자신이 가지고 있는 무지의 때(배경지식)를 활용하여 책의 내용을 파악할 것을 강조한다. 독자의 마음이 책에 의하여 어떻게 되어야 하는지에 관심을 가지기보다는 독자가 현재 가지고 있는 마음의 상태로 책의 내용을 이해할 것을 강조한다. 이는 독자의 깨침 읽기와는 거리가 있는 교육적 기대의식을 반영한 것이라 할 수 있다.

과거의 필자 중심의 읽기 관점이나 텍스트 중심의 읽기 관점도 독자 중심의 읽기 관점과 크게 다르지 않다. 책을 통하여 필자나 텍스트의 눈으로 대상을 보는 것을 강조는 했지만 독자가 자기 눈을 갖추고 그 눈으로 대상을 볼 것을 요구하지 않았다. 그런 교육을 받을 독자는 책을 벗어나 생각하는 것은 불가능하다. 책에서 보여주는 대로 대상을 볼 수 있을 뿐이다. 이 관점의 교육을 받은 독자는 늘 책 내용의 한계에 갇히고, 책에 얽매일 수밖에 없다. 책을 통해서는 대상을 보는 자신의 눈을 얻을 수 없는 것이다.

읽기 교육은 독자가 확립한 눈으로 대상에 대한 통찰을 가질 수 있게 이루어져야 한다. 독자가 책의 내용이 아니라 독자의 마음에 초점을 두게 함으로써 이를 이룰 수 있다. 독자의 마음은 언제나 준비가 되어 있다. 책의 내용을 이용하여 무지의 때를 걷어내고, 깨침을 이루어야 할 것이 무엇인지만 인식할 수 있게 하면 깨침은 이루어진다. 책을 읽으며 자신의 마음이 무지의 때에 가려져 있는 것을 알고, 그 때를 책의 내용으로 걷어내는 것이다. 그러면서 대상에 대한 자기의 인식 세계를 구축할 수 있다.『여래장경』을 읽은 후, 이 경을 믿고 이해만 할 것이 아니라 마음에서 무지의 때를 걷어내고, 여래장이 다루고 있는 대상인 나의 마음을 보는 것이다. 여래장을 통하여 마음을 보면, 그 보는 마음에 따라 여래장은 다른 모습을 갖는다.

읽기 교육은 독자의 깨침 인자에 관심을 두어야 한다. 학생을 깨침 읽기의 독자로 만들기 위해서는 학생의 마음속에 들어 있는 깨침의 인자를 믿어주고 이의 발현을 도와야 한다. 이는 학생의 마음에 대한 새로운 인식이면서 그들에 대한 본질적인 인식이다. 학생의 가능성에 대한 교육적 인식은 늘 있어 왔다. 그동안의 가능성에 대한 교육적 인식은 경험적 심리 작용 기제[14]에 기초한 인식이다. 반면 여래장은 불성(깨침의 인자)이라는 논리적 심리 작용 기제에 기초로 한 가능성의 인식이다. 모든 학생은 논리적으로 깨침의 인자에서 비롯된 가능성을 가지고 있고, 교육으로 발현될 수 있다는 것이다. 읽기 교육에서는 학생이 책을 읽으면서 깨침 인자를 발현시키고, 이를 튼실하게 할 수 있도록 지도해야 한다.

읽기 교육은 학생이 깨침을 위한 읽기 능력을 갖출 수 있도록 이루어져야 한다. 이는 첫째, 학생이 스스로 깨침 가능성에 대한 믿음을 갖게 해야 한다. 책에 대한 자신감과 읽기를 할 수 있다는 자존감을 심어주는 것이 필요하다. 둘째, 책을 읽으면서 마음을 집중하여 살피게 해야 한다. 자기 무지의 때를 확인하고 이를 제거하게 하는 것이 필요하다. 셋째, 대상을 꿰뚫어 볼 수 있는 자기 눈을 뜨게 해야 한다. 책의 내용 이해를 바탕으로 대상을 꿰뚫어 보도록 하는 것이 필요하다. 넷째, 눈을 정교하고 예리하게 만들어야 한다. 관련된 책을 읽고 대상을 깊이 있고 정확하게 볼 수 있도록 하는 것이 필요하다. 학생들이 이들을 할 수 있게 되면 깨침을 위한 읽기 능력을 갖추었다고 할 수 있다.

---

14) 독자의 배경지식을 강조하는 인지심리학적 접근이 대표적이다. 촘스키의 언어습득장치 (Language acquisition device, LAD)의 개념이나 칸트의 선험성(a priori) 개념의 이용한 교육적 접근이 이에 속한다.

## 다. 책의 역할 재규정하기

깨침 읽기에서 책은 도구다. 책의 이해가 목표가 아니다. 독자는 책의 이해를 통하여 대상에 대한 깨침을 얻는 것이 목표다. 깨침 읽기는 독자가 자신의 인식을 확립할 것을 요구한다. 책의 내용을 그대로 받아들여 이해하는 것이 아니라 독자의 심안으로 책에서 다루고 있는 대상을 보는 것이다. 국어교육에서 볼 때, 국어책은 도구이기는 했다. 읽기 기능을 익히기 위한 도구였던 것이다. 깨침 읽기에서의 책은 독자의 깨침 인자를 일깨우는 도구이다. 이야기책, 과학책, 인문학책 등은 독자가 깨침을 이루기 위한 도구이다. 이는 독자가 책을 읽고 깨침을 이루게 해주는 첫 번째 조건이라 할 수 있다.

깨침은 책에서 벗어나 독자의 눈을 갖는 것이다. 책에서 벗어나는 일은 일차적으로 책의 내용을 깊이 이해하는 것이다. 그리고 책의 이해를 넘어 자신의 마음을 들여다보고 마음에서 새로운 이해를 이루는 것이다. 새로운 이해는 책 내용을 자기 것으로 만드는 것일 수도 있지만 책 내용의 이해로 한정될 수 없는 부분을 인식하는 것이다. 독자의 논리적 사고와 비판적 사고, 상상적 사고를 영감(창의성)을 통하여 이루는 것이다. 독자는 책의 내용 이해를 바탕으로 대상에 대한 독자의 인식 세계를 여는 것이다. 이는 독자의 마음속에 들어 있는 청정한 깨침의 인자를 발현시키는 일이다.

깨침 읽기는 책으로 이루되 책에 매이지 않는 것이다. 독자의 깨침 읽기는 깨침의 인자와 책의 내용이 연기적으로 만나 이루어지는 것이다. 독자는 책의 내용을 이해하지 않고 깨침의 인자를 발현시킬 수 없다. 책의 이해가 있어야 깨침의 인자가 발현되는 것이다. 그런데 독자의 깨침 인자는 책의 내용과 다른 것이고, 책의 내용은 깨침의 인자가 아니다. 책은 씨앗[因]에서 싹이 트고 새싹이 자라게 하는 환경[緣]인 것이다. 책은 독자의 마음속에 들어 있는 깨침의 씨앗이 자라나게 돕는 조력자일 뿐이다. 독자가 이 환경에 매이게 되면 깨침의 씨앗은 환경 속으로 스며들 뿐이다. 독자가 깨침을 이루기 위해서는 책에 얽매여서는 안 된다. 책을 벗어나 독자의 눈으로 보아야 한다.

깨침 읽기에서 책은 부처의 말이다. 부처의 말은 모든 사람에게 공평하다. 햇빛이나 공기처럼 일정한 장소와 시간대에 고루 존재한다. 독자들은 이 부처의 말씀을 만나 독자의 깨침의 인자대로 깨침을 이룬다. 숲을 보면 동물은 동물대로, 식물은 식물대로 각자가 가진 씨앗의 속성대로 자라난다. 책의 내용도 독자에게 햇빛이나 공기와 같다. 책은 독자가 가진 깨침의 인자대로 깨침을 이루게 하는 것이다. 독자가 책을 읽고 깨치는 내용은 각자의 인자에 따라 달라진다. 교육적으로 학생 독자의 관심에 따라 책에서 얻는 인식의 눈은 달라져야 한다.

깨침 읽기의 교육에서는 책의 환경[緣]적 특성에 대한 인식을 새롭게 확립할 필요가 있다. 새롭게 한다는 것은 이미 책을 환경적 특성으로 인식한 관점이 있다는 말이다. 독자 중심 읽기의 교육적 접근은 책을 환경적(도구적)으로 인식하는 특성을 일부 내포하고 있다. 독자가 각자의 배경지식이나 기대 지평에 맞게 의미를 구성할 것을 강조한다. 이는 얼핏 보면 책의 환경적 특성을 강조하는 것 같지만 자세히 보면 책은 독자가 구성하는 의미의 전체가 된다. 독자는 자기의 의미를 구성하기는 하지만 책의 내용 대응되는 인식을 하게 될 뿐이다. 독자는 책의 내용에서 깨침을 이루지는 못한다. 책의 환경[緣]적 특성의 인식은 독자가 책의 내용을 넘어 대상을 직접 만날 수 있게 하는 관점이다. 읽기 교육은 이를 수용할 필요가 있다.

## 라. 깨침의 활동 공유하기

대승불교는 다른 사람과 함께 깨닫는 것을 강조한다. 여래장의 기본 전제도 함께 깨침을 얻는 방법과 내용을 공유할 것을 일깨운다. 이를 바탕으로 한 깨침 읽기도 깨침의 방법과 깨침 내용을 공유해야 한다. 깨침의 방법과 내용의 공유는 독자 간의 협력과 상호작용을 통해 이루어진다. 협력은 함께 힘을 모으는 것이고, 상호작용은 함께 마음을 모으는 것이다. 힘을 모은다는 것은 해결해야 할 문제를 공유하고, 문제해결 방법을 찾고, 문제 해결하기 위해 함께 노력하는 것이다. 상호작용은 문제해결에 필요한 정보와 기능을 공유하고, 문제해결 결과를 서로 나누는 것이다. 깨침 읽기에서는 독자들이 협력과 상호작용을 통하여 힘을 모으고 마음을 공유해야 한다.

깨침은 개인이 하는 것이지만 주변의 도움이 있어야 한다. 다른 독자가 깨침을 이룬 방법과 그 깨침의 내용이 무엇인지 알게 되었을 때 독자도 그와 같이 할 수 있게 된다. 즉 독자가 깨침의 방법과 내용을 알 수 있게 되는 것은 다른 독자의 도움이 있을 때 가능하다. 독자가 받는 다른 독자의 도움은 크게 두 가지 종류로 구분할 수 있다. 하나는 독자가 책의 내용 이해와 관련된 도움이고, 다른 하나는 깨침의 성취와 관련된 도움이다. 다른 독자가 책의 내용 이해를 돕는 방법은 책의 내용에 관한 대화와 토론을 통한 상호작용이고, 깨침의 성취를 돕는 방법은 독자가 마음과 대상에 집중하도록 안내하고 함께하며 협력하는 것이다. 깨침 읽기의 관점에서 보면 깨침의 성취를 돕는 것이 중요하다. 독자가 깨침을 이룰 수 있도록 하기 위해서는 독자의 가능성을 믿고 독자 스스로 깨칠 수 있게 함께하며 격려해 주어야 한다.

깨침은 각 독자의 관심 대상에 따라 달라진다. 독자마다 다른 깨침이라는 것은 내용의 다름은 당연히 전제하기 때문에 주로 얻은 눈의 수준이 다름을 의미한다. 깨침은 관심 대상에 대한 독자의 통찰이면서 안목이기 때문에 같은 책을 읽었더라도 다를 수밖에 없다. 독자마다 얻은 내용이 다르기 때문에 일차적으로는 이를 함께 공유해야 한다. 독자가 깨침의 읽기에서 강조해서 공유해야 할 것은 깨침의 수준이다. 깨달은 자가 된다는 것은 깨친 수준이 높아지는 것을 말하고, 공유한다는 것은 높아진 수준을 공유한다는 것이다. 그래서 모든 독자의 수준이 높아졌을 때 공유가 이루어진 것이다. 깨침의 수준을 공유한다는 것은 깨침의 방법과 깨침의 활동을 함께 하면서 협력하고 상호작용하는 것이다. 그 속에서 수준의 공유가 일어나게 된다.

독자의 깨침 공유는 근본적으로 깨침 활동을 함께함으로써 가능해진다. 깨침의 활동을 함께하기 위해서는 서로의 차이에 대한 존중이 있어야 하고, 서로 의지하고, 함께 노력하는 것이 필요하다. 독자의 깨침은 다른 독자와 함께 할 때 수월해진다. 다른 사람이 깨친 절차와 방법을 가지고 함께 문제해결 활동을 하면 서로에게 의지가 된다. 깨침은 개인 독자의 마음속에서 일어나지만, 활동을 공유하면 심리적 과제 해결의 부담을 덜고 효율적인 문제해결이 가능해진다. 독자들이 마음과 힘을 모아 문제해결의 과정에 참여하여 문제를 해결하고 나면 모두가 원하는 것을 얻을 수 있게 된다.

## 마. 깨침 읽기 교육에서 강조점

독자의 깨침 읽기를 위한 지도는 학생과 책에 따라 다양하게 변화할 수 있다. 교육을 계획할 때는 인연의 조건(학생과 책)을 고려하여 지도 방법을 구체화할 필요가 있다. 여기서는 깨침 읽기를 할 때 특히 강조해야 할 사항을 몇 가지 들면 다음과 같다.

대상을 꿰뚫는 눈을 강조한다. 깨침은 통찰을 얻는 것이다. 통찰은 관련 없는 것들이 어떤 한 시각에서 통일성 있는 관계가 파악되면서 인식되는 것이다. 통찰은 여러 대상에 들의 관계성 파악을 요구하고, 초점화된 눈이 필요하다. 대상에 집중한 의식이 특정 눈으로 대상의 관계를 볼 수 있게 될 때 통찰이 일어나는 것이다. 통찰에서 특정 시각은 사물들의 관계가 일순간 드러나게 하는 핵심 요인이다. 독자는 자신의 마음에 집중하면서 대상을 볼 수 있는 눈을 선택하는 능력을 기르는 것이 필요하다. 대상을 보는 눈에 관심을 두고 알맞은 눈을 얻는 순간, 대상을 꿰뚫어 볼 수 있기 때문이다. 이는 책을 쓴 필자의 눈도 아니고, 책 속 화자의 눈도 아니다. 그렇다고 독자가 늘 가지고 대상을 보던 눈도 아니다. 책을 읽고 이해하는 과정에서 선택된 눈이다. 독자가 대상을 확연하게 인식하게 하는 눈이다. 이 글의 논자는 여래장 경전을 이해하면서 깨침 읽기의 눈을 선택한 것이다. 다른 독자들은 여래장 경전을 읽으면서 각자의 눈을 선택하여 대상을 꿰뚫어 볼 것이다. 읽기 교육에서는 이 대상을 볼 수 있는 눈을 강조할 필요가 있다.

깨침의 단서를 강조한다. 읽기 교육에서 깨침 읽기를 학생들이 할 수 있도록 하기 위해서는 깨침의 단서를 찾아야 한다. 깨침의 단서는 독자의 마음(읽기 의도)속에 있을 수도 있고, 책의 내용 속에 있을 수도 있다. 또는 이 둘의 관계 속이나 외부에도 있을 수 있다. 독자가 깨치기 위해서는 단서를 찾아 집중하는 것이 필요하다. 앞에서 논의한 깨침의 인자는 공한 특성을 지니고 있다. 깨침의 인자는 독자가 깨침의 단서를 선택하는 순간 그 특성을 드러낸다. 단서는 독자가 읽기를 하면서 관심을 둔 대상을 꿰뚫어 볼 수 있는 지점이 될 것이다. 단서는 특정 개념, 낱말, 논리, 관계, 사건 등 다양할 수 있다. 독자의 관심이 집중되고, 대상의 특성을 알 수 있는 지점이다. 읽기 교육에서는 학생이 이 단서를 파악할 수 있게 예시를 들어주는 것이 좋다. 한 예를 들면 『일반언어학 강의』의 독자들이 구조주의를 확립한 것은 언어를 탐구하는 소쉬르의 '탐구 방법'이었다. 이 탐구 방법은 문화 연구, 종교 연구, 무의식 연구 등 다양한 연구 영역에 활용되었다.

초점화된 집중을 강조한다. 독자가 깨침을 이루기 위해서는 책 내용이나 심리 활동의 특정 요소에 집중하는 것이 필요하다. 독자 중심 읽기는 구성을 강조하는데 이때도 집중은 강조된다. 구성을 위해서는 관련된 정보나 개념들을 모아 연결해야 한다. 그렇기에 독자는 책 전반에 흩어져 있는 다양한 정보와 개념에 관심을 기울여 필요한 것을 선택한다. 집중이 이루어지고 있기는 하지만 분산적 속성을 내포하고 있는 집중이다. 반면, 깨침을 위한 집중은 초점이 분명한 집중이 필요하다. 일차적으로는 책의 내용보다 마음 작용에 집중하게 되고, 깨쳐야 할 대상에 집중하게 된다. 독자의 눈은 책의 글자를 읽고 있지만 마음은 하나의 대상에 고정하는 것이 필요하다. 이렇게 하나의 대상에 고정된 집중이 어느 순간 깨침을 이루게 한다.

깨침의 다양성을 강조한다. 여러 독자가 같은 책을 읽었다 하더라도 각자 관심이 다르기 때문에 깨침의 내용이 다르다. 독자가 무엇에 집중하느냐에 따라 깨침은 달라질 수밖에 없다. 깨침도 연기(緣起)적 속성을 가지기 때문에 반드시 특정한 내용을 갖는 깨침이 될 수 없다. 독자와 책의 인연 관계에 따라 깨침이 달라지는 것이다. 『일반언어학 강의』를 읽는 독자들은 각자의 관심 대상이 달라 깨침이 각자 다르다. 언어에 대한 깨침을 이루기도 하고(구조주의 언어학), 읽기에 대한 깨침을 이루기도 하고(텍스트 중심 읽기), 교육에 대한 깨침(학문중심교육)을 이루기도 한다. 그렇기에 학생들이 각자의 관심을 중심으로 깨침을 이룰 수 있게 하는 것이 필요하다.

## 4. 깨침 읽기의 실천

깨침 읽기는 독자가 자기 눈으로 대상을 볼 수 있게 책을 읽는 방식이다. 책에서 다루고 있는 대상은 필자의 눈으로도 볼 수 있고, 책의 눈으로도 볼 수 있다. 또는 독자의 눈으로도 볼 수 있다. 이들 눈은 책에 대한 각기 다른 이해를 하게 한다. 읽기를 할 때 어느 눈으로 읽는 것이 타당하고 바른 것은 존재하지 않는다. 독자의 필요에 따라 눈을 선택하여 책을 이해하면 된다. 그래서 독자가 책을 읽을 때 선택할 눈이 많을수록 다양한 이해의 가능성이 커진다.

깨침 읽기는 여러 읽기 방식 중 하나이다. 읽기에 대한 하나의 관점인 것이다. 이 깨침 읽기는 독자가 마음속에 내재한 이해 가능성을 실현시키는 것을 강조한다. 즉, 독자가 책을 읽고 깨침을 이룰 수 있다는 신념으로 책을 읽고, 책의 이해를 통해 관심 갖는 대상을 통찰하는 눈을 얻어야 한다는 것이다. 이는 읽기가 책의 내용에 한정된 이해에 머물기보다는 관심의 대상에 대하여 인식하는 것이 되어야 한다는 것이다. 진정한 독자는 책을 통하여 대상을 꿰뚫어 볼 수 있어야 한다. 책에 얽매이고 갇힌 인식을 하는 독자는 진정한 독자가 될 수 없다. 책을 읽는 본질적인 이유가 책을 알기 위한 것이 아니라 세계에 대한 인식을 얻으려는 것이기 때문이다.

깨침 읽기는 독자가 관심 대상에 대한 인식 세계를 갖는 것을 지향한다. 독자의 인식 상태가 새롭게 변화되는 것을 추구한다. 변화된 인식 상태는 독자의 정신적 성장이면서 대상을 예리하고 인식할 수 있는 안목을 가지는 것이다. 독자가 안목을 갖추는 것은 대상에 대한 깊이 있는 이해의 성취를 이루었을 때만 가능하다. 깊이 있는 이해의 성취는 책 내용을 바탕으로 독자의 인식 세계를 구축할 때 가능하다. 이 이해는 독자 인식의 새로운 열림을 필요로 한다. 독자가 자신의 인식을 새롭게 열려면 읽기 과정에서 자신의 인식에 의식을 집중해야 한다. 그래야 새로운 인식 세계를 열 수 있게 된다. 독자가 이 깨침 읽기를 하기 위해서는 깨침 읽기의 방법을 익혀야 한다. 깨침 읽기의 방법은 읽기 교육을 통해 이루어져야 한다.

깨침 읽기를 위한 교육적 접근은 이 논의를 바탕으로 접근 방식을 구체화할 필요가 있다. 읽기 교육의 목적과 내용 및 방법에 대한 체계적인 접근이 필요하다. 이 논의는 깨침 읽기의 관점을 제기한 것에 지나지 않기 때문이다. 깨침 읽기는 독자에게 필요하고, 읽기 교육에서는 이에 대한 관심이 필요하다. 깨침 읽기는 읽기 교육에서 길러내야 할 독자가 갖추어야 할 한 가지 읽기 방법이기 때문이다. 이 논의에서는 깨침 읽기의 관점을 제기하는 것을 목표로 하였다. 깨침 읽기에 대한 구체적인 교육 내용과 방법은 다음 논의로 미룬다.

# 제2부

## 서양적 전통

# 제1장 자득적 읽기

## 1. 간접전달 읽기

독자는 텍스트를 읽고 자아를 일깨운다. 자아의 일깨움으로 독자는 자신의 의식 내용을 변화시킨다. 새로운 생각을 하고, 새로운 신념을 가지게 된다. 독자의 의식 변화는 텍스트에 따라 작게 또는 크게 일어난다. 물론 독자의 의식 내용에 아무런 변화를 주지 못하는 경우도 있다. 독자가 텍스트를 읽는 본질적인 이유 중의 하나는 자아를 일깨우기 위해서다. 독자의 자아 일깨우기는 텍스트에서 자기의 의식을 새롭게 하는 내용을 마주할 때 시작된다. 이는 텍스트 읽기를 주제 찾기[1]나 의미 구성의 관점[2]에서 벗어나 자기 이해나 자아 갖기 관점

---

1) 정동화·이현복·최현섭(1984: 264, 321)에서는 읽기를 텍스트에 들어 있는 필자의 사상(事象), 사상(思想), 감정(感情) 등을 필자와 가장 가깝게 감수, 재생하는 것 또는 필자의 의도와 관련된 글의 주제로 파악하는 활동으로 보고 있다.

으로의 접근에서 이루어진다. 독자의 자아 갖기를 위한 읽기 교육적 접근도 여러 가지 접근3)이 있을 수 있다. 여기서는 키에르케고르의 간접전달 방법을 활용하여 독자의 자아 갖기에 대한 읽기 교육적 접근을 탐색한다.

키에르케고르는 소크라테스와 예수의 교육 행위를 분석하여 '간접전달'이라는 교육 방법을 찾아냈다.4) 이 교육 방법은 사람들을 참된 기독교인이 되도록 하기 위한 것이다(엄태동, 1996: 85). 즉 간접전달의 방법은 사람들이 기독교 교리를 터득하도록 가르치는 방법이다. 키에르케고르는 참된 기독교인을 정의하고, 사람들에게 간접전달 방법으로 기독교 교리를 가르치면 참된 기독교인이 될 수 있다고 본 것이다(이홍우·임병덕 역, 2003: xxxvi). 이 간접전달 방법을 학생이 참된 독자가 되도록 교육하는 데 활용할 수도 있다.

키에르케고르의 간접전달 방법은 교육 내용을 에둘러 전달하는 방법이다. 교사가 교육 내용을 에두르는 이유는 교육 내용이 에둘러야 하는 조건을 지니고 있기 때문이다. 즉 간접전달은 교육 내용이 직접 전달이 되지 않는 특성에서 비롯된다. 그래서 간접전달 교육에서는 교사의 가르침을 학생은 자신만의 방법으로 자득(自得, 스스로 깨달아 얻음)해 한다. 키에르케고르의 간접전달이라는 말에는 여러 가지 의미

---

2) 노명완·박영목·권경안(1994: 198)에서는 읽기를 독자의 스키마의 작용으로 이루어지는 의미 구성 활동으로 보았다.

3) 텍스트 이해를 자기 이해나 자아 갖기의 관점을 지니는 접근은 해석학이다. 자기 이해의 해석학은 하이데거, 레비나스, 리쾨르, 가다머 등에 논의에 기초하여 구체화되고 다양화되고 있다.

4) 엄태동(1996: 85)과 이홍우·임병덕 역(2003: xxxvi~xxxix)을 보면, 간접전달은 키에르케고르가 기독교인 형성을 위한 교육을 위하여 소크라테스의 교육 방법을 재구성한 것이라고 하고 있다. 임병덕(1998: 74)의 논의를 보면 예수의 교육 방법도 간접전달임을 알 수 있다.

가 담겨 있지만, 본질은 교사가 전달하는 내용과 학생이 배운 것이 다르다는 것이다. 이는 학생이 교사의 가르침을 바탕으로 자신의 의식 내용을 새롭게 해야 한다는 것이다. '직접전달'이 교사가 가르친 것과 학생이 배운 내용이 같아야 하는 것을 함의한다면, '간접전달'은 교사가 가르친 것과 학생이 학습한 내용이 달라야 함을 함의한다.

교사가 가르친 것과 학생이 학습한 것이 다르다는 말에는 여러 의미가 있지만 가장 핵심은 교육의 결과, 교사와 학생이 서로 다른 의식 내용을 가진다는 것이다. 이는 간접전달에 학생의 고유한 학습 활동이 반영된다는 것과 학습 결과가 진정으로 학생 것이어야 함을 내포한다. 여기서 전자와 관련된 것이 이중반사[5]이고, 후자와 관련된 것이 주관적 진리[6]이다. 이중반사는 교사가 건네준 교육 내용을 학생이 자기 것으로 자득하는 과정을 가리킨다. 그리고 주관적 진리는 이중반사의 결과로 학생이 얻게 된 의식 내용이다. 학생이 이중반사로 주관적 진리를 얻을 때 자아를 의식하고, 자기의 실존을 자각한다.[7]

---

5) 키에르케고르가 교육적 전달의 핵심 원리로 들고 있는 '이중반사(二重反射)'라는 개념은 두 측면에 관한 사고를 나타낸다. 이중반사의 첫째 단계, 즉 1차 반사는 자아의 새로운 가능성이 관념의 형태로 제시되고, 그 관념에 대하여 주체의 사고가 일어나게 되는 과정을 가리킨다. (…생략…) 그러나 대부분의 경우에, 관념의 형태로 전달되는 '가능성'은 마치 뿌리가 뽑힌 나무처럼 피전달자의 자아와 유리된 채 추상적 관념의 상태로 머물러 있으면서 오히려 그것을 소유하고 있다는 착각만 불러일으킬 뿐이다. 그러므로 진정한 의미에서의 전달이 일어나려고 하면 관념으로서의 '가능성'은 현실적 자아에 다시 한 번 '반사'될 필요가 있다. 이 경우의 반사가 2차 반사이다(임병덕, 1998: 96~97).

6) 키에르케고르의 '주관성이 진리이다'라는 말은 내면화의 과정에서 주체가 열정을 지니고 자기의 것으로 삼는 것만이 그에게 의미 있는 것, 가치 있는 것, 진리일 수 있다는 뜻으로 해석될 수 있다. (…생략…) 이에 대해 키에르케고르가 말하고자 하는 것은 주체가 직접 당사자가 되어 문제가 되고 있는 지식을 자기의 것으로 내면화하고, 그에 열정을 지니면서 헌신해야 된다는 것이다. 즉 진리는 열정이 수반된 주관성을 통하여 당사자적 진리 (truth for me)가 되어야 한다는 것이다(엄태동, 1996: 92~93).

7) 키에르케고르에 따르면 앎과 삶은 결코 분리되어서는 안 될 통전적 구조를 지닌다. 실존적인 지식은 개인의 삶 속에서 구체적으로 드러날 때 참된 지식이 될 수 있다(심민수,

자기가 누구인지를 밝혀 아는 존재가 되게 되는 것이다. 이는 학생이 주관적 진리를 자기의 의식 내용으로 자득하게 됨으로써 이루어진다.

　교사의 교육 내용과 학생의 학습 내용이 다른 것은 교사의 교육 내용이 학생의 학습 활동의 단서에 지나지 않음을 뜻한다. 이는 학생은 교사가 제시한 단서를 활용하여 자신만의 진리를 찾아 밝혀야 한다는 의미를 포함한다. 여기서 교사의 교수 활동과 학생의 학습 활동의 모습이 나타난다.[8] 교사의 교수는 학생이 자득하도록 돕는 미행(Incognito)을 하는 것[9]과 관련되고, 학생의 학습 활동은 주체성을 바탕으로 해야 하는 것과 관련된다. 미행은 교사가 익명자로 활동하면서 돕는 것을 가리킨다. 익명의 의미는 자신이 지닌 절대적[10] 진리를 드러내지 않음, 즉 자신의 정체를 감추는 것을 말한다. 주체성은 앎을 완성하되 교사가 전수한 지식 그대로가 아니라 교사가 준 지식을 단서로 자신만의 지식을 생성하는 학습 특성이다. 교사의 미행과 학생의 주체성은 그 활동의 방법에서도 차이가 크다. 미행은 드러나지 않음의 특성이 있지만 주체성은 드러남의 특성이 있다. 드러나지 않음이란 교사의 교수 행위는 있으되 학생의 학습 행위에 직접 간여하지 않음을 의미한다. 드러남은 학생의 행위가 학습 활동의 핵심임을

---

2004: 30).

8) 심민수(2004: 20~21)는 간접전달의 두 가지 방법으로 이중반사와 미행으로 구분한다. 이중반사는 교사가 학습 대상에 학생이 관심을 가지게 한 후 사라지는 방식이고, 미행은 교사가 사라지지 않고 간여하는 방식이다. 미행에 대해서는 2장 4절에서 자세히 논한다.

9) 미행(incognito)은 신이 인간의 모습으로 하강한 것처럼, 전달자가 피전달자의 주체적 점유화를 위하여 상대의 수준까지 하강하고, 상대의 현실적 자아에 대하여 인상적 자아가 될 만한 것을 제시함으로써 그의 열정을 불러일으키는 것을 말한다(엄태동, 1998: 132).

10) '절대적'이라는 말은 '상대적'(서로 맞서거나 비교되는 관계에 있는 또는 그런 것. 『표준국어대사전』)이라는 말과 대립되는 말로, '① 아무런 조건이나 제약이 붙지 아니하는 또는 그런 것. ② 비교하거나 상대될 만한 것이 없는 또는 그런 것.'(『표준국어대사전』)의 의미로 개인이 가지고 있는 지식의 고유적 특성을 의미한다.

의미한다. 간접전달 방식의 교육은 교사의 가르침과 학생의 배움이 지향은 같지만, 절차와 결과가 상이함을 가리킨다.

읽기 교육의 경우는 어떠한가? 읽기 교육도 간접전달의 특성이 있다. 간접전달 읽기 교육에서도 교사가 전달하는 진리와 학생이 자득한 진리는 다르다. 텍스트에 대한 이해의 절차와 결과가 교사와 학생 간에 차이가 있다. 학생은 교사의 지도에 따라 텍스트에 대한 주관적 진리를 깨쳐야 한다. 즉 간접전달의 교육이 이루어져야 한다.[11] 읽기 교육에서 교사는 학생이 텍스트를 읽고 주관적 진리를 깨칠 수 있는 단서를 제공해야 한다. 학생은 그 단서를 활용하여 주관적 진리를 자득해야 하는 것이다. 이때 텍스트가 교사의 역할을 하는 경우도 있다.[12] 독자가 텍스트를 통하여 주관적 진리를 깨치는 경우가 있는 것이다. 이런 때는 교사가 텍스트 속에 들어가 있는 형국이라 할 수 있다. 이 경우는 능숙한 독자의 경우이고, 읽기 교육이 이루어지는 학교 교육에서는 텍스트와 교사가 분리되어 있다. 그렇지만 교사는 학생의 학년이 올라갈수록, 또는 학생이 능숙한 독자가 되어 갈수록 점차 텍스트 안으로 들어가게 된다.

키에르케고르의 간접전달 교육 논리를 읽기 교육과 관련지어 생각해 볼 수 있다. 간접전달의 방식으로 학생이 글을 읽고 이해할 수 있도록 교육하는 것이다. 간접전달 읽기를 학생들에게 교육한다고 할 때 읽기 교육이 갖는 특성이 있을 수 있다. 이 논의에서는 학생이 간접전달 읽기를 할 수 있도록 하는 교육의 방향을 살펴본다. 이는 구체적인 간접전달 지도 방법을 구안하기보다는 간접전달 읽기를 지

---

11) 키에르케고르가 생각하는 참된 기독교인의 교육이 성경을 중심으로 이루어지게 되는데, 성경을 읽기 텍스트로 대체하여 생각하면 간접전달 읽기 교육의 개념이 드러난다.
12) 그 예로 난해한 텍스트를 쉽게 해설하거나 자세히 설명하는 텍스트를 들 수 있다.

도한다면 어떤 형태가 될지를 살피는 수준이다. 즉 간접전달 읽기 교육의 관점에서 그 특성을 몇 가지 살펴, 읽기 교육의 접근 방향을 검토한다.

## 2. 자득적 읽기의 구조

케에르케고르는 참된 기독교인의 형성을 위한 교육 방법으로 간접전달을 제안하였다. 참된 기독교인은 하나님을 진정으로 받아들여 예수가 살아간 방식대로 살아가는 것이다(김하자, 2004: 29). 예수는 인간 세상에서 하나님에 대한 절대적 믿음을 가지고 살았다. 다른 사람의 신에 대한 보편적 신념과는 다른 절대적 신념을 가지고 있었다. 이는 하나님의 진리를 자득하고, 그 진리의 증인이 되는 것이다. 이렇게 신과 절대적 관계를 형성한 존재를 키에르케고르는 '단독자'라고 하였다. 참된 기독교인은 단독자이며, 간접전달은 단독자가 될 수 있도록 하는 교육 방법이다. 이 단독자를 위한 교육의 결과로 기독교인은 주관적 진리를 자득하게 되는데, 주관적 진리를 자득하는 과정에서 주체적으로 이중반사를 실행한다. 사람들이 간접전달을 통하여 단독자가 되는 과정에 관련된 요인을 살펴본다.

### 가. 단독자

"그 일 후에 하나님이 아브라함을 시험하시려고 그를 부르시되 아브라함아 하시니 그가 가로되 여기 있나이다(1절). 여호아께서 가라사대 네 아들 네 사랑하는 독자 이삭을 데리고 모리아 땅으로 가서 내가 네게 지시하는 한 산 거기서 그를 번제로 드리라(2절). 하나님이 지시한 곳에 이른 지라 이에 아브라함이 그곳에 단을 쌓고 나무를 벌여 놓고 그 아들 이삭을 결박하여 단 나무 위에 놓고(9절) 손을 내밀어 칼을 잡고 그 아들을 잡으려 하더니(10절)"(창세기 22장)

위 『성경』의 구절은 잘 알려져 있다. 아브라함이 하나님의 말씀을 실천하기 위하여 백세에 얻은 아들 이삭을 번제, 즉 제물로 쓰려는 장면이다.[13] 아버지가 자식을 죽이는 일은 인간의 도리로서는 할 수 없는 일이다. 그런데 『성경』의 창세기에서 아브라함은 하나님의 말씀에 따라 아들을 죽여 제물로 쓰려고 한다. 인간의 보편적 이성으로는 행할 수도 없고, 이해할 수도 없는 일이다. 보편적 이성을 가진 사람은 예언의 목소리에 자식을 죽일 수가 없다. 그렇지만 아브라함은 이를 실행하려고 하였다.

이 아브라함의 행동에서 우리는 하나님에 대한 진정한 믿음을 본다.[14] 보통 사람으로서는 이해할 수 없는 믿음에 의한 행동이다. 아브라함이 자식을 죽여 제물로 바치려던 일은 하나님에 대한 절대적 믿음에서 비롯된 것이다. 그의 믿음은 자연의 섭리나 도덕적 원칙, 사회적 규범을 벗어나 있다. 키에르케고르는 이런 아브라함에게서 하나님에 대한 절대 믿음을 가진 이인 '단독자'를 생각해 냈다. 단독자는 하나님 앞에 홀로 서 있(표재명, 1995: 168)는 존재를 가리킨다. 하나님

---

13) 아브라함이 이삭을 번제로 드리려는 일에 대한 분석은 임규정 역(2014)을 참조하였다.

14) 기독교적 신앙의 관점에서 무엇보다 고려해야만 할 사실은 개인과 신이 관계를 맺되 절대 특수한 인격적 관계를 맺는다는 점이다. 그 누구도 그를 대신해서 신 앞에 설 수 없고 그를 대신해서 신을 내적으로 체험하며 교제할 수 없다. 개개인은 각각 절대 독특한 자신만의 방법으로 신 앞에 홀로 서 있는 단독적인 개인이다(김종두, 2014: 118~119).

앞에 홀로 서 있다는 말은 인간의 모든 굴레를 벗어 버리고, 하나님 앞에 순수한 의식을 드러내 보임을 의미한다. 즉 하나님의 뜻을 자신의 마음으로 받아들이는 것이다. 이런 단독자는 신에 대하여 절대 믿음을 가진 존재이다.

단독자는 개별적이고, 주체적 존재를 가리킨다. 아브라함의 행동은 도덕적, 사회적 의식을 벗어던진 개별자가 신의 계시를 실현하기 위해 주체적으로 한 것이다. 오직 하나님을 대면한 아브라함만이 할 수 있는 개별적인 행동이다. 도덕적, 사회적 규범을 따르는 자는 자식을 제물로 받치는 일을 할 수 없다. 과거든 현재든 미래든 마찬가지이다. 아브라함은 하나님 앞에서 도덕적, 사회적 규범을 버리고 오직 하나님의 계시를 따랐다. 아브라함은 이 의식 내용을 어느 누구와도 공유할 수 없다. 단독자로서 아브라함은 누구와도 견줄 수 없는 믿음을 가진 주체적 존재이다.[15] 이 단독자는 다른 누구와도 함께 할 수 없으므로 홀로 서야 하고, 홀로 하나님과 함께하는 존재가 된다. 아브라함이 아내나 아들과 그 의식 내용을 공유했다면 자식을 제물로 삼을 수 없다.

단독자는 개인 내면 의식의 문제이다. 단독자는 외적으로 드러나는 행동이나 다른 사람과의 협의를 통하여 도달할 수 없다. 단독자는 신의 진리 또는 절대적 진리를 대면하여 주관적 진리로 깨친 사람이

---

15) 그런 만큼 단독자는 고독할 수밖에 없다. 온 세상과 무리에 관해서 고독하며 하나님에 관해서도 그렇다. 진리가 무엇인지 알기 위해서는 그는 눈을 들어 오직 한 분이신 하나님을 본다. 사람이 결정적인 문제에서 단독자가 된다는 것은 오로지 하나님의 도우심을 받으려는 것이기 때문이다. 여기서 단독자의 길동무가 될 수 있는 것은 그 어떤 사람도, 어떤 대중도, 지상적인 그 무엇도 아니며 오직 자기 자신뿐이다. 그것 때문에 내가 살고 또 죽을 수 있는 진리는 하나님 앞에서 하나님으로부터 그리고 하나님의 도우심을 힘입어서만 전달되고 또 받을 수 있는 것이기 때문이다(표재명, 1995: 185).

다. 주관적 진리의 깨침은 외형으로 드러나는 특성이 없다. 아브라함의 외모에서는 단독자의 모습을 보기 어렵다. 그렇지만 아들을 제물로 받치려는 내면 의식에서 신에 대한 절대적 믿음을 느낄 수 있다. 아브라함의 그 믿음이 아들을 죽일 수 있도록 하고 있다. 개인의 내면 의식에서 신의 진리를 받아들였을 때 단독자가 될 수 있다. 이 개인의 내면이라는 말은 단독자가 깨친 주관적 진리가 객관적일 수 없음을 함의한다. 아브라함이 받아들이고 신념으로 삼은 진리는 철저히 주관성에서 비롯된 것이다.

이런 단독자를 키에르케고르는 예수나 소크라테스에게서도 찾는다(이홍우·임병덕 역, 2003). 예수는 하나님의 대리자로 절대적 믿음을 가지고 하나님의 말씀을 사람들에게 가르친다. 그리고 하나님에 대한 믿음으로 십자가에서 못 박히게 된다. 예수의 마음속에는 절대자와 마주 서 있는 자신에 대하여 어떠한 흔들림도 없다. 단독자의 전형적 모습인 것이다. 소크라테스의 절대자는 신이 아니다. 소크라테스의 생각과 행동은 진리에 대한 경애와 신념에서 비롯되었다. 소크라테스도 예수와 같이 사람들을 일깨우기 위해 노력하지만, 주변 사람들의 모함으로 죽음을 맞이한다.[16] 그렇지만 진리에 대한 경애와 신념은 흔들리지 않았다. 소크라테스의 단독자는 아브라함이나 예수와는 다른 점이 있을 수 있다. 그렇지만 키에르케고르가 제시하는 단독자의 개념에서 보면 공통점이 있다. 절대적인 것을 마음으로 대면하고, 이를 받아들였으며, 실천을 통하여 다른 사람들과 함께하려고 했다는 것이다.

---

16) 소크라테스의 진리에 대한 신념은 플라톤의 『크리톤』에서 확인할 수 있다. 『크리톤』에서 소크라테스의 친구인 크리톤이 소크라테스에게 탈옥을 권유하자, 소크라테스는 크리톤의 생각이 타당하지 않다는 논리로 크리톤을 설득한다.

단독자의 절대자와의 대면은 진리를 깨침을 의미한다. 아브라함이 하나님의 말씀을 믿고 따르는 것은 그 말씀이 진리임을 알았기 때문이다. 『성경』에서 아브라함에게 주어진 예언이 그대로 실현되었기에 진리가 되었다. 즉 아브라함이 하나님의 말씀대로 이루어지는 것을 경험했기에 그 말씀이 진리인 것을 깨달았다. 예수도 그의 행동과 말의 내용을 보면 분명하게 절대자를 만났고, 그 진리를 깨쳤음을 알 수 있다. 소크라테스도 분명히 자신이 모른다는 것을 아는 절대적 지혜를 깨쳐 알고 있었다. 그가 아테네 청년들과의 대화와 그에 관한 기록들에서 우리는 그가 진리를 깨쳤음을 안다.

단독자의 깨침은 개별적인 것이지만 이는 다른 사람과의 관계를 지향한다.17) 단독자는 자신이 얻은 진리에 대하여 감추지 않는다. 행동으로 옮기고 사람들에게 알리고 적극 도움을 제공했다. 이를 통하여 자신이 깨친 진리로부터 다른 사람들도 진리를 깨칠 수 있게 했다. 이에는 단독자가 속해 있는 사회 구성원들이 진리를 깨침으로써 그 사회의 변화에 대한 기대가 내재되어 있다. 아브라함도 이웃들에게 절대자를 믿고 따를 것을 말하였고, 예수도 그렇고, 소크라테스도 그렇게 했다. 키이르케고르의 단독자는 개별자의 진리 깨침이 다른 사람의 진리 깨침으로 이어질 수 있음을 전제한 것이다. 이는 그가 속한 사회의 사람들이 참된 기독교인이 되는 것을 지향한 것에서 알 수 있다.

---

17) 단독자의 출현은 곧바로 새로운 공동체의 형성을 위한 출발점이 되었음을 의미한다. 참된 종교성의 회복과 더불어 사람은 사회적으로 책임을 지는 존재자가 되고, 그럼으로써 무너진 권위를 다시 일으킬 수 있게 되기 때문이다(표재명, 1992: 55~56).

## 나. 주관적 진리

"소크라테스: 여보게나, 크리톤! 자네의 그 열의가 만일에 어떤 정당성을 갖추었다면, 그야 큰 가치가 있는 것일세. 그러나 만일 그렇지 않다면(…생략…) 검토해 보아야만 하네. 이건 내가 이제 비로소 하는 것이 아니라 언제나, 추론해 보고서 내게 가장 좋은 것으로 판단하는 그런 원칙(Logos) 이외에는, 내게 속하는 그 어떤 것에도 따르지 않는 그런 사람이기 때문일세." (박종현 역, 2003: 217~218)

이 말은 플라톤의 〈크리톤〉의 일부분이다. 소크라테스가 친구 크리톤의 탈옥 권유를 거절하는 내용이다. 죽음을 눈앞에 둔 소크라테스는 자신의 원칙과 신념을 내세우며 크리톤의 말에 반대한다. 자신의 원칙과 신념에 근거해 죽음을 받아들인 것이다. 보통 사람이면 누구나 죽음에서 벗어나려 한다. 그런데 소크라테스는 자신의 죽음을 외면하지 않았다. 이는 자아의 의식 내용에 기초한 주관적 진리에 토대를 두고 있다. 케이르케고르는 이런 주관적 진리를 가진 소크라테스에게서 단독자를 보게 된 것이다.

단독자는 소크라테스와 같이 자기 삶의 원칙이 되는 주관적 진리를 가지고 있다. 주관적 진리를 가진 단독자는 그 진리에 대한 신념이 있다. 단독자는 주관적 진리를 가짐에서 비롯된 확고한 신념을 갖고 있다. 단독자의 주관적 진리는 정보나 지식과는 성격이 다르다. 일반적으로 진리는 시간성과 공간성의 제약을 벗어난 참된 이치로서 모든 사람이 받아들이는 인식 대상이다. 그런데 단독자가 터득한 주관적 진리는 '개별적인', '구체적인' 속성을 지니고 있다.[18] 아브라함과 예수, 소크라테스가 터득한 진리는 개별적이고 구체적인 진리이다. 시간성과 공간성의 제약이 있는 경우도 있고, 모든 사람이 받아들이기는 어려운 경우도 있다. 그렇지만 주관적 진리는 단독자에게서 바뀌거나 변경될 수 없는 참된 것이다.

키에르케고르는 이러한 개별적이고 구체적인 진리를 주관적 진리라고 하였다.[19] 주관적 진리는 다른 사람들에게는 인정되지 않을 수도 있다. 예수가 깨친 진리도 그렇고, 소크라테스가 죽음도 불사한 진리도 이와 다르지 않다. 그렇다고 주관적 진리가 반드시 단독자에게만 한정된 특이한 것을 의미하지는 않는다. 단독자가 깊이 있게 깨친 것이지만 다른 사람들에게 통용될 수 있는 진리이기도 하다. 예수나 소크라테스는 많은 제자와 지지자들이 있었다. 그들의 진리에 대한 지지는 지금도 이루어지고 있다.

주관적 진리는 추상이나 보편성을 바탕으로는 얻을 수 없다. 객관적 진리는 누구에게나 통용되는 개념을 위하여 공통성을 추상하고, 이에서 비롯된 보편성을 띤다. 누구에게나 받아들여지고 인식되는 객관적 진리는 공통적이어서 개별적일 수 없고, 한계를 가질 수 없다. 그래서 개념에 기초한 지식이나 사회적 도덕의 규범은 단독자를 만들

---

18) 진리는 실재에 대한 주관적 관계로서 이해되어야 한다. 즉, 사유적 객관이 아니라 실제적인 생존으로서의 인간의 주관적 존재와 관계를 의미한다. 그러므로 영원한 진리는 결코 객관적으로 증명될 수 없으며 주관적 결단으로서만 실존적으로 파악된다. 이것이 진리는 주체성이라고 말한 그(키에르케고르)의 기본 사상이다(김하자, 2004: 58~59).

19) 키에르케고르를 유명하게 만든 '진리는 주관성'이라는 말은 키에르케고르가 지식의 성격 문제와 지식의 내면화 문제를 동시에 고려하였다는 것을 단적으로 보여준다. 키에르케고르에게는 인식의 주체가 실존 중에 있는 개인이라는 점이 무엇보다 중요한 고려사항이었다. 키에르케고르가 보기에 그 개인에게 중요한 것은 지식은 '무엇'인가 하는 문제가 아니라 그가 지식과 '어떻게' 관련을 맺는가 하는 문제였다. 이 '어떻게'라는 말의 구체적인 내용은 시간의 차원에 속해 있으면서 영원한 진리를 자기화하려고 몸부림치는 개인의 자세, '무한'에 대한 열정을 가지고 자기갱신을 위하여 몸부림치는 개인의 자세 바로 그것이다(임병덕, 1998: 134~135).

수 없는 것이다. 모든 사람에게 통용되는 보편성 때문이다. 보편성을 따르는 사람은 아브라함이 될 수 없다. 예수와 소크라테스가 가진 주관적 진리에는 진리를 획득한 개인의 개별적 속성이 깊이 자리 잡고 있다.

주관적 진리는 구체적 경험(사고)을 통하여 얻어진다. 순수한 마음으로 절대자 앞에 서서 자신만의 진리를 체득함으로 얻어진다. 아브라함은 하나님 예언의 실현을 직접 체험하여 얻었고, 예수는 여러 선지자의 활동과 스스로의 깨침을 통하여 진리를 마주하게 된다. 소크라테스는 선배들의 가르침과 자기반성을 통하여 주관적 진리를 얻었다. 이들이 얻은 주관적 진리는 당시 사람들이 동의하기 어려운 진리이다. 현재도 그런 경향은 있다. 아브라함의 마음, 예수와 소크라테스가 죽음으로 지켜낸 진리를 아직도 동의하기 어려운 점이 있는 것이다. 주관적 진리는 개인의 구체적 경험의 특성을 포함하기 때문이다. 그럼에도 우리가 이들을 따르는 것은 주관적 진리의 존재와 가치를 인정하기 때문이다.

주관적 진리는 자아와 관련된다. 자아는 자신이 누구인지를 자각하면서 드러난다. 자아는 자기 자신에 대한 규명으로 자기를 밝혀 인식한 결과의 산물이다. 신과 마주하든 진리와 마주하든 자기 자신이 누구인지를 밝혀 인식하는 과정에서 드러난다. 아브라함도 예수도 소크라테스도 주관적 진리를 확립하면서 자아를 갖게 되었다. 자아를 가지게 됨으로써 자기의 생각과 행동에 대한 분명한 의미와 가치를 이해한다. 그래서 다른 사람들과 주관적 진리를 함께 나누려는 의식을 가지게 된다. 자기에 대한 분명한 인식이 무엇을 해야 하는지를 밝혀주기 때문이다. 즉 주관적 진리를 확립한 단독자는 진리를 다른 사람들과 공유하기 위해 노력하게 된다. 그것이 자신을 죽음에 이르게 할지라도 말이다.

주관적 진리에 대해 두 가지 점을 생각해 볼 필요가 있다. 주관적 진리를 개인이 어떻게 획득하게 되는가와 학생이 주관적 진리를 획득하도록 교사가 어떻게 도와야 하는가이다. 이 두 가지 문제에 대해서는 키에르케고르가 이미 고민한 바가 있다. 물론 학생의 주관적 진리의 깨침과 교사가 학생이 주관적 진리를 깨치도록 돕는 일은 긴밀히 연관되어 있다. 주관적 진리의 깨침은 단독자가 주관적 진리를 깨치는 방법에서 유추할 수 있다. 이는 예수와 소크라테스의 도움을 받은 사람들이 어떻게 진리를 터득했는가에서 추론해 볼 수 있다. 주관적 진리를 깨치도록 돕는 일은 예수와 소크라테스가 주변 사람들이 주관적 진리를 자득하도록 하기 위해 무얼 했는가로 유추할 수 있다. 키에르케고르가 찾아낸 전자의 해답이 간접전달의 이중반사이다. 그리고 후자에 대한 해답이 미행이다. 이는 키에르케고르가 사람들에게 자신이 깨친 주관적 진리를 전달하려 한 방법도 이들과 관련이 있다고 할 수 있다.

## 다. 이중반사

이중반사는 단독자가 주관적 진리를 깨치는 간접전달의 주요 기제이다. 개인이 단독자가 되기 위해 진리를 깨치는 의식 활동이 이중반사인 것이다. 이중반사는 두 번 반사된다는 뜻이다.[20] 이 이중반사는 케에르케고르가 찾아낸 간접전달의 실제적인 의식 활동 방식이다.

---

[20] 반사는 reflection을 번역할 말로, '성찰'이나 '자신의 내면을 비추어 보는 것'의 의미를 담고 있다(이홍우·임병덕 역, 2003: 28, 30).

키에르케고르는 진리를 객관적 진리와 주관적 진리로 구분한다. '시저는 기원전 49년 루비콘 강을 건넜다'는 객관적 진리로 개인의 인식에 변화를 이루어내지 못한다. 그렇지만 '나는 실존한다'라거나 '신은 사랑이다'는 주관적 진리에 속한다(정영은 역, 2016: 42~44). 주관적 진리는 주체가 절대자나 절대적 진리를 대면하여 깨쳐 얻은 진리로써 주체에게는 실체적이다. 이 주관적 진리를 깨쳐 알게 되면 개인의 자아는 변화한다. 자기의 실존을 의식하거나 신의 사랑을 깨쳐 알게 되면 자아가 새롭게 정립되기 때문이다. 이 객관적 진리와 주관적 진리를 주체가 인식하는 의식 활동 방식이 이중반사이다.

이중반사에는 일차반사와 이차반사가 있다. 일차반사는 객관적 진리를 분별하여 인식하는 활동이다. 사람들은 다양한 삶의 장면에서 객관적 진리를 만나게 된다. 주변에서 일어나는 여러 가지 일들과 학습 활동 과정에서 객관적 진리를 인식한다. 이 객관적 진리는 주체에게 만나는 대상에 대한 정보나 지식의 형태로 주어진다. 이 객관적 진리는 대상을 강조하는 진리인 것이다(정영은 역, 2016: 43). 대상을 강조하는 진리는 그것의 진위를 따지는 기준은 외부에 존재한다. 사람들은 자신이 인식한 대상이 참인 경우에 진리라고 할 수 있다. 이 객관적 진리를 인식하는 일차반사는 인식 대상이 무엇(what)인가에 초점이 놓인다. 이는 이를 인식하는 사람의 자아와는 관련을 맺지 못한다.

이차반사는 주관적 진리를 깨치는 의식 활동이다. 깨친다는 말은 의식 내용에 변화를 전제하고 있음을 뜻한다. 즉 '분별하다'와도 대비되는 뜻으로 '본질이나 이치를 터득하여 자기의 의식과 연결한다'는 의미를 함의한다. 이차반사로 주관적 진리의 깨침은 절대적 진리를 대면한 개인의 의식 내부에서 일어나는 것으로 자아 갖기와 자기 실존을 의식하게 한다. 이 이차반사는 의식 내부에서 일어나기 때문에 외부적 기준으로 확인할 수 없다. 자신의 내부 기준을 가지고 스스로 자신을 밝혀 인식하는 것이다.21) 즉 스스로 참이라고 판단한 경우에 참인 진리가 된다. 그래서 이차반사는 주관적 진리를 자득하는 활동이면서 자아를 밝혀 자기 존재를 확인하는 것과 관련된다. 이 주관적 진리를 깨치는 이차반사는 어떻게(how) 인식하는가와 관련된다. 주관적 진리는 방법을 강조한다(정영은 역, 2016: 43). 이 주관적 진리의 깨침은 주체의 자아에 영향을 주고, 단독자가 되게 하는 것과 관련된다.

이 이차반사의 속성으로 간접전달이 성립한다. 간접전달은 곧바로 전달할 수 없는 것을 전달하는 의미를 담고 있다. 주관적 진리의 깨침은 주체적으로 이루어지는 것으로 한 개인의 삶에 대한 통찰이나 선택을 담고 있으며 사람마다 다를 수밖에 없다. 이는 전달할 수 없는 것을 전달해야 함을 의미하기도 한다(정영은 역, 2016: 29). 개인이 주관적 진리를 깨칠 수 있는 것은 개인의 노력만으로는 불가능하다. 키에르케고르가 볼 때, 예수와 소크라테스의 가르침이 사람들에게 주관적 진리를 터득할 수 있게 하였다. 예수와 소크라테스는 하나님의 사랑과 참된 지혜는 직접 가르쳐질 수 없다는 것을 알았다. 여기서 재구성된 교육 방법이 간접전달이고, 그 핵심 기제가 이차반사이다. 예수는

---

21) "주관적 진실(진리)에는 객관적 기준이 존재하지 않는다. 그럼에도 키에르케고르는 주관적 진실을 가장 중요하게 여겼다. 주관적 진실은 대상보다 방법을 강조한다. 주관적 진실이야 말로 우리 안에 늘 존재하는 규정하기 어려운 그 '무리수'와 필연적으로 연관되어 있으며, 그런 의미에서 이는 실존적 진리이다. 이러한 진리에서 중요한 것은 객관적 사실이 아닌 가치, 나아가 가치의 토대이다."(정영은 역, 2016: 44) "여기서 무리수는 귀머거리를 뜻하는 라틴어 단어인 Surdus에서 왔으며, 모든 분석이 끝난 후에도 남아 있는 표현하기 어려운 형질이나 비이성적인 잔여물을 의미한다. (…중략…) 키에르케고르에게 실존은 무리수와 같은 것이다."(정영은 역, 2016: 139)

하나님 사랑을 기적적인 일과 비유적 언어 표현으로 다른 사람들이 깨우칠 수 있도록 이끌었다. 소크라테스는 지혜를 가졌지만 자신이 모른다는 것만 안다고 말하며 아테네 청년들이 스스로 지혜를 깨우치도록 이끌었다.22) 주관적 진리는 직접전달이 될 수 없기 때문이다.

이차반사를 통한 주관적 진리의 깨침은 실존과 관련된다. 주관적 진리를 깨쳐 안다는 것은 주체가 자신을 규명하여 밝히는 일이다. 주관적 진리는 인식 주체의 의식과 불가분의 관계에 있다. 주관적 진리를 깨쳤다는 것은 깨친 사람의 의식 내용이 주관적 진리로 채워졌음을 의미한다. 이는 자신이 현재 존재 상태를 밝혀 알 수 있게 만들어 준다. 자신의 실존을 경험하게 해주는 것이다. 이 실존은 자아에 기초한다. 자신이 누군지를 밝혀 규정한 것이 자아라면 이 자아의 밝힘이 실존을 가능하게 하는 것이다. 이차반사가 이루어져서 주관적 진리를 깨치게 되면 주체는 자아의 밝힘과 실존을 이루게 되는 것이다.

이중반사의 이차반사는 개인의 과제이다. 절대적 진리 인식한 주체가 자신의 의식 내용으로 생성하는 의식 활동은 그만이 할 수 있다. 주체의 의식 내부에서 절대적 진리를 의식적 조건 속에서 확인하고 판단하여 자신의 의식 내용을 성찰하고 생성하는 활동이기 때문이다. 이차반사는 자기의 의식 내용을 생성하는 과정이면서 자아를 새롭게 정립하는 활동이다. 자기의 의식 내용을 새롭게 하면서 자기에 대한 인식을 바꾸는 과정이다. 즉 자아를 새롭게 밝혀 규정하면서 자기의 존재를 인식하여 실존하는 활동이다. 이 의식 활동은 주체가 주체적으로 이루어 내야 한다.

---

22) 임병덕(1998)에 따르면 케이르케고르는 예수를 교육 행위를 '패러독스'로 설명하고, 소크라테스의 교육 행위를 '아이러니'로 설명한다.

## 라. 미행

간접전달이라는 말에는 '간접'의 의미와 '전달'의 의미가 서로 다른 것을 지시한다. 간접은 깨침의 주체와 관련이 있고, 전달은 깨침을 돕는 주체와 관련이 있다. 이중반사의 의미를 살필 때 이차반사의 개념 속에 간접이라는 의미가 부각된다. 이때 전달이라는 말은 뒤에 숨어 있다. 이 전달의 의미는 건네주는 것이고, 돕는 것이며 알려주는 것이다. 전달은 간접의 의미에 포함된 주관적 진리를 개인이 깨칠 수 있도록 단서를 제공하는 행위를 지시한다. 키에르케고르의 간접전달은 Indirect Communication을 번역한 말이다. 여기서 간접이라는 말 (Indirect)은 주체가 알아서 하라는 의미를, 전달(Communication)은 암시적으로 조금 또는 미약하게 '건넴'의 의미가 들어 있다. 이런 간접전달은 주체가 주관적 진리를 깨칠 수 있도록 드러나지 않게 살짝 도움을 제공하는 것을 의미한다.

이 간접전달 수행 방법을 키에르케고르는 미행(incognito)이라고 하였다. 미행은 미복잠행(微服潛行)으로 "지위가 높은 사람이 무엇을 몰래 살피기 위하여 남루한 옷차림을 하고 남모르게 다님"(『표준국어대사전』)을 의미한다. 키에르케고르가 간접전달을 생각해낸 것은 예수와 소크라테스의 교육 방법에서였다. 예수와 소크라테스의 교육 행동을 보면 미행의 특성을 알 수 있다. 임병덕(1998: 34~35)에 따르면, 키에르케고르는 헤겔의 소크라테스의 교육 행위에 관한 규정인 아이러니를 그대로 받아들였다. 헤겔과 키에르케고르의 아이러니는 학생의 무지를 일깨우고 학생에게 지식에 대한 열정을 불러일으키기 위하여 사용된 '의식적 무지' 또는 '가장된 무지'를 가리킨다. 소크라테스는 지혜가 있음에도 불구하고 무지한 자로 학생들과 대화했다. 이

대화를 통하여 학생이 자신의 견해를 말하는 과정에서 스스로 모순에 빠지도록 만들어 무지를 일깨웠다는 것이다. 소크라테스는 대화를 통하여 학생이 모르게 도움을 주어 주관적 진리를 깨칠 수 있도록 한 것이라 할 수 있다.

키에르케고르는 예수를 '신과 동일한 인간'으로 보았다(임병덕, 1998: 76). 신과 동일한 인간인 예수가 인간을 가르치기 위해서는 스스로 인간과 동일한 존재가 되어야만 했다. 신으로서의 예수가 사람들에게 나타나면 사람들은 스스로 진리를 깨치게 하는 일이 어렵게 되기 때문이다.[23] 신과 동일한 예수이지만 사람들 앞에서는 동일한 사람으로서 사람들이 깨칠 수 있는 진리의 단서를 제시했다. 진리는 신이 건네는 것이고, 개인은 이차반사로 자기화해 자득할 수 있기에, 예수가 할 수 있는 일은 진리에 대한 단서를 제공하는 것이다. 예수가 진리의 단서만을 제공하는 것은 신의 진리를 사람들에게 바로 제시하면 사람들은 그 진리를 곧바로 깨칠 수 없어 외면하기 때문이다. 즉 예수는 언어적 비유나 풍자, 시적 표현으로 드러나지 않게 살짝 도움을 준거이라 할 수 있다(정영은 역, 2016: 32~33). 예수와 소크라테스의 교육 방법은 이와 같이 모두 미행의 방법을 사용하고 있다.[24]

---

23) 예수는 학생과 절대적으로 상이한 존재인 만큼 학생과 진정한 상호이해에 도달하기 위해서는 학생의 처지로 내려와서 동등한 존재로서 되지 않으면 안 되었다. 학생에 대한 예수의 사랑은 그가 인간으로 된 동기인 동시에 그 목적이다. 인간에 대한 사랑 때문에 예수는 가장 미천한 자조차도 자신과 동일하다고 느낄 수 있도록 '종의 모습'으로 나타났다. 이 '종의 모습'은 예수의 신성을 '눈에 보이지 않게' 감추었다(임병덕, 1998: 81~82).

24) 키에르케고르에 따르면 예수는 의도적으로 균형을 깨는 의사소통법을 활용한다. 이는 인간과 진리 사이를 가로막고 있는 인간의 자만심과 안일한 태도를 무너뜨리기 위한 것이다. 이런 방식은 예수의 목적을 달성하는 데 필수적이다. '가르침'은 객관적인 지식의 형태로 전달될 수 없으며, 말씀을 듣는 자가 그에 담긴 '교훈'을 경청한 후 그 교훈에 담긴 역설적인 힘으로 자기 자신을 되돌아봄으로써만 얻을 수 있기 때문이다. 이는 소크라테스의 방법과도 유사하다(정영은 역, 2016: 33).

이 미행은 학생이 주체적으로 주관적 진리를 깨칠 수 있게 하는 교사의 자세이면서 교육의 방법이다. 미행은 알아야 할 것을 직접전달하는 것이 아니며, 학생이 깨쳐야 할 것을 자득할 수 있도록 돕는 것이다. 학생이 진리를 자득할 수 있도록 관계적, 인지적, 조건적 상황을 만들어 줌으로써 학생을 교육하는 방법이다. 즉 학생의 이차반사를 돕는 방법이다. 교사의 미행을 통하여 학생은 주관적 진리를 자득해 단독자로 설 수 있다. 미행은 학생이 주관적 진리를 자득할 수 있도록 하는 교사의 자세이면서 지도 방법이다.

## 3. 자득적 읽기의 교육

키에르케고르가 제시한 참된 기독교인은 단독자를 의미한다. 단독자는 절대자와 마주한 개인의 내면 의식으로, 자아로 규정되고 실존으로 실현된다. 이 단독자는 주관적 진리를 자득한 주체적 의식이다. 단독자가 참된 기독교인의 속성이다. 이 단독자를 읽기 교육에서 참된 독자와 대비할 수 있다. 학생이 참된 독자가 되기 위해서는 텍스트의 진리를 주체적 의식의 내용으로 자득하는 것이 필요하다. 즉 간접전달 읽기의 실현으로 주체적 의식을 가진 자아를 이루어 내야 한다. 이를 위한 읽기 교육은 학생이 간접전달 읽기를 할 수 있도록 이루어져야 한다. 현재 이루어지고 있는 읽기 교육은 학생을 참된 독자로 지도하기 위한 논리적 기초가 부족하다. 텍스트 이해에서 독자의 역할을 강조하고는 있지만 텍스트의 진리를 주체적 의식의 내용으로 자득하는 독자의 교육에는 이르지 못하고 있다. 독자 중심 읽기 교육의 관점을 간접전달 읽기의 관점에서 비판적으로 검토하고, 간접전달 읽기 교육의 접근 방향을 살펴본다.

## 가. 독자 중심 읽기 교육에 대한 반성

현재 학교에서의 읽기 교육은 독자 중심 관점에서 이루어지고 있다. 독자 중심 읽기 관점은 인지심리학적 연구에 그 토대를 두고 있다. 이 독자 중심 읽기 관점에서는 읽기를 배경지식과 읽기 기능을 활용하여 의미를 구성하는 활동으로 본다.[25] 이때 독자의 배경지식은 의미 구성의 본질적 요소로 여겨지고, 읽기 기능은 활동적 요소 여겨진다. 독자의 의미 구성에서는 본질적 요소가 중심이 되지만 활동적 요소의 작용이 있어야 한다. 이 본질적 요소는 독자 개인의 인지 내용 속성이고, 활동적 요소는 독자들의 공통적 인지 활동 속성이다. 그래서 독자가 구성한 의미는 본질적 요소의 영향으로 개별성을 갖고, 의미 구성 과정에서 이루어지는 인지 활동은 독자 간에 동질성을 갖는다.

2022 국어과 교육과정의 읽기 영역 내용 체계표를 보면, 읽기 교육에서는 읽기를 문제해결 활동으로 규정한다.[26] 이는 독자의 읽기 능력을 읽기 과정에서 부딪히는 인지적 문제를 해결하는 능력으로 봄을 의미한다. 이런 인식은 읽기 교육에서 활동적 요소인 읽기 기능을

---

[25] 이는 2022 국어과 교육과정의 읽기 영역의 내용 체계표를 보면 확인할 수 있다. '핵심 아이디어'를 보면, '읽기는 독자가 자신의 배경지식이나 경험을 활용하여 언어를 비롯한 다양한 기호나 매체로 표현된 글의 의미를 능동적으로 구성하는 행위이다'라고 되어 있다 (국가교육과정정보센터, ncic.re.kr).

[26] 내용 체계표의 '핵심 아이디어'에 '독자는 읽기 과정을 점검·조정하며 읽기 과정에서 부딪히는 문제를 해결하기 위해 적절한 읽기 전략을 사용하여 글을 읽는다'로 되어 있다(국가교육과정정보센터, ncic.re.kr).

강조하게 한다. 읽기 기능이 독자의 인지적 문제를 효과적으로 해결하게 하는 기제이기 때문이다. 이 관점의 읽기 능력은 독자가 텍스트의 진리와 대면하여 주체적 의식 내용을 마련하는 것과는 관련성이 낮다. 이 관점에서 독자가 구성한 의미는 배경지식의 작용으로 생성된 산출물일 뿐, 독자 자아의 의식 내용으로 초월하는 자득으로 이어지지는 못한다. 간접전달의 관점에서 독자 중심 읽기 교육의 문제점을 몇 가지 보면 다음과 같다.

첫째, 독자 자아에 대한 고려가 부족하다. 간접전달의 관점에서 볼 때, 독자 중심 읽기 교육은 독자 자아에 관심을 둘 수 있는 논리적 토대가 분명하지 않다. 독자 중심 접근의 이론적 토대인 인지심리학에서는[27] 자아가 관심 대상이 아니다. 이로 인해, 독자 중심 읽기 교육의 접근은 독자 자아보다는 읽기 능력과 의미 구성에 관심을 둔다. 읽기 능력을 위해 읽기 기능을 강조하고, 의미 구성을 위해 배경지식을 강조한다. 의미 구성이 독자 자아와 관련이 있어 보이지만 자아의 의식 내용을 새롭게 하는 것과는 거리가 있다.[28] 독자 중심 읽기 교육에서 의미 구성을 통하여 독자 자아의 의식 내용을 새롭게 할 수 있는 교육적 수단을 가지고 있지 못한 것이다.

둘째, 독자 중심 접근은 주관적 진리의 근거인 텍스트의 진리를 간과한다. 독자의 주관적 진리는 텍스트의 진리에서 비롯된다. 텍스트가 텍스트로 존재하는 근거는 독자에게 가치 있는 진리를 담고 있

---

27) 사실 읽기는 필자가 의도한 의미의 원형을 구성하기 위한 문제해결 전략을 비롯한 여러 가지 전략을 의식적·무의식적으로 사용하는 복잡한 행동이라 할 수 있다. 이러한 읽기의 정의는 최근 인지심리학을 비롯한 학문의 영향을 받은 것으로, 읽기 과정에 대한 관심을 집중시켰다(최현섭 외, 2002: 310).
28) 읽기에서 독자의 의미 구성과 자아의 의식 내용 생성과의 관계에 대한 논의는 김도남 (2018b: 37~41)을 참조할 수 있다.

기 때문이다. 독자가 텍스트를 읽는 근원적 이유는 이 가치 있는 진리와 대면하기 위해서이다. 독자가 텍스트에서 대면한 가치 있는 진리는 독자에게 텍스트 진리가 된다.[29] 독자 중심 접근에서는 이 진리에 관심을 집중하지 않는다. 텍스트의 의미를 독자가 결정하는 것으로 보기 때문이다.[30] 텍스트 진리는 독자가 배경지식이나 자의로 결정되는 것이 아니다. 교사의 도움으로 단서를 찾아 독자가 밝혀 직접 대면해야 하는 것이다. 그리고 이 진리에서 독자는 주관적 진리를 생성한다. 독자가 텍스트 진리와 대면하기 위해서는 텍스트와의 깊이 있는 소통이 필요하다.

셋째, 독자 중심 접근은 텍스트 이해를 독자 자아의 의식 내용과 연결하는 방법이 없다. 의미 구성은 진리의 자득과는 다르다. 텍스트를 읽고 독자 나름의 의미를 구성하는 방법과 텍스트에서 진리를 찾아 자신의 의식 내용으로 자득하는 방법은 다르다. 의미 구성은 독자의 마음이 가는 대로 의미를 생각해 내면 된다.[31] 반면, 진리의 자득은 독자가 텍스트에서 진리를 찾고, 그 진리를 이차반사하여 자아의 의

---

29) 여기서 말하는 텍스트의 진리는 텍스트 중심의 필자 생각이나 느낌 또는 주제(정동화·이현복·최현섭, 1987: 265, 402)를 의미하는 것은 아니다. 텍스트를 읽는 독자가 대면하게 되는 텍스트 내용의 본질(본질적 진리)로 주관적 진리의 토대가 되는 대상이다.

30) 실제 읽기 과정에서 독자는 철자나 단어와 같은 낮은 수준의 자원으로부터 정보를 획득하기도 하지만, 또한 독자는 인간, 자연, 사물 등에 대한 그의 배경지식, 그리고 텍스트의 구성과 조직에 대한 지식을 활용하여 의미를 구성하기도 한다. 텍스트는 의미의 본체가 아니다. 텍스트는 독자가 의미를 구성할 때 그의 배경지식을 선정하고 조직하는 데 필요한 의미 구성의 자극체일 뿐이다(노명완·박영목·권경안, 1994: 198).

31) 인지심리학의 영향을 받아 1980년대 이후 등장한 최근의 읽기 관에 따르면 읽기는 독자가 이미 가지고 있는 개념을 조작하여 새로운 의미를 구성하는 것으로 본다. 이것은 텍스트를 구성하는 요소를 기반으로 하여 이해가 이루어지는 것이 아니라, 독자의 지식구조를 중심으로 하여 여러 가지 단서를 효율적으로 사용하여 이해가 이루어진다고 본다. 이것은 글 자체가 독자적인 의미를 구성하는 것이 아니라 독자가 글에 접근할 때 비로소 의미를 갖게 된다는 독자 중심적 사고의 결과물로 이해(comprehension) 중심의 읽기 관이라 할 수 있다(최현섭 외, 2002: 307~308).

식 내용으로 생성해야 한다. 의미 구성이 의식의 표층으로 생각의 내용을 끄집어내는 것이라면 진리 자득은 의식의 심층으로 생성한 자아의 의식 내용을 밀어 넣는 것이다. 생성은 독자 자아의 의식 내용을 새롭게 만드는 일이다. 독자 중심 접근에서는 이 진리 자득을 강조하지 않는다.

넷째, 독자 중심 접근에서 교사의 역할은 외면적이다. 읽기를 지도하는 교사는 읽기 기능을 학생에게 전수해 주는 역할을 한다. 읽기 기능의 전수는 교사가 하는 대로 학생이 따라 하고 교사가 하는 것과 같이 학생이 할 수 있어야 한다.32) 읽기 기능의 교육은 교사가 학생에게 동질의 것을 전달하는 것으로 이루어진다. 이는 학생이 텍스트에서 진리를 발견하고 그것을 주관적 진리로 형성하는 활동과는 거리가 있다. 학생이 주관적 진리를 갖게 하기 위해서 교사는 학생의 의식 내면으로 들어가야 한다. 교사는 학생이 텍스트에서 진리를 탐구하고 발견하여 규명할 수 있도록 조건을 만들고, 발견한 진리를 자아의 의식 내용으로 만들 수 있는 단서를 제공하는 역할을 해야 한다.

간접전달 교육의 관점에서 본 독자 중심 읽기 교육의 이러한 문제점을 간접전달 교육의 관점에서 대안을 찾을 수 있다. 간접전달 교육의 관점에서 독자가 텍스트를 읽고 자아의 의식 내용을 마련하는 읽기 교육에 접근하기 위해 우선 고려해야 할 요소가 있을 수 있다. 키에르케고르의 간접전달 교육의 관점에서 읽기 교육이 관심을 두어야 할 몇 가지 점을 검토해 보면 다음과 같다.

---

32) 읽기 기능을 지도하기 위한 대표적인 교수학습 모형이 직접 교수 모형이고, 이 모형은 현재도 국어과의 중요하게 사용되고 있다.

## 나. 자득적 읽기 교육의 방향

간접전달의 방법을 반영한 읽기를 자득적 읽기라고 할 때, 자득적 읽기 교육에서 관심을 가져야 할 요인을 생각해 볼 수 있다. 이는 앞에서 살펴본 독자 중심 읽기 관점의 문제점에 대한 대안적 내용이 될 수 있다. 자득적 읽기 교육의 방향을 구체적으로 살펴본다.

### 1) 독자 자아의 인식 활동에 집중하기

간접전달 교육 방법의 핵심은 자아의 의식 내용을 생성하는 데 있다. 자아의 의식 내용의 생성은 학습자를 참된 존재자로의 변화할 수 있게 한다. 독자가 텍스트를 읽는 근본 목적도 자아의 의식 내용을 새롭게 하기 위해서이다. 간접전달 방법을 읽기에 적용하는 것은 읽기의 근본 목적에 부합하기 위한 것이다. 간접전달 읽기는 독자가 텍스트에 내재되어 있는 본질적 진리[33])로부터 자신의 주관적 진리를 깨치는 활동이다. 주관적 진리는 이중반사를 통하여 깨치게 되는데, 독자가 개별 텍스트를 읽고 깨치는 주관적 진리는 '주체적 지식'[34])이

---

33) '본질적 진리'는 독자가 텍스트에서 대면한 진리로 단독자가 대면한 절대적 진리와 대비되는 용어이다. 텍스트에서 독자가 대면한 진리를 절대적 진리라고 하기보다는 본질적 진리라고 할 때 그 의미가 잘 전달된다.

34) 주체적 지식이라는 말은 주관적 진리를 구체화한 말이다. 주관적 진리가 개인이 깨친 진리를 일반적으로 지시하는 말이라면 주체적 지식은 개인이 깨친 진리의 개별적인 지시이다. 주체적 지식은 주체적 진리라는 말로 표현할 수도 있다. 그런데 주체적 지식이라는 표현을 사용하는 것은 그 구체성 때문이다. 학생이 텍스트를 읽고 깨친 것을 주체적 진리라고 하게 되면 학생이 깨친 의식 내용의 추상적 특성을 가리키는 면이 있다. 그렇지만 주체적 지식이라고 하면 학생이 깨친 의식 내용의 구체적인 속성을 부각할 수 있다. 지식의 사전적 뜻도 "어떤 대상에 대하여 배우거나 실천을 통하여 알게 된 명확한 인식이나 이해"(『표준국어대사전』)이다. 그래서 여기서는 주체적 지식이라는 용어를 사용한다.

라는 말로 바꾸어 표현할 수 있다. 주체적 지식이라는 말이 독자가 깨친 의식 내용을 지시하는 데 구체성을 갖기 때문이다. 독자가 텍스트를 읽고 주체적 지식을 갖는다는 것은 자아를 밝혀 갖는 것과 같다. 단독자가 절대자 앞에서 자신이 누구인지를 밝혀 알듯, 주체적 지식을 깨침은 독자가 텍스트의 본질적 진리에서 자기에 대한 의식을 밝혀 갖게 한다. 즉 주체적 지식은 독자 자신이 어떤 존재인지, 즉 자아를 밝혀 알게 한다. 독자의 주체적 지식이 자아의 의식 내용을 이루면서 자아를 자각하여 규명하게 되는 것이다.

간접전달 읽기 교육은 학생 독자가 자아를 밝혀 가질 수 있도록 해야 한다. 학생이 자아를 갖는 것은 객관적 진리를 얻는 것에서 오는 것이 아니라 주관적 진리를 깨치는 것에서 온다. 텍스트에 나타나 있는 내용을 객관적 진리로 이해하게 하는 것에 교육의 초점을 맞추게 되면, 학생의 읽기 활동은 대상에 대한 지식의 구성에 머물고 만다. 독자가 자아를 발견할 수 있는 계기를 갖지 못하기 때문이다. 독자가 자아를 갖게 하기 위해서는 주체적 지식을 깨칠 수 있도록 해야 한다. 텍스트의 본질적 진리를 대면할 수 있게 하고, 의식 내용을 새롭게 생성할 수 있도록 해야 하는 것이다. 텍스트의 본질적 진리는 텍스트 내용에서 독자가 교사가 주는 단서를 활용해 주체적으로 탐구함으로써 찾을 수 있다.

독자가 자아를 밝혀 가지기 위해서는 교육활동이 독자 자아에 관심을 집중할 수 있게 이루어져야 한다. 그래서 독자가 자아의 의식 내용을 생성하도록 이끌어야 한다. 독자의 자아 인식과 자아의 의식 내용 생성은 읽기 교육이 독자의 주체적 지식에 관심을 둘 때 가능해진다. 읽기 교육이 관심을 두면 학생 독자들이 이들 문제에 의식을 집중하기 때문이다. 독자의 주체적 지식에 관심을 가지면 텍스트의 본질적 진리를 찾기 위한 활동과 자아의 의식 내용을 생성하는 활동하게 된다. 교육적 관심이 집중되는 방향으로 학생의 활동이 이루어지기 때문이다. 이 자아에 관심을 집중하는 읽기 교육활동은 학생 독자가 자아의 의식 내용을 생성하고, 자아를 확인하여 갖게 한다.

예를 들면, 초등학교 4학년 국어 교과서의 〈동물 속에 인간이 보여요〉를 읽을 때를 생각할 수 있다. 이 글에서는 사람은 동물과 다르다고 생각하지만 사람도 동물에 속한다고 말한다. 또한 지구상에 인간이 가장 늦게 생겨났다면서 인간이 동물보다 뛰어난 점도 있지만 동물과 인간은 닮은 점이 많다고 밝힌다. 동물도 의사소통에 필요한 기호를 가지고 있고, 아픔과 슬픔을 마음으로 느끼는 감정이 있으며, 가족을 보살피고 다친 동료를 돌볼 줄 안다고 한다. 사람이 대단한 것은 맞지만 그 대단함을 인간이 혼자 이루어 낸 것이 아니라는 것이다. 그래서 사람들은 지구를 이루고 있는 다양한 생명에 대해 겸손한 마음을 가져야 함을 주장한다. 이 글을 읽는 활동에서 교사는 학생에게 동물에 관한 자아의 의식 내용을 인식하고, 의식 내용을 점검하게 할 수 있다. 학습 활동의 초점을 동물에 대한 자아의식 내용에 두게 되면 학생들은 자아의 의식 내용에 집중하게 된다. 학습 독자가 자아에 관심을 갖고, 자아의 의식 내용에 집중할 수 있는 계기가 주어지면 주체적 지식으로의 접근이 가능해진다. 자아에 초점을 둔 학습 활동 속에서 독자는 주체적 지식을 얻는 방법을 사용하게 되는 것이다. 이로써 텍스트 읽기를 통한 독자 자아의 의식 내용 변화의 토대를 만들 수 있다.

독자가 텍스트를 읽고 자아를 갖게 하는 주요 활동으로 '자각, 점검, 정립'을 상정해 볼 수 있다.[35] 자각은 독자가 텍스트를 읽으면서 텍스트 내용과 대비되는 자아를 알아차리는 활동이다. 〈동물 속에 인간이 보여요〉을 읽으면서 독자는 동물에 대한 필자의 의식 내용 또는 동물에 대한 다른 사람이나 자기의 의식 내용을 떠올릴 수 있다. '나는 동물에 대하여 어떤 마음을 가지고 있지?, 동물과 나는 어떤 관계에 있다고 생각하고 있지?' 등의 질문을 하면서 동물에 대한 자아의식을 떠올릴 수 있다. 독자는 의식 속에 떠오르는 이 자아의식에 집중하면 자아를 자각할 수 있다. 그리고 수업 활동에서 교사가 학생에게 자아의 의식 내용에 관심을 집중할 것을 요구하면 학습 독자의 자아 자각은 당연한 일이 된다.

점검은 독자가 자아의 의식 내용을 검토하는 활동이다. 텍스트 진리와 대비되는 자아의식 내용을 검토함으로써 자아를 발견할 수 있다. 텍스트 내용에서 사람들의 동물에 대한 인식, 동물들의 속성(감정과 마음), 사람과 동물 관계의 본질, 자기 존재의 의미 등에 대한 진리를 인식할 수 있다. 독자가 관심을 두는 대상에 따라 진리는 다양할 수 있다. 이 인식된 진리의 내용에 독자가 자아의식 내용을 견주어 보는 것이다. 이 견주어 보는 활동을 통하여 독자는 텍스트 진리와 관련된 자아의 의식 내용을 구체적으로 검토할 수 있다. 자아의 의식 내용을 검토하게 되면 독자는 자아를 분명하게 점검할 수 있다. 독자가 텍스트의 진리와 대비하여 자아를 점검하게 되면 자아의 의식 내용을 새롭게 생성하려고 한다. 자아의식 내용의 부족함을 알았기 때문이다.

정립은 독자가 새로운 자아를 규정하는 활동이다. 이 정립 활동은 독자가 자아의 의식 내용을 생성하는 활동과 의식 내용을 확인하는

---

35) 임영선(2018: 38~47)은 주관적 지식 형성을 위한 지도 단계를 객관적 읽기, 관계적 읽기, 주관적 읽기로 나누었다. 이 논의는 이 관점을 수용하여 3단계의 활동을 재설정하였다.

활동을 포함한다. 생성하는 활동에서는 독자가 텍스트의 본질적 진리를 토대로 자아의 의식 내용을 새롭게 만든다. 이를 통하여 독자는 자아의 의식 내용을 가질 수 있게 된다. 그리고 의식 내용을 확인하는 활동에서는 독자가 생성한 자아의 의식 내용을 분별하여 자아를 밝히는 활동을 한다. 새롭게 생성한 자아의식 내용을 따져보고 확인하여 자아를 규정하는 것이다. 이 자아 규정을 통하여 독자는 자아를 분명하게 정립하여 가질 수 있다. 동물에 대하여 새로 생성한 주체적 지식을 점검하여 자아를 규정함으로써 동물과 관계된 자아를 분명하게 정립하게 되는 것이다. 그 결과 독자는 동물에 대한 자아를 새롭게 갖게 된다.

학생 독자가 자아의 의식 내용을 정립하여 갖는 활동은 혼자서 스스로 할 수는 없고, 교사의 도움을 받아 그 방법을 익혀야만 할 수 있다. 교사는 학생의 주체적 지식을 깨치는 데 필요한 조건과 단서를 만들어 이차반사를 할 수 있는 미행을 실행해야 한다. 텍스트 내용에 동의는 하지만 자아의 의식 내용을 새롭게 정립할 의도는 갖지 않는다. 읽기 교육이 학습자의 자아 외부 대상에 관심을 집중하게 해서는 자아를 확립하여 갖게 하기는 어렵다. 현재 독자 중심 읽기도 독자 자아의 외부 대상을 지향하는 읽기이다. 독자가 텍스트를 읽고 구성하는 의미 자체가 외부 대상에 속하기 때문이다. 의미 구성 활동이 독자의 이차반사가 아니라 일차반사의 다른 형태이다. 즉 구성된 의미는 독자의 주체적 지식이 아닌 것이다. 읽기 교육이 독자 자아의 의식 내용 생성을 지향할 때 참된 독자를 길러낼 수 있다.

## 2) 독자의 주체적 지식 생성 강조하기

읽기 교육에서 독자의 자아 갖기를 위하여 관심을 가져야 할 것이 주체적 지식이다. 주체적 지식은 독자가 텍스트를 읽고 깨친 주관적 진리이다. 이 주체적 지식은 독자의 자기의식이면서 자아의 의식 내용을 이룬다. 다시 말하면, 주체적 지식은 독자가 텍스트의 본질적 진리를 이차반사를 거쳐 자득한 독자 자아의 의식 내용이다. 즉 독자가 텍스트를 읽고 자기 내면에 주체적으로 밝혀 놓은 자기의식의 내용이다. 이 자기의식의 내용이 단독자를 만들고, 자기 생각과 판단에 신념을 가지게 한다. 독자는 이 자기의식으로 인해 참된 독자가 된다.

독자가 자기의식으로 자아를 규명하는 활동에는 다른 사람이 직접 관여하기 어렵다. 키에르케고르는 그래서 이를 간접전달이라고 했다. 소크라테스나 예수의 교육 방법과 같이 학생이 진리를 깨칠 수 있는 단서와 조건을 제공하는 것이 교육에서 해야 할 일이다(임병덕, 1998: 23). 소크라테스는 무지를 가장하여 학생의 생각에 논리적 모순을 지적함으로써, 예수는 신의 대리자의 모습을 감추고 다양한 표현의 방법을 활용하여(정영은 역, 2016: 32~33) 사람들이 진리를 알 수 있게 하였다. 이는 주체적 지식이 교사의 직접전달로 얻을 수 없는 것임을 의미한다. 주체적 지식은 교사가 제시하는 조건과 단서를 토대로 학생이 이차반사와 자득을 통하여 얻어야 한다. 즉 독자가 주체적 지식을 깨치기 위해서는 이차반사와 자득의 과정을 거쳐야 한다.

주체적 지식은 자아의 의식 내용과 동질성을 갖는다.[36] 독자가 텍

---

[36] 자아의 의식 내용이 전체적이라면 독자가 텍스트를 읽고 깨친 주체적 지식은 부분적이다. 텍스트 이해의 면에서 보면 주체적 지식이 자아의 의식 내용을 구성하고 변화하게 하므로 이 두 가지는 동질적이다.

스트를 읽고 자아를 밝혀 규명한 정도가 주체적 지식이 되기 때문이다. 〈동물 속에 인간이 보여요〉을 읽은 초등 독자는 동물과 인간과의 관계를 바탕으로 주체적 지식을 깨침으로써 자기의 의식 내용을 갖게 된다. 독자가 밝혀 갖게 된 주체적 지식은 자기의식인 자아와 동전의 양면처럼 함께 한다. 이 둘은 본질은 같지만 드러나는 면이 다른 것이다. 주체적 지식이라고 할 때는 텍스트 쪽을 향하고 있는 면이고, 자아라고 할 때는 의식의 내부 쪽을 향하고 있는 면이다. 텍스트 쪽을 향한 주체적 지식은 진리의 인식과 그 진리 인식의 깊이에 따라 속성을 달리한다. 텍스트의 어떤 진리와 연결되었는가와 얼마만큼 깊이 있게 진리를 자득하여 자기화하였는가에 따라 그 속성이 결정된다. 의식의 내부 쪽을 향하는 자아는 자기 존재적 규정과 실존적 의식을 결정하는 속성을 갖는다. 자신이 어떤 의식 내용을 지니고 있는지를 밝혀 의식하고, 세상을 어떻게 바라보고 어떤 생각으로 무엇을 실현해야 하는지를 정하는 것이다. 의식 내부 쪽을 향한 면은 독자의 존재를 밝혀 인식하게 하고, 독자가 어떤 실존적 존재자가 되어야 하는지를 규정한다.

읽기 교육에서는 주체적 지식의 깨침과 자아의 갖기를 함께 다루어야 한다. 주체적 지식은 학생 입장에서 텍스트로부터 무엇을 얻을 것인가와 관련된다. 자아 갖기는 주체적 지식에서 자기에 대한 의식 내용을 어떻게 규정할 것인가와 관련된다. 이는 학생이 읽기 교육을 통하여 읽기를 어떻게 할 것인가를 배우는 문제이다. 읽기 교육에서는 주체적 지식의 깨침과 자아 갖기는 동시적으로 이루어지지만, 논리적인 관계로 정리하면 주체적 지식이 먼저이고, 자아 갖기가 나중이다. 독자는 먼저 텍스트에서 주체적 지식을 깨쳐 얻고, 자아 갖기를 수행해야 한다. 이 말은 독자가 주체적 지식을 깨치는 연장선에서 자아를 밝혀 규명하게 해야 한다는 의미이다. 다시 말하면, 독자는 주체적 지식을 깨치고 자기의식을 성찰하고 확인함으로써 새 자아를 갖게 된다.

주체적 지식은 독자의 실존과도 관련된다. 키에르케고르에 따르면 실존은 가능성이 현실로 구현되는 과정에서 발생한다.[37] 독자는 자아의 변화 가능성을 텍스트를 통해 실현하는 과정에서 실존하게 되는 것이다. 이는 주체적 지식과 자아 갖기의 사이에서 일어나게 된다. 주체적 지식을 깨쳐 얻으면서 자아를 갖는 과정 속에서 독자는 자신이 현재 존재함을 인식하는 것이다. 이 실존은 현재의 자기에 대한 의식적 인식과 관련된다. 내가 지금 나를 의식하고, 확인하여 인식하는 활동이 실존이다.[38] 데카르트는 생각을 하고 있음으로 존재한다고 말하지만 키에르케고르는 생각하는 것 자체도 의심스러움이 있다고 말한다(정영은 역, 2016: 60~61). 우리의 의식(생각)은 가능성과 현실 사이에 부단히 변화하는 과정 속에 불안하게 존재하기 때문이다. 가능성은 관념적이고, 언어로 표현될 수 있어 존재하지 않으면서/그렇지 않은 것으로 추상성을 갖는다. 반면 현실은 실재적이고 감각적인 것으로 존재하는 것/그러한 것으로 구체성을 띤다(정영은 역, 2016: 60). 가능성과 현실의 결합으로 이루어지는 의식은 그 내적 특성이

---

37) 키에르케고르의 실존적 가능성의 개념은 아리스토텔레스의 잠재성 개념에 뿌리를 두고 있다. 아리스토텔레스는 현실성을 잠재성·가능성에 우선한다고 본 것에 대하여 키에르케고르는 가능성이 우선한다고 보았다. 되어가고 있는 존재인 실존은 가능성이 현실성에 우선하고 있기 때문이다. 인간은 가능성으로부터 현실성에로의 운동을 되풀이하여 열려 있는 미래를 자아 의지로서 현실화시켜 간다. 이와 같이 실존의 양태를 다른 의미로 바꾸면 활동성이라 할 수 있다(김하자, 2004: 40).

38) 실존은 고정적인 것이 아니고 부단히 자신으로부터 벗어나와 어떻게 존재할 것인가를 탐색하는 존재 가능성이라는 의미에서 볼 때, 실존은 '존재로 나아감', '존재로 되어감'이다(김하자, 2004: 39~40).

분명하지 않다. 그래서 키에르케고르는 의식의 불확실성을 이야기하지만 독자는 그 가능성이 현실로 이행되는 과정에서 실존을 경험한다. 즉 주체적 지식을 깨쳐 얻는 가능성의 상태에서 자아를 정립하는 현실의 상태로 진행되는 과정에서 독자는 실존자가 되는 것이다.

독자의 주체적 지식은 타인과의 소통을 요구한다. 주관적 진리를 깨친 단독자가 주변 사람들과 소통하듯, 주체적 지식을 깨친 독자도 다른 독자와의 소통이 필요하다. 이 소통은 자신이 깨친 주체적 지식을 드러내는 일방적 소통일 수도 있지만 타 독자와의 협력적 소통이 된다. 주체적 지식을 가지고 자아를 확립한 독자는 이를 감출 수가 없기 때문이다. 언어적으로 설명하고 행동으로 실행한다. 키에르케고르도, 소크라테스도, 예수도 그런 과정을 거쳤다. 독자도 방법은 다르지만 이를 드러내는 형태는 비슷할 수 있다. 친구에게 차근히 설명할 수도 있고, 깨친 것을 자랑할 수도 있으며, 다른 학생에게 못한다고 핀잔을 줄 수도 있다. 이들 모두 미행의 한 가지 작용으로 볼 수 있다.

## 3) 이중반사를 통한 진리의 자득 강화하기

이중반사는 독자가 텍스트 진리를 받아들이는 심리적 기제이다. 일차반사는 텍스트의 내용을 객관적 진리로 인지하고 지각하는 의식 활동이다. 이 일차반사를 통해서 독자는 텍스트의 내용을 있는 그대로 알게 된다. 텍스트의 내용을 인식하고, 확인하고, 기억하고, 분석하고, 판단하고, 평가할 수 있다. 독자가 객관적 진리로 텍스트의 내용을 아는 것만으로는 자아의 의식 내용이 생성되거나 변화하지 않는다. 독자 자아의 의식 내용 생성을 위해서는 이차반사가 필요하다. 이차반사는 텍스트의 본질적 진리를 바탕으로 독자의 의식 내용을 새롭게 생성하는 활동이다. 독자가 자기의 의식 내용을 텍스트의 본질적 진리에 비추어 보고 살핌으로써 부족한 점을 보완하거나 새로운 의식 내용을 생성하게 된다. 이 이차반사를 통하여 독자는 주체적 지식을 갖게 된다.

독자가 주체적 지식을 깨쳐 자아의 의식 내용을 새롭게 갖는 이차반사의 구체적인 작용이 자득이다. 자득은 교육적으로 내면화의 의미로 많이 사용되었다. 자득은 주체의 잠재적 의식 내용 또는 타인의 의식 내용이 주체의 현현된 의식 내용으로 생성되는 정신 활동을 가리킨다. 이 자득은 이차반사의 중요 작용 방식이다. 자득 작용이 있으므로 독자는 텍스트의 본질적 진리로 자아의 의식 내용을 생성할 수 있다. 자득으로 인하여 독자는 텍스트의 본질적 진리를 암기하는 것이 아니라 독자의 주체적 지식으로 생성해 내게 된다. 독자의 의식 속에 기억된 형태로 존재하는 텍스트의 본질적 진리가 있을 수 있는데 이는 자득을 거치지 않았기에 독자 자아의 의식 내용은 되지 못한다. 이차반사의 자득을 거쳐서 자아의 의식 내용으로 새롭게 생성되었을 때 독자 자아의 의식 내용이 된다. 이 새롭게 생성된 독자 자아의 의식 내용이 주체적 지식이다. 독자가 주체적 지식을 가지게 되었을 때 변화하고 성장한다.

자득도 세부적으로는 두 가지 과정으로 구분된다. 주체적 지식을 생성하는 자득과 자아 갖기를 실행하는 자득이다. 전자는 텍스트의 본질적 진리에서 독자의 주체적 지식을 생성하는 과정에서 이루어지는 자득이고, 후자는 새롭게 생성한 주체적 지식을 가진 자아를 정립하는 과정에서의 자득이다. 이는 키에르케고르가 말하는 종교적 실존의 종교성 A, 종교성 B와 유사하다.[39] 종교성 A는 개인이 종교성을 실현할 잠재적 가능성의 요인이고, 종교성 B는 종교성을 실현하는 현실성의 요인이다. 주체적 지식의 생성은 독자가 주체적 지식을 얻는 것이지만 자아 정립의 잠재적 가능성에 머문다. 독자가 자아 갖기를 실행하여 주체적 지식을 점검하고 자아를 확인하여 정립할 때 현실성으로 나아간다. 자득에서 이루어지는 이차반사는 이 두 요인의 관여로 완성되는 것이다. 즉 자득을 통하여 주체적 지식도 자아 갖기도 완성되는 것이다.

키에르케고르에 따르면 이 자득의 방법은 두 가지로 구분할 수 있다. 소크라테스가 사용한 방법과 예수의 방법이 그것이다. 소크라테스는 학생의 무지를 일깨우기 위하여 대화를 선택하였다. 대화를 통하여 학생의 내면에 들어 있는 무지의 자아를 이끌어내 깨칠 수 있도록 하였다. 소크라테스는 깨쳐야 할 대상(진리)이 학생의 내면에 들어 있다고 본 것이다. 그래서 학생의 내면을 자극하여 주관적 진리를 이끌어 내려고 하였다. 이를 흔히 대화법 또는 산파술이라고 하였다. 만하이머(Manheimer)는 이를 Becoming으로 표현하였는데, 이홍우·임병덕 역(2003: 2)은 이를 '형성'이라고 번역하였다. 예수는 소크라테스와 달리 깨쳐야 할 대상이 학생 외부에 있다고 보았다. 그래서 학생이 외부에 있는 진리를 깨치게 하기 위하여 다양한 언어적 표현 방법을 동원하였다. 비유법이나 과장법은 물론 다양한 언어적 표현 방법을 동원하였다(정영은 역, 2016: 33). 이런 언어적 표현을 통하여 학생이

---

39) 키에르케고르는 종교적 단계를 다시, 개인의 내면에 '영원한 미지(未知)의 존재'로 깃들어 있는 신을 '무한한 열정적 추구의 대상'으로 삼는 종교성 A와 '신인 동시에 인간'이라는 파라독스적 존재로 시간 속에 나타난 신을 '신앙의 대상'으로 삼는 종교성 B, 즉 기독교로 세분한다. 종교성 A에서의 신은 개인의 내면성에 '가능성'으로 깃들어 있는 내재적 존재인데 비하여 기독교 신은 개인의 외부에 현실성으로 나타나는 초월적 존재이다. '초월적인 신'이 자아의 가능성으로 선택될 때, 현실성과 가능성의 긴장이 최고조에 다다른다(임병덕, 1998: 93~94).

주체적으로 진리를 대면하고 주관적 진리를 깨치도록 하였다. 만하이머는 이를 'Double Reflection'으로 표현하였는데 이홍우·임병덕 역 (2003: 2)은 이를 '이중반사'로 번역하였다. 형성이나 이중반사는 모두 자득의 의식 활동을 핵심으로 한다(김도남, 2018c: 148~150). 소크라테스의 형성은 잠재된 의식 속에서 주관적 진리를 이끌어 내 의식의 내용을 만드는 과정이고, 예수의 반사는 외부에 있는 진리를 의식의 내용으로 끌어들여 주관적 진리의 자기의식 내용으로 만드는 과정이다. 읽기 교육에서는 텍스트에 따라 주체적 지식을 형성이나 반사로 깨칠 수 있도록 하는 것이 필요하다. 이들의 결정은 모두 교사에 의하여 이루어지게 된다.

### 4) 교사의 간접전달자 역할 확대하기

독자가 주체적 지식을 깨쳐 자아를 갖게 하기 위해서는 교사의 도움이 필요하다. 학생이 텍스트를 해석하고 의미에 반응하는 방식은 교육에 의하여 결정된다. 학생이 텍스트의 이해에 접근하는 방식은 읽기 교육에서 배운 방색대로이다. 읽기를 지도하는 교사가 읽기를 어떻게 인식하는가와 학생에게 무엇을 어떻게 요구하는가는 읽기의 관점이 결정하는 것이다. 간접전달 읽기 교육에서 교사는 읽기를 독자의 자아 갖기 관점에서 미행의 방법으로 지도해야 한다.

간접전달 교육의 관점에서 보면, 읽기 교사는 미행자여야 한다. 미행자는 자신의 신분을 감추고 학생들과 함께 할 수 있는 교사의 모습을 가리킨다. 소크라테스나 예수의 교사로서 행동을 보면 미행이 분명하게 드러난다. 소크라테스는 무지를 가장하여 스스로 지혜가 없는 사람임을 자처하였다. 예수도 하나님의 진리를 깨친 존재임에도 불구하고 보통 사람들과 함께했다. 진리를 깨친 자신의 본모습을 감추고 주변 사람들과 함께했던 것이다. 이를 적극적으로 보면, 교사가 학생의 의식 수준을 고려하는 것이고, 학생의 학습 상황과 조건을 배려하는 것이며, 학생의 눈높이에 맞추어 진리를 깨칠 수 있는 단서를 제공한 것이다. 학생이 가장 효율적인 방법으로 학습할 수 있게 인도하는 것이 미행이다. 이 미행을 위한 교사의 전제 조건은 두 가지가 있다.

첫째는 주체적 지식을 깨치고 있어야 한다. 미행을 하기 위해서는 미행자가 미행할 내용에 대한 주체적 지식을 깨쳐 가지고 있어야 한다. 미행자인 교사의 주체적 지식은 학생에게 주체적 지식의 깨침을 요구할 수 있는 선결 조건이다. 교사가 특정 텍스트에 대하여 주체적 지식을 가지고 있을 때 학생에게 주체적 진리를 깨치도록 요구를 할 수 있다. 교사는 소크라테스나 예수와 같이 자신이 교육 내용과 관련하여 주체적 지식을 가지고 있어야 한다. 교사의 주체적 지식은 학생이 깨쳐야 할 주체적 지식을 위한 조건이면서 본보기가 될 수 있다.

둘째는 자신의 주체적 지식을 감추어야 한다. 교사가 학생에게 자신의 주체적 지식을 곧바로 드러내는 것은 학생이 주체적 지식을 깨치지 못하게 한다. 교사가 주체적 지식을 곧바로 제시하면 그 지식은 객관적 지식이 되어 학생에게 직접전달되고, 일차반사만 할 수 있게 한다. 일차반사로 습득되는 지식은 단순 지식이 되어 학생의 자아와 주체적 지식에 관계를 맺지 못한다. 교사는 자신의 주체적 지식을 뒤로 미루고 놓고, 학생이 학습에 몰입할 수 있는 학습 여건을 마련하여 주체적 지식을 생성할 수 있는 단서를 제공해야 한다. 학생이 텍스트에서 주체적 지식을 깨치는 과정에 동반자가 되어 주어야 한다. 이는 텍스트 진리에 대한 학생의 이차반사 과정을 교사가 지지하고 인정하고 존중함을 통해 이루어진다.

읽기 교사의 미행은 이중화에 기초한다. 이중화는 학생의 인식 활동에서 대립적인 요소를 가리킨다. 키에르케고르는 유한과 무한, 시간과 영원, 필연과 자유 등의 요소를 들어 이중화를 설명한다.[40] 대립의 요소가 인식 과정에서 부각될 때, 혼란을 일으키게 되는데 이를 해소하는 과정에서 학생들은 주체적 지식과 자아를 확립할 수 있게 된다. 읽기 지도에서의 이중화는 교사가 학생 독자가 찾은 진리나 의식 내용에 의문을 제기하고, 다른 관점의 진리나 의식 내용을 제시하는 것이다. 학생 독자는 자신의 의식 내용과 다른 의식 내용을 인식하면서 심리적 혼란을 겪게 된다. 이때 교사가 제시하는 진리나 의식 내용은 학생 독자의 생각이 잘못되었음을 밝히기 위한 것이 아니다. 학생 독자가 텍스트에서 발견한 진리나 의식 내용에 대하여 깊이 있게 성찰을 할 수 있도록 유도하기 위한 것이다. 그래서 교사의 의문이나 의견 제시는 학생 독자가 자신의 진리나 의식 내용에 대하여 다른 측면에서 다시 생각하고, 관점을 바꾸어 검토하고, 뒤집어 깊이 있게 생각할 수 있게 하는 것이어야 한다. 교사가 주체적 지식을 깨칠 수 있는 조건과 단서를 제공하는 것이다. 독자는 이 이중화를 인식하고 이중화로 승화된 주체적 지식을 얻어야 한다. 학생 독자가 이중화를 인식하게 하고, 이를 극복하여 승화할 수 있게 돕는 이가 교사이다.

---

40) 키에르케고르가 보기에, 소크라테스는 딜레마, 모순, 불확실성, 파라독스 등등의 순간을 나타내며, 이들 순간은 개인의 기능성과 현실성 사고와 행위 선(善)에 대한 지식과 선한 행동 사이에서 구체적으로 실존할 때는 반드시 직면한다. 키에르케고르의 논리 또한 헤겔의 변증법과 마찬가지로, 서로 대립되는 요소를 포함하는 변증법적 논리지만, 여기서 개인은 두 요소의 대립 또는 모순 바깥에서 그 모순을 스쳐 지나가는 것이 아니라 바로 그 모순 속에 살면서 거기에 참여한다. (이 경우에 모순은 '있는 그대로의 개인의 존재 양상'을 나타낸다.) 실재 또는 실존은 변증법을 이루는 세 요소 속에 그것과 공존한다. 실재하는 개인은 그 변증법적 순간 속에 위치하고 있으며, 따라서 그에게는 변증법적 과정이 시작과 끝을 가진 하나의 객관적 대상으로 인식될 수 없다(이홍우·임병덕 역, 2003: 55~56).

키에르케고르는 교사가 학생이 이중화를 인식하게 하는 행동을 아이러니 또는 패러독스라고 말한다. 이중화는 대립되는 두 가지 요소로 인해 학생이 상심, 좌절을 경험하게 하지만 열정을 불러일으켜 주체적 지식을 획득하게 한다고 본다.

간접전달 읽기 교육은 교사의 미행을 통하여 실행된다. 읽기의 교육은 학생이 참된 독자가 되도록 지도하는 활동이다. 참된 독자는 학생이 간접전달 읽기를 배움으로써 된다고 할 때 교사는 미행으로 이를 실행한다. 미행은 학생에게 텍스트의 진리를 직접 제시하는 것이 아니라 학생이 진리를 찾아 자신의 주체적 지식으로 만들게 하는 것이다. 교사는 학생이 텍스트에 내재되어 있는 무한의 진리를 발견하고 이를 자득하여 주체적 지식으로 만들 수 있도록 해야 한다.


## 4. 자득적 읽기의 실천

읽기 교육이 무엇을 지향할지를 한 가지로 정하는 것을 옳지 않다. 읽기 교육의 다양한 목적과 그 목적에 맞는 지향이 있을 수 있다. 어느 목적과 지향이 좋고 나쁜 것도 아니다. 독자의 상황과 여건에 맞는 읽기를 할 수 있도록 하는 교육이 필요할 뿐이다. 객관적 지식을 위한 읽기도 필요하고, 여가를 보내기 위한 읽기도 필요하다. 또한 자신의 전문적인 안목을 높이기 위한 학문적 읽기, 자신의 자아를 새롭게 하여 정신적 성장을 위한 읽기를 할 수도 있다. 이 논의에서는 독자의 정신적 성장과 관련된 읽기 교육의 한 측면을 키에르케고르의 간접전달 교육이론을 토대로 살펴보았다. 이로써 참된 독자의 교육 가능성을 검토하였다.

간접전달 읽기는 독자가 텍스트를 읽고 주관적 진리를 자득하는 것에 초점이 있다. 독자의 주관적 진리는 자아의 확립으로 독자의 의식 내용 변화를 추구하고, 독자 자신의 실존을 인식하게 한다. 이는 읽기 활동에서 독자의 의식이 텍스트나 객관적 진리로 향하는 것이 아니라 독자의 자기의식이나 자아의 의식 내용으로 향하게 한다. 독자의 의식이 자신의 내부로 향함으로써 텍스트와 자신을 깊이 연결하고, 자신의 의식과 내면을 성찰함으로써 의식의 변화를 이루게 한다.

간접전달 읽기 교육은 학생이 간접전달 읽기를 할 수 있도록 지도하는 것이다. 읽기 학습 과정에서 학생이 자신의 자아에 관심을 가지게 하고, 주체적 지식을 자득하도록 하는 것이다. 독자가 주체적 지식을 형성하도록 하기 위해서는 진리의 이차반사를 통한 자득이 필연적이다. 진리의 자득을 위해서는 교사가 이를 위한 조건을 마련해 주는 미행이 있어야 한다. 교사의 도움 과정을 통하여 학생은 간접전달 읽기를 익혀 참된 독자로 성장할 수 있다.

# 제2장 초월적 읽기

## 1. 지향성과 읽기

읽기는 지향적 활동이다. 읽기는 독자의 의식[1] 활동이고, 독자의 의식 활동은 텍스트 내용과의 관계에서 일어난다. 지향성은 대상과 관계하는 자아의 의식 활동을 가리킨다.[2] 이 자아의 의식 활동은 주체

---

[1] 의식은 여러 요소를 포함한다. 의식의 존재적 측면을 지시할 때는 '자아'를, 의식의 작용적 측면을 지시할 때는 '주체'를, 의식의 본질적 측면을 지시할 때는 '의식 내용'을 가리킨다. 의식의 활동은 이들 세 요소나 한두 요소의 관여로 이루어진다. 읽기에서는 독자의 의식의 요소를 '독자 자아', '읽기 주체', '독자 자아의 의식 내용'로 구분할 수 있다. 그런데 '독자 자아의 의식 내용'을 읽기 과정 면에서 세분하면 '텍스트에 대한 의식 내용'과 '독자 자아의 의식 내용'으로 나눌 수 있다. 읽기 결과 면에서 보면 결국은 '독자 자아의 의식 내용'만 남게 된다고 할 수 있다.

[2] 지향성은 후설의 논리 연구 초기에는 '대상을 향한 자아의 의식적 관계'(이남인, 2004: 62)로 정의되었다. 그러나 후기 연구에서는 지평 지향성, 무의식적인 지향성, 기분의 지향성, 본능의 지향성 등으로 지향성의 개념이 확장되었다(이남인, 2004: 286~311). 이 논의에서는 지향성의 개념 변화에 초점이 있지 않기에 지향성 개념 논의는 뒤로 미룬다.

의 주관하에 이루어진다. 주체가 주관하는 자아와 대상의 관계에서 일어나는 모든 활동이 지향성을 갖는다. 독자의 텍스트 이해 활동도 이 지향성의 특성을 갖는다. 읽기에서의 지향성은 읽기 주체의 주관으로 이루어지는 독자 자아와 텍스트 내용 간의 의식적 관계 맺음이다. 읽기 주체는 텍스트의 기호들이 지시하는 대상과 독자 자아의 의식[3]이 관계를 맺고, 독자 의식 활동으로 텍스트 내용과 관련된 텍스트의 의식 내용[4](이하 텍스트의 의식 내용)을 자아가 생성함으로써 텍스트 이해가 시작된다. 즉 읽기에서의 지향성은 독자의 텍스트 이해에 작용하는 특정한 지향성이다.

지향성은 현상학의 중요 개념 중 하나다. 읽기와 관련하여 지향성을 살피는 것은 독자의 텍스트 이해가 현상학적으로 설명될 수 있는 측면이 있기 때문이다. 읽기를 독자 자아가 텍스트 내용과 관계 맺는 의식 활동[5]으로 볼 때, 읽기도 현상학적으로 설명할 수 있다고 여겨진다. 읽기를 현상학적 관점으로 볼 때, 먼저 검토해야 할 것이 '지향성'이다. 읽기에서의 지향성은 '텍스트를 향한 독자 자아의 의식적 관계'로 정의할 수 있다. 독자 자아가 텍스트 내용과 어떤 의식적 관계를 맺는지가 읽기의 지향성인 것이다. 읽기를 지향성과 관련짓는 것은 독자 자아가 텍스트 내용과 어떤 관계를 맺고, 그 결과가 무엇이어야

---

3) 독자의 자아의식은 두 요소를 포함한다. 독자의 의식이 활동을 수행할 때에는 '읽기 주체'가 되고, 의식 내용을 대표할 때는 '독자 자아'가 된다. 읽기 주체는 독자의 의식 활동의 주관자이고, 독자 자아는 독자의 의식 내용의 대표자이다. 읽기 주체와 독자 자아는 하나이지만 역할 특성에 따라 읽기 주체와 독자 자아로 구분된다.

4) '텍스트 내용'과 '텍스트의 의식 내용'은 다른 대상이다. 텍스트 내용은 텍스트에 담겨 있는 내용을 지시하고, 텍스트의 의식 내용은 독자가 텍스트를 읽고 텍스트 내용을 의식 속에 표상한 텍스트 관련 내용이다.

5) 현상학적 관점에서 독자 자아가 텍스트 내용(대상)과 맺는 의식적 관계는 여러 단계를 거쳐 이루어진다. 이들 단계에 대한 구체적인 내용은 다음 장 2절에서 논의한다.

하는지를 알아보기 위함이다. 이것은 독자의 읽기 활동의 특성과 텍스트 이해의 본질의 한 측면을 점검하게 한다.

그동안 텍스트 중심 읽기와 독자 중심 읽기 논의는 텍스트 자체가 지닌 의미를 찾거나 독자의 스키마와의 관계를 바탕으로 의미를 구성해 내는 활동에 초점을 맞추었다. 구조주의 관점 또는 신비평의 관점을 수용하여 이루어진 텍스트 중심 읽기는 텍스트에 함축된 의미를 찾으려고 하였다. 이를 읽기 교육적으로 수용한 주요 논의로는 정동화·이현복·최협섭(1987)의 필자 사상 찾기, 이대규(1994)의 수사학에 기초한 주제 찾기, 김봉순(2002)의 텍스트 구조 분석하기 등이 있다. 이들 논의는 읽기를 텍스트에서 필자의 사상이나 주제 찾기로 보았다. 이 관점의 읽기는 텍스트를 객관적 대상으로 다루면서 독자 자아와 텍스트의 의식적 관계 맺기를 한 방향으로 제한하였다. 즉 읽기를 독자가 텍스트 내용을 수용하는 활동으로 보았다.

독자 중심 읽기는 구성주의 관점 또는 인지심리학의 관점을 기반으로 이루어졌다. 문학의 반응중심비평이나 수용이론의 영향도 받았다. 이를 읽기 교육적으로 수용한 논의로는 노명완(1994), 노명완·박영목·권경안(1994)의 스키마 중심의 의미 구성적 읽기, 한철우 외(2001)의 기능 중심 읽기, 박수자(2001)의 전략 중심 읽기, 김도남(2014)의 상호텍스트성 중심 읽기, 신윤경(2020)의 인터넷 텍스트 중심 읽기, 오은하(2020)의 다문서 중심 읽기 등이 있다. 이들 논의는 읽기를 독자가 주관적으로 의미를 구성하는 활동으로 보았다. 의미 구성은 독자의 스키마, 읽기 기능, 읽기 전략 등을 통해 이루어진다는 점을 강조한다. 이 관점의 읽기는 텍스트를 의미 구성의 자료로 다루면서 독자와 텍스트의 의식적 관계 맺기를 인정하는 특성이 있다. 그렇지만 스키마, 읽기 기능, 읽기 전략 등은 독자 자아가 텍스트 내용과 의식적 관계를 맺는 수단이 아니다. 즉 이 독자 중심 읽기는 현상학적 관점에서의 텍스트 내용을 향한 독자 자아의 의식적 관계와는 다르다.

현상학적 관점의 읽기에서는 독자 자아와 텍스트 내용의 직접적인 관계를 중시한다. 반면 텍스트 중심 읽기와 독자 중심 읽기는 간접적인 관계에 있다. 현상학적 관점의 읽기는 독자 자아의 의식 내용이 직접적인 관심의 대상이지만 텍스트 중심이나 독자 중심 읽기에서는 그렇지 않다. 독자 중심 읽기의 의미 구성은 현상학적 관점의 독자 자아의 의식 내용과 유사해 보일 수 있지만 그 속성은 다르다. 독자 중심의 읽기에서 스키마가 의미를 구성하는 틀이기 때문에 독자는 스키마에 의존하여 텍스트의 의미를 결정하게 된다.6) 이 읽기에서는 스키마의 틀 안에서 의미 구성이 이루어지므로 독자 자아의 의식 내용 생성과는 거리가 있다. 이 논의에서는 독자 자아의 의식 내용 생성 또는 변화에 초점을 둔다. 이는 현상학과 해석학의 연결 지점에서 이루어지는 측면이 있다. 이 논의가 현상학과 해석학의 연결의 해명에 초점이 있지 않으므로, 이를 연결하여 논의한 이남인(2004)의 논의를 토대로 읽기의 지향성을 살펴본다.

지향성 관점에서 볼 때, 독자는 의식의 초월7)을 위해 텍스트를 읽는다. 의식의 초월은 대상에 대한 자아의 현재 의식 내용이 더 높은

---

6) 스키마는 동화, 조절, 평형화로 인하여 변화가 이루어질 수 있다. 다만 읽기 교육에서 이들을 고려하여 독자의 스키마 변화를 강조하지는 않았다. 독자가 의미를 결정하는 주체라는 측면만이 강조됨으로써 스키마의 능동적 의미 구성 역할만 부각되었다.

7) 우리는 'transzendental'을 초월적 또는 초월론적이라고 번역하여 사용할 경우, 이러한 번역에 들어 있는 '초월'이라는 표현은 앞서 살펴본 의미의 '낮은 단계의 대상적 의미를 토대로 더 높은 단계의 대상적 의미를 향해 초월함'이라는 의미로 이해야 하며, 그 어떤 신비적인 어감을 지닌 '초월' 개념을 토대로 이 단어를 이해하지 않도록 해야 한다(이남인, 2004: 338). 이 논의에서 '초월'이라는 용어는 '초월을 행하는 의식 활동'을 지시할 때도 사용된다. 이때는 '초월 활동'이라고 써야 하나 맥락상 '초월'로 표현하는 경우도 있다.

의식 내용이 됨을 의미한다.[8] 독자가 더 높은 자아의 의식 내용을 가진다는 것은 텍스트 내용의 본질[9]로 의식 내용을 새롭게 했음을 의미한다. 독자가 텍스트를 읽는 이유를 현상학적 관점에서 보면, 자아의 의식 내용의 초월을 위해서이다. 이는 독자가 텍스트를 읽는 근원적인 이유와 같다. 즉 독자는 대상에 대한 현재의 의식 내용 상태를 초월하기 위하여 텍스트를 읽는 것이다.

이 장에서는 독자의 텍스트 읽기를 현상학적 관점에서 검토해 본다. 특히 지향성의 관점에서 텍스트 내용과 독자 자아의 의식적 관계 맺음을 탐구한다. 이를 통하여 독자의 텍스트 이해에 대한 현상학적 설명 가능성을 알아보고, 텍스트 이해의 본질을 탐구한다. 이로 기존의 읽기에 대한 설명의 한계를 점검하고, 현상학적 관점에서 보는 텍스트 이해를 살펴본다. 이로써 읽기와 읽기 교육 논의의 장을 확장하는 단초를 마련하고자 한다.


## 2. 초월적 읽기의 구조

읽기는 여러 가지 형태로 이루어질 수 있다. 독자는 텍스트 내용을 기호가 지시하는 대로 파악하고, 내용을 요약하여 기억할 수 있다. 이처럼 텍스트 내용을 보이는 대로 인식하는 의식적 태도를 '자연적

---

8) 후설의 지향성 이론이 함축하고 있는 것은 우리의 지향적 의식이란 의식의 내부에 머무는 것이 아니라 지향적인 대상으로서의 초월적 대상을 향하고 있다는 사실, 즉 우리의 지향적 시선의 촉수는 언제나 초월적 대상과 관계를 맺고 있다는 사실이다(이남인, 2004: 113).

9) 후설의 경우, '본질' 혹은 '형상'은 그 어떤 대상들을 바로 그러그러한 의미를 지닌 대상들로 존재할 수 있도록 해주는 그 무엇이다(이남인, 2004: 54).

태도'라 한다. 독자가 텍스트 내용을 인식하는 일상적 방법이다. 이러한 의식 활동의 세계를 현상학에서는 '생활세계'라 한다.10) 그런데 독자는 텍스트 내용을 기호 그대로만 파악하지 않는다. 지향성을 가지고 텍스트 내용의 본질을 탐구하면서 읽는다. 이러한 의식적 태도가 '현상학적 태도'이다. 이 현상학적 태도에서 비롯된 의식 활동 세계를 '현상학적 세계'라 한다. 여기서는 읽기를 현상학적 관점을 중심으로 살펴본다. 구체적으로 현상학의 지향성 개념에 초점을 두고 논의한다. 독자의 텍스트 이해 활동을 지향성을 토대로 살펴본다.

## 가. 읽기 활동의 지향성

독자의 텍스트 읽기 활동은 텍스트 내용을 지향하고 있다. 읽기는 텍스트와 독자 자아의 의식적 관계 맺음에서 비롯되기 때문이다. 독자 자아와 텍스트의 의식적 관계 맺음 활동은 읽기 주체에 의해 수행된다. 읽기 주체는 의식 활동으로 텍스트 내용을 감지하고 인식한다. 그래서 의식 안에 텍스트 의식 내용을 표상하고, 텍스트의 본질을 탐색한다. 그리고 표상한 내용과 구성한 본질이 타당한지 점검하고 확인한다. 이를 통하여 독자의 의식에는 텍스트의 의식 내용이 생성11)되어 독자 자아의 의식 내용과 마주하게 된다. 읽기 주체의 활동이 의식 속에 텍스트의 의식 내용을 생성함으로써 독자 자아와 의식

---

10) 자연적 태도와 생활세계, 현상학적 태도와 현상학적 세계는 차인석(1990: 41~48)의 논의를 참고할 수 있다.

11) '생성'이라는 용어는 '표상'과 유사한 의미를 갖는다. 다만, 표상은 외부 대상을 의식이 그대로 떠올린다는 소극적이고 수동적인의 의미가 있는 반면, 생성은 적극적이고 능동적으로 다름이 있게 떠올린다는 의미가 있다.

적 관계 맺음이 이루어지기 시작한다. 이 관계 맺음이 일어나지 않으면 읽기 활동은 이루어지지 않는다. 읽기 주체의 의식 활동이 텍스트와 독자 자아를 긴밀하게 관계 맺게 한다.

읽기에서의 지향성은 독자 자아의 의식과 텍스트 내용 간의 관계 맺음의 속성이다. 그렇지만 독자 자아와 텍스트 내용과의 관계 맺음은 단일하지 않다. 읽기 주체가 텍스트의 어떤 점에 초점을 두는가에 따라 그 관계는 달라진다. 예를 들어, 필자의 생각에 초점을 둘 수도 있고, 텍스트 내용 자체에 초점을 둘 수도 있다. 또는 텍스트에서의 관점, 논리, 구조 등에 초점을 둘 수도 있다. 읽기 주체가 의식의 초점을 둘 수 있는 텍스트의 요인이 많으므로 그 관계는 다양하다. 즉 독자의 지향성에 의하여 텍스트에 대한 의식 활동과 의식 내용이 달라질 수 있다. 그러므로 읽기 지향성은 읽기 주체가 텍스트와 어떤 관계를 맺는가와 관련이 깊다.

(가) 大學之道는 在明明德하며 在親(新)民하며 在止於至善이다.
　　　(대학(大學)의 도(道)는 명덕(明德)을 밝힘에 있으며, 백성을 새롭게 함에 있으며, 지선(至善)에 그침에 있다.) (성백효 역, 2004b: 23)

(나) 지(止)는 반드시 이에 이르러 옮기지 않는 뜻이요, 지선(至善)은 사리(事理)의 당연(當然)한 극(極: 표준)이다. 이는 명명덕(明明德)과 신민(新民)을 다 마땅히 지선(至善)의 경지에 멈추어 옮기지 않음을 말하는 것이니 반드시 그 천리(天理)의 극(極)을 다함 있고, 일호(一毫)라도 인욕(人慾)의 사사로움이 없는 것이다.[12] (성백효 역, 2004b: 23)

---

12) "止字는 必至於是而不遷之意요 至善은 則事理當然之極也라 言 明明德 新民을 皆當止於至善

(다) 지금에 말하는 지선(至善)은 자성(自性)에 본래 선도 없고 악도 없는
진실한 자체로서 다만 하나의 광명뿐이오 안과 바깥도 없으며 옛과
지금도 없고, 나와 남도 없으며 옳고 그름도 없는 것을 크게 깨달아
밝힘이니 이른바 "독립하여 변동이 없는 것"이다. 여기에는 한 점의
무엇도 붙인 것이 없고, 말끔히 소탕되어 미세한 티끌도 없다. 만약
선으로써 악을 쳐부수어 악이 제거되고, 선이 남아 있으면 이것을
오히려 한 층(層)이 막혀 있나니, 이 하나의 선자(善字)는 원래 객(客)인
진(塵; 티끌)이고, 이 본래의 주인이 아니다. 그러므로 그는 지극한
자리이거나 그칠 만한 땅이 아니다.[13] (원조각성 역·강해, 2002: 52~53)

글 (가)는 『대학(大學)』의 첫 구절이다. 널리 알려진 글귀여서 그
의미를 누구나 짐작할 수 있다. 그 짐작하는 의미는 독자마다 조금씩
다를 수도 있다. 이 다름은 배경지식에 의하여 일어날 수도 있지만
그 근원을 따지면 텍스트와 맺는 자아의 의식적 관계가 다르기 때문
이다. 예로, 이 논문의 필자가 이 글을 쓰기 위하여 글 (가)를 볼 때의
의식적 관계와 학생들에게 대학교에서 어떤 공부를 해야 할지를 설명
할 때의 의식적 관계는 다르다. 또한 글 (가)의 의미를 이해하기 위하
여 읽을 때의 의식적 관계도 다르다. 글 (가)는 각 의식적 관계마다
다른 의미로 현시된다.

글 (나)와 (다)는 글 (가)의 마지막 부분 '재지어지선(在止於至善)'에

---

之地而不遷이니 蓋必其有以盡夫天理之極이요 而無一毫人慾之私也라."
13) "今言至善은 大是悟明自性本來無善無惡之眞體가 只是一段光明이요, 無內無外며, 無古無今
이며, 無人無我며, 無是無非니, 所謂獨立而不改라 次中에 一點著不得이요 蕩無纖塵이라 若
以善으로 破惡하야 惡去善存하면 此猶膈一層이라 卽此一善字는 原是客塵이요 不是本主니
苦不是至極可止之地라."

서 '지선(至善)' 대한 두 필자의 의식 내용이다. 글 (나)에서는 주희(朱熹, 1130~1200)가 유학(또는 성리학)의 관점에서 지선을 '사리의 당연한 표준'으로 인식하고 있고, 글 (다)에서는 감산대사(憨山德清, 1546~1622)가 불교의 관점에서 '독립하여 변동이 없는 것'으로 인식하고 있다. 글 (나)와 (다)의 내용을 보면, 지선에 대하여 두 관점의 의식적 관계 맺음이 다르다. 현상학적 용어를 빌면, 두 사람은 지평적 지향성이 다른 것이다. 지평적 지향성이 다르다는 말은 같은 낱말에 대하여 의식적 관계의 토대를 이루는 지평14)에서 비롯된 지향성이 다름을 의미한다. 이는 대상에 대한 의식 활동은 같을 수 있지만 자아의 의식 내용의 지평 범주가 다른 것이다. 즉 자아의 의식 내용의 지평적 차이에서 비롯된 관계가 다름을 의미한다. 현상학에서 지향성은 의식 작용(노에시스)과 의식 대상(노에마)의 관계로 간략히 정리할 수 있지만, 의식 작용이라는 말에는 의식 작용의 주관자인 주체와 의식 내용을 대표하는 자아가 내재하게 된다.

지선을 '사리의 당연한 표준'으로 의식함은 주체를 포함한 다른 주체를 전제한 말이다. 누구나 당연히 받아들이고 따라야 한다는 공리적 의미로 의식하고 있다. 또한 표준이라는 말은 주체만의 고유한 것이 아니고 외부에서 주어진 것이지만 주체의 것으로 인식하고 언행이 이와 일치될 수 있도록 해야 함을 함의한다. 이에 비하여 '독립하여 변동이 없는 것'은 오직 자아만이 간직하고 있는 것이라는 의미를 내포한다. 이때는 다른 주체와 관련되는 것이 아니라 절대적으로 자아의 의식에 내재함을 뜻한다. 이 두 의식 내용은 배경지식의 차이기

---

14) 현상학적인 의미의 지평은 어떤 한 대상이 그 주체에게 드러날 수 있는 가능적 의미의 한계를 의미한다(이남인, 2004: 303).

보다는 두 주체의 지선(至善)에 대한 지향성의 차이다. 이는 주희와 감산의『대학』에 대한 배경지식의 차이에서 생긴 생각이기보다는 지향성의 차이에서 비롯된 것이다.

지향성은 의식 활동의 문제이다. 지향성이 있는 의식은 대상과의 관계 속에서 활동하면서, 주체가 주도적으로 대상과 관계를 맺게 하는 의식이다. 즉 주체의 초점화된 의식 활동을 중심으로 대상을 인식하는 것이다. 주체와 의식적 관계를 맺는 대상을 볼 때, 대상은 하나의 측면만 있는 것은 아니다. 그렇기에 주체는 대상과 관계 맺을 측면을 초점화하여 선택해야 한다. 글 (나)의 필자와 글 (다)의 필자의 의식은 지선(至善)의 다른 측면과 관계를 맺고 있다. 글 (나)의 주체는 타자에 초점을 두고 지선과 의식적 관계를 이루고 있고, 글 (다)는 자아에 초점을 두고 지선과 의식적 관계를 이루고 있다. 지향성은 주체의 의식 활동을 전제하고 있어 주체가 의식을 집중하는 대상의 특정 측면과 관계 맺게 된다. 그래서 '지선'은 각 주체의 의식 활동에 따라 다른 의식 내용으로 드러났다. 요컨대, 독자의 텍스트 이해는 읽기 주체가 텍스트와 의식적 관계 맺음에 영향받는다. 즉 독자는 지향성에 의하여 텍스트 내용을 인식하고 이해한다.

## 나. 읽기 주체의 의식 활동

지향성의 관점에서 주체의 대상에 대한 의식 활동은 크게는 두 가지로 나눌 수 있다. 대상을 감각으로 감지하여 의식 속에 대상과 관련된 의식 내용을 생성하는 의식 활동과 의식 속으로 들어온 의식 내용을 종합하고 분석하여 자아의 의식 내용을 만드는 의식 활동이다. 이 두 가지 의식 활동은 상보적이면서, 회귀적이다. 이들 두 의식 활동은 대상과의 관계 중심으로 이루어지기 때문이다. 그리고 주체가 자아의 의식 내용을 만드는 두 번째 의식 활동은 세 가지 활동으로 세분된다. 주체가 대상에 대한 의식 내용을 통일성 있게 생성하는 지각, 생성한 의식 내용에서 대상의 본질을 탐구하는 구성15), 본질을 바탕으로 자아의 대상에 대한 의식 내용을 새롭게 하는 초월 활동이다. 즉 현상학적 논의에서 주체가 대상을 인식하는 의식 활동을 감각, 지각, 구성, 초월로 구분16)하는데, 이를 읽기 주체의 의식 활동과 관련지어 살펴보면 다음과 같다.

## 1) 감각 활동

주체의 대상 인식을 위한 첫 의식 작용은 감각 활동이다. 주체는 대상이 있으면 그 존재를 느끼고 형태나 성질을 감지한다. 이는 주체가 대상과 만남이 있는 순간에 이루어지고, 이에는 오감과 의식 작용이 관여한다. 대상이 감지되었다고 모든 감지 대상이 의식되는 되는 것은 아니다. 오감으로 느껴 감지된 것 중 특정한 것만이 의식 대상이

---

15) 이처럼 어떤 본질을 파악하기 위해서는 우리의 주체적인 시선이 그 본질에 포섭될 수 있는 가능한 모든 개별적 대상들을 향할 수 있어야 하며, 이러한 일이 가능하기 위해서는 어떤 방법적 절차가 필요한데 후썰은 이러한 방법적 절차를 '자유변경(Freie Variation)'이라 부른다. 자유변경은 어떤 본질이 정체를 파악하기 위하여 그 본질을 구현하고 있는 어떤 개별적 대상으로부터 시작해 그 본질을 구현하고 있는, 이 개별적 대상과 유사한 무수히 많은 개별적 대상들을 상상 속에서 자유롭게 산출해 나가는 과정을 의미한다. 바로 이처럼 자유변경을 통하여 어떤 본질을 구현하고 있는 무수히 많은 개별적 대상을 상상 속에서 산출해 나가면서 제 모든 개별적 대상들에 공통적이고 보편적인 속성으로서의 본질을 파악하는 과정이 다름 아닌 형상적 환원의 과정이다(이남인, 2004: 58~59).

16) 지향성의 작용을 감각, 지각, 구성, 초월로 구분하는 논의는 이남인(2004: 282~328)을 참조할 수 있다. 지각과 구상에 대해서는 차인석(1990)의 논의도 참조할 수 있다. 이남인의 논의에서는 '구성'과 '초월'을 함께 이루어지는 작용으로 설명하기도 하지만, 이 논의에서는 구분하여 논의를 전개한다.

된다. 길거리에서 들려오는 여러 가지 소리가 모두 의식 대상이 되지는 않는다. 눈에 보이는 모든 것이 의식 대상이 되는 것도 아니다. 귀에 들리고 눈에 보이는 것 중에서 의식의 초점이 놓이는 것만 의식 대상이 된다. 대상에 의식의 초점을 맞춰 대상을 인식하는 의식 활동이 감각이다. 즉 감각은 주체의 의식 작용으로 대상을 직관적으로 알아채는 것이다.

감각은 의식의 촉발17)에서 비롯된다. 촉발은 특정 조건에서 어떤 일이 일어남을 의미한다. 없던 것이 새롭게 시작되는 순간이나 사물이 생겨날 가능성이 잠재되어 있다가 계기를 만나 생겨나는 활동이다. 주체의 대상 인식은 촉발 가능성을 의식 속에 지니고 있다가 대상을 만나면 의식이 촉발되면서 활동이 이루어진다.18) 대상에 대한 인식 작용의 촉발이 대상을 감각하게 하는 것이다. 독자가 텍스트를 읽는 경우에도 마찬가지이다. 읽기의 처음 단계에서 기호 해독이 이루어질 때, 의식이 촉발되어 기호의 내용을 인식하게 된다. 텍스트 내용에 독자의 의식이 촉발되지 않으면 의식적 관계 맺기는 성립하지 않는다. 텍스트에 대한 의식이 촉발되었을 때 독자 자아는 텍스트 내용과 의식적 관계를 맺을 수 있게 된다.

주체는 대상에 대한 감각 활동으로 의식 안에 대상에 관한 의식 내용을 생성한다. 대상은 주체의 의식에 스스로 드러나지 않는다. 주체가 대상에 의식적 초점을 맞추어야 감지되고 인식된다. 구체적인 사물도 그렇고, 추상적인 관념도 마찬가지이다. 대상에 대한 주체의 의식 활동이 이루어질 때 의식 속에 의식 내용이 만들어지게 된다.

---

17) 촉발(Affektion)은 '대상을 향한 지향성이 일깨워짐'의 의미한다(이남인, 2004: 297).
18) 대상에 대한 의식 활동의 촉발 가능성은 교육이나 학습의 결과에서 비롯된다. 주체가 어릴 때부터 무엇에 관심을 가져야 하는지는 끊임없이 교육받고 학습한다.

대상은 주체의 감각 활동으로 포착될 때 인식되기 시작하는 것이다. 이 감각 활동으로 주체는 대상에 대한 의식 내용을 의식 속에 지니게 된다.

감각 활동은 대상에 대한 부분적 의식 내용을 의식 속에 생성한다. 주체의 의식 활동으로 대상을 포착하여 의식 속에 생성된 의식 내용은 대상 전체에 대한 것이 아니다. 귀로 음악을 듣고, 눈으로 집을 볼 때, 한순간의 의식 활동으로 음악 한 곡을 통째 들을 수 없고, 집 전체를 볼 수 없다. 귀에 들리고 있는 한 소절, 눈에 보이는 집의 어느 한 측면을 의식 내용으로 생성하는 것이다. 독자가 텍스트를 읽는 것도 마찬가지이다. 한 낱말을 감각하든 한 문장을 감각하든 또는 한 문단을 감각하든 텍스트의 특정 부분을 의식 내용으로 갖는다. 감각이 지향적 활동이기는 하지만 부분적일 수밖에 없다. 독자의 텍스트 읽기는 낱말, 문장, 문단 등 부분적인 인식에 의하여 이루어진다. 텍스트를 끝까지 읽어도 부분적인 의식 내용을 토대로 관련 의식 내용을 의식 속에 생성한다. 예를 들어, 독자가 글 (다)를 읽는 중일 때 텍스트의 각 부분을 감각해야 한다. 텍스트를 읽는 각 순간은 읽고 있는 부분의 내용을 의식 내용으로 가지게 된다. 이 의식 내용들은 다른 의식 활동의 관여로 텍스트 전체에 대한 의식 내용을 생성하게 된다.

## 2) 지각 활동

주체의 대상 인식을 위한 두 번째 의식 작용은 지각 활동이다. 지각은 대상에 대한 부분적인 의식 내용을 연결하여 하나의 전체 의식 내용이 되게 하는 주체의 의식 활동이다. 감각이 대상과의 관계에서 이루어지는 의식 활동이라면, 지각은 의식 안에 있는 부분적 의식 내용들을 상대로 이루어지는 주체의 의식 활동이다. 지각은 주체의 적극적인 의식 활동으로 대상 전체에 대한 의식 내용을 의식 속에 생성하는 활동이다.

지각은 주체가 감각 활동으로 생성한 의식 내용에 질서를 부여하는 활동이다. 대상에 대한 부분적 의식 내용을 대상 전체에 대한 의식 내용으로 종합하여 인식하기 위해서는 의식 내용 부분들을 체계적으로 연결해야 한다. 이는 주체가 주도적으로 대상의 부분적 의식 내용들을 연결하는 의식 활동으로 이루어진다. 즉 주체의 지향성에 의하여 대상 전체에 대한 의식 내용이 의식 속에 만들어지는 것이다. 이 말은 주체가 지각 활동으로 생성한 의식 내용은 대상에 대한 특정한 감각의 의식 내용들이 중심이 되어 이루어짐을 의미한다. 대상 전체에 대한 의식 내용은 주체 입장에서의 전체 의식 내용이다.

주체가 지각하는 의식 내용에는 일정한 정향이 있다. 정향은 의식 내용이 일정한 방향성을 가짐을 의미한다. 주체가 지각한 의식 내용이 대상 전체에 대한 의식 내용을 떠올린 것이지만 대상에 대한 완전한 의식 내용은 아니다. 주체의 지각 활동이 정향되어 있으므로 전체의 의식 내용이 통일성을 가질 수 있게 된다. 정향으로 인해 주체의 대상에 대한 의식 내용이 특정한 방향에서 전체일 수 있다. 집에 대한 지각에서 집의 구조에 정향된 의식 내용을 갖거나 집의 재료에 정향된 의식 내용을 가질 수 있게 된다. 그런 결과로 집에 대한 의식 내용은 여러 가지일 수 있다. 글 (나)와 (다)를 보면, 지선(至善)에 대한 의식 내용은 특정한 방향성과 통일성을 가지고 있다. 독자는 지각 활동으로 텍스트 전체에 대한 의식 내용을 의식 속에 가질 수 있게 된다.

지각의 지향적 관계는 단일하지 않다. 대상에 대한 의식 활동이 감각에서 지각으로 진행될 때, 주체는 지향적 관계에 따라 다른 의식 내용을 만든다. 주체의 지각 활동이 대상 전체에 대한 의식 내용을 만들 때 선택하는 부분적 의식 내용이 지향적 관계에 따라 달라지는 것이다. 이는 대상 전체에 대한 주체의 의식 활동이 지향적 관계에 따라 다양할 수 있음을 의미하는 것이기도 하다. 어떤 노래의 한 소절을 듣고, 그 노래 전체를 떠올릴 때 가락을 의식 내용으로 가질 수도 있고, 가사를 의식 내용으로 가질 수도 있다. 또 집의 앞쪽 면만 보고 집 전체를 떠올릴 때, 집의 외적 모양을 떠올릴 수도 있고, 내부 구조나 구성 재료를 떠올릴 수도 있다. 글 (가)의 지선에 대하여 글 (나)의 저자 주체의 지향과 글 (다)의 저자 주체의 지향이 다르다. 이로 인하여 지선에 대한 읽기 주체의 의식 내용이 다르게 만들어지고, 쓰기 주체에 의하여 다르게 표현되었다. 그 결과, 글 (나)와 글 (다)가 되었음을 알 수 있다.

## 3) 구성 활동

주체의 대상 인식 세 번째 의식 작용이 구성 활동이다. 구성은 대상 전체에 대한 의식 내용을 바탕으로 대상의 본질을 찾는 의식 활동이다.[19) 구성 활동은 지각 작용으로 만든 대상에 대한 의식 내용을

---

19) 사물의 본질은 과일의 씨가 과일 속에 그리고 성냥알이 성냥곽 속에 들어 있듯이 사물 속에 들어 있지 않다. 그것은 사유의 작용을 통하여 우리의 의식 속에서 구성된다. 따라서 물리적으로는 사물을 아무리 분해해도 그 본질을 발견할 수 없다. 그러므로 우리는 본질을 발견하기 위해서 그것을 구성하는 원천인 의식의 내부로 되돌아가야 한다. 이러한 인식 상황에 적용되는 방법이 환원이다. 환원이란 말은 원래 무엇에로 되돌아감을 의미한다. 위에서 고찰한 바와 같이 현상학에서는 환원이 본질 인식의 근원에로 되돌아간다는

더 깊이 생각하는 의식 활동이다.[20] 주체는 의식 속에 있는 대상 전체에 대한 의식 내용을 자유롭게 다룰 수 있다.[21] 바로 보고, 뒤집어 보고, 나누고 다시 붙일 수 있다. 주체가 대상을 여러 방식으로 깊이 생각하는 것은 대상의 본질이 무엇인지를 밝히기 위한 것이다. 주체는 의식 내용으로 대상을 탐구함으로써 대상의 본질을 찾을 수 있다. 구성 활동은 주체가 의식 내용에서 대상의 본질을 규명하는 활동인 것이다.[22]

구성 활동은 지각된 의식 내용을 상대로 한 지향 활동이다. 대상의 본질은 대상에서 직접 찾을 수 없다. 의식 외부의 대상과는 주체의 의식 활동이 본질을 찾는 관계를 맺을 수 없기 때문이다. 주체의 의식 활동이 대상의 본질을 찾을 수 있는 곳은 의식 속에 있는 대상 전체에 대한 의식 내용이다. 대상에 대한 의식 내용이 주체가 대상의 본질을 찾을 수 있는 자료이다. 주체의 구성 활동은 의식 내용을 나누고, 구분하고, 묶어 중요 요소를 분리하고 규정한다. 이를 통하여 주체는 대상에 대한 본질을 찾아낼 수 있다.

대상의 본질 구성은 주체에 의하여 이루어진다. 주체는 지각한 의

---

좁은 의미로만이 아니라 판단중지·배제·괄호침 등과 동의어로서 넓은 의미로 사용된다(신구현, 1990: 64).

20) 이 의식 활동을 이남인(2004: 330)에서는 '더 많이 사념함'으로 표현한다.

21) (대상)에 대한 외부지각을 토대로 자유변경을 통해 무수히 많은 외부지각의 변경체를 산출해 나가고 이처럼 산출된 무수히 많은 변경체를 모두 살펴가면서 그들 모두에게 공통적으로 들어 있는 외부지각의 본질구조를 파악하도록 해야 한다(이남인, 2004: 73).

22) 후썰은 이처럼 외부지각에서 확인할 수 있는 바, 실제 주어진 것보다 더 많이 사념하는 의식의 작용, 혹은 더 높은 단계의 새로운 의미를 지향하면서 파악하는 작용을 '구성 작용(Konstitution)'이라 부른다(이남인, 2004: 75). 우리의 삶의 한 순간을 살펴보더라도 우리는 우리에게 직접 주어진 것만을 존재하는 것이라고 생각하지 않고, 그것을 초월하여 그보다 더 많은 것을 사념하면서 새로운 것을 파악할 수 있는데 바로 이처럼 직접적으로 주어진 것을 초월하여 새로운 의미를 파악하는 작용이 바로 구성 작용이다(이남인, 2004: 77).

식 내용에서 부분을 확인하고, 부분 간의 관계를 따지고, 부분과 전체를 연결하여 본질을 규명한다. 이 본질 규명의 의식 활동도 주체가 중심이 되어 진행한다. 주체가 중심이 된다는 말에는 대상의 본질이 절대적 객관으로 존재하는 것이 아님을 의미한다. 즉 본질은 의식 내용의 부분과 전체와의 관계 속에서 타당성 있게 논리적으로 산출되는 것임을 뜻한다. 이는 주체가 지향성에 의존해 대상의 본질을 밝혀냄을 가리킨다. 글 (나)의 내용을 보면, '이르러 옮기지 않음', '사리(事理)의 당연(當然)한 극(極)', '명명덕(明明德)과 신민(新民)', '멈춤', '천리(天理)의 극(極)', '인욕(人慾)의 사사로움이 없음' 등을 연결하면 지선의 본질은 '사람이 마땅히 지켜야 할 도리'라고 찾을 수 있다. 글 (다)도 표현된 여러 요인을 고려하면 지선은 '텅 빈(깨끗한) 인간 본성'임을 찾을 수 있다. 대상의 본질은 주체가 지각의 의식 내용을 토대로 찾아낼 수 있다. 지선의 이러한 본질은 객관적인 것이 아니라 주체의 의식 활동으로 규명되는 것이다.

## 라) 초월 활동

주체의 대상 인식의 마지막 의식 작용이 초월 활동이다. 초월은 넘어섬이다. 자아의 초월은 대상에 대하여 자아의 의식 내용이 새로워짐을 의미한다. 대상에 대하여 자아가 새로운 의식 내용을 가지게 되는 것은 주체의 의식 활동 때문이다. 주체가 대상의 본질과 자아의 의식 내용을 연결하여 자아의 의식 내용을 새롭게 생성하는 것이다. 자아의 의식 내용을 주체와 관련지어 말할 때 주관이라고 한다. 그리고 새롭게 생성된 자아의 의식 내용이 초월적 주관이다.[23] 주체의 초월 활동은 대상의 본질을 자아의 의식 내용으로 받아들여 자아의 의식 내용이 달라질 수 있게 한다. 그렇다고 주체가 대상의 본질을 늘 자아의 의식 내용으로 받아들이는 것은 아니다. 자아의 의식 내용에 대한 초월적 가치가 있을 때, 즉 지향적 가치가 있을 때 받아들인다.

초월은 자아의 의식 내용을 변화시키는 주체의 의식 활동이다. 감각, 지각, 구성이 대상에 대한 의식 활동을 통하여 의식 내용을 마련한 것이라면, 초월은 이 의식 내용으로 자아의 의식 내용을 새롭게 생성함을 의미한다. 주체의 의식 활동의 결과인 의식 내용이 곧바로 그리고 그대로 자아의 의식 내용으로 받아들여지는 것은 아니다. 의식 속에 주체가 구성한 의식 내용(본질)과 자아의 의식 내용이 병립하여 존재할 때, 주체는 자아에게 필요한 의식 내용을 선택하여 자아의 의식 내용 초월을 실행한다. 이 초월은 자아의 의식 내용이 대상과의 관계 맺음을 질적으로 실현하는 것이면서 자아의 의식 내용의 변화를 이루게 한다. 이 초월로 인하여 대상에 대한 자아의 의식 내용이 새롭게 생성된다.

글 (나)와 (다)의 필자들은 지선에 대한 초월적 의식 내용을 지닌 주체임을 알 수 있다. 글에 나타난 내용을 볼 때, 필자들은 지선에 대하여 각자의 지향성에 근거하여 자아의 의식 내용을 생성하고 있다. 그리고 그 자아의 의식 내용에 대하여 신념에 차 있다. 그렇지만

---

23) 현상학의 핵심 주제인 초월론적 주관은 다양한 유형의 초월론적 기능을 매개로 하여 다양한 유형의 의미로서의 대상을 구성하는 주관이다. 그런데 우리가 경험할 수 있는 의미를 지닌 다양한 대상의 총체가 다름 아닌 현상학적 의미의 세계이기 때문에, 바로 초월적 주관은 궁극적으로 이러한 의미를 지닌 다양한 대상의 총체로서의 세계, 다시 말해 우리가 경험할 수 있는 의미 총체로서의 세계의 구성 근거이다(이남인, 2004: 78). 초월론적 현상학에서 초월론적 기능이란 다름 아닌 이처럼 낮은 단계의 의미로부터 보다 더 높은 단계의 의미를 향한 초월 작용을 의미하며, 바로 이러한 의미의 초월론적 기능의 발산 중심이 다름 아닌 초월론적 주관이다. 그리고 초월론적 주관의 초월론적 기능을 통해 '초월적인 것'으로서의 세계 및 대상이 구성되기 때문에 초월적 주관은 '초월적인 것'의 상관 개념(Korrelatsbegriff)으로 규정된다(이남인, 2004: 330~331).

현재 글 (나)와 (다)를 읽는 우리는 지선에 대한 의식 내용을 가지기는 했지만 자아의 의식 내용으로 받아들이지는 않고 있다. 지선에 대한 구성 활동을 하였지만 초월 활동을 하지 않은 것이다. 각 독자가 지선의 본질에 대한 의식 내용을 만들기는 했지만 자아의 의식 내용에 대한 초월적 가치가 있는 것으로 여기지 않는 것이다. 주체가 찾아낸 대상에 대한 본질이 의식 안에 자아의 의식 내용과 병립하여 존재하기만 한다. 초월은 주체가 구성한 텍스트의 본질로 자아의 의식 내용을 다시 생성할 때 일어난다.

초월은 자아의 의식 내용 변화이다. 자아의 의식 내용 변화는 대상에 대한 새로운 의식이 생성되었음을 의미한다. 이는 자아의 의식 내용이 발전된 상태로 생성이 이루어졌음을 가리킨다. 주체의 자아 의식 내용 초월은 교육에서 늘 지향하는 일이다. 특히 학생의 학습 활동은 자아의 의식 내용 초월을 전제하고 이루어진다. 독자의 읽기 활동도 마찬가지이다. 텍스트 읽기는 독자 자아의 의식 내용 초월을 지향한다. 독자가 텍스트를 읽는 근원적인 이유 중 하나가 자아의 의식 내용 초월이다. 이 의식 내용의 초월에 의하여 독자의 생각과 의식이 변화한다. 독자의 내적 성장이 이루어지게 되는 것이다.

초월은 주체가 의식 활동을 하는 근본적 이유이다. 주체가 대상에 대하여 지향적인 인식을 하는 것은 대상에 대하여 알기 위한 것이다. 앎의 추구는 대상에 대한 자아의 의식 내용이 초월해야 한다는 기대를 반영한다. 텍스트를 읽는 독자도 자아의식 내용의 초월을 기대한다. 독자는 텍스트와의 의식적 관계 속에서 바르고 깊이 있는 자아의 의식 내용을 생성할 수 있기를 바라는 것이다. 그래서 독자는 텍스트를 읽는다.

## 3. 초월적 읽기의 방법

현상학의 관점에서 읽기는 독자 자아의 의식 내용 초월의 수단이다. 독자 자아의 의식 내용 초월은 독자의 의식 활동이 의식 내부 즉, 자아로 향할 때 이루어진다. 독자의 의식 활동이 의식 외부 즉 대상을 향하면 독자 자아의 의식 내용 초월은 일어나지 않는다. 독자가 텍스트 필자의 생각이나 주제를 찾거나 의미를 구성할 때의 의식 활동은 의식 외부 대상을 향하는 의식 활동이다. 독자가 자아의 의식 내용 초월을 위해서는 의식 활동을 자아에 초점을 맞추고 집중해야 한다. 독자의 텍스트 이해 과정에서 자아의 의식 내용 초월에 필요한 지향 작용을 살펴본다.

### 가. 자아의 초월 추구

읽기의 지향성은 독자 의식과 텍스트 내용이 관계를 맺는 활동 특성이다. 읽기를 독자 자아와 텍스트 내용의 의식적 관계 맺기로 볼 때, 텍스트 이해는 읽기 주체가 텍스트 내용을 상대로 의식 활동을 수행한 결과로 이루어진다. 이 텍스트 이해에는 독자의 의식 활동 주관자인 읽기 주체, 의식 내용을 대표하는 독자 자아, 텍스트에서 읽기 주체가 생성한 텍스트의 의식 내용, 독자 자아가 선행적으로 가지고 있는 독자 자아의 의식 내용이 함께 한다. 독자의 텍스트 이해는 이들 읽기 주체, 독자 자아, 텍스트의 의식 내용, 독자 자아의 의식 내용이 상보적으로 작용하여 이루어진다. 이는 독자의 텍스트 이해가 독자의 의식 내에서 이루어짐을 가리킨다.

읽기 주체는 텍스트의 의식 내용을 의식 속에 생성하고, 이 의식 내용에서 텍스트의 본질을 찾아 독자 자아의 의식 내용을 새롭게 생성한다. 이를 통하여 독자 자아가 새로운 의식 내용을 가짐, 즉 초월이 일어났을 때 텍스트 이해가 이루어졌다고 할 수 있다. 독자 자아의 의식 내용 초월은 텍스트 내용을 전체적으로 파악하거나 본질을 구성하는 것과는 다른 활동이다. 감각이 텍스트의 부분적인 내용을 감지하고, 지각이 전체의 내용을 표상하고, 구성이 텍스트 내용의 본질을 밝히는 활동이지만 독자 자아의 의식 내용과는 구분된다. 초월 활동은 텍스트의 의식 내용과 독자 자아의 의식 내용이 직접 관계를 맺게 한다. 독자는 초월 활동으로 독자 자아의 의식 내용이 텍스트의 의식 내용과 소통하면서 새로운 의식 내용을 생성하게 된다.

텍스트 이해 과정에서 독자의 의식 속에는 읽기 주체의 활동으로 텍스트의 의식 내용과 독자 자아의 의식 내용이 병립한다. 두 가지 의식 내용이 구분되어 의식 속에 따로 존재하는 것이다. 텍스트의 의식 내용은 그 자체로 하나의 의식 내용이고, 독자 자아의 의식 내용은 또 다른 의식 내용이다. 읽기 주체는 이 두 의식 내용을 구분하여 의식한다. 읽기 주체는 텍스트의 의식 내용에만 초점을 맞추어 인식할 수도 있고, 자아의 의식 내용과 관련지어 인식할 수도 있다. 독자의 의식 속에 있는 두 가지 의식 내용은 상호 대립된 관계 속에서 독자 자아의 의식 내용을 생성하고 변화시킨다.

독자 자아의 의식 내용 생성과 변화는 교섭 활동(Verhaltung)[24]으로 이루어진다. 교섭 활동은 독자 자아의 의식 내용과 텍스트의 의식 내용이 상호관계를 맺는 의식의 작용이다. 읽기 주체가 텍스트의 의

---

24) 교섭 활동(Verhaltung)은 주체와 대상(생활세계)과의 의식적 관계 맺음을 지시하는 후설의 말이다(이남인, 2004: 435~438). 교섭 활동은 지향적 의식 활동이기에 주체가 대상과의 관계에서 주도적으로 의식 내용을 생성하는 작용이라 할 수 있다.

식 내용에서 찾은 텍스트 본질을 자아의 의식 내용에 연결하는 작용인 것이다. 교섭 활동은 독자 자아의 의식 내용을 수정하거나 생성하는 읽기 주체의 활동이다. 읽기 주체의 교섭 활동은 지각이나 구성 활동과도 관련이 있지만 초월 활동과 긴밀하게 관련되어 있다. 교섭 활동으로 읽기 주체가 독자 자아의 의식 내용을 수정하거나 생성하기 때문이다. 이 교섭 활동의 결과로 독자 자아의 의식 내용이 변화하게 된다. 읽기 주체는 지각을 통하여 텍스트의 의식 내용과 독자 자아의 의식 내용을 의식 속에 병립시킨다. 그러면 병립된 두 의식 내용이 거울처럼 서로를 비추게 된다. 이 비춤의 작용으로 읽기 주체는 구성을 위한 초점화를 통하여 텍스트 본질을 찾아낸다. 이 찾아낸 텍스트 본질과 독자 자아의 의식 내용을 결합하는 것이 교섭 활동이다.

초월의 교섭 활동을 위해 독자는 순수한 텍스트의 의식 내용을 의식에 생성해야 한다. 읽기 주체는 순수한 텍스트 의식 내용을 생성하기 위해 각 의식 활동에서 자아의 의식 내용을 배제해야 한다.25) 각각의 의식 활동에서 읽기 주체는 의식 내용을 생성하면서 자아의 의식 내용을 활용하기도 한다. 그렇기에 읽기 주체가 생성한 텍스트의 의식 내용에는 자아의 의식 내용이 포함되게 된다. 읽기 주체는 텍스트의 의식 내용에서 이 자아의 의식 내용을 찾아 배제해야 한다. 배제는 텍스트의 의식 내용에 있는 독자 자아의 의식 내용을 제외하는 활동이다. 이 배제는 이 두 의식 내용의 대립을 읽기 주체가 의식하면 일어난다. 배제로 독자 자아의 의식 내용이 분리되면, 독자는 순수한

---

25) 의식이라는 사태를 그의 지향적 구조에서 사태의 본성에 적합하게 파악하기 위해서는 바로 자연적 태도 속에 들어 있는 이러한 완강한 은폐 성향 및 왜곡 성향을 깨뜨려야 하며, 바로 이러한 은폐 성향 및 왜곡 성향을 낳게 한 일체의 전제들에 대해 판단중지가 수행 되어야만 비로소 사태로의 귀환, 즉 '현상학적 환원'이 가능한 것이다(이남인, 2004: 265).

텍스트의 의식 내용을 인식할 수 있다. 독자의 의식 속에 독자 자아의 의식 내용은 미리 존재하고 있었기 때문에, 읽기 주체가 독자 자아의 의식 내용을 의식만 하면 분리는 바로 일어난다. 그래서 독자는 의식 속의 순수한 텍스트의 의식 내용을 점검하고 확인할 수 있다. 이 순수한 텍스트의 의식 내용으로 독자는 분석, 비판, 평가(판단), 비평 등 여러 활동도 할 수 있다.

글 (다)를 읽으며 지선을 이해하는 읽기 주체의 의식 활동을 보면, 읽기 주체는 글 (다)를 읽으면서 자아의 의식 내용을 활용하여 글 (다)의 지선에 대한 감각의 의식 내용을 생성한다. 이 의식 내용에서 읽기 주체는 자아의 의식 내용을 배제해야 한다. 그런데 글 (다)의 첫 구절을 읽고서는 자아의 의식 내용을 배제할 수 없다. 생성한 의식 내용을 점검할 수 있는 조건이 마련되어 있지 않기 때문이다. 자아의 의식 내용의 배제를 위해서는 다음 구절이나 지각의 의식 내용이 생성되어야 가능하다. 그렇게 하여 글 (다)에서 지시하는 지선의 온전한 텍스트의 의식 내용을 읽기 주체는 정리해 내야 한다. 이때 독자의 의식 속에는 글 (다)의 텍스트의 의식 내용과 자아의 의식 내용이 함께 병립한다. 독자 자아의 의식 내용 배제는 의식 활동이 이루어지고 있는 순간에는 이루어지기 어렵다. 그다음에 이어지는 의식 활동이나 상위 단계의 의식 활동에서 검토를 통해 이루어진다. 읽기 주체가 순수한 텍스트 의식 내용을 생성하였을 때 텍스트 본질을 찾고 독자 자아의 의식 내용 초월을 이룰 수 있다.

텍스트 내용의 본질 찾기는 텍스트 의식 내용을 토대로 이루어진다. 읽기 주체가 텍스트의 본질을 찾기 위해 조치를 할 수 있는 유일한 것이 텍스트 의식 내용이기 때문이다. 읽기 주체는 의식 속에 있는 텍스트의 의식 내용을 뒤져서 본질을 찾을 수 있게 된다. 글 (다)의 의식 내용을 의식 속으로 가져온 읽기 주체는 지선(至善)의 본질을 찾는 의식 활동을 수행하게 된다. 물론 읽기 주체의 본질 탐구 과정에서도 자아의 의식 내용이 관여할 수 있지만 최종적으로는 이 의식 내용을 배제하여 본질을 규명해야 한다. 이렇게 규명된 글 (다)의 지선(至善)에 대한 텍스트의 의식 내용과 텍스트의 본질이 독자의 의식 속에 자아의 의식 내용과 병립하여 존재한다. 이로부터 독자 자아의 의식 내용 초월을 이룰 수 있다.

읽기 주체의 초월 활동은 텍스트의 본질로 자아의 의식 내용을 새롭게 한다. 읽기 주체는 병립되어 있는 텍스트의 본질이 타당하면 이를 교섭 활동으로 자아의 의식 내용으로 받아들이는 것이다. 이로 자아의 의식 내용이 바뀌게 된다. 이 자아의식 내용의 바뀜이 독자의 텍스트 이해이다. 텍스트 이해는 텍스트의 의식 내용으로 독자 자아의 의식 내용이 변화할 때 일어난다. 이 독자 자아의 의식 내용 변화가 초월이다.

## 나. 의식적 관계의 초점화

독자의 텍스트 읽기는 지향성에 의존한다. 지향성의 중요한 요인은 의식적 관계이다. 이 말을 달리 표현하면 초점화의 문제이다. 초점화는 의식이 특정 요소에 집중하는 활동 경향성이라 할 수 있다. 집을 볼 때, 외형을 볼 수도 있지만 집의 내부 구조나 기능을 볼 수도 있고, 재료나 공법을 볼 수도 있다. 독자의 텍스트 읽기에서도 읽기 주체가 무엇에 초점을 두는가 의식적 관계를 결정하고, 의식 내용이 달라지게 한다. 이 읽기 주체의 초점화가 독자 자아의 의식 내용에도 중요하게 작용하는 것이다. 초점화를 통하여 독자는 텍스트의 의식 내용

뿐만 아니라 독자 자아의 의식 내용을 갖게 된다.

　　(라) 또 다른 말도 많고 많지만/ 삶이란/ 나 아닌 그 누구에게/ 기꺼이 연탄 한 장 되는 것// 방구들 선득선득해지는 날부터/ 이듬해 봄까지/ 조선 팔도 거리에서 제일 아름다운 것은/ 연탄차가 부릉부릉/ 힘쓰며 언덕길 오르는 거라네/ 해야 할 일이 무엇인가를 알고 있다는 듯이/ 연탄은, 일단 제 몸에 불이 옮겨 붙었다 하면/ 하염없이 뜨거워지는 것/ 매일 따스한 밥과 국물 퍼먹으면서도 몰랐네./ 온몸으로 사랑하고 나면/한 덩이 재로 쓸쓸하게 남는 게 두려워/ 여태껏 나는 그 누구에게도 연탄 한 장도 되지 못하였네.// 생각하면/ 삶이란/ 나를 산산히 으깨는 일// 눈 내려 세상이 미끄러운 어느 이른 아침에/ 나 아닌 그 누가 마음 놓고 걸어갈/ 그 길을 만들 줄도 몰랐었네, 나는. (안도현, '연탄 한 장' 전문)

위 글 (라)를 읽는 과정을 생각해 볼 수 있다. 이 시를 읽는 독자는 첫 연의 낱말과 구절을 읽으면서 내용을 인식한다. "또 다른 말도 많고 많지만/ 삶이란/ 나 아닌 그 누구에게/ 기꺼이 연탄 한 장 되는 것"의 내용을 파악하면서 무슨 의미인지 의문을 품는다. 그러면서 읽기 주체는 초점화할 대상을 찾게 된다. 그러면서 '방구들 선득선득, 이듬해 봄까지, 연탄차가 부릉부릉, 제 몸에 불이 옮겨 붙었다 하면, 하염없이 뜨거워지는 것' 등의 낱말과 구절의 의미를 파악하면서 앞 부분과 내용 연결을 시도한다. 다음 문장들도 개별로 내용을 파악하면서 앞의 내용과 관계 지으려고 한다. 이 과정에서 의식 활동의 초점이 '연탄'에 놓일 수 있다. 그러면서 연탄이 하는 일과 대비되는 시적 화자의 의식을 인식한다. 그래서 연탄은 열을 내며 타고, 재가 되는 속성으로 남을 위해 희생하지만 시적 화자는 그렇지 않았음을 인식한다. 그렇게 되면 부분 내용이나 부분 간 내용의 관계가 파악된다. 그러면 구성 활동으로 '연탄처럼 남을 위한 삶의 지향하자' 또는 '이타적인 삶의 추구'라는 본질을 찾을 수 있다.

다른 독자가 글 (라)를 읽을 때는, 초점화의 대상을 달리할 수도 있다. '삶'이라는 말에 초점이 둘 수도 있다. 그렇게 되면 지각 활동부터 다르게 일어나면서, 시 전체 내용이 '삶이란'으로 표현된 '물음'과 '그 누군가에게 연탄 한 장이 되는 것'이라는 '답'의 관계로 인식한다. 그러면서 시의 나머지 부분들은 연탄 한 장이 되는 것의 구체적인 내용을 부연해 주는 관계에 있는 것으로 인식하게 된다. 누구에게 연탄 한 장이 되는 것은 자신을 태워 추운 겨울을 따뜻하게 해주고, 자신을 으깨 길이 미끄럽지 않게 하는 것임을 일러준다. 그러면서 '삶의 의미'에 관심이 가게 되고, 구성 활동도 달리 일어난다. 즉 연탄의 속성에 비유되는 시적 화자의 삶에 대한 의식에 초점이 놓인다. 그렇게 되면 시의 내용은 자신의 삶을 성찰하는 화자가 떠오르고, 화자의 삶에 대한 생각이 텍스트의 본질로 구성된다. 그리고 '다른 사람에게 도움을 베풀지 않는 삶을 반성하고, 자기를 일깨워야 한다'라는 본질을 찾아내게 된다. 이를 더 축약하면 '자기 삶의 성찰'이 될 것이다. 구성 활동의 초점화가 어디에 놓이는가에 따라 텍스트의 본질은 달라질 수 있다.

초점화에 의하여 독자가 어떤 텍스트의 의식 내용을 갖는가는 초월 활동과도 연결된다. 첫 번째와 같은 시의 본질을 찾으면 '이타적인 삶에 대한 지향을 자아의 의식 내용'으로 생성할 수 있다. 주변의 사람들에 관심을 가지고, 그들을 위해 자기가 할 수 있는 것을 떠올리고, 그들에게 도움을 주는 삶을 실천하겠다는 마음을 자아의 의식 내용으로 가질 수 있다. 한편 두 번째와 같은 시의 본질을 찾으면 비춰줄

거울이 달라지면서 자아의 의식 내용도 달리 생성된다. 독자는 자기의 삶이 이기적이고 배려심이 부족하여 다른 사람을 도우려는 마음이 부족했음을 생각한다. 이를 통하여 자기를 성찰할 수 있는 계기를 마련하고, 관련된 의식 내용을 생성한다. 즉 독자 자아는 의식 내용의 한 부분으로 이기적인 자기 삶을 늘 반성하겠다는 의식 내용을 생성해 지니게 된다. 이처럼 초점화에 따라 텍스트의 본질로부터 자아의 의식 내용 생성이 달라진다.

초점화의 의식은 읽기 주체가 자아의 의식 내용을 점검하고 확인할 수 있게 한다. 이 초점화의 점검 활동은 단순히 초월적 의식 내용만을 대상으로 하지는 않는다. 점검과 확인은 읽기 활동의 각 단계마다 반복적이고 회귀적으로 이루어진다. 읽기 주체의 점검이 읽는 과정에서는 텍스트의 의식 내용에 초점이 놓인다. 읽기 후에는 자아의 의식 내용에 초점이 놓인다. 특히 읽은 후 점검 활동에서는 기존의 자아의식 내용과 현재의 의식 내용을 비교하여 달라진 점을 확인하게 된다. 요컨대, 읽기 주체의 점검 작용은 감각 활동에서 초월로 가는 과정에서도 일어나고 그 반대 방향으로도 일어난다. 초월을 향한 의식 활동은 텍스트에 대한 온전한 의식 내용을 구성하여 자아의 의식 내용을 새롭게 하는 쌓아가는 과정이고, 초월에서 감각으로 내려가는 의식 활동은 그 의식 내용의 타당성을 확인하며 헐어내는 과정이다. 독자의 텍스트 이해는 감각 활동에서 초월을 향해 이루어지는 쌓아가기와 초월을 이룬 의식 내용에서 감각의 의식 내용으로 헐어내기를 필요로 한다. 글 (라)를 읽는 독자는 감각, 지각, 구성, 초월 작용을 할 때 쌓아가기와 헐어내기의 점검 활동을 수행한다. 그래서 글 (라)에 대한 의식 활동과 의식 내용이 타당성을 가질 수 있게 한다. 읽기 교육에서는 이들 점검 활동을 비중 있게 다루지 못했다.[26]

## 다. 현상학적 태도 갖기

읽기는 독자의 의식 작용(노에시스)과 텍스트의 의식 내용(노에마)의 관계로 일어난다. 독자의 노에시스는 지향성에 의하여 텍스트 내용을 노에마로 만들어 준다. 이 활동은 현상학적으로 대상화작용이라고 한다. 대상화 작용은 텍스트 내용을 독자의 의식 활동 속으로 끌어들이는 활동이다. 이 대상화 작용을 통하여 독자의 의식 속에 노에마인 텍스트의 의식 내용이 만들어지는 것이다. 이 텍스트의 의식 내용에서 읽기 주체는 텍스트 내용의 본질을 탐구한다. 텍스트 내용의 본질 탐구는 텍스트의 의식 내용을 바탕으로 일어나고, 자아의 의식 내용과 관계를 맺게 된다. 이 관계 맺기로 독자 자아의 초월이 이루어진다. 이러한 텍스트 내용의 본질 탐구와 독자 자아의 의식 내용의 초월을 추구하는 의식이 현상학적 태도이다.

읽기 주체가 텍스트의 의식 내용의 본질을 탐구하는 구성 활동은 현상학적 태도의 발로이다. 이때 텍스트의 의식 내용의 본질 탐구의 기제는 자유변경이다. 지유변경은 의식 내용을 이것저것으로 구분하고 이리저리 연결하는 것이다. 독자는 의식 속에 텍스트에 대한 온전한 의식 내용을 갖게 되면, 자유변경이 가능해진다. 읽기 주체는 텍스트의 의식 내용을 자유자재로 나누고 연결하는 것이 가능하다. 그렇기에 필요에 따라 의식 내용을 가르고 구분하고 관계 지을 수 있다. 이 자유변경에 의하여 관계있는 의식 내용들을 연결하여 텍스트 내용에서 본질을 찾아낸다. 이 자유변경의 방법은 텍스트마다, 텍스트를

---

26) 읽기 주체의 쌓아가기와 헐어내기의 의식 활동은 이 논의에 초점이 아니어서 다음 논의로 미룬다.

읽을 때마다 다를 수 있다.

　독자가 글 (라)를 이해하기 위해서는 이 시의 본질을 찾아야 한다. 읽기 주체는 본질을 찾기 위해 지각 작용으로 생성한 텍스트에 대한 의식 내용을 이용한다. 지각 작용으로 떠올린 의식 내용은 독자의 의식 안에 있으므로 다양한 방식으로 자유변경이 가능하다. 글 (라)의 본질 찾기에서는 먼저 연탄의 역할을 확인하고, 연탄과 사람들 삶의 관계를 살피고, 화자의 삶에 대한 반성 의식을 점검한다. 세부적으로 화자 삶의 태도와 연탄의 속성을 비교하고, 화자 삶의 의식과 연탄이 하는 일을 관계 짓고, 화자의 마음과 연탄에 대한 통찰을 간파한다. 자유변경의 과정은 독자가 연탄, 화자, 삶의 의미를 연결하여 '이타적인 삶의 추구'라는 본질을 찾을 수 있게 한다. 물론 다른 본질을 찾는 것도 얼마든지 가능하다.

　현상학적 태도는 자아의 의식 내용 생성도 요구한다. 독자는 텍스트 내용의 본질을 구성하여 의식 속에 기억의 형태로 저장해 둘 수도 있다. 이때는 텍스트 이해가 일어났다고 하기는 어렵다. 이 경우, 독자 자아의 의식 내용과 텍스트의 본질이 의식 속에 병립할 뿐 독자 자아의 의식 내용의 변화는 일어나지 않았기 때문이다. 현상학적 태도는 읽기 주체가 텍스트 내용의 본질로 자아의식 내용의 초월을 실행하도록 하는 요구로 존재한다. 이런 현상학적 태도 때문에 읽기 주체는 독자 자아의 의식 내용 초월을 실행하게 된다. 이 초월로 독자 자아의 의식 내용이 새롭게 생성되어 변화가 일어나야 텍스트 이해가 이루어진다. 따라서 텍스트 이해는 독자 자아가 의식 내용의 초월을 이루었을 때 일어난다.

　독자 자아의 의식 내용 초월은 현상학적 태도에 내재된 지향적 활동으로 이루어진다. 즉 현상학적 태도가 읽기 주체로 하여금 독자 자아의 의식 내용과 텍스트 본질을 관계 맺게 하는 활동을 하도록 요구하기 때문에 초월이 일어난다. 독자의 의식 활동 자체가 텍스트와의 관계를 독자 자아의 초월로 이어지게 지향하는 것이다. 그렇기에 독자는 텍스트를 읽으면서 모종의 자기의식 변화를 기대한다. 즉 독자 자아의 의식 내용을 새롭게 하여 의식의 발전이 있기를 내심 바라는 것이다. 이로 인하여 독자는 텍스트를 읽어야겠다는 근원적 읽기 욕망을 갖는다. 이 근원적 읽기 욕망으로 독자는 텍스트에 다가갈 수 있게 된다.

현상학적 태도는 독자 자아의 의식 내용 초월을 반복하게 한다. 현상학적 태도가 독자 자아의 의식 내용 초월을 지향하기 때문이다. 이 지향에 의한 독자 자아의 의식 내용 초월은 한계가 없다. 하나의 텍스트와의 관계에서도 여러 번의 초월이 있을 수 있고, 텍스트마다 초월이 있을 수도 있다. 독자 자아의 초월은 텍스트에서 새로운 본질을 구성할 때마다 기회가 주어진다. 이 기회를 선택하였을 경우, 의식 내용의 초월이 이루어진다. 초월의 크기나 내용은 텍스트마다 다를 수 있다. 구성한 텍스트의 본질에 따라 달라지는 것이다. 텍스트와 관련된 독자 자아의 의식 내용이 높은 수준일 때는 본질을 수용하지만 의식 내용은 달라지지 않는다. 초월이 이루어지기 위해서는 독자 자아의 현재 의식 내용보다는 높은 수준의 본질 내용이어야 된다. 독자 자아의 의식 내용 초월은 독자가 존재를 밝히는 일이면서 실존하는 일이다. 현상학적 태도는 독자가 텍스트 읽기를 수행하게 하는 근원적인 까닭이다.

# 4. 초월적 읽기의 실천

모든 의식, 즉 심리 현상은 지향성을 지니며 그러한 한에서 대상을 향하고 있다(이남인, 2010: 138). 이 말은 주체의 의식 활동은 이 지향성을 바탕으로 이루어진다는 뜻이다. 주체의 의식 활동은 대상과의 관계에서 존재한다. 이 의식 활동에서 대상에 대한 일상적 판단은 자연적 태도를 바탕으로 한다. 이는 생활세계를 인식하는 방법이다. 개인은 대상을 자연적 태도로만 판단하지 않는다. 대상을 이루고 있거나 대상 속에 내재된 본질을 탐구하고 싶어 한다. 대상의 본질을 탐구하는 인식 활동은 현상학적 태도를 바탕으로 한다. 현상학적 태도는 대상의 본질 세계를 인식하는 방법이다.

독자가 텍스트를 읽고 이해하는 활동은 개인이 대상의 본질을 알아가는 활동의 한 부류이다. 대상의 본질을 알아가는 활동은 독자 자아의 의식 내용과 연관된다. 즉 독자는 텍스트 내용의 본질을 구성하여, 이 본질로 자아의 의식 내용을 초월해야 한다. 이는 독자가 텍스트를 읽는 근본적인 이유이기 때문이다. 독자가 텍스트를 읽는 근원이 텍스트 내용을 통하여 자아의 의식 내용을 바꾸는 것이다. 이는 독자 중심의 의미 구성과는 다른 것이다. 의미 구성은 텍스트에서 특정 의미를 구성해 내는 것을 강조하지만 구성한 의미로 자아의 의식 내용을 초월하는 것은 요구하지는 않는다. 결국 이 의미 구성에서 독자는 의미 생산자이지 자아의 초월자는 아니다. 반면, 지향성을 토대로 한 텍스트 이해에서 독자는 자아의식 내용의 생산자이자 초월자이다.

현상학적 관점의 읽기에서 독자는 궁극적으로 자아의 초월자이다. 그렇다고 무조건적인 초월자는 아니다. 텍스트 내용을 지향성을 가지고 탐구하여 본질을 구성하고, 그 본질로 자아의 의식 내용을 초월한다. 이 초월은 텍스트를 향한 자아의 의식적 관계 맺음을 바탕으로 이루어진다. 이는 객관적 본질을 무비판적으로 받아들이는 것이 아니라 주관적으로 구성한 본질을 주체적으로 받아들이는 것이다. 또한 초월한 의식 내용을 헐어내어 확인함으로써 타당성을 갖추어 받아들이는 것이다.

읽기 이론과 읽기 교육이론의 논의에서는 현상학적 관점에서 독자의 텍스트 이해 과정을 탐구할 필요가 있다. 이는 읽기의 내재적 본질 특성을 밝히고, 독자의 텍스트 이해의 절차를 밝히는 일이다. 이것은 독자 자아의 의식 내용이 어떻게 이해에 관여하고, 어떻게 변화해야 하는지를 확인하는 일이다. 또한 읽기에서의 의식 활동의 주도자인 읽기 주체의 역할을 분명하게 밝히는 일이면서 그 활동의 속성을 확인하는 일이다. 텍스트와 독자 자아의 의식적 연결 관계의 확인은 읽기 교육의 접근 방향을 점검하고, 텍스트 이해의 방법을 구체화할 수 있게 할 것이다.

# 제3장 실존적 읽기

## 1. 현존재와 독자

  독자가 책을 읽는 본질은 무엇일까? 사람들이 책을 읽는 근원적 의식에는 무엇이 있는가? 교사는 학생에게 또는 부모는 자녀에게 책을 읽으라고 권유하는 실체적 이유는 무엇인가? 정보를 얻기 위해 또는 생각이나 논리, 관점을 얻으려고 책을 읽는가? 이들을 얻으라고 책읽기를 권하는가? 책을 읽어야 한다고 생각하고, 책을 읽으라고 권하는 그 의식의 근본에 존재하는 것은 무엇인가?

  책을 읽는 독자의 근원적 의식에는 자기 계발[1]의 기대가 있다. 이

---

[1] 자기 계발은 의식의 발전적 변화를 의미한다. 이는 현상학이나 해석학의 '초월'이라는 용어의 의미를 내포한다. "현재의 자신에 고착되지 않고, 언제나 자신으로부터 벗어나려고 한다. 자신을 자기 밖으로 내보내는 것이다. 이것이 실존이다. 현존재의 '실존(Existenz)'은 밖을 향하여 나아가려는 탈출의 존재양식인 '탈존(Ex-sistenz, Ek-sistenz)'을 이미 그 속에 품고 있다. 실존이 곧 탈존이다. 이러한 탈존이 곧 초월이다. 실존, 탈존, 초월이

기대는 독자뿐 아니라 책읽기를 생각하는 모든 사람에게 있다. 독서를 생각하는 사람의 속마음은 자기 계발이다. 책을 읽는 독자에게도, 책을 읽으라고 권하는 교사, 부모, 동료도 마찬가지이다. 독서에 대한 이 기대가 실현되기 위해서는 이에 맞는 읽기가 실천되어야 한다. 어떻게 읽으면 자기 계발은 이룰 수 있는가? 이를 위한 읽기는 여러 가지일 수 있지만 이 논의에서는 하이데거의 현존재에 대한 논의2)를 활용하여 살펴본다. 하이데거의 현존재3)에 대한 논의는 독자가 텍스트를 읽고 자기 계발을 이룰 수 있는 토대가 될 수 있다.

독자가 텍스트를 읽는 본질을 하이데거의 존재자와 존재의 관계, 또는 존재와 현존재와의 관계에서 유추해 볼 수 있다. 하이데거는 『존재와 시간』에서 존재자, 존재, 현존재, 실존의 문제를 논의한다. 『존재와 시간』의 모든 내용을 읽기의 본질과 관련시킬 수는 없다. 그렇지만 특정 내용은 읽기 본질을 설명할 수 있는 논리적 근거가 될 수 있다. 현존재에 대한 설명의 논리로 보면, 독자가 텍스트를 읽고 이해하는 활동은 텍스트 존재자와 존재 또는 존재와 독자 현존재의 관계를 실현하거나 현시하는 일일 수 있다. 독자가 텍스트 존재자를 읽고 존재를 밝혀 독자 현존재가 되어, 존재 이해를 함으로써 실존하

---

현존재의 자기 존재에 속하기 때문에 현존재의 존재는 지금 현재의 시점에서 규정되거나 고정될 수 있는 것이 아니다."(엄태동, 2016: 60)

2) 하이데거의 현존재에 대한 논의는 『존재와 시간』(이기상 역(2000)을 참조할 수 있다. 그리고 하이데거의 『존재와 시간』을 해석한 텍스트로는 박찬국(2018), 소광희(2004)를 참조할 수 있다. 하이데거의 철학을 교육적으로 재해석한 논의로는 엄태동(2016)을 참조할 수 있다.

3) 현존재는 이 논의에서 중요하게 다루어지는 개념이다. 하이데거는 "이러한 존재자, 즉 우리들 자신이 각기 그것이며 여러 다른 것들 중 물음이라는 존재 가능성을 가지고 있는 그런 존재자를 우리는 현존재라는 용어로 파악하기로 하자"(이기상 역, 2000: 22)라고 말한다. 현존재의 개념을 구체적으로 정의하기는 어렵지만 논의 과정을 통하여 드러날 것이다.

게 된다.

하이데거가 『존재와 시간』에서 관심을 두는 것 중 하나는 '존재'이다.4) 존재는 존재자나 현존재가 실존할 수 있게 하는 근거이기 때문이다. 존재자는 존재에 의하여 존재한다.5) 이 말은 존재가 존재자의 본질임을 의미한다. 존재는 개별 존재자의 고유성이다.6) 특히 현존재와의 관계에서 고유성이다. 현존재에 의하여 존재자의 존재가 드러나고, 존재자는 그 어떤 존재로 존재할 수 있는 것이다. 그렇기에 존재는 현존재와 관계에서 드러내는 존재자의 고유성이다. 현존재가 존재자와 관계 맺음은 존재가 있기 때문이다.7) 존재를 아는 것은 존재자를 아는 것이다. 존재자의 존재를 아는 사람이 현존재이다. 현존재만이 존재자의 존재에 대한 물음을 갖고 존재자와 관계를 맺는다. 이는 사람이 존재자의 존재에 의해 현존재로 존재하게 됨을 의미한다. 즉 존재자의 존재와 현존재는 서로 의지하고 있음을 의미한다.8) 현존재

---

4) 이 존재자에게 고유한 점은 자신의 존재와 더불어 자신의 존재에 의해서 그 자신에게 그의 존재가 열어 밝혀져 있다는 그것이다. 존재 이해는 그 자체가 곧 현존재의 규정성의 하나이다. 현존재의 존재적인 뛰어남은 현존재가 존재론적으로 존재한다는 거기에 있다 (이기상 역, 2000: 28).

5) 정리 작업해야 할 물음에서 물어지고 있는 것은 존재이다. 즉 존재자를 존재자로서 규정하고 있는 바로 그것, 존재자—이것이 어떻게 논의되건 상관없이—가 각기 이미 그리로 이해되어 있는 바로 그것이다(이기상 역, 2000: 20).

6) 나의 의자는 어느 날 가구점 앞을 지나던 나의 시선을 사로잡으면서 난생처음 무엇인가를 내 것으로 갖고 싶다는 마음을 강렬하게 불러일으킨 각별한 의자이다. 나의 의자는 (…중략…) 내 학문 생활의 소중한 동반자로서 이 세상에 단 하나뿐인 의자이다. 이것이 의자의 고유함이다. 그리고 이 의자를 세상 유일무이한 그러한 의자로 만들어주는 것이 바로 그 의자의 '존재'이다(엄태동, 2016: 30).

7) 물어지고 있는 것으로서의 존재는 따라서 존재자의 발견과는 본질적으로 구별되는 나름의 고유한 제시의 양식을 요구한다. 이렇게 하여 물음이 꾀하고 있는 것, 즉 존재의 의미도 나름의 독특한 개념성을 요구하게 된다(이기상 역, 2000: 21).

8) 엄태동(2016: 18)은 하이데거의 Zusammenngehörigkeit를 '공속(共屬)'이란 용어로 번역하고, 김형효(2002: 42)는 '불일이불이(不一而不二)'라는 용어를 사용한다. 서로 나눌 수 없이 깊이 얽혀 있고, 둘이면서 하나라는 의미이다.

는 존재자의 존재에 의하여 존재한다. 현존재가 이 존재를 밝혀 그 존재대로 존재하는 것이 실존이다.

독자의 텍스트 읽기는 현존재가 존재자의 존재를 밝히는 것과 유사하다. 독자가 텍스트를 읽고 텍스트가 의미하는 바를 찾는 것이 현존재가 존재자로부터 존재를 알아내는 것과 닮았기 때문이다. 또한 독자의 텍스트 이해는 텍스트의 존재로 독자가 자기의 존재를 밝혀 깨치는 것과 같다. 현존재의 존재 이해는 존재자를 필요로 하는데 텍스트가 그 존재자의 하나이기 때문이다. 텍스트를 '존재자'로 보고, 텍스트의 본질 의미를 '존재'로 볼 때, 독자는 '독자 현존재'라 할 수 있다. 존재자에서 존재를 밝히는 것이 현존재이듯, 텍스트 존재자에서 텍스트의 본질 의미, 즉 텍스트 존재를 밝히는 것이 독자 현존재이다. 텍스트 존재를 밝혀 독자 현존재는 그 존재를 실현하는 기투(Entwurf)로 실존하게 된다. 이 실존을 실행하는 읽기가 '실존적 읽기'이다. 이 논의에서는 읽기에서 독자 현존재가 텍스트 존재자에서 텍스트 존재를 밝혀 자기의 존재 이해를 이루어 실존하는 논리와 실존적 읽기의 실행 특성을 살펴본다.

## 2. 실존적 읽기의 구조

하이데거는 사람을 현존재로 규정한다. 현존재는 존재가 실현되어 있음을 뜻한다. 현존재는 존재자의 존재를 밝히고, 자기 존재를 발현시켜 존재의 실현을 이루었음을 의미하는 말이기도 하다. 그렇기에 현존재는 존재의 실현을 이룬 실존을 내포한다. 그렇지만 '실현'라는 말에는 '실현되지 않았음'이 전제되어 있다. 그래서 현존재의 존재

실현에는 존재를 실현하는 원리로서의 현존재가 있고, 존재를 실현한 현존재와 존재를 실현하지 않은 현존재도 있다. 텍스트 존재자와 관계하는 독자 현존재도 마찬가지이다. 독자 현존재가 존재를 실현하는 읽기가 실존적 읽기이다. 독자 현존재의 근거인 현존재를 알아보고, 텍스트 존재자와의 관계 맺음으로 존재를 밝혀 실존하는 독자 현존재를 살펴본다.

## 가. 현존재

〈그림 1〉의 책은 이 논의의 필자에게 특별한 의미가 있다. 필자가 박사과정 때 스터디 모임에서 읽었던 책이다. 그땐 읽어도 무슨 내용인지 이해할 수 없었다. 그렇지만 버리지 못하고 지금까지 가지고 있다. 최근 『하이데거와 교육』(엄태동, 2016)과 『하이데거의 [존재와 시간] 강독』(박찬국, 2018), 『[존재와 시간] 강의』(소광희, 2004)를 읽고, 다시 들여다보게 되었다. 이 책은 필자에게 공부의 추억과 읽

〈그림 1〉 『존재와시간』

기의 좌절감은 물론, 공부에 대한 도전 의식을 갖게 한 경험을 떠올리게 한다. 하이데거의 『존재와 시간』(이기상 역, 2000)은 동일한 여러 권이 있지만, 이 글의 필자에게 의미가 있는 것은 〈그림 1〉에 있는 책이다. 다른 『존재와 시간』은 필자에게 의미가 없다. 즉 필자는 〈그림 1〉에 있는 책과의 관계에서 현존재이다. 이 책은 다른 『존재와 시간』과는 달리 필자만이 가지고 있는 소중함의 고유성이 있다. 이때,

〈그림 1〉의 책은 '존재자'이고, 그 특별한 의미는 이 책의 '존재'[9]이다. 이 존재자의 존재는 〈그림 1〉의 책과 현존재인 필자가 공유하고 있다. 하이데거는 이 존재의 공유를 공속(Zusammengehören: 共屬)[10]이라 한다(엄태동, 2016: 18).

하이데거의 현존재에 대한 논의를 이기상 역(2000), 소광희(2004), 박찬국(2018), 엄태동(2016)을 중심으로 정리하면 다음과 같다. 하이데거의 현존재라는 말은 Da-sein을 번역한 말이다. Da-sein은 '여기(거기) 있다'라는 뜻이다. '여기 있다'는 지금 내가 이곳 이 순간에 '나'를 의식하고 있음을 뜻한다. 내가 '나'를 의식하여 지금 있다는 것을 안다는 것은 무엇을 뜻하는가? 우리는 가끔 '나'를 잊는 경우도 있다. '나'가 여기 있다는 것을 의식하지 못하는 경우가 있는 것이다. 실제로 우리는 '나'가 이 순간 이곳에 있다는 것을 의식하지 못하는 경우가 더 많다. 특히 하이데거가 관심을 가지는 '나'가 누구인지를 알고, 지금 무엇을 하는 존재인지를 밝혀, '나'를 의식하는 일은 많지 않다. 사람이 '나'를 의식하는 경우는 대상과 특정한 의식적 관계를 맺고 있을 때이다. 이 논의 필자가 〈그림 1〉의 책을 보면, '텍스트 존재자(『존재와 시간』)'에 내재한 현존재의 특성을 '존재'로 공속하며 '나'가 '여기 있음'을 의식한다. 하이데거는 이 '나'를 의식하여 내가 '여기 있음' 아는 '나'를 '현존재'라 한다.

현존재는 "'나'를 어떻게 밝혀 아는가?' 다른 질문으로 바꾸면 '나는

---

9) 필자가 '현존재'를 알 수 있게 한 책으로써의 소중함을 그 고유성으로 지닌다는 점에서의 존재.

10) 이 공속(共屬) 또는 공속성(共屬性), Zusammengehören)이라는 말은 하이데거의 『동일성과 차이』(신상희 역, 2000)에 나오는 말로 '함께-속해-있음' 또는 '서로가-서로에게-속해 있음(Zueinandergehören)'의 의미도 포함한다.

'나'를 어떻게 밝혀 아는가?' 눈을 감고 명상하면 '나'를 밝혀 알 수 있는가? '나'를 찾는 명상을 해도 '나'를 알기는 쉽지 않다. 그래서 하이데거가 문제 삼는 것은 '나'를 의식할 수 있게 하는 '존재'를 지니고 있는 대상이다. 사람은 특정 대상의 존재를 인식함으로써 '나'를 의식한다. 사람이 '나'를 의식하게 하는 존재를 내포한 특정 대상을 하이데거는 '존재자'라 한다. 〈그림 1〉의 책이 필자에게는 존재자이다, 필자는 존재자인 『존재와 시간』과 '현존재의 개념과 속성'을 공속하면서 '나'를 의식한다. 필자는 존재자를 의식하고, 존재자의 존재를 생각하고, '현존재'를 생각하는 '나'를 의식한다. 그렇다고 '나'가 완전하고 분명하게 인식되지는 않는다. 요컨대, 사람이 존재자와 특별한 관계를 맺게 되면 '나'가 여기 있음을 의식하고 확인할 수 있다.

사람이 존재자와 특별한 관계를 맺는다는 것은 존재자에게 마음을 쓰고 존재자에 대한 의식 내용을 가지는 것이다. 사람이 존재자에 대한 의식 내용을 가지게 되면, 그 의식 내용을 인식한 '나'를 의식한다. 하이데거는 사람이 존재자에 대하여 가진 의식 내용을 '존재'라고 한다. 그리고 사람이 존재자의 '존재'를 의식 내용으로 가지게 되었을 때 '현존재'가 된다. 현존재는 존재자의 존재에 대한 의식 내용으로 이곳에 이 순간에 있음을 의식하는 '자아' 또는 의식의 '주체'라 할 수 있다. 현존재는 존재자의 존재를 인식하면서 '나'를 의식하여 여기에 있다는 것을 아는 자아나 주체의 의식이다. 정리하면, 현존재는 존재자의 존재를 인식한 사람의 의식 속에 '나'로 있는 주체적 의식이다.

현존재가 존재자의 존재를 인식한다는 것은 단순히 의식 내용을 가지는 것을 뜻하는 것이 아니다. 현존재가 존재자의 존재를 인식하는 것은 여기 있는 '나'를 밝혀 아는 일이기도 하다. '나'를 밝혀 안다는 것은 내가 무엇이어야 하는지를 깨치고 실천하는 것을 포함한다. 하이데거는 존재의 공속으로 '내가 무엇이어야 하는지를 깨쳐 아는 것'을 '존재 가능성'이라 한다. 그리고 존재 가능성을 깨친 '나'는 '존재 가능성'을 실천하려고 한다. 하이데거는 이 존재 가능성을 실천하기 위하여 실행하는 행위를 기획투사(Entwurf), 즉 기투라고 한다. 이 논의의 필자는 이 존재 가능성을 실천하기 위한 기획투사의 일환으로 이 논문을 쓰고 있다. 현재, 필자는 의지적으로 이 존재 가능성을 실천하고 있는 것이다. 이 현존재의 존재 가능성에 기투하는 것을 하이데거는 '실존'이라고 했다.

현존재는 존재자의 존재로 세계를 갖게 된다. 현존재에게 세계는 현존재가 존재자로부터 존재를 밝힘으로써 갖게 되는 의식의 세계이다. 현존재의 세계는 현존재가 깨친 존재에서 비롯되고, 현존재가 존재 가능성을 기투하여 실존하는 세계이다. 세계는 현존재가 존재자의 존재를 공속함으로써 존재하고, 현존재는 그 세계를 통하여 존재한다. 즉 현존재와 세계는 함께 존재하고, 현존재는 그 세계 속에서만 존재할 수 있다. 하이데거는 현존재의 이런 특성을 '세계-내-존재'라고 하였다. 현존재에게 세계는 존재자와 공속하고 있는 존재로 이루어진 현존재 자체이다.

이 현존재가 존재를 인식하여 공속하는 존재자는 하나만 있는 것이 아니다. 하이데거의 『존재와 시간』을 읽기 위해서는 엄태동(2016), 박찬국(2018), 소광희(2004) 등의 책뿐만 아니라 다른 책과 논문들도 필요하다. 필자는 이들 책과 논문의 존재도 공속한다. 현존재는 이렇게 여러 존재자의 존재와 공속관계를 맺고 있는 '세계-내-존재'이다. 현존재는 단일 존재자와의 관계를 맺는 것이 아니라 주변의 모든 존재자들과 관계를 맺고, 존재를 공속하여 '세계-내-존재'가 된다. 현존재와 존재를 공속하지 못하는 존재자는 존재할 수 없다. 존재자로 존재하기 위해서는 존재를 현존재와 공속해야 한다. 그래서 현존재는 세계-내-존재가 된다.

현존재는 한 존재자의 존재를 밝혀 인식했다고 계속 현존재인 것은 아니다. 존재자의 존재도 고정되어 있는 것이 아니고, 현존재와 관계를 맺는 존재자도 하나가 아니다. 한 권의 책이 하나의 의미를 갖지 않고, 독자와 관계를 맺는 책은 여러 권이다. 그렇기에 현존재를 유지하기 위해서는 존재자의 존재를 새롭게 밝히거나 주변의 여러 존재자의 존재를 공속해야 한다. 이는 현존재가 삶 속에서 '나'를 지속적으로 밝히고 실존해야 함을 뜻한다. 그렇지만 현존재가 항상 존재자와의 존재를 공속하여 실존하는 것은 아니다. 현존재이긴 하지만 존재자의 존재를 밝혀 공속하지 않을 때도 있다. 이런 때를 '비본래적 현존재'(엄태동, 2016: 100; 이기상 역, 2000: 240)라고 한다. 이와 달리 존재자의 존재를 밝혀 '나'가 실존할 때도 있다. 이런 때를 '본래적 현존재'(엄태동, 2016: 127)라 한다. 우리는 제한된 시간을 살아야 하기 때문에 '나'를 밝혀 본래적 현존재로 존재할 것을 추구한다. 이러한 추구는 자신에 대한 양심에서 비롯되고, 비본래적 현존재일 때는 불안을 느낀다.[11] 우리가 본래적 현존재로 실존할 때 편안을 느끼는 것이다.

독자는 텍스트를 존재자로 마주한 사람이다. 독자가 텍스트의 존재를 밝혀 '나'를 인식하게 되면 '독자 현존재'가 된다. 존재자를 텍스트로 한정했을 때 드러나는 현존재가 독자 현존재인 것이다. 독자 현존재는 텍스트의 존재, 즉 텍스트의 본질 의미를 밝힌 현존재이다. 이

---

11) 하이데거의 현존재 논의에서 시간, 양심, 불안에 대한 내용도 중요하다. 이 논의는 이들에 초점이 있지 않으므로 맥락에 따라 용어만 제시한다.

독자 현존재는 텍스트의 존재를 통하여 '나', 즉 독자 자아[12]를 의식한다. 독자 현존재는 텍스트의 존재를 통하여 존재 가능성 밝히고, 그 존재 가능성을 기투하여 실존한다.

## 나. 독자 현존재의 체계

독자 현존재는 텍스트와의 관계에서 비롯된다. 텍스트의 존재를 밝혀 공속함으로써, 독자 자아를 발현(發現)해 지닌 현존재이다. 독자 현존재는 텍스트와의 관계 속에서 존재하고, 텍스트의 존재를 통하여 초월[13]한다. 독자 현존재의 존재 원리와 비본래적 독자 현존재와 본래적 독자 현존재를 살펴본다. 이를 통하여 독자 현존재의 실존 방식을 탐색한다.

### 1) 독자 현존재의 존재 원리

독자 현존재는 텍스트 존재자와 텍스트의 존재를 공속한 현존재이다. 독자 현존재는 텍스트 존재자와 의식적 관계 형성으로 텍스트 존재를 밝히고, 그 존재로 자기 존재를 깨친 현존재인 것이다. 하이데거의 현존재의 존재 논리로 보면, 개별 독자가 독자 현존재가 되는

---

12) 독자 자아에 대한 논의는 김도남(2018a)을 참조할 수 있다.

13) 해석학 또는 현상학에서 '초월'이라는 말은 '의식 활동이나 내용이 낮은 상태에서 높은 상태로의 변화'를 의미한다. "우리는 'transzendental'을 '초월적' 혹은 '초월론적'이라고 번역하여 사용할 경우, 이러한 번역에 들어 있는 '초월'이라는 표현을 철두철미 앞서 살펴본 의미의 '낮은 단계의 대상적 의미를 토대로 더 높은 단계의 대상적 의미를 향해 초월함'이라는 의미로 이해해야 하며, 그 어떤 신비적인 어감을 지닌 '초월' 개념을 토대로 이 단어를 이해하지 않도록 해야 한다."(이남인, 2018: 338)

것은 개인이 현존재가 되는 것과 크게 다르지 않다. 다른 점이 있다면 독자 현존재의 존재 근거인 존재자가 텍스트로 한정되고, 존재도 텍스트 존재로 제한된다는 것이다. 이 제한으로 인한 독자 현존재의 특성이 존재한다. 독자가 텍스트 존재자를 되는 논리를 살펴본다.

> (가) 나는 나룻배/ 당신은 행인/ 당신은 흙발로 나를 짓밟습니다./ 나는 당신을 안고 물을 건너갑니다./ 나는 당신을 안으면 깊으나 얕으나 급한 여울이나 건너갑니다./ 만일 당신이 아니 오시면 나는 바람을 쐬고 눈비를/ 맞으며 밤에서 낮까지 당신을 기다리고 있습니다./ 당신은 물만 건너면 나를 보지도 않고 가십니다그려./ 그러나 당신이 언제든지 오실 줄은 알아요./ 나는 당신을 기다리면서 날마다 날마다 낡아 갑니다./ 나는 나룻배/ 당신은 행인. (한용운, 〈나룻배와 행인〉 전문)

글 (가)는 어렵지 않게 읽을 수 있는 시다. 이 시는 나룻배와 나룻배를 이용하는 행인의 이야기를 나룻배의 입장에서 표현하고 있다. 시는 나룻배가 강을 건네줄 행인을 기다리며 선착장에 매여 있는 이미지를 그리고 있다. 글 (가)를 읽는 독자는 나룻배와 행인의 이미지를 떠올린다. 시의 장면이 눈앞에 훤히 그려지지만 그것으로 만족하지 않는다. 시에 '말해진 것' 외에 '말해질 것', '말하려고 하는 것'이 있음을 직감한다.[14] 독자는 시가 말하려고 하는 것을 알려고 한다. 그것을 알아야 시를 이해할 수 있기 때문이다. 시에 대한 이미지를 마음속에

---

14) 레비나스의 말해진 것(Dit)과 말하기(Dire)로 구분에서(윤대선, 2013: 179), 필자는 '말하기'의 의미를 '말해질 것', '말하려 하는 것'으로 풀이했다. 이수정 역(2013: 68~69)에서는 '말하기'를 '말할 수 있는 것=의미할 수 있는 것', '말하려 하는 것=의미하는 것'으로 구분하여 논의한다.

떠올린다고 하여 시를 이해할 수 있는 것은 아니다. 시를 읽고 이해한다는 것은 '말해진 것'에서 '말해질 것', 또는 '말해져야 하는 것'을 아는 것이다. 글 (가)에서 말해진 것이 존재자라면 말해질 것은 '존재' 또는 '본질 의미'[15]이다. 시를 읽는 독자 현존재는 존재자(〈나룻배와 행인〉)에서 존재(말해질 것)를 알아채는 존재이다.

독자가 글 (가)를 이해하는 과정을 조금 더 살펴보자. 독자가 글 (가)를 이해하기 위해서는 시에서 말해질 것이 드러나게 해야 한다. 말해질 것은 말해진 것과 함께 있거나 말해진 것에 내재되어 있다. 이 말해질 것은 겉으로 드러나 있지 않지만 독자는 말해진 것을 파악하는 동안에 또는 말해진 것을 알고 난 후에 지각할 수 있다. 이때, 독자에게 지각된 말해질 것은 텍스트에서 나오는 것이 아니라 독자에게서 생겨난다. 글 (가)는 말해진 것 외에 다른 것을 독자에게 말해줄 수 없다. 그렇기에 말해질 것을 결정하는 것은 독자이다. 독자가 말해질 것을 알기 위해 글 (가)의 언어 표현을 외운다든가 표상된 이미지를 그림으로 그린다든가, 또는 각 부분을 분석하고 전체를 종합하여 주제 찾기를 할 수 있다. 그러나 그것으로는 말해질 것이 드러나지는 않는다. 그렇다고 전문가가 필자의 삶이나 시대적 배경을 탐구하여 찾아 놓은 주제적 의미를 확인한다고 글 (가)의 말해질 것이 확정되는 것도 아니다. 독자 현존재는 이들 말해질 것으로는 만족할 수 없다.

텍스트 읽기는 독자가 텍스트 존재자의 존재를 찾아 인식하는 것이다. 이 활동이 해석이다. 독자가 텍스트 존재자를 해석한다는 말은

---

15) '본질 의미'라는 말은 텍스트의 '말해질 것'으로 텍스트의 '존재'와 같은 뜻이지만, 맥락에 따라 '존재'의 의미를 효과적으로 전달한다. 관련하여 존재자의 '존재'를 '존재 본질'라는 용어도 사용하는 데, 이도 '존재'라는 말보다 '존재 본질'이라 할 때 그 뜻이 효과적으로 전달되는 것으로 판단되기 때문이다.

텍스트의 존재, 즉 텍스트에서 말해질 것을 밝혀 공속하는 것을 뜻한다. 하이데거의 말을 활용하면, 텍스트는 존재자이다. 텍스트는 존재자로 존재하기에 존재를 지니고 있다. 이 텍스트의 존재는 텍스트가 자체적으로 드러내는 것이 아니다. 텍스트의 존재는 독자에 의하여 드러난다. 텍스트의 존재가 드러나게 하는 독자의 의식 행위가 해석이다. 이 해석에 참여하는 독자 주체도 존재자이다. 이 독자가 텍스트에서 말해질 것을 깨쳐 알았을 때 독자 현존재가 된다. 이 독자 현존재가 텍스트 존재자에서 텍스트 존재가 드러나게 하는 것이다.16) 이를 위해 독자 존재자는 텍스트 존재자에 대한 존재 물음을 갖는다. 글 (가)를 읽는 독자가 글 (가)의 텍스트가 '말하고 싶은 것(말해질 것)'을 찾으려고 하는 것이 존재 물음이다. 이 존재자에 대하여 존재 물음을 갖고, 존재가 드러나게 하는 존재자가 독자 현존재이다. 이 독자 현존재는 이 존재 물음을 통하여 텍스트 존재자의 존재를 밝혀 공속한다.

글 (가)의 존재를 밝혀 공속한 주체가 독자 현존재이다. 독자 현존재는 글 (가)와 함께 존재하고, 존재자인 글 (가)의 존재를 의식 내용으로 가졌음을 함의한다. 독자 현존재는 텍스트 존재로 자기 존재를 깨쳐 알았다는 말과도 같다. 이는 독자 현존재가 텍스트 존재자에 대한 존재 물음이 자기 존재에 대한 물음에서 비롯되었다는 뜻과 같다. 즉 독자 현존재는 텍스트 존재자의 존재를 찾을 수 있는 근원은 독자 현존재의 존재 본질이다. 이 말은 독자 현존재가 자기의 존재를 깨쳐 알게 됨으로써 텍스트의 본질 의미가 그렇게 드러나게 한다는 의미가 된다. 텍스트의 존재는 스스로 드러날 수가 없고, 지금 여기 텍스트를

---

16) 하이데거는 존재자에 내재해 있는 존재를 드러내어 현존재로서 존재함을 '탈은폐(Ent-bergen)'라는 말로 표현한다(엄태동, 2016: 179).

읽고 있는 독자만이 그 존재를 드러나게 하는데, 존재를 그렇게 드러나게 하는 근원은 독자 현존재의 존재인 것이다. 글 (가)를 읽는 독자가 나룻배와 행인의 존재 본질을 규정하는 것은 독자 현존재의 존재 본질이다. 나룻배의 기다림 본질과 행인의 본질 의미를 텍스트가 규정할 수 없다. 이들 본질 의미는 현재 지금 텍스트를 읽고 있는 독자 현존재의 존재 본질일 수밖에 없다. 만약 독자가 텍스트의 본질 의미에 대한 물음을 갖지 않는다면 독자 현존재가 아니라 존재자에 머문다.

독자 현존재가 텍스트의 존재를 공속한다는 것은 텍스트의 본질 의미를 밝히고, 그 본질 의미로부터 자신의 존재 본질을 규명하는 것이다. 독자 현존재가 본질 의미를 밝힌다는 것은 텍스트의 존재를 자기 존재와의 관계 속에서 탈은폐 하는 것이다. 이는 글 (가)를 읽는 독자가 시의 본질 의미를 독자 자신 내부에서 탐구하는 것을 의미한다. 글 (가)의 본질 의미는 은폐되어 있다. 이를 탈은폐하기 위해서는 행인의 본질 의미와 나룻배의 기다림의 본질 의미에 대한 물음을 갖고, 이를 탐구하여 밝혀야 한다. 행인의 본질 의미는 사랑하는 임일 수도 있고, 자신의 꿈일 수도 있다. 글 (가)의 본질 의미는 독자가 시의 본질 의미와 관계된 자신의 존재 본질을 깨쳐 알 때 드러나는 것이다. 나룻배의 본질 의미는 체념일 수도 있고, 노력일 수도 있으며, 다짐일 수도 있다. 읽기는 독자 현존재의 존재 본질로부터 시의 본질 의미를 밝히는 일이다. 텍스트의 본질 의미는 텍스트의 것이 아니라 현존재의 존재 본질이다. 이 말은 독자가 텍스트의 존재를 밝히는 일은 독자 현존재의 존재를 깨치는 일임을 뜻한다.

독자 현존재도 현존재이기 때문에 존재를 밝히는 일에는 두 가지 작용이 함께한다. 존재 가능성과 기획투사가 그것이다. 존재 가능성은 독자 현존재가 무엇을 하고, 무엇을 성취할 것인가에 대한 기대이다.17) 독자 현존재는 텍스트 존재자의 존재를 공속하면서 이 존재 가능성을 새롭게 가지게 된다. 글 (가)에서 나룻배의 본질 의미를 인식한 독자 현존재는 기다림의 본질 의미를 새롭게 정립한다. 예로, 꿈과 희망을 기다림의 본질 의미로 규정할 수 있다. 꿈과 희망을 담은 기다림은 그 실행에 가치를 부여할 수 있다. 기획투사는 독자 현존재가 존재 가능성을 현실의 삶 속으로 드러내는 것이다.18) 독자 현존재는 기투를 통하여 존재 가능성을 실현한다. 기투는 진리 안에 있음을 본질로 하는 존재(자기 존재를 탈은폐하는 현존재)로 자신의 존재 가능성을 새롭게 추구하는 존재가 되게 한다. 즉, 글 (가)를 읽은 독자가 기다림의 진리를 깨쳐 알고, 자신의 장래 꿈을 이루기 위해 노력하는 삶의 실천으로 실존하는 독자 현존재가 되는 것을 가능하게 한다.

하이데거는 현존재를 비본래적 현존재와 본래적 현존재를 구분한다. 비본래적 현존재는 현존재를 경험한 사람이 현존재의 역할을 지속적으로 하지 않는 현존재이다. 비본래적 현존재는 특정한 존재자와의 관계에서는 현존재이지만 다른 존재자와의 관계에서는 현존재로의 초월을 하지 않는 사람이다. 본래적 현존재는 새로운 존재자의 관계에서 계속하여 현존재가 되는 사람이다. 존재자와의 관계에서 존재를 공속하면서 계속하여 초월을 이루는 사람이다. 독자 현존재는 비본래적 현존재와 본래적 현존재를 반복적으로 넘나든다.

---

17) 현존재는 지금 현재 존재하고 있는 자기 자신의 모습이 아니라, 자기가 될 수도 있는 자기 자신, 또는 자신이 실현할 수 있는 미래의 자기 존재 가능성에 관심을 갖고 살아간다. 현존재가 자기 자신의 존재 가능성을 무엇으로 이해하느냐에 따라 그가 그 안에 존재하는 세계가 그때마다 다르게 펼쳐져 드러난다(엄태동, 2016: 5~56).

18) 현존재가 자신이 이해한 존재 가능성을 앞으로 던져 자신이 몸담게 되는 세계와 그 세계 안에서 만나게 되는 존재자들을 드러내는 가운데 자신의 존재 가능성대로 살고자 하는 것을 하이데거는 기획투사(Entwurf)라 부른다(엄태동, 2016: 73).

## 2) 비본래적 독자 현존재

독자 현존재는 비본래적 현존재이면서 본래적 현존재이다. 독자 현존재가 비본래적 현존재일 때는 일반 독자일 때를 가리킨다. 텍스트와의 관계가 일상적인 경우, 독자는 비본래적 현존재이다. 텍스트를 보유하고, 텍스트를 읽고, 다른 독자와 텍스트에 대하여 이야길 나누기만 하는 독자는 비본래적 독자 현존재이다. 비본래적 독자 현존재는 자기 존재를 밝혀 이해하려 하지 않는다. 텍스트의 본질 의미를 묻기보다는 텍스트의 일상적 의미 이해에 만족한다. 즉, 비본래적 독자 현존재는 텍스트에 대한 존재 물음을 갖고[19] 있지 않아 본질 의미를 탐구하지 않는 독자 현존재이다.

글 (가)를 읽는 독자는 시에서 말해질 것을 알아채지 못하는 경우가 있다. 위 시의 본질 의미를 기다림의 미학이라거나 조국 광복에 대한 희망 또는 구도의 마음이라고 읽을 수 있다.[20] 이 시를 이렇게 읽는 것은 독자 현존재의 존재와는 거리가 있다. 이때 독자는 다른 독자들이 시의 본질 의미(주제)를 그렇게 말하기 때문에 그렇게 보는 것이다.

---

19) "존재 물음이 존재적-존재론적으로 뛰어나다는 증명은 현존재가 가지고 있는 존재적-존재론적 우위를 임시로 소개한 데 근거하고 있다. (…중략…) 존재의 의미에 대한 해석이 과제가 될 경우 현존재는 일차적으로 물음이 걸려야 할 존재자일 뿐만 아니라, 더 나아가서 각기 이미 그의 존재에 대해서 바로 이 물음에서 물음이 되고 있는 그것과 관계를 맺고 있는 그런 존재자이다."(이기상 역, 2000: 31)

20) 주제: 인내와 희생, 사랑에 대한 숭고한 의지

〈시어의 의미〉

| | '나' | '당신' |
|---|---|---|
| 작품 자체 | 사랑하는 사람을 기다리는 사람 | '나'가 사랑하는 사람 |
| 시인의 신분(승려) | 불교적 진리를 탐구하는 자 | 절대자, 또는 불교의 진리 |
| 시대 상황(일제강점기) | 독립운동가 | 조국의 광복 |

http://cafe.daum.net/mmkorea/5385/416?q=%EB%82%98%EB%A3%BB%EB%B0%B0%EC%99%80%20%ED%96%89%EC%9D%B8

독자가 다른 독자들과 같이 존재자를 보는 것은 평균성 또는 일상성, 공공성 때문이다.21) 이들 평균성, 일상성, 공공성은 현존재가 주체적으로 존재자의 존재를 밝히지 못하고, 객관적이고 통념적인 존재를 받아들이는 속성이다. 이런 이해의 습성에 젖어 있는 독자 현존재는 남들과 같이 인식하는 것을 당연하게 받아들이고 이를 벗어나려고 하지 않는다. 이러한 인식은 '퇴락'22)을 가져온다고 하이데거는 말한다(박찬국, 2017: 237~240). 퇴락은 현존재가 존재 본질과 관계를 올바로 맺고 있지 못함을 가리킨다.

독자가 글 (가)의 본질 의미에 대한 물음을 갖지 않는 것이 현존재의 일상성이다. 일상성에 빠진 독자는 글 (가)를 읽고 그 본질 의미에 대한 물음을 묻는 일에 관심이 없다. 독자가 물음을 갖지 않는 것은 시의 본질 의미에 관심을 갖지 않도록 교육을 받았기 때문에 그럴 수도 있다. 국어과 교육에서 학생들에게 텍스트에 대한 본질 의미에 대하여 묻는 것을 허용하지 않았거나, 묻는 방법을 알려주지 않아서 그럴 수도 있다. 학생이 존재자에 대한 존재 물음을 가질 수 있게 되는 것은 존재 물음에 대한 이해가 있을 때이다. 이 존재 물음을 이해하고 존재 물음을 가지게 되는 것은 학생 스스로 할 수 있는 것이 아니다. 교사가 학생에게 존재 물음을 실행하는 과정을 통해 학생은 존재 물음을 알게 되는 것이다. 존재 물음을 이해하지 못한 독자는 존재 물음을 갖지 않기에 평균성이나 일상성, 공공성에 빠져 시를 읽게 된다. 평균성이나 공공성의 입장에서 시를 읽으라고 배운 대로

---

21) 평균성(평균적 이해 가능성)과 일상성(일상적인 해석), 공공성(공공적인 해석)에 대한 설명은 박찬국(2017: 232~233)과 엄태동(2016: 100~105)를 참조할 수 있다.

22) '퇴락(Verfallenheit)'은 박찬국(2018: 131)과 소광희(2004: 119)가 사용한 용어이다. 이기상(2000: 240)과 엄태동(2016: 131)은 '빠져 있음'이라는 용어를 사용한다.

시를 읽는 것이다. 교육이 또는 선경험자가 시를 어떻게 읽으라고 요구하면, 학생은 그것을 따라 할 수밖에 없다. 글 (가)를 평균성에 기초한 읽기를 하도록 지도받은 학생은, 평균성에 기초한 읽기를 당연하게 받아들이게 된다. 이런 독자는 텍스트의 본질 의미를 밝히는 읽기를 하기가 어렵다. 그래서 글 (가)를 읽을 때도 독자 현존재로서 읽을 수가 없다. 즉 존재자의 존재 본질을 현존재의 존재로서 밝혀 인식하지 못하는 것이다. 시는 시이고, 독자는 독자일 뿐이다.

독자 현존재는 텍스트 존재자의 존재를 밝혀야 한다. 특히 독자 현존재 자신의 존재를 밝히는 것이 필요하다. 그러나 독자가 자신의 존재를 밝히는 일은 쉽지 않다. 다른 독자와 똑같은 텍스트 해석을 타당한 해석이라고 생각하고, 그것이 텍스트 존재를 밝힌 것이라고 여긴다. 그런 독자는 텍스트 존재를 밝히는 일에 열중하지 않는다. 글 (가)의 존재를 평균적 해석이나 공공적 해석, 즉 교과서나 참고서의 해석을 타당한 것으로 받아들일 뿐 자신의 존재를 밝히는 것과는 관계 짓지 않는다. 텍스트 존재자로부터 텍스트 존재(본질 의미)를 밝히고, 그 존재가 자신(독자 현존재)의 존재에서 비롯된 것임을 인식하지 못하는 것이다. 이런 평균적인 텍스트 이해는 독자의 존재 가능성이나 기투로의 실천을 이끌지 못한다. 그렇지만 독자는 본질 의미에 대한 기대를 버릴 수 없다. 자기 삶의 개선(자기 계발)을 바라지 않는 독자는 없기 때문이다. 이때의 독자 현존재는 텍스트의 존재를 밝히는 일에 열중하지는 않지만, 존재를 밝혀야겠다는 잠재된 의식을 가지고 있다. 현실에서의 비본래적 독자 현존재도 그 양심에서는 본래적 독자 현존재를 지향하고 있다. 그래서 텍스트 본질 의미로 독자 현존재의 존재 본질을 밝히지 않고 있을 때, 결여감과 불안감을 느낀다. 그래서 주변 사람들에게 읽기를 더 강조한다.

독자가 일상성을 벗어나 읽기에 대한 기대를 실현하는 것은 쉽지 않다. 한때 독자 현존재가 되었더라도 일상성에 머무는 것이 쉽기 때문이다. 독자 현존재가 존재 가능성을 실현하지 못하고, 일상에 머무는 것이 퇴락이다. 독자 현존재가 퇴락에서 벗어나지 못하는 것은 텍스트 존재자의 존재, 독자 현존재로서의 존재를 밝혀 깨치려고 하지 않기 때문이다. 현존재의 존재가 드러나지 못함을 하이데거는 애매성에서 찾는다. 애매성은 독자가 텍스트의 존재(본질 의미)를 밝히려고 하지만 그 본질 의미를 분명하게 밝히지 못함을 가리킨다. 현존재가 존재자의 존재를 탈은폐하지 못하고 현존재의 존재와 관계를 확립하지 못하는 것이다. 그러면서도 존재에 대하여 계속하여 마음을 쓰고 있는 상태가 애매성이다. 독자 현존재가 글 (가)를 일상성에서만 인식하면서, 자기의 존재 본질을 찾아야 한다고 의식을 가지고 있는 것이 애매성인 것이다. 애매성은 독자 현존재가 텍스트 존재 밝혀 드러내어 인식하지 못하여 일상성에 머물게 한다.

현존재가 애매성에 빠지는 이유는 두 가지이다.[23] 첫째는 빈말이다. 빈말은 본질 의미를 담고 있지 못한 말이다. 우리가 형식적으로 주고받는 말이 빈말의 한 종류이다. 빈말은 이해나 표현에 사용되고 있는 본질 의미를 지시하지 못하는 말이다. 다시 말하면, 존재(본질 의미)를 드러내지 못하는 말이다. 글 (가)의 의미를 참고서나 관련 자료에서 설명하는 대로 외우거나 기억하여 말하는 것이 빈말이다. 그 말을 듣는 청자도 참고서나 관련 자료에 있는 내용이라서 맞는 말이라고 인정하는 것이 빈말이다. 이런 빈말은 우리 주변에 많다. 독자

---

23) 퇴락과 관련하여 애매성, 빈말, 호기심에 대한 구체적인 설명은 박찬국(2018: 232~240)을 참조할 수 있다.

현존재의 존재 본질을 밝혀 담고 있는 본질 의미를 드러내지 못하고 사용되는 말은 모두 빈말이다. 빈말은 말하는 화자도 듣는 청자도 그 본질 의미를 드러내지 못하게 한다. 빈말은 어디에나 있다. 글을 쓸 때, 인용하는 말의 본뜻을 드러내지 못하는 경우 빈말이다. 빈말은 본질 의미를 드러내지 못하므로 애매성을 일으킨다.

둘째는 호기심이다. 호기심은 존재자의 존재를 찾으려 할 때, 존재자의 존재를 분명하게 포착하지 못하고 있는 것을 가리킨다. 존재를 찾겠다는 의지를 지니고 있지만 존재를 잘못 지각하거나 존재가 아닌 것을 존재로 여겨 드러내려는 것이다. 이는 현존재가 존재를 찾아 드러내고 있다고 여기지만 그 존재가 진정한 존재가 아니다. 존재자의 존재를 실질적으로 탐구하지 못하고 그 주변이나 다른 것을 찾는 것이다. 현존재의 존재는 자신의 마음속에 있지만 그 존재를 밝히지 못한 사람은 다른 사람이나 다른 곳에서 찾으려고 한다. 여행을 통하여 세계 많은 곳을 들러 많은 사람을 만나면 자기 존재가 드러날 것이라고 생각한다. 그래서 많은 시간을 여행으로 보내지만, 진정으로 현존재의 존재 본질을 이해한 경우는 많지 않다. 여행을 통하여 밝힌 현존재의 존재가 애매성을 갖는 것은 자신 안에 있는 것을 밖에서 찾으려고 하는 호기심 때문이다. 글 (가)를 자신의 존재와 관련짓지 못하고 인터넷을 검색하고, 전문 해석가의 설명에만 의존하는 호기심은 애매성을 낳는다. 물론 이들 검색이나 설명이 도움이 안 되는 것은 아니지만 독자 현존재의 존재로 시의 본질 의미를 이해하게 하지는 않는다.

이 빈말과 호기심은 현존재가 애매성 속에서 퇴락하게 만든다. 퇴락이라는 말은 무너져 내림을 의미한다. 독자 현존재가 텍스트 본질 의미를 밝혀 자기 존재를 드러내어 텍스트를 이해해야 하는데 그런 텍스트 이해를 하지 못하는 것이 퇴락이다. 텍스트 읽기로 의식 내용의 초월을 이루지 못하는 독자의 일상적 텍스트 이해는 퇴락이다. 즉 현존재의 현재의 의식 상태를 지속적으로 유지하는 삶이 퇴락이듯이, 독자 현존재가 텍스트 이해로 자기 계발을 이루지 못하는 것은 퇴락이다. 퇴락의 상태에 있는 독자 현존재가 비본래적 독자 현존재이다. 비본래적 독자 현존재가 퇴락을 벗어나기 위해서는 텍스트 존재자의 존재를 밝혀, 독자 현존재의 존재를 탈은폐시켜 '진리 안에 있음'(비은폐성24))을 이루어야 한다.

## 3) 본래적 독자 현존재

본래적 현존재는 일상성이나 퇴락의 상태를 탐닉하지 못한다. 존재 가능성의 실현을 요구하는 양심 때문이다. 현존재는 존재자의 존재를 밝힘으로써 새로운 현존재가 되는 것을 기대한다. 현존재는 존재 가능성의 실현을 끊임없이 추구하기 때문이다. 현존재는 현재의 상태를 유지하는 존재자가 아니라 현재의 상태를 초월하고 싶어 하는 존재이다. 초월은 현재의 존재를 넘어 새로운 존재가 되는 것을 말한다.25) 그리고 시간의 한계 속에 있는 현존재는 유한성을 늘 의식한다. 현존재의 존재는 시간의 유한성 속에서 존재 가능성의 실현에 대한 양심

---

24) '진리 안에 있음' 또는 '비은폐성'은 현존재의 존재가 드러남을 의미한다. '탈은폐하면서 존재함'은 비은폐성, 즉, '진리 안에 있음'을 본질로 하는 현존재의 존재인 '염려(sorge)' 자체를 말한다. '염려'는 현존재의 존재이기에 이 말은 곧 현존재는 탈은폐하면서 존재함을 본질로 한다는 뜻이다(엄태동, 2016: 197).

25) 존재는 단적으로 초월이다. 현존재의 존재의 초월은, 그 안에 가장 근본적인 개별화의 가능성과 필연성이 놓여 있는 한 하나의 탁월한 초월이다. 존재를 초월로서 열어 밝히는 일은 모두 초월론적 인식이다(이기상 역, 2000: 61~62).

의 부름을 받는다. 양심은 일상성과 초월 사이에 존재하는 현존재의 자기의식이다. 이 양심의 작용으로 현존재는 불안을 가진다. 존재의 밝힘과 존재 가능성에 대해 만족하고 있지 못하기 때문이다. 독자 현존재가 텍스트를 읽는 것도 이 양심의 한 측면이다.

독자 현존재는 현재의 존재 상태에서 초월의 상태로 나아가려면 텍스트 존재자와의 관계를 새롭게 맺어야 한다. 텍스트 존재자와 관계를 새롭게 맺는다는 것은 텍스트의 본질 의미를 밝혀 이해하는 것이다. 텍스트의 본질 의미를 이해하다는 것은 독자 현존재가 자기 존재를 새롭게 드러내는 또는 초월하는 일이다. 텍스트의 이해는 독자가 자신의 의식 내용을 새롭게 생성하는 일이기 때문이다. 독자 현존재의 초월은 자기 존재의 본질을 새롭게 인식했음을 가리킨다. 그래서 독자 현존재가 텍스트 존재자의 존재를 밝히는 일은 독자 현존재의 존재 가능성을 새롭게 하는 것과 관련된다. 독자 현존재가 텍스트 존재자의 본질 의미를 이해하는 것은 의식 내용을 초월하는 것이고, 이 초월은 독자 현존재의 새로운 존재 가능성인 것이다. 글 (가)에서 독자가 나룻배와 행인의 존재를 규명하는 것은 그들을 객관적 대상으로 인식하는 것이 아니다. 독자의 존재가 나룻배와 행인의 존재(본질 의미)이다. 독자의 자기 존재의 이해가 나룻배의 본질 의미의 이해이고, 행인의 본질 의미의 이해이다. 글 (가)를 이해할 때, 나룻배는 지은이이고, 행인은 지은이가 기다리는 대상이라고 인식하여 시의 내용 인식을 객관화하면 시를 읽는 의미가 없다. 이럴 경우에는 독자가 자신의 존재 본질을 드러내지도 않았고, 시의 본질 의미도 드러나지 않고 있다. 글 (가)를 이해하는 독자는 나룻배와 행인의 존재 본질을 자신의 존재 본질로 이해해야 한다. 나룻배에서 독자 자신의 현실적 처지로 본질 의미를 밝히고, 행인에게서 자기가 고대하는 것

(학문적 성취, 목표하는 직업, 얻고 싶은 능력 등)의 본질 의미를 규명하는 것이다. 글 (가)를 읽어 자기 존재를 이해한 독자는 자기의 존재 가능성을 이해하고, 존재 가능성을 기투하게 된다.

독자 현존재가 텍스트 존재자와의 관계 맺음을 일반화한 말이 '(텍스트)세계26)–내–존재'이다. 독자 현존재와 관계를 맺는 모든 텍스트 존재자의 존재가 '세계'로서 존재한다. 그렇기에 독자 현존재는 그 텍스트 존재자들의 존재를 밝혀 관계를 맺고 있다. 이 관계 맺음은 고정된 상태로 머물러 있는 것이 아니다. 새로운 텍스트 존재자를 만나거나 텍스트 존재자의 존재를 새롭게 이해하게 되면 (텍스트)세계–내–존재는 변화한다. 독자 현존재의 텍스트 이해의 본질은 늘 변화하고, 이는 삶의 장(場)으로 연결된다. 『하이데거와 교육』(엄태동, 2016)을 읽고 이해한 이 논의 필자는 박찬국(2018), 소광희(2004), 이기상 역(2000) 등의 텍스트로 현존재의 존재 본질을 탐구하고, 현존재의 존재를 이해한다. 이 본질 의미의 이해는 읽기에 대한 의식 내용을 새롭게 구성하고, 읽기가 자기 존재 본질을 탐구하는 활동이 되어야 한다는 의식 내용을 확립하였다. 이로 읽기에 대한 존재 가능성을 새롭게 가지게 되었다. 이러한 변화는 필자의 존재 본질의 이해로 의식 내용의 초월을 이룬 것이고, 양심을 따르는 것이다. 읽기 연구자로서 기존의 읽기에 대한 개념적, 실행적 한계를 극복하는 읽기를 탐구하는 것은 현실적이고 본질적인 양심의 발로이다. 이처럼 독자 현존재는 자기의 존재에 관해 관심을 가지고 초월하려고 마음을 쓴

---

26) '(텍스트)세계'는 텍스트의 존재(본질 의미)로 드러난 세계를 의미한다. 독자 현존재가 텍스트와의 관계에서 밝힌 존재에 의하여 제한되고 한정된 세계를 가리킨다. 그래서 '(텍스트)'를 '세계' 앞에 두어서 세계를 제한하고 한정한다는 의미가 드러나도록 했다. 그리고 '텍스트'를 '( )'로 묶은 것은 텍스트가 텍스트 외부의 세계 즉 현실의 존재자와도 관계가 있을 수 있음을 간접적으로 드러내기 위한 것이다.

다.27)

현존재는 자기 자신만이 아니라 존재자와 다른 현존재에 대해서도 마음을 쓴다. 독자 현존재도 마찬가지이다. 독자 현존재의 마음씀에 의하여 텍스트 존재자의 존재가 드러나고, 다른 독자 현존재도 그 존재를 드러내게 된다. 마음씀은 독자 현존재가 텍스트 존재자와 관계를 맺음이면서 자기 존재를 밝혀 깨치는 일이다. 독자 현존재가 텍스트 존재자의 존재를 인식할 수 있음은 독자 현존재가 자기 존재를 그렇게 깨쳤기 때문이다. 텍스트 존재자의 존재는 스스로 드러나거나 스스로 그러한 것으로 존재하지 않는다. 독자 현존재가 텍스트 존재자의 존재에 대하여 존재 물음을 하고, 그 존재 물음으로 자기 존재를 밝혀 드러내 공속하기에 존재한다. 그렇게 마음을 씀으로써 존재가 그렇게 드러나는 것이다. 글 (가)의 본질 의미는 독자 현존재가 자신의 현재 위치에서 나룻배의 기다림과 행인의 존재를 찾음으로써 드러난다. 독자가 고대하는 것이 무엇인가에 따라 글 (가)의 본질 의미는 달라진다.

독자 현존재의 마음씀도 세 가지로 구분할 수 있다. 그 첫째가 독자

---

27) 현존재의 마음씀에 대한 구체적인 설명은 엄태동(2016: 73~81)을 참조할 수 있다. 현존재의 마음씀은 대상에 따라 세 가지로 구분할 수 있다. 먼저 현존재 자신에 대한 마음씀이다. 현존재가 자신의 존재를 이해하고, 그 존재를 드러내 '세계-내-존재'가 된다. 이를 위한 마음씀이 '염려(Sorge)'이다. 현존재의 마음씀의 두 번째는 존재자에 대한 마음씀이다. 현존재의 주변에는 여러 존재자들이 함께 한다. 현존재에게 주변에 다른 존재자가 없는 상태를 상정하는 것은 불가능하다. 현존재를 이루는 근본 조건이 주변에 존재자가 있기 때문이다. 현존재를 세계-내-존재라고 할 수 있는 것도 존재자가 있기 때문이다. 현존재는 이들 존재자의 존재에 대하여 마음을 쓴다. 이를 '배려(Besorgen)'하고 한다. 세 번째 대상은 다른 사람 즉 동료 현존재이다. 동료 현존재도 현존재와 직접적인 관계를 맺고 있고, 현존재의 존재와 깊은 관계에 있다. 동료 현존재도 세계-내-존재의 한 구성원인 것이다. 현존재는 동료 현존재의 존재가 드러나게 관심을 써야 하고, 그 존재로부터 현존재의 존재 의미를 밝혀야 한다. 동료 현존재를 위한 현존재의 마음씀을 '심려(Fürsorge)'라고 한다.

현존재가 자신에 대한 마음씀이다. 독자 현존재가 자기의 존재를 이해하고, 그 존재를 드러내 '자기 깨침'이 되는 것이다. 이것이 '염려 (Sorge)'이다. 독자 현존재가 텍스트의 존재를 이해하여 자기 존재에 마음을 씀으로써 자기 이해를 이룰 수 있다. 글 (가)를 읽는 독자는 간절히 고대하는 것이 있는 자신을 밝혀 알고, 고대하는 것을 이룰 수 있음을 진정으로 알아 현재의 노력을 게을리하지 않는 것이다. 독자가 고대하는 것을 이룰 수 있음을 진정으로 아는 것이 존재 가능성이다. 독자 현존재의 존재 또는 존재 가능성은 마음씀에 의하여 드러난다. 마음씀은 자신의 고유성과 본질성이 무엇인가를 밝히기 위한 의식의 작용이다. 마음씀으로 인하여 존재를 밝혀 알게 되었을 때, 독자 현존재는 자기의 존재 본질을 알게 된다. 자기의 존재 본질은 텍스트 존재자의 존재를 인식하고, 자신이 존재하는 근원적인 물음에 대하여 답을 찾거나 답을 하는 과정에서 드러나게 된다. 독자 현존재의 존재의 밝힘은 절대적으로 텍스트 존재자의 존재와 관계 속에서 일어난다. 염려는 독자 현존재와 텍스트 존재자가 존재를 드러내게 하는 공속의 관계를 이루게 한다. 이 공속의 관계가 자기 깨침을 가능하게 한다.

독자 현존재의 두 번째 마음씀은 존재자에 대한 마음씀이다. 텍스트 읽기 관점에서 보면, 독자의 마음씀이 먼저 이루어지는 대상이 텍스트 존재자이다. 독자 현존재는 이들 텍스트 존재자의 존재에 대하여 마음을 쓴다. 이 마음씀으로 텍스트 존재자의 존재를 드러내게 함, 즉 '본질 의미 생성' 또는 '본질 의미 밝힘'을 실현한다. 이를 배려 (Besorgen)하고 한다. 글 (가)를 읽은 독자는 시의 본질 의미를 밝히려고 마음을 쓴다. 시의 내용만 파악하고 존재 즉, 본질 의미를 묻지 않는다면 독자 현존재가 아니다. 독자 현존재가 글 (가)의 본질 의미에 대하여 마음을 쓰기 때문에 시의 본질 의미가 드러난다. 독자 현존재의 마음씀에 의하여 시는 존재(본질 의미)를 드러내, 텍스트 존재자가 된다. 독자 현존재의 주변에는 여러 텍스트 존재자가 있다. 독자에게 한 텍스트만 있는 상태는 없다. 독자가 텍스트를 인식하게 되면 독자의 주변에는 온통 텍스트이다. 독자 현존재라고 말할 수 있는 근본조건이 주변에 텍스트 존재자가 있기 때문이다. 독자 현존재는 이들 텍스트의 본질 의미를 밝혀 텍스트 존재자로 존재하게 한다.

독자 현존재가 마음을 쓸 대상이 또 있다. 이 세 번째는 동료 독자 현존재이다. 동료 독자 현존재도 현존재와는 직간접적으로 다층적인 관계를 맺고 있다. 독자 현존재의 동료 독자 현존재에 마음씀은 상보적인 특성을 갖는다. 독자 현존재는 동료 독자 현존재가 존재 깨침을 하게 마음을 써야 하고(교육), 존재 깨침의 방법을 배워야 한다(학습). 이 동료 독자 현존재는 두 가지 역할을 함께 한다. 한 역할은, 독자 현존재가 일상성에 기초한 텍스트 이해를 주도해 퇴락하게 하는 역할을 한다. 현존재가 일상성에 머무는 것은 다른 현존재의 영향 때문이다. 다른 역할은, 텍스트의 존재를 깨쳐 초월을 이루는 것을 보임으로써 독자 현존재가 초월할 수 있게 한다. 독자 현존재는 동료 독자 현존재가 존재 이해를 이룰 수 있도록 마음을 쓰는 '깨침 조력'을 해야한다. 이것이 심려(Fürsorge)이다. 글 (가)를 읽는 독자는 이 두 종류의 동료 독자 현존재를 인정하고, 본래적 독자 현존재가 될 수 있는 길을 선택해야 한다. 이는 독자가 스스로 독자 현존재가 되는 길이며, 동료 독자 현존재에게 마음 쓰는 일이다.

본래적 독자 현존재는 마음씀을 통해 퇴락에서 초월로 나아간다. 독자 현존재의 마음 한쪽에는 익숙한 현실에 머물러 있기를 원한다. 그렇지만 양심이 작용하여 현실에서 벗어날 것을 요구한다. 이때 독자 현존재의 마음씀이 작용하게 된다. 독자 현존재의 마음씀에 의하여 텍스트 존재자의 본질 의미가 드러나게 되고, 독자 현존재도 존재 본질이 드러내게 된다. 이로써 독자 현존재는 동료 독자 현존재에게 마음씀이 이루지게 되고, 그 결과 텍스트 읽기를 계속하게 된다.

## 3. 실존적 읽기의 특성

텍스트 읽기는 외면으로 보면, 존재자의 존재를 밝히는 것과 유사하다. 텍스트를 읽고 텍스트가 의미하는 바를 찾는 것이 존재자로부터 존재를 알아내는 것과 닮았기 때문이다. 그러나 텍스트 읽기를 존재자와 존재의 관계로만 보는 것은 텍스트를 읽는 본질을 밝히는 것과는 거리가 있다. 독자가 텍스트를 읽고 이해하는 것은 자기의 존재이다. 텍스트의 본질 의미를 이해하는 것이 독자의 존재 본질을 드러내는 것이기 때문이다. 독자 현존재의 텍스트 이해 특성을 살펴본다.

### 가. 공속성

독자 현존재는 자기의 존재로 텍스트의 본질 의미를 밝히는 존재이다. 독자가 텍스트 본질 의미를 드러나게 할 수 있는 것은 독자 현존재의 존재 본질 때문이다. 텍스트는 스스로 본질 의미를 드러낼 수 없다. 만약 텍스트가 스스로 본질 의미를 드러낼 수 있다면 독자는 텍스트를 읽지 않아도 된다. 텍스트를 읽지 않아도 본질 의미를 알 수 있기 때문이다. 그러나 어떤 독자도 텍스트를 읽지 않고 그 본질 의미를 밝힐 수 없다. 그렇다고 다른 독자가 밝힌 텍스트의 본질 의미를 알았다고, 독자 현존재가 되는 것은 아니다. 다른 독자가 독자 현존재에게 텍스트의 존재를 밝혀 알 수 있도록 도움을 줄 수는 있지만 텍스트의 본질 의미를 밝혀야 하는 것은 결국 독자 현존재이다. 독자 현존재는 텍스트의 본질 의미를 공속해야만 되는데, 공속은 독자 현존재의 본질 의미와 텍스트의 본질 의미가 공유 관계에 있어야 하기 때문이다. 이 말은 독자 현존재의 존재 본질과 텍스트의 존재 본질이 동질성을 이루고 있음을 의미한다. 현실적으로 텍스트 자체나 다른 독자는 텍스트의 존재를 드러나게 하지 못한다. 텍스트의 존재 본질은 독자 현존재만이 드러나게 할 수 있다. 그렇다면 독자 현존재의 어떤 요소가 텍스트의 존재 본질을 밝히는 것일까? 텍스트의 존재 본질이 드러나게 하는 것은 독자의 존재 본질이다.[28] 독자가 존재 본질이 텍스트의 존재 본질을 그렇게 규정하는 것이다.

(나) 가다머에 따르면 이해란 자연과학에서건 '정신과학'에서건 아니면 부엌에서건 간에 항상 역사적이고 변증법적이며 언어적인 사건이다. 해석학이란 이해의 존재론이자 현상학이다. 이때의 이해는 전통적인 방식에서 인간적 주관성의 행위나 작용으로 파악되어서는 안 된다. 그것은 '현존재'가 지닌 세계-내-존재의 근본적인 존재방식이다. 이해란 (자연과학이나 정신과학에서 행해지는) 조작이나 제어가 아니라 참여와 개방성이며, 인식이 아니라 경험이며, 방법론이 아니라 변증법이

---

28) 김형효(2000)는 하이데거의 현존재의 존재자 이해를 불교 유식학의 견분과 상분으로 설명한다. "유식학적 견분은 상분의 자각화와 다른 것이 아니듯이 세상에 존재함은 마치 현존재라는 견분의 상분과 같은 그런 뉘앙스를 풍긴다. 그리고 세상은 견분으로서의 현존재가 자신의 다양한 관심을 통일적으로 현존재 자기 자신이게끔 만들어주는 그런 선험적인 개념의 의미를 지닌다."(김형효, 2000: 78~79)

다. 그에게 있어 해석학의 목적은 '객관적으로 타당한' 이해를 위한 선행적인 조건들을 제시하는 것에 있다기보다는 오히려 이해 그 자체를 가능한 한 포괄적으로 생각하고 받아들이는 데 있다. (이한우 역, 2014: 350~351)

글 (나)는 해석학의 관점에서 텍스트 이해를 설명하는 내용이다. 내용 파악이 다소 쉽지 않은 낱말들이 섞여 있다. 이 글 (나)의 요점은 '이해는 현존재가 세계-내-존재로 존재하는 방식'이라는 것이다. 글 (나)를 읽는 것은 누구나 할 수 있다. 그렇지만 글 (나)를 이해하는 것은 쉽지 않다. 글 (나)의 전문을 외운다고 이해되는 것이 아니고, 어휘를 하나씩 풀이하여 글 전체의 의미를 해석한다고 되는 것도 아니다. 글 (나)의 이해는 독자의 해석학에 대한 이해를 토대로 해야 한다. 글 (나)에 대한 독자 현존재의 의식 내용으로 텍스트의 내용 본질을 규정해야 이해가 이루어진다. 글 (나)의 이해가 바르게 되어도, 또는 바르게 되지 않아도 그것은 독자의 의식 내용의 드러남의 결과이다. 글 (나)의 이해가 글 (나)에 의하여 일어나는 것이 아니라 독자 현존재의 이해에 대한 존재 본질에 의하여 일어나는 것이다.

그렇다면 독자의 존재 본질이 텍스트의 본질 의미를 이해하게 한다면 독자는 자신의 존재 본질을 밝히려고 노력하지 왜 텍스트를 읽는가? 독자 현존재의 존재 본질도 독자 현존재 스스로 드러낼 수 있는 것이 아니다. 독자 현존재의 존재 본질은 텍스트 존재자의 본질 의미로 인하여 드러나는 것이다. 독자 현존재의 존재 본질은 텍스트 존재자와의 관계 속에서 드러나는 것이다. 텍스트 존재자의 본질 의미는 독자 현존재에 의하여 드러나는 것이고, 독자 현존재의 존재 본질은 텍스트에 본질 의미에 의하여 드러나는 것이다. 이것이 공속이다. 그러므로 글 (나)의 본질 의미는 독자의 존재 본질에서 비롯되었고, 독자의 존재 본질은 텍스트의 본질 의미에서 비롯된 것이다. 이로 독자 현존재는 글 (나)를 이해하는 것이고, 텍스트 읽기는 자기 존재의 이해로 실행되는 것이다.

독자 현존재가 존재 본질을 드러내야 하는 까닭은 무엇인가? 읽기를 연구하는 독자 현존재가 글 (나)를 읽고 이해해야 하는 까닭과 같다. 읽기 연구를 하는 독자 현존재가 모든 읽기 논의를 읽고 존재(본질 의미)를 밝혀야 하는 것은 아니지만 자기 연구의 장(場)으로 이 텍스트가 들어왔을 때는 이해를 해야 한다. 그래야 퇴락하는 현존재에서 벗어날 수 있다. 독자 현존재가 글 (나)의 본질 의미를 드러나게 하는 일은 자신의 존재 본질을 새롭게 드러내는 일이다. 이는 독자 현존재가 텍스트 존재자와의 관계를 맺음으로써 자신의 존재 본질을 깨쳐 얻는 것이다. 이를 통해 독자 현존재는 존재 본질의 초월을 이루게 된다. 초월은 존재 본질을 새롭게 갖게 되었음을 의미한다. 글 (나)의 존재 본질을 밝힌 독자는 텍스트 이해에 대한 본질 의미를 새롭게 얻게 된다. 텍스트 이해에 대한 현재의 인식을 초월하여 글 (나)의 이해에서 비롯된 텍스트 이해의 의미를 갖는 것이다.

독자 현존재가 존재 본질의 초월을 이루게 되면 이를 실행해야 한다. 초월된 존재 본질은 그대로 독자의 의식 속에 머무는 것이 아니다. 현존재는 존재하는 장(場) 속에서 살아가야 한다. 일순간도 멈출 수 없는 것이 현존재가 존재하는 장이다. 그렇기에 독자 현존재의 초월된 존재 본질은 앞으로의 읽기를 그에 따라 실행할 수 있게 한다. 이것이 존재 가능성이다. 글 (나)에서 존재 본질을 새롭게 한 독자는 존재 가능성을 실현하기 위하여 존재 본질을 실현하는 읽기를 실행하게 된다. 텍스트를 읽으면서 존재 본질을 드러내는 자신을 찾으려고 노력하면서 존재 이해를 실현하게 된다. 독자 현존재가 존재 가능성을 실현할 때에 실존한다고 한다. 독자 현존재가 이해에 대한 존재 본질을 이해했다면 이해의 존재 본질이 실현되도록 읽기를 실행하는 것이 실존이다.

독자 현존재가 실존을 이루는 주요 요소는 기획투사(기투)이다. 기획투사는 현존재가 세계-내-존재로 드러나도록 하는 것이다. 독자 현존재가 '(텍스트)세계-내-존재'로 자기 존재 이해를 실현하도록 하는 것이 기투이다. 독자 현존재의 기투는 텍스트들을 읽고 그들과의 관계에서 자기의 존재 본질을 실현하는 것이다. 독자 현존재의 기투는 텍스트들에 의미를 부여하는 것이다. 독자 현존재가 기투로 텍스트들의 세계에 의미를 부여하는 것을 유의미성이라 한다. 독자 현존재가 글 (가)나 (나)를 읽기의 장에서 읽고 존재 이해를 이룬다는 것은 이들 텍스트에 의미를 부여한 것이다. 텍스트가 독자 현존재에게 의미 있는 존재자가 된 것이다. 그렇게 함으로써 기획투사는 독자 현존재가 (텍스트)세계-내-존재가 될 수 있도록 한다. 이로 텍스트의 본질 의미나 독자 현존재의 존재 본질이 드러난다.

## 나. 초월성

독자 현존재가 텍스트의 이해를 한다는 것은 실존성을 가지고 이해함을 의미한다. 실존성은 가지고 이해한다는 것은 실존적 구조로 이해함을 의미한다. 실존적 구조는 존재 가능성을 실현하는 방식으로 존재 이해가 이루어지는 것을 의미한다. 독자 현존재가 실존적 구조로 텍스트를 이해하는 방식은 '(텍스트)세계-내-존재'로 독자로서의 존재 가능성을 드러내는 것이다. 독자 현존재가 (텍스트)세계-내-존재로 드러나는 것은 마음씀의 작용이고, 기획투사의 결과이다. 즉 독자 현존재의 실존적 이해는 독자의 존재 본질을 이해하는 것이고, 독자 현존재의 존재 가능성을 밝히는 것이다. 독자 현존재의 존재 이해를 구체적으로 보면 다음과 같다.

독자 현존재의 실존적 텍스트 이해는 '여기 있음'을 전제로 한다. '여기 있음'은 독자 현존재의 있음이 텍스트와 관계를 맺고 있는 장 (場)에 있음을 의미한다. 독자 현존재의 실존은 텍스트의 본질 의미를 드러나게 하면서 자기의 존재 본질을 드러내는 그 장에 있음을 가리킨다. 독자 현존재의 존재가 텍스트를 만나기 이전이나 만난 이후에는 존재하지 않음을 의미한다. 독자 현존재의 속성이 특정한 장에 머물 수 있지만 그 머묾이 지속되는 것이 아님을 의미한다. 글 (가)나 글 (나)를 읽고 이해한 독자 현존재는 그 이해가 이루어지는 장에 함께 할 때만 존재하는 것이다. 다른 텍스트를 만나서 다른 의식 활동이 이루어지기 시작하면 독자 현존재는 또 다른 '여기 있음'에 처해지게 된다.

독자 현존재의 텍스트 이해는 독자의 초월(성)을 본질로 한다. 현존재는 스스로 자신의 가능성을 끊임없이 설계하고 기획하면서 자신이 되고자 하고, 자신이 이해하고자 하는 존재 가능성에 끊임없이 마음을 쓴다(이기상·구연상, 1998: 164). 이는 현존재가 실존할 수 있는 근원이다. 현존재는 한순간에 존재하는 것이 아니고 한 번에 완성되고, 종결되는 대상도 아니다. 현존재인 우리는 끊임없이 존재의 초월을 추구한다. 이로써 독자 현존재는 초월 과정 속에 있다. 독자 현존재는 텍스트와의 관계 맺음으로 끊임없이 초월하는 존재이다. (텍스트)세계를 새롭게 열어젖힘으로써 독자 현존재는 끊임없이 초월할 수 있다. 물론 초월한다는 말은 텍스트의 본질 의미로 독자 존재 본질을 새롭게 열어 밝힘을 뜻한다. 글 (나)의 본질 의미를 담고 있는 텍스트를 이해한 독자는 가다머의『진리와 방법』을 읽고, 들뢰즈와 가타리의 『천개의 고원』을 읽고 자신의 존재 본질을 열어 밝힐 것이다.

　독자 현존재는 미래의 존재 이해를 문제 삼는 존재이다. 독자 현존재가 '여기 있음'에 기초하고 있지만 현재 '여기'만을 밝히고 문제를 삼는 것이 아니다. 독자 현존재는 텍스트 존재로부터 자기 존재를 드러내어 이해하는 동시에 미래의 존재 이해에 관심을 둔다. 자기에 대한 염려가 이를 토대로 하기 때문이다. 미래의 존재 이해를 문제 삼게 되면 독자는 존재를 밝힐 텍스트에 관심을 두게 된다. (텍스트)세계에 지속적인 마음씀을 유지하게 되는 것이다. 독자 현존재가 일상성에 머물러 있을 때에도 늘 (텍스트)세계를 동경한다. (텍스트)세계를 만나지 못함에 불안을 느낀다. 또한 텍스트를 읽고 있을 때에도 존재 이해를 하지 못하는 것에 대한 불안을 느낀다. 깊이 이해하지 못함을 아쉬워하는 것이다. 그러다가 텍스트를 이해하게 되면 또 다른 텍스트를 이해하기 위한 노력을 게을리하지 않는다.

　독자 현존재의 텍스트 이해는 이해의 지평 속에 이루어진다. 독자가 텍스트를 이해한다는 것은 독자와 텍스트의 존재 본질을 밝힐 수 있는 지평을 갖추고 있음을 뜻한다. 독자 현존재가 텍스트의 본질 의미를 드러나게 하는 것은 독자의 존재 본질을 그렇게 드러내게 하는 지평 속에서 가능하다. 독자의 존재 본질이 텍스트의 본질 의미를 드러나게 하는 지평이 되지 못하면 텍스트의 본질 의미는 드러나지 않는다. 또한 텍스트의 본질 의미가 독자의 존재 본질인 지평을 변화시키기 못하면 텍스트 이해 능력은 변화하지 않는다. 이는 독자 현존재의 존재 본질은 초월을 통하여 변화하고 텍스트 이해에 관여한다. 독자가 텍스트 이해의 지평을 넘나듦은 존재 이해와 읽기 능력의 향상으로 이어진다. 글 (가)를 읽든 글 (나)를 읽든 독자가 텍스트를 읽고 이해할 수 있는 것은 이해할 수 있는 지평 속에 들어와 있기 때문이다.

독자 현존재는 텍스트를 통하여 자기 존재 이해를 추구한다. 독자 현존재가 텍스트 읽기에 마음씀은 텍스트의 존재 이해를 통하여 자기 존재 이해를 지향하기 때문이다. 텍스트만을 위한 독자의 텍스트 읽기는 존재하지 않는다. 텍스트만을 위하여 텍스트를 읽는다고 하여도 독자 존재가 관여하지 않으면 텍스트의 존재는 존재할 수 없다. 그렇기에 독자의 텍스트 이해는 독자 존재의 이해로 귀결될 수밖에 없다. 독자는 의미 구성을 위한 읽기를 하는 것이 아니라 존재 이해를 위하여 텍스트를 읽는 것이다. 여기서 존재 이해는 독자 자신의 존재 이해이고, 이는 초월을 그 본질로 한다.

## 다. 자득성

독자 현존재의 텍스트 이해는 독자 존재의 이해이다. 독자 현존재도 세계-내-존재이다. 이때 독자 현존재의 세계는 텍스트로 제한할 수 있다. 그래서 (텍스트)세계-내-존재라 할 수 있다. 독자 현존재는 텍스트를 통하여 자기 존재를 이해한다. 이때 텍스트는 독자 현존재의 존재가 실현되도록 하는 존재자가 된다. 독자 현존재는 텍스트의 본질 의미를 밝힘으로써 자기 존재 본질을 이해할 수 있다. 독자 현존재의 텍스트의 본질 의미 밝힘이 자기의 존재 본질 밝힘이기 때문이다. 독자 현존재의 텍스트 이해를 통한 자기 존재 이해의 기제(방식)를 살펴보면 다음과 같다.

독자 현존재의 존재 이해는 존재의 깨침의 문제이다. 깨침은 깨달아 아는 것이다. 독자 현존재가 깨달아 알 대상은 자기 존재이다. 텍스트를 읽고 독자가 깨쳐야 하는 것이 자기 존재이다. 독자 현존재를 생각할 때, 독자의 존재는 텍스트 이해에서 드러난다. 독자 현존재는 텍스트 이해에서 드러난 자기 존재를 의식하고, 그 내용 속성을 밝히고, 그 지향을 확인하여야 한다. 자기 존재의 깨침은 텍스트 존재자와 관계 맺고 있는 자기 존재를 투명하게 알아보는 것이다. 그렇지만 독자의 평균적 읽기에서는 자기 존재의 깨침은 일어나지 않는다. 실제 많은 텍스트 읽기가 평균성을 바탕으로 이루어진다. 독자 현존재의 자기 존재의 깨침은 텍스트의 존재 본질을 묻는 물음에 대한 대답을 자기 존재 본질에서 찾았을 때 일어난다. 그리고 찾은 존재 본질을 확인하여 분명하게 알았을 때 이루어진다. 이 깨침으로 독자 현존재의 존재 초월이 이루어진다. 글 (가)와 같은 텍스트를 읽든, 글 (나)와 같은 텍스트를 읽든, 독자 현존재는 자기 존재에 대한 깨침을 이룰 필요가 있다. 깨침은 자기의식을 들여다보고 그 내용을 알아채는 것이다. 나룻배와 행인의 존재 본질을 독자 자신의 존재 본질에서 이해하고 있는 자기의식의 활동을 알아채고, (텍스트)세계-내-존재를 이해하는 자기 의식 내용을 알아채는 것이다. 이는 독자가 텍스트를 통하여 자기 존재 이해를 이루게 하는 출발이다.

　독자 현존재의 자기 존재 이해는 자득의 현상학이다. 자득의 현상학은 스스로 깨달아 얻는 것을 현상학적으로 설명하는 것이다. 독자 현존재는 자기 존재 이해를 위해 다른 독자 현존재의 도움을 받을 수도 있지만 그 본질은 자기만의 과제이다. 자기만의 과제는 두 가지 의미를 내포한다. 하나는 외부가 아닌 자기 안에서 해야 한다는 것이다. 다른 하나는 선택해야 한다는 것이다.[29] 현존재가 관계하는 세계는 현존재를 둘러싼 모든 것을 의미하지 않는다. 자득은 '자신이 선택한 존재자와 선택한 존재 물음'(적소전체성)으로 자기 존재 이해를 이루는 것이다. 다른 말로 하면, 독자 현존재는 자기 삶의 장(場) 속에서 자기만의 존재 물음을 자신이 선택하여 답을 찾아야 한다. 현존재의 '여기 있음'은 자기만의 존재 물음을 선택하여 결정함과 관련된다. 독자가 특정 존재 물음을 선택하여 가지고 있으면서 그 물음의 답을 구할 때 독자 현존재가 되기 때문이다. 즉 독자 현존재의 여기 있음은 텍스트와의 관계 장에서 자신의 존재 물음을 선택하여 결정해 답을 찾고 있을 때를 의미한다. 독자 현존재는 글 (가)를 자기 삶의 장에서 자기만의 존재 물음을 선택하고 결정하여 나룻배와 행인의 존재 본질을 밝혀야 한다. 글 (나)를 읽는 독자도 마찬가지이다. 독자 현존재가 자득을 한다는 것은 존재 물음을 선택하여 스스로 깨쳐 아는 것과 이 깨쳐 안 것을 밝혀 아는 일을 함께하는 것이다.

　독자 현존재가 깨쳐야 하는 것은 결국 자기 존재이어야 한다. 자기 존재는 독자 현존재로서 존재하는 근본적인 이유를 아는 것이어야 한다. 독자 현존재로서 존재의 본질은 개별성과 고유성을 들 수 있을 것이다. 개별성은 현존재로서 자기 자신이 어떤 존재여야 하는 것이다. 다른 존재가 아닌 다른 존재와 구별되는 자신의 존재 특성을 알아채는 것이다. 글 (가)를 읽을 때나 글 (나)를 읽을 때 독자 현존재는 자기의 존재가 어떤 본질적 속성을 지니고 있는지를 밝혀 존재 이해를 해야 하는 것이다. 글 (가)의 나룻배나 행인의 존재는 독자 현존재

---

29) 현존재가 본질적으로 각기 그의 가능성으로 존재하기에, 이 존재자는 그의 존재에서 자기 자신을 '선택할' 수 있고 획득할 수 있다. 현존재는 자기 자신을 상실할 수도 있으니, 다시 말해서 결코 획득하지 못하고 그저 '겉보기에만' 획득할 수도 있다. 현존재가 자기 자신을 상실했을 수도 있거나 자기 자신을 아직 획득하지 못했을 수도 있음은 오직 그가 그의 본질상 가능한 본래적인 존재인 한, 다시 말해서 자기 자신을 자기 것으로 하는 한에서 가능하다(이기상 역, 2000: 67~68).

마다 다르게 드러날 수 있다. 민족적, 국가적, 사회적인 것이 될 수도 있지만, 개인적, 현재적, 삶적인 것이 될 수도 있다. 글 (나)의 (텍스트)세계-내-존재도 독자 현존재의 삶의 장에 따라 다르게 인식될 수 있다. 해석학자, 읽기 연구자, 문학비평가, 읽기 교사, 독서 운동가에 따라 존재 속성은 다를 수 있다. 존재 이해의 고유성도 마찬가지이다. 고유성은 자기에게만 있는 독특성이다. 글 (가)를 읽는 같은 반 학생이라도 개인적 삶의 지향과 현실 인식에 따라 나룻배와 행인의 존재 본질 이해는 고유성을 가진다. 글 (나)를 읽는 국어 교사도 자신의 필요냐 학생의 요구냐 따라 (텍스트)세계-내-존재의 본질 이해는 달라진다.

## 4. 실존적 읽기의 실천

독자가 텍스트를 읽어야 하는 근본적인 이유는 여러 가지일 수 있다. 텍스트가 다루고 있는 대상에 대한 통찰을 얻기 위하여 읽을 수도 있고, 필자의 생각 내용을 알아보기 위하여 읽을 수도 있다. 또한 이 논의에서 이야기한 독자의 존재 이해를 위해 읽을 수도 있다. 텍스트 읽기의 본질을 밝히기 위한 물음은 독자가 텍스트를 어떻게 읽어야 하는지를 밝혀주고 독자 행위에 대한 이해를 확대시킨다. 또한 읽기 교육의 실행 방향을 다양화할 수 있게 해준다.

이 논의에서는 하이데거의 현존재의 존재 이해의 관점에서 읽기를 살펴보았다. 현존재는 존재자에 대한 존재 물음을 가지고 있는 존재자이다. 존재자에 대한 존재 물음은 사람만이 할 수 있기에, 결국은 현존재는 사람의 자기 존재 이해를 위한 것이다. 이 현존재는 텍스트를 읽는 독자에게도 적용될 수 있다. 텍스트 읽기에 대한 존재 물음을 가진 존재자는 독자 현존자이다. 독자 현존재는 독자로서의 자기 존재 이해를 하는 현존재라 할 수 있다. 독자 현존재는 텍스트를 통하여 자기 존재 이해를 이루어내는 현존재인 것이다.

독자 현존재에 대한 이 논의는 본격적인 논의는 아니다. 앞으로의 논의를 위하여 토대를 마련하기 위한 것이다. 논의자로서 독자 현존재에 대한 존재 이해를 완결하지 못한 상태에서 논의를 시작하였다. 이 논의를 통하여 독자 현존재의 존재에 대한 인식의 토대는 마련하였지만 논리를 정교화하고, 내용을 구체화하는 노력이 필요하다.

# 제4장 주체적 읽기

## 1. 욕망과 독자

독자는 책을 읽고 싶은 욕망을 가진 사람이다. 더 정확히 말하면, 책을 읽고 싶은 욕망의 지배를 받는 사람이다. 이 책을 읽고 싶은 욕망이 학습자를 독자로 만든다. 책을 읽고 싶은 욕망은 독자의 의식을 지배하는 무의식의 작용이다. 읽기 욕망은 독자가 책을 읽기 전과 후는 물론이고, 읽는 중에도 작용한다. 그래서 독자는 읽기 욕망의 지배에서 벗어날 수 없다. 읽기 욕망은 독자의 무의식에서 의식 속 의미의 결여[1]를 채우고자 하는 바람이다. 독자는 읽기 욕망의 작용으

---

[1] 라캉의 욕망 이론에서 결여는 '대상 a'의 의식에서의 부재이다. 6개월에서 18개월 된 아이는 어머니와의 관계에서 어머니의 욕망을 인식하고 자신을 어머니의 욕망과 동일시한다. 그 결과 아이는 어머니와의 관계에서 만족감을 느낀다. 그러나 차차 나이가 들면서 아버지(법)를 인식하게 된다. 아버지에 대한 인식은 아이가 어머니와 독립된 주체로서 자신을 인식하게 한다. 아이의 주체적 인식은 어머니와의 관계에서 느끼던 만족감을 버리

로 인해 항상 텍스트를 읽는다.

읽기는 가짜 읽기 욕망에 의하여 가짜로 이루어지기도 한다. 학습자들은 뽐내기 위하여 과시적인 읽기를 하고, 부모의 요구로 흉내 내는 읽기를 하며, 교사의 꾸지람에서 주눅 든 읽기를 한다. 이런 읽기는 학습자의 진짜 읽기 욕망에서 비롯된 읽기가 아니라 가짜 읽기 욕망에서 비롯된 읽기이다. 이런 왜곡된 읽기의 욕망들은 여러 가지 방식으로 작용하여 학습자를 가짜 독자로 만든다. 그러나 학습자는 진짜 읽기 욕망에 의하여 '진정한 독자'가 될 수 있다. 진정한 독자는 스스로 의미의 결여를 느껴, 그 결여를 채우기 위하여 끊임없이 읽고 생각하는 독자이다.

학습자는 읽기 욕망을 가질 때 진정한 독자가 될 수 있다. 읽기 욕망을 가지지 못한 독자는 가짜 독자이다. 진정한 독자는 읽기 욕망을 가지고 의식의 의미 결여를 메워 만족감을 얻기 위해 책을 읽는 독자이다. 책을 읽는 과정에서 가끔은 구성한 의미에 만족하기도 하지만, 결코 완전한 의미를 구성할 수 없기에 불만족으로 인한 욕망을 갖는다. 이 읽기 욕망은 독자의 의미 결여의 발견과 의미 결여의 채움으로 이어지는 순환 관계를 이룬다. 그래서 독자는 채워진 의미에서 읽기 동기를 얻고, 결여된 의미에서 욕망을 키운다. 이 의미 결여와 의미 채움의 반복이 진정한 독자를 만든다.

라캉은 욕망의 생성과 작용을 기호를 빌어 설명한다(이미선 역, 1998: 270~304). 기호는 다른 기호와의 관계에서 진정한 기호가 된다. 다른 기호와 관계를 맺지 못하는 기호는 기호일 수 없고, 관계 규칙의 적용

---

게 됨으로써 이루어진다. 이 버림받은 만족감이 '대상 a'이며, 결여이다(이미선 역, 1998: 254~256).

을 받지 못하면 기호로서 존재할 수 없다. 그러므로 모든 기호는 다른 기호와 체계적이고 구조적인 관계를 맺고 있어야 한다. 독자도 기호와 같은 구조와 작용을 지닌다. 독자가 다른 독자와 관계를 맺지 못하면 독자일 수 없으며, 독자로서의 존재 가치를 잃는다. 기호가 내적 구조와 외적 관계에 의해 그 존재 가치를 인정받듯, 독자도 그 내적 구조와 외적 관계에 의하여 그 존재 가치를 인정받아야 한다. 다만, 독자는 이 과정에서 기호와 달리 의미의 결여로 인하여 욕망을 얻는다. 존재 가치를 인정받을 대가로 독자는 의미의 일부를 잃어버리고, 그 잃어버린 의미가 읽기 욕망을 만든다.

현재 이루어지고 있는 읽기 교육이 학습자를 진정한 독자로 키워낼 수 있는지를 라캉의 욕망 작용 논의[2])에 기대어 검토하여 본다. 라캉은 인간의 욕망이 편집증이나 분열증의 원인이 된다고도 하지만 역동적 삶의 근원으로 보기도 한다(권택영, 2003b). 다시 말하면, 욕망이 학습자의 역동적인 학습의 힘으로 작용할 수 있음을 함의한다. 읽기 교육과 관련지어 보면, 읽기 욕망은 학습자가 진정한 독자가 될 수 있는 힘을 가지게 할 수 있다. 라캉의 욕망 작용에 관한 생각을 독자와 관련지어 살펴보고, 욕망의 작용 관점에서 읽기 교육을 살펴본다. 이

---

2) 라캉의 욕망의 작용에 대한 논의는 관계에 대한 통찰에 기초한다. 즉, 아이가 타자와의 관계를 통하여 어떻게 주체가 되어 욕망의 지배를 받는지 설명한다. 라캉은 아이가 어머니와의 친밀한 2자적 관계에서 아버지에 대한 인식으로 소원한 3자적 관계를 이루면서 독립된 주체가 된다고 말한다. 그 과정에서 아이는 어머니와의 친밀한 관계에서 느끼던 만족감을 상실하게 된다. 이 만족감은 3자적 관계에서 생겨난 억압으로 의식의 저편으로 밀려들어가 무의식의 일부가 된다. 이 무의식 속의 만족감은 주체가 다시 얻고 싶어 하는 욕망이 된다. 주체는 2자적 관계의 만족감을 결여로 가지고 있으면서, 이 결여를 다시 채우고 싶어 하는 욕망을 가지고 있다. 주체는 타자와 관계를 맺지 않으면 주체는 결여를 만들 수 없고, 욕망도 갖지 못한다. 타자가 없으면 무의식도 없고, 주체도 존재할 수 없다. 요컨대 모든 주체는 타자와의 관계 속에서 태어나며(홍준기, 2002a: 50~62), 그로 인한 억압으로 생긴 결여와 욕망을 가진다.

를 통하여 읽기 교육의 문제점을 짚어본다.[3]

## 2. 주체적 읽기의 구조

소쉬르는 기호가 기표와 기의로 구성되어 있으며, 다른 기호와 구조적인 체계를 이루고 있다고 본다(최승언 역, 1991: 134~145). 라캉은 기호에 대한 소쉬르의 관점을 받아들여 무의식의 구조를 설명한다(김형효, 1999: 231). 주체의 의식적 표현인 기표는 무의식적 내용인 욕망을 기의로 드러낸다는 것이다. 그것은 기호와 독자의 구조와 작용이 유사함을 말해 준다. 기호의 구조와 독자의 구조를 분석하면서 읽기 욕망의 생성과 작용 구조를 살펴본다.

### 가. 기호와 독자

기호와 독자는 닮아있다. 독자는 기호의 구조와 같은 구조로 되어 있다. 기호가 기표와 기의로 구성되어 있듯이 독자는 의식 작용과 의식 내용으로 이루어져 있다. 여기서 의식 작용은 읽기 행위의 주관자에 의하여 이루어지고, 의식 내용은 행위 주관자에 의해 구성된다. 기호의 기표가 기의를 대표하듯이, 읽기 행위 주관자는 의식의 내용을 대표하고, 의식의 내용은 주관자에 의하여 드러난다. 이때 의식 행위의 주관자는 주체[4]라고 할 수 있고, 의식 내용은 관념[5]이라 할

---

3) 이 논의에서는 읽기 교육의 문제점에 대한 해결 방법을 구체적 논의하지 않고, 접근 방향만 간단히 제시한다. 라캉의 욕망 이론을 바탕으로 한 읽기 교육 연구는 따로 논의되어야 할 큰 과제이기 때문이다.

수 있다. 기호가 형식인 기표와 내용인 기의의 결합체이듯, 독자는 형식인 주체와 내용인 관념의 결합체이다. 기호가 기표만 있거나 기의만 있어서는 존재할 수 없듯이, 독자도 주체나 관념도 어느 하나만으로는 존재할 수 없다. 기표와 기의가 불가분의 관계이듯이 주체와 관념도 불가분의 관계인 것이다. 이렇듯 기호와 독자는 형식적인 구조에서 닮아있다. 그렇다고 이들이 형식적으로만 닮은 것은 아니다. 이들은 그 근본적인 속성도 닮아있다.

소쉬르는 기호의 기표와 기의 관계를 자의적이면서 사회적이라고 설명한다(최승언 역, 1991: 83~97). 기표와 기의는 필연적 관계가 없지만 임의적으로 선택되어 결합이 이루어질 수 있는 성질을 자의성이라고 한다. 자의성을 가진 기표와 기의를 사람들이 사회적 약속을 통하여 결합을 인정함으로써 기호가 되게 하는 속성을 사회성이라 한다. 자의성과 사회성은 기호의 기본 속성이다. 이들 속성을 가진 기호는 개별적이고 닫힌 구조를 이룬다. 즉, 하나의 기호는 다른 기호와 독립적인 개별체이면서, 그 자체로 완결된 내적 구조 체계를 가진 닫힌 구조체이다.[6] 그 결과 기호의 기표와 기의는 항상 단일체로 인식된다.[7] 이는 기표로 기의를 인식할 수 있게 만든다.

---

[4] 주체는 텍스트를 읽고 의미를 구성하는 행위의 주관자이다. 주관자는 의식적으로 기호를 해독하고 조직하고, 분석하고, 추론하는 의미 생성 행위를 주관한다.

[5] 관념은 주체가 텍스트를 읽고 구성한 의미나 생각이다. 이 관념은 주체에 의하여 드러나며, 그 자체적으로는 다른 관념과 구분되고, 대립된다.

[6] 기호의 닫힌 구조는 기호가 개별적일 때 기표와 기의의 완전히 일치된 결합을 전제한다. 그러나 기호가 다른 기호와 관계 속에 놓이게 되면 이 전제는 의미가 없다. 기호가 다른 기호와 관계 속에 놓이게 되면 기표와 기의 관계는 변화하게 된다. 관계 속에 놓인 기표는 역동적으로 작용하여 새로운 기의를 드러낸다. 그래서 기호의 기표와 기의의 완전일치 관계는 환상이고 착각인 것이다. 이 내용은 다음 항목에서 좀 더 자세히 논의된다.

[7] 기표와 기의의 관계에 대한 라캉의 견해는 소쉬르와 다르다. 라캉은 기표와 기의는 어긋나는 부분이 있어 일치하지 않음을 지적한다. 즉 기표는 기의를 완전하게 대표하지 못한

독자도 기호와 마찬가지이다. 독자의 주체와 관념의 관계도 자의성과 사회성을 갖는다. 주체와 관념의 관계는 미리 정해져 있거나 고정되어 있지 않다. 상황과 조건에 따라 달라진다. 독자가 어떤 관점을 선택하느냐에 따라 주체가 구성하는 관념이 달라진다. 미리 정해져 있는 주체와 관념의 관계는 있을 수 없다. 즉, 주체와 관념의 관계는 자의적이다. 이 주체와 관념의 자의성은 사회적인 인정을 통하여 결합된 것으로 받아들여질 때 그 존재 가치를 인정받는다. 다른 독자들에게 인정받지 못한 읽기 주체와 관념의 관계는 의미가 없다. 사회적으로 관계를 인정받았을 때만이 그 존재가 인식되기 때문이다. 또한 주체와 관념의 결합도 개별적이고 닫힌 구조를 갖는다. 한 주체는 특정한 관념을 가지고 있으면, 그 관계는 완전한 결합으로 이루어진 것으로 받아들여진다. 그래서 사회적으로 주체와 관념은 단일체인 것처럼 여겨진다.[8]

개별 기호의 기표와 기의가 완전한 결합 관계처럼 보이듯, 개별 독자의 주체와 관념도 완전한 결합관계처럼 보인다. 내적으로 완전한 결합의 형식 구조와 특성을 갖추고 있기 때문이다. 그래서 주체와 관념은 여분이나 부족이 없는 완전한 일치의 관계인 것 같다. 이 관계는 아이가 어머니와 동일시를 통하여 자기만족의 상태를 이룬 것과 같다. 이 개별 독자의 내적 심리 상태는 라캉의 상상계에 있는 아동과 같다.[9] 모든 것이 채워져 결여가 없는 만족 상태에 있는 것이다.

---

다고 본다. 이는 뒤에서 다시 언급된다.

8) 라캉의 관점에서 보면, 주체와 관념이 완전한 결합을 하지 못한다. 기호가 다른 기호와 관계를 맺으면 기표와 기의의 관계가 변하듯, 독자가 다른 독자와 관계를 맺게 되면 주체와 관념도 달라진다. 주체와 관념이 일치하여 하나가 될 때는 주체와 개념이 개별 독자의 마음속에 고립되어 있을 때뿐이다.

9) 라캉의 상상계에 대한 논의를 기반으로 보면, 개별 독자의 주체와 관념이 완전한 일치를

요컨대, 기호와 독자는 그 구조와 속성이 닮아있다. 기호가 기표와 기의에서 이루어지듯이 독자는 주체와 관념으로 이루어진다. 이를 관계는 자의성과 사회성을 기반으로 한다. 그러면서 기호와 독자는 개별적으로 존재할 때 닫힌 구조를 갖는다. 기호가 가치를 가지기 위해서는 다른 기호와 관계를 맺어야 하듯 독자가 독자로서의 정체성(주관)을 가지기 위해서는 다른 독자와 관계를 맺어야 한다.

## 나. 가치와 관계

가치는 기호 간의 관계에서 드러나는 기호의 구별 값이다. 구별 값은 기호가 다른 기호와 구분되고 변별될 수 있게 한다. 기호가 구별 값을 갖는다는 것은 기호들이 공통 요소와 차이 요소를 갖고 있음을 전제한다. '구별'이라는 말은 그 자체가 공통적인 것을 바탕으로 차이 요소로 구분한다는 의미를 담고 있기 때문이다. 예를 들어 '어머니'와 '아버지'는 구별 값을 가지는데 그것은 '나를 낳아 준 어른'이라는 공동 요소에 기초하여 '남'과 '여'라는 차이 요소를 가지기 때문이다.

---

이루고 있다는 생각은 착각에서 비롯된 오해이다. 다른 주체를 고려하지 않고, 다른 관념을 인정하지 않은 상태에 있기 때문이다. 이런 독자는 환상 속에서 자신만의 만족을 즐기고 있는 것이다. 텍스트와 자기 생각을 동일시하거나 자기 생각에 텍스트 의미를 꿰어맞추게 됨으로써 빚어진 관계이다. 거울 단계에 있는 아이가 거울에 비친 자신의 모습에 만족해하면서 상과 자신을 동일시하고, 타인과 자신을 동일시함으로써 만족을 얻는 것과 같다. 라캉에 따르면 기표와 기의는 겹치지 않는 두 세계이다(홍준기, 2002a: 85~99). 그래서 기표는 다른 기표들과의 관계에서 존재성을 갖고, 기의도 다른 기의와의 관계에서 구체화된다. 그것은 문장 속에서의 낱말을 보면 쉽게 이해할 수 있다. 문장을 이루고 있는 낱말은 다른 낱말과의 관계에 의해서 그 의미와 존재적 가치가 분명해진다. 이는 기호의 의미가 문장과 코드 속의 다른 기호에서 나타난다(이미선 역 1998: 76)는 말이 된다. 주체와 관념도 두 세계이며, 다른 주체와 다른 관념에 의하여 구체화된다. 즉, 독자는 다른 독자와의 관계를 통하여 독자의 정체성을 드러내게 된다.

마찬가지로 독자도 다른 독자와의 구별 값을 가짐으로써 독자로 존재할 수 있다. 독자도 다른 독자와의 구별 값을 가지기 위해서는 '텍스트를 통한 의미 구성'이라는 공동 요소와 주관10)이라는 차이 요소가 있어야 한다.

기호는 다른 기호와의 관계 속에서 가치를 가지게 되고(최승언 역, 1997: 136~140), 독자는 다른 독자와의 관계 속에서 주관을 가지게 된다. 먼저 기호의 구별 값의 작용 구조를 살펴보고, 독자의 구별 값을 살펴본다. 기호의 기표가 기표로서 존재할 수 있는 것은 다른 기표와 분리되어 구별되기 때문이다. /어머니/라는 기표는 /아버지/라는 기표와 구별되기 때문에 기표로 존재한다. /니어머/라는 기표도 만들어 낼 수는 있지만 이 기표는 구별되는 다른 기표가 없다. /니어머/는 성대를 통하여 발음될 수 있고, 고막을 두드려 음절이라는 것을 알 수 있기는 하다. 그렇지만 이 /니어머/라는 음절은 아무런 개념을 마음속에 만들지 못한다. 그것은 대립되어 구별될 수 있는 다른 기표가 없기 때문이다. 그래서 /니어머/는 기표로 작용하지 못한다. 이는 기표가 다른 기표와의 관계 속에서 구별되어야만 존재할 수 있다는 것을 의미한다.

기의도 마찬가지이다. 구별될 수 있는 다른 기의가 없으면 기의로서 존재할 수 없다. 기의는 대상을 구분하여 인식할 수 있게 하는 단위이다. 사람들의 인식 세계는 기의로 구획되고 구분된 것이다.11)

---

10) 주관은 주체와 관념이 결합된 용어이다. 모든 독자는 각기 다른 주관을 가진다.

11) 이에 대한 것은 최승언 역(1999: 134)의 그림을 참조하면 쉽게 이해할 수 있다. 소쉬르는 기호의 가치를 설명하기 위하여 그림을 사용하였다. 그림에는 기표의 세계와 기의의 세계는 다른 세계이면서 포개져 있다. 그런 상태에서 기표와 기의의 세계는 일정한 단위로 나누어져 있다. 이는 기의의 세계가 기표의 세계와 다른 세계이면서 일정하게 나누어져서 사람들에게 인식됨을 보여준다.

따라서 기의는 본질적으로 세계의 구분된 단위이다. 예를 들어 /어머니/는 '나를 낳아 준 여자'이고, /아버지/는 '나를 낳아 준 남자'이다. /어머니/와 /아버지/가 여자와 남자로 구분됨으로써 기의로 존재한다. 대상이 구분되지 않는다면 이 세계는 하나의 덩어리로 인식된다. 하나로 이루어진 세계는 구분과 대립이 없어 기의가 될 수 없다. 그러므로 기의는 세계를 의미 단위로 나누는 것이 된다. 이 말은 기의는 다른 기의와의 구별되는 관계로 존재해야 한다는 것을 의미한다.

기호는 필연적으로 다른 기호와 구분되고 대립되면서 서로 유기적인 관계를 이루고 있다. 기표들과 기의들이 서로 구별되면서 유기적인 관계 속에 있기 때문이다. 즉, 기호가 기호로서 존재할 수 있게 해주는 것은 기표와 기의들이 서로 구별 값을 가지고 있어서이다. 기호의 이런 특성은 독자에게 그대로 적용된다. 독자의 주체는 기표와 같이 드러난 형식이고, 관념은 기의와 같이 내재된 내용이다. 주체가 주체이기 위해서는 다른 주체와 분리되고 구별되어야 한다.[12] 관념도 마찬가지로 다른 관념과 구별되어야 한다. 주체와 관념들이 서로 구분되고 구별될 때 존재 의의가 있다.

고립된 주체는 주체가 아니다. 누구도 고립된 주체를 주체라고 여기지 않기 때문이다. 주체가 주체일 때는 구별 값을 가지고 다른 주체와 관계 속에 있을 때이다(김상환, 2002: 161). 예를 들어, '성춘향'과 '이몽룡'이 책을 읽는다면, 책의 내용을 통하여 의미를 구성한 주체인 '성춘향'과 '이몽룡'이 된다. 이때 '성춘향'이 주체가 되어 구성한 의미는 '이몽룡'이 주체가 되어 구성한 의미와 구별 값을 갖기 때문에 존재

---

[12] '주체'라는 말은 '실재하는 객관에 대립하는 의식하는 주관'이나 '단체의 주가 되고 대표성을 나타내다'라는 의미를 지닌다. 이런 의미는 주체가 다른 존재를 기반으로 한 관계 속에 있음을 의미한다.

가치가 있다. 이는 주체로서의 '성춘향'은 또 다른 주체인 '이몽룡'이 있어서 '성춘향'이고, '이몽룡'은 '성춘향'이 있어서 '이몽룡'이다. '성춘향' 없는 '이몽룡'은 있을 수 없고, '이몽룡' 없는 '성춘향'도 존재할 수 없다. 각 주체는 다른 주체와 관계하고 있어야만 주체이다. '이몽룡'만 있거나 '성춘향'만 있다면 주체는 존재할 필요가 없다. 다른 주체와 구별되어야 할 이유가 없기 때문이다.

관념도 다른 관념과의 관계에서만 관념일 수 있다. 다른 관념과 구별될 수 없는 개별 관념은 관념으로서 존재할 수 없다. 구분되면서도 차이가 있어 구별될 수 있어야 관념으로 존재할 수 있다. 예를 들어 '효'라는 관념이 있다면 '불효'라든가 '충', '서'라는 관념이 있어야 한다. '효'와 구별될 수 있는 관념이 없으면 '효'라는 관념은 존재할 수 없다. 즉, 관념은 다른 관념과의 관계 속에서만 관념으로서 존재할 수 있는 것이다. 하나의 관념만 있다면 그것은 관념이라 할 수 없다.

독자는 다른 독자와의 관계에 의하여 독자가 된다. 이것은 독자를 이루고 있는 주체와 관념이 다른 주체와 관념과의 관계를 기반으로 존재 가치를 갖기 때문이다. 독자는 다른 독자와 관계 속에서 놓이게 될 때 진정한 독자가 된다. 관계를 갖지 않는 독자는 구별 값이 있는 주관을 가질 수 없고, 그렇게 되면 독자는 독자일 수 없다. 그러므로 고립된 독자는 가짜 독자이다. 착각 속에서 혼자 오해로 만들어진 독자이다. 진정한 독자는 다른 독자와의 관계 속에서 구별 값을 갖는 독자이다.

## 다. 규칙과 욕망

기호와 독자는 개별적으로 존재하지 않는다. 다른 기호와 독자들과 관계를 맺으면서 존재한다. 이들 관계는 일정한 규칙의 적용을 받아 형성된다. 기호의 관계 규칙은 맥락으로 작용하여 기의를 변형시키고, 독자의 관계 규칙은 억압으로 작용하여 욕망을 만든다. 개별 기호의 기표와 기의의 결합은 완전한 듯하다. 예를 들어 /어머니/라는 기표와 '나를 낳아 보살펴 기르는 여자 어른'이라는 기의는 완전한 결합을 이루고 있다고 할 수 있다. 그러나 "모방은 창조의 어머니다"에서의 /어머니/라는 기표는 개별 기표 /어머니/가 갖는 기의와 다르다. 여기에서의 기의는 '배태되어 생겨나게 하는 근본'이 된다. 이렇게 된 것은 기호의 관계 규칙의 적용받았기 때문이다. 즉, 관계 규칙이 기표와 기의의 관계를 조정한 것이다. 독자도 다른 독자와의 관계 속에 놓이게 되면 주체와 관념은 새로운 관계를 형성한다. 이 과정에서 독자는 다른 독자의 억압으로 의미 결여를 경험하게 되고, 읽기 욕망을 가지게 된다.

기호 관계에 작용하는 규칙은 기표 관계와 기의 관계에 작용하는 규칙이다. 기표 사이의 관계 규칙은 계열 관계와 결합 관계이고,[13] 기의 사이의 관계 규칙은 은유와 환유이다.[14] 이들 규칙의 작용으로 기호는 내용을 원활하게 드러낼 수 있게 된다. 이들 관계 규칙을 구체적으로 살펴보면 다음과 같다.

먼저 기표에 관하여 살펴본다. 기표의 계열 관계는 다른 기표와

---

13) 계열 관계와 결합 관계는 기표만의 관계이기보다는 의미가 포함된 기호들의 관계이다. 다만, 여기서 기표에 초점을 맞춘 것은 계열관계나 결합 관계가 의미에 초점이 놓이기보다는 기표에 초점이 놓이기 때문이다. 즉, 기호의 계열 관계와 결합 관계는 기호의 표현 형식이 달라지는 것에 더 많은 관심을 갖는다. 이는 계열 관계와 결합 관계가 기표에 더 많이 관련되어 있음을 의미한다.

14) 은유와 환유는 기의 관계에 한정된 것이기보다는 기호 전체와 관련된 것이다. 다만, 은유와 환유는 기표의 문제이기보다는 기의의 변화 작용과 깊이 관련되어 있다. 그런 점에서 여기서는 은유와 환유를 기의의 관계 규칙의 주요 요인으로 보고, 논의한다.

대치될 수 있고, 결합 관계는 다른 기표와 연결될 수 있다. 예를 들어, 하나의 문장은 〈주어+목적어+서술어〉로 이루어진다는 규칙이 있다. 주어, 목적어, 서술어는 각각 정해진 자리를 갖는다. 이 정해진 자리에 기호가 놓이게 된다. 계열적으로는 각 자리에 여러 가지 기표들이 대치될 수 있다. 그리고 결합적으로는 기표에 따라 연결되는 기표가 달라진다. 예를 들어 /영수/, /말/, /물/, /풀/, /먹다/, /마시다/ 등의 기표가 있다면, 계열 관계에서는 주어 자리에 /영수/와 /순희/가 대치되어 올 수 있고, 목적어 자리에는 /밥/과 /풀/이, 서술어 자리에는 /먹다/와 /마시다/가 대치될 수 있다. 결합 관계에서는 주어 자리에 /영수/가 오면, 목적어 자리에 /밥/이 와야 하고, /먹다/가 서술어 자리에 연결되어야 한다. 다른 기표가 연결되면 자연스런 기표들의 관계가 이루어지지 않는다. /영수가 풀을 마신다/의 결합은 규칙에 맞지 않는다. 기호가 다른 기호와의 관계를 맺은 때, 기표는 기본적으로 계열 관계와 결합 관계의 규칙 적용을 받는다.

기의가 다른 기의와 관계를 맺을 때는 은유[15]와 환유[16]의 규칙을 따른다. 은유는 기의가 다른 기의로 변하는 것이고, 환유는 다른 기의로 대치되는 것이다. 은유의 예를 들면, '내 마음은 호수요' 같은 경우이다. 여기서 /마음/이라는 기표의 기의는 '사람이 본래부터 지닌 성격이나 품성'이지만 /호수/라는 기표의 기의와 관계를 맺으면서 새로운 기의가 된다. 즉, /마음/의 기의는 '넓고 평온하고 아름다운 낭만을 가지고 있어서 누구나 함께 하고 싶은 대상'이 된다. '마음'의 기의가

---

15) 은유란 한 단어에 고유한 의미가 그것에 내포된 비유에 의해 다른 의미로 옮겨가는 비유법이다(이민선 역, 1998: 277).
16) 리트레 사전에 의하면 환유란 어떤 단어로 의미 파악이 가능한 다른 단어를 대체하는 수사적인 비유법이다(이미선 역, 1998: 278).

'호수'의 기의와 연결되면서 다른 기의로 변하게 된 것이다. 이렇게 되면서 /마음/이 원래 가지고 있던 기의는 압축되어 새로운 기의 뒤로 밀려 들어가 숨어버린다. 환유의 예를 들면, /빵/의 기의는 '음식의 한 종류'라 할 수 있다. 그러나 '사람은 빵만으로 살 수 없다'와 같이 문장 속에서 다른 기표와 관계를 이루면, /빵/은 '음식 전체'를 뜻하는 것으로 대치된다. 이때에도 /빵/의 본래 기의는 압축되어 새로운 기의 뒤로 밀려들어가게 된다.

기호는 다른 기호와 관계 속에서 존재의 가치를 인정받는다. 또한 정해진 관계 규칙의 적용을 받아 기표와 기의의 관계는 역동적으로 변화한다. 기호는 다른 기호와의 관계 속에서 사용될 때 기표와 기의의 관계가 새롭게 형성되는 것이다. 이는 개별 기호의 기표와 기의의 관계는 불완전한 관계임을 의미한다. 기호들이 관계를 맺게 되면 기존의 기표와 기의 관계가 해체되고, 새로운 관계가 만들어지기 때문이다. 이러한 관계에 따른 변화는 독자에게서도 마찬가지이다. 관계 규칙에 따라 주체와 관념과의 관계가 역동적이 된다. 그러나 독자의 세계에서는 관계가 독자의 마음속에 결여를 만들어 욕망을 생기게 한다. 즉, 주체의 기존 관념은 새로운 관념에 밀려 의식의 뒤편(무의식)으로 압축되어[17] 들어가 욕망의 근원이 된다.

독자의 주체와 관념의 관계를 기표와 기의 관계에 비유하여 보면, 주체는 다른 주체와 계열 관계와 결합 관계를 이룬다. 주체가 계열 관계를 이룬다는 것은 주체가 다른 주체와 대치될 수 있다는 것을 의미한다. 그리고 결합 관계를 이룬다는 것은 다른 주체와 연합할

---

17) 라캉은 이 압축되어 뒤로 숨어버린 기의를 '대상 a(L'objet a)'라고 부른다(이미선 역, 1998: 254~256). 민승기(2002: 305)는 이를 '소타자'라 부른다.

수 있다는 것을 뜻한다. 예를 들어, 독자의 주체인 이몽룡은 "흥부전"을 '권선징악의 관점'에서 해석할 수 있고, 성춘향은 '실리추구의 경제관'에서 해석할 수 있다. 또 마당쇠는 '성실노력의 관점'에서 해석할 수 있고, 향단이는 '인과응보의 관점'에서 해석할 수도 있다. 이때, 권선징악의 관점을 가진 이몽룡과 인과응보의 관점을 가진 향단이의 해석은 서로 유사한 내용 요소를 가지고 있기 때문에 대치될 수 있다 [계열관계]. 그리고 성춘향과 마당쇠의 관점은 서로 다른 내용 요소를 가지고 있으면서 '성실한 노력을 통한 이익의 증대'라는 해석이나 '이익증대를 위한 성실노력'이라는 해석으로 연합하여 확장될 수 있다 [결합관계]. 이들 주체는 서로의 관계 특성에 따라 계열 관계나 결합 관계를 이룰 수 있다. 이는 독자의 주체들이 관계 속에서 변화하는 역동적 주체가 됨을 의미한다.

독자의 관념도 마찬가지이다. 관념은 다른 관념과 관계 속에서 은유 관계와 환유 관계를 이룬다. 관념의 은유 관계는 기존의 관념이 새로운 관념으로 변화되면서 기존 관념이 무의식 속으로 숨는 것이다. 그리고 환유 관계는 기존 관념이 새로운 관념으로 대치되면서 기존의 관념이 무의식 속으로 숨는 것이다(이미선 역, 1998: 276). 은유 관계와 환유 관계를 순서대로 알아본다.

관념의 은유 관계는 다음과 같다. 예를 들어 이몽룡은 "흥부전"을 읽고, '흥부와 같이 착한 행동을 해야겠다'라고 생각할 수 있다. 향단이는 '흥부의 착함은 바른 마음에서 나온 것이기 때문에 마음을 바르게 해야겠다'라고 생각할 수 있다. 이 두 독자가 만나 이야기를 하는 중에 이몽룡은 '흥부와 같이 바른 마음을 가지고 착하게 행동해야겠다'라고 생각할 수 있다. 이몽룡의 생각은 향단이 생각과의 만남을 통하여 변화된 것이다. 이때 이몽룡의 이전 생각은 압축되어 마음속으로 깊이 들어가고, 의식에는 새로 구성한 생각이 자리를 잡게 된다. 그렇게 됨으로써 은유 관계가 이루어지게 된다. 환유 관계의 예를 보면, 마당쇠는 '흥부와 같이 나의 일을 열심히 하면서 살아야겠다'라고 생각할 수 있다. 성춘향은 '흥부와 같이 자신의 운명을 개척하지 못하는 사람은 잘 살기 어렵다'라고 생각할 수 있다. 마당쇠와 성춘향이 이야기를 하면서 마당쇠는 '흥부는 운명을 개척하지 못했지만 나는 운명을 개척하면서 살아야겠다'라고 생각으로 대치될 수 있다. 이렇게 되면, 마당쇠는 기존의 생각을 새로운 생각으로 대치한 것이 된다. 환유 관계가 성립된 것이다. 이렇게 되면 마당쇠의 처음 생각은 응축되어 무의식 속으로 숨어버린다. 이렇게 숨어버린 관념들은 다시 의식의 표면으로 올라오고 싶은 욕망으로 작용하게 된다.

독자의 주체는 다른 주체와의 관계 속에서 다른 관념과 만나게 된다. 이 만남은 기존 관념을 억압하고 새로운 관념을 구성하게 한다. 그 결과 새로운 관념에 의하여 기존 관념은 의식의 뒤편으로 물러나게 되는 것이다. 이 의식의 뒤편에 있는 무의식에 자리를 잡은 기존 관념은 주체의 결여 요인이 된다. 이 결여에 대한 의식은 주체가 다른 주체를 만나기 전의 만족스러운 관념의 상태에 대한 그리움(욕망)으로 작용하게 된다. 다른 독자와의 관계에서 비롯된 억압으로 인한 결여가 욕망으로 작용하는 것이다. 주체는 욕망의 작용으로 텍스트를 읽고 결여를 채운 느낌을 가질 수도 있는데, 이때 독자는 희열을 느낀다.[18] 그러나 그 결여의 채움이나 희열은 완전한 것이 아니다. 텍스트 이해는 또 다른 관념을 구성하게 하여 또 다른 결여를 만들기 때문이

---

18) 이때 주체가 느끼는 희열을 주이상스(잉여쾌락 또는 잉여향유)라 한다(권택영, 2003b: 15~64).

다. 이러한 과정 속에서 주체는 결여의 확장을 경험하게 되어 더 큰 읽기 욕망을 만들게 된다. 이 욕망의 작용으로 독자는 계속 텍스트를 읽게 된다.

　이러한 독자의 욕망 구조는 텍스트와 독자의 2자적 관계에서 벗어나 다른 독자를 인식한 3자적 관계의 성립에서 이루어진다. 텍스트와 독자의 2자적 관계는 독자가 착각 속에서 텍스트와 자신을 동일시함으로써 생긴 오해의 관계이다. 이 독자는 타자(텍스트) 중심적 독자이거나 자기중심적 독자이다. 자신을 분명하게 인식하지 못하고 있다는 점에서 타자 중심적이며, 오직 자기 생각만 알고 있기에 자기중심적이다. 이는 독자가 텍스트의 생각과 자기 생각을 구별하지 못하는 데에서 생긴다. 2자적 관계에 있는 독자는 자신을 분명하게 규정짓지 못한 독자이다.

　독자의 2자적 관계는 또 다른 독자를 의식하면서 3자적 관계로 변한다. 3자적 관계는 오이디푸스 과정을 거치면서 아버지의 법칙을 받아들이면서 이루어진다. 이 3자적 관계는 자아와 타자를 구분할 수 있게 됨으로써 주체를 탄생시킨다. 읽기에서의 주체 탄생은 제3자인 다른 독자의 개입으로 이루어진다. 다른 독자는 주체의 생각과 구별되면서 대립되는 생각을 가진 독자이다. 다른 독자의 개입으로 독자는 텍스트와 자신을 구별할 뿐만 아니라 다른 독자와도 구별하게 된다. 이 구별은 독자가 새로운 질서 속에 놓이게 됨으로써 주체적인 생각을 가지게 만든다. 독자의 주체가 탄생하는 것이다. 이러한 주체의 탄생은 기존의 생각을 응축과 전치시켜 의식에서 밀어냄으로써 무의식속에 욕망을 만들게 된다. 2자적 관계에서의 동일시를 통한 만족은 3자적 관계에서 결여가 되고, 그 결여가 욕망을 만드는 것이다. 요컨대, 독자의 주체 탄생은 다른 독자와 구별되는 자기만의 생각을 지니는 것이면서, 의미 결여와 읽기 욕망을 함께 태어나게 하는 것이다.

3자적 관계는 다른 독자의 목소리에 귀 기울이고, 다른 목소리를 인정하며, 그 목소리를 존중하여 받아들이는 것에서 시작된다. 그렇게 됨으로써 차차 다른 독자와의 관계 속에서 새로운 관념을 만들고, 그 과정에서 자신의 결여를 만들게 된다. 독자의 결여에 대한 의식은 무의식에서 책을 읽고 싶은 욕망을 만든다. 읽기 욕망을 가진 독자는 가끔 의미 결여가 텍스트 이해로 채워지는 것을 느끼는데 이것이 잉여쾌락이다. 이 쾌락은 일시적인 것이지만 독자는 이 쾌락을 항상 원한다. 그래서 읽기를 하게 된다. 그렇지만 읽기를 통한 쾌락은 채워지지 않는 욕망일 뿐이다.


## 3. 주체적 읽기의 작용

라캉이 제시한 욕망의 작용은 상상계, 상징계, 실재계로 구분된다(홍준기, 2002a: 66: ~73; 권택영 엮음, 2000: 11~36). 상상계는 거울 단계(6개월~18개월)의 아이가 거울에 비친 이미지를 통하여 자아와 타자를 동일시하는 단계에서 발생하는 욕망의 작용 범주이다. 상징계는 아이가 언어의 세계에 접어들면서 어머니와 2자적 관계를 넘어서고 오이디푸스 콤플렉스를 벗어나면서 생겨나는 욕망의 작용 범주이다. 실재계는 상상계에서 상징계로 발전하면서 억압된 욕망들이 주체의 의식을 조정하는 욕망의 작용 범주이다.[19) 독자의 읽기 욕망도 이들 세

---

19) 실재계는 상징계 다음에 이어지는 발달 과정에 있는 계가 아니다. 실재계는 상상계와

가지 욕망의 작용 범주에 포함되어 이루어진다고 할 수 있다. 독자의 욕망은 텍스트와의 동일시를 이루는 상상계에서, 다른 독자와의 관계 형성을 통하여 주체를 탄생시키는 상징계로 나아간다. 그리고 읽기 욕망이 역동적으로 작용하는 실재계를 맞이하게 된다. 이 실재계에서 독자는 진정한 독자가 된다. 이들 세 가지 읽기 욕망의 작용 범주는 독자의 독서력 발달에 관여한다. 이들 세 가지 읽기 욕망의 작용 범주를 독자의 텍스트 이해와 관련하여 정리하여 본다.

## 가. 상상계와 자기중심적 이해

상상계는 자아과 타자를 구분하지 못하는 착각의 세계이다. 상상계의 아이는 자아가 곧 타자이고, 타자가 곧 자아인 것처럼 여긴다. 그래서 상상계에 있는 아이는 거울 속에 비친 자신의 상을 자아와 구분하지 못한다. 이러한 인식은 자신과 어머니를 동일시하는 것과 관계되고, 자아와 다른 사람을 동일시하는 것으로 연결된다. 그러면서 타자(어머니)의 욕망을 인식하고, 자신이 타자의 욕망으로 작용하고 싶어 한다. 아이와 어머니의 2자적 관계가 형성되는 것이다. 2자적 관계에서 아이는 모든 것이 만족스럽다. 자신을 어머니의 욕망 대상으로 인식하여, 어머니의 욕망과 동일시하였기 때문이다. 이 동일시의 세계는 상상에서 만들어진 환상의 세계이고, 착각의 세계이며, 만족의 세계이다.

상상계의 아이는 두 가지의 동일시를 갖는다. 하나는 자기중심 동

---

상징계를 함께 포함하고 있는 계이다. 그렇기에 실재계는 상상계일 때도 작용하고, 상징계일 때도 작용하고 있다고 할 수 있다. 다만 상상계와 상징계가 함께 작용하는 실재계가 진정한 실재계인 것이다.

일시이다. 타자를 자신과 동일시하는 것에서 비롯된 것이다. 다른 하나는 타자 중심 동일시이다. 이것은 아이가 타자(어머니)의 욕망을 인식하여 타자의 욕망이 되려는 것에서 비롯된 것이다. 이 상상계 내에서는 이 두 가지 동일시가 함께 작용한다고 할 수 있다. 아이는 두 가지 동일시를 통하여 만족을 얻는다. 이 만족은 다른 것을 더 원하지 않기 때문에 얻는 것이고, 다른 것을 모르기 때문에 맛보는 것이다. 그래서 모든 것이 완벽하여 만족스러운 것으로 착각한다.

독자의 텍스트 이해가 상상계에 머물면 자기중심 동일시나 타자 중심 동일시가 이루어진다. 텍스트의 의미를 독자의 편협한 관점으로 해석하거나 텍스트의 내용을 절대시하여 그대로 수용하려는 경우이다. 이 상상계에 있는 독자는 착각에서 비롯된 오해를 하고 있는 것이다. 텍스트와 독자의 2자적 관점에서 동일시를 하고 있기 때문이다. 이 독자의 동일시는 다른 독자들도 자신과 동일시를 했기 때문에 그 서로 간에 구별이 존재하지 않는다. 즉, 다른 독자의 생각에 귀 기울이지 않는다.[20] 단지, 다른 독자는 자신의 결여 부분을 채워주는 타자이거나 자신이 다른 독자의 결여 부분을 채우고 있다고 여긴다.

이 상상계 독자는 자신의 이해가 오해인 것을 알지 못한다. 그래서 오직 자신만의 생각에 관심이 있을 뿐 다른 독자의 생각에는 관심을 두지 않는다. 다른 독자의 존재를 인식하지 못하기 때문에 자기 생각이 유일하고 완전하다는 착각을 하게 되는 것이다. 그래서 상상계의 독자는 자기중심적 텍스트 이해에 머물고, 모든 욕망이 채워진 행복한 상태인 것처럼 생각하게 된다. 자기중심적 텍스트 이해와 마찬가

---

20) 아이가 어머니와 2자적 관계에 있을 때, 아버지가 주변에 항상 있지만 아이는 아버지를 의식하지 않는 것과 같다.

지로 타자(텍스트) 중심 동일시를 통하여서도 독자는 만족을 얻는다. 텍스트가 모든 것을 채워 주고 있다고 생각하기 때문이다. 이러한 독자의 만족은 텍스트의 이해를 바르게 하여 이루어진 것이라고 할 수 없다. 나중에 독자는 주체가 되면 자기중심적 이해나 타자 중심적 이해가 주체의 생각과 같지 않다는 것을 알게 된다.21)

상상계의 독자들은 책이 주어지면 읽기는 하지만 의욕적으로 책을 읽으려 하지 않는다. 주체적인 의미 구성의 가치를 모를 뿐만 아니라 그것의 필요성을 알지 못하기 때문이다. 텍스트를 자신과 동일시하거나 자신을 텍스트와 동일시하기 때문이다. 텍스트와 자기 생각을 동일시하는 독자는 결코 책을 읽어야 할 의미의 결여나 읽기 욕망을 지니고 있지 않기 때문이다.

## 나. 상징계와 주체적 이해

상징계는 기호의 세계이며, 아버지의 법을 받아들인 3자적 관계의 세계이다. 기호의 세계에서 기호는 다른 기호들과의 관계 구조 속에서 구별 값(가치)을 갖는다(최승언 역, 1997: 134~145). 관계 구조를 벗어난 기호는 구별 값을 가질 수 없기에 기호가 아니다. 하나의 기호가 의미 있는 기호가 되기 위해서는 다른 기호와 관계에서 구별 값을 가져야 한다. 기호의 관계는 형태적, 의미적, 규범적, 작용적인 면에서 함께 성립해야 한다. '밥'과 'RICE'는 형태와 의미가 있는 기호이기는 하지만 하나의 기호 체계에 속하기는 어렵다. 이 두 기호를 알고 있는

---

21) 이것은 아이가 3자적 관계를 통하여 주체가 되면서 어머니의 욕망 대상이 자신이 아니라 아버지였다는 것을 아는 것과 같다.

사람은 서로 유사할 수 있다고 할 수 있지만 따지고 보면, 둘은 관계가 성립되지 않는다. 서로 다른 규칙 체계에 속해 있다. 그래서 함께 작용할 수 없다. "너 밥 먹었니?"에서의 '밥'과 "Do you eat rice?"에서의 'rice'는 형태와 의미가 다르고, 규칙이나 작용하는 방식이 다르다. 따라서 이들은 하나의 기호 체계를 이루지 못한다. 그러나 각 문장 속의 기호들끼리는 형태, 의미, 규범, 작용에 아무런 거리낌이 없다. 이는 기호가 단일한 체제 속에서 서로의 구별 값을 가지고 유기적인 관계를 이루고 있음을 의미한다. 독자들의 관계도 텍스트에 대한 이해를 기반으로 구별 값을 가진 주체들이 유기적인 관계를 구성한다. 이 관계를 바탕으로 독자는 주체가 되어 의미를 구성하는 과정에서 결여와 욕망을 만들게 된다.

상징계는 아이가 어머니와의 2자적 관계를 해체하는 아버지의 법을 인식하면서 시작된다. 상상계의 아이가 아버지의 법을 받아들임으로써 어머니와 분리된다. 이는 아버지와의 동일시를 통하여 주체가 됨을 의미한다. 즉, 아이는 아버지와 대등한 자신을 인식하게 됨으로써 독립된 주체를 갖게 되는 것이다. 아이의 주체됨은 2자적 관계의 만족에 대한 결여와 이에서 비롯된 욕망을 갖게 됨을 의미한다. 주체의 세계는 아버지의 규칙이 지배하는 의식의 세계이다. 이 세계에서는 어머니와의 관계에서 느끼던 만족은 다시는 완전히 소유할 수 없는 소타자(대상 a)로 떠나보내고, 이 소타자에 대한 그리움인 욕망을 갖게 된다.

상징계는 기호가 다른 기호와 구별 값을 가질 때 존재하는 세계이다. 기호가 구별 값을 가진다는 것은 다른 기호와의 관계 속에 존재하면서, 관계 규칙을 따른다는 것을 의미한다. 상징계의 독자도 마찬가지이다. 다른 독자와의 관계 속에서 규칙의 적용을 받는다. 이는 독자의 주체가 관계 규칙에 따라 관념을 구성하며, 이 관념은 다른 관념과 구별 값을 갖게 됨을 뜻한다. 이것이 독자가 주체적으로 텍스트를 이해하는 원리이다. 독자의 주체적 텍스트 이해의 원리는 주체의 측면에서 계열 관계와 결합 관계를 가지며, 관념의 측면에서 은유 관계와 환유 관계를 갖는 것이다.

상징계의 독자는 주체와 관념을 다른 주체와 다른 관념과의 관계 규칙을 바탕으로 주관적 의미를 구성한다. 이 의미는 주체가 다른 주체와 구별된 존재로서 주체의 의미를 바라봄으로써 이루어지는 것이다. 다른 주체와 구별된 주체는 자신이 구성한 의미가 다른 주체의 의미와 어떻게 다르며, 왜 다른지를 따지게 된다. 이를 통하여 주체는 자신의 의미(관념)를 수정하게 된다. 이것은 주체가 타자와의 동일시를 통한 텍스트 이해를 하는 것이 아니라 타자와 관계를 통한 주체적 텍스트 이해를 하는 것이다. 이를 통하여 주체는 주관을 가지게 된다. 이렇게 되어 독자는 다른 독자와 구별 값을 가진 주관을 획득하게 된다.

주체가 다른 주체와의 관계 속에서 새롭게 구성한 의미는 이전에 구성한 의미를 밀쳐냄으로써 구성된다. 의미의 밀쳐냄은 관계 속에서 작용하고 있는 규칙의 억압 때문이다. 그렇기 때문에 주체는 밀어낸 의미에 대한 미련을 갖게 된다. 이 미련은 밀려난 의미를 완전히 버리지 못하고 의식의 저편에다 감추어 놓게 되는 것이다. 독자의 의식의 저편에 감추어진 의미는 그것의 존재를 의식 세계에 얼핏얼핏 알리게 되는데 이것이 욕망의 작용이다. 즉, 의식의 세계에서 밀려난 기존의 의미는 의식에서의 결여가 되고, 무의식에서는 읽기 욕망이 되어 존재하게 된다.

독자의 무의식으로 밀려난 의미는 추억 속의 의미일 뿐이고, 독자가 느끼고 있는 결여를 채울 수 있는 것은 아니다. 이 의미는 그 자체로 작용하는 것이 아니라 만족스러웠던 향수로만 작용하는 것이다. 즉, 이 의미는 독자가 예전에 느끼던 만족감에 대한 향수를 충동질하는 것이다. 이는 아버지의 법을 받아들인 아이가 어머니와의 동일시에서 느끼던 만족감을 얻기 위해 어머니 품에 안겨보지만 어머니 품은 예전의 완전한 만족감을 주지 않는 것과 같다. 이것은 독자의 의식속의 의미 결여가 채워지지 않은 욕망임을 의미한다. 독자의 의미 결여와 읽기 욕망은 독서 주체의 특성이 되는 것이다. 독자는 주체를 얻으면서 실재계 속으로 들어간다. 독자의 실재계는 의미의 오해로 인한 만족의 세계와 의미 결여로 인한 욕망의 세계가 함께 작용하는 읽기 세계이다.

요컨대, 상징계의 독자는 다른 독자와의 관계 속에서 주체적으로 의미를 구성한다. 독자가 주체적으로 구성하는 과정에서 기존의 의미를 상실하게 된다. 이 상실된 의미는 독자의 무의식 속으로 압축되어 들어가게 된다. 이 무의식으로 들어간 의미는 읽기 욕망이라는 새로운 가면을 쓰고, 독자의 의식에 작용하게 된다.

## 다. 실재계와 욕망적 이해

실재계는 삶의 만족을 바라는 세계이면서 죽음을 갈망하는 세계이다(권택영, 2003b: 52~64). 삶의 만족은 결여의 채움에서 생기고, 죽음의 갈망은 완전한 만족에 대한 기대에서 생긴다. 주체는 의식 속의 결여를 채우고 싶은 욕망을 가진다. 이 욕망의 근원은 다른 사람과 관계를 맺으면서 잃어버린 의미(관념)이다. 주체는 이 욕망의 작용으로 만족의 상태를 회복하고자 한다. 그러나 의미 결여를 채울 수 있는 것을 얻는다 해도 욕망은 만족되지 않는다. 주체가 가지고 있는 의식의 결여는 특정한 대상이 아니라 결여를 느끼게 하는 또 다른 하나의 의식이기 때문이다. 그래서 주체가 결여를 채웠다고 의식하는 순간에 더 큰 결여를 만나게 된다. 그래서 욕망은 채울 수 없다. 이 채울 수 없는 욕망을 채우기 위한 노력이 삶의 연장이고, 다른 사람과의 관계의 지속이다. 이 삶의 연장의 반대쪽은 욕망이 완전히 채워진 상태라고 여겨지는 죽음이 위치한다. 그러나 실재계는 죽음보다는 삶의 근원적인 힘이다.

실재계의 세계는 삶의 세계이다. 욕망의 채워짐을 통하여 희열을 느끼면서 다시 채워야 하는 더 큰 결여를 가지기 때문이다. 더 큰 결여는 더 큰 욕망을 만든다. 이 큰 욕망은 사람이 삶에 대하여 더 큰 열정을 가지게 한다. 이는 사람들이 상징계에서 비롯된 상상계의 결여를 채우기 위한 노력 때문이다. 그러다 가끔 상상계의 만족을 경험하기도 한다. 그렇지만 곧 다 채워지지 않고 남아 있는 결여를 보고 욕망의 작용을 느낀다. 예를 들어 연인은 떨어져 있으면 연인과 하나가 되지 못한 결여를 느껴 만나고 싶은 욕망을 갖는다. 그래서 데이트를 한다. 연인은 데이트를 하면서 결여의 채워짐을 순간 느낄 수 있다. 그러나 데이트가 끝나고 서로 돌아서는 순간 더 큰 결여인 헤어짐의 안타까움을 느껴, 더 많이 보고 싶은 욕망을 갖는다. 이러한 욕망의 확장은 연인을 다시 만나게 하고, 연인으로서의 삶을 유지할 수 있게 하는 원동력이 된다.

실재계의 독자는 상상계의 독자가 상징계를 지나면서 만든 욕망의 작용으로 더 큰 관념의 결여와 읽기 욕망을 만든다. 이 욕망은 독자의 주체를 지배하게 된다. 그 결과 읽기 주체는 읽기를 통한 관념 결여의 채움에서 무엇과도 바꿀 수 없는 만족을 얻는다. 꿈에 그리던 연인을 만난 것과 같은 만족감을 얻게 되는 것이다. 결여가 채워져 욕망이 만족된 것같이 느끼기 때문이다. 그러나 주체가 관념의 결여를 채우는 것은 완전한 채움이 아니다. 텍스트를 읽는 순간에만 완전한 채움이 있는 것 같은 착각이 있을 뿐이다. 그 만족은 일시적인 환상인 것이다. 연인과 헤어지고 돌아서면 곧 더 큰 그리움이 남듯, 텍스트를 이해하고 나면 더 큰 관념의 결여를 독자는 느낄 수밖에 없다. 그래서 독자는 텍스트를 더 읽고 싶은 욕망을 가질 수밖에 없다. 요컨대, 실재계의 독자는 텍스트 이해를 통하여 상상계의 주체와 관념의 완전일치에서 오는 만족을 맛보기도 한다. 하지만 그 만족은 상징계의 다른 독자와의 관계에서 비롯된 또 다른 관념의 결여와 읽기 욕망으로 이어진다. 이 관념의 결여와 읽기 욕망은 독자로서의 삶의 원동력을 작용한다.

실재계는 상상계와 상징계가 서로 연결되어 작용하는 세계이다. 그래서 실재계의 독자는 텍스트에 대한 자기중심적인 이해와 주체적인 이해를 함께하게 된다. 표면적으로는 주체적인 이해의 세계를 보이지만 내적으로는 자기중심적 이해를 갈망한다. 따라서 끊임없는 읽기 욕망으로 텍스트를 읽어 관념의 결여를 채워 주체를 달랜다. 그렇지만 독자는 많은 텍스트를 이해할수록 더 많은 결여 때문에 더 큰 욕망을 갖게 된다. 그 결과 실재계의 독자는 읽기 욕망 때문에 항상 텍스트를 읽는다. 그 과정에서 만족을 느끼고, 읽기 욕망을 키우게 된다. 그래서 이 실재계의 독자가 진정한 독자이다.

읽기 욕망을 갖지 못한 독자는 독자가 아니다. 학생들이 독자가 되기 위해서는 읽기 욕망을 가져야 한다. 읽기 욕망은 다른 독자에 대한 인식이면서 주체에 대한 자각이다. 읽기 욕망을 가지기 위해서는 자기중심적인 이해에서 벗어나 주체적인 이해를 해야 한다. 주체적인 이해의 과정에서 독자는 관념의 결여와 읽기 욕망을 만들게 된다. 이 읽기 욕망을 바탕으로 욕망적 읽기를 하는 독자가 진정한 독자가 될 수 있다. 요컨대, 진정한 독자는 텍스트에 대한 욕망적 이해를 하는 독자로 주체의 관념 결여를 채우기 위한 욕망을 키워가는 독자이다.


## 4. 주체적 교육의 과제

라캉의 욕망 이론의 관점에서 읽기 교육을 반성적으로 살펴볼 필요가 있다. 읽기 교육이 상상계를 강조하는 접근인지, 상징계나 실재계를 강조하는 접근인지를 따져봄으로써, 읽기 교육의 문제점을 찾아낼 수 있다. 이를 통하여 읽기 교육을 개선할 수 있는 접근의 방향을 탐색할 수 있게 된다. 여기서는 현재의 읽기 교육에 대한 접근 관점을 비판적으로 살펴보고, 과제를 검토하여 본다.

### 가. 읽기 교육의 문제

2022 교육과정에 의하여 이루어지는 읽기 교육의 특징은 독자 중심, 과정 중심, 목표 중심, 기능 중심, 능력 향상 중심 등으로 정리할 수 있다. 이들 특징을 나타내는 용어 중에서 '중심'이라는 말은 지배적인 경향성이 있다는 뜻이다. 이는 현재 읽기 교육이 독자, 과정, 목표, 기능, 능력이 지배적인 경향성을 띠고 이루어지고 있음을 의미한다. 이들 경향성은 인지심리학적 읽기 연구의 결과에서 비롯된 것이다. 이 읽기 교육을 비판적으로 검토하여 본다.

2022 읽기 교육과정이 이러한 경향성을 지니게 된 것은 독자의 심리적 요인을 강조하기 때문이다. 즉, 독자의 텍스트 이해를 인지적인 문제해결 과정으로 보기 때문이다. 인지적 관점에서의 텍스트 이해는 독자의 배경지식과 사고 작용을 바탕으로 이루어진다고 본다. 그렇게 되면서 읽기 교육의 주요 관심 대상은 배경지식과 사고 전략이 되었다. 특히 독자의 문제해결에 필요한 일반적인 심리적 도구인 전략(기능 중심)에 많은 관심을 가지게 되었다. 이는 독자의 인지적(독자 중심) 문제해결(과정 중심)을 도움으로써 읽기 능력을 향상시킬 수 있다고 보기 때문이다. 그러면서 문제해결을 위한 학습은 기능의 습득을 목표(목표 중심)로 하는 구조화된 활동으로 이루어진다.

이러한 경향성을 띤 읽기 교육은 의미 구성의 개별성(독자성)과 효율성을 강조한다. 의미 구성의 개별성은 독자의 배경지식(스키마)에 기초한다. 학습자는 개별적으로 고유한 스키마를 가지고 있고, 이 스키마는 적극적으로 학습자의 의미 구성에 작용하여 독자적인 의미를 만들게 한다고 본다. 의미 구성의 효율성은 전략을 활용한 문제해결에 기초한다. 읽기 전략은 학습자가 텍스트 이해 과정의 문제를 능률적 해결할 수 있게 한다. 그래서 학습자들이 이들 읽기 전략을 익히면 능숙한 독자가 될 것이라 여긴다. 이는 현재의 읽기 교육이 의미 구성의 개별성과 효율성을 위하여 독자, 과정, 목표, 기능, 활동을 강조하는 것이라 할 수 있다.

이러한 읽기 교육의 경향성은 읽기 교육과정과 교과서 활동에 그대로 나타나고 있다. 교육과정에서는 이들 경향성을 반영한 교육 내용을 제시하고 있으며, 교과서는 교육과정 내용을 바탕으로 실제적인 학습 활동을 구성하고 있다. 예로 2022 초등학교 5~6학년 읽기 교육과정의 내용을 보면 아래와 같다.

[6국02-01] 글의 구조를 고려하며 주제나 주장을 파악하고 글 내용을 요약한다.

[6국02-02] 글에서 생략된 내용이나 함축된 표현을 문맥을 고려하여 추론한다.

[6국02-03] 글이나 자료를 읽고 내용의 타당성과 표현의 적절성을 평가한다.

[6국02-04] 문제 상황과 관련된 다양한 관점의 글을 읽고 이를 문제해결에 활용한다.

[6국02-05] 긍정적인 읽기 동기를 형성하고 적극적으로 읽기에 참여하는 태도를 기른다.

이 교육과정의 내용은 내용 파악[6국02-01], 추론[6국02-02], 평가[6국02-03], 활용[6국02-04], 태도[6국02-05]로 이루어져 있다. 내용 파악, 추론, 평가는 읽기 기능을 구성하는 기본적인 읽기 교육 내용 요소이고, 활용은 읽기 기능을 여러 글을 읽을 때 적용하여 심화하는 활동 요소이다. 태도는 읽기 동기 형성과 적극적인 읽기 참여하는 생활을 하도록 하는 요소이다. 5~6학년군 읽기 교육과정 주요 내용은 독자가 중심이 되어 텍스트의 내용을 파악하고, 추론하고, 평가하는 능력을 갖추고, 읽기를 적극적으로 하게 하는 교육 내용이라 할 수 있다. 이 교육과정 내용의 특성은 독자 중심, 기능 중심, 활동 중심으로 요약될 수 있다.

교과서의 활동 구성은 이들 특성을 구체적으로 드러낸다. 2015 교육과정의 6학년 1학기(가) 4단원 '주장과 근거를 판단해요'의 두 번째 기본 학습의 학습 활동의 전개를 살펴보면 다음과 같다.

활동명: 내용의 타당성과 표현의 적절성 판단하기

[활동 1] 사진을 보고 떠오르는 생각을 친구들과 이야기해 봅시다.

[활동 2] 논설문의 특성을 생각하며 「자연 보호는 우리가 꼭 해야 할 일」을 읽어 봅시다.

[활동 3] 「자연 보호는 우리가 꼭 해야 할 일」을 읽고 질문을 만들어 친구들과 묻고 답해 봅시다.

[활동 4] 「자연 보호는 우리가 꼭 해야 할 일」의 내용을 논설문의 짜임에 맞게 정리해 봅시다.

[활동 5] 「자연 보호는 우리가 꼭 해야 할 일」의 내용이 타당한지 판단해 보고, 그렇게 생각한 까닭을 말해 봅시다.

[활동 6] 「자연 보호는 우리가 꼭 해야 할 일」의 주장을 뒷받침하는 근거를 더 찾고 타당성을 판단해 봅시다.

[활동 7] 「자연 보호는 우리가 꼭 해야 할 일」의 표현이 적절한지 판단해 봅시다.

[활동 8] 근거의 타당성과 표현의 적절성을 판단하는 방법을 말해 봅시다.


[활동 1]은 배경지식 활성을 위한 사진 자료를 제시하여 자연 보호 문제에 의식을 집중하게 한다. [활동 2]는 읽기 제재를 어떻게 읽을지를 안내한다. [활동 3]은 제재 내용 파악 활동으로 학생들이 질문을 만들어 묻고 답하는 형식이다. [활동 4]는 논설문의 짜임에 맞게 내용을 정리하는 활동이다. [활동 5]는 주장이 가치 있는 것인지와 근거가 주장을 뒷받침하는 지로 내용의 타당성을 판단하는 활동이다. [활동 6]은 제재 글의 주장을 뒷받침하는 근거를 찾아보고, 그 근거의 타당성을 판단하는 연습하는 활동이다. [활동 7]은 논설문으로써 주관적인 표현, 모호한 표현, 단정적인 표현이 있는지를 판단하는 활동이다.

[활동 8]은 논설문의 적절성을 판단하는 방법을 정리하는 활동이다. 이들 활동은 논설문의 주장과 근거의 타당성과 표현의 적절성을 평가하는 내용이 중심이 되고 있다.

여기서 [활동 5]~[활동 7]이 학습 활동 전개의 중심 활동이다. 이들 활동은 이 기본 학습의 학습 목표인 '내용의 타당성과 표현의 적절성을 판단할 수 있다'와 직접 관련되어 있다. 학생들은 이들 활동을 통하여 글 내용의 타당성과 표현의 적절성을 어떻게 판단하는지를 알 수 있게 된다. 이를 위한 내용의 타당성과 표현의 적절성을 판단하는 기준이 무엇인지를 알아보고, 그 기준에 따라 글의 내용과 표현을 판단하는 활동을 한다. 이 활동은 교육과정의 읽기 기능 중 '평가' 영역 속하는 교육 내용이다. 글에 제시된 내용의 타당성과 표현의 적절성을 평가하여 글을 비판적으로 읽는 능력을 높이기 위한 것이다.

이 학습 활동은 읽기 기능을 충실하게 익히게 하는 데 초점이 있다. 독자가 텍스트를 평가하고 판단하는 위치 있다. 이 활동으로 독자는 자기중심적 의미 구성에서 벗어나 상징계의 주체적 의미 구성을 하기에는 다소 어려움이 있다. 읽기 교육이 학습자의 배경지식과 문제해결에 집중된 사고 활동만을 강조하는 점과 학습자의 주체적 상호작용 활동을 운영할 수 있는 이론적인 기반이 부족하기 때문이다. 각 활동에서 학습자들이 서로 협력하여 활동하도록 의도하고 있지만, 학습자들이 주체가 되어 서로의 차이점을 인정하고 존중하며 생각을 확장하는 활동으로 이루어질 수 없다. 교사나 학생들이 서로의 생각을 어떻게 관계 맺어야 하는지가 강조되지 않기 때문이다. 즉, 학생들이 개별적 주체가 되어 내용의 타당성과 표현의 적절성을 판단할 수 있는 교육적 조건이 마련되어 있지 않다. 사회적 상호작용의 토대가 되는 비고츠키(Vygotsky)의 논의가 대안이 될 수 있다(Wertsch, 1985, 한순미,

1999)고 볼 수 있다. 그러나 이 논의도 학습자의 자기중심적 문제해결을 다른 사람이 도와주는 정도의 논의라고 볼 수 있다. 즉, 비고츠키의 논의는 주체가 상징적 질서 체계 속에서 구별되고 독립하여 실현하는 상호작용을 전제하지 않는다. 대표적인 교수-학습 기제인 '근접발달영역'이나 '비계설정'은 학습자들이 대등한 주체라는 것을 인정하지 않는다. 학습자들은 도움을 받는 미숙한 학습자와 도움을 주는 능숙한 조력자의 관계일 뿐이다.[22] 각 학습 활동에 학습자의 상호작용은 있지만 주체로서 하는 활동이라 하기 어렵다.

학습자들은 읽기 교육과정과 읽기 교과서를 통하여 독자가 된다. 다시 말하면, 학습자들은 교육과정과 교과서에 내재되어 있는 관점을 수용한 독자가 되는 것이다. 따라서 이 교육과정을 통하여 학습한 학습자들은 자기중심적인 의미 구성을 효과적으로 수행할 수 있는 독자가 될 것이다. 이는 모든 학습자가 자신이 구성한 의미에 대하여 다른 학습자의 간섭을 받지 않는 것을 전제하는 것에서 비롯된다. 독자의 자신만의 주체적 의미는 다른 독자와의 관계를 기반으로 할 때, 진정한 주체적 의미가 된다. 이런 점에서 지금의 읽기 교육의 접근은 문제점을 가지고 있다.

이 2022 교육과정의 읽기 교육의 관점을 라캉의 욕망 이론으로 보면, 상상계 중심의 텍스트 이해를 바탕으로 한 독자를 길러내고 있다

---

22) 협동학습의 관점도 사회적 상호작용 이론을 토대로 한다. 이 협동학습도 근본적으로 학습자의 주체적 의미 구성 관점이라고 보기 어렵다. 협동학습은 학습자의 상호작용을 강조하지만, 학습자들이 서로 구별 값을 가진 주체로 인정하도록 하는 의식이 부족하기 때문이다. 학습 활동에서 학습자들은 서로 돕고 돕는 관계이기는 하지만 서로 구별 값을 가진 대등한 존재로 인정하지 않는다. 한 가지 예로 개인차를 반영한 모둠 구성 방법이다(신헌재 외, 2003: 21). 모둠 구성원은 학습 능력이 차이가 있는 개인일 뿐이지 서로 대등하게 상호작용하는 주체가 아니다.

고 할 수 있다. 학습자는 텍스트를 자기중심적으로 판단하고 이해하도록 교육받고 있다.[23) 학습자가 자신의 배경지식을 바탕으로 읽기 기능을 사용하여 의미를 구성한다. 학습자가 구성한 의미에 대하여 다른 학습자는 구분되는 독립적인 입장에서 의견을 제시하지 않는다. 오히려 학습자가 구성한 의미의 내적 타당성을 확보하기 위하여 동료와 교사는 노력한다. 그 결과 학습자들은 자신이 구성한 의미에 대하여 구별 값을 가질 수 있는 다른 의미에 관심을 두지 않는다. 다른 의견이 제시되었더라도 개별 학습자는 자신의 의견과 대등한 의견으로 여기지 않는다. 학습자는 오직 자기가 구성한 의미에만 관심을 갖는다. 그 결과 학습자는 자기중심적 의미 구성에 만족하게 된다. 이는 학습자가 자신의 욕망과 타자의 욕망이 같은 것으로 착각하게 만드는 것이다. 이 교육과정에 따른 학습자는 자신의 이해가 오해이거나 착각일 수 있다는 생각을 할 수 없게 된다. 그 결과 학습자는 자기중심적 이해의 틀 속에 고착된다. 이러한 읽기 교육은 학습자를 상상계에서 벗어날 수 없게 옭아맨다. 학습자는 읽기 교육을 통하여 의미 결여를 느끼거나 읽기 욕망을 만들지 못한다.

이렇게 볼 때, 현재 국어과 교육과정의 읽기 교육은 학습자를 상상계에서만 의미 구성을 하도록 붙잡아 둔다. 이는 독자가 다른 독자와 구별 값을 가질 수 있는 기회를 주지 않기 때문이다. 이 읽기 교육의

---

23) 또는 텍스트와 독자 자신을 동일시하도록 하고 있다. 텍스트의 욕망을 독자의 욕망으로 받아들이게 하는 것이다. 텍스트 중심의 접근 관점에서는 텍스트에 내재된 필자의 목소리가 독자의 생각을 삼켜버린다. 그래서 독자는 필자의 목소리 속에서만 존재할 수 있다. 독자는 필자의 목소리에 반응하여 필자의 욕망을 자신의 욕망으로 받아들이는 것이다. 그래서 필자의 욕망에 반응하고, 필자의 욕망에 종속된 독자가 된다. 독자가 필자를 벗어나 자신의 의미를 갖는 것은 수용되지 않는다. 독자도 자신만의 의미를 가지는 것을 생각조차도 않는다. 오직 필자와 동일시를 느낌으로써 만족을 느끼는 독자가 된다.

결과를 리캉의 욕망 이론의 관점에서 보면, 학습자는 어머니와의 2자적 관계에만 머물게 된다. 아버지의 존재를 모르기 때문에 주체로서의 욕망을 갖지 못한다. 학습자는 이 상태에서 벗어나 상징계를 거쳐야만 진정한 독자로 탄생할 수 있다. 그러기 위해서는 학습자가 타자 생각의 존재를 알고, 이들과 상호주관적 관점에서 상호작용을 해야 한다. 이것은 타자의 존재를 존중하고, 그의 목소리에 귀를 기울이는 것이다. 즉, 아버지의 법칙으로 세상을 보게 하는 것이다. 학습자가 수용한 아버지의 법칙은 학습자의 텍스트 이해를 주체적 이해로 바꾸어 준다. 그래서 학습자가 읽기 주체가 되면, 학습자는 읽기 욕망을 가지게 됨으로써 진정한 독자가 된다.

지금의 읽기 교육은 학습자가 진정한 독자로 태어나게 하는 방법이 부족하다. 학습자들을 상징계로 들어서게 할 장치를 고려하지 않기 때문이다. 이는 아버지의 법이 되어 줄 타자를 인정하는 관점의 부재에서 비롯된다. 학습자가 타자를 경험하지 못하면 착각에서 비롯된 만족 속에서 의미의 결여를 만들지 못한다. 읽기 욕망을 만들지 못하는 것이다. 읽기 교육에서의 아버지의 법은 동료, 교사, 다른 텍스트이다. 좀 더 구체적으로 말하면, 이들이 제시하고 있는 생각이다. 학습자가 이들 생각의 존재를 인정하고, 자기의 생각과 구별된다는 것을 알게 하면, 학습자는 주체가 될 수 있다. 학습자들은 텍스트와의 2자적 관계에서 벗어나 3자적 관계를 형성하게 되기 때문이다. 그러므로 읽기 수업에서는 학습자가 다른 학습자와 상호주관적인 관점에서 만나게 해야 한다. 이를 통하여 학습자의 생각이 다른 학습자의 생각과 구별될 수 있게 해야 한다. 즉, 의미의 결여를 만들 수 있는 장치를 마련해 주어야 한다.

## 나. 읽기 교육의 과제

라캉의 욕망이론의 관점에서 보면, 진정한 독자의 욕망 세계는 실재계이다. 실재계는 상상계와 상징계가 뫼비우스의 띠처럼 연결되어 있는 곳이다(권택영 엮음, 2000: 16). 그래서 가끔 결여가 채워지는 착각 속에서 만족을 느끼기도 하지만(상상계) 곧 그것은 더 큰 욕망을 만드는 결여를 만든다(상징계). 실재계의 독자는 주체가 구성한 관념에 대한 결여를 항상 느끼고 있다. 그래서 결여된 관념을 채우고 싶어 읽기를 한다. 읽기를 통하여 가끔은 자신이 구성한 의미의 결여 부분을 메웠다고 느낌으로써 일순간 욕망이 채워지는 만족을 경험한다. 그러나 곧 의미의 결여가 채워지지 않았음을 알게 되고, 더 큰 욕망을 갖게 된다. 이는 실재계의 독자가 읽기 욕망의 지배를 받는 독자임을 의미한다. 이런 실재계의 읽기 욕망을 가진 독자가 진정한 독자이다.

읽기 교육에서는 학습자를 진정한 독자로 만들어야 한다. 즉, 주체가 구성한 관념의 결여를 느끼고, 이를 채우기 위한 읽기 욕망을 가진 독자로 만들어야 한다. 이를 위해서는 먼저 읽기 욕망을 만들 수 있는 조건이 마련되어야 한다. 욕망이라는 것은 의식적으로 주어지는 것이 아니라 무의식적으로 만들어지는 것이기에 그 구성 조건의 마련이 선행되어야 한다. 읽기 욕망을 만들기 위한 조건은 학습자가 자신이 구성한 의미를 다른 독자가 구성한 의미와의 일정한 관계에 놓일 수 있도록 배려해야 한다. 즉, 학습자가 다른 학습자와의 구별 값을 인식하면서 상호작용하도록 하는 것이다. 이것은 학습자 자신의 생각과 타자의 생각을 구별하게 하고, 학습자의 생각을 타자 입장에서 검토할 수 있게 하는 것이다. 또한 학습자가 다른 학습자의 생각을 받아들여 자신의 새롭게 구성할 수 있도록 하는 것이다.

이러한 읽기 교육을 위해서는 학습자들이 상징계를 경험할 수 있도록 하는 것이다. 이는 타자와의 상호작용을 통하여 관계 규칙의 억압과 의미 결여를 맛보게 함으로써 가능하다. 그러기 위해서는 다른 학습자의 생각을 존중하고, 그들의 생각으로 자기의 생각을 반성하고 검토할 수 있는 기회를 제공해야 한다. 더 나아가 학습자가 자기 생각을 수정할 수 있게 이끌어야 한다. 이것은 텍스트와 학습자 그리고 다른 학습자의 3자 관계가 형성하는 것이고, 학습자에게 읽기 주체가 될 수 있는 기회를 부여하는 것이다. 또한 독자의 주체적 의미를 구성하게 하는 것이다. 주체를 가진 학습자는 마음속에 관념의 결여와 이를 채우기 위한 욕망을 간직하게 될 것이다.

이렇게 볼 때, 학습자가 진정한 독자가 될 수 있게 하기 위해서는 관계의 규칙에 따른 활동을 하게 해야 한다. 학습자의 생각과 다르고, 구별되는 생각과 관계를 맺게 하여, 자기 생각을 다른 생각으로 대치하거나 확장하는 변화를 해보게 하는 것이다. 이를 통하여 자기중심의 의미 해석은 착각이고 오해라는 것을 일깨워 주어야 한다. 그렇게 되면 학습자는 자신의 텍스트 이해를 거리를 두고 바라보게 된다. 자기 생각에 거리를 두고 바라볼 수 있다는 것은 상징계로 들어감을 의미한다. 이는 학습자가 타자의 생각을 무시하거나 외면하는 오이디푸스 콤플렉스에서 벗어나게 되는 것이다. 아버지와의 동일시 즉, 관계 규칙을 수용하여 그 속에서 주체가 되는 것이다. 이렇게 할 수 있는 학습자는 성숙한 독자이고, 진정한 독자이다.

이러한 독자가 될 수 있도록 하기 위해서는 읽기 교육의 접근은 새로운 접근을 시도해야 한다. 새로운 접근의 시도는 관계 중심 접근이다. 독자의 관계는 다양할 수 있다. 학습자는 다른 독자나 다른 텍스트, 또 다른 관념(생각)들과 다양한 방식으로 관계를 맺을 수 있다.

이들 관계를 구체화하여 학습 활동으로 구성해야 한다. 관계 중심의 접근은 독자 중심의 접근을 벗어나는 것이면서 독자 중심의 접근을 바르게 접근 방법이다. 관계를 중심으로 한 읽기 교육도 그 관심의 초점에는 항상 독자(주체적 독자)가 존재할 수밖에 없기 때문이다.

학습자가 다른 사람과 주체적 관계를 통한 의미 구성을 할 수 있게 하는 것은 교사이다. 교사는 학생들이 자기 생각이 무엇인지 규정하는 일과 타자의 생각을 분명하게 인식하는 활동을 도와야 한다. 이를 바탕으로 학습자가 자신과 타자의 생각을 비교함으로써 그 차이를 인정하고, 그 차이에서 새로운 의미를 구성할 수 있게 해야 한다. 이를 위해서는 읽기 교육이 변화해야 한다. 그 변화는 학습자의 생각이 타자의 생각과 관계를 맺으면서 발전할 수 있도록 하는 방법을 찾는 데서 일어날 것이다.


## 5. 주체적 읽기의 실천

읽기 교육의 중요한 목표 중 하나는 학습자의 마음속에 읽기 욕망을 만들어 주는 것이다. 읽기 욕망을 가진 독자가 진정한 독자이기 때문이다. 진정한 독자는 읽기 욕망을 채우기 위하여 텍스트를 찾아서 읽고, 자신이 구성한 의미를 다른 사람과의 상호작용을 통하여 수정한다. 이러한 독자는 주체적으로 의미를 구성하면서 발전하는 독자가 된다.

읽기 교육은 학습자가 읽기 주체가 될 수 있도록 이루어져야 한다. 읽기 주체는 관념의 결여와 읽기 욕망을 가진 진정한 독자를 만들기 때문이다. 학습자가 읽기 주체가 되도록 하기 위해서는 다른 타자와의 관계를 통하여 의미를 구성할 수 있도록 해야 한다. 타자와의 관계를 통한 의미 구성 활동은 학습자가 주체를 발견하게 되는 활동이면서, 의미의 결여와 읽기 욕망을 만드는 활동이기 때문이다.

읽기 교육에서 학습자들이 상호주관적인 관계 속에서 읽기 주체가 되도록 해야 한다. 현재의 읽기 교육은 학습자들이 타자와의 관계 속에서 읽기 주체가 되도록 하는데 다소 문제점을 안고 있다. 이 문제를 해결하기 위해서는 타자와의 관계를 바탕으로 학습자들이 서로의 생각을 조율하고, 다듬게 하는 학습 활동을 이끌 수 있는 읽기 교육 방법 탐구가 이루어져야 한다. 이 읽기 교육 방법 탐구의 한 방향은 읽기 교육의 관점에 토대를 둔 라캉의 욕망 이론에 대한 깊이 있는 논의에서 찾을 수 있을 것이다.

# 제5장 환대적 읽기

## 1. 타자와 독자

원천적인 빛은 구름, 호수, 수풀, 수련들에 의해 비춰져서 아름다운 자연
의 빛으로 존재한다. 곧 하늘의 빛은 타자들의 옷을 입고 다시 태어나며
타자들의 빛은 빛 자체이다. (윤대선, 2013: 264)

이 구절은 레비나스[1]가 말하는 자아와 타자의 관계를 표현하고
있다. 첫 문장에서 '원천적인 빛'은 자아에 해당하고 '구름, 호수, 수풀,
수련'이 타자에 해당하는 것으로 보면, 자아와 타자는 서로에게 의존하
여 아름다운 존재가 될 수 있음을 나타낸다. 두 번째 문장은 자아는

---

1) 레비나스(Emmanuel Levinas, 1906~1995)는 리투아니아 출신으로 프랑스 철학자이다. 탈
  무드의 권위 있는 주석자로 서양의 자아 중심 철학을 비판하면서 타자 중심의 철학을
  강조했다.

타자2)에 의하여 모습을 갖추고, 더 나아가 타자는 자아 존재의 본질적 원인임을 역설한다. 위 글귀가 의미하는 것은 자아는 타자에게서 비롯된다는 것이다. 자아는 타자를 인식하면서 생겨나고, 타자의 부름에 대답하고, 타자의 요청에 반응하며, 타자와 소통하며 존재하게 된다.

독자가 텍스트를 읽는 일은 타자를 만나 소통하는 활동이다.3) 텍스트들은 각기 다른 타자를 안에 품고 있다. 하나의 텍스트가 여러 타자를 품고 있기도 하다. 독자가 텍스트를 읽어 가는 과정에서 이 타자들은 생기한다. 타자도 상대가 있어야 생기한다. 독자가 텍스트를 읽을 때, 자신의 의식 내용과는 다른 의식 내용을 인식할 때 타자가 나타난다. 독자가 텍스트에서 만나는 이 타자를 '텍스트 타자'라 할 수 있다.4) 이 텍스트 타자는 독자에게 인식될 때 타자로 존재할 수 있다. 타자는 '나'와 다른 존재이기는 하지만 나와 밀접하게 관계된 존재이다. '나'가 없으면 타자는 존재할 수 없다. 타자는 '나'가 아니지만 '나'가 있어야 존재할 수 있다.

독자의 '나'도 텍스트의 '타자'를 인식해야 발현된다. '나'의 의식이 발현되려면 '나'의 의식 내용5)과는 같거나 다른 의식 내용을 인지해

---

2) 여기서의 타자는 다른 사람이기보다는 다른 사람의 의식 내용이다. 라캉이 유아가 오이디푸스 콤플렉스를 가지게 하는 사회적 규범을 '아버지의 이름' 또는 '타자'라고 할 때(김형효, 2014: 317)의 타자와 같다. 타자는 개인 인격체를 말하기보다는 인격체에 내재되어 있는 의식 내용을 의미한다.

3) 이 읽기 정의는 레비나스의 타자 철학의 관점을 반영한 것이기도 하지만 읽기는 자기 이해라는 리쾨르나 가다머의 해석학적 관점을 반영한 것이다.

4) '텍스트 타자'는 '텍스트 속의 타자'로 독자가 글을 읽고 타자로 인식하여 관계 맺은 자아와 다른 의식 내용이다. 텍스트 타자는 필자, 화자, 인물 등이 지니고 있는 의식 내용이다. 타자의 의식 내용을 레비나스는 얼굴, 목소리, 의식 등 다양한 말로 표현한다.

5) '의식 내용'은 자아나 타자의 내용적 속성을 가리킨다. 사전적으로 '자아'를 "'(심리)자기 자신에 대한 의식이나 관념', '(철학)대상의 세계와 구별된 인식·행위의 주체이며, 체험 내용이 변화해도 동일성을 지속하여, 작용·반응·체험·사고·의욕의 작용을 하는 의식의 통일체"(『표준국어대사전』)라고 정의하기에 의식 내용은 자아의 주요 내적 구성 요인이다.

야 한다. '나'와 같거나 다름이 '나'의 존재를 인식하게 만드는 것이다. 이때 텍스트의 내용이 독자의 의식 내용과 동일하면 '나'의 의식은 잘 발현되지 않는다.6) 독자가 글을 읽을 때 자신의 의식 내용과 같은 경우보다 다른 경우에 '나' 즉 '자아'를 더 잘 인식할 수 있다. 차이가 다름을 부각시켜 인식할 수 있게 해주기 때문이다. 독자가 '자아'를 의식하기 위해서는 타자를 인식하는 것이 필요하다. 독자가 글에서 '타자'를 분명하게 인식할수록 '자아'도 분명하게 발현되는 것이다.

읽기를 자기 이해의 관점7)에서 보면, 독자는 글에서 타자를 발견하고 밝히는 활동을 해야 한다. 이 밝혀진 타자를 통하여 자아를 확인할 수 있다. 자아를 확인한다는 것은 자기가 누구이고, 의식 내용은 무엇이며, 무엇을 지향하는 존재인지를 밝혀 규명하는 것이다. 이는 독자가 자아를 새롭게 생성하는 활동의 토대가 된다. 자아 확인은 자기의식 내용의 개념적 속성을 밝힌다는 의미이기보다는 의식 내용의 주체적 속성을 밝히는 것이다. 개념적 속성이 '나'에 대한 객관화된 대상적 인식이라면 주체적 속성은 역동적인 관계적 인식이다. 독자가 자아를 생성하는 일은 자기에 대한 주체적 속성을 규명하는 일이다.

독자가 자아를 밝히는 일은 텍스트 타자를 만나 이루어진다. 독자가 만드는 텍스트 타자는 다양한 모습을 하고 있다. 텍스트 타자는 필자의 의식 내용일 수도 있고, 텍스트의 내용에 내재된 의식 내용일 수도 있다. 또한 텍스트의 내용을 전달하는 화자의 의식 내용일 수도

---

6) 텍스트의 내용이 '나'의 의식 내용과 동일성을 가져도 자아는 발현된다. 그러나 텍스트 타자와 구별되지 않기 때문에 독자가 '나'의 의식 내용에 주목하는 강도가 약할 수 있다.

7) 읽기를 자기 이해의 관점에서 보려는 것은 해석학에 대한 하이데거, 가다머의 논의를 반영한 것이다. 이들 해석학의 관점은 이한우 역(2004)를 참조할 수 있다. 이와 같은 입장은 리쾨르도 마찬가지이다(이기언, 2009).

있고, 이야기 속의 다양한 인물들의 의식 내용일 수도 있다. 이들 의식 내용을 부르는 대표적인 말이 '타자'이다. 타자는 대리자라 불릴 때도 있고, 타인, 얼굴, 목소리로 불릴 때도 있다. 이는 타자가 '나'가 아닌 다른 존재이고, 이 다른 존재의 드러남의 양태가 여러 가지이기 때문이다. 타자의 존재 양태는 여러 가지이지만 그 중심 역할은 같다고 할 수 있다.

독자가 밝히려는 자아는 텍스트의 어떤 타자를 만나는가에 따라 달라진다. 이는 독자가 생성해야 하는 자아가 정해져 있거나 고정되어 있지 않음을 뜻한다. 독자의 자아는 글 속에서 만나는 타자에 따라 새롭게 생성되어야 한다. 독자가 자기 자아를 새롭게 생성하기 위해 텍스트 타자와 소통하는 활동이 '환대'이다. 환대(hospitalité)는 레비나스의 용어로 주체가 타자를 진정으로 반겨 맞이하여 낮은 자세로 소통하는 것이다.[8] 독자가 텍스트 타자와 진정한 소통으로 자아를 새롭게 생성하는 읽기를 '환대적 읽기'라 할 수 있다. 이 논의에서는 독자가 텍스트 타자를 만나 자아를 생성하는 논리적 과정을 살펴본다. 이를 통하여 독자의 자아확립을 위한 읽기 교육의 가능성을 검토해 본다.


## 2. 환대적 읽기의 구조

텍스트 타자와 독자 자아는 읽기 과정에 만난다. 텍스트 타자와

---

8) 낯선 이로서의 타자가 나에게 환대를 호소해 올 때 그를 영접하고 받아들임은 곧 하나님을 영접하고 받아들이는 일이라는 것이다(강영안, 2005: 266).

독자 자아는 서로에 의지하여 생기한다. 타자와 자아는 서로를 필요로 하는 존재이기 때문이다. 독자는 텍스트를 읽는 과정에서 텍스트의 내용을 향유하면서 텍스트 타자를 환대하게 된다. 독자의 텍스트 타자의 환대로 독자 자아는 텍스트 타자와 소통적 관계를 맺게 된다. 독자 자아는 텍스트 타자를 환대함으로써 자기의 의식 내용을 새롭게 생성할 수 있게 된다. 독자가 읽기 과정에서 만나는 텍스트 타자와 독자 자아의 소통적 특성을 살펴보고, 이들의 관계를 검토하여 본다.

## 가. 텍스트 타자와 독자 자아의 생기

텍스트 타자와 독자 자아는 독자가 텍스트를 읽는 동안 독자의 마음속에 존재한다. 타자와 자아가 마음속에 존재하지만 독자는 이들을 마음대로 다루기는 어렵다. 타자와 자아는 마음속에서 의식의 활동 주체로 작용하기 때문이다. 특히 타자는 독립적인 존재로 활동하면서 자아와 관계한다. 그렇기에 독자는 자아나 텍스트 타자를 마음속에 떠올리기는 하지만 이들의 관계를 임의적으로 조절할 수는 없다. 독자가 텍스트를 읽는 과정에 생기하는 텍스트 타자와 독자 자아를 살펴보자.

(가) 乾 元亨利貞(건은 元하고, 亨하고 利하고 貞하다.)

初九 潛龍 勿用(초구는 물에 잠겨 있는 龍이니, 쓰지 말아야 한다.)

九二 見龍在田 利見大人(구이는 나타난 龍이 밭에 있으니 大人을 만나 봄이 이롭다.)

九三 君子終日乾乾 夕惕若 厲無咎(구삼은 군자가 종일토록 힘쓰고 힘써 저녁까지도 두려워하면 위태로우나 허물이 없을 것이다.)

九四 或躍在淵 無咎(구사는 혹은 뛰어오르거나 연못에 있으면 허물이 없으리라.)

九五 飛龍在天 利見大人(구오는 나는 용이 하늘에 있으니 대인을 만나 봄이 이롭다.)

上九 亢龍有悔(상구는 끝까지 올라간 용이니 뉘우침이 있으리라.)

(성백효 역, 2005: 148~153)

글 (가)는 『주역(周易)』의 건괘(乾卦)의 괘사(卦辭)와 효사(爻辭)이다. 괘사는 괘의 전체의 의미를 밝히는 말로 원형이정(元亨利貞)이다. 효사는 건괘의 여섯 개의 효의 의미를 밝히는 말로 괘사 외 나머지 부분이다. 『주역』을 읽기 위해서는 주역의 구성 방식을 알아야 하고, 『주역』을 구성하고 있는 10익(翼)[9]에 대해서도 알아야 한다. 그리고 『주역』을 이해하기 위해서는 『주역』의 전체적인 지향과 각 괘의 의미를 파악할 수 있어야 한다. 그렇기에 『주역』은 처음 읽는 독자에게 어렵게 여겨진다.

『주역』은 독자에게 익숙하지 않다. 『주역』을 한번 읽어 보려는 독자는 그 낯섦에 물러나게 된다. 『주역』을 처음 읽으려는 독자는 자신의 인지 조건으로는 읽을 수 없음을 직감한다. 한글로 번역되어 있어도 한자를 보면 좋겠다고 생각하고, 한자를 읽을 수 있어도 마찬가지이다. 독자가 주역과 같은 글을 만났을 때 일차적으로 느끼는 것이 인식적 조건의 다름이다. 『주역』을 읽기 위해서는 자신의 현재와는 다른 인식 조건이 필요함을 느끼는 것이다. 독자의 주변에는 『주역』과 같

---

[9] 10익(十翼)은 공자가 『주역』을 해석하는 데 도움을 주기 위해 집필한, 단전(彖傳) 상·하 2권, 상전(象傳) 상·하 2권, 계사전(繫辭傳) 상·하 2권, 문언전(文言傳), 설괘전(說卦傳), 서괘전(序卦傳), 잡괘전(雜卦傳) 등 열 권의 책이다.

이 읽기 어려운 글들이 많다.

독자는 『주역』과 같은 글을 통하여 자기와 다른 의식 내용을 가진 존재를 의식하게 된다. 자기의 인식 한계를 넘는 대상이 있음을 알고 독자는 '나'에 대한 인식을 하게 된다. '나'와는 아주 달라 관계하기 어렵다의 의식을 갖는다. 일반적인 독자가 『주역』과 같은 글을 통하여 경험하는 타자는 '나'와는 절대적 다름이다. 절대적 다름이 있는 글은 독자가 외면하는 글이다. 독자는 언젠가는 읽어 보겠다는 가벼운 지향을 갖기는 하지만 반드시 읽고 이를 이해해 보겠다는 생각은 갖지 않는다. 외면당한 텍스트는 독자에게 기여할 수 없는 외재적 존재가 된다.

그렇다고 텍스트가 늘 절대적 낯선 타자로 머무는 것은 아니다. 독자에게 새로운 계기가 생겨 텍스트를 읽을 수 있게 되면 텍스트 내용은 타자로 작용하게 된다. 독자가 텍스트 타자와 관계를 맺는다는 것은 '나'를 인식할 수 있고, 더 나아가서는 텍스트 타자와 독자 자아와의 소통하는 것이다.

(나) 彖曰: 謙 亨, 天道 下濟而光明, 地道 卑而上行. 天道 虧盈而益謙, 地道 變盈而流謙, 鬼神 害盈而福謙, 人道 惡盈而好謙. 謙 尊而光 卑而不可踰 君子之終也. (周易 謙卦(15) 彖辭)

단전에서 말한다. 겸허하면 형통하다. 하늘의 도는 그 기운이 내려와 만물을 도와서 생장시키지만 천체는 더욱 밝게 빛나고, 땅의 도는 그 기운이 낮은 곳에 머물지만 지기는 끊임없이 상승하도다. 하늘의 법칙은 가득 찬 것을 이지러지게 하고, 겸허한 것을 채워주며, 땅의 법칙은 가득 찬 것을 무너뜨려 함몰시키고 겸허한 것을 채워 충실하게 하며, 귀신의 법칙은 가득 찬 것을 해치고 겸허함에 복을 베풀며, 사람의 법칙은 가득 찬 것을 미워하고 겸허함을 좋아하도다. 겸허한 사람은 높은 지위에 있으면 그 덕이 더욱 빛나고, 낮은 지위에 있어도 그 품행을 보통 사람은 넘볼 수 없으니, 군자만이 한결같이 겸허할 수 있다. (박삼수 역, 2007: 244~245)

글 (나)는 『주역』의 겸괘(謙卦)의 단사(彖辭)[10]이다. 이 단사는 겸괘에 대한 풀이로써 사람이 겸손해야 함을 요구하고 있다. 『주역』에서 이런 단사를 읽은 독자는 『주역』의 각 구절이 의미하는 바를 조금씩 이해할 수 있게 된다. 이는 『주역』을 읽을 수 있게 하는 계기가 되면서 『주역』이 독자와 관계를 맺을 수 있는 대상으로 여겨지게 한다. 이는 텍스트가 관계적 타자로 인식되기 시작함을 의미한다. 독자는 겸괘의 단사와 같은 이해 가능한 부분을 통하여 『주역』 전체로 이해를 확대한다.

독자가 『주역』을 읽을 수 있게 되면 글의 내용은 타자의 모습을 보이기 시작한다. 위 겸괘의 단사를 읽으면서 독자는 겸괘의 의미를 파악하는 인식 작용과 함께 '나는 겸손한가?', '어떤 것이 겸손일까?', '겸손하기 위해 나는 어떻게 해야 할까?' 등의 또 다른 의식 활동을 감지하게 된다. 이 '나'를 점검하는 의식 활동은 처음에 언뜻 스치듯이 지나간다. 그렇지만 독자는 그 의식 활동을 분명하게 느낄 수 있다. 독자가 이 의식 활동에 관심을 집중하게 되면 의식의 전면에 붙잡아 둘 수 있다. 독자가 '나'의 의식 활동을 붙잡게 되면 '나'는 좀 더 분명하게 드러난다. 이 '나'의 드러남은 타자가 생기하였다는 것을 가리킨

---

10) 단사(彖辭)는 단전(彖傳)에 괘(卦)와 관련하여 제시된 말이라는 뜻이다. 단사(彖辭)는 괘사(卦辭)를 자세히 설명하는 내용을 담고 있다.

다. 독자가 '나'의 의식 내용을 갖게 한 것은 텍스트 타자의 의식 내용을 인식했기 때문이다.

글 (나)를 읽은 독자가 의식 활동을 점검하여 인식한 '나'가 '자아'이다. 이 자아는 독자가 텍스트를 읽는 과정에서 텍스트의 내용이 낯설게 느껴질 때 발현된다. 즉 독자에게 특정한 생각, 마음, 태도를 보이는 다른 의식 내용이 인식될 때 생겨난다. 글 (나)의 단사를 읽는 독자는 겸손에 대한 의미를 자신이 생각하는 겸손의 의미보다 크게 느낌으로써 '나'에 대한 의식을 가지게 된다. 겸손의 의미 내용인 타자를 낯설게 느낌으로써, 그렇다면 '나'는 어떤가를 생각하게 된다. 독자 자아가 텍스트 타자를 인지함으로써 발현되는 것이다.

텍스트 타자는 글을 읽는 동안 언제나 존재하지만 독자는 이 타자를 외면할 수도 있다. 독자가 자아에 관심을 가지지 않게 되면 텍스트 타자는 사라진다. 독자가 자아에 관심을 가지면 타자도 관심의 대상이 되어 소통할 수 있게 된다. 타자와의 소통을 위해서는 독자의 의식이 내면을 향하도록 하고, 낯선 목소리에 관심을 기울여야 한다. 이는 독자가 동일성 있는 의식 내용보다는 이질성이 있는 의식 내용을 가진 타자에 관심이 더 필요함을 의미한다. 읽기가 자기 이해와 자아확립을 위해서는 타자를 붙잡는 것에 주의를 기울여야 한다.

글 (나)를 읽는 독자는 자기에게 겸손의 의식 내용을 전달하는 타자를 의식함으로써 자아를 발현시킬 수 있다. 독자는 겸손에 대한 의식 내용을 전달하려는 타자를 낯설게 인식하고, 그의 목소리에 대답하는 자기를 의식할 때 자아를 확인할 수 있다. 그리고 자아의 확인이 텍스트 타자의 존재를 분명하게 인식할 수 있게 한다. 독자는 이 인식된 자아와 타자에 의식을 집중할 필요가 있다. 자아와 타자가 독자 의식의 전면에 떠올라 분명하게 인식될 때 이들의 소통이 실현되게 된다.

## 나. 텍스트 타자

텍스트 타자는 독자 자아와 소통을 시도하는 존재이다. 텍스트 타자가 독자 자아에게 전달하려는 특별한 의식 내용을 가지고 있다. 그 의식 내용은 타자마다 다르다. 그렇기에 그 의식 내용의 전달 방식도 다양하다. 독자는 자아를 내세워 이 타자와 환대적 소통을 해야 한다. 그래서 독자는 자아를 새롭게 생성할 수 있다. 독자의 새로운 자아 생성은 텍스트 타자를 환대하는 소통으로 이루어진다.

독자가 텍스트 타자와 소통을 하는 방식은 외형적으로는 일방적이고 수동적일 수 있지만, 내면적으로는 상호작용적이고 능동적이다. 읽기의 외현을 보면, 독자는 텍스트의 기호를 해독하고, 일방적으로 읽기 활동을 수행하고 있다. 텍스트가 독자와 특정한 행동을 주고받을 수는 없기 때문이다. 읽기 관점에 따라서는 외현적으로 보이는 활동을 강조하기도 한다.11) 그렇지만 읽기는 외현적 활동만으로는 일어날 수 없다.

읽기를 독자의 심리 활동 면에서 보면, 독자는 텍스트 타자와의 상호작용이 필요하다. 독자가 자아를 내세워 텍스트 타자와 소통을 할 때는 적극적 상호작용이 이루어진다. 독자는 타자의 의식 내용을 알아야 하고, 그러기 위해서는 타자에게 많은 말을 걸어야 한다. 물론 텍스트 타자도 독자에게 끊임없이 말을 건다. 독자는 텍스트 타자의 말에 귀를 기울여 텍스트 타자의 의식 내용을 확인하고 '나'의 의식 내용을 드러내고 정리해야 한다. 이 작용은 독자가 일방적으로 할

---

11) 읽기에 대한 인지적 관점이 확립되기 전까지는 읽기의 외현적 활동이 강조된 면이 있다. 음독을 강조한 전통적인 읽기 방식이나 행동주의 관점은 독자의 외현적 읽기 행동에 초점이 놓여 있다고 할 수 있다.

수 없는 일이다.

레비나스의 관점에서 텍스트 타자는 여러 가지 말의 형태를 띤다.12) 독자가 텍스트에서 읽게 되는 말은 이미 '말해진 것'이다. 독자는 이 말해진 것 속에서 텍스트 타자를 찾아야 한다. 텍스트 타자는 말 속에 의식 내용으로 포함되어 있기 때문이다. 독자가 글에서 만나는 텍스트 타자는 말해진 것의 내용이 아닌 경우가 많다. 타자는 문자화되어 고정된 형태를 취하고 있다기보다는, 말해진 것 뒤에 들어 있을 때가 있기 때문이다. 그래서 독자는 말해진 것의 이면에서 타자를 찾아내어 이를 인식해야 한다. 이는 독자가 말해진 것을 통하여 의미를 찾는 것이 아니라 말해진 것 이외의 다른 의미를 찾는 과정이 필요함을 뜻한다.

독자가 텍스트 타자를 만나게 되면 독자의 읽기 활동은 타자가 말하는 것을 듣는 활동이 된다. 이때 독자는 글을 읽고 있지만 청자의 입장에서 텍스트 타자의 말을 경청하는 자세를 취한다. 타자의 목소리에 귀를 기울이고 타자 말에 관심을 집중하게 된다. 이 집중에서 독자는 텍스트 타자가 말하는 것의 의미가 무엇인지를 찾게 된다. 텍스트 타자는 말해진 것 속에서 의미를 전달하는 목소리로 말해진 것의 이면에 들어 있을 수 있기 때문이다.

독자가 텍스트 타자를 만나면 말해진 것에서 비롯된 의미하는 것을 아는 것으로 끝나지 않는다. 독자는 텍스트 타자가 '말하려는 것 = 의미하는 것'뿐만 아니라 '말할 수 있는 것 = 의미할 수 있는 것'도

---

12) 윤대선(2013: 179~187)에 따르면, 레비나스는 '말하기(Dire)와 말해진 것(dit)'를 구분하고 그 내적 함의를 분석한다. '말해진 것'이 사유로부터 의미를 산출해낼 수 있는 것이라면, '말하기'는 말해지지 않은 것을 포함하여 사유에서 벗어나 무한한 의미를 산출해낼 수 있는 것이라 할 수 있다.

생각할 수 있게 된다(이수정 역, 2013: 68). 소통을 한다는 것은 표현된 말의 의미만을 공유하는 것이 아니다. 타자의 말을 통하여 전달하는 것, 또는 의미하는 것을 제대로 이해하고 받아들였을 때 소통이 이루어진다. 독자의 자아가 텍스트 타자와의 소통은 이를 필요로 한다.

예를 들어 초등학교 저학년 독자가 권정생의 『강아지 똥』을 읽을 때를 생각해 볼 수 있다. 독자는 『강아지 똥』의 줄거리를 중심으로 의미된 것을 인식할 수도 있다. '강아지 똥이 참새나 흙덩이에게 외면당하고 외롭게 지내다가 민들레의 거름이 되었다. 강아지 똥도 쓸모가 있을 때도 있다.' 『강아지 똥』을 이렇게 보고 지나갈 수도 있다. 그렇지만 독자들은 좀 더 적극적으로 읽는다. 참새나 흙덩이에게 외면당하는 강아지 똥을 보면서 '나'에 대한 생각도 하게 된다. "'나'가 강아지 똥이라면 어떨까?', "'나'가 참새나 흙덩이였다면 어떻게 했을까?' 하는 자기의식을 가지게 된다. 독자가 이런 자기의식에 집중하면 텍스트 타자가 드러나기 시작한다. 텍스트 타자는 이야기를 전하는 화자일 수도 있고, 강아지 똥이나 참새, 흙덩이일 수도 있다. 독자가 이들 텍스트 타자와 적극적 소통에 관심을 가지게 되면 독자 자아는 이들 타자와 소통을 하게 된다.

독자 자아가 텍스트 타자와 소통하고 싶은 것은 텍스트에 '말해진 것 = 의미 된 것'이 아니다. 타자가 '말하려는 것 = 의미하는 것', '말할 수 있는 것 = 의미할 수 있는 것'이다. 초등학교 저학년 독자의 경우에는 개별 인물(강아지 똥, 흙덩이, 참새)을 타자화하여 소통할 것이다. 그리고 고학년 독자는 이야기 화자를 타자화하여 소통을 시도할 것이다. 이로써 저학년 독자들은 개별 인물에 동의하거나 반대를 하고, 친구를 대하는 자아의식을 새롭게 가지게 될 것이다. 고학년 독자들은 자신의 존재 가치에 대한 의미를 새롭게 한 자아를 마련할 수 있을 것이다.

　독자가 자아를 새롭게 마련하는 것은 텍스트 타자와의 관계에서 비롯된다. 텍스트 타자가 독자 자아에게 말 걸기 또는 그 내면의 모습을 드러내 보여주기를 하기 때문이다. 독자가 『강아지 똥』의 흙덩이나 참새의 의식 내용을 인식하게 되면 이들은 타자가 되어 '자아'에게 말을 걸거나 그 마음속의 모습을 보여준다. 독자가 텍스트 타자를 의식했을 때 즉 자아가 생기되었을 때 그 말을 들을 수 있고, 모습을 볼 수 있다. 텍스트 타자가 독자에게 말을 걸거나 마음을 드러내 보여주는 것은 소극적이지만 그 작용은 강력하다. 소극적이라는 것은 독자가 자아를 내세워 적극적으로 말 걸기에 임하는 것과 대비되는 특성이다. 타자는 독자가 관심을 집중해서 인식하려 할 때 그 모습을 드러내기 시작한다. 그리고 작용의 강력함은 독자 자아가 타자의 의식 내용을 인식하게 되면 자아를 확립하는 데 그 의식 내용을 능동적으로 반영한다는 의미를 갖는다.

　텍스트 타자가 독자 자아에게 말 걸기나 드러냄의 형태는 전달, 간청, 유혹, 암시, 협박, 요구, 요청 등으로 다양하다. 『강아지 똥』에서 텍스트 타자로 인식된 강아지 똥은 독자의 자아에게 요청의 형태로 말하고 싶은 것을 전달한다. '자신이 하찮고 쓸모없고 외면을 당하는 존재로 느껴지는 때가 있어도 자신이 꼭 필요한 곳에서 중요한 존재가 될 수 있음을 알아야 한다.' 독자 자아는 텍스트 타자의 이 요청을 적극적으로 수용하게 된다.

## 다. 독자 자아

텍스트 타자와 독자 자아의 관계는 다양하다. 레비나스의 관점에서 자아를 보면 그 양태는 여러 가지일 수 있다. 동일성이나 차이성을 지향하는 자아가 있을 수 있고, 전체성이나 무한성을 지향하는 자아가 있을 수 있다.[13] 자아를 어떤 관점에서 보는가에 따라, 다시 말해 독자가 지향하는 바에 따라 타자와 자아의 관계는 달라질 수 있다. 레비나스의 관점에서 읽기 교육에 내재된 텍스트 타자와 독자 자아에 대한 접근을 세 가지로 구분해 볼 수 있다. 읽기 교육의 접근은 독자 자아를 표면적으로 강조하지는 않았지만, 독자 자아에 대한 의식이나 기대는 지니고 있었다고 할 수 있다. 읽기 교육에서 강조했거나 강조해야 할 독자 자아는 전체성을 지향하는 독자 자아, 동일성을 지향하는 독자 자아, 무한성을 지향하는 독자 자아이다.

> (다) 文字로 쓰여진 글을 읽는 것을 讀書라고 할 수 있다. 즉, 讀書란 文字로 기록된 것을 보고 그의 의미를 이해하는 활동이라고 하겠다. 이를 좀 더 자세히 밝혀 보면, 문자가 말의 記號로써 읽혀지는 것은 약속에 의해 事象, 思想, 感情 등이 文字로서 표현된 것을 읽는 것으로, 讀書란 이러한 文字를 통해서 相對者와 意思疏通(communication)하는 것이다. 그런데 바른 意思疏通이란 作者의 마음에 생긴 생각이나 느낌이 文字에 의해 표출된 心像을 傳達者와 가장 가깝게 感受, 再生하는 것이다.
>
> (정동화·이현복·최현섭, 1987: 264~267)

---

13) 이에 대한 논의는 강영안(2005), 윤대선(2013)을 참조할 수 있다.

글 (다)는 텍스트 중심 읽기의 관점을 반영하고 있다. 이 관점에서 읽기는 텍스트의 의미라고 여겨지는 필자의 생각을 찾아내는 것이다. 텍스트의 의미는 필자의 생각(사상)뿐이라는 인식이 모든 독자에게 주어진다. 그러면서 독자들은 텍스트의 의미를 동일하게 인식해야 한다는 전체성을 갖는다. 텍스트의 의미는 필자의 사상으로 정해져 있기에 모든 독자는 정해진 의미를 찾아야 한다. 이러한 읽기를 전체성을 지향하는 읽기라 할 수 있다.

전체성을 지향하는 읽기는 모든 독자가 같은 자아를 형성하는 것을 강조한다. 이는 독자의 자아가 만나는 텍스트 타자가 동일한 것에서 비롯된다. 이 지향에서는 텍스트에 내재된 타자의 다양성을 인정하지 않는다. 텍스트 타자를 필자의 목소리로 한정하거나 텍스트 해석의 전문가가 상정한 타자만을 가치 있는 타자로 인정한 결과이다. 텍스트 타자가 필자로 한정되면 독자의 자아는 필자의 의식 내용에 집중하게 된다. 이는 독자의 자아가 필자의 의식 내용을 수용하고 받아들이게 만든다. 그 결과 모든 독자는 필자의 생각으로 수렴되는 의식 내용을 가지게 된다. 또한 텍스트 해석의 권위자가 정한 텍스트 타자를 강조할 때도 마찬가지이다. 이때에도 독자 자아는 특정하게 정해진 텍스트 타자와만 소통하게 된다. 이럴 경우도 모든 독자의 자아는 누구나 같은 의식 내용을 가진 전체성을 띠게 된다. 모든 독자가 텍스트에서 제한된 텍스트 타자와 소통만 하게 되는 것이다. 이런 경우 독자들의 자아는 모두 같은 형태를 띠게 된다.

(라) 최근에는 읽기는 글과 독자의 상호작용 과정이며, 의미 구성에서 독자의 지식이나 경험이 크게 작용한다고 보고 있다. 이 상호작용 모형에서는 의미 구성에서 글의 역할보다는 오히려 독자의 배경지식, 읽는

목적, 읽기 과제의 성격 등을 더 강조한다. 독자는 더 이상 수동적인 수용자가 아니라, 정보를 탐색하고 조정하는 능동적인 정보 처리자인 셈이다. (노명완·박영목·권경안, 1994: 231~232)

글 (라)는 독자 중심 읽기의 관점을 반영하고 있다. 이 관점에서는 읽기를 텍스트의 고정된 의미를 찾기보다는 독자의 배경지식(스키마)이나 읽기 목적을 바탕으로 의미를 구성하는 것으로 보고 있다. 그러면서 모든 독자가 서로 다른 의미를 구성할 것을 강조한다.[14] 이 관점을 비판적으로 보면, 개별 독자의 스키마는 오랜 시간 동안 형성되는 것이어서 고정적이면서 지속적인 특성이 있다. 그렇기에 개별 독자의 텍스트 이해에는 고정적인 스키마가 작용한다. 이 스키마의 작용으로 독자는 어떤 텍스트를 읽든 유사한 의미를 구성하게 된다. 즉 독자가 구성하는 의미에는 동일성이 있게 된다. 독자는 스키마로 인해 어떤 텍스트를 읽어도 동일성이 있는 의미를 구성하게 되는 것이다. 이러한 읽기를 동일성을 지향하는 읽기라 할 수 있다.

동일성을 지향하는 읽기는 독자 자아의 동일성 유지를 강조한다. 이는 독자의 의미 구성이 배경지식이나 지평에 맞추어 동일성을 유지하도록 강요받는 것에서 비롯된다. 독자의 배경지식이나 지평은 쉽게 변화할 수 없다. 그래서 독자가 텍스트 타자를 만날 경우 자신의 의식 내용을 고수하려고 한다. 텍스트 타자는 독자 자아가 허락하는 범위 안에서 소통할 수밖에 없다. 독자의 자아가 원하는 내용만을 소통할

---

14) 독자들의 서로 다른 의미 구성은 소통의 문제를 야기한다. 독자의 개별적이고 고유한 스키마에 의하여 구성된 텍스트의 의미는 독자마다 달라 소통 요소를 갖지 못한다. 이는 소통의 부재로 이어져 독자의 주관만 남게 되어 독자의 자아 인식과 자아 변화를 이룰 수 없게 한다.

수 있는 것이다. 이는 독자가 텍스트 타자의 존재를 인정하지만 텍스트 타자의 역할을 제한함을 의미한다. 독자 자아가 우월적 위치에서 텍스트 타자와 관계를 맺는 것이다. 텍스트 타자는 독자의 자아에 의하여 끌려다니고, 독자 자아와 대등한 대화를 할 수 없다. 인지적 관점에서 이루어지는 독자 중심 접근의 읽기 관점은 이런 독자 자아를 내세우고 있다. 이때 독자 자아는 자기가 원하는 경우에만 텍스트 타자를 찾고 원하는 말만 건넨다. 그 결과 독자의 자아는 어떤 텍스트를 읽던 동일성을 갖는 자아 구성을 반복하게 된다.

무한성을 지향하는 독자 자아는 텍스트 타자와 소통함으로써 자아의 차이를 반복하는 것을 강조한다. 무한성은 한정할 수 없음이다. 이는 독자 자아와 텍스트 타자와의 소통 형태를 한정할 수 없음을 뜻한다. 독자의 자아가 텍스트 타자와 어떻게 만나는가에 따라 관계가 달라지고 자아의 모습도 변화한다. 텍스트 타자를 어떻게 대할 존재인지를 독자가 미리 상정하지 않는다. 독자 자아는 텍스트 타자에 대하여 낯섦 그 차제를 가지고 있다. 텍스트 타자는 미지의 존재이고, 호기심의 대상이며, 존중하고 따라야 할 권위자이다.15) 그렇기에 독자 자아는 텍스트 타자에 따라 변화할 수 있고 새로워질 수 있다. 독자 자아와 텍스트 타자의 소통은 다양하면서 적극적으로 이루어진다. 독자 자아는 텍스트 타자가 말한 것 또는 말하는 것을 통하여 말할 수 있는 것과 말하려는 것을 이해한다. 그럼으로써 텍스트 타자와 온전히 소통할 수 있게 된다.

독자의 자아 생성은 자아의 무한성을 지향할 때 이루어진다. 다른

---

15) 무한성을 지향하는 자아를 레비나스는 성경 속의 아브라함에 비유한다. 아브라함은 하나님의 말을 자의로 해석하지 않고, 하나님의 말을 따라 새로운 땅으로 옮겨가기 때문이다 (이수정 역, 2013: 78~80).

사람이 정해 놓은 텍스트 타자만을 만나거나 자신의 자아를 주체로 내세워 타자를 객체화하여 만날 때는 진정한 소통이 일어나지 않는다. 이들 관점에서 이루어지는 자아와 타자의 소통은 일방적이다. 이런 소통을 벗어나기 위해서는 타자를 새롭게 인식하는 관점이 필요하다. 이 관점은 읽기를 독자의 자기 이해로 규정하는 해석학의 접근이 한 대안이 될 수 있다. 글을 읽고 이해한다는 것은 글의 내용을 독자가 수용하는 것이 아니라 독자가 자아를 밝혀 이해하는 것이다. 지평의 융합이 아니라 새로운 자아의 생성이어야 한다. 지평의 융합을 소극적으로 해석하면 텍스트와 독자가 새로운 인식의 기반을 만드는 것이고, 적극적으로 해석하면 독자와 텍스트가 가지고 있지 않던 새로운 지평을 만들어 내는 것이다. 이 지평의 융합은 텍스트와 독자가 만나는 지점을 강조하여 그곳에서 만들어지는 지평에 관심을 둔다. 그렇지만 무한성을 지향하는 읽기는 독자 자아에 초점을 두어 독자가 자아를 어떻게 확립할지에 관심을 둔다.

## 3. 환대적 읽기의 방법

독자는 텍스트 타자와 소통하여 자아를 생성한다. 자아의 생성은 독자가 자기가 예전과는 다른 사람으로 밝혀 규정하는 것이다. 독자 자아는 텍스트 타자를 인식하면서 발현되고, 그 타자와 소통을 하면서 생기한다. 이는 독자가 텍스트 타자를 환대의 방식으로 소통하여 그의 의식 내용을 받아들이면서 자아를 생성하는 일이다. 독자 자아는 텍스트 타자와의 순차적이고 순환적인 관계 맺음으로 생성된다.

〈그림 1〉『여우와 두루미』의 한 장면
(http://blog.daum.net/edusky01/15817732)

위 그림은『여우와 두루미』이야기의 한 장면이다. 어린 독자가
이 책을 읽고 자신의 자아를 생성하는 과정을 생각해 볼 수 있다.
이 책을 읽는 독자는 여우나 두루미의 행동에서 자기 생각과는 다른
의식 내용을 가진 대상을 인식하게 된다. 이때 독자는 자기 행동이나
생각은 어떠한지도 함께 떠올리게 된다. 이는 글 속의 인물이 독자에
게 타자로 생기하여 '너는 친구에게 어떻게 하니?' 하고 질문하는 것
과 같다. 텍스트 타자가 독자에게 말을 걸어 온 것이다. 그러면 독자는
자신은 어떠한지를 떠올리며 자아를 발현시키게 된다. 즉 '나'가 독자
의 의식 속에 발현되고 타자를 만나게 된다.

발현된 자아는 텍스트 타자에게 다시 친구에게 어떻게 해야 하는지
를 되묻게 된다. 이때 텍스트 타자는 발현된 자아에게 자신의 행동을
보여준다. 독자는 텍스트 타자를 보면서 자신은 친구에게 어떻게 했
는지를 또는 어떻게 해야 하는지에 답을 모색하게 된다. 자아가 발현
되어 구체화되는 과정이 이어지는 것이다. 이때가 자아가 발현되어
활동하는 단계이다. 독자 자아가 친구를 어떻게 배려할지 텍스트 타

자의 행동을 통하여 의식 내용으로 가지게 되는 것이다. 독자의 자아 생성은 질문에 대한 답을 얻는 단계에서 좀 더 나아가 이루어진다. 텍스트 타자는 독자 자아에게 말할 수 있는 것이거나 말하려는 것을 가지고 있다. 이것은 독자에게 알림의 방식으로 작용하여 그 전하려는 의미를 깨닫게 한다. 텍스트 타자가 말할 수 있는 것, 또는 말하려는 의식 내용을 독자가 깨쳤을 때 새로운 자아를 생성한다. 독자의 자아가 텍스트 타자와 관계 맺음을 통한 환대적 소통의 논리적 절차를 살펴보면 다음과 같다.

## 가. 텍스트 타자의 부름과 독자 자아의 대답

『여우와 두루미』를 읽는 독자에게 두 가지 의식 활동이 일어난다. 첫째는 여우와 두루미가 하는 일을 파악하는 활동이 일어난다. 여우와 두루미의 행동을 인식하고 서로의 다름을 인정하지 않거나 서로의 다름을 이용하여 놀리는 것으로 파악한다. 둘째는 독자가 여우나 두루미의 행동과 생각을 자신과 비교하는 활동이 일어난다. "'나'가 여우나 두루미라면 어떻게 했을까?', '나는 친구에게 어떻게 하고 있지?', '친구에게 어떻게 해야 하지?' 등을 떠올리게 된다. 이 두 가지 의식 활동은 함께 일어난다. 그렇지만 독자가 글을 읽으면서 더 많은 관심을 가지는 것은 첫 번째이다. 그래서 두 번째 의식 활동은 일어나지만 쉽게 간과된다. 독자가 자아에 관심을 가지는 읽기를 위해서는 이두 번째의 의식 활동에 집중할 필요가 있다.

두 번째 의식 활동에 관심을 둔 독자는 여우와 두루미의 행동에서 낯섦을 인식하게 된다. 친구를 식사에 초대하여 대접하는 방식이 다름에서 오는 낯섦이다. 낯섦은 자기의 의식 내용과 다름을 의식하는 것이다. 자기와 다르다는 것은 다른 존재에 대한 인식이고 타자에 대한 자각이다. 여우와 두루미의 행동은 독자에게 다름으로 인식되고 타자의 존재로 자리매김한다. 이 타자의 인식에서 독자는 자기를 들여다보는 의식을 가지게 된다. 이 의식은 타자에게서 비롯되었다. 레비나스의 말을 빌리면 타자의 얼굴에서 비롯된 것이다. 좀 더 구체적으로 말하면 타자의 부름에 독자의 자아가 발현하여 대답하는 것이라 할 수 있다.

독자가 읽기에서 자아를 확립하기 위한 첫 단계는 타자의 부름에 자아가 대답하는 것이다. 독자 자아는 텍스트 타자를 만나기 전까지는 독자의 마음속에 잠재되어 있다. 잠재되어 있는 자아는 외부의 자극이 없이는 발현되지 않는다. 즉 독자는 타자를 만나야 자기가 어떤 사람인지를 생각하기 시작한다. 타자로 인하여 자기는 어떠한지를 생각하거나 묻게 된다. 이 물음이 타자를 인식하는 것에서 비롯된다. 독자가 '나'를 생각하게 되는 것은 근본적으로 타자 존재의 인식이고, 타자가 자아를 불러낸 것이라 할 수 있다.

타자가 부르는 목소리는 독자가 타자를 인식하면서 들린다. 『여우와 두루미』를 읽는 독자가 글의 줄거리로 내용만 파악하면 타자의 목소리는 들리지 않는다. 타자가 부르는 소리를 듣기 위해서는 여우나 두루미가 자기와는 다른 의식 내용을 가진 존재임을 인식해야 한다. 자기와 동일한 의식 내용을 가진 존재는 타자로서 존재하기 어렵다. 같은 의식 내용은 동일성을 가지고 있기에 '나'를 부각시켜 인식할 수 있게 하지 않는다. 타자의 인식은 타자와 대면할 자아를 소환하여 발현하도록 한다. 독자 자아는 자기의식의 일부분으로 선험적으로 잠재되어 있다. 이 잠재된 자아가 타자를 의식하면, 타자의 목소리에 이끌려 깨어나는 것이다. 타자의 목소리는 크지 않고 연약해 분명하지 않은 듯하지만, 이 목소리의 부름을 받으면 자아는 분명하게 대답하며 자신을 드러내 보인다.

타자의 부르는 목소리에 귀를 기울이면 자아가 분명해진다. 독자가 여우와 두루미의 행동이 자기의 생각과 다름을 알고, 그 다름의 내용을 찾아 인식하게 되면 타자의 목소리는 좀 더 분명해진다. 이는 타자가 자아를 부르는 강한 메시지로 작용한다. 그래서 독자가 타자의 의식 내용을 알아차리게 되면 타자가 부르는 소리는 선명해진다. 타자가 부르는 목소리가 선명할수록 자아도 분명해진다. 여우와 두루미가 서로 다름을 인정하지 않음으로써 둘 사이에 갈등이 생겼다는 것을 확인할 때 자아는 서로 다름을 인정해야 한다는 생각을 가지게 된다.

## 나. 독자 자아의 요청과 텍스트 타자의 응답

독자의 발현된 자아는 타자를 찾게 된다. 타자와의 만남을 바라는 것이다. 타자와의 만남은 타자와 소통을 위한 것이고 타자가 부른 이유를 알기 위함이다. 더 본질적으로는 자아가 무엇을 어떻게 해야 할지에 대한 답을 구하기 위함이다. 자아는 타자가 무엇을 제공하거나 요청할 것을 가지고 있다고 여기는 것이다. 타자의 부름에 소환된 자아는 타자에게 필요한 것을 묻고, 그에 대한 대답을 들어야 한다.

『여우와 두루미』를 읽고, 독자는 "'나'는 친구에게 어떻게 하지?'라는 의문을 갖게 된다. 발현된 자아가 자기를 규명하기 위하여 타자에게 되묻는 것이다. 독자 자아가 타자화된 여우와 두루미의 의식 내용에 대답을 요청하는 것이다. 이때 타자는 자아의 요청에 자기 얼굴을 드러내 보인다. 여우와 두루미의 말과 행동 속에서 말할 수 있는 것,

또는 말하고 싶은 것을 보여주는 것이다. 타자의 말과 행동은 말할 수 있는 것, 말하려는 것과 일치하는 경우도 있지만 그렇지 않은 경우도 있다. 여우와 두루미의 말과 행동은 말할 수 있는 것과 말하고 싶은 것을 감추고 있다. 독자 자아가 만나는 싶어 하는 것은 감추어져 있는 말이다.

독자 자아는 텍스트 타자가 말하고 싶어 하는 것이 무엇인지를 묻고 답을 들어야 한다. 타자를 만나서 생긴 질문에 스스로 답을 할 수도 있지만 스스로의 답으로는 확정하기 어렵다. 그렇기에 자아는 타자와의 대면이 필요하다. 자아와 타자의 대면은 독자의 마음속에서 이루어지지만 독자가 임의로 할 수 없다. 타자가 자아를 그대로 따라 주지 않기 때문이다. 타자는 자아와 협력할 수 있지만 근본적으로 자아와는 다른 존재이다. 자아와는 다름을 전제로 하기 때문이다. 그래서 자아는 타자의 의식 내용을 알기 위하여 대화해야 한다.

독자 자아의 대화는 타자의 얼굴, 즉 타자의 의식 내용을 인식하면서 이루어진다. 텍스트 타자는 텍스트의 조건에 따라 다른 의식 내용을 가진다. 독자는 자아를 내세워 이 의식 내용을 확인하는 것이 필요하다. 『여우와 두루미』에서 텍스트 타자가 드러내 보이는 의식 내용은 여우나 두루미의 말이나 행동의 표면에 나타나 있지 않다. 여우와 두루미의 말과 행동 이면에서 말할 수 있는 것, 말하고 싶은 것으로 들어 있다. 독자 자아가 대면해야 할 텍스트 타자는 여우나 두루미의 외현적 말이나 행동이 아니다. 이들 말과 행동 속에 들어 있는 것으로 말하고 싶어 하는 것이다. 독자가 "'나'는 친구에게 어떻게 하지?'에 대한 답은 여우나 두루미의 행동 이면에 숨겨져 있는 것이다.

『여우와 두루미』에서의 텍스트 타자는 이야기를 들려주는 화자일 수 있다. 여우와 두루미도 타자가 될 수 있지만 결국은 화자와 다르지 않다. 두 인물이 행동으로 드러내려는 의식 내용이 동일하고 화자가 말하려는 것을 내포하고 있기 때문이다. 독자 자아를 소환하고, 자아가 대면하고 싶은 타자는 결국은 여우와 두루미가 동일성을 이루고 있는 화자라고 할 수 있다. 독자 자아는 이 화자의 얼굴을 대면할 때 요청하고 싶은 것을 말하게 된다. 자아는 자기가 친구에게 어떻게 해야 하는지에 대한 답을 요청한다. 텍스트 타자는 자아의 요청에 대하여 의식 내용을 드러내게 된다. 그렇지만 텍스트 타자가 드러내는 인식 내용은 자아에게 곧바로 전달되는 것은 아니다. 타자는 전할 의식 내용이 말해진 것 즉, 여우와 두루미의 행동에 이면에 들어 있다는 단서만 제공할 뿐이다. 그렇기에 자아는 여우와 두루미가 갈등하는 원인에 주목하여 화자의 의식 내용을 찾아야 한다.

  자아의 요청에 대한 텍스트 타자의 호응은 직접적인 목소리로 이루어지지 않는다. 타자의 호응은 텍스트에 말해진 것들 속에 내재되어 있는 말하려는 것 또는 말할 수 있는 것으로 존재한다. 그렇기에 자아는 텍스트에 제시된 단서를 활용하여 타자의 호응을 알아들어야 한다.『여우와 두루미』에서 타자는 인물들이 서로 다름을 존중하지 않음을 보여준다. 그리고 다름을 존중하지 않음으로 인해 배려할 수 없게 되어 갈등이 야기됨을 보여준다. 이에서 독자는 인물의 갈등 원인에서 친구들은 서로 다름을 존중하고 배려해야 함을 인식할 수 있다. 독자가 서로 다름을 인정하고 배려하지 않아 갈등함을 인식하게 되면 친구들과 어떻게 해야 하는지에 대한 답을 얻게 되는 것이다. 독자 자아의 요청에 대한 응답이 주어진 것이다.

## 다. 텍스트 타자의 알림과 독자 자아의 깨침

독자 자아의 요청과 텍스트 타자의 호응은 독자가 자아를 규정하는 계기가 된다. 독자는 타자의 호응에서 자아를 규정할 수 있게 된다. 타자의 대답을 들었다고 독자가 자기가 어떤 존재인지를 바로 규정할 수 있는 것은 아니다. 독자는 타자에게서 궁금함을 해결하는 답만 들을 것이다. 자아를 밝혀 규정하기 위해서는 타자가 말하려는 것, 말할 수 있는 것을 의식 내용으로 받아들여야만 된다. 그리고 타자가 자아를 소환하고, 요청에 호응하는 궁극적인 목적을 알아야 한다. 타자의 낯섦의 근본적인 원인을 알아야 하고, 그 낯섦을 이루는 의식 내용으로 자아의 변화를 이루어 내야 한다. 자아는 자기의 존재를 밝힐 타자의 의식 내용을 확인하고 그 의식 내용으로 스스로를 바꾸어야 한다.

『여우와 두루미』를 읽는 독자가 다음과 같은 생각을 할 수 있다. '사람들은 서로 달라. 친구도 나와 다르기에 친구와 함께 할 때는 그 다름을 존중해 주는 게 필요해.' 이것은 타자가 독자에게 알리는 내용일 뿐이다. 독자는 타자의 알림 내용을 인식한 것이지 자아를 규정한 것은 아니다. 독자의 자아가 바뀌기 위해서는 근본적으로 자아의 의식 내용이 바뀌어야 한다. 자아의 의식 내용이 바뀌는 것은 타자의 의식 내용을 아는 것으로 되는 것이 아니다. 타자의 의식 내용이 자아의 의식 내용으로 자리를 잡게 해야 한다.

자아 생성은 텍스트 타자가 알리고 싶어 하는 것을 독자 자아가 받아들임으로써 일어난다. 자아 생성은 타자가 알릴 수 있는 것 또는 알리려고 하는 것을 독자가 깨쳐 독자 자아를 이루는 의식 내용이 변화할 때 일어난다. 이는 독자의 자아가 타자를 만나 소통하는 과정에서 타자의 요구나 알림을 알아채고 그것을 자아의 의식 내용으로 삼아 달라져야 함을 의미한다. 『여우와 두루미』를 읽은 독자는 다음과 같은 자아의 의식 내용을 가지게 된다. '사람들은 서로 다른 점이 있다. 그 다름은 나와 같지 않음이다. 이 다름은 상대적인 것이므로 서로 인정하고 존중해야 함께할 수 있다. 그렇기에 나는 친구가 나와 다름을 인정하고 존중해야 한다. 서로 다름의 존중은 다름에 대한 배려이다. 나는 친구가 나와 다름을 존중하고 배려함으로써 좋은 친구가 될 수 있다.' 이것은 타자가 말하려는 것, 말할 수 있는 것을 알리는 내용이다. 독자가 이 타자의 알림을 자아의 의식 내용으로 만들어야 한다.

자아가 타자의 알림을 받아들이기 위해서는 타자의 인식 내용에 대한 동의와 각성이 있어야 한다. 타자의 의식 내용을 인지적으로 아는 것만으로는 자아가 변화할 수 없다. 자아의 의식 내용이 바뀌기 위해서는 타자의 의식 내용과 질적 동질화가 일어나야 한다. 이 질적 동질화에 조건이 동의와 각성이다. 동의는 타자의 의식 내용이 가치 있다고 인정하여 내 것으로 삼으려는 의식적 조건을 마련하는 것이고, 각성은 타자의 의식 내용이 '나'의 의식 내용에 내재되어 있던 것임을 알고, 이를 밝혀내어 분명하게 규정하는 것이다. 타자의 알림을 바탕으로 자아가 깨치는 것은 타자의 의식 내용이 자아의 의식에 내재해 있었고, 타자가 이를 일깨워 주었음이다. 그리고 독자는 그 의식 내용을 밝혀 분명하게 인식함으로써 자아를 생성한다.

독자의 새로운 자아 생성은 타자의 의식 내용으로 자신의 의식 내용을 일깨우면서 일어난다. 독자가 자아의 의식 내용을 일깨움은 자아의 인식 내용을 밝히는 것이면서 자아를 규명하는 것이다. 『여우와 두루미』를 읽고, 독자가 타인은 자신과 다름을 지니고 있고, 그 다름을 존중하여 배려할 수 있다는 의식 내용을 가질 때 자아는 새롭게 생성된다.

## 4. 환대적 읽기의 실천

읽기는 다양체이다. 읽기를 어떻게 보는가에 따라 그 모습이 달라진다. 이 논의에서는 레비나스의 관점에서 타자와의 만남으로 보았다. 타자와의 만남의 목적은 독자가 자아를 확립하기 위한 것이다. 읽기가 자기 이해 또는 자아 이해라는 관점은 해석학에서 비롯되었다. 하이데거, 리쾨르, 가다머 등의 해석학 논의의 핵심은 독자의 자기 이해이다. 독자가 텍스트를 읽기는 궁극적인 목적이 자기 자신을 밝혀 이해하려는 것이다.

레비나스는 타자를 강조하는 생각을 한다. 타자가 자아를 밝혀주고 자아가 새롭게 변화할 수 있게 한다고 본다. 그래서 레비나스의 철학을 타자의 철학이라 일컫는다. 레비나스의 관점에서 읽기를 보면, 독자는 텍스트에서 타자를 발견하고, 타자와 소통한다. 이 소통을 통하여 자아를 새롭게 생성하고 진정한 존재자가 된다. 텍스트는 다양한 모습의 타자로 나타나 독자에게 말을 건다. 독자는 이들 타자의 무한한 모습에서 무한한 자아를 생성할 수 있다.

이 논의에서는 독자가 텍스트를 통하여 자아를 생성하는 과정을 거칠게 살펴보았다. 독자는 텍스트에서 타자를 만남으로써 자아를 발현한다. 발현된 자아는 타자와의 소통을 통하여 타자의 의식 내용을 인식한다. 이 타자의 의식 내용으로 독자가 자아의 의식 내용을 새롭게 함으로써 자아 생성이 이루어진다고 보았다. 독자의 자아는 텍스트 타자의 의식 내용을 마주하면서 자기의 인식 내용을 상기하게 된다. 이 상기된 인식 내용을 확인하여 규정함으로써 자아가 생성된다고 보았다.

독자의 자기 이해와 자아 생성의 과정은 깊이 탐구될 필요가 있다. 해석학의 입장에서 이론적이고 논리적으로 제시된 생각을 구체적이고 실증적인 자료를 바탕으로 확인해 볼 필요가 있다. 이는 읽기 교육에 새로운 관점이나 방법 제시로 기여할 수 있다. 그렇게 되면 읽기 교육은 또 다른 읽기의 본질을 바탕으로 학생들을 지도하게 됨으로써 읽기 교육의 새로운 장을 열 수 있다. 이를 위하여 독자의 자기 이해나 자아 생성을 이루는 과정에 대한 다각적인 논의가 이루어지길 기대한다.

# 제6장 배움 읽기

## 1. 기호와 배움

우리는 어떤 때 사유하는가? 사유하여 무엇을 얻는가? 들뢰즈는 배움이 있는 의식 활동을 사유라고 한다. 사유는 배움을 동반하고, 배움은 사유 과정에서 일어난다고 본다. 그렇다면 우리의 사유는 어떻게 시작되는가? 사유는 무엇인가? 우리는 매 순간 존재들을 감각하고 의식한다. 이들 모두가 사유는 아니다. 우리의 사유는 특정한 조건에서 시작되고, 사유를 통하여 배움이 일어난다. 사유를 통하여 배움이 이루어지는 논리를 들뢰즈는 기호로 설명한다. 우리를 사유하게 하는 것이 기호이고, 기호에 대한 사유로 배움을 얻는다고 본다.

배운다는 것은 필연적으로 〈기호들〉과 관계한다. 기호는 시간이 흐르는 동안 배워 나가는 대상이지 추상적인 지식의 대상이 아니다. 배운다는 것은 우선 어떤 물질, 어떤 대상, 어떤 존재를 마치 그것들이 해독하고 해석해야 할 기호들을 방출(放出 émrtre)하는 것처럼 여기는 것이다. 어떤 사물에 대해서 〈이집트 학자〉가 아닌 견습생apprenti은 없다. 나무들이 내뿜는 기호에 민감한 사람만이 목수가 될 수 있다. 혹은 병(病)의 기호에 민감한 사람만이 의사가 된다. 목수나 의사 같은 이런 천직은 늘 어떤 기호에 대한 숙명이다. 우리에게 무언가 가르쳐주는 모든 것은 기호를 방출하며, 모든 배우는 행위는 기호나 상형문자의 해석이다. (서동욱·이충민 역, 2009: 23)

이 글에서 보면, 기호는 배움과 관련되어 있다. 기호는 추상적인 지식의 대상이 아니라 배움을 위해 직접 마주해 시간을 들여 탐구해야 할 대상이다. 배움은 존재들이 기호를 방출하는 것으로 여김에서 시작된다. 그러면서 배우는 사람은 존재들이 방출하는 기호를 탐구하는 학자인 견습생이다. 또한 배우는 사람 중 존재가 방출하는 특정 기호에 민감할 사람은 전문가가 된다. 전문가는 존재에 대하여 큰 배움을 이룬 사람이다. 즉 배움은 존재들이 방출하는 기호들에 민감하게 반응하고, 이로부터 사유를 전개한 과정에서 일어난다.

이 설명에서 보면, 우리의 배움은 기호에서 비롯된다. 들뢰즈가 말하는 기호는 우리가 기존에 말하던 언어의 단위가 아니다. 들뢰즈의 기호는 존재들이 우리에게 방출하고, 우리가 감각하고, 이로부터 사유하게 하는 그 무엇이다. 우리는 이집트에 있는 피라미드의 상형문자를 해석하는 학자처럼 존재들이 뿜어내는 이 기호를 해독하고 해석해야 한다. 이 기호를 해독하고 해석하는 활동이 사유이고, 이 사유의 과정이 배움이 일어나게 한다. 우리의 배움은 존재가 방출하는 기호와 의식이 관계를 맺은 사유의 결과이다.

우리가 만나는 존재는 모두 기호를 방출한다. 텍스트도 독자에게 기호를 방출한다. 각 텍스트가 방출하는 기호를 해독하고 해석하는 독자는 이집트 학자인 견습생이다. 특정 텍스트의 기호에 민감한 독자도 있고, 둔감한 독자도 있다. 텍스트가 방출하는 특정 기호에 민감한 독자도 있다. 독자는 텍스트가 방출하는 기호를 감각하고 해독하고 해석한다. 특정 기호에 집중된 사유의 과정에서 배움을 얻는다. 독자는 이 배움 때문에 텍스트를 읽는다.

이 장에서는 독자가 텍스트와의 관계에서 기호를 감각하여 해독하고 해석하는 사유를 살피고, 그 사유에서 일어나는 배움에 대하여 살펴본다. 텍스트가 방출하는 기호에 대하여 독자가 반응하는 방식을 탐색하여 보고, 어떻게 반응해야 하는지를 알아본다. 이는 들뢰즈의 기호론의 관점에서 읽기 현상의 본질을 살펴, 읽기 교육을 탐색하기 위한 토대를 마련하기 위한 것이다. 들뢰즈의 기호론은 읽기를 보는 새로운 눈을 주고, 그 눈으로 읽기를 설명할 수 있게 한다.


## 2. 들뢰즈의 기호

들뢰즈가 말하는 '기호'의 개념은 독특하다. 기호는 존재가 방출하는 것으로 사람의 감각 작용으로 인식할 수 있는 그 무엇이다. 사람들은 기호를 감각하여 존재의 본질을 인식하게 된다. 우리는 존재가 방출하는 기호를 마주칠 때 감성의 작용이 일어나고, 지성의 작용으로 기호 속에 내재된 본질을 알게 된다. 곧 배움이 이루어지는 것이다. 들뢰즈가 말하는 기호의 특성을 독자의 텍스트 읽기와 관련지어 살펴본다.

## 가. 기호의 개념

기호와 관련하여 들뢰즈는 우리를 혼란하게 한다. 들뢰즈가 말하는 기호라는 말의 함의가 우리에게 익숙한 기호의 의미[1]와 다르기 때문이다. 들뢰즈의 기호는 우리에게 친숙한 기호의 속성도 담고 있지만 다른 속성을 함축하고 있다. 그래서 들뢰즈의 말을 빌려 표현하면, '들뢰즈의 기호'는 우리의 감성을 자극하고 지성이 관여해야 하게끔 이끄는 대상이 방출하는 그 무엇이다. 기호는 살짝 열린 통(boîte entrouverte)과 같다(서동욱, 2003: 65). 무엇인가를 안에 품고 있으면서 품고 있는 것의 한 끝자락을 살짝 보여주거나 그것이 품고 있는 것의 냄새를 슬며시 풍긴다. 기호의 한 끝자락을 보거나 냄새를 맡은 이들은 기호 속에 담겨 있는 것에 깊은 흥미를 갖는다. 그래서 기호를 더 알고 싶어 한다.

사유하도록 강요하는 것은 기호이다. 기호는 우연한 마주침의 대상이다. 그러나 마주친 것, 즉, 사유의 재료의 필요성을 보장해 주는 것은 분명히 기호와의 그 마주침의 우연성이다. 사유의 활동은 단지 자연스러운 가능성에서 생겨나는 것이 아니다. 반대로 사유 활동은 단 하나의 진정한 창조이다. 창조란 사유 그 차제 속에서의 사유 활동의 발생이다. 그런데 이 발생은 사유에 폭력을 행사하는 어떤 것, 처음의 혼미한 상태, 즉 단지 추상적일 뿐인 가능성들로부터 사유를 벗어나게 하는 어떤 것을 내포하고 있다. 사유함이란 언제나 해석함이다. 다시 말해, 한 기호를 설명하고, 전

---

[1] 우리에게 '친숙한 기호'의 의미는 소쉬르가 말하는 '기표'와 '기의' 관계로 설명되는 기호이다.

개하고, 해독하고, 번역하는 것이다. 번역하고 해독하고 전개시키는 것이 순수한 창조의 형식이다. (서동욱·이충민 역, 2009: 145)

기호는 우연히 마주치는 대상이지만 사유하도록 강요하고, 사유에 폭력을 행사한다. 폭력적으로 우리가 사유하게 함으로써 기호 해석을 통해 새로운 진리를 만날 수 있게 하는 순수한 창조의 형식을 제공한다. 들뢰즈에 따르면, 우리는 기호와 마주침을 통해 사유하고, 이 사유를 통해 배움을 실행한다. 이는 독자의 텍스트 읽기에도 적용된다. 독자는 텍스트가 방출하는 기호와 마주치고, 사유하고, 배움을 실행한다. 텍스트도 하나의 존재 대상이고, 독자는 텍스트를 읽는 과정에서 텍스트가 뿜어내는 기호와 마주치게 된다. 이 마주침에서 독자는 텍스트의 본질을 탐구한다.

들뢰즈가 말하는 기호는 기존의 기호학이나 언어학의 기호와는 개념이 다르다. 들뢰즈의 기호는 우리에게 차이 그 자체로서의 배움을 제공한다. '기호'라는 말은 그의 책을 통해서 만나기는 하지만 그 기호를 즉각적으로 이해할 수 없다. 우리는 들뢰즈의 책이 방출하는 기호로부터 사유를 강요받는다. 들뢰즈의 기호에 폭력을 당하고 있는 것이다. 관심을 두지 않을 수도 있지만 그렇게 되면 우리는 들뢰즈의 생각을 알 수 없다. 들뢰즈의 생각에 관심이 있는 우리로서는 피할 수 없는 상황에 놓이는 것이다. 그래서 들뢰즈가 말하는 기호의 개념이 열릴 듯 닫힐 듯하는 틈에 관심을 집중한다.

들뢰즈의 기호는 여러 가지 특성을 갖지만 특히 중요한 것은 '사유'와 '배움'의 특성이다. 들뢰즈는 기호가 사유하게 만들고, 배움이 일어나게 한다는 것이다. 사유와 배움은 우리에게 중요한 관심사이다. 독자가 텍스트를 읽는 그 근원에도 사유와 배움이 내재한다. 들뢰즈의 기호를 통한 사유와 배움의 특성이 총론에 해당한다면 독자의 텍스트 읽기를 통한 기호와의 마주침과 사유 및 배움은 각론에 해당한다고 할 수 있다. 각론은 총론에서 밝힌 내용을 충실히 따르면서 각론 나름의 차이 그 자체를 드러낸다. 각론이 차이 그 자체를 갖지 못한다면 총론의 한 부분일 뿐이다.

> 진리는 어떤 사물과의 마주침에 의존하는데, 이 마주침은 우리에게 사유하도록 강요하고, 참된 것을 찾도록 강요한다. 마주침의 [속성인] 우연과 강요의 [속성인] 압력은 프루스트의 두 가지 근본적인 테마이다. 대상을 우연히 마주친 대상이게끔 하는 것, 우리에게 폭력을 행사하는 것, ─이것이 바로 기호이다. (서동욱·이충민 역, 2009: 41)

우리는 다양한 존재 대상을 만난다. 그 존재 대상과의 관계 속에 우리가 존재한다. 하이데거가 밝히고 있듯이 우리는 존재 대상을 존재자로 여기고 존재 본질을 공속함으로써 존재한다. 존재함은 자기 이해이고 실존이다. 존재 대상을 존재자로 인식하고, 존재자의 존재 본질을 밝혀 아는 것이 자기 이해를 이루는 것이고 존재하는 것이다. 우리는 존재 대상과 마주침에서 존재 대상의 존재 본질인 진리를 밝혀 배움을 실현한다. 존재 대상의 진리를 밝히는 일은 우리의 숙명이고 벗어날 수 없는 족쇄이다. 우리는 사물의 진리를 사유하고 배움에 이르러야 자유롭고 여유롭다.

위 인용 글에서 보면, 들뢰즈의 기호는 우연한 마주침에서 비롯되고, 사유를 강요하고, 참된 것을 찾게 만든다. 우연히 마주친다는 것은 지성에 의하여 미리 다듬어진 보편적인 일반 관념이 아니라는 것이다(이찬웅, 2011: 365). 사유를 강요한다는 것은, 기호의 마주침이

"감성에 무자비한 상처를 내며 감성 안으로 거부할 수 없는 육박해 들어와 체계가 잡히지 않은 대상에 대해 한계에 부딪히게 함으로써 그 대상이 자신의 수용 능력을 초과하는 것임을 굴욕적으로 시인하게 하는 것이다."(류종우, 2014: 275~276) 참된 것을 찾는다는 것은 기호가 드러내는 고유한 본질이라 할 수 있는 '차이 그 자체'이다(김상환 역, 2014: 85).

> 【가】너는 돌 때 실을 잡았는데, 명주실을 새로 사서 놓을 것을 쓰던 걸 놓아서 이리되었을까. 엄마가 다 늙어 낳아서 오래 품지도 못하고 빨리 낳았어. 한 달이라도 더 품었으면 사주가 바뀌어 살았을까. 엄마는 모든 걸 잘못한 죄인이다. 몇 푼 더 벌어보겠다고 일하느라 마지막 전화를 못 받아서 미안해. 엄마가 부자가 아니라서 미안해. 없는 집에 너같이 예쁜 애를 태어나게 해서 미안해. 엄마가 지옥 갈 게 딸은 천국에 가. (어느 세월호 유족 어머니의 편지, 인터넷)

글 (가)는 인터넷에 떠도는 편지이다. 세월호 사고로 죽은 딸에게 어머니가 쓴 것이다. 이 편지를 보면, 어머니의 딸에 대한 마음이 우리의 감성을 자극한다. 우리의 감성은 저자의 마음을 마주하면서, 울려 밀려오는 어머니의 심정에 감응한다. 그러면서 저자의 심정이 우리 감성에 생채기를 남기고 정리되지 않는 문제를 우리에게 던진다. 우리는 치유되지 않는 감성의 상처를 느끼며 지성이 사유할 것을 요구받는다. 이 편지를 읽는 사람이 감성으로 감응하는 것이 기호이다. 기호는 사유하도록 강요하고, 참된 것을 찾도록 요구한다.

들뢰즈는 이러한 기호를 네 가지로 구분한다. 사교계의 기호, 사랑의 기호, 감각적 기호, 예술의 기호이다. 기호를 이들 네 가지로 구분하는 것은 기호들의 특성 때문이다. 우리가 기호와 마주쳤을 때 그 기호의 특성으로 인하여 인식적 작용이 달라진다. 대상이 방출하는 기호 속에 내재한 본질 내용이 다른 것이다. 기호가 감싸서 품고 나르는 내용은 우리의 사유 활동을 달리하게 한다. 즉 기호의 특성에 따라 우리의 사유와 배움의 내용이 달라진다. 독자가 텍스트에서 어떤 기호를 마주하느냐에 따라 사유와 배움이 달라짐을 의미한다.

사교계의 기호는 사람들이 형식적으로 관계를 맺는 공간에서 방출되는 기호이다. "축조된 공간에서 그만큼 빠른 속도로 그만큼 많은 기호를 방출하고 집결시키는 영역은 없다."(서동욱·이충민 역, 2009: 24) 사교클럽과 같이 사람들이 특정한 목적으로 모인 집단의 사람들이 방출하는 기호에 대한 설명이다. "사교계의 기호는 어떤 행위가 생각을 대체한 것으로 나타난다. 이 기호들은 행위가 생각의 구실을 한다. 그러므로 하나의 기호는 다른 어떤 것, 즉 외재적(transcendant) 의미나 관념적 내용을 가리키지 않는다."(서동욱·이충민 역, 2009: 25) 사교계의 기호는 형식적인 관계와 공식적인 공간에서 사람들이 방출하는 기호여서 상투적이고 공허한 특성을 갖는다. 상투적이고 공허하다는 말은 우리의 감성에 깊은 상처를 주거나 해석을 위한 사유를 요구하지 않는다는 의미이다. "배움의 과정이 이 기호를 거치지 않는다면 배움을 불완전할 것이고, 심지어 불가능하기조차 할 것이다. 이 기호들은 텅비어 있지만 이 공허함은 이 기호들이 의례적인 완벽성을 갖추도록 해 준다."(서동욱·이충민 역, 2009: 26) 사교계의 기호는 텅 비어 있지만 우리에게 배움을 위한 토대를 만들어 준다. 사교계의 기호의 대표적인 예는 학교 교육에서 학생들이 마주치게 되는 기호라 할 수 있다.

사랑의 기호는 개별화된 기호이다. 개별화는 기호를 인식하는 사람과 관련된다. 사랑은 사랑하는 사람의 기호에 민감해지는 것이고, 그 기호들로부터 배움을 얻게 한다. 연인이 방출하는 기호는 감성에 상처를 주고 기호를 해석하게 한다. "사랑받는 존재는 하나의 기호, 하나의 〈영혼〉으로 나타난다. 그 존재는 우리가 모른 어떤 가능 세계를 표현한다. 해석해야 할 세계는 사랑받는 사람 속에 함축되어 있고 감싸져 있으며 마치 수형자처럼 갇혀 있다."(서동욱·이충민 역, 2009: 27~28) 사랑의 기호는 타자가 인식한 세계에서 비롯되는 가능 세계[2]를 인식하게 하고, 그 세계를 엿볼 수 있게 한다. 미지의 세계이기도 하고 해석해서 알아야 세계이기도 하다.[3] 들뢰즈를 사랑한 이는 들뢰즈가 방출하는 기호가 함축하고 있는 가능 세계를 얻기 위해 사유가 필요하다.

감각적 기호는 대상이 품어내는 것과 관련된다. 감각적 기호는 "우리에게 야릇한 기쁨을 주는 동시에 일종의 〈명령〉을 전해 준다"(서동욱·이충민 역, 2009: 34). 감각적 기호는 전달되는 것이고, 명령적인 것이다. 즉 내가 일방적으로 받아들이는 것이면서 내가 주체적으로 해석해야 하는 것이기도 하다. 이는 대상이 실제로 소유하고 있는 대상의 속성과는 관련이 없는 대상의 기호로 나타나거나[4] 기호들의 증식을

---

2) 들뢰즈의 가능 세계는 타자를 매개로 우리에게 직접 주어져 있지 않은 세계를 가질 수 있는 세계이다.

3) 사랑의 기호들이 표현하는 이 감추어지는 것이란 미지의 세계들, 행위들, 사유의 원천이다. (이 세 가지는 사랑의 기호들에다 의미를 부여해 주는 것들이기도 하다.) 사랑의 기호들은 [사교계의 기호들과 달리] 피상적인 신경질적 흥분을 일으키지 않는다. 사랑의 기호들은 [기호 해독을 하는 데] 점점 더 깊이 파고들면서 생기는 고통을 불러일으킨다. 애인의 거짓말은 사랑의 상형문자이다(서동욱·이충민 역, 2009: 31).

4) 이런 식(감성적 기호의 방식)으로 체험된 성질은 더 이상 그 성질을 실제로 소유하고 있는 대상의 속성으로 나타나지 않는다. 대신에 우리가 해독하려고 시도해야만 하는 〈완전히 다른〉 대상의 기호로 나타난다. 이 기호 해독에서 우리는 늘 실패의 위험이 따르는 노력을 대가로 치른다. 마치 이 성질이, 그것이 지금 가리키는 대상과는 다른 대상의 영혼을 감싸고 있고 또 포로로 붙잡고 있는 것처럼 모든 일은 진행된다(서동욱·이충민 역, 2009: 34).

통해 나타난다. 여행지에서의 따뜻한 커피 맛의 기호가 예전에 맛나게 먹었던 커피숍의 모든 것을 떠올리게 할 수도 있다. 이때 여행지의 커피 맛은 숨겨진 대상의 맛을 건네주면서 기호의 의미가 나타난다. 기호의 "감각적 성질 혹은 인상은 특별한 기쁨을 직접적으로 전달해 주는 정직한 기호, 충만하고 긍정적이며 즐거운 기호이다"(서동욱·이충민 역, 2009: 36). 감각적 기호는 우리의 오감의 감각에서 비롯된 감성과 연상적 사유로 기호가 함의하고 있는 본질을 해석하게 한다. 우리의 감성과 감응, 기억과 주관적 해석이 작용하여 의미를 인식할 수 있는 기호이다. 독자의 텍스트 이해도 기호로부터 무한히 뻗어 나가는 의미를 감성과 감응, 기억, 상상력 속에서 찾을 수 있다. 그렇지만 감각적 기호의 관념적 본질은 예술의 기호를 통하여 분명해진다.

예술의 기호는 물질성을 벗고 기호들의 궁극적인 세계인 관념적 본질 속에서 의미를 드러낸다.[5] 예술의 기호는 본질을 밝혀 알 수 있게 한다. 예술 작품이 방출하는 기호는 우리가 새로운 것을 배울 수 있게 한다.

우리는 오로지 예술을 통해서만 우리 자신으로부터 벗어날 수 있다. 또 오로지 예술을 통해서만 우리가 보고 있는 세계와는 다른, 딴 사람의 눈에 비친 세계에 관해서 알 수 있다. 예술이 아니었다면 그 다른 세계의 풍경은 달나라의 풍경만큼이나 영영 우리에게 알려지지 않은 채로 남아 있을 것이다. 예술 덕분에 우리는 하나의 세계, 즉 자신의 세계만을 보는

---

5) 예술의 세계는 기호들의 궁극적인 세계이다. 예술의 세계에서의 기호들은 〈물질성을 벗은〉 기호들이다. 이 기호들은 관련적 본질 속에서 자신의 의미를 찾는다. [예술의 세계에서 기호들의 의미를 깨달은] 그때부터, 예술을 통해 드러나는 세계는 [먼저 거쳐 온] 다른 모든 세계들에게 거꾸로 영향을 미친다. 특히 감각적 기호들에 대해서 그렇다(서동욱·이충민 역, 2009: 37).

것이 아니라 세계가 증식하는 것을 보게 된다. 그리고 독창적인 예술가들이 많으면 많을수록 우리는 무한 속에서 회전하는 세계들 어느 것과도 다른, 우리가 마음대로 할 수 있는 세계들은 더 많이 가진다. (서동욱·이충민 역, 2009: 73)

예술의 기호는 우리의 의식을 새로운 세계로 이끌고 감성에 대한 상처를 입히고 사유하게 한다. 그래서 기호가 드러내는 의미인 차이 그 자체를 드러내 보여준다. 이를 통해 우리는 자신에게서 벗어나 새로운 세계를 볼 수 있게 된다. 이는 들뢰즈가 말하는 '이념적인 차이'를 사유하게 하여 밝혀 내게 하면서 궁극적인 배움에 이르게 한다. 독자가 마주치는 텍스트는 예술의 기호를 방출한다. 독자는 이 예술의 기호를 통하여 이념적인 차이, 차이 그 자체를 밝혀 궁극의 배움을 실현해야 한다.

들뢰즈의 기호는 우리가 지각하여 사유하고 배움을 실현하는 단서이다. 존재들의 기호는 우리가 사물에서 우연히 만나고, 사유를 강요한다. 기호와의 만남은 우연적이지만 그 기호를 해석하여 기호가 담고 있는 의미를 찾아내어 새로운 세계를 열어가야 한다. 독자는 텍스트에서 기호와 마주치고 사유하여 새로운 세계를 만나 배움을 실행한다.

## 나. 사유와 사유의 이미지

들뢰즈는 기호가 함축하고 있는 본질을 밝히기 위해 사유를 강조한다. 들뢰즈는 사유의 형식을 '사유의 이미지'[6]라는 말로 표현하고,

---

6) 사유 이미지는 들뢰즈의 『차이와 반복』의 3장의 제목이다. 이 장에서는 철학의 전제된

기존의 사유 이미지의 변화를 강조한다.[7] 사유와 관련하여 우리가 의식하는 사유의 속성을 '독단적 이미지'라고 표현한다.[8] 들뢰즈는 사유의 이미지가 공준(公準)[9]의 요소를 포함하고 있다고 보고, 이 공준을 비판한다. 우리가 사유한다고 생각할 때, 이 공준에 해당하는 것을 전제한다는 것이다. 따라서 들뢰즈가 말하는 사유는 이들 공준이 전제되지 않은 사유이다. 이 공준이 전제되지 않은 사유를 위해서는 이 공준들을 이해할 필요가 있다.

철학에서의 공준은 철학자가 일반인들에게 동의를 요구하는 어떤 명제들이 아니다. 그것은 오히려 거꾸로 명제들에 암묵적으로 담겨 있는 어떤 주제(테마)들이고, 이 주제들은 어떤 선(先)-철학적인 방식을 통해 이해되고 있다. (김상환 역, 2014: 294)

전통적인 사유의 첫째 공준은 '사유 주체의 선한 의지와 사유의 올바른 본성'이다(김상환 역, 2014: 293). 사유는 의지와 본성에서 참에

---

문제로 철학적 사유의 공준 문제를 다루고 있다. 이 장에 제시된 사유의 공준은 ① 보편적 본성의 사유라는 원리, ② 공통감의 이상, ③ 재인의 모델, ④ 재현의 요소, ⑤ 부정적인 것으로서의 오류, ⑥ 지칭의 특권, ⑦ 행의 양상들, ⑧ 결과로써의 앎이다.

7) '사유 이미지는 변화가 심하며, 역사상으로도 많이 변화하지 않았나 생각됩니다.' 그러나 수많은 철학자들이 개념적 반성을 통해 이미지를 훼손하고 전복하려고 해도 그 기저에 암묵적인 상태로 계속 군건하게 버티고 서 있는 어떤 지배적인 사유의 이미지 일반이 존재한다. 이것이 바로 철학사를 지배해 온 전통 철학의 독단적 이미지다. '미리 생각된 결정'으로서의 사유의 독단적 이미지는 우리의 사유가 일정한 한계를 너머로 가지 못하도록 그어 놓은 안전선, 혹은 우리의 사유를 하나의 방향으로 안내하는 부표와도 같은 역할을 한다(류종우-, 2014: 265).

8) 이런 사유의 이미지를 우리는 독단적 혹은 교조적 이미지, 도덕적 이미지라 부를 수 있다 (김상환 역, 2014: 294~295).

9) 공리(公理)처럼 자명하지는 않으나 증명이 불가능한 명제로서, 학문적 또는 실천적 원리로서 인정되는 것(『표준국어대사전』).

대한 자질을 지니고 있고, 참을 지향한다는 것이다. 즉 사유는 참과 친근하고 형상적으로 참을 소유하며 질료상으로는 참을 원한다는 것이다. 들뢰즈는 이런 사유의 이미지를 도덕적 이미지에 의존하고 있다고 비판한다(김상환 역, 2014: 295). 즉, 사유는 이 이미지와 이미지가 함축하는 '공준들'에 대한 어떤 과격한 비판으로부터 출발해야 한다는 것이다.

> 철학이 자신의 차이나 참된 시작을 발견하는 장소는 선-철학적 이미지와 합의하는 것이 아니라 그 이미지에 대항하여 치열한 싸움을 벌이는 곳일 것이고, 이런 싸움은 비-철학이라는 비난도 듣게 된다. 이를 통해 철학은 어떤 이미지 없는 사유 안에서 자신의 본래적인 반복을 찾게 될 것이다. 물론 여기서 치러야 할 대가는 크다. 가령 엄청난 파괴와 도덕적 퇴폐들이 따를 것이다. (김상환 역, 2014: 295~296)

둘째는 공통감(sens commun)이다. 공통감은 누구나 가지고 있는 인식의 일치를 의미한다. 이 말은 가다머가 말하는 '공통감각'과 닮아있다. 가다머는 비코의 말을 빌어 공통감각은 '인간이면 누구에게나 있는 일반적인 능력일뿐 아니라, 동시에 공동성을 만들어 내는 감각이다. 인간의 의지에 방향을 제시해 주는 것은 이성의 추상적인 보편성이 아니라, 한 집단, 한 민족, 한 국가 또는 인류 전체의 공동성을 나타내는 구체적인 보편성이다'이라고 말한다(이길우 외 역, 2014: 56). 이를 들뢰즈는 "능력들의 선험적(a priori) 일치, 혹은 더 분명하게는 그런 일치의 결과"(류종우, 2014: 267)가 공통감이라고 말한다. 공통감은 개개인들이 대상을 인식할 때 통일감으로 이루어지고, 각기 다른 것으로 인식해서는 안 된다는 것이다. 이것은 대상의 동일성과 관련되는 것으로 이는 인식 주체도 자기 동일성을 유지해야 하는 것과 관련된다. 류종우(2014: 267)에 따르면 대상의 동일성 형식과 주체의 동일성 및 인식능력의 일치는 공통감을 보증하는 상보적 관계를 이룬다. 들뢰즈는 이런 공통감에서 벗어나기 위해서는 초월적 실행을 강조한다.10)

셋째는 재인(récognition)이다. 재인은 대상을 보고 그것이 무엇인지를 알아채는 것이다. 책상, 사과, 밀랍 조각을 보고 알아보는 것이다. 재인은 주어진 것이 무엇인지를 확인하는 것으로 특정한 의미를 생성해내지는 못한다. 재인은 새로운 사유를 발생시키지 못하고, 한 사회나 시대에 통용되는 가치를 재인식하는 데 멈춘다. 재인은 공통감을 확인해줄 뿐 새로운 사유를 이끌지 못한다. 텍스트를 읽고 그 내용을 재인하거나 텍스트의 해석 의미나 주제를 재인하는 것도 이에 포함된다.

넷째는 재현(représentation)이다. 재현은 우리의 마음속에 대상을 떠올리는 표상과 같은 의미이다. 표상은 "서로 차이를 지니는 잡다한 나타난 것들을 다시 거머쥐어서 '동일한 하나'의 지평에 귀속시키는 것으로 나타나게 하는 활동"(서동욱, 2003: 10)이다. 잡다한 것들을 인식하지만 동일한 하나의 지평으로 받아들임으로써 차이 나는 것을 차이 그 자체로 인식하지 못하는 것이다. 잡다한 것들의 차이를 동일성에 종속된 차이로 받아들이는 것이다(류종우, 2014: 268) 들뢰즈는 이 재현은 '개념 안의 동일성, 개념의 규정 안이 있는 대립, 판단 안의 유비, 대상 안의 유사성' 등의 요소에 의해 설명된다고 말한다(김상환

---

10) 인식능력의 초월적 형식은 그것의 탈구(脫臼)적 실행, 다시 말해서 우월한 실행이나 초월적 실행과 구별되지 않는다. 초월적이라는 것은 결코 인식능력 밖의 어떤 대상들과 관계한다는 것을 의미하지 않는다. 그것은 오히려 인식능력이 세계 안에서 오로지 자신과만 배타적으로 관련되고 또 자신을 이 세계에 낳아주는 어떤 것을 파악한다는 것을 의미한다 (김상환 역, 2014: 318).

역, 2014: 307). 우리는 재현을 통하여 "동일성을 띤 것, 유사한 것, 유비적인 것, 대립하는 것 등만이 차이를 지니는 것으로 생각할 수 있다. 그렇기에 재현의 세계는 차이 그 차제를 사유하는 데는 물론이고 또한 반복을 그 대자적 측면에서 있는 그대로 사유하는 데 무능력하다는 특징을 지닌다"(김상환 역, 2014: 307).

다섯째는 오류이다. 오류는 앞에서 살핀 공준들을 벗어날 경우, 부정적인 것으로 인식됨을 의미한다. "이 공준이 다른 공준에 의존하는 것처럼 다른 공준도 이 공준에 의존하고 있다. 사유의 선한 본성은 물론 사유 주체의 선한 의지를 가정하는 어떤 보편적 본성의 사유에서 일어날 수 있는 일을 실수하는 것, 다시 말하여 거짓된 것을 참된 것으로 믿는 일(본성상 거짓인 것을 의지에 따라 참으로 간주하는 것)"(김상환 역, 2014: 329)이 오류이다. 오류는 이 사유 주체의 선한 의지와 사유의 올바른 본성뿐 아니라 공통감, 재인, 재현에도 마찬가지로 적용된다. 이 사유의 독단적 이미지와 관련하여 주목할 만한 점은, 그것이 단지 오류만을 사유의 재난으로 인정할 따름이고, 모든 재난[11]을 오류의 형태로 환원한다는 데 있다(김상환 역, 2014: 329). 들뢰즈는 '오류는 그 스스로 어떤 형상도 지니지 않으면서도 거짓에 참의 형상을 부여하는 것이고, 그런 한에서 진리에 충성을 서약하고 있다'고 말한다(김상환 역, 2014: 329). 오류는 특정적 사실들과 다른 것을 수용하는 잡종적 특성을 띤다. 다른 사유를 오류로 여기기보다는 다름에 대한 새로운 인식이 필요하다.[12]

---

11) 독단적 이미지는 사유에는 오류 이외의 다른 재난들, 훨씬 이겨내기 어려운 어떤 치욕들, 유달리 개봉하기 어려운 어떤 부정적인 것들이 있음을 모르지 않는다. 게다가 독단적 이미지는 광기, 어리석음, 짖굳음—같음으로 환원되지 않는 무시무시한 삼위일체—이 오류로 환원되지 않음을 모르지 않는다(김상환 역, 2014: 331).

여섯째는 지칭이다. 지칭의 개념은 참과 거짓과 관련 말이다. 들뢰즈는 하나의 명제는 두 차원이 있는데 첫째가 표현 차원이고, 둘째가 지칭 차원이다. 표현 차원은 의미와 관련되고, 지칭 차원은 참·거짓과 관련된다(김상환 역, 2014: 339). 류종우(2014: 269)에 따르면, 명제는 표현 차원에서 재현 이전의 차이 자체의 차원을 드러낸다. 그것은 참이나 거짓으로 환원될 수 없는 무의미에서 역설적으로 모든 의미를 생성한다. 이를 들뢰즈는 '의미는 명제에 의해 표현된 것이다.'라고 말한다(김상환 역, 2014: 342). 예를 들어 친구가 "춥지 않니?"라고 한 말의 의미는 '나는 춥다'라는 의미일 수도 있지만 '문 닫아' 또는 '무슨 말을 그렇게 썰렁하게 하니?' 등의 의미도 될 수 있다. 반면, 지칭 차원은 명제의 표현 차원에 의존하며 재현 차원에서 참과 거짓을 판단한다. 지칭 차원은 명제 표현에서 개념의 일치를 확인하여 참과 거짓을 판단한다. 개념과 대상은 재현의 관계로 개념이 대상에 부합하면 그 명제는 참이고, 그렇지 않으면 거짓이다. 개념이 재현될 때 대상들과 관계하는 방식을 의미와 구별하여 '의미작용(signification)'이라 한다.[13] 명제는

---

12) 오류가 어떤 의미를 지니는 것은 사유의 유희가 사변적이기를 그치고 일종의 라디오 퀴즈가 될 때뿐이다. 그러므로 모든 것을 뒤집어 놓아야 한다. 즉 오류는 초월론적 차원으로 임으로 확대 적용되고, 투사된 어떤 사실이다. 사유의 참된 초월론적 구조들과 이 구조들을 감싸는 '부정적인 것'에 대해 말하자면, 이것들은 아마 다른 곳에서, 오류의 형태들과는 다른 형태들 안에서 찾아야 할 것이다(김상환 역, 2014: 333).

13) 우리는 다음과 같은 방식으로 의미(sens)와 의미작용(signification)을 구별하기까지 해야 한다. 먼저 의미작용을 가리키는 것은 개념이자 이 개념이 재현의 장(場) 속에서 조건화되어 있는 어떤 대상들과 관계하는 방식이다. 반면, 의미는 재현 이하의 규정들 안에서 개봉되는 이념과 같다. 의미가 무엇인지를 말하는 것보다 무엇이 아닌지를 말하는 것이 훨씬 쉽다는 것은 그리 놀라운 일이 아니다. 사실 우리는 결코 하나의 명제와 그 명제의 의미를 동시에 정식화할 수 없으며, 우리는 결코 우리가 말하는 것의 의미를 말할 수 없다. 이런 관점에서 보면, 의미는 진정 말해야 할 것(loquendum)이고, 경험적 사용 안에서 말해질 수 없는 것, 단지 초월적 사용 안에서만 말해질 수 있는 것이다. 모든 인식 능력을 주파하는 이념은 의미로 환원되지 않는다(김상환 역, 2014: 42~343).

같은 지시 항에 대하여 단순히 하나의 의미작용을 가진다.

일곱째는 해(解)이다. 해는 해답의 풀이다. 사유의 활동은 해를 찾기 위해 시작되고, 해를 위해서 존재한다고 할 수 있다. 들뢰즈에 따르면(김상환 역, 2014: 350), 우리의 과제는 문제를 해결하는 데 있으며, 이런 과제의 결과는 어떤 강력한 권위에 의해 참이나 거짓으로 평가된다. 이는 하나의 선입견에서 비롯된 믿음으로 이런 의도는 우리를 어린아이로 묶어두려는 의도가 내재되어 있다. 그래서 '참으로 위대한 문제들은 해결되는 순간에만 정립된다'거나 '인간은 오로지 자신이 해결할 수 있는 문제만을 제기한다'는 말이 회자된다. 진정한 참된 문제나 의미는 어떤 근원적 진리가 자리하는 지점인 동시에 어떤 진리가 발생되는 곳이기도 하다.

여덟째는 앎이다. 앎은 개념의 일반성을 지칭하거나 해의 규칙들을 소유하고 있는 평온한 상태를 지칭한다(김상환 역, 2014: 362). 앎이란 어떤 결과이며 또한 결과로서 나타난 우리의 경험적이고 재현적인 사유 그 자체이다. 들뢰즈는 앎을 원숭이가 상이한 색깔의 상자 속의 바나나를 찾아 먹을 때 오류 횟수를 줄여 바나나를 찾는 것에 비유한다. 그리고 이 앎과 대비하여 배움을 제시한다. 배움은 문제(이념)의 객체성과 마주하여 일어나는 주관적 활동이라고 말한다(김상환 역, 2014: 362).

기호에서 비롯된 사유는 이들 사유의 이미지 공준에서 벗어남을 지향한다. 특정한 공준이나 전제에 구속되거나 제한되지 않는 진리를 찾는 사유를 추구한다. 이는 기호가 감싸서 감추고 있는 본질을 밝혀 드러냄으로써 배움을 실행하는 사유이다. 이 사유는 선하고 올바른 본성이나 공통감에 갇혀 재인하고 재현하는 것이 아니라 차이를 생성하고, 차이 그 자체를 밝혀 드러내는 것이다. 차이 그 자체를 밝히는 사유를 실행함으로써 주체는 기호에서 배움을 실행하게 된다.

## 다. 배움

사유는 배움을 위한 수단이다. 이 사유는 기호에서 비롯된다. 기호는 존재 대상들에서 방출된다. 우리가 존재 대상들과 마주할 때 존재들의 기호를 만난다. 존재들은 늘 기호를 방출하고 있지만 우리가 만나는 기호는 임의적이고 우연적이다. 우리가 존재 대상에서 바로 감지한 기호는 제한적이지만 기호가 쏟아내는 본질 내용은 우리가 한정할 수 없다. 우리가 감지한 기호는 그 본질 내용을 모두 보여주지도 않는다. 그렇기에 기호는 우리에게 알려지지 않은 본질을 감싸고 있다. 우리는 감지했지만 분명하지 않음과 알 수 없는 부족함에 감성은 상처받고, 지성의 강제적 개입을 요구받게 된다. 기호가 우리에게 폭력을 행사하는 것이다. 우리는 기호의 폭력을 벗어날 수 없으며, 폭력에 의한 사유 활동은 배움을 낳는다.

기호에 의한 사유의 활동은 기호와의 마주침에서 일어난다. 기호의 마주침은 감성을 자극하고 지성을 끌어들이는 폭력이 있어야 한다. 지성이 강제와 폭압에 의하여 사유가 진행될 때 배움이 일어난다. 기호와의 마주침에서 사유가 올바른 본성의 추구로부터 공통감으로 수렴되거나 재인 또는 재현으로 이루어질 때는 폭력이 개입되지 않는다.[14] 기호가 사유에 폭력을 가할 때는 익숙하지 않음, 낯섦, 불편이 있을 때이다. 기호의 감지로 감성이 불편함을 느낄 때 지성의 사유를

---

14) 사유의 독단적 이미지 안에서 감성은 단지 다른 모든 인식 능력들에 의해서 파악될 수 있는 것만을 알아볼 뿐이다. 그런 의미에서 재인식하기란 '마주침'의 반대이다(류종우, 2014: 275 재인용).

강제하는 폭력이 작용한다. 들뢰즈는 이를 '부조화의 조화'라고 말한다.15) 부조화의 조화를 통하여, 즉 사유의 활동을 통하여 배움이 실현된다.

들뢰즈는 기호를 통한 배움을 세 가지 형태로 설명한다. 객관주의, 주관주의, 본질주의이다. 객관주의는 존재 대상이 방출한 기호를 우리가 인식하였을 때, 우리의 사유가 대상을 향하는 경우이다. "기호를 방출하는 〈대상〉 자체가 [방출된] 기호의 비밀을 가지고 있다고들 생각한다. 그래서 우리는 대상 쪽에 관심을 두게 되고, [대상에서 방출된] 기호를 해독하기 위해서 다시 대상으로 돌아간다."(서동욱·이충민 역, 2009: 54) 들뢰즈에 따르면, 이를 가능하게 하는 것은 대상에 대한 인상이 두 가지 측면을 가지고 있기 때문이다. 대상에 대한 우리의 인상이 절반은 대상에, 나머지 절반은 우리 자신 속에 걸쳐 있다. 다시 말하면 기호는 대상을 〈지칭하기도 하며〉 또 대상과 다른 어떤 것을 〈의미하기도 한다〉. 대상의 지칭은 당장 실제적이고 분명한 즐거움이 있지만 기호가 전달하려는 중요한 것은 얻지 못한다.

이런 대상의 길로 빠져버리면 이미 〈진실〉의 측면은 희생되어 버리는 것이다. 우리는 사물들을 재인식(再認識, reconnaître)하기는 한다. 그러나 결코 그것들을 인식(connaître)하지는 못한다. 우리는 기호가 의미하는 것

---

15) 균열된 나의 가장자리들을 스쳐 가고 또 분열된 자아의 조각들을 이리저리 스쳐 가는 것은 어떤 강요되고 깨져버린 연쇄이다. 인식능력들의 초월적 사용은 정확히 말해서 역설적 사용이고, 이 역설적 사용은 어떤 공통감의 규칙 아래에서 이루어지는 인식능력들의 실행과 대립한다. 또한 인식 능력들 간의 조화는 단지 '부조화의 조화'로서만 산출될 수 있다. 왜냐하면 각각의 인식능력은 다른 인식능력으로 전달하거나 소통시키는 것은 오로지 폭력밖에 없기 때문이고, 이런 폭력을 마주할 때 각각의 인식능력은 여타의 인식능력들에 대해 차이를 드러내는 동시에 그 모든 인식 능력들과 발산의 관계에 놓이게 되기 때문이다(김상환 역, 2014: 324).

을 기호가 지칭하는 존재나 대상과 혼동한다. 우리는 가장 아름다운 마주침들을 그냥 지나쳐 버리게 된다. 우리는 마주침들이 우리에게 내리는 명령을 피해 버린다. 다시 말해 이 마주침을 더 깊이 파고들기보다는 수월한 재인식을 더 좋아한다. 그리고 어떤 기호가 내뿜는 찬란함인, 어떤 인상이 주는 즐거움을 체험할 때, 우리는 겨우 〈제기랄, 제기랄〉 혹은 〈브라보, 브라보〉라고 밖에는 달리 어떻게 말해야 될지 알지 못하는데, 이런 표현들은 [기호가 가진 본질이 아니라 한낱] 대상에 대해 우리가 경의를 가지고 있음을 보여준다. (서동욱·이충민 역, 2009: 55)

객관주의는 우리에게 충분한 배움을 제공하지 못한다. 기호 속에 감싸여 있는 심오한 의미를 알아챌 수 있게 하지 못하기 때문이다. 객관적 진리는 발견되는 한에서만 소통되고, 받아들여질 수 있는 한에서만 발견된다. 이 진리는 〈기능적〉 가치 외에는 다른 가치를 지니지 못한다(서동욱·이충민 역, 2009: 59). 대상이 우리가 기대했던 비밀을 주지 않을 때 우리는 실망하게 된다(서동욱·이충민 역, 2009: 64). 그렇다면 우리는 배움이 없는 실망에서 어떻게 벗어날 수 있을까? 주관주의는 이에 대한 대안이 되는가?

주관주의는 기호를 마주한 주체가 대상을 향하는 것이 아니라 자신의 의식을 향하는 것이다. 자기의 기억이나 감정, 지식, 기대 등으로 기호를 해석하는 것이다. 들뢰즈는 이를 '관념 연상 작용'이라고 한다(서동욱·이충민 역, 2009: 64). 관념 연상 작용은 기호에 대하여 개인적으로 민감해지도록 한다. 관념 연상 작용은 대상을 향하는 객관주의보다는 관련 내용을 풍부히 제공한다. 또한 배움의 선상에서 다양한 순간들에 유사한 경험을 할 수 있게 한다. 그래서 객관주의가 대상을 향하던 의식이 갖는 실망에 보상을 주는 것으로 느끼게 된다. 그러나 기호들을 개인에게 관련시킴으로 인해 그 기호들을 향유할 줄도 모르고 해석할 줄도 모르게 된다. 주관주의는 꼬리에 꼬리를 무는 연상 작용으로 사유의 속성을 띠지만 스스로의 의식 속에 갇히게 된다. 아마도 우리는 그 기호들의 의미를 다른 곳에서 찾아야 할 것이다.

본질주의는 객관과 주관 이외에의 것을 지향한다. 본질은 대상에도 주체에도 속하지 않는다. 이는 하이데거의 '존재'의 개념과 닮아있다. 존재는 현존재에게 고유하고 각별한 것이면서 존재자에게 함께 속해 있다. 존재는 현존재가 존재자와의 각별한 의식적 관계 맺음에서 드러난다. 하이데거는 이 존재가 현존재와 존재자에게 공속되어 있다고 말한다. 들뢰즈의 본질은 하이데거의 존재와 유사하면서도 다르다. 들뢰즈는 현존재와 존재자 사이에 기호를 삽입하고, 기호가 품고 있는 것이 본질이라고 하고 있다. 하이데거의 존재는 들뢰즈의 기호와 본질을 합쳐놓은 것이다. 들뢰즈의 배움은 기호 속에 들어 있는 본질을 찾는 것이라 할 수 있다.

> 지칭된 대상을 넘어서서, 정식화된 명료한 진실을 넘어서서, 그리고 유사성이나 인접성의 의한 소생(résurrection, 다시 의식 속에 떠오름)과 주관적 연상의 사슬 또한 넘어서서 본질들이 있다. 이것은 논리의 범위를 벗어나거나 논리를 초월하는 본질들이다. 이 본질들은 대상의 속성을 넘어서 있는 만큼이나 주관성의 상태 역시 넘어서 있다. 기호와 의미의 진정한 통일을 구성하는 것은 바로 본질이다. 그리고 기호는 자신을 방출하는 대상으로 환원되지 않는 한에서 본질은 기호를 구성한다. 또한 의미를 파악하는 주체에게로 의미가 환원되지 않는 한에서 본질은 의미를 구성한다. (서동욱·이충민 역, 2009: 68; *( )는 필자)

본질주의의 본질은 예술 작품을 통해 드러나는 예술적 기호와 같다. 예술적 기호가 드러내 보이는 것은 비물질적인 것으로 "주체의 중심에 있는 어떤 최종적인 성질의 현존으로 주체에 내재하는 어떤 것이다. 본질은 내재적인 차이, 「세계가 우리에게 나타나는 방식 속에 들어 있는 '질적인 차이(différence qualitative)', 예술이 없었더라면 영원히 각자의 비밀로 남게 되었을 차이」이다"(서동욱·이충민 역, 2009: 72). 그것을 하나의 차이, 궁극적인 차이이고, 절대적인 차이이다. 존재를 구성하고, 우리가 그 존재에 대하여 사유하고, 이해할 수 있도록 해주는 바로 그 차이이다(서동욱·이충민 역, 2009: 72). 그 차이는 우리에게 새로운 세계를 열어 배움이 일어나게 한다.

> 프레드는 한 〈배역〉이며, 라베르마(배우)는 그 배역과 일체가 된다. 그 배역이 여전히 어떤 대상이라거나 주관적인 어떤 것이라는 의미에서가 아니다. 반대로 그 배역은 하나의 세계이며 본질들이 서식하는 정신적 환경이다. 기호들을 지니고 있는 라베르마는 [배역을 수행하면서] 이 기호들이 아주 비물적인 것이 되게 한다. 그리하여 기호들은 [배역 속에 서식하는] 본질들을 향해 완전히 열리고, 그 본질들을 채워나간다. 그리하여 평범한 배역을 맡았을 때에도 여전히 라베르마의 몸짓은 우리에게 가능한 본질들을 열어준다. (서동욱·이충민 역, 2009: 68)

윗글에서 보면, 들뢰즈는 연극의 예를 들어 본질을 설명한다. 배우가 주어진 배역에 충실하게 연기를 진행할 때 본질이 드러난다. 배움은 배우가 배역에 충실한 연기를 하는 것과 같다. 기호가 드러내는 본질에 몸과 마음이 혼연일체를 이룰 때 배움이 실현된다. 배움은 앎이 아니라 기호와 소통하면서 본질 찾기 또는 진리 찾기를 실행하는 일이다.

## 3. 기호와 배움 읽기

들뢰즈의 기호는 사유를 통한 배움을 설명한다. 기호는 존재들이 방출하는 것이고, 주체는 이 기호가 감싸고 있고 품고 있는 본질 또는 진리를 찾아내야 한다. 이는 주체가 존재와 관계를 맺는 방식이고, 배움을 이루는 것이다. 읽기에서 존재 대상은 텍스트이고 주체는 독자이다. 텍스트는 무한한 기호를 방출하고, 독자는 그 기호로부터 본질이나 진리를 찾아 배움을 이루어야 한다. 들뢰즈의 기호론의 관점에서 독자가 텍스트로부터 배움을 이루는 논리를 탐구해 본다.

### 가. 마주침

독자가 텍스트를 읽을 때, 감성으로 감각하는 것은 기호이다. 독자는 텍스트 내용이 전달하고 있는 그 무엇인가를 감지하다. 독자가 텍스트가 전달하는 것을 오감으로 감각하여 감성으로 느낀다. 그러면서 그 느낌을 단지 느끼는 것으로 만족하지 않는다. 그 느낌이 무엇인지를 확인하고 싶어진다. 들뢰즈는 느껴서 확인하고 싶어지는 것을 마주침이라 한다. 이 마주침은 존재 대상이 뿜어내는 기호를 만나는 것을 가리킨다.

【나】밤 사이 내린 눈이/ 몽실몽실/ 강가의 돌멩이를/ 덮고 있었다./ 어두운 밤이었을 텐데/ 어느 돌멩이도 똑같이/ 나누어 덮고 있었다.//

해가 뜨는 쪽의 것도/ 해가 지는 쪽의 것도/ 넓은 돌멩이 넓은 만큼/ 좁은 돌멩이 좁은 만큼/ 어울려 머리에 인 채/ 파도를 이루고 있었다.//돌멩이들이 나직이/ 숨을 쉬고 있었다.

(임길택, 〈눈 온 아침〉 전문)

글 (나)는 아침에 밤새 온 눈을 본 장면을 표현하고 있다. 독자는 이 장면을 마음속에 표상할 수 있다. 시골 마을 아침에 주변을 골고루 하얗게 덮고 있는 눈의 모습을 마음속에 그릴 수 있다. 그러면서 봉긋봉긋이 돌마다 솟아 쌓인 눈의 모습과 쌓인 눈 속에 생명의 기운이 있음을 감응한다. 이 시는 겨울 눈이 냉한해서 을씨년스러워 웅크리게 하는 냉혹함보다는 포근하고, 역동적이고, 생명감을 감응하게 한다. 이 감응은 눈에 대한 기존의 감성에 생채기를 낸다. 이것이 글 (가)가 뿜어내는 기호와의 마주침이다. 독자는 이 기호를 감지하면 그 기호가 감싸고 있는 것을 찾기 위해 지성으로 사유한다. 이 기호는 예술의 기호여서 독자가 새로운 세계를 가질 수 있게 이끈다. 독자는 시가 뿜어내는 눈의 기호를 마주쳐 새로운 배움을 실행하게 된다.

독자가 텍스트에서 배움을 실행할 수 있는 것은 기호와 마주침 때문이다. 독자의 텍스트 기호와 마주침에는 내재적인 속성이 있다. 마주침에는 우연적 속성과 폭력적 속성이 들어 있다. 마주침은 의도적이지 않았지만 일어나는 일이고, 내가 원하지 않았지만 그렇게 되었음을 함의한다. 적극적으로 말하면, 우연이라는 말은 계획적인 속성이 배제됨이고, 폭력적이라 함은 강제 또는 강요의 속성이 있음을 뜻한다. 더 적극적으로 말하면, 우연은 기존의 것을 따르지 않는 것이고, 익숙한 대로 하지 않는 것이며, 배운 것을 반복하지 않는 것이고, 남들과 다르게 하는 것이다. 폭력이라는 말은 상대방의 힘에 의해 정신적 심리적으로 압박받거나 물리적 강제력에 피해를 입는 것이다. 적극적으로 말하면, 상대가 원하는 것을 내가 해야만 하도록 만드는 것이다. 더 적극적으로 말하면, 스스로 자발적으로 하게 하도록 하는 것이다.

『들뢰즈와 교육』(김재춘·배지현, 2016)은 들뢰즈의 차이생성 논리로 교육을 하자는 내용을 담고 있다. 이 책은 저자들이 들뢰즈가 쓴 책들이 내뿜는 기호와의 마주침의 결과물이다. 이 책을 쓴 저자들은 『차이와 반복』 외의 들뢰즈가 쓴 여러 책을 읽고,

들뢰즈의 책들이 방출하는 기호와 마주쳤다. 저자들이 마주친 기호들은 저자들이 『차이와 반복』 등에 충실한 이해를 하도록 그냥 두지 않았다. 저자들은 교육학을 전공한 학자들로서 『차이와 반복』 등에서 마주친 기호들에 감응하고, 기호가 감싸고 있는 본질을 찾는 사유를 실행하였다. 이때 저자들은 『차이와 반복』 등을 철학적으로 읽던 기존 방식을 따라 하지 않았고, 철학 전공자들의 내용 이해를 반복하지 않았다. 즉 『차이와 반복』 등에 대하여 철학자들이 가르쳐 주는 대로 읽지 않았으며, 철학과에서 배우는 것과 같이 반복하지 않았다. 저자들은 철학을 공부하는 사람들이 읽는 것과 다르게 읽었다. 그 결과로 『들뢰즈와 교육』이라는 책을 쓰게 되었다.

『들뢰즈와 교육』의 저자들은 『차이와 반복』 등을 읽으면서 마주친 기호가 감싸고 있는 본질을 아무런 대가 없이 찾아낸 것이 아니다. 저자들은 기호들이 사유하도록 강요하는 폭력에 시달리고, 사유를 할 수밖에 없었다. 교육학을 전공하는 입장에서 배움을 본질을 품고

있는 텍스트가 뿜어내는 기호를 외면하는 것은 불가능하기 때문이다. 기호와 마주친 저자들은 기호의 폭력을 수용하고, 기호 속에서 본질을 찾아 나섰고, 저자들만의 본질을 찾을 수 있었다. 교육학의 입장에서 『차이와 반복』 또는 들로즈의 기호론이 뿜어내는 기호의 본질을 탐구한 것이다. 그 결과가 『들뢰즈와 교육』이다. 이 책의 내용은 저자들이 사유를 통하여 배움을 성취한 결과이며, 저자들의 배움론이 드러내는 차이 그 자체라 할 수 있다.

독자의 마주침은 텍스트 기호와의 관계를 발생시킨다. 들뢰즈의 기호론의 관점에서 보면 『차이와 반복』은 하나의 존재 대상이다. 존재 대상인 텍스트는 무한한 기호를 뿜어낸다. 독자는 이 기호와 마주침으로써 관계를 발생시킨다. 독자와 관계를 맺은 텍스트의 기호는 독자가 찾아낼 본질 또는 의미를 감싸고 있다. 독자가 기호와 어떤 관계를 이루느냐 따라 드러나는 본질 또는 의미는 달라진다. 예를 들어, 『들뢰즈와 교육』을 어떤 교과 전공자가 읽는가에 따라 마주치는 기호가 다르고, 그 기호가 드러내는 본질 또는 의미는 달라진다. 독자와 기호 간 관계의 발생으로, 그에 따른 사유가 일어나고 배움이 이루어진다. 각 독자는 텍스트가 뿜어내는 기호와 개별적으로 특이성을 지닌 관계를 이루고, 사유를 통하여 기호의 본질 또는 의미를 찾아 차이 그 자체의 속성을 지닌 배움을 이룬다.

## 나. 가능 세계

텍스트 기호와의 관계 발생으로 일어나는 독자의 텍스트 이해는 들뢰즈의 가능 세계와 관련된다. 들뢰즈의 가능 세계는 타자에 의하여 드러나는 세계이면서 예술의 기호가 열어주는 세계이다. 예술의

기호가 열어주는 세계는 주체가 여는 세계가 아니라 타자 또는 타인
이 여는 세계이다.16) 예술 작품이 뿜어내는 예술의 기호로 우리는
새로운 세계, 가능 세계, 타자가 열어주는 세계를 갖게 된다. 텍스트는
예술의 기호를 포함한다. 독자는 텍스트를 통하여 기호가 열어주는
세계를 갖기 때문이다. 독자는 텍스트가 품어내는 예술의 기호를 해
독하여 배움을 이룬다.

예술 작품을 통해 드러나는 그 본질이란 무엇인가? 그것은 하나의 차이,
궁극적이고 절대적인 차이(Différence)이다. 존재를 구성하고 우리가 그
존재에 대해 사유하고, 이해할 수 있도록 해주는 것이 바로 차이다. (서동
욱·이충민 역, 2009: 72)

모든 주체는 각각 어떤 하나의 관점에서 세계를 표현한다. 하지만 관점
이란 차이 자체, 절대적인 내재적 차이이다. 그러므로 각각의 주체는 절대
적으로 다른 [각각의] 세계를 표현한다. 그리고 표현된 세계는 확실히 그것
을 표현한 주체 바깥에 존재하지 않는다. 그러나 [주체에 의해] 표현된
세계는 주체와 뒤섞이지 않는다. 다시 말해, 자기 자신의 현존까지도 포함
하여 [모든] 현존과 분명하게 구별되듯이 [주체에 의해 표현된] 세계는
주체로부터 구별된다. 그러나 세계는 주체 자체의 본질로서가 아니라 존
재의 본질로서 또는 주체에게 드러나는 영역으로서의 존재의 본질로서
표현된다. (서동욱·이충민 역, 2009: 74)

---

16) "주체가 본질을 표현하는 것이 아니다. 오히려 본질이 주체 속에 감싸이고 함축되며 [주체
    로 둘둘] 휘감겨진다. 게다가 자기가 휘감겨지게 함으로써 주체성을 구성하는 것도 본질
    이다. 개별자들이 세계를 구성하는 게 아니라 [그 개별자들 속에] 감싸여져 있는 세계들,
    바로 본질들이 개별자들을 구성한다. 우리가 개별자들이라고 부르는 이 [하나 하나의]
    세계들은 예술 없이는 결코 인식될 수 없는 것이다."(서동욱·이충민 역, 2009: 74~75)

예술의 기호는 타자의 세계와 연결되어 있고, 타자의 세계는 가능 세계이다. 예술은 각기 다른 세계, 즉 차이의 세계를 표현한다. 주체와 구분되는 세계는 인식의 세계이고, 가능 세계이다. 이 가능 세계는 공가능성(共可能性, compossibilité)[17]에서 비롯된다. 공가능성은 표현된 세계들이 특이성에 의존한 계열들에 의존하여 수렴될 때 발생한다. 이 공가능성으로 인하여 서로 다른 세계들이 함께할 수 있다. 주체는 타자가 제시하는 새로운 세계를 특이성의 계열에 의존하여 가능 세계로 받아들인다. 예술의 기호는 타자가 제시한 세계를 보여주고 주체는 공가능성으로 가능 세계를 자신의 세계로 인식한다.

> 타인의 첫 번째 효과는 내가 지각하는 각각의 대상과 생각하는 각각의 관념 주위에서 여분의 세계, 연결 장치, 바탕을 조직한다는 점이다. 이 조직화로부터 일정한 이행 원리에 따라 다른 관념들과 대상들이 나온다. (이정우 역, 2000: 479)

> 대상에서 내가 보지 못한 부분, 그 부분을 동시에 나는 타인이 볼 수 있는 부분으로 정립한다. 내가 대상의 숨겨진 쪽을 보기 위해 돌아가면, 나는 대상 뒤에서 타인을 만나게 되고, 타인의 봄과 나의 봄이 합쳐질 때 대상의 총체적 봄이 달성될 것이다. 그리고 내가 볼 수 없는 내 등 뒤의 대상들은 타인이 [그들이] 볼 수 있음으로 해서 하나의 세계를 형성하며, 나는 그들을 감지할 수 있다. (이정우 역, 2000: 479)

---

17) 표현된 세계는 변별적 관계들 및 이접한 특이성들로 이루어진다. 그것은 정확히 각 특이성에 의존하여 계열들이 다른 특이성들에 의존하여 계열들에 수렴하는 한에서 하나의 세계를 형성한다. 세계의 한 종합 규칙으로서 공가능성(共可能性, compossibilité)을 정의하는 것은 바로 이 수렴이다(이정우 역, 2000: 207~208).

가능 세계는 배움의 세계이다. 배움의 세계는 타인에 의하여 이루어진다. 내가 보지 못한 부분, 내가 생각하지 못한 대상, 내가 알 수 없었던 세계를 알려준다. 텍스트는 독자의 타인이고 타자이다. 텍스트는 독자의 관념 주위에 여분의 세계와 연결 장치, 바탕을 조직해 준다. 또한 독자가 볼 수 없고, 알 수 없던 것을 보고, 알 수 있게 하고, 부분적인 봄을 총체적 봄이 되게 해 준다. 독자는 텍스트를 통하여 가능 세계를 열어갈 수 있다.

연리지(連理枝)는 애초에는 서로 다른 나무였으나 몸체의 어느 부분이 합체되어 하나의 나무가 된 것이다. 마찬가지 현상이 스승과 제자 사이에도 생겨난다. 제자는 스승에게 연리하여 학시습(學時習)하는 가운데 스승이 회화를 통하여 전하는 바를 자신의 존재 속으로 흡수하여 받아들이다. 스승이 전해주는 것을 자기 것으로 소화하여 그것으로 자기 자신을 만들어 나가는 것이다. 처음에는 스승의 세계를 이해하지 못하던 제자가 이제는 스승과 유사하거나 동일하게 사고하고 느끼며 행동하는 존재로 거듭난다. 제자는 스승의 분신과도 같은 존재가 된 것이다. 물론 분신인 제자는 스승과 완전히 같은 존재는 아니다. 제자 속에는 스승이 들어 있다. 그렇기에 스승은 '자기의 제자가 바로 스승인 나'라고 말할 수 있게 된다. 스승은 자신이 전해 준 길을 따라 걷는 제자의 모습 속에 살아 숨쉬며, 그 제자가 다시 자신의 제자를 가르치는 교육적 전승의 여정 속에서 영원히 살게 된다. 제자는 스승에게 연리하여 새로운 삶을 사는 존재로 거듭난다면, 스승은 제자와의 연리를 통하여 교육적인 영생에 해당하는 것을 얻는다. 그렇지만 제자는 스승이 마음대로 좌지우지할 수 있는 소유물이 아니라는 점에서 스승과 다른 존재자이며 낯선 사람이다. (엄태동, 2016: 309~312. 필자 부분 편집)

윗글은『하이데거와 교육』(엄태동, 2016)에서는 스승과 제자와의 관계를 설명하는 내용이다.『하이데거와 교육』에서 이 내용을 읽는 독자는 스승과 제자의 관계에 대한 기호와 마주친다. 그러면서 저자인 타자가 열어주는 스승과 제자의 관계 본질을 탐색한다. 스승과 제자가 연리지와 같이 각자 다른 존재자이면서 서로 연결되어 있음을 이해한다. 스승과 제자가 연리하여 사고하고 느끼고 행동함으로써 서로에게 속하면서도 다른 존재임을 생각하게 된다.『하이데거와 교육』의 저자가 연리지를 예로 들어 스승과 제자 관계의 세계를 인식할 수 있게 한 것이다. 통속적으로 연리지는 이성 간의 깊은 사랑의 상징으로 통용된다. 그런데『하이데거와 교육』의 저자는 이를 스승과 제자의 관계로 인식할 수 있게 해 준다. 연리지에 비유된 스승과 제자 관계에 대한 인식은『하이데거와 교육』을 읽는 독자에게 타자가 보여주는 새로운 세계, 가능 세계로 드러난다. 독자는 타자가 알려주고 열어주는 가능 세계가 갖게 된다. 가능 세계는 타자로 인하여 독자가 얻게 되는 배움의 세계이다. 독자가 읽는 텍스트는 이 가능 세계를 담고 있고, 독자는 이 가능 세계를 얻기 위하여 텍스트를 읽는다.

## 다. 차이 그 자체

독자는 텍스트를 읽을 때, 텍스트가 뿜어내는 기호와 마주친다. 독자는 그 기호와의 마주침으로써 사유하고 가능 세계를 만나고 배움을 얻는다. 독자가 감응하고 사유하며 읽는 텍스트는 기호와의 마주침이 있는 텍스트이다. 기호와의 마주침이 있는 텍스트를 읽는 독자는 가능 세계를 인식하고 배움을 이룰 수 있다. 텍스트의 기호로 타자가 독자에게 열어주는 가능 세계는 차이를 인식하는 배움의 세계이기 때문이다.

차이를 인식하는 세계는 '-임'이 아니라 '-됨'의 세계이다. 우리가 숲속의 어떤 나무를 '소나무'라고 규정하는 것은 '-임'의 세계이다. '-임'은 누구나 알고 있는 세계이고, 누구나 그렇게 알아가는 세계이다. '-임'에는 동일성이 중요한 요인으로 작용한다. 동일성을 바탕으로 인식하는 세계이다. 동일성은 무한히 반복될 수 있지만 변화는 일어나지 않는다. 숲속의 그 나무는 언제나 그 소나무이고, 비슷한 나무는 반복해서 언제나 소나무이다.

'-됨'의 인식 세계는 차이를 드러내는 세계이다. 그냥 소나무가 아니라 키가 큰 소나무이고, 줄기가 굵은 소나무이며, 옹이가 많은 소나무이고, 대들보가 될 소나무이다. '-됨'은 각각의 세계이고, 차이의 세계이다. '-됨'은 어떤 특정한 것으로 일의성을 드러내는 것이다. 일의성은 다의성과 대비되는 것으로 여러 가지 속성을 가지는 것이 아니라 하나의 속성으로 드러나는 것이다. 일의성은 내재적인 차이화로 차이생성을 한다는 점에서 고유함을 의미한다. '-됨'은 한 자리에 머물거나 같음을 반복하는 것이 아니라 이동하고 다름을 반복한다. 이는 리좀이고 유목이다.

다시 말해 본질이란 본래 차이이다. 그러나 또한 본질에게 반복함으로써 자기 자신에게 동일해지는 능력이 없다면, 본질은 다양하게 만드는 능력, 다양해질 능력도 없을 것이다. 본질이 대체할 수 없는 것이고, 또 아무것도 그것에 대체될 수 없는 이상, [본질을] 반복하지 않는다면, 궁극적인 차이인 본질을 가지고 무엇을 만들 수 있을 것인가? 위대한 음악은 오로지 반복되는 연주를 통해서만 존재할 수 있고, 시를 외워서 암송할 수밖에 없는 것은 바로 이 때문이다. 차이와 반복은 겉으로만 대립될 뿐이

다. (서동욱·이충민 역, 2009: 82)

음악을 반복 연주하고, 시를 반복 암송하고, 텍스트를 반복 읽는 것은 반복할 때마다 본질이 차이로 드러나기 때문이다. 〈눈 온 아침〉은 계절에 따라 감응이 다르고, 장소에 따라 감응이 다르며, 나이에 따라 감응이 다르다. 또한 『차이와 반복』을 누가 읽느냐, 왜 읽느냐, 어디에서 읽느냐에 따라 드러나는 배움의 세계가 다르다. 본질의 반복은 차이 그 자체로 실현되기 때문이다.

호각(互角)은 소의 뿔처럼 서로 갈라져 대등하게 맞서고 있으면서도 서로 관계를 맺으며 하나로 이어져 있는 형상을 의미한다. 우열을 가릴 수 없게끔 맞서는 사람들을 호각으로 지칭하게 된 연유도 여기서 생겨난 것이다. 호각들을 서로 맞서며 갈라져 있기는 하지만, 상대방이 없으면 홀로 존재할 수 있는 자들이 아니다. 그들을 자신들의 고유한 입장과 견해들을 더욱 발전시켜 나가기 위해서라도 그들과 맞서는 상대를 필요로 하는 관계이다. 호각들은 자신과 맞서는 상대방을 배척하고 무시하기보다는 오히려 상대방을 존중하고 그에게 연리하여 학시습하는 가운데 자신에게 도움이 되는 자극과 실마리, 그리고 도전 등을 받아들여 자신을 더욱 발전시켜 나간다. 호각들은 상대를 의식하면서 치열하게 경쟁하지만, 그것을 주위에서 흔하게 보는 '상대를 눌러 이기기 위한 경쟁'이 아니다. 호각들 사이의 경쟁은 상대에게 학시습하여 자양분을 얻은 뒤에는 반대로 상대의 학시습을 유발할 수 있는 새로운 자기 자신을 만들어 피력함으로써 자신의 호각을 성장시키고 이를 통하여 자신도 성장하는 것이다. 이런 점에서 그것은 어디까지나 교육의 맥락 속에서 상호 학시습과 회화(誨化)를 촉진하는 '교육적 경쟁'이다. (엄태동, 2016: 320~323, 필자 부분 편집)

윗글은 『하이데거와 교육』에서 스승과 제자의 학숙(學熟, 학시습을 통한 무르익음; 엄태동, 2016: 193)과 이숙(異熟, 스승과 다른 길을 걷게 되는 자로 무르익어 가는 것; 엄태동 2016: 198)을 설명하고 있는 내용이다. 스승과 제자의 관계를 소의 뿔과 같은 호각(互角)으로 설명하고 있다. 제자의 학문이 학숙하게 되면, 스승과 제자의 관계가 호각과 같이 된다는 것이다. 스승과 제자는 학문적으로 서로 이어져 있지만 갈라져 대등하게 맞서는 존재이다. 상대 없이는 홀로 존재할 수 없으며, 자신들의 고유한 입장과 견해를 발전시키기 위하여 존중하며 경쟁한다. 그 결과 서로의 학시습을 돕는 관계가 되는 것이 스승과 제자라는 것이다. 그리고 이것이 교육적 경쟁이라는 것이다.

이 글의 내용을 보면, 저자는 스승과 제자의 관계에 대한 낯선 생각을 드러낸다. 스승과 제자가 학문적으로 경쟁하고 상보적인 관계로 호각과 같음을 주장하고 있다. 하이데거가 현존재와 존재자를 '존재'의 '공속'을 이룬 관계로 보는 논리를 스승과 제자 관계에 적용한 것이다. 이러한 하이데거의 논리를 해석하고 활용하는 것은 교육학자로서 『하이데거와 교육』의 저자만 가능하다. 저자가 하이데거의 저작들을 교육적 관점에서 읽고, 『하이데거와 교육』을 집필하면서 활용하는 자료들에 의하여 스승과 제자의 관계에 대한 논리를 확립한 것이다. 『하이데거와 교육』의 저자만이 연역할 수 있는 차이 그 자체의 내용이다.

독자는 텍스트의 기호를 자기 삶의 현실 세계 속에서 인식하고 의미를 해석한다. 독자가 텍스트의 기호와 마주쳐 사유하고 배우게 되는 것은 독자만의 고유한 것이다. 독자의 진정한 텍스트 이해는 '-임'이 아닌 '-됨'이기 때문이다. 독자는 마주친 텍스트 기호가 전달하는 본질을 반복하여 인식하지만 동일성을 반복하는 것이 아니라 독자의 삶의 세계가 반영된 고유함을 반복한다. 『하이데거와 교육』의 저자는 스승과 제자의 관계를 연리하는 관계로 반복하면서 자기만의 고유한 '-됨'으로 인식하여 배움을 이루고 있다. 저자만이 얻은 차이 그 자체인 배움을 성취하고 있다. 독자의 텍스트 이해는 텍스트 기호와 마주쳐 차이 그 자체인 의미를 생성하는 일이다. 이는 다른 독자에게 가능 세계를 제시할 타자로서의 가능성을 여는 일이기도 하다.

## 4. 배움 읽기의 실천

읽기는 무엇이어야 하는가? 독자는 읽기를 통하여 무엇을 성취해야 하는가? 읽기에 대한 끊임없는 물음을 갖지만 명쾌한 답을 얻기는 쉽지 않다. 읽기에 대한 명쾌한 답을 얻었다면 읽기 연구는 더 이상 필요하지 않을 것이다. 읽기에 대한 명쾌한 답은 영영 없을 것이다. 읽기도 차이 그 자체이기 때문이다. 우리는 각자가 생각하는 읽기를 배워가고 있다. 그래서 늘 읽기의 본질은 새롭게 반복되어 나타난다.

이 논의에서는 들뢰즈의 기호론의 관점에서 읽기를 살펴보았다. 들뢰즈의 기호론은 필자가 처음 예상했던 것보다 훨씬 복잡하고 어려웠다. 이 논문을 위하여 대강의 내용을 얽어 보았지만 좀 더 깊이 있는 탐구가 필요하다. 들뢰즈는 기호를 대상이 뿜어내는 것으로 보았다. 그리고 주체가 그 기호를 마주침으로써 사유와 배움이 발생한다고 규정하고 있다. 들뢰즈의 기호론의 기호는 타당성이 있고 분명하지만 그 세밀한 내적 논리를 이해하고 깨치기에는 어려움이 있다. 들뢰즈의 기호론이 뿜어내는 기호가 내게 폭력을 행사하고 있는 것이다.

이 논의는 읽기를 텍스트가 뿜어내는 기호를 독자가 마주쳐 해석하는 것으로 보았다. 독자의 텍스트 기호와 마주침은 우연적으로 일어나며 사유에 폭력을 행사한다. 독자는 그 폭력을 자발적으로 수용하여 기호가 감싸고 있는 본질에 대하여 사유한다. 이 사유는 독단적 사유 이미지에 제한받지 않는 사유이다. 이 사유를 통하여 독자는 기호가 감싸고 있는 존재 대상을 본질을 찾아내고 밝혀 배움에 이르게 된다. 독자의 배움은 '-임'이 아니라 '-됨'이다. 동일한 본질을 반복하는 것이 아니라 차이의 본질을 '차이 그 자체'를 반복하여 밝히는 것이다.

# 제7장 가능 세계 읽기

## 1. 타자와 가능 세계

우리는 각자 여러 인식 세계를 가지고 있다. 길가에 있는 식물을 각기 구별하여 인식하는 이가 있다. 냇가에서 멋진 문양이 내재한 수석을 알아보는 이도 있다. 또한 한 권의 책을 분별하여 깊이 이해하는 이도 있다. 많은 사람은 길가의 풀이나 냇가에 있는 수석을 알아보지 못한다. 물론 책을 깊이 있게 이해하지도 못한다. 식물의 세계, 돌의 세계, 책의 세계는 분명 우리 주변에 존재하고 있다. 그 외에도 우리의 삶과 관계를 맺고 있는 여러 세계가 존재한다. 우리는 이들 세계 중 몇 가지는 인식하지만 나머지는 인식하지 못하고 있다. 우리가 주위 세계에 관심을 갖고 인식하게 되면, 그 세계를 얻을 수 있다. 우리 주위에 있지만 인식하지 못하고 있는 세계가 '가능 세계'이다. 가능 세계는 관심을 가지게 되면 인식하고 얻을 수 있는 세계이다.

우리가 가능 세계를 얻게 되면, 인식 세계가 늘어나고 온전하게 된다.

〈그림 1〉은 혜원 신윤복(1758~1814) 의 〈미인도〉 일부이다. 이 〈미인도〉는 현재 우리 미술사에 중요한 자리를 차지하고 있다. 이 〈미인도〉가 미술사에서 중요하게 받아들여지는 이유는 여러 가지일 수 있다. 그중 한 가지는 〈미인도〉가 가능 세계를 제시하기 때문이다. 〈미인도〉의 모델은 분명하지 않지만 기녀인 것으로 보고 있다. 그

〈그림 1〉 신윤복의 〈미인도〉 일부

리고 이 〈미인도〉는 현전하는 미인도 중에서 가장 이른 시기의 것으로 보인다(김지혜, 2020: 90). 이 〈미인도〉는 사회적 신분이 낮은 기녀를 미적 대상으로 삼고 있다. 조선시대의 기녀는 사회적 신분이 낮은 존재여서 미적 대상으로 잘 여기지 않았다. 그런데 이 그림에서는 기녀를 아름다움의 대상을 삼고 있다. 이는 사회적 신분이 낮은 사람도 미적 대상이 될 수 있는 소중한 존재임을 알리는 역할도 한다. 즉 사람에 대한 새로운 인식 세계를 열어주고 있다. 신윤복의 〈미인도〉와 같이 예술 작품 등으로 새로운 인식 세계를 지각할 수 있게 해주는 것이 가능 세계이다.

〈미인도〉에서 보듯이, 가능 세계는 타인(타자)의 도움으로 주체가 인식할 수 있는 가능의 인식 세계이다. 사실 우리 곁에 존재하는 세계이지만 의식이 가닿지 않아 인식하지 못하고 있는 세계이다. 사람은 누구나 존귀한 존재라는 인식은 조선시대에도 있었다. 그렇지만 그 인식이 모든 사람에게 적용되는 것은 아니었다. 사회적 신분에 의한 차별이 존재하고 있었기 때문이다. 〈미인도〉는 이런 인식 세계에 새

로운 인식 세계를 알려주는 기능을 한다. 사회적 신분이 낮은 기녀도 미적 대상인 소중한 존재임을 일깨우기 때문이다. 당시 〈미인도〉를 본 사람이나 〈미인도〉에 대한 이야기를 들은 사람은 기녀에 대해 다른 생각을 할 수밖에 없다. 기녀도 그림으로 그려질 수 있는 아름다움을 지닌 존재임을 인식하게 되는 것이다. 〈미인도〉는 당시 감상자들에게 작품을 보거나 작품에 대해 듣기 전에는 미처 인지하지 못하던 사람에 대한 새로운 인식 세계를 얻게 해준다. 이와 같이 다른 사람의 도움으로 알게 되는 인식의 세계가 '가능 세계'이다.

이 가능 세계가 타인 또는 타자에게서 비롯된다고 보는 이가 들뢰즈이다. 들뢰즈는 우리에게 타자가 존재함으로써 인식할 수 있는 세계가 있다고 말한다(이정우 역, 2020; 서동욱, 2000; 서동욱·이충민 역, 2004). 우리는 대상의 일부만 보지만, 대상의 전체를 알아볼 수 있다. 들뢰즈는 대상의 일부만 보고 전체를 인식할 수 있는 것은 타자가 있어서 가능하다는 것이다. 예를 들어, 길가의 소나무를 보면, 그 나무의 생김새와 크기 등을 알 수 있다. 그런데 우리는 나무의 뿌리나 옹이 등 보이지 않는 부분이 있음을 알 뿐만 아니라 구조, 성질, 생장, 쓰임 등도 안다. 우리가 나무의 부분만 보고, 나무 전체[1]를 인식할 수 있는 것은 타자의 존재와 타자의 인식 세계를 인정한 결과이다. 우리가 타자의 인식 세계를 인식함으로써 존재하는 인식의 세계가 들뢰즈가 말하는 가능 세계인 것이다.

독자의 텍스트 읽기도 이 가능 세계와 관련된다.[2] 독자는 텍스트의

---

[1] 여기서 '전체'라는 말은 나무의 객관적 전체를 의미하는 것이 아니라 우리 각자가 나무에 대하여 아는 주관적 전체를 의미한다.

[2] 가능 세계에 대한 논의는 들뢰즈 논의 외 여러 접근 방식이 있다. 리쾨르는 예술 작품을 통하여 인식하는 가능 세계를 이야기한다. 이에 대한 논의는 김도남(2021)을 참조할 수

기호가 직접 지시하는 의미만 인식하는 것은 아니다. 텍스트 속 타자나 밖의 타자들이 인식하는 세계도 인식한다. 이 독자가 텍스트를 통해 새롭게 인식하는 이 세계가 가능 세계인데, 이 가능 세계는 타자의 인식 세계를 독자가 지각함으로써 존재한다. 이것은 우리가 나무의 외형만 보고, 나무 전체를 인식하는 것과 같다. 독자는 텍스트를 읽으면서 텍스트 내용이 제시하는 한 부분을 인식하지만, 결과적으로는 표현되지 않은 내용도 인식함으로써 '텍스트의 전체 내용을 담은 인식 세계'3)를 생성한다. 독자가 텍스트 내용에서 직접 인식할 수 있는 '현실 세계'4)에 더하여, 텍스트를 통하여 만난 타자에게서 인식하는 세계가 가능 세계이다. 독자는 이들 세계를 함께 인식하여 텍스트에 대한 인식의 전체 세계를 갖게 된다. 독자가 텍스트 내용에 대한 전체 세계를 생성했을 때, 텍스트 이해가 이루어졌다고 할 수 있다.

독자에게 텍스트가 직접 타자의 역할을 할 때도 있지만, 텍스트는 다양한 타자를 포함하고 있다. 이 텍스트의 타자들은 독자가 텍스트를 읽을 때 인식되고, 가능 세계를 제시한다. 독자는 이들 타자로부터 가능 세계를 얻게 된다. 독자가 텍스트의 타자를 인식할 때, 독자의 의식 속에 자아가 발현된다. 이 발현된 독자의 자아가 텍스트의 타자를 대면하게 되고, 텍스트의 타자가 드러내는 가능 세계를 인식한다. 텍스트에서 독자가 만나는 타자는 특정할 수 없다. 이는 텍스트에서

---

있다. 문학 작품 읽기와 이해에 대한 가능 세계에 대한 논의는 나병철(2018)을 참조할 수 있다. 가능 세계의 개념적 논의는 이좌용(1994)를 참조할 수 있다.
3) 텍스트의 전체 내용을 담은 인식 세계는 텍스트 내용에 대하여 독자가 인식한 내용의 현실 세계와 타자로 인해 인식한 가능 세계가 결합된 것이다. 이 논의에서는 이를 '전체 세계'라고 한다.
4) 현실 세계는 대상의 대한 인식에 대한 '현실적 차원'(김재춘·배지현, 2016: 103)이나 '현실화'나 '재현'(김상환 역, 2004: 198)을 지시한다.

독자가 인식하는 가능 세계를 특정할 수 없음을 뜻한다. 독자가 텍스트 읽기에서 마주친 타자에게서 인식하는 가능 세계를 탐구할 필요가 있다. 또한 타자에게서 비롯된 가능 세계로 독자가 무엇을 하는지도 살필 필요가 있다. 이는 독자의 텍스트 이해를 본질적으로 해명하는 일이 된다. 또한 독자가 텍스트를 읽고 생성하는 의미의 내적 속성을 밝히는 일이다. 더 나아가서는 텍스트 이해 교육에 대한 또 다른 접근 방법을 탐구하는 일이다.

이 장에서는 들뢰즈의 가상 세계에 대한 논의를 토대로 독자의 텍스트 이해를 살핀다. 텍스트는 기호를 통하여 대상에 대한 현실 세계를 인식하게 하면서, 또한 타자의 가능 세계를 인식할 수 있게 한다. 독자의 텍스트 읽기 과정에서의 현실 세계 인식과 가상 세계 인식이 어떻게 이루어지는지, 이들이 독자의 의미 생성에 어떤 작용을 하는지를 살핀다. 이를 통하여 독자의 의미 생성의 방법과 읽기 교육에서 텍스트에 대한 접근 관점을 탐색한다.

## 2. 가능 세계의 구조

들뢰즈는 『의미의 논리』(이정우 역, 2020)에서 가능 세계를 지각장의 차원에서 논의한다. 지각장은 우리가 대상이나 세계를 감각하고 지각하여 인식하고 표현하는 의식 활동이다. 이 지각장은 감각 세계와 지각 세계의 연결로 이루어진다. 감각 세계는 사실성을 토대로 하지만 지각 세계는 가공성(架空性)을 토대로 한다. 사실성은 감각 기관에 감각된 대로 인식하는 것을 지시하고, 가공성은 감각된 것 외에 다른 요인이 관여된 인식을 지시한다. 들뢰즈의 관점에서 지각장에 관여하는 가능 세계를 살펴, 독자의 텍스트 이해의 본질 속성을 논의하기 위한 토대를 마련한다.

## 가. 현실 세계와 잠재 세계

우리는 감각 기관으로 인식하는 세계를 갖고 있다. 맛보고, 냄새 맡고, 보고, 듣고, 느낀다. 이들 감각 기관에 의한 대상과 세상에 대한 인식은 우리의 현실적 인식 세계(현실 세계)를 구성한다. 우리가 인식한 현실 세계는 물질적이고 감각적이고 직접적이다. 그렇다고 현실 세계가 감각으로만 이루어진 것은 아니다. 감각은 의식의 인지적 처리 과정을 거쳐 지각된다. 현실 세계가 외현적으로 감각에 의지하지만 내재적으로 의식 활동에 의해 조절된다. 의식 활동은 감각된 것에 응대하여 인지(해독·파악·확인)하고, 해석하고, 판단한다. 그림, 상징, 기호 등을 감각한 경우에도 현실 세계를 구성한다. 이들 상징을 통한 대상의 인식은 대상을 직접 감각한 것과는 크게 다르지 않게 일어난다. 상징을 통한 인식도 의식 활동의 과정을 거쳐 일어나기 때문이다.

현실 세계와 다른 세계도 우리는 인식한다. 들뢰즈는 겁먹은 얼굴을 예로 든다. 겁먹은 얼굴은 내가 아직 보지 못한 세계가 존재하는 것을 알게 한다. 나에게 현실 세계로 드러나 있지는 않지만 있다는 것을 알 수 있는 세계가 존재한다. 이는 잠재된 세계이면서 가능 세계이다. 나의 현실 세계에 존재하지는 않지만 있다는 것을 알기에 잠재적 세계이다. 그러면서 의식 활동을 통하여 의식에 드러날 수 있는 세계이기에 가능 세계인 것이다.

그것은 기능의 구조이다. 겁먹은 얼굴은 내가 아직 보지 못한 공포스러운 가능 세계의, 또는 세계의 속에서 공포스럽게 하는 어떤 것의 표현이다. 여기에서 기능이 실존하지 않은 어떤 것을 가리키는 하나의 추상적 범주가 아니라는 것을 이해하자. 표현된 가능 세계는 존재한다. 다만 그것을 표현하는 것 바깥에서는 (현실적으로) 실존하지 않는다. 공포에 질린 얼굴은 무섭게 하는 그것과 비슷하지 않다. 공포에 질린 얼굴은 공포스럽게 만드는 그것과 다르다. 그것은 표현하는 것 속에 표현된 것을 집어넣어 일종의 뒤틀림 속에서 그것[공포스럽게 만드는 존재]을 일종의 타자로서 함축하고[접어서 포함하고] 내포한다(implique et envelppe). 내가 타인이 표현하는 것의 실재를 포착할 때 역시, 나는 타인을 포착할 뿐이며 상응하는 가능 세계를 현실화시킬 뿐이다. 타인이, 다름이 아니라 말함으로써, 이미 그가 내포하고 있는 기능들에 어떤 실재성을 부여한다는 것은 사실이다. 타인이란 내포된 기능의 실존이다. 언어는 기능 자체의 실재성이다. 자아는 기능들의 펼쳐짐, 현실적인 것 안에서의 그들의 실현 과정이다. (이정우 역, 2020: 482)

위 인용문에서 보면, 들뢰즈의 잠재 세계로서의 가능 세계를 파악할 수 있다. 타인의 겁먹은 얼굴을 통하여 그 존재를 알 수 있는, 공포를 느끼게 하는 어떤 것이다. 표현된 것과는 다른 것으로 표현된 현실에는 존재하지 않는 것이다. 그러면서 감각적으로 직접 인식할 수도 없는 것이다. 표현된 것과 다른 것이기에 표현된 것으로는 알 수 없는 것이다. 공포를 표현하고 있는 얼굴은 공포를 느끼게 하는 것과는 전혀 다른 것이다. 공포를 불러일으키는 것은 공포의 표정 속에 뒤틀려 들어가 있는 타자와 같은 것이다. 타자[5]가 가능 세계를 매개한다.

---

5) 이 글에서 '타인'과 '타자'라는 용어가 혼재한다. 타인과 타자는 동의어이지만 사용되는

내가 공포를 느끼게 하는 것의 실체를 알게 되는 것은 타인의 표정이다. 내가 타인의 공포 표정이 표현하는 실재를 인식할 때 가능 세계가 현실화된다. 타인이 표정으로 말함으로써, 그 표정이 내포하고 있는 것의 실재를 알게 된다. 타인의 표정은 말과 같이 내가 실재를 알게 하는 기능을 지니고 있다. 타인은 그 내포된 기능을 실존하게 하고, 언어는 그 기능을 드러내게 하는 실재성을 갖는다. 나의 자아는 타인이 기능을 펼치게 하고, 현실 세계 안에서 가능 세계를 만나게 한다. 자아가 타자를 만남으로 현실 세계는 타자에 의한 가능 세계인 잠재 세계와 연결된다.

나의 현실 세계는 타자를 상정하지 않을 때는 그 자체로 완결되어 있다. 타자가 없는 현실 세계는 다른 것이 존재할 수 없는 나만의 완결된 인식 세계이다. 현실 세계만으로 만족해야 하고, 만족할 수밖에 없는 인식 세계이다. 현실 세계 외에 다른 것이 더 존재할 수 없는 인식 세계인 것이다.6) 그렇지만 내가 타인이 없이 근원적으로 존재할 수 있는가? 내가 감각하는 몸은 이미 타인에서 왔다. 나의 감각의

---

맥락에 따라 지시하는 대상이 다를 수 있다. 타인은 '다른 사람'으로 인격적 존재를 지시하고, 타자는 타인에 대한 인식에서 비롯된 관념적 존재를 지시한다. 필자에 따라서는 이를 구분하지 않고 사용하기도 하고, 하나를 선택하여 사용한다. 이 글에서는 '타자'라는 용어를 주로 사용하고(필요에 따라 '타인' 사용), 인용 원문(번역문)에서 사용하는 '타인'은 원문의 취지를 살려 그대로 사용한다.

6) "세계 속에 타인이라는 것이 없다면 어떤 일이 벌어질까? 오직 하늘과 땅의, 견디기 힘든 빛과 칠흑빛 심연의 거친 대립이 있을 뿐이다. '전부 아니면 무(無)'라는 단적인 법칙'이 있을 뿐이다. 인식된 것과 인식되지 않은 것, 지각된 것과 지각되지 않은 것이 거친 전투 속에서 절대적으로 맞부딪친다. (…중략…) 을씨년스럽고 어두운 세계, 잠재력도 잠재성도 없는 이 세계는 이미 말라버린 가능의 범주이다. 하나의 토대에서 나와 일정한 시공간 질서에 따르는 그리고 되돌아가는 상대적으로 조화로운 형태들 대신에, 단지 번쩍거리는 날카로운 칼을 가진 추상적인 선(線)들, 반항적이고 끈끈한 바닥이 없는 존재가 남을 뿐이다. 오직 원소들만이 바닥없는 존재와 추상적인 선이 모형화된 것과 토대를 대체한다. 모든 것이 자리를 박탈당하는 것이다. 대상들은 서로에게로 구부러지고 펼쳐지기를 그치고 위협적으로 몸을 세운다."(이정우 역, 2020: 480)

근원이 타인에게서 비롯되었다. 근원적으로 타인을 벗어날 수 없기에 현실 세계에 대한 인식의 완전성이란 없다. 나의 현실 세계는 근원적으로 타자의 잠재 세계와 연관되어 있는 것이다. 다만 타자의 잠재 세계는 존재하지만 의식을 집중하지 않으면 부각되거나 발현되지 않는 세계이다. 그 세계의 존재는 아무 때나 드러나지 않는 것이다. 잠재 세계의 현시는 자아의 발현과 함께하고, 자아는 타인에게서 타자를 생성한다.

> 타인의 첫 번째 효과는, 내가 지각하는 각각의 대상과 생각하는 각각의 관념 주위에서 여분의 세계, 연결 장치, 바탕을 조직한다는 점이다. 이 조직화로부터 일정한 이행의 원리에 따라 다른 관념들과 대상들이 나온다. 나는 하나의 대상을 본다. 그리고 그로부터 눈을 돌린다. 그러면 그 대상은 다시 바탕으로 되돌아가며, 동시에 그 바탕으로부터 내 눈을 사로잡는 새로운 대상이 나타난다. 이 새로운 대상이 나를 해치지 않는다면, 그것이 난폭하게 나에게 부딪쳐 오지 않는다면, 그것은 최초의 대상이 내가 미리 그 존재를 감지했던 하나의 여백을, 내가 이미 현실화할 수 있었던 잠재성들과 잠재력들의 장을 사용했기 때문이다. 그래서 여분의 실존을 그렇게 인식하거나 감지하는 것은 오직 타인에 의해서만 가능한 것이다. (이정우 역, 2020: 479)

위 인용문에서 보면, 타자는 내가 인식한 대상이나 관련 관념 주위에 여분의 세계, 연결 장치, 바탕을 조직한다. 내가 대상을 인식하거나 관련 관념을 떠올리게 되면, 타자를 마음속에 가지게 된다. 그 타자가 나의 인식 내용이나 관념 주위에 여분의 세계, 연결 장치, 바탕을 조직하게 되는 것이다. 타자가 조직한 여분의 세계, 연결 장치, 바탕은

이행의 원리에 따라 대상이나 관념에 대한 인식 세계를 생성하게 된
다. 그때 나는 그 대상이나 관념의 다른 면을 인식하게 된다. 그리고
나는 한발 물러나 대상이나 관념을 다시 살핀다. 그렇게 하면, 그 대상
이나 관념들에 대한 인식이 바탕으로 돌아가게 된다. 이때 대상이나
관념은 나에게 새로운 관심을 불러일으키며 인식된다. 이 대상이나
관념에 대한 새로운 인식에 큰 어려움이 없는 것은 내가 처음 대상이
나 관념을 인식할 때부터 존재하고 있던 여백이나 잠재성을 사용하기
때문이다. 내가 대상이나 관념의 여분을 인식하는 것은 이런 원리를
따른 것이다.

나의 자아는 타자와 만난다. 나의 자아는 현실 세계를 구성한다.
타자는 현실 세계와 연결된 잠재 세계를 가지고 있다. 자아와 타자의
만남은 현실 세계와 잠재 세계를 연결하는 활동이다. 그래서 나는
대상에 대한 인식 세계를 가질 수 있다. 타자가 가진 잠재 세계나
인식 세계를 나의 현실 세계와 연결하지 못한다면 나의 인식 세계는
표면적 현실 세계에 그친다. 현실 세계는 보이는 대로, 느끼는 대로
즉각적으로 감각하고, 감각에 의한 지각의 전부인 인식 세계이다. 그
렇지만 우리는 타자를 상정한다. 타자의 잠재 세계를 우리의 현실
세계와 연결할 수 있다. 이 연결에 의하여 생성된 인식 세계로 우리는
대상이나 관념의 전체 세계를 구성한다.

## 나. 전체 세계와 부분 세계

우리의 인식 세계는 부분이 연결되어 전체 세계를 이루고 있다.
여기서 부분은 자아의 현실 세계와 타자의 잠재 세계를 가리킨다.
자아의 현실 세계도 부분 세계이고, 타자의 잠재 세계도 부분 세계이

다. 어느 것이나 부분적인 것은 마찬가지이다. 이 부분 세계는 무한이나 미지의 세계가 아니다. 자아가 인식한 세계이거나 타자가 인식한 세계이다. 이는 대상이나 관념에 대하여 인식한 전체 세계가 나의 인식 작용만으로 완성됨을 의미한다. 타자의 인식 세계도 타자에게는 전체 세계일 수 있다. 그렇지만 그것은 나의 확인이 불가능하다. 그렇기에 타자의 세계가 나에게 인식될 때는 언제나 부분 세계이다. 이 말은 대상에 대하여 인식한 전체 세계는 나를 통해서만 존재하는 것임을 뜻한다. 즉 나는 대상 인식에서 부분 세계를 현실 세계로 가지고 있지만 타인의 부분 세계와 연결함으로써 전체 세계를 가질 수 있다.

타인이란 나의 지각장 속에 놓여 있는 하나의 대상도 아니고, 나를 지각하는 하나의 주체도 아니다. 타인은 무엇보다도 지각장의 한 구조이다. 타인이 부재할 경우 이 장은 하나의 전체로서 기능하지 못한다. 이 구조가 실제 인물들, 가변적인 주체들에 의해서만 (나에 대한 당신, 당신에 대한 나) 현실화 된다는 사실이 그것이 조직화 일반의 조건으로서 각각의 조직된 지각장(나의 지각장, 당신의 지각장) 속에서 그것[구조]을 현실화해주는 항들[인물들, 주체들]에 앞선다는 사실을 부정하지는 못한다. 그래서 절대적 구조로서의 아프리오리한 타인이 각 장에서의 구조를 현실화하는 항들로서의 타인들의 상대성을 근거짓는다. (이정우 역, 2020: 481~ 482)

들뢰즈는 자아의 인식 세계와 타자의 인식 세계의 연결을 '지각장'으로 설명한다. 지각장은 자아의 현실 세계와 타자의 잠재 세계가 의식 작용을 거쳐 인식 세계를 생성할 때의 마음 공간이다. 이 지각장 속에 있는 타자는 하나의 대상이지만 나를 지각하는 주체는 아니다. 지각장에서의 타자는 인식 세계가 생성되고 있는 마음 공간에 있는

'한 가능 세계의 표현'으로서 드러나는 것이다(이정우 역, 2020: 485). 내가 대상이나 관념을 마주해 현실 세계로 지각할 때, 타자는 잠재 세계로서의 가능 세계의 표현으로 등장해 지각장을 이루게 된다. 이 지각장에 타인에게서 비롯된 가능 세계의 표현이 나타나지 않으면 전체로서의 인식 세계는 생성될 수 없다.

이 지각장의 내적인 구성 구조는 아프리오리한 타자, 즉 선험적 타자를 전제한다. 지각장을 이루는 것은 나의 현실 세계와 타자의 가능 세계의 표현이지만, 지각장이 성립되기 위한 본질 조건으로 타자들(인물들, 주체들)이 존재한다. 지각장의 본질 조건으로 존재하는 타자들로 인해 전체 인식 세계는 고정되지 않은 가변적 주체(나에 대한 당신, 당신에 대한 나)에 의한 인식 세계가 된다. 이는 지각장의 성립 조건으로 나의 지각장과 당신(타자)의 지각장이 있고, 그 지각장도 타자의 가능 세계의 표현으로 존재할 수 있음을 전제한다. 지각장은 그 내적 구조로 타자를 선험적으로 가지고 있음을 뜻한다.

대상에서 내가 보지 못하는 부분, 그 부분을 동시에 나는 타인이 볼 수 있는 부분으로 정립한다. 내가 대상의 숨겨진 쪽을 보기 위해 돌아가면, 나는 대상 뒤에서 타인을 만나게 되고, 타인의 봄과 나의 봄이 합쳐질 때 대상의 총체적 봄이 달성될 것이다. 그리고 내가 볼 수 없는 내 등 뒤의 대상들은 타인이 [그들을] 볼 수 있음으로 해서 하나의 세계를 형성하며, 나는 그들을 감지할 수 있다. 그리고 나에 대한 이 깊이(이 깊이에 따라 대상들은 서로 겹치고 침투하며, 서로가 서로의 뒤에 숨는다)를 나는 타인을 위한 가능한 크기[여백], 대상들이 그 안에서 (다른 깊이의 관점에서) 배열되고 정돈되는 크기로서 본다. 요컨대 타인은 세계 안에서의 여백들과 전이(轉移)들을 확보해 준다. (이정우 역, 2020: 479)

자아의 인식 세계는 타자의 인식 세계에서 비롯된 부분 세계와 결합으로 전체성을 갖는다. 타자는 내가 보지 못하는 부분, 내가 인식하고 있지 못한 부분을 정립한다. 그래서 내가 보지 못하고, 인식하지 못한 숨겨진 쪽에 관심을 두어 뒤로 돌아가면 타자를 만나게 된다. 그 타자의 대상에 대한 인식과 자아의 대상에 대한 인식이 합쳐질 때, 나는 대상을 전체적으로 볼 수 있게 된다. 타자는 내 등 뒤에 있어 자아가 인식할 수 없는 대상도 인식하여 자아가 타자를 의식(감지)함으로써 그 대상도 전체로 인식할 수 있게 해준다. 자아가 대상에 대한 전체 인식을 갖는 것은 타자(타인)의 인식 때문이다.

　　내가 대상을 인식하는 깊이나 크기도 타인의 부분 세계가 결정한다. 내가 대상을 인식할 때, "나의 지각은 비투사성 때문에 지각할 수 있는 부분은 늘 제한되어 있어, 지각은 음영(Abschattung)지어져 주어진다. 이 음영지어진 잠재적인 부분을 들뢰즈는 가능성들(possibilités), 배경(감주어진 곳들, fonds), 언저리들(franges)"[7]이라고 한다(서동욱, 2000: 149). 나의 대상에 대한 인식 세계의 깊이와 크기는 이 잠재 세계의 부분들이 결정하게 되는 것이다. 나의 대상에 대한 전체 인식 세계의 깊이와 크기를 내가 결정할 수 있지 않다. 타자의 잠재 세계가 채워주는 만큼 깊이 있게 또는 크게 생성할 수 있다.

---

7) 내가 지각하는 각각의 대상과 생각하는 각각의 관념 주위에서, 여분의 세계, 연결 장치, 바탕을 조직한다(이정우 역, 2020: 479).

## 다. 자아의 세계와 타자의 세계

자아의 현재 세계와 타자의 잠재 세계의 결합은 나의 대상 인식의 전체성을 이룬다. 대상 인식의 전체성은 자아의 인식 요인과 타자의 인식 요인의 상보적인 작용으로 생겨난다. 전체성을 위한 나의 인식 요인과 타자의 인식 요인은 상보 작용의 측면에서 여럿일 수 있다. 들뢰즈는 이들 중에서 자아의 의식 세계와 대상의 구분(공간), 의식 세계의 시간 측면에 관심을 갖는다. 그리고 자아 인식의 변이에 대한 측면에도 관심을 갖는다. 이들은 자아의 인식 세계가 전체성을 이루기 위한 조건이면서 전체성이 가능하게 하는 속성이라 할 수 있다. 자아의 세계와 타자의 세계는 상보적으로 작용하여 나의 대상 인식의 전체성을 이루게 한다.

> 이제 '한 가능 세계의 표현으로서의 타인'이라는 정의에서 유도되는 타인의 현존의 효과들로 돌아가 보자. 근본적인 효과는 나의 의식과 대상의 구분이다. 이 구분은 결국 타인 구조에서 유래한다. 가능성, 토대, 술 장식, 전이의 세계에 삶으로써. 내가 아직 겁먹지 않았을 때, 겁먹게 하는 세계의 가능성을, 아니면 반대로 내가 세계에 대한 진정 겁먹을 때 안심시키는 세계의 가능성을 보여줌으로써. 내 앞에 전혀 다른 방식으로 서 있는 동일한 세계를 상이한 국면들 하에서 감쌈으로써. 그리고 세계 속에서, 가능한 세계들을 포함하는 거품들을 구성함으로써. 이것이 바로 타인이다. (이정우 역, 2020: 485)

위 인용문에서 보면, 가능 세계의 표현으로서의 타자로 인해, 자아의 의식과 대상이 구분된다. 타자가 없으면 자아의 의식은 대상과 구분되지 못한다. 타자가 있음으로써 자아의 의식은 대상과 구분되어 존재할 수 있게 된다. 이 구분은 지각장을 이루는 타자의 구조에서 유래한다. 타자는 지각의 근원적 요인으로 존재하면서 이 구분을 가능하게 한다. 타자의 가능성, 토대, 전이의 세계가, 겁먹은 표정 이면에서, 겁먹음을 안심시키는 세계에서, 대상 인식에서 자아와 다른 국면을 드러냄에서, 가능 세계가 가능하도록 하는 인식의 세계를 구성함으로써 자아의 의식이 대상과 구분되도록 해준다. 자아의 인식이 대상과 구분됨으로써 나는 깊고 큰 전체로서의 대상에 대한 인식 세계를 생성할 수 있게 된다.

타인은 나의 의식이 필연적으로 "나는 ⋯⋯였다" 속에서, 즉 더 이상 대상과 일치하지 않는 하나의 과거 속에서 흔들리게 만든다. 타인이 나타나기 전에 예컨대 안정시키는 세계가 있었다. 우리는 그것을 우리의 의식과 구분하지 못한다. 타인은 하나의 위협적인 세계의 가능성을 표현하면서 등장하며, 이 세계는 타인 없이는 펼쳐지지 못한다. 나? 나는 나의 과거 대상들이며, 나의 자아는 바로 타인이 나타나게 만든 한 과거의 세계에 의해 형성되었을 뿐이다. 타인이 가능 세계라면 나는 과거의 한 세계이다. 그리고 여러 인식론들이 범하는 근본적인 오류는 주체와 대상의 동시성을 가정함으로써 하나가 다른 하나의 무화(無化)에 의해서만 구성되게 한다는 점에 있다. (⋯중략⋯) 그래서 타인은 시간적 구분으로서, 그리고 지각 범주들의 분배와 관련된다. 그러나 아마도 보다 심층적이라고 할 수 있는 두 번째 효과는 시간과 그 차원들의 분배에, 그리 시간 속에서의 전항과 후항의 분배와 관련된다. 타인이 더 이상 기능하지 않을 때 어떻게 과거가 여전히 존재할 수 있겠는가? (이정우 역, 2020: 485~486)

타자가 나타나기 전을 가정하면, 자아의 인식은 대상과 일치를 이룬다. 그래서 자아의 인식 세계는 안정적이었다. 타자는 자아의 안정적인 인식의 세계에 위협적으로 새로운 가능 세계의 표현으로 등장한다. 자아는 이를 외면할 수 없기에 대상에 대한 전체 세계를 생성하게 된다. 그런데 타자가 나타나게 됨으로써 자아의 부분 세계는 대상에 대한 과거의 인식이 된다. 자아의 인식이 과거의 것이 됨으로써 타자가 나타날 수 있게 된다. 자아의 인식이 과거의 것이 됨으로써 타자의 가능 세계로 대상의 전체성을 지닌 인식 세계를 생성할 수 있다. 이는 타자가 의식을 시간적으로 구분해 줌으로써 지각의 범주를 배분한다. 이 배분에 의하여 자아의 인식(과거)은 존재성을 가지게 되고, 전체 인식 구성에 기여할 수 있게 된다.

타인은 근접성과 유사성의 감미로움이다. 타인은 형태-배경의 변환과 깊이의 변이를 규제한다. 타인은 뒤에서의 공격을 막는다. 타인은 관대한 풍문의 세계에 정착한다. 타인은 사물들이 서로에게 기울도록 해주고, 서로 자연스럽게 보완물을 찾도록 해준다. 우리가 타인의 심술을 불평할 때, 우리는 보다 끔찍한 이 다른 심술, 타인이 없을 경우 사물들이 드러낼 심술을 망각하는 것이다. 타인은 알려지지 않은 것, 지각되지 않은 것을 상대화한다. 왜냐하면 그는 나를 위해 내가 지각한 세계 안에 지각되지 않은 것의 기호를 도입해주고, 내가 지각하지 못한 것을 그에게 지각 가능한 것으로 간주할 수 있도록 해주기 때문이다. 이 모든 의미에서, 나의 욕구가 운동하는 것, 내 욕구가 하나의 대상을 수용하는 것은 늘 타인을 통해서이다. 나는 가능한 타인에 의하여 보여지거나 생각되거나 소유되지 않은 어떤 것도 욕구하지 못한다. 이것이 내 욕구의 토대이다. 내 욕구를 대상으로 향하게 하는 것은 늘 타인이다. (이정우 역, 2020: 480)

자아의 인식 세계는 타자의 인식 세계가 결정한다. 타자의 인식 세계는 자아의 인식 세계와 근접성과 감미로운 유사성을 지니고 있다. 이 타자의 인식 세계는 자아의 인식 세계의 형태-배경의 변환과 함께 깊이의 변이를 규제한다. 즉 타자의 인식 세계가 자아의 대상 인식에 대한 형식과 질을 결정한다. 자아의 대상에 대한 전체 인식 세계는 타인의 인식 세계에 전적으로 의존한다. 타자의 인식 세계로 인해 자아의 인식 세계에 문제점들이 해결된다. 타자의 인식 세계는 자아의 인식 세계에 알려지지 않은 것, 지각되지 않은 것을 알려준다. 그렇게 하여 타자의 인식 세계는 자아가 지각하지 못한 것을 지각하게 하고, 지각 가능하게 해준다. 이는 나의 욕구와 욕구의 작용으로 대상에 대한 인식 세계의 생성이 타자에 의한 것임을 알게 한다. 역으로 타자의 욕구하는 인식 세계를 내가 욕구하는 것이다. 이는 내가 지향하는 전체 인식 세계는 타자에 의하여 생겨난 것임을 뜻한다.

참된 이원론은 이와 다른 어떤 것이다. 참된 이원론은 지각장 안에서의 '타인의 구조'가 가져오는 효과들과 타인의 부재가 가져오는 효과들(타인이 없다면 이들 곧 지각 작용일 것이다.) 사이에서 성립한다. 타인은 지각장에서 타자들 가운데 한 구조가 아니라는 사실을 이해해야 한다. 타인은 앞에 제시된 범주들의 구성과 적용을 가능하게 한다는 점에서, 이 자아 전체의 기능 작용을, 장 전체를 조건짓는 구조이다. 지각 작용을 가능하게 하는 것은 자아가 아니라 구조로서의 타인이다. 그래서 이원론을 잘못 해석하는 사람들은 타인은 장 속의 특수한 대상이거나 장의 다른 주체라는 양자택일에서 벗어나지 못하는 사람들과 똑같은 사람들이다. 투르니에 따라 타인을 한 가능 세계의 표현으로 정의함으로써, 우리는 타인을 범주들에 따른 모든 지각장의 조직화를 가능하게 하는 아프리오리한 원리로,

또 이 장의 '범주화'로서의 기능 작용을 가능하게 하는 구조로 본다. 그래서 참된 이원론은 타인의 부재와 함께, 이 경우[타인이 부재할 경우] 지각장에서는 어떤 일이 벌어질 것인가라는 물음과 함께 등장한다. (이정우역, 2020: 483~484)

타자의 인식 세계는 자아의 전체 인식 세계를 결정짓는다. 타인은 자아가 대상에 대하여 전체 인식 작용을 하는 지각장의 한 부분을 이루는 구조가 아니라 장 전체를 조건 짓는 구조이다. 대상에 대한 전체 인식 세계를 생성하게 하는 것은 나의 자아가 아니라 지각장에 작용하는 타자이다. 우리는 타자의 인식 세계를 자아가 인식한 전체 세계의 한 부분으로 보아서는 안 된다. 자아가 대상에 대하여 인식한 전체 세계를 이루는 선험적 존재이고, 원리로 타인의 인식 세계를 이해해야 한다. 또한 자아의 대상에 대한 전체 세계를 생성하는 지각장에서 인식의 내용을 범주화하는 기능을 하는 구조로 이해해야 한다. 타자는 자아의 대상에 대한 전체 세계가 특정한 내용을 가질 수 있도록 하는 구조이다.


## 3. 가능 세계 읽기의 방법

독자는 텍스트를 읽을 때 타자와 마주친다. 독자가 마주친 타자는 '한 가능 세계의 표현으로서의 타인'(이정우 역, 2020: 485)이다. 독자는 타자와의 마주침이 곧 가능 세계를 인식하는 것이다. 독자에게 가능 세계는 타자이면서 타자의 표현이다. 이는 독자에게 텍스트가 타자이면서 가능 세계의 표현인 것이다. 독자는 텍스트 속에 있는 타자에 의하여 표현되는 가능 세계와의 마주침을 통하여 텍스트 이해에 이르게 된다.

## 가. 타자의 가능 세계 표현

우리가 가능 세계를 인식하는 것은 타자를 통해서이다. 타자가 가능 세계를 표현하고 있기 때문이다. 이는 타자가 곧 가능 세계는 아니지만 타자에 의하여 가능 세계가 드러남을 의미한다. 가능 세계는 타자를 경유하여 자아와 마주한다. 타자가 가능 세계를 매개하는 것이다. 타자가 곧바로 가능 세계이거나 가능 세계가 타자는 아니다. 우리가 가능 세계를 인식하는 것은 타자가 가능 세계를 표현하고 있기 때문이다. 그래서 타자를 인식해야만 가능 세계의 인식이 가능하다. 타자를 전제하지 않은 가능 세계는 존재하지 않는다.

독자의 가능 세계 인식도 타자를 통해 가능하다. 텍스트를 이루고 있거나 텍스트에 내재한 타자를 우리가 인식함으로써 가능 세계의 인식이 가능해진다. 타자가 가능 세계를 표현하고 있기 때문이다. 독자는 텍스트에 내재한 타자를 통하여 가능 세계를 인식한다. 텍스트에 내재한 타자도 텍스트에서 다루는 대상이나 관념에 대한 가능 세계를 표현하고 있기 때문이다. 텍스트에서 인식할 수 있는 가능 세계도 타자를 경유해야만 독자는 인식할 수 있다. 그렇기에 가능 세계를 인식하기 위해 독자는 타자가 무엇을 표현하고 있는지를 살펴야 한다. 이는 독자가 타자를 어떻게 인식하느냐에 따라 가능 세계가 달라질 수 있음을 뜻한다. 독자가 지각장에서 만나는 가능 세계는 타자에 따라 달라지는 것이다. 독자는 텍스트에서 어떤 타자에 초점을 맞추는가 또는 타자의 어떤 점에 초점을 맞추는가에 따라 가능 세계는 달라지고, 대상의 전체 세계도 달라진다.

> 학시습은 인간을 각기 그의 존재가능성을 향해 초월하도록 이끄는 활동
> 이기에 그것은 언제나 '각자성'을 지닌다. 학시습을 통해 겨냥하는 존재가
> 능성이란 어느 누구나 겨냥해야 되는 단 하나의 보편적인 것이 아니라,
> 학시습자 각자에게 고유한 것일 수밖에 없다. 인간은 누구나 각별하고
> 고유하며 유일무이한 존재자이기에 각자의 존재 가능성은 그 방향과 높이
> 가 언제나 다르기 마련이다. 그러한 각자의 존재 가능성을 향해 초월하는
> 것인 이상, 우리 각자가 수행하는 학시습은 다른 사람의 그것과 비교할
> 수 없는 유일무이한 학시습일 수밖에 없다. 이 점에서 특정한 존재 가능성
> 을 누구나 도달해야 되는 학시습의 종착점으로 설정하거나, 그 종착점을
> 기준으로 삼아 각자의 학시습을 비교하여 평가하는 것의 의미가 없다.
> (엄태동, 2016: 240)

위 인용문을 볼 때, 텍스트 타자는 저자이다. 저자는 현존재인 학습
자의 학시습(學時習)을 존재 가능성을 향해 초월하는 활동을 본다. 그
렇기에 학시습은 학습자에게 '각자성'을 지닌다고 말한다. 현존재로
서의 학습자가 겨냥하는 존재 가능성은 보편적인 것이 아니라 유일무
이한 고유한 것이라는 것이다. 공부를 보편적 진리를 깨치는 것이라
고 인식하는 입장에서 보면, 저자가 말하는 학시습의 세계는 가능
세계이다. 현존재로서의 학습자의 학시습은 학습자 자신만의 존재
가능성을 향해 초월하는 활동으로 학습자만의 추구하고 성취해야 하
는 목표인 것이다. 이는 어떤 것과도 비교하여 평가할 수 없는 절대적
인 것이다. 윗글의 저자는 학습에 대하여 우리의 현실 세계와는 다른
인식 세계를 가지고 있다. 저자는 학시습이 보편적 진리를 익히기

위한 것이 아니라 각자성을 갖는 존재 이해를 이루는 것이라는 의식을 갖고 있다. 우리가 교육에 대하여 인식하고 있는 현실 세계에는 빈자리로 남아 있는 인식의 세계이다.

독자는 텍스트를 읽을 때, 위 인용문에서와 같이 타자와 마주친다. 그리고 타자를 통하여 표현되고 있는 가능 세계를 의식한다. 가능 세계의 인식은 대상에 대한 독자 인식에서의 빈자리에 대한 의식이다. 대상에 대한 의식의 빈자리는 우리 의식의 바탕에 근원적으로 존재하고 있던 것이다. 우리 의식은 근원적으로 타자와 함께하는 구조이기 때문이다. 우리의 지각장에 타자가 내적 구조로 자리를 잡고 있다. 우리가 대상을 인식하면서 타자를 의식하기만 하면 가능 세계를 인식할 수 있다. 그래서 대상에 대한 전체 인식 세계를 구성하게 된다. 위 인용문을 읽을 때, 우리의 현실 세계가 저자의 가능 세계를 인식하여 전체 인식 세계를 구성하는 것을 점검해 보면 이를 쉽게 알 수 있다.

## 나. 가능 세계와 마주침

독자는 타자를 통해 가능 세계와 만난다. 독자와 가능 세계의 만남을 '마주침'으로 표현하는 것은 필연적이지 않기 때문이다. 마주침은 서로가 부딪침이 우연적으로 일어났지만 관계성이 있음을 뜻한다. 우리가 길에서 누구와 마주쳤다고 말할 때, 시각의 교환이 있었고, 의도하지 않았는데 부딪히게 되었으며, 만난 이가 나와 어떤 관계가 있는 경우이다. 독자가 텍스트에서 타자를 통해 가능 세계를 만나는 것도 마주침의 속성을 갖는다. 의식적 시각의 교환이 있어야 하고, 의도하지 않았지만 인식하게 되었으며, 나의 현실 인식 세계와 관계가 있다. 그렇기에 가능 세계는 '피할 수 없음'으로 우리에게 나타나는 것이기도 하다.

텍스트의 가능 세계는 가려져 있다. 이것이 독자가 텍스트를 읽게한다. 가능 세계를 가리고 있는 것은 익명성(匿名性)이다. 익명성은 타자의 이름이 드러나지 않고 숨겨져 있음의 속성이다. 독자가 타자를 알아보지 못하는 속성인 것이다. 타자가 있음에도 타자를 알아보지 못하기에 익명이다. 이는 타자가 꼭 한 명이 아닐 수 있음을 전제한다. 또한 타자의 드러남이 이름에 따라 다른 모습일 수 있음도 지시한다. 독자가 텍스트를 읽으면서 타자를 명명하게 되면,8) 명명된 타자에 의하여 가능 세계가 드러날 수 있음을 뜻한다. 이를 들뢰즈는 "한 가능 세계의 표현으로서의 타인"(이정우 역, 2020: 485)으로 명명했다.

삼십 개의 바퀴살이 하나의 곡(穀)에 모이는데, 그 텅 빈 공간이 있어서 수레의 기능이 있다. 찰흙을 빚어 그릇을 만드는데, 그 텅 빈 공간이 있어서 그릇의 기능이 있게 된다. 문과 창문을 내어 방을 만드는데, 텅 빈 공간이 있어서 방의 기능이 있게 된다. 그러므로 유는 이로움을 주내고, 무는 기능을 하게 한다(三十輻共一轂, 當其無, 有車之用. 埏埴以爲器, 當其無, 有器之用. 鑿戶牖以爲室, 當其無, 有室之用. 故有之以爲利, 無之以爲用). (『도덕경(道德經)』 11장; 최진석, 2002: 96~97)

윗글은 노자 11장이다. 독자는 이 글을 읽으면서 형태의 있음과 그 행태에 내재된 비어 있음으로 생기는 이득을 인식한다. 그런데

---

8) 명명(命名)은 이름을 지어주는 것으로, 대상 속성을 부여하고 대상을 불러 호출하는 것이다. 텍스트 읽기에서 독자가 행하는 타자에 대한 명명은 텍스트에 내재한 타자는 물론 외재한 타자에게도 이루어진다. 외재한 타자는 텍스트 이해에 작용하는 상호텍스트적으로 존재하는 타자이다.

독자가 이 글을 읽으면서 표현된 내용으로 이 글을 이해했다고 생각하지 않는다. 무엇인가 더 인식해야 할 것이 남아 있음을 직감한다. 그런데 독자는 더 인식해야 할 것을 바로 결정하기가 어렵다. 타자가 익명적으로 존재하는 것이다. 독자는 타자의 이름을 명명하게 될 때, 더 인식해야 할 것이 분명하게 드러난다. 독자가 인식하게 될 가능 세계가 드러나게 되는 것이다.

여기서는 노자가 세계를 보는 기본적인 두 개의 범주인 무(無)와 유(有)의 역할을 설명하고 있다. 그 가운데서도 특히 무의 역할을 강조하여 설명하고 있는 장이다. 즉 무는 자신의 존재를 구체적으로 가지고 있지 않으면서 존재하는 다른 것들을 그것이 지향하는 어떤 방향으로 기능할 수 있게 해주는 것이다. 노자가 보기에 세계는 이런 유와 무라는 두 축의 꼬임으로 되어 있는데, 사람들은 주로 유의 범위만을 대상으로 사고한다. (최진석, 2002: 98)

윗글은 도덕경 11장에 대한 번역자의 해석이다. 이 해석에서의 타자는 사유자로 볼 수(명명할 수) 있다. 타자가 사유자로 명명됨으로써 가능 세계는 한계에 갇혀 있는 우리의 사유가 그 한계를 벗어나는 깨우침을 갖게 하는 것으로 드러난다. 그런데 도덕경 11장을 읽는 독자가 만나는 타자는 반드시 사유자일 필요는 없다. 행위자일 수도 있고, 탐구자일 수도 있으며, 교섭자일 수도 있다. 범주적 구분을 벗어나 특정 개인일 수도 있다. 독자가 타자를 어떻게 명명하는가에 따라 타자가 발현되고, 가능 세계가 인식된다. 텍스트에서 독자가 마주치는 타자는 특정할 수 없다. 독자가 텍스트를 읽고 생성한 현실 세계와의 관계 속에서 타자가 이름을 갖고, 가능 세계를 표현한다.

독자가 텍스트에서 인식할 수 있는 가능 세계는 일상적 대상에서의 가능 세계보다 열린 특성을 갖는다. 이는 독자가 만날 수 있는 타자의 속성과 관련되어 있다. 텍스트는 저자에 의하여 대상에 대한 표현이 정교화되어 있다. 독자의 대상에 대한 인식도 정교화되고 정밀하게 일어날 수 있다.[9] 그렇기에 텍스트를 통한 독자의 현실 인식 세계는 구체적이지만 열린 인식 세계를 가능하게 한다. 위 도덕경 11장을 보면, 구체적인 예시로 독자의 현실 인식 세계를 가지게 하지만 그 가능 세계에 대한 인식은 다양한 가능성으로 남겨놓고 있다.

독자는 텍스트를 읽으면서 현실 세계와 가능 세계를 모두 인식해야 한다. 그렇다고 텍스트에서 인식할 수 있는 모든 가능 세계를 인식해야 하는 것은 아니다. 독자가 표상한 현실 세계와의 관계 속에서 가능 세계를 인식해야 한다. 그렇기에 독자의 가능 세계의 인식 기준은 현실 세계가 된다. 독자가 텍스트를 읽고 인식한 현실 세계의 형태-배경이 가능 세계의 인식을 결정하게 된다. 사실 독자가 구성한 전체 세계는 독자의 현실 세계나 타자의 잠재 세계의 어느 한쪽이 결정하기보다는 두 세계가 상보적으로 생성한다.

## 다. 전체 세계의 생성

독자는 현실 세계와 잠재 세계, 또는 부분 세계들을 종합하여 대상에 대한 전체 세계를 생성한다. 전체 세계는 독자의 인식 세계와 타자

---

9) 우리는 타인의 현존이 야기시키는 효과들을 더 잘 이해라 수 있다. 현대 심리학은 지각장의 기능 작용과 이 장안에서의 대상의 변이들을 설명해주는 보다 풍부한 범주들—형태-배경, 깊이-길이, 주제-잠재력, 대상의 윤곽-통일성, 술 장식-중심, 텍스트-컨텍스트, 명제적-비명제적, 전이 상태들-실체적 부분들 등등—을 만들어냈다(이정우 역, 2020: 483).

의 가능 세계가 질적으로 융합된 인식 세계이다. 이 말은 독자가 텍스트 내용 인식으로 생성한 전체 세계가 독자의 현실 세계와 타자의 가능 세계가 단순 결합의 형식이 아님을 뜻한다. 독자는 텍스트에서 현실 세계와 가능 세계를 토대로 새로운 전체 세계를 생성해 내는 것이다. 독자의 현실 세계가 텍스트 타자의 가능 세계와 마주침을 통하여 새로운 전체 세계로 거듭나는 것이다. 독자가 가능 세계를 그대로 가지는 것도 아니고, 현실 세계의 요소나 부분을 그대로 유지하는 것도 아니다. 독자의 전체 인식 세계는 현실 세계와 가능 세계가 융합되어 새로운 세계를 생성한다.

독자가 인식한 전체 세계는 완결된 것이지 완전한 것은 아니다. 완결은 현실 세계와 가능 세계가 마주쳐 새로운 인식 세계가 생성되었음을 뜻한다. 이는 독자의 전체 세계가 다른 텍스트나 다른 타자의 가능 세계를 마주치게 되면, 다시 부분 세계가 됨을 전제한다. 즉 독자가 생성하는 전체 세계는 가능 세계를 반영하고 있더라도 완결된 것이다. 그렇기에 독자는 텍스트를 늘 새롭게 읽을 수 있게 된다. 그렇다고 완결된 전체 세계가 부족하거나 문제가 있음을 뜻하는 것은 아니다. 그 자체로는 온전한 인식 세계라 할 수 있다. 반면 완전은 그 자체로 모자람이 흠이 없어 완벽하게 됨을 뜻한다. 독자의 텍스트에 대한 인식 세계는 이런 완전이란 있을 수 없다. 현재의 텍스트 이해의 상황에서 일시적으로 텍스트에 대한 전체 인식 세계를 생성한 것에 불과하다.

독자가 텍스트에서 인식한 전체 세계는 다종성, 다양성, 다형태성을 전제한다. 이는 독자가 전체 세계를 생성하게 하는 구조로서의 타자에서 비롯된 것이다. 독자에게 가능 세계를 제시하는 텍스트의 타자는 어느 하나 한정하기가 어렵다. 텍스트 생성과 구성에 관여하는 타자도 있고, 텍스트 내용 인식과 표상에 관여하는 타자도 있으며,

텍스트의 해석을 둘러싼 사회·문화·역사에 관여된 타자도 있다. 독자가 텍스트 이해의 과정에서 어떤 타자와 마주치느냐에 따라 가능 세계의 인식이 달라진다. 이 가능 세계로 인하여 독자의 전체 세계가 결정된다.

> 만일 배움의 과정에서 동일성(분화의 차원)에만 집착한다면 학습자는 어떤 특정 수준을 완성해 그 상태에 머물러 있을 뿐 '자라남'으로서의 '생성'은 경험할 수 없다. 또한 배움의 과정에서 변화(차이생성의 차원)에만 집착한다면 학습자는 의식할 수 없는 변이만 지속하면서 분열의 상태에 빠질 뿐 그 어떤 앎도 이를 수 없다. 달리 말하면, 배움의 과정에 개입되어 있는 분화의 차원이 주체로 하여금 어떤 능력·운동·관점을 등을 구체적으로 '이루게(成)' 한다면, 차이생성의 차원은 주체의 능력·운동·관점이 고착되지 않고 언제나 새롭게 차이적인 것으로 '자라나도록(長)' 한다. 배움에서 주체와 대상은 잠정적 동일성을 지닌 분화의 차원을 끊임없이 배태하면서 차이를 생성하기 때문에 학습자-주체는 비로소 성장한다. (김재춘·배지현, 2016: 229)

윗글에서 보면, 저자들은 배움을 성장으로 설명한다. 저자들은 교육에서의 배움을 통한 성장은 동일성(분화의 차원)에 집착해서도 안 되고, 변화(차이생성의 차원)에만 집착해서 안 된다고 말한다, 그러면 분화의 과정을 통하여 학습 주체가 능력·운동·관점 등을 구체적으로 이루어야 하고[成], 변화의 과정을 통하여 능력·운동·관점이 차이적인 것으로 자라도록[長] 해야 한다는 것이다. 배움은 동일성의 분화 차원이 원인이 되어 차이를 생성하기에 학습자는 성장한다는 것이다. 이는 독자가 위 텍스트를 읽고 인식한 현실 세계이다.

이 텍스트로 현실 세계를 생성한 독자가 국어교육 전공자인 경우에는 타자가 국어교육자의 얼굴 표정을 짓는다. 국어교육에서도 읽기 교육 전공자인 경우에는 읽기 교육자의 표정으로 나타난다. 독자가 구체적으로 타자를 명명하게 되면, 그 타자는 가능 세계를 드러내 제시한다. 읽기 전문가로 명명된 타자는 읽기 교육에서의 동일성에 집착하는 것과 차이생성에 집착하는 것이 무엇인지를 인식하게 한다. 그러면서 학습 독자가 분화의 차원에서 능력·운동·관점을 구체적으로 이루게[成] 하는 것을 인식할 수 있게 하고, 차이생성의 차원에서 능력·운동·관점이 차이적인 것으로 자라나도록[長] 하는 것을 인식할 수 있게 한다. 그렇게 함으로써 읽기 교육에서 학습 독자의 성장의 관념을 전체 세계로 생성한다.

독자의 텍스트에 대한 전체 세계의 인식은 텍스트에 대한 가치 생성 또는 의미 생성이 된다. 독자가 인식한 텍스트의 전체 세계가 곧 가치와 관련된다. 이는 텍스트에 대한 전체 세계 인식이 곧 독자가 생성한 의미이다. 독자의 현재 세계가 가능 세계에 의하여 전체 세계로 새롭게 생성함이 의미 생성이고 텍스트 이해인 것이다. 위의 인용문을 읽은 독자가, 읽기 교육은 분화의 차원과 차이생성의 차원에서 학습 독자를 성장시키는 것으로 새로운 인식 세계를 생성한 것이 곧 의미 생성이다. 이로써 독자는 텍스트에 대한 이해를 이루게 된다.

텍스트 이해에서의 가능 세계는 독자가 텍스트의 의미를 해석하는 단서이다. 독자는 자신이 인식한 현실 세계를 가능 세계를 이용해 전체 세계로 생성해 내게 된다. 이 새롭게 생성된 인식 세계는 독자가 텍스트의 의미를 이해하게 한다. 독자는 텍스트에 내재된 또는 텍스트가 함의하고 있는 의미를 이해하게 된다. 이는 독자의 일방적인 해석이나 텍스트가 독자에게 일방적으로 전달하는 의미가 아니다.

독자와 텍스트가 상보적으로 이루어 낸 의미 생성이다. 독자의 자아가 텍스트에 내재한 타자와의 소통을 통하여 생성한 의미이다. 이 가능 세계에서 비롯된 독자의 텍스트 이해는 완결성을 가지면서 내적 타당성도 지닌다.

## 4. 가능 세계 읽기의 실천

텍스트는 그 자체로 타자이면서 다양한 타자를 포함하고 있다. 텍스트에 내재하는 타자들의 역할 또한 다양하다. 독자에게 말을 걸기도 하고, 무엇인가를 알려주기도 한다. 질문하고, 과제를 내고, 사유를 요구하고, 행동을 지시한다. 독자도 이들 타자와 다양한 방식으로 소통한다. 텍스트 읽기는 타자의 관점에서 보면, 독자는 텍스트에 내재한 타자와 소통을 위해 책을 읽는다. 독자가 텍스트를 읽으면 타자와 하는 소통은 어떻게 보는가에 따라 달라진다. 또한 독자의 실제적 소통도 독자가 선택하는 방식에 따라 달라진다. 텍스트에 내재한 타자는 독자와 언제나 독자가 원하는 방식으로 소통할 준비가 되어 있다.

이 장에서는 들뢰즈의 가능 세계를 표현하고 있는 타자를 검토하였다. 들뢰즈는 타자를 '한 가능 세계의 표현으로' 본다. 타자는 독자가 인식할 수 있는 가능 세계를 드러내 보여주는 표현자라는 것이다. 그렇지만 타자가 표현하는 가상 세계는 곧바로 드러나지 않은 잠재 세계이고, 부분의 인식 세계이다. 이 타자의 가능 세계는 우리가 대상을 의식하여 현실 세계로 인식하게 되면, 그 본질적 근원으로 존재한다. 그래서 우리가 대상을 인식할 때, 타자를 의식하면 우리에게 드러나 인식되는 세계가 가능 세계이다. 우리가 가능 세계를 인식하게 됨으로써 대상에 대한 전체 인식 세계를 생성할 수 있다. 가능 세계가 반영되지 않은 우리의 대상에 대한 인식은 부분 인식으로 대상과 인식이 구분되지 않은 현실 세계일 뿐이다.

독자는 텍스트에 내재한 타자와의 마주침으로 가능 세계를 인식할 수 있다. 독자는 텍스트를 읽고 현실 세계를 표상하면서 타자와 마주친다. 독자는 이 마주친 타자를 통하여 가능 세계를 접할 수 있다. 타자가 가능 세계를 표현하고 있기 때문이다. 텍스트에 내재한 타자는 다양할 수 있지만 독자는 표상한 현실 세계에 기초해 타자와 마주하게 된다. 독자가 타자와 마주하게 되면 타자가 드러내는 가능 세계를 인식하게 된다. 가능 세계를 인식한 독자는 이 가능 세계를 토대로 자신의 현실 세계를 재생성함으로써 텍스트에 대한 전체 인식 세계를 구성하게 된다. 독자는 텍스트에 대한 전체 인식 세계를 생성함으로써 텍스트 이해에 이르게 된다.

텍스트 이해에 대한 논의와 텍스트 이해 교육에서 가능 세계를 구체적으로 논의하지 못한 점이 있다. 텍스트에 내재한 타자에 대한 인식은 있었지만 텍스트 타자가 제시하는 가능 세계에 대해서는 논의가 부족한 점이 있다. 들뢰즈의 가능 세계의 관점에서 읽기를 보면, 독자의 텍스트 이해는 가능 세계에 토대로 이루어지는 측면이 있다. 특히 타자가 제시하는 가능 세계의 논의는 텍스트 이해에서 관심을 가지고 깊이 있게 논의를 요한다. 이 논의에서는 들뢰즈의 가능 세계 논의가 텍스트 이해에 어떻게 접속될 수 있는지를 가늠하는 것을 살폈다. 텍스트 이해에 작용하는 가능 세계에 대해서는 폭넓은 논의가 필요하다.

# 제8장 차이생성 읽기

## 1. 차이 반복과 읽기

'차이생성은 변화의 힘이다. 읽기는 차이생성 활동이어야 한다. 읽기 교육은 독자가 차이생성을 하는 텍스트 읽기를 하도록 이루어져야 한다.' 들뢰즈와 관련된 책[1]을 읽으며 한 생각이다. 들뢰즈는 대상의 인식에서 동일성보다 차이성을 강조한다. 차이성보다는 차이생성을 더 강조한다. 읽기 교육에서도 텍스트의 의미 동일성을 강조하거나 차이성을 강조한다.[2] 물론 차이생성을 강조하는 읽기도 있을 수 있다.

---

1) 김재춘·배지현(2016)이 쓴 『들뢰즈와 교육』이라는 책으로, 들뢰즈의 『차이와 반복』의 내용을 교육학적으로 해석하여 차이생성의 교육 방향을 제시하고 있다.
2) 읽기에서 동일성 반복의 강조는 텍스트 중심 읽기나 독자 중심 읽기에서 모두 이루어진다. 텍스트 중심 읽기는 텍스트 의미를 독자 간에 공유하게 함으로써, 독자 중심 읽기는 독자의 배경지식에 의한 동일 의미를 구성하게 함으로써 동일성 반복을 하게 한다. 다만, 독자 중심 읽기는 독자 간의 의미 차이성을 강조하지만 차이의 반복과는 관련이 없다.

그렇지만 독자의 차이생성을 위한 읽기(이하 차이생성 읽기)에 대한 논의는 충분하지 못하다. 독자의 텍스트 이해에서 의미의 동일성이나 차이성을 강조하는 접근에서 벗어나기 위한 논리가 필요하다. 이를 위해서는 들뢰즈의 논의를 바탕으로 한 교육에 대한 논의들을 참고할 수 있다. 이 장에서는 김재춘·배지현(2016)의 논의를 토대로 차이생성 읽기를 고찰한다.

차이생성 읽기 관점에서 볼 때, 비판되어야 할 읽기는 동일성 의미를 반복 구성하는 읽기이다. 동일성 의미를 반복 구성하는 읽기는 두 가지로 구분된다. 하나는 다른 독자가 구성한 의미를 반복 구성하는 읽기이다. 이 읽기를 하는 독자는 텍스트를 읽고 다른 독자가 찾아낸 의미를 찾으려고 한다. 같은 텍스트를 읽은 독자들은 같은 의미 즉 상동적(相同的) 의미3)를 구성하는 것이다. 상동적 의미는 독자들이 같은 읽기 방식을 사용함으로써 의미의 반복이 일어나게 한다. 다른 하나는 독자가 텍스트를 읽을 때마다 같은 의미를 반복 구성하는 읽기이다. 독자의 구성 의미가 늘 같은 의미로 귀착되는 읽기를 하는 것이다. 이 읽기를 하는 독자는 다른 텍스트를 읽고도 닮은 의미, 즉 동화적(同化的) 의미4)를 구성한다.5) 독자가 자신의 경험과 배경지식의 한계 내에서 텍스트의 의미를 구성하기 때문이다. 독자는 동일한 의미를 반복 구성하면서도 이를 벗어나려 하지 않는다. 동일성을 반복하는 의미 구성이 독자에게 심리적 소속감이나 만족감을 주는 면이

---

3) 상동적 의미는 서로 다른 두 독자가 같은 텍스트를 읽고 동일하게 구성한 의미를 가리킨다. 김도남(2018b)에서는 이 상동적 의미를 전체성의 관점에서 논의하였다.

4) 동화적 의미는 한 독자가 다른 두 텍스트를 읽고 유사하게 구성한 의미를 가리킨다.

5) 이 동화적 의미를 독자 간에서 보면 차이성이 드러난다. 독자들은 각자의 배경지식 차이로 인해 텍스트를 읽고 각기 다른 의미를 구성한다.

있기 때문이다. 상동적 의미는 해석공동체의 일원으로서의 소속감을, 동화적 의미는 주관적 해석의 만족감을 제공한다.

독자가 구성하는 의미의 반복은 동일성을 전제한다. 동일성은 차이 나지 않음이다. 두 가지 이상의 대상이나 내용이 차이 나지 않고 닮아 있음이 동일성이다. 상동적 의미의 반복은 공동체적 동일성이라 할 수 있다. 공동체적 동일성은 개인적 예외를 인정하지 않고 공동체 구성원이면 같은 의미를 갖게 한다. 예를 들어, 「홍부전」을 읽은 모든 독자가 '권선징악'을 주제로 생각하는 것이다. 상동적 의미는 공동체 구성원들의 의미 동일성을 전제한다. 공동체 구성원들은 상동적 의미 에 관심을 가지고 이를 가치 있는 것으로 여긴다. 동화적 의미는 개별 적 동일성이다. 개별적 동일성은 한 독자가 구성하는 의미가 닮는 특성이다. 예를 들면 「홍부전」의 주제가 권선징악이라고 파악하면 「춘향전」도 권선징악으로 이해하는 것이다. 개별 독자가 읽기 조건을 바꾸지 않는 한 동화적 의미를 구성하게 된다.

읽기 교육은 독자가 동일성 의미를 반복 구성하도록 강화한다. 독 자가 텍스트를 읽고 상동적 의미나 동화적 의미를 반복하게 되는 주 요 원인이 교육이다. 교육은 독자의 의미 구성 방식을 결정하는 강력 한 제도인 것이다. 독자는 읽기 교육을 통하여 의미를 구성하는 방식 을 배우고 읽기를 실천한다. 상동적 의미를 구성하도록 배운 독자는 상동적 의미를, 동화적 의미를 구성하도록 배운 독자는 동화적 의미 를 구성한다. 독자는 자신이 배운 방식을 정당한 것으로 생각하기 때문에 이를 벗어나기가 쉽지 않다. 독자가 다른 형태의 의미 구성을 하도록 하기 위해서는 새로운 읽기 교육을 해야 한다.

차이생성 읽기를 위해서는 동일성 의미의 반복 구성에서 벗어나야 한다. 상동적 의미나 동화적 의미를 구성하는 읽기는 차이생성 읽기를 방해한다. 상동적 의미를 강조하는 읽기는 차이생성의 의식 자체를 배제하고, 동화적 의미를 강조하는 읽기는 차이생성의 의식을 회피한다. 그래서 차이생성 읽기는 차이생성의 논리를 필요로 한다. 독자의 차이생성 읽기 논리가 마련되었을 때 차이생성 읽기의 적극성이 확보된다. 독자의 텍스트 이해에 대한 차이생성의 방법을 들뢰즈의 논리를 토대로 살펴본다.[6] 이를 통해 독자의 차이생성을 위한 읽기 방법의 논의장을 마련한다.

## 2. 차이생성 읽기의 특성

독자의 텍스트 읽기 방식을 동일성 반복 읽기와 차이생성 읽기로 나눌 수 있다. 동일성 반복 읽기는 독자 사이나 독자 내에서 같은 의미를 반복하여 구성하는 것이다. 차이생성 읽기는 독자 사이나 독자 내에서 차이 나는 의미를 반복하여 생성하는 것이다. 독자는 텍스트를 읽고 차이 나는 의식 내용을 생성할 때 그 존재적 의미를 가질 수 있다. 독자는 텍스트 이해를 통하여 의식 내용이 바뀔 때 자신을 새롭게 인식하게 된다. 여기서는 동일성 반복 읽기의 방식을 검토한 후, 차이생성 읽기에 대하여 살펴본다.

---

6) 이 논의는 김재춘·배지현(2016)의 『들뢰즈와 교육』에서 밝힌 차이생성의 논리를 바탕으로 한다.

## 가. 동일성 반복 읽기

동일성을 반복하는 읽기는 독자 간 또는 독자 내에서 동일한 의미를 반복 구성하는 읽기이다. 이 읽기는 상동적 의미를 구성하는 읽기와 동화적 의미를 구성하는 읽기로 구분할 수 있다. 이 동일성을 반복하는 읽기를 살펴보면 다음과 같다.

### 1) 상동적 의미를 반복하는 읽기

상동적 의미를 반복하는 읽기는 텍스트 중심 읽기 접근과 관련이 있다. 텍스트 중심 읽기는 텍스트 속에 필자의 의도나 주제적 의미가 있다고 전제한다.[7] 이 접근은 텍스트의 의미가 단일하거나 고유하다는 의식을 반영하고 있다. 그래서 독자는 텍스트에서 이 단일한 의미를 찾아야 한다고 본다. 그리고 독자는 텍스트의 단일한 의미를 받아들이는 것을 이해로 여긴다. 그렇기에 이 텍스트 이해 방식은 독자의 동일한 의미 반복을 당연시한다.

텍스트 중심 읽기 접근은 텍스트에 들어 있는 내용이나 의미를 독자가 수용할 것을 강조한다. 이는 읽기를 의사소통으로 보는 것이지만, 필자가 전달하는 바가 독자에게 그대로 전달되어야 한다고 보는 의사소통이다.

(가) 독서란 이러한 문자를 통하여 상대자와 의사소통을 하는 것이다. 그런데 바른 의사소통이란 작자의 마음에 생긴 생각이나 느낌이 문자에

---

7) 이에 대한 논의는 정동화·이현복·최현섭(1987: 265, 402)를 참조할 수 있다.

의해 표출된 심상을 전달자와 가장 가깝게 감수, 재생하는 것이다.
(정동화·이현복·최현섭, 1987: 265)

(나) 독서라 함은 쓰여 지거나 인쇄화된 필자의 사상과 감정의 표상을 독서의 3가지 기초 조건이라 할 수 있는 읽을 자료, 독자의 지식, 생리적·지적 활동인 상호작용에 의하여 독자의 마음속에 깊이 새기는 과정이다. (손정표, 1985: 11)

글 (가)와 (나)를 보면, 독자는 텍스트의 내용을 표상하여 '작자의 마음에 생긴 생각이나 느낌' 또는 '필자의 사상이나 감정'을 찾아야 한다. 그리고 필자의 생각과 감정을 독자는 '감수 또는 재생'하거나 '마음속에 깊이 새겨'야 한다. 글 (가)와 (나)의 관점에서 보면, 읽기는 필자의 '생각이나 느낌' 또는 '사상과 감정'을 동일성이 유지되도록 반복해야 한다. 텍스트는 필자의 생각이나 감정을 독자에게 전달하는 매개체이다. 이 관점에서 보면, 읽기를 하는 이유는 필자의 생각이나 감정을 독자의 생각 내용으로 만들기 위해서이다.

(다) 문학 작품은 하나의 완전한 구조물이다. 문학은 주제, 소재, 운율, 플롯, 어조 등등 많은 요소들로 이루어져 있는데, 이 모든 요소들은 주제를 향하여 질서정연하게 통일되어 있어서 남거나 모자라는 것이 없고 결합된 순서도 달리 어찌할 도리 없이 필연적으로 결구되어 있는 것이다. (정동화·이현복·최현섭, 1987: 402)

글 (다)는 텍스트 중심 읽기의 또 다른 관점이다. 이 관점에서는 텍스트를 하나의 온전한 대상으로 본다. 그리고 텍스트의 모든 요소는 텍스트의 주제를 드러내는 데 집중된다고 본다. 그래서 읽기를 하나의 온전한 구조물인 텍스트를 분석하여 주제를 찾는 일[8]로 여긴다. 그렇지만 독자가 자기만의 읽기 방법으로 텍스트의 주제를 찾기는 쉽지 않다. 주제를 찾기 위한 텍스트 분석 방법이 전문성을 필요로 하기 때문이다. 그래서 일반 독자나 학생들은 전문가들의 사용한 방법을 따라 텍스트 주제를 찾으며 텍스트를 읽는다고 할 수 있다. 이 읽기는 독자는 다른 독자(전문가)가 밝혀 놓은 텍스트의 주제를 반복하여 확인하는 읽기를 하는 것이다. 독자는 다른 독자와의 동일성 있는 상동적 의미를 반복하는 것이다.

독자의 텍스트 읽기가 동일성 의미를 반복하게 하는 데는 학교 학습이 크게 기여했다. 독자들은 학교 학습을 통해 텍스트를 읽기 전에 필자의 생각이나 주제를 인식한다. 독자는 교사, 교과서, 학습 자료에서 읽을 텍스트의 필자 생각이나 주제에 대한 정보를 학습했던 것이다. 그래서 읽기는 이미 주어져 있는 텍스트의 의미를 반복하여 확인하는 활동으로 이루어졌다. 학교에서는 이를 위해 독자가 전문가의 읽는 방법과 같은 방법인 분석적인 방법으로 학생들이 읽기를 하게 했다.[9] 독자는 전문가가 찾은 텍스트의 의미를 반복하여 찾아야 했다. 즉 독자가 텍스트에서 얻어야 하는 의미는 전문가와 상동적인 것이다.

---

8) 문학 작품을 분석한다는 것은 작품을 구성하는 분리된 여러 부분을 일체가 되게 하고(이 점은 작품을 산산조각으로 분해한다는 개념과 대충 일치한다), 여러 부분 사이의 관계를 결정하며, 전체에 대한 각 부분과의 관계를 발견하는 데 있다(정동화·이현복·최현섭, 1987: 414).

9) 이의 대표적인 방법은 지식의 구조 교육을 강조하는 브루너의 탐구학습 방법을 들 수 있다. 탐구학습 방법은 학습자가 학자와 같은 방법으로 학습 활동을 하여 지식을 발견하는 원리이다(이홍우, 2006: 261). 탐구학습과 궤를 같이하는 텍스트 중심 읽기의 교육 방법을 알 수 있는 문학교육의 교수–학습 모형을 살펴보면 다음과 같다(정동화·이현복·최현섭, 1987: 417).

교육에서 동일성을 가진 의미의 반복은 암기와 평가에 의하여 이루어졌다. 독자들은 스스로 텍스트를 분석할 능력이 부족하기에 전문가가 이미 밝혀 놓은 의미를 암기할 수밖에 없다. 암기된 것을 확인하기 위해서는 평가가 중요하게 활용되었다. 평가는 독자가 전문가와 동일한 읽기 방법을 사용하여 동일한 의미를 구성할 수 있는지를 확인하는 수단이었다. 그래서 읽기 평가는 특정 테스트의 의미를 수업 시간에 가르쳐 준 대로 찾거나 외운 것을 드러내는 방식으로 이루어졌다. 이 관점의 읽기에서는 의미의 동일성이 강조되기 때문에 개별성은 정당한 것으로 인정되지 않았다.

　상동적 의미의 반복은 해석공동체를 구성하는 데 기여한다. 해석공동체는 독자들이 텍스트의 상동적 의미를 공유함으로써 형성된다. 이 해석공동체 내에서는 독자 간에 상동적 의미의 반복이 지속적으로 이루어지게 된다. 해석공동체 내에서의 의미 반복은 전문가에서 교사로, 교사에서 학생으로 이루어진다. 상동적 의미의 반복은 독자들의 수직적 의미 전달 관계를 특성으로 한다.

| 지도 과정 | | 지도 내용 |
|---|---|---|
| 1. 도입 | | • 학습 동기 부여, 흥미, 내용 암시 |
| 2. 전개 | ①개관단계 | • 통독<br>• 장면, 정서, 대체적 내용, 글의 유형, 분위기 |
| | ②분석 단계 | • 정독<br>• 인물, 배경, 시점, 주제, 함축, 심상, 어조, 운율, 제재, 작중화자(서정적 자아), 줄거리, 갈등, 상상, 시상, 비유, 상징, 우유, 문제, 구성(연·행, 장·막, 발단·전개·위기·절정·결말), 정서, 장르 특징, 작가론, 작품론, 문학론, 문학사, 문예사조, 낱말(형식 및 내용) |
| | ③종합 단계 | • 통일적 구조 효과 |
| | ④감상·비평단계 | • 미독<br>• 낭독, 즐기기(표현, 내용), 가치관의 내면화, 미적 양상<br>• 가치 |
| 3. 정리·확인 | | • 학습 내용 확인 |
| 4. 발전 | | • 작문(감상문, 창작)<br>• 독서 |

## 2) 동화적 의미를 반복하는 읽기

동화적 의미를 반복하는 읽기는 독자 중심 읽기 접근과 관련이 있다. 독자 중심 읽기 접근은 독자가 텍스트로부터 의미를 구성한다고 본다. 독자가 구성하는 의미에는 독자 고유의 배경지식이 반영되어 개별성을 띤다고 여긴다. 그러면서 텍스트의 내용과는 다른 독자만의 의미 구성을 강조한다. 텍스트의 내용은 독자가 구성하는 의미의 단서일 뿐, 독자가 구성하는 의미는 텍스트 내용과는 다를 수 있다고 본다. 이것은 독자가 텍스트의 의미를 주도적으로 결정함을 의미한다. 독자가 텍스트의 의미를 결정하는 토대는 배경지식이다.

> (라) 실제 읽기 과정에서 독자는 철자나 단어와 같은 낮은 수준의 자원으로부터 정보를 획득하기도 하지만, 또한 독자는 인간, 자연, 사물 등에 대한 그의 배경지식, 그리고 텍스트의 구성과 조직에 대한 지식을 활용하여 의미를 구성하기도 한다. 텍스트는 의미의 본체가 아니다. 텍스트는 독자가 의미를 구성할 때 그의 배경지식을 선정하고 조직하는 데 필요한 의미 구성의 자극체일 뿐이다. (노명완·박영목·권경안, 1994: 198)
>
> (마) 글의 이해는 부분들의 종합이 아니라 글에 언급된 대상이나 상황을 일관되게 해석해줄 수 있는 스키마의 구성(또는 활용) 과정이라고 할 수 있다. 즉 의미는 글 속에 있는 것이 아니라, 독자의 머리 속에 있는 스키마의 형태로 있으며, 이 스키마가 글을 해석해 주는 것이다. (노명완, 1994: 276)

글 (라)와 (마)는 독자 중심 읽기에서 독자가 어떻게 의미를 구성하는지를 설명하는 내용이다. 텍스트는 독자가 의미를 구성하게 하는 자극체일 뿐이고, 독자의 배경지식(스키마)이 의미 구성의 주요 요인이다. 배경지식이 독자가 구성하는 의미를 결정한다는 것이다. 그런데 텍스트의 의미를 결정하는 독자의 배경지식은 무한하거나 텍스트마다 다를 수 없다. 독자의 배경지식은 그 내용과 작용에서 일정한 한계 범위를 갖고 있다. 이 배경지식에 의한 의미 구성은 제한점을 갖게 된다. 즉 독자의 의미 구성이 배경지식의 범위 내에서 이루어지고, 그 결과 각각의 텍스트에 대한 의미가 유사성 또는 동일성을 띠게 된다. 동일성 의미를 반복 구성하는 것이다. 결국 배경지식이 동화적 의미를 반복하게 만드는 것이다.

독자 중심 읽기 교육은 독자의 읽기 능력 신장을 목표로 한다. 읽기 능력의 신장은 읽기 기능의 학습을 통하여 이루어진다고 본다.10) 읽기 기능은 읽기 전문가들이 텍스트를 읽는 데 사용하는 심리적 도구이다. 이 읽기 기능은 교사의 시범11)을 통하여 학생에게로 전달된다.12) 동일한 기능이 교사와 학생 사이에 반복되는 것이다. 읽기 교육으로 전달되는 교사와 학생 간의 읽기 기능은 동일하다. 학생 독자들은 동일한 읽기 기능을 공유하는 것이다. 이러한 읽기 기능의 공유도 동일성을 반복하게 하는 또 다른 요인이 된다. 독자의 배경지식이나 읽기 기능을 활용한 독자의 의미 구성은 동일성을 벗어나기 어렵다.

---

10) 2015 국어과 교육과정의 읽기 영역 교육 내용은 지식, 기능, 태도이고, 이들 모두 읽기 능력 향상에 영향을 주지만 교육내용 구성에서 많은 비중을 차지하는 것이 '기능'이다.
11) 국어과에서 '기능'을 지도하는 대표적인 방법이 직접 교수법이다. 직접 교수법은 교사가 기능의 사용 방법을 시범을 보이면 학생이 이를 따라(반복)함으로써 배울 수 있다.
12) 읽기 교육의 주요 교육 내용이 읽기 기능이라는 점에서 보면, 읽기 교육은 상동적 의미 구성을 강조하는 특성도 가진다. 모든 학생들에게 같은 읽기 기능을 사용하여 읽기를 할 수 있도록 지도하기 때문이다.

이 동화적 의미를 반복하는 읽기는 개인적 의미 구성을 강조한다. 각 독자는 배경지식에 의하여 다른 의미를 구성한다고 본다. 독자 간의 배경지식은 다를 수 있다. 배경지식의 차이는 독자가 구성하는 의미의 차이를 만들어 낸다. 독자 내에서는 동일성이 반복되지만 독자 간에는 의미의 차이가 존재하는 것이다. 이 의미의 차이는 독자 개인에게는 개별적 동일성에 의한 만족감을 제공하지만 독자 간에는 의미 소통의 단절이 일어나게도 한다. 이 소통의 단절도 독자가 동화적 의미를 반복하여 구성하게 하는 역할을 한다. 독자가 자신에게 익숙한 읽기 방법을 사용하고, 스스로 만족하는 의미 구성을 위해 자신의 의식 활동 범위 내에 안주해도 되기 때문이다.

## 나. 차이생성 읽기의 구조

독자의 텍스트 이해에서 동일성 의미의 반복은 읽기 이론이나 읽기 교육이론에서 비롯된다. 이들 읽기 이론이나 읽기 교육이론이 텍스트 요인이나 독자 요인 중 한두 요인만 강조하면서 비롯되었다. 필자의 생각이나 텍스트의 주제, 독자의 배경지식 등이 그것이다. 이들 특정 요인만 강조하면 동일성 의미의 반복을 벗어나기 어렵다. 그렇다고 이들 요인을 동시에 모두 강조한다고 달라질 것은 없다. 이들 요인을 동시에 고려해도 근본적인 읽기 방식은 달라지지 않기 때문이다. 이 들 요인 속에는 동일성 의미의 반복을 벗어날 수 있는 단초가 없다. 동일성 의미의 반복을 벗어나려면 독자와 텍스트가 관계하는 방식을 바꾸어야 한다. 독자가 차이생성을 하는 텍스트 읽기를 할 수 있도록 하는 관계의 방식이 필요한 것이다.

## 1) 계열: 선택과 배치

들뢰즈는 주체의 대상에 대한 차이생성 인식이 다른 대상과의 관계 맺음으로 이루어진다고 본다. 한 대상을 다른 대상과의 관계 속에서 보면 차이가 생성되게 인식할 수 있다는 것이다. 대상들의 관계를 지시하는 말이 계열이다.[13] 차이생성 인식은 하나의 대상을 계열 관계에 있는 다른 여러 대상과의 관계에서 인식하는 것이다. 대상들이 계열을 이루게 하는 내적 조건은 선택과 배치이다. 관계를 맺을 대상을 정하는 것이 선택이고, 선택된 대상들을 관계 지어 묶는 것이 배치이다. 대상에 대한 인식의 차이는 이 계열에 의하여 일어난다. 텍스트 이해도 마찬가지일 수 있다. 한 텍스트를 다른 텍스트와의 관계에서 보면, 관계를 맺는 텍스트에 따라 그 차이가 드러날 수 있다.

계열의 관점에서 보면, 독자의 차이생성 읽기에 대한 단서를 얻을 수 있다. 텍스트는 독자가 어떤 계열 조건에서 접근하느냐에 따라 드러내는 표식(標識: 다른 것과 구별해서 알게 해주는 표시나 특징)[14]이 달라진다. 이 표식을 들뢰즈는 '기호' 또는 '신호'라고 한다(김재춘·배지현, 2016: 114). 표식에 대한 예로 잔디를 보면, 잔디는 우리가 주변에서 흔히 보는 풀이다. 사람들은 잔디의 종류[15]를 잘 구분하지 못한다.

---

13) 들뢰즈의 계열에 대한 논의는 김재춘·배지현(2016: 44~50)을 참조할 수 있다.
14) 들뢰즈의 용어 '기호' 대신에 '표식'을 쓰는 것은 국어교육계에서 '기호'는 특정한 의미로 인식되어 이 논의를 읽는 독자가 오독할 수 있기 때문이다.
15) 한국 잔디는 금잔디, 들잔디, 왕잔디, 비단잔디, 에머랄드 잔디가 있고, 서양 잔디는 켄터키 블루글라스(왕포아풀), 러프 블루글라스, 에뉴얼 블루글라스, 캐나다 블루글라스, 크리핑 밴드글라스, 휘이트 글라스, 벤트 그라스, 버뮤다 그라스, 페스큐 그라스, 라이 그라스 등이 있다.
http://cafe.daum.net/designyoung/2BQx/68?q=%C7%D1%B1%B9%C0%DC%B5%F0%20%C1%BE%B7%F9

잔디는 모두 비슷하게 보인다. 그렇지만 잔디를 재배하여 팔거나 관리하는 사람들은 종별로 구분한다. 이들의 눈에 각 잔디는 모양, 색깔, 크기, 생태 등의 표식이 다르다.

사람들이 잔디를 종류별로 구분하지 못하는 것은 개념에 기초하여 잔디를 인식하기 때문이다. 개념은 사물을 몇 가지 특성16)을 기반으로 구분하여 인식하게 한다. 이를 개념적 차이라고 한다. 개념적 차이는 공통성이나 동일성을 바탕으로 대상을 인식하는 방식이다. 공통성을 가지고 있으면 모두 동일한 것으로 판단하는 것이다. 들뢰즈는 이러한 개념적 차이 외에 개별성을 바탕으로 대상을 인식하는 방식을 제안한다(김재춘·배지현, 2016: 44~50). 이를 '차이 그 자체'에 의한 인식이라 한다. '차이 그 자체'는 차이의 체계에 의하여 드러나는 차이이다. 차이의 체계는 계열 속에서 만들어진다.

잔디의 한 계열 체계를 보면, 한국 잔디와 서양 잔디로 나누어지고, 한국 잔디는 하위의 여러 잔디로 나누어지고, 서양 잔디도 그 하위에 여러 가지 잔디가 있다. 각 잔디는 계열의 체계 내에서 구분되고 그 특성을 드러낸다. 이렇게 대상들이 계열을 형성하여 체계 내에서 차이를 만들어 내는 것을 '차이화'라 한다(김재춘·배지현, 2016: 45~48). 대상의 차이화는 하나의 계열로 끝나는 것이 아니다. 하나의 잔디는 다른 계열 속에서 다른 체계를 이루게 됨으로써 또 다른 차이화를 이룬다. 잔디의 기능, 품질, 가격, 쓰일 장소, 관리 방법 등에서 차이화를 이룬다. 계열 관계가 달라지면 차이생성의 반복이 발생하는 것이

---

16) 몇 가지 특성은 동일성, 유사성, 대립 등으로 파악하는 것이다. 어떤 사람들을 백색 인종에 속하는 사람들(백인종)이라고 개념화해 보자. 이 사람들의 얼굴빛은 모두 흰색으로 동일하다고 생각거나(동일성 파악), 생김새가 서로 비슷하다고 생각거나(유사성 파악), 이들의 얼굴빛과 가장 차이 나는 흑인들을 떠올려 볼 수 있다(대립 파악). 이렇게 개념화에는 동일성, 유사성, 대립 등을 파악하는 활동이 수반된다(김개춘·배지현, 2016: 44~45).

다. 하나의 대상이 특정한 계열 관계에 놓일 때마다 차이화는 계속 일어난다. 이러한 차이화는 하나의 잔디를 개념적 차이가 아닌 차이 그 자체를 인식하게 한다.

텍스트도 마찬가지이다. 텍스트도 계열을 이루어 다양한 체계 속에서 차이화를 이룬다. 읽기 교육 관련 텍스트를 생각해 보면, 텍스트 중심 읽기 교육 계열 텍스트와 독자 중심 읽기 교육 계열 텍스트로 나눌 수 있다. 텍스트 중심 읽기 교육 계열 텍스트는 정동화·이현복·최현섭(1987, 『국어과교육론』), 이대규(1998, 『국어교육의 이론』), 김원경 (1997, 『국어과(교과)교육학』) 등이 있다. 독자 중심 읽기 교육 계열 텍스트는 노명완(1988, 『국어교육론』), 노명완·박영목·권경안(1994, 『국어과 교육론』), 한철우 외(2001, 『과정중심 독서지도』), 박수자(2001, 『읽기 지도의 이해』) 등이 있다. 이들 읽기 교육 관련 텍스트들은 계열에 의하여 구분되고, 그 내용의 특성을 갖는다. 이들 텍스트가 다른 계열을 이루게 되면 그의 내용 특성은 차이화를 이루어 달리 인식된다. 예를 들어, 정동화·이현복·최현섭(1987)을 구조주의 읽기 이론 텍스트들과, 이대규(1998)는 수사학 관련 텍스트들과, 김원경(1997)은 심리학 관련 텍스트들과 계열 관계를 이루게 할 수 있다. 이때의 각 텍스트는 계열의 체계 속에서 내용의 차이화를 실현한다.

텍스트의 계열은 관련 텍스트들의 선택과 배치에 따라 결정된다. 텍스트는 다른 텍스트의 관계 속에서 차이화를 이루고 의미를 드러내는 것이다. 이때 독자는 텍스트의 특정한 계열과 체계를 부각하여 인식함으로써 텍스트의 의미를 규정할 수 있다. 독자는 텍스트의 관련 계열을 여러 측면에서 고려할 수 있지만 읽는 시점에서는 특정 계열에 관심을 기울여 이해하게 된다. 이는 독자가 관심을 기울이는 방향에 따라 텍스트가 드러내는 표식이 달라지고, 독자는 이 표식과 관계를 하기 때문이다. 독자가 텍스트를 인식하는 것은 잔디 관리사가 잔디의 표식을 인식하여 차이화하는 것과 같다. 독자는 텍스트가 드러내는 표식을 인식함으로써 텍스트와 관계를 맺게 된다.

## 2) 차원: 현실적 차원과 잠재적 차원

대상에 대한 차이생성 인식은 내적 요인에 의하여 이루어진다. 잔디 관리사가 잔디의 차이 그 차체를 인식하고, 독자가 텍스트의 차이 그 자체를 인식하는 것은 내적 요인에 따른 것이다. 이 내적 요인이 강도와 이념이다. 강도와 이념이라는 말은 들뢰즈의 독특한 개념을 표현하는 말로, 차이생성의 근본 요인이다. 대상에 대한 차이생성은 강도와 이념에 의하여 이루어진다. 이 강도와 이념은 대상에 대한 인식 주체의 인식 요인이다. 이 말은 주체의 대상 인식이 강도와 이념으로 구분됨을 의미한다. 이 강도와 이념은 의식 내용의 내적 요인으로 잠재적 차원에 속하는 것이다. 즉 주체의 대상 인식이 현실적 차원에서 이루지만 이를 가능하게 하는 잠재적 차원의 의식 활동에서 비롯됨을 의미한다.17) 그리고 잠재적 차원의 의식 활동은 주체의 대상 인식과 이해가 일어나는 곳임을 뜻한다. 강도나 이념은 잠재적 차원의 구성 요소로서 차이생성의 요인들이다. 이를 텍스트 이해와 관련하여 살펴본다.

---

17) 들뢰즈의 현실적 차원과 잠재적 차원을 그림으로 표현하면 다음과 같다(김재춘·배지현, 2016: 105~108 참조).

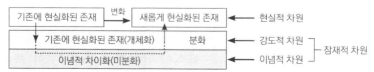

들뢰즈의 논리를 따르면, 주체의 대상 인식은 두 가지 차원에서 이루어진다. 현실적 차원과 잠재적 차원이다(김재춘·배지현, 2016: 67~70). 먼저 현실적 차원을 살펴보면, 현실적 차원은 다시 두 차원으로 나눌 수 있다. 대상 인식 과정의 차원(기존에 현실화된 존재)과 대상 이해 과정의 차원(새롭게 현실화된 존재)이다. 이 두 차원을 읽기와 관련지어 보면, 텍스트 인식 차원과 텍스트 이해 차원이다. 텍스트 인식 차원은 독자가 읽기를 시작하는 현실적 차원이다. 독자가 텍스트 기호를 해독하고 내용을 파악하여 인식하는 활동과 관련된다. 독자가 텍스트를 읽어 내용을 파악하는 활동 과정을 포함한다. 한편, 텍스트 이해 차원은 차이생성을 이룬 이해 결과로써의 현실적 차원이다. 독자가 잠재적 차원을 거치면서 새로운 의식 내용을 생성하는 과정을 포함한다. 즉 텍스트 이해 차원은 독자가 의식 내용을 생성하여 현실적 차원에 도달하는 과정이다. 이 두 현실적 차원 사이에서 동일성 반복 또는 차이생성 반복 읽기가 일어난다. 읽기 활동에서 텍스트 인식 차원과 텍스트 이해 차원이 달라지는 것은 잠재적 차원에서 이루어지는 읽기 활동에 달려 있다.

잠재적 차원의 대상 인식 활동은 강도적 차원과 이념적 차원으로 구분된다. 이 두 차원의 인식 활동은 실제에서 혼재할 수 있지만 논리적으로 구분되고 순서화할 수 있다. 주체의 대상 인식 과정은 강도적 차원을 거쳐 이념적 차원으로 진행되고, 주체의 대상 이해의 과정은 이념적 차원에서 강도적 차원으로 진행된다. 주체의 대상 인식은 내용 속성(강도)을 인식하여 그 본질(이념)을 밝혀야 하고, 주체의 대상 이해는 대상의 본질에 대한 의식 내용(이념)을 생성하고, 그 의식 내용을 구체화(강도)해야 한다. 읽기도 마찬가지로, 독자의 텍스트 인식 차원 활동은 강도적 차원 활동 다음에 이념적 차원 활동이 이루어져야 한다. 텍스트 내용 파악이 있어야 텍스트의 본질 인식이 가능하기 때문이다. 독자의 텍스트 이해 차원 활동은 텍스트의 본질에서 독자의 본질적 의식 내용(이념)을 마련하고 이를 구체화하는 의식 내용(강도)의 생성을 이루어야 한다. 이 잠재적 차원의 활동을 토대로 현실적 차원에서의 차이생성 인식이 존재하게 된다.

먼저, 독자의 텍스트 '인식' 활동에서의 잠재적 차원의 활동을 살펴본다. 텍스트 인식에서의 강도적 차원은 텍스트의 구체적(개체화) 내용과 관련된다. 텍스트의 실체적이면서 개별적 내용을 이루는 내적 속성이 강도[18]이다. 텍스트의 강도는 각 텍스트의 내용이 갖는 개별적 속성을 가리킨다. 같은 계열의 텍스트이지만 각 텍스트의 내용은 텍스트마다 다르다. 텍스트 중심의 읽기를 설명하는 텍스트들은 같은 계열에 속하지만 각기 다른 내용을 담고 있다. 이 각기 다른 내용의 속성이 강도이다. 이 강도를 인식하는 활동의 통칭이 강도적 차원이다. 이 강도적 차원에서 독자가 텍스트의 내용을 알아채는 표식이 작용한다. 독자가 텍스트의 표식을 알아채기 위해서는 텍스트만의 내용 특성인 강도를 지각해야 한다. 읽고 있는 텍스트만이 가진 내용 특성을 알아차리는 것을 '미세 지각'이라 한다.[19] 미세 지각은 강도적

18) 강도는 겉으로 감각되는 표면적 물질성이 아니라, 이것을 가능하게 하는 심층적인 물질성이다. 즉, 겉으로 드러난 현상을 '발생시키는 원인'으로서의 물질성이 바로 강도이다(김재춘·배지현, 2016: 70). 들뢰즈의 강도란 외연적 크기에 의존하는 질료와 같은 것이 아니라 그 자체로 자율성을 지닌 내적 차이이다. 자율적인 메커니즘을 지닌 내적 차이로서의 강도, 겉으로 드러난 감각적 현상 내부의 깊숙한 곳에서 유동하는 내적 차이가 바로 들뢰즈의 강도이다(김재춘·배지현, 2016: 73).

19) 들뢰즈는 강도의 특징을 네 가지로 들고 있다(김재춘·배지현, 2016: 73~84). 그 네 가지는 ① 감성적인 것을 발생시키는 차이의 형식인 강도, ② 즉자적으로 존재하는 차이인 강도, ③ 끊임없이 변이하는 존재로서의 강도, ④ 미세 지각으로 감각되는 강도이다. 여기서 ④의 '미세 지각'만을 언급하는 것은 ①, ②, ③의 강도는 대상의 내적 속성과 관련된 특성이고, ④는 대상을 감각하거나 지각하는 것과 관련된 특성이기 때문이다.

차원에서 공통성보다는 차이성을 구별하여 알아차리는 방법이다. 독자가 미세 지각으로 텍스트만의 개별적인 내용을 파악하는 활동이 강도적 차원이다.

이념적 차원은 강도적 차원이 성립하게 하는 근원적 차원이다. 이념적 차원의 이념[20]은 강도로 실현된 내용을 이루는 본질로 관념적 속성을 갖는다. 관념적 속성은 대상에 대한 추상된 의식 내용을 뜻한다. 이 이념은 주체가 대상을 인식하게 하는 근원적 토대이다. 이 이념은 미분화되어 있어 계열 관계에 있는 대상들의 공통 본질로 작용한다. 이 이념에 기초해 대상들이 계열 관계를 이루게 된다. 계열 관계의 텍스트들에 내재하는 이념을 인식하는 활동의 통칭이 이념적 차원이다. 텍스트는 이 이념을 내포함으로써 텍스트로 존재할 수 있게 된다. 들뢰즈의 생각을 빌리면(김재춘·배지현, 2016: 86~92), 텍스트의 내용 본질인 '이념'은 텍스트의 강도적 내용이 존재할 수 있게 하는 내적 요인이다. 이념은 특이점[21]에서 외부적인 상황 요인과 접속하면서

---

20) 들뢰즈의 이념 역시 현실적으로 존재하지 않으면서도 현실 세계를 존재하게 하는 초월론적 원인이다. 그런데 들뢰즈의 이념이 지닌 초월성은 플라톤의 이데아가 지닌 초월성과는 그 성격이 완전히 다르다. 플라톤의 이데아의 세계는 경험 또는 감각이라는 현실 세계의 논리로는 닿을 수 없는 차원이다. 이데아의 세계는 경험의 세계가 아니라 이성을 통해서만 직관할 수 있는 세계라는 점에서 경험적 현실 세계와는 완전히 분리되어 있다. 이런 점에서 플라톤의 이데아가 지닌 초월성은 분리적 초월성이라고 할 수 있다. 이와 달리 들뢰즈의 이념의 세계는 현실 세계로부터 동떨어져 있지 않다. 들뢰즈는 이념의 세계가 현실 세계의 잠재성 차원으로 '존속' 또는 '내속'하고 있다고 말한다. 이념은 현실 세계의 어떤 퍼텐셜이나 잠재성으로서, 현실 속의 잠재적 힘으로 존속한다. 이념이라는 잠재적 차원이 현실 세계에 내속되면서 현실 세계를 가능하게 하는 것이다. 이런 점에서 들뢰즈의 이념이 지닌 초월성은 내재적 초월성이라 할 수 있다(김재춘·배지현, 2016: 88~89).

21) 특이점은 관념적 이념이 구체적 강도로 실현되는 특정 지점이다. 이 특이점에 따라 강도의 실체는 달라진다. 그리고 이념은 미분화의 특성이 있어서 특이점은 무한할 수 있다. 이념이 특이점에서 구체성을 갖는 강도로 실현된 것을 특이성이라 한다. 존재는 이 특이성에서 발생한다. "특이점은 변이 과정에서 비롯되었지만 변이성 그 자체는 아니며 하나의 완결성을 지닌다. 이런 점에서 특이점은 '변이성을 함축하는 완결된 성질'로 이해된

강도적 내용이 생성되게 만든다. 앞에서 살핀 읽기 교육 관련 텍스트들을 생각해 보면, 텍스트 중심 읽기를 설명하는 텍스트들은 그것들대로, 독자 중심 읽기를 설명하는 텍스트들은 그것들 나름의 읽기에대한 이념을 포함하고 있다. 필자의 사상이나 주제 찾기 또는 의미구성하기를 읽기 이념으로 지니고 있다. 이 이념은 각 계열의 텍스트속에 내재한다. 이 읽기 이념은 각 텍스트 필자의 관심(특이점)에 따라다른 내용(강도)로 표현되어 있다.

다음, 독자의 텍스트 '이해' 활동에서의 잠재적 차원의 활동을 살펴보자. 독자의 텍스트 이해는 잠재적 차원에서 현실적 차원으로 되돌아오면서 의식 내용을 생성하는 활동이다. 이 의식 내용 생성 활동은이념적 차원에서 출발하여 강도적 차원을 거쳐 현실적 차원에 도달한다. 이 과정에서 독자는 차이 나는 의식 내용을 생성한다. 이 의식내용의 생성은 독자 이념을 생성하고, 이 이념에 대한 강도의 내용을생성함으로써 이루어진다. 물론 의식 내용 생성의 주요 활동은 강도적 차원에서 일어난다. 여기서도 이념을 구체적인 강도로 실현하는변곡점인 특이점이 작용한다. 이때의 특이점은 독자의 경험 요인과의접속에 의해 결정되고, 강도적 차원의 내용을 생성하게 한다.

독자가 텍스트 이념을 인식하게 되면 관련된 독자 이념을 떠올리게된다. 텍스트 이해 과정의 이념적 차원에서는 텍스트 이념과 관련된독자 이념이 독자의 의식 속에 함께 한다. 독자가 텍스트 이념을 인식하게 되면 관련된 독자 이념을 떠올리게 된다. 텍스트 이념과 관련된독자 이념이 없다면 독자의 의식 속에는 텍스트 이념만 생성될 수도있다. 이념적 차원에서 텍스트 이념과 독자 이념이 의식 속에 병립하

다."(김재춘·배지현, 2016: 96~97)

게 되면, 독자는 텍스트 이념에 자기의 이념을 비추어 본다. 독자가 자기의 의식 내용을 비교하고 점검하는 것이다. 이 활동에서 독자는 자신의 이념을 와해하고 생성하게 된다. 텍스트 이념이 독자 이념에 비하여 타당성과 정당성을 있을 때 와해와 생성이 일어난다. 와해는 기존의 이념을 허무는 것이고, 생성은 새로운 이념을 만드는 것이다. 이 과정을 통하여 독자는 새로운 이념을 가지게 된다.

독자의 차이생성 읽기를 하기 위해서는 생성한 이념을 구체화하는 강도적 차원의 의식 활동이 이루어져야 한다. 강도적 차원의 의식 활동은 독자의 생성된 이념이 실체적 내용의 속성을 갖는 구체적인 의식 내용을 생성하는 작용이다. 이념적 차원의 의식 내용은 관념적 이기에 구체성이 부족하다. 그래서 강도적 차원에서 실체적 의식 내용을 생성해야 한다. 독자가 강도적 차원의 내용을 생성할 때는 계열 관계에 있는 텍스트의 내용이나 자기의 경험 내용을 활용하여 강도적 차원의 내용을 마련할 수 있다. 이 강도적 차원에서 구체적인 내용을 생성할 때, 독자의 텍스트에 대한 실제적 이해가 이루어지게 된다.

## 3) 작용: 와해와 생성

독자의 차이생성 읽기는 현실적 차원에서 강도적 자원을 거쳐 이념적 차원으로 들어가고, 다시 이념적 차원에서 강도적 차원을 거쳐 현실적 차원으로 돌아오는 과정을 거친다. 이 과정에서 독자는 기존의 의식 내용과 차이 나는 의식 내용을 생성할 수 있게 된다. 이 차이생성 읽기는 텍스트들의 계열 관계를 토대로 일어난다. 계열 관계로 텍스트를 배치하고, 특이점에서 특이성 있게 내용을 인식한다. 이 관점에서 독자는 텍스트의 강도와 이념을 인식하고, 독자의 이념과 강도를 생성한다. 이를 통하여 독자의 의식 내용을 새롭게 한다.

　독자의 의식 내용 생성은 잠재적 차원의 활동에서 비롯된다. 이념적 차원에서 텍스트 이념을 인식하면 독자는 자기의 이념을 떠올려 두 이념이 의식 속에 함께 있게 한다. 예를 들어, 노명완·박영목·권경안(1994)의 텍스트를 읽은 독자가 '읽기는 의미 구성 활동'이라는 텍스트 이념을 인식하면, 기존의 정동화·이현복·최현섭(1987)을 읽고 '읽기는 필자의 사상 재생 또는 주제 찾기 활동'이라는 이념도 함께 떠올린다. 이념적 차원에서 이 텍스트 이념과 독자 이념의 만남이 이루어지는 것이다. 물론 독자의 이념이 없어 텍스트의 이념을 독자의 이념을 생성하는 경우도 있을 수 있다. 독자의 의식 속에 텍스트 이념과 독자 이념이 병존하게 되면, 독자는 자신의 이념을 고수할 수도 있고, 새로운 이념을 생성할 수도 있다.

　텍스트 이념과 독자 이념이 만나게 되는 지점을 들뢰즈는 '문제제기적 이념'[22]이라고 명명한다(김재춘·배지현, 2016: 126~127, 131~133). 이 문제제기적 이념이 형성되었을 때, 독자는 텍스트 이념을 인식하거나 독자 이념을 생성할 수 있는 계기를 갖는다. 특히 독자의 이념을 생성할 때 독자의 의식 내용이 와해와 생성을 하게 된다. 이 이념의 생성에서 텍스트에 대한 차이를 생성하는 이해가 일어나기 시작한다. 예로, 노명완·박영목·권경안(1994)을 읽은 독자는 기존의 '필자의 생각과 느낌을 감수·재생하는 것' 또는 '주제를 찾는 것'이라는 읽기 이념을 와해하고, '읽기는 의미를 구성하는 것'이라는 이념을 자신의

---

22) '문제제기적 이념'은 이념이 강도의 표식(기호) 속에 봉인되어 있음을 가리킨다. 그래서 주체가 이념을 인식하기 위해서는 봉인을 해제해야 한다. 즉 의식적 노력이 필요하다. 문제제기적 이념은 대상의 인식할 때의 표식에도 존재하고(김재춘·배지현, 2016: 127), 대상을 이해(학습)할 때의 표식에도 존재한다(김재춘·배지현, 2016: 131~133).

의식 내용으로 새롭게 생성하게 된다. 독자는 이 생성된 이념에 머물러서는 안 되고, 다시 강도적 차원을 거쳐 현실적 차원으로 되돌아와야 한다.

독자가 이념적 차원에서 강도적 차원으로 나갈 때 거치는 변곡점이 특이점이다. 이때의 특이점은 텍스트 내용은 물론 독자의 경험과 관점, 지평 등에 의하여 선택된다. 독자가 이념을 강도로 구체화하는 특이점은 특히 현재 의식 활동에 활성화된 요소의 접속이 이루어지게 된다. 읽고 있는 텍스트의 내용으로 접속할 수도 있고, 독자의 경험이나 의식 요인으로 접속할 수도 있다. 이때 특이점에 접속하는 것은 텍스트 관련 요인과 독자의 요인이다. 이것은 강도적 차원의 내용이 독자의 인식 범위 내에서 이루어짐을 의미한다. 독자의 이념은 이 특이점을 거치면서 독자만의 의식 내용을 생성하고 차이를 만들게 된다.

독자의 의식 활동이 강도적 차원에서 일어날 때도 의식 내용의 와해와 생성이 일어난다. 독자는 새로 생성한 이념에 대한 강도적 내용을 마련해야 한다. 이는 기존의 이념에서 비롯된 강도적 의식 내용을 무너뜨리고, 새로운 내용을 생성하는 일이다. 관념적이고 미분화된 이념이 강도적 차원의 실체적 내용으로 생성될 때, 독자의 의식 내용이 구체화된다. 따라서 독자는 새롭게 생성한 읽기 이념에 대한 실제적이면서 실체적인 의식 내용을 생성해야 한다. 예를 들어, 노명완·박영목·권영안(1994)을 읽은 독자는 '의미 구성'의 방식으로 텍스트를 읽는 방법과 읽기 실행에 대한 이미지를 생성해야 한다. 이를 통해 읽기에 대한 의식 내용을 마련해야 한다. 이로써 의미 구성적 읽기의 성격, 목표, 방법, 지도, 학습, 결과 등에 대한 세부적인 의식 내용을 구체화하게 된다. 이 읽기에 대한 구체화된 의식 내용을 생성하여 읽기를 인식하는 것이 강도적 차원이다. 이 강도적 차원의 인식을 토대로 읽기를 하는 것이 현실적 차원이다.

독자의 차이생성 작용은 잠재적 차원에서 현실적 차원으로 돌아오는 과정에서 이루어진다. 차이생성이 시작되는 곳은 텍스트 이념과 독자 이념이 만나는 곳이다. 독자의 의식 속에 텍스트 이념과 독자 이념이 병립하게 되면, 독자는 새로운 이념을 생성한다. 생성한 이념은 텍스트의 이념과 같은 것이거나 독자만의 다른 이념일 수도 있다. 이 이념은 미분화된 관념적인 것이어서 독자의 실제적인 의식 내용이 되기 위해서는 강도의 내용이 필요하다. 독자는 강도적 차원에서 이념을 실체화하는 새로운 의식 내용을 생성해 내야 한다. 이 과정은 특정한 텍스트 읽기에서만 일어나는 작용이 아니다. 텍스트를 읽을 때마다 반복된다. 요컨대, 독자의 읽기는 이 이념의 생성과 강도의 생성을 거치면서 차이를 생성하게 된다. 차이생성은 독자가 의식 내용을 새롭게 생성하는 것을 의미한다. 주어진 의미를 반복하는 것이 아니라 새로운 의식 내용을 생성함으로써 차이를 반복하는 것이다. 이로써 독자의 의식은 반복하여 변화하게 된다.


## 3. 차이생성 읽기의 방법

동일성 의미의 반복과 차이생성의 반복은 지향이 다르다. 동일성 의미의 반복은 주체의 대상에 관한 인식 내용의 유지를 지향하고, 차이생성의 반복은 변화를 지향한다. 읽기도 독자의 텍스트 인식의 유지를 위한 동일성 반복을 지향할 수도 있고, 의식 내용의 변화를 위한 차이생성을 지향할 수도 있다. 차이생성 읽기는 독자가 텍스트의 계열 관계를 달리하고, 잠재적 과정에서 의식 내용을 새롭게 생성할 때 가능하다. 독자의 차이를 생성하는 텍스트 이해에 대하여 살펴보자.

## 가. 차이생성 과정 따르기

들뢰즈는 차이생성의 과정을 현실적 차원, 잠재적 차원으로 구분한다. 그리고 잠재적 차원을 강도적 차원, 이념적 차원으로 나눈다. 차이생성은 이들 세 차원의 순환적 과정으로 연결되어 있다고 설명한다. 차이생성은 현실적 차원에서 강도적 차원과 이념적 차원으로 들어가고, 다시 이념적 차원에서 강도적 차원을 거쳐 현실적 차원으로 돌아오는 과정에서 일어난다. 대상을 인식하는 주체의 차이생성은 이념적 차원으로 들어가는 과정보다는 현실적 차원으로 돌아오는 과정에서 일어난다.[23] 돌아오는 과정에서 주체의 의식 내용이 와해와 생성을 하게 되기 때문이다.

독자의 텍스트 이해도 차이생성 과정으로 들여다볼 수 있다. 텍스트 읽기도 독자 의식 활동이 현실적 차원과 잠재적 차원의 순환적

---

23) 잠재적 차원에서 이루어지는 차이가 생성되는 과정(김재춘·배지현, 2016: 132)은 아래 그림과 같다. 그림에서 배움의 대상은 텍스트로, 학습자는 독자로 대치하면 읽기에서의 차이생성 과정을 인식할 수 있다.

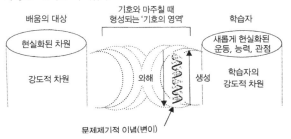

과정으로 연결되어 있다고 볼 수 있기 때문이다. 독자가 현실적 차원에서 읽기를 시작할 때는 텍스트 인식 차원에서 강도적 차원과 이념적 차원으로 들어간다. 그리고 텍스트 이해 차원에서는 이념적 차원에서 강도적 차원을 거쳐 현실적 차원으로 되돌아온다. 이 과정에서 독자의 의식 내용은 와해와 생성의 과정을 거치게 된다. 몇 편의 시로 독자의 차이생성 읽기 과정을 살펴보면 다음과 같다.

(바) 어머니의 고추밭에 나가면/ 연한 손에 매운 물든다 저리 가 있거라/ 나는 비탈진 황토밭 근방에서/ 맴맴 고추잠자리였다/ 어머니 어깨 위에 내리는/ 글썽거리는 햇살이었다/ 아들 넷만 나란히 보기 좋게 키워내셨으니/ 진무른 벌레먹은 구멍 뚫린 고추 보고/ 누가 도현네 올 고추농사 잘 안 되었네요 해도/ 가을에 가봐야 알지요 하시는/ 우리 어머니를 위하여/ 나는 빨리 어른이 되고 싶었다 (고추밭, 안도현)

(사) 한 잎 두 잎 나뭇잎이/ 낮은 곳으로/ 자꾸 내려앉습니다/ 세상에 나누어줄 것이 많다는 듯이/ 나도 그대에게/ 무엇을 좀 나눠주고 싶습니다 / 내가 가진 게 너무 없다 할지라도/ 그대여/ 가을 저녁 한때/ 낙엽이 지거든 물어보십시오/ 사랑은 왜/ 낮은 곳에 있는지를 (가을엽서, 안도현)

(아) 길가에 민들레 한 송이 피어나면/ 꽃잎으로 온 하늘을 다 받치고 살듯이/ 세상에 태어나서/ 오직 한 사람을 사무치게 사랑한다는 것은/ 이 세상 전체를/ 비로소 받아들이는 것입니다// 차고 맑은 밤을 뜬눈으로 지새우며/ 우리가 서로 뜨겁게 사랑한다는 것은/ 그대는 나의 세상을/ 나는 그대의 세상을/ 함께 짊어지고/ 새벽을 향해 걸어가겠다는 것입니다 (사랑한다는 것, 안도현)

글 (바)~(아)는 쉽게 읽히는 시이다. 글 (바)는 시인의 어린 시절 고추밭의 기억을, 글 (사)는 낙엽을 보고 누군가와 나눔에 관한 생각을, (아)는 길가 민들레를 보고 생각한 연인들의 마음 다짐을 표현하고 있다. 이 시들을 개별로 보면 시인의 각기 다른 마음을 표현하고 있다. 그렇지만 이들 시를 한 시인의 것으로 보면 계열 관계에 있음을 알 수 있다. 각 시에서 사람에 대한 온정의 결이 함축되어 있음을 알 수 있다. (바)는 가족에 대한, (사)는 이웃에 대한, (아)는 연인에 대한 온정이 느껴진다. 이들 시는 외적으로 특이성을 띠지만 내적으로는 공통성으로 느낄 수 있는 시인의 마음이 있다. 이들 시를 읽을 때의 차이생성의 과정을 살펴보자.

독자가 시를 읽으며 만나는 것은 현실적 차원의 언어적 표현이다. 현실적 차원에서 보면, 글 (바)는 어릴 때 고추밭에서의 어머니에 대한 회상을, 글 (사)는 낙엽을 보며 나눔에 대해 명상을, 글 (아)는 연인들의 진정한 심정을 인식할 수 있다. 독자가 시를 읽을 때의 현실적 차원에서는 표현된 기호를 통하여 내용을 인식한다. 시어의 해독을 통하여 의식 속에 심상을 형성한다. 시어를 해독하면서 시의 부분적 또는 전체적 내용에 대한 인상을 갖는 활동이 현실적 차원의 읽기이다.

독자는 시에 대한 인상을 갖는 것만으로 시를 이해하지는 못한다. 시의 전체 심상을 떠올리고, 그 심상의 구체적인 내용과 느낌, 분위기와 정서를 파악해야 한다. 글 (바)는 화자의 어머니 이야기를 하고 있다. 어머니가 자식들을 위해 고된 일을 꿋꿋이 해냈고, 화자는 그 어머니에게 감사한 마음을 전달하고 있다. 글 (사)는 낙엽이 낮은 곳으로 떨어지는 것을 보고 땅에 자양분이 되려는 것으로 생각한다. 그래서 화자도 누군가에게 무엇이든 나누어주어야겠다는 마음을 다짐하고 있다. 가진 것이 넉넉하지 않지만 서로 나눌 수 있는 마음이 필요함을 전달하려 한다. 글 (아)는 길가 민들레의 삶을 예로 들어 연인 간의 사랑은 자신만의 세상을 벗어나 서로의 세상을 짊어지고 희망찬 미래를 향한 삶을 시작하는 것이라고 설득하려 한다. 이와 같이 각 시의 서로 구별되는 구체적 내용을 파악해야 한다. 즉 독자는 각 시의 구체적 내용 속성을 인식해야 한다. 각 시의 구체화된 내용 특성을 알아차리는 것이 강도적 차원의 읽기이다.

이 강도적 차원의 내용 인식은 시가 전달하려는 본질을 만날 수 있게 한다. 독자가 시가 전달하는 본질을 만나게 되면 이념적 차원으로 들어가게 된다. 독자는 글 (바)에서 어머니를 회상하는 아들의 어머니에 대한 사랑을, 글 (사)에서는 가진 것이 무엇이든 누군가에 그것을 나누어줌이 사랑임을, 글 (아)에서는 연인들이 서로의 세상을 함께 받아들이고 살아감이 사랑임을 알아챌 수 있다. 이들 시에는 시적 화자의 사랑에 대한 이념이 담겨 있는 것이다. 독자는 시들의 내용을 묶어주는 계열의 속성이 삶에 내재해 있는 사랑임을 알 수 있다. 가족 간, 이웃 간, 연인 간의 사랑, 이 사랑의 이념을 독자는 인식할 수 있다. 글 (바)~(아)를 읽는 독자는 시들에 내재한 이념인 사랑을 인식했을 때 시의 이해에 다가갈 수 있다. 이 이념의 인식 활동이 이념적 차원의 읽기이다.

독자는 이념적 차원에서 다시 현실적 차원으로 되돌아와야 시의 이해를 완결할 수 있다. 되돌아오는 과정은 독자 이념과 강도의 내용을 생성하여 현실적 차원에서 의식 내용을 변화시키는 것이다. 차이생성은 이 이념적 차원에서 현실적 차원으로 되돌아오는 과정에서 일어난다. 근원적인 차이생성은 이념적 차원에서 일어나고, 실체적인 차이생성은 강도적 차원에서 일어난다. 그 결과, 독자는 현실적 차원에서 차이가 생성된 의식 내용을 가질 수 있다. 따라서 차이의 생성은 이념적 차원에서 시작하여 강도적 차원을 거쳐 구체화되고, 현실적 차원에서 완결된다. 이 독자의 의식 내용의 생성 과정에 작용하는 기제는 와해와 생성이다.

현실적 차원으로 되돌아올 때의 이념적 차원은 독자 이념과 관련된다. 독자가 텍스트 이념을 인식하면, 독자 이념을 의식 속으로 떠올리게 된다. 그렇게 되면 독자의 의식 속에는 텍스트 이념과 독자 이념이 함께 하게 된다. 이때 독자는 두 이념을 비교하며 자기의 이념을 성찰하게 된다. 이 성찰에 의하여 독자 이념은 와해와 생성을 하게 된다. 글 (바)~(아)에서 사랑의 이념을 인식한 독자는 가족, 이웃, 연인에 대한 자신의 사랑 이념을 떠올린다. 그리고 두 이념을 비교하면서 자신의 이념을 성찰하게 된다. 이때 독자는 글 (바)~(아)의 사랑의 이념이 자신의 사랑 이념보다 우아하고 숭고함을 인식하게 된다. 그러면서 자기의 사랑 이념의 부족함을 알고, 사랑의 이념에 우아하고 숭고한 삶의 가치를 담아 새로운 것으로 생성한다.

독자가 사랑의 이념을 우아하고 숭고한 가치를 담아 새롭게 생성하면 이를 구체화하는 의식 활동이 필요하다. 이념적 차원에서 독자가 생성한 사랑의 이념은 공허할 수 있다. 새로운 사랑의 이념에 수긍은 가지만 자기 삶과 관련이 없기 때문이다. 그래서 독자는 자기 삶과 관련된 사랑으로 의식 내용을 구체화하는 강도적 차원의 규명이 필요하다. 독자는 자기의 가족, 이웃, 연인을 떠올리며 이들과의 실체적인 사랑에 대한 의식 내용을 생성하게 된다. 즉 독자는 자기만의 구체적인 사랑의 실체를 마음속에 생성하게 된다. 이 과정에서 가족, 이웃, 연인과의 기존의 사랑에 대한 의식 내용을 와해시킨다. 그러고는 생성한 사랑 이념을 바탕으로 가족, 이웃, 연인에 대한 사랑의 실체적 의식 내용을 마련하게 된다. 이때 사랑의 이념을 강도적 실체로 구체화하는 것을 돕는 독자의 가족, 이웃, 연인이 특이점에 접속한다. 이 자기 가족, 이웃, 연인을 활용하여 독자가 구체화한 사랑의 의식 내용은 독자만의 것이다. 이 구체화된 독자만의 사랑에 대한 의식 내용이 강도이다. 독자는 이 강도적 의식 내용을 생성하게 됨으로써 사랑의 의식도 분명하게 할 수 있고, 텍스트 이해를 완결할 수 있게 된다. 이 강도적 차원이 독자의 실제 생활 속에 작용하게 될 때 현실적 차원에 자리 잡게 된다. 이 차이생성 읽기는 현실적 차원과 잠재적 차원이 순환적 과정을 통하여 이루어진다.

## 나. 특이점에서 실체화하기

독자의 차이생성 읽기는 텍스트 관계 요인과 독자의 의식 활동이 유기적으로 결합되어 이루어진다. 독자는 텍스트의 계열적 관계를 현실적 차원에서 전제하고, 잠재적 차원에서 이를 활용하여 의식 내용을 생성한다. 독자의 의식 내용 생성은 텍스트 인식과 관련된 잠재적 차원과 텍스트 이해와 관련된 잠재적 차원을 거치면서 이루어진다. 잠재적 차원은 강도적 차원과 이념적 차원으로 구분되는 데 독자는 이 두 차원을 통과하면서 인식하고, 의식 내용을 생성한다. 독자의 의식 활동이 두 차원을 통과하면서 인식하고 생성하는 데 관여하는 것이 있다. 바로 특이점이다. 특이점은 강도적 차원에서 이념적 차원으로 들어가는 경계와 이념적 차원에서 강도적 차원으로 나오는 경계에 존재한다. 특이점은 잠재적 차원의 이념적 차원과 강도적 차원의 경계에 존재하는 것이다. 이 특이점으로 인하여 텍스트나 독자는 실체나 실상을 가지게 된다. 실체는 텍스트 인식 활동에서의 이념을, 실상은 텍스트 이해 활동에서의 강도를 의미한다. 독자는 이 특이점에서 이념을 인식하기도 하고, 강도로 의식 내용을 구체화하기도 하는 것이다. 이념적 차원과 강도적 차원의 경계에 있는 이 특이점은 하나만 있는 것이 아니다. 이념의 관념적이고 미분화된 속성 때문에 실체화되고 분화되는 지점은 다양하게 존재한다. 이념이 분화되는 특이점은 한정될 수 없고, 강도로 무한히 변화할 수 있다. 이를 지시하는 말이 '다양체'이다. 이념이 구체적인 강도로 드러날 무한성을 다양체라 한다.[24]

텍스트 읽기에서 독자는 두 번의 특이점을 거친다. 텍스트 인식에서의 특이점과 텍스트 이해에서의 특이점이다. 텍스트 인식에서의 특이점은 텍스트의 구체적인 내용인 강도에서 텍스트의 본질적 내용인 이념을 알 수 있게 하는 지점이다. 텍스트 이해에서의 특이점은 본질적 이념에서 구체적인 강도의 내용으로 생성할 수 있게 하는 지점이다. 이 두 특이점은 이념과 강도의 경계 지점에 있다는 측면에서 그 속성이 같지만 독자의 텍스트 인식과 텍스트 이해의 측면에서는 그 속성이 다르다.

텍스트 인식의 측면에서 볼 때, 텍스트 이념은 특이점에서 강도로 구체화된 형태를 띤다. 글 (바)~(아)에서 보면, 텍스트들에 공유된 이념이 내재해 있지만 특이점에 의해 강도의 형태가 다르다. 사랑의 이념이 가족, 이웃, 연인 특이점에서 각기 다른 강도로 구체화된 것이다. 같은 이념을 내포하고 있지만 특이점에서 각기 다른 내용으로 실현된다. 독자는 각기 다르게 실현된 강도적 내용에서 이념을 인식해야 한다. 이를 인식하기 위해서는 특이점을 특정해야 한다. 독자가

---

24) 이념의 속성이 다양체임을 설명하는 내용은 김재춘·배지현(2016: 92~98)을 참조할 수 있다.

텍스트의 특이점을 인식하기 위해서는 강도적 내용 간의 관계, 즉 계열을 인식해야 특이점이 분명하게 드러난다. 가족, 이웃, 연인이 어떤 특성으로 묶어 계열 관계를 이루는지 선택과 배치의 특성을 파악하는 것이 필요하다. 독자는 (바)~(아)를 선택한 요소가 '소망하는 삶' 또는 '함께 하는 삶'을 인식하게 되면 이들을 묶어주는 배치 요소가 '사랑'임을 알 수 있다. 계열을 이루는 텍스트 선택의 요소가 특이점과 관련이 있고, 배치의 요소가 이념과 관련이 있다. 선택이 관련성을 중심으로 이루어지고, 배치는 위치성 또는 영역성을 중심으로 이루어지기 때문이다. 이를 인식한 독자는 강도에서 이념을 파악할 수 있다.

텍스트 이해 측면에서 특이점은 또 다른 속성을 갖는다. 텍스트 이해의 측면에서 볼 때, 독자 이념은 특이점에서 개별성을 갖는 강도를 생성한다. 글 (바)~(아) 읽기에서 독자는 독자 이념의 특이점(소망하는 삶)에서 자신만의 강도 내용을 떠올려 갖게 된다. 독자는 자기의 가족, 이웃, 연인의 요인을 사랑 이념의 특이점에 접속한다. 그렇게 하여 독자의 가족, 이웃, 연인에 대한 경험 또는 기억에서 비롯된 독자만의 강도를 생성한다. 이 생성은 독자가 기존에 일상적으로 인식하고 있던 가족, 이웃, 연인에 대한 의식 내용은 와해시키면서 일어난다. 텍스트 이해에서의 특이점에 접속은 텍스트 내용과 독자의 요인으로 이루어진다. 독자는 텍스트의 가족, 이웃, 연인을 의식하고, 자신의 가족, 이웃, 연인에 대한 경험과 상황을 선택하여 특이점에 접속함으로써 강도의 내용을 결정한다. 독자가 (바)~(아)와 관련지어 독자 요인을 선택하고 배치하게 되면 사랑의 이념에 대한 강도의 내용이 생성된다.

차이생성은 특이점에서 구체화된 의식 내용을 생성하는 데서 완결

된다. 특이점을 선택하여 강도의 내용을 구체화한 독자는 글 (바)~
(아)의 내용과는 다른 의식 내용을 생성한다. 자기 삶과 관련된 구체적
인 사랑에 대한 의식 내용을 생성하여 가지게 된다. 각 시의 표현된
내용과는 다른 자기만의 의식 내용을 생성하게 되는 것이다. 이는
독자의 요인에 의하여 생성된 강도적 의식 내용으로 특정한 형태로
제한되지 않는다. 독자의 가족, 이웃, 연인에 대한 특정한 경험과 기
억, 상황 요인에 따라 생성되는 의식 내용이 달라질 수 있다. 이 활동
에서 독자는 자기만의 사랑 그 자체의 의식 내용을 생성할 수 있게
된다.

## 다. 원리 적용하기

독자가 차이를 반복하는 의식 내용을 생성하기 위해서는 몇 가지
원리를 따라야 한다. 이 원리는 차이생성을 위한 읽기의 기본 활동
조건이다. 차이생성은 독자의 의지적 활동과 적극성이 필요하다. 차
이생성이 우연히 일어나거나 무의식적으로 일어나지 않기 때문이다.
독자는 자신의 읽기를 살펴보고 구성 의미를 점검해야 차이를 생성할
수 있다. 독자가 텍스트를 읽고 차이가 반복되는 의식 내용을 생성하
는 데 필요한 방법적 원리를 정리하며 다음과 같다.
첫째, 계열의 바꿈이다. 차이생성 읽기에는 먼저 텍스트 계열의 요
인이 관여한다. 텍스트의 계열은 텍스트 간의 관계 문제이다. 계열은
의도적으로 또는 무의도적으로 텍스트를 다른 텍스트와 관련짓는 것
이다. 텍스트들을 관련지으면 텍스트는 관계 속에서 그 공통성과 개
별성을 드러낸다. 특히 계열의 관계에 따라 텍스트는 드러내는 표식
이 달라진다. 독자가 텍스트를 어떤 계열에 배치하느냐에 따라 그

표식은 차이를 생성하게 된다. 텍스트는 계열적 배치에 따라 그 이념과 강도가 달리 인식된다. 계열은 독자가 텍스트의 차이 그 자체를 인식하게 하고, 차이 있는 의식 내용을 생성하게 돕는다. 앞에서 예로든 읽기 교육 관련 텍스트이든, 사랑을 노래하는 시든 계열 관계에 따라 독자는 차이를 생성하게 된다. 차이생성 읽기는 텍스트가 어떤 계열 관계를 이루게 하는가가 일차적으로 작용한다. 독자는 텍스트의 계열이 명시적이지 않으면 읽기 의도나 지향하는 바를 분명히 하면 구체화할 수 있다. 독자가 텍스트를 읽는 의도와 지향이 생성할 이념과 관련되기 때문이다.

둘째는 차원의 순환이다. 차이생성 읽기는 현실적 차원과 잠재적 차원이 순환하는 과정을 포함한다. 또한 텍스트 인식과 텍스트 이해가 순환적 관계를 이룬다. 이를 종합하면 텍스트 인식 활동은 현실적 차원, 강도적 차원, 이념적 차원이 순차적으로 이루어지고, 텍스트 이해의 차원은 이념적 차원, 강도적 차원, 현실적 차원이 순차적으로 이루어진다. 이 순환의 과정에서 강도와 이념, 이념과 강도가 와해되고 생성된다. 차이생성을 위한 내적인 순환은 중단 없이 끝까지 진행되어야 한다. 텍스트 인식 활동에서는 현실적 차원에서 강도적 차원 거쳐 이념적 차원으로 들어가고, 텍스트 이해 활동에서는 이념적 차원에서 강도적 차원을 거쳐 현실적 차원으로 나와야 한다. 이 순환의 과정에서 독자는 텍스트 강도와 이념을 인식하고, 독자 이념과 강도를 생성해야 한다. 독자의 읽기가 텍스트 인식 활동만으로 끝나면 맹목적이 되고, 텍스트 인식에 기초하지 않은 텍스트 이해는 공허하다. 차이생성 읽기는 순화의 과정을 따르는 것이 필요하다. 이 과정은 텍스트를 읽을 때마다 늘 새롭게 시작되어야 한다.

셋째는 미세 지각이다. 차이생성은 공통점보다는 개별성 또는 차이성을 인식하는 것이 중요하다. 텍스트 내용의 개별성이나 차이성은 개념적 차이보다는 차이 그 자체를 인식하는 것이 필요하다. 차이 그 자체를 인식하기 위해서는 텍스트 내용의 개별성과 그 개별성을 이루는 요인을 인식해야 한다. 글 (바)~(아)의 경우, 사랑의 이념이 구체적으로 시인의 어떤 경험과 접속하여 개별적인 시의 내용을 이루었는지를 인식하는 것이다. 글 (바)는 고추밭, 글 (사)는 낙엽, 글 (아)는 민들레에 대한 경험이 사랑의 이념과 접속하고 있다. 이들 경험은 다시 어머니, 이웃, 연인과 접속되어 구체적인 시의 내용을 이루고 있다. 글 (바)~(아)는 사랑의 이념 하나를 내포하지만, 접속된 시인의 경험에 따라 각기 다른 심상을 만들어 내고 있다. 미세 지각은 이념의 특이점에서 구체성을 지닌 강도를 인식하는 것이다. 이는 특이점에 접속되는 요인을 파악함으로써 이루어진다. 이 미세 지각은 독자가 강도의 의식 내용을 생성할 때도 유용하게 작용한다. 경험의 세부적인 내용과 실체적 내용을 활용하여 의식 내용을 생성하도록 하기 때문이다. 이 미세 지각으로 독자는 텍스트 내용의 개별성 또는 차이성을 인식하고, 생성하는 의식 내용도 개별성과 차이성을 갖게 한다. 이 미세 지각은 텍스트 내용의 실체를 인식하게 하면서 독자가 생성한 의식 내용이 구체성과 개별성을 갖게 한다.

넷째 의식 내용의 변화이다. 독자의 의식 내용의 변화는 차이생성에서 비롯된다. 동일성을 지향하는 읽기도 변화를 전제한다. 동일성의 변화는 남과 같은 의식 내용을 갖게 되는 변화, 과거로 수렴되는 의식 내용의 변화를 이루는 것이다. 한편, 차이생성을 지향하는 변화는 새로움을 지향하는 변화이다. 텍스트를 새로운 계열 속에서 접근하여 그 내용을 인식하고, 새로운 의식 내용을 생성한다. 같음이나 수렴이 아니라 언제나 다름의 의식 내용을 생성한다. 그 의식 내용의 생성은 기존의 의식 내용을 와해한 후에 이루어진다. 이는 의식 내용 생성이 향상과 발전을 추구하는 변화임을 의미한다. 그리고 이 변화는 반복을 거듭하는 변화이다.

## 4. 차이생성 읽기의 실천

이 논의에서는 읽기를 두 가지로 구분하였다. 하나는 동일성을 반복하는 읽기이고, 다른 하나는 차이생성을 반복하는 읽기이다. 이 논의에서 관심은 차이생성을 반복하는 읽기이다. 동일성을 반복하는 읽기든 차이생성을 반복하는 읽기든 크게 보면 읽기 다양체의 한 부분이다. 다만, 읽기가 차이생성을 반복할 때 독자는 텍스트가 지닌 실체적 의미를 깊이 탐구할 수 있고, 독자의 의식 내용을 생성함으로써 의식의 변화를 이룰 수 있다. 의미의 동일성 반복은 다른 독자를 따라 하거나 자기 생각을 반복하는 것이다. 이는 텍스트 내용의 본질 탐구도 제한되고 독자의 의식 내용 변화도 이루어 낼 수 없다.

차이생성 읽기는 텍스트 중심의 주제 찾기나 독자 중심의 의미 구성 방식과는 다르다. 이 읽기는 텍스트의 관계를 중심으로 새로운 의식 내용을 반복적으로 생성하는 읽기이다. 텍스트들의 계열 관계 속에서 독자가 텍스트의 내용 특성을 인식하여 차이를 생성하는 읽기를 하는 것이다. 이 읽기는 텍스트의 주제 찾기나 의미 구성을 벗어나 독자의 의식 내용을 새롭게 생성하는 것을 지향한다. 독자의 의식 내용을 새롭게 생성하는 읽기는 텍스트와 독자의 현실적 차원에서 일어나지만, 그 원인은 잠재적 차원에서의 활동을 기반으로 한다. 잠재적 차원에서는 독자가 텍스트의 강도와 이념을 인식하고, 독자 이

넘과 강도를 생성하는 의식 활동이 이루어진다.

독자의 잠재적 자원은 텍스트 인식과 텍스트 이해 측면에서 각기 일어난다. 텍스트 인식 측면은 텍스트에 충실한 읽기 활동이고, 텍스트 이해 측면은 독자에게 충실한 읽기 활동이다. 텍스트 인식의 잠재적 차원은 강도적 차원에서 이념적 차원으로 들어가는 활동이고, 텍스트 이해는 이념적 차원에서 강도적 차원으로 나오는 활동이다. 독자는 현실적 차원과 잠재적 차원을 드나드는 활동 과정에서 새로운 의식 내용을 생성한다. 이 새로운 의식 내용의 생성은 독자의 현실적 차원에서 의식의 변화를 이룰 수 있게 한다. 이 의식 내용의 변화는 독자 의식의 향상과 발전을 지향한다.

독자의 차이생성 읽기에 대한 접근은 들뢰즈의 생각을 빌린 것이다. 아직 들뢰즈의 생각을 깊이 들여다본 것도 아니고, 들뢰즈의 생각과 읽기의 연결 관계가 확립되지 못했다. 이 논의는 들뢰즈의 생각을 조금 빌어 읽기의 특성을 살펴본 실험적 고찰이다. 앞으로 들뢰즈와 읽기에 대한 탐구를 깊이 있게 천착하여 이 논의를 보완하는 것이 필요하다.

강기희 역(1994), 『소승불교와 대승불교』, 민족사.

강명희(1989), 「보성론의 여래장 사상 연구」, 동국대학교 석사논문.

강영안(2005), 『타인의 얼굴: 레비나스의 철학』, 문학과지성사.

경규진(1992), 「반응 중심 문학교육의 방법 연구」, 서울대학교 박사논문.

고목(2001), 「화이트헤드의 철학과 유식학」, 『동서정신과학』 4(1), 한국동서
    정신과학회, 51~69쪽.

고승학(2002), 「대승기신론에서의 '여래장' 개념 연구」, 서울대학교 석사논문.

교육부(1998), 『국어과 교육과정』, 대한교과서주식회사.

교육부(2015), 『국어과 교육과정』, 교육부 고시 제2015-74호[별책 5].

권오민 역(1992), 『초기·부파불교의 역사』, 민족사.

권오민 역(1994), 『인도불교철학』, 민족사.

권택영 엮음(2000), 『자크 라캉의 욕망이론』, 문예출판사.

권택영(2003a), 『장자·라캉·태극기』, 문예출판사.

권택영(2003b), 『잉여 쾌락의 시대』, 문예출판사.

김길상 편저(2005), 『불교대사전』, 홍법원.

김도남(2002), 「텍스트 이해 교육의 접근 관점 고찰」, 『국어교육학연구』 15,
    국어교육학회, 127~167쪽.

김도남(2003/2005/2014), 『상호텍스트성과 텍스트 이해 교육』, 박이정.

김도남(2004a), 「복수 텍스트 독서 관점 고찰」, 『국어교육학연구』 19, 국어교육학회, 189~218쪽.

김도남(2004b), 「독자의 의미 표상 방법 연구」, 『한국초등국어교육』 25, 한국초등국어교육학회, 5~36쪽.

김도남(2006a), 「읽기 주체의 관념 구성 교육 방향」, 『국어교육학연구』 25, 국어교육학회, 183~216쪽.

김도남(2006b), 「독자의 연기적 관념 구성 교육 방향 탐색」, 『한국초등국어교육』 32, 한국초등국어교육학회, 57~95쪽.

김도남(2008a), 「독자의 중용적 자아실현을 위한 관념 구성 교육 방향」, 『한국초등국어교육』 36, 한국초등국어교육학회, 41~74쪽.

김도남(2008b), 「읽기 주체 형성의 교육 방법 연구」, 『국어교육학연구』 33, 국어교육학회, 297~331쪽.

김도남(2018a), 「독자 자아와 텍스트 타자」, 『새국어교육』 114, 한국국어교육학회, 95~120쪽.

김도남(2018b), 「텍스트 이해의 전체상과 동일성 비판: 레비나스의 타자 개념을 토대로」, 『한국초등국어교육』 65, 한국초등국어교육학회, 27~53쪽.

김도남(2018c), 「간접전달 읽기 특성 고찰」, 『독서연구』 47, 한국독서학회, 125~154쪽.

김도남(2021), 「늘림 읽기의 방법 고찰」, 『청람어문교육』 80, 청람어문교육학회, 369~394쪽.

김병원(2000), 「A. H. Maslow의 '자아실현욕구' 개념과 禪思想」, 『한국행정학보』 34(2), 한국행정학회, 289~304쪽.

김보현(2002), 「'포의 도둑맞은 편지에 관한 세미나'에서 드러나는 라캉의 언어관」, 『외국문학연구』 10, 한국외국어대학교 외국문화연구소. 123~160쪽.

김봉률(2005), 「고대그리스 계통발생과정에서 본 라캉의 주체 형성 과정」, 『영어영문학연구』 47, 한국중앙영어영문학회, 67~98쪽.

김봉순(1996), 「텍스트 의미구조 표지 연구」, 서울대학교 박사논문.

김봉순(2002), 『국어교육과 텍스트 구조』, 서울대학교 출판부.

김상환 역(2014), 『차이와 반복』, 민음사.

김상환(2002), 「라캉과 데리다: 기표의 힘, 실재의 귀환」, 『라캉의 재탄생』, 창작과비평사.

김석근·이근우(2003), 『자주학과 양명학』, 까치.

김성구 역(2003), 『성유식론 외』, 동국역경원.

김성철 역(2005), 『중론』, 경서원.

김성철(1999), 『불교의 중심 철학』, 경서원.

김성철(2006), 『중관사상』, 민족사.

김용옥(1999), 『노자와 21세기』 1~3, 통나무.

김용옥(2009), 『대학·학기 한글역주』, 통나무.

김원경(1997), 『국어과(교과) 교육학』, 교육연구사.

김재춘·배지현(2016), 『들뢰즈와 교육』, 학이시습.

김종두(2014), 『키에르케고르의 실존사상과 현대인의 자아 이해』, 새물결플러스.

김종민(1999), 「보성론 연구: 여래장과 믿음을 중심으로」, 경희대학교 석사논문.

김철수 역(2001), 『중관철학』, 경서원.

김철수 역(2002), 『유식학 강의』, 불광출판사.

김태완(1994), 「아함경에서의 공사상」, 『철학논총』 10, 새한철학회, 345~380쪽.

김하자(2004), 『키에르케고어와 교육』, 성신여자대학교 출판부.

김학주 역주(2006), 『중용』, 서울대학교 출판부.

김현덕(2010), 『노자, 도덕경을 해설하다』, 청정사.

김형효(1999), 『구조주의 사유 체계와 사상』, 인간사랑.

김형효(2000), 『하이데거와 마음의 철학』, 청계.

김형효(2004), 『사유하는 도덕경』, 소나무.

김형효(2014), 『구조주의 사유 체계와 사상』, 인간사랑.

김혜련(2001), 「금강경에 나타난 공사상 연구」, 원광대학교 석사논문.

나병철(2014), 「가능 세계와 메타픽션: 이청준의 메타픽션을 중심으로」, 『현대학이론연구』 57, 현대문학이론학회, 25~51쪽.

남수영 역(1999), 『공사상 연구』, 시공사.

노명완(1988/1991/1994/1998), 『국어교육론』, 한샘.

노명완·박영목·권경안(1994), 『국어과교육론』, 갑을출판사.

대림스님 역(2006), 『앙굿따라 니까야』, 초기불전연구원.

류종우(2014), 「들뢰즈 철학에서 기호의 폭력에 따른 배움의 발생」, 『철학논집』 37, 서강대학교 철학연구소, 263~292쪽.

묘주 역(2004), 『유식 철학』, 경서원.

무영(2008), 『여래장삼부경 강설』, 운주사.

문성원(2017), 『타자와 욕망』, 현암사.

민순의(1999), 「여래장 사상의 법신 개념과 인간관 연구」, 서울대학교 석사논문.

민승기(2002), 「라캉과 레비나스」, 『라캉의 재탄생』, 창작과비평사.

박삼수 역(2007), 『주역』, 현암사.

박상환 외(2011), 『노자, 문화 콘텐츠를 만나다』, 도서출판 상.

박수자(2001), 『읽기 지도의 이해』, 서울대학교 출판부.

박영욱(2014), 『의미와 무의미의 경계에서』, 김영사.

박종현 역(2003), 『플라톤의 네 대화편 에우티프론/소크라테스의 변론/크리톤/파이돈』, 서광사.

박찬국(2018), 『하이데거의 「존재와 시간」 강독』, 그린비.

박찬부(1999), 「라캉의 기호적 주체론」, 『기호학연구』 6, 한국기호학회, 91~
　　116쪽.

박찬부(2001), 「상징질서, 이데올로기, 그리고 주체의 문제」, 『영어영문학』
　　47(1), 한국영어영문학회, 63~85쪽.

박찬부(2002), 「S1~S2: 타자 담론의 의미화 구조」, 『영어영문학』 48(3), 한국영
　　어영문학회, 743~764쪽.

배의용(1998), 「현상학적 환원과 유식학적 지관에서 언어의 문제」, 『철학』
　　57, 한국철학회, 375~394쪽.

서동욱(2003), 『차이와 타자』, 문학과지성사.

서동욱·이충민 역(2009), 『푸르스트와 기호들』, 민음사.

서제갑(2003), 「유식학에서의 사분설」, 『동서철학연구』 29, 동서철학회, 283
　　~301쪽.

서혁(1996), 「담화구조와 주제구성에 관한 연구」, 서울대학교 박사논문.

성백효 역(2004a), 『논어집주』, 전통문화연구소.

성백효 역(2004b), 『대학·중용집주』, 전통문화연구회.

성백효 역(2005), 『주역전의』, 전통문화연구회.

성윤갑(2005), 『유식삼십송』, 불교시대사.

소광희(2004), 『「존재와 시간」 강의』, 문예출판사.

손정표(1985), 『독서지도방법론』, 학문사.

송찬우 역(2000), 『노자-그 불교적 이해』, 세계사.

신구현(1990), 「현상학적 환원과 그 철학적 의의」, 『현상학이란 무엇인가』,
　　심설당.

신상희 역(2000), 『동일성과 차이』, 민음사.

신원봉 역(2006), 『금강경 강의』, 문예출판사.

신윤경(2020), 「인터넷 텍스트 읽기 교육 내용 연구」, 한국교원대학교 박사논문.

신헌재 외(2003), 『국어과 협동학습 방안』, 박이정.

심민수(2004), 「키에르케고어의 실존적 단독자 사상의 교육적 함의」, 『한국교육학연구』 10(2), 안암교육학회, 3~33쪽.

심우섭(2004), 『중용사사의 철학적 이해』, 성신대학교 출판부.

안성두 역(2011), 『보성론』, 소명출판.

안성두 외 역(1994), 『인도불교사상사』, 민족사.

안재호 역(2002), 『송명성리학』, 예문서원.

양석원(2001), 「욕망의 주체와 윤리적 행위: 라캉과 지젝의 주체이론」, 『안과 밖』 10, 영미문학연구회, 269~294쪽.

양석원(2003), 「응시의 저편: 자크 라캉 이론에서의 주체와 욕망」, 『안과 밖』 15, 영미문학연구회, 55~76쪽.

양창삼(1987), 「자아실현의 철학적 기초」, 『경영학연구』 17, 한국경영학회, 61~84쪽.

양창삼(1988), 「자아실현 의식의 규범성과 사회발전」, 『인간과 경험』 1, 한양대학교 민족학연구소, 47~93쪽.

어도선(2002), 「라캉과 문학비평: 상호텍스트성·해석·전이」, 『라캉의 재탄생』, 창작과비평사.

엄태동(1996), 「키에르케고르 간접전달과 교육적 인식론」, 『교육원리연구』 1(1), 한국교육원리학회, 85~126쪽.

엄태동(1998), 「키에르케고르(S. Kierkegaard) 간접전달의 인식론적 의의: 인식론적 딜레마와 교육적 해결」, 『교육철학』 19, 한국교육철학학회, 117~143쪽.

엄태동(2016), 『하이데거와 교육』, 교육과학사.

오은하(2020), 「다문서 이해 교육 내용 체계화 연구: 탐색, 통합, 비판을 중심으로」, 이화여자대학교 박사논문.

원조각성 역(2002), 『대학강목결의』, 현음사.

윤대선(2013), 『레비나스의 타자 철학』, 문예출판사.

윤원현(2010), 「왕부지의 『대학』의 이해: 주희와의 비교를 중심으로」, 『온지 논총』 24, 온지학회, 303~333쪽.

이기상 역(2000), 『존재와 시간』, 까치.

이기상·구연상(1998), 『「존재와 시간」 용어 해설』, 까치.

이기언(2009), 「폴 리쾨르: 해석학과 자기 이해」, 『불어불문학연구』 97, 한국 불어불문학회, 401~439쪽.

이기영(1999), 『불교개론강의』 상·하권, 한국불교연구원.

이기영(2002), 『승만경 강의』, 한국불교연구원.

이기영(2005), 『열반종요강의』, 한국불교연구원.

이기운(1989), 「공의 실천적 사상 연구」, 『동국사상』 22, 동국대학교 불교대학, 206~221쪽.

이길우 외 역(2014), 『진리와 방법』 1, 문학동네.

이남인(1992), 「발생적 현상학과 지향성 개념의 변화」, 『현상학과 현대철학』 6, 한국현상학회, 261~286쪽.

이남인(2004), 『현상학과 해석학』, 서울대학교 출판부.

이남인(2010), 「현상학적 교육학」, 『교육철학』 47, 한국교육철학학회, 127~158쪽.

이남인(2018), 『현상학과 해석학』, 서울대학교 출판문화원.

이대규(1994), 『수사학』, 한글과컴퓨터.

이대규(1998), 『국어 교육의 이론』, 교육과학사.

이만 역(2004), 『인식과 초월』, 민족사.

이만 역(2005), 『유식사상』, 경서원.

이만(2005), 『유식학 개론』, 민족사.

이미선 역(1999), 『자크 라캉』, 문예출판사.

이삼형 외(2001), 『국어교육학』, 소명출판.

이삼형(1994), 「설명적 텍스트의 내용 구조 분석 방법과 교육적 적용 연구」, 서울대학교 박사논문.

이상섭(2001), 「여래장 사상에 대한 재고찰」, 『한국불교학』 29, 한국불교학회, 159~193쪽.

이석명 역(2007), 『노자도덕경하상공장구』, 소명출판.

이수정 역(2013), 『레비나스와 사랑의 현상학』, 갈라파고스.

이숙희(1997), 「기호계와 상징계, 그리고 대화주의」, 『신라대학교 논문집』 44, 신라대학교, 351~369쪽.

이승렬(1999), 「이데올로기와 무의식」, 『문예미학』 3(1), 문예미학회, 257~266쪽.

이영호(1994), 「공사상과 변증법」, 『인문논총』 24, 한양대학교 인문과학대학, 221~236쪽.

이정우 역(2000/2020), 『의미의 논리』, 한길사.

이좌용(1994), 「가능 세계의 존재론」, 『철학』 41, 한국철학회, 98~121쪽.

이지중(2005), 「훈습의 기능에 대한 교육적 탐색」, 『종교교육학연구』 21, 한국종교교육학회, 257~280쪽.

이찬웅(2011), 「들뢰즈의 기호와 정서」, 『기호학 연구』 29, 한국기호학회, 361~383.

이평래(1992), 「여래장사상 형성의 역사적 고찰」, 『불교학보』 29, 동국대학교 불교문화연구원, 445~470쪽.

이한우 역(2004/2014), 『해석학이란 무엇인가』, 문예출판사.

이홍만(1999), 「중국 화엄종의 여래장연기설에 관한 연구」, 원광대학교 박사논문.

이홍우(2006/2007), 『지식의 구조와 교과』, 교육과학사.

이홍우(2010), 『교육과정 탐구』, 박영사.

이홍우·임병덕 역(2003), 『키에르케고르의 교육이론』, 교육과학사.

임경순(2000), 「자아정체성 형성과 이야기 교육」, 『문학교육학』 5, 한국문학교육학회, 101~122쪽.

임규정(2014), 『두려움과 떨림: 변증법적 서정시』, 지식을만드는지식.

임병덕(1995), 『교육방법으로서의 간접전달』, 교육과학사.

임병덕(1998), 『케이르케고르의 간접전달』, 교육과학사.

임병덕(2003), 『키에르케고르의 간접전달』, 교육과학사.

임영선(2018), 「주관적 지식 형성을 위한 읽기 교육 방법 연구」, 서울교육대학교 석사논문.

임진수(1996), 「라캉의 언어 이론(1)」, 『불어불문학연구』 33, 한국불어불문학회, 1121~1138쪽.

임진수(1999), 「라캉의 언어 이론(4)」, 『한국프랑스학논집』 27, 한국프랑스학회, 307~320쪽.

임채우 역(2008), 『왕필의 노자』, 한길사.

장승구 외(2004), 『중용의 덕과 합리성』, 청계.

장회익(2001), 『삶과 온생명』, 솔출판사.

전전용·전대석(1994), 『반야심경 강의』, 경서원.

정경순(1999), 「승만경의 일승·여래장 사상 연구」, 동국대학교 석사논문.

정동화·이현복·최현섭(1987), 『국어과교육론』, 선일문화사.

정승석 역(2006), 『유식의 구조』, 민족사.

정영은 역(2016), 『키르케고르 실존극장』, 필로소픽.

정용환 역(2001), 『뚜웨이밍의 유학 강의』, 청계.

정혜정(1993), 「불교의 공관이 현대교육에 주는 시사점」, 숙명여자대학교 석사논문.

정호영 역(1991), 『공의 논리』, 민족사.

정호영(1991), 「보성론의 여래장 사상 연구」, 동국대학교 박사논문.

정호영(2004), 『아비달마의 철학』, 민족사.

정호영(2005), 「여래장의 개념과 전개」, 『인문학지』 30, 충북대학교 인문학연구소, 85~114쪽.

정호영(2010), 「알라야식과 여래장의 교섭: 능가경의 경우」, 『인문학지』 40, 충북대학교 인문학연구소, 49~79쪽.

조민환·장원목·김경수 역(2008), 『도덕지귀』, 예문서원.

조영찬(1998), 「원효의 여래장 사상연구」, 동국대학교 석사논문.

종호 역(2001), 『여래장 사상』, 경서원.

주완식 역(2014), 『처음 읽는 레비나스』, 동녘.

진영유(1994), 「화엄관법에 있어서의 공관의 의의」, 『승가대학 논문집』 3, 중앙승가대학교, 95~143쪽.

차봉희(1993), 『독자반응비평』, 고려원.

차인석(1990), 「현상학에 있어서의 지향성과 구성」, 『현상학이란 무엇인가』, 심설당.

차주환 역(2006), 『중용·대학』, 범우사.

최명선(2002), 「반정초주의 지식관과 교육」, 『교육학연구』 40(6), 한국교육학회, 17~39쪽.

최용호(2001), 「소쉬르와 라캉: 실재 개념을 중심으로」, 『불어불문학연구』 47(1), 한국불어불문학회, 607~623쪽.

최용호(2002), 「라캉과 소쉬르: '실재하는 것'에 대한 물음」, 『라캉의 재탄생』, 창작과비평사.

최인숙(2007), 「현상학과 유식학에서 자기의식의 의미」, 『철학과현상학연구』

32, 한국현상학회, 5~34쪽.

최재목·박종연 역(2008), 『진고응이 풀이한 노자』, 영남대학교 출판부.

최진석(2002), 『노자의 목소리로 듣는 도덕경』, 소나무.

최현섭 외(2002/2004), 『국어교육학개론』, 삼지원.

표재명(1992), 『키에르케고어의 단독자 개념』, 서광사.

표재명(1995), 『키에르케고어 연구』, 지성의 샘.

한순미(1999), 『비고츠키와 교육』, 교육과학사.

한양대 사회인지발달연구모임 역(1995), 『비고츠키』, 정민사.

한철우 외(2001), 『과정 중심 독서 지도』, 교학사.

홍용희(2002), 「자아실현을 위한 인간 교육 접근 방안」, 『윤리연구』 49, 한국윤리학회, 1~27쪽.

홍준기(2002a), 「자끄 라캉, 프로이트로의 복귀: 프로이트·라캉의 정신분석학」, 『라캉의 재탄생』, 창작과비평사.

홍준기(2002b), 「후설, 데카르트, 라캉의 주체 개념」, 『철학사상』 14, 서울대학교 철학사상연구소, 109~138쪽.

황갑연 역(1999), 『중용철학』, 서광사.

황갑연 역(2002), 『논어철학』, 서광사.

NIV 한영해설성경 편찬위원회(2004), 『한영해설성경』, 아가페.

Fish, S.(1980), *Is there a text in this class*?, Harvard University press.


http://cafe.daum.net/designyoung/2BQx/68?q=%C7%D1%B1%B9%C0%DC%B5%F0%20%C1%BE%B7%F9 (2017.5.12. 검색).

국가교육과정정보센터(NCIC), http://www.ncic.go.kr.

가공성   443
가능 세계   412, 429, 431, 433, 439~441, 457, 459, 461, 465
가능 세계의 표현   452
가능의 인식 세계   440
가설 관념   169, 184
가설된 인식   162
가장된 무지   246
가짜 독자   348
가짜 읽기 욕망   340
각자성   458, 459
간접전달   230, 231, 234, 244, 250, 258
간접전달 방법   253
간접전달 읽기   233, 248, 267
간접전달 읽기 교육   233, 254, 264, 268
감각 작용   164
감각 활동   279, 280, 295
감각적 기호   410, 412
감산대사(憨山德淸)   277
감응   433, 435
강도적 차원   483~491, 496, 500
강도적 차원의 읽기   494
개념적 차이   480
개별적 동일성   470
객관적 지식   265
객관적 진리   243, 254, 261
객관주의   422, 423
거울 단계   355
걷어내기   209

격물(格物)   54, 55
견분(見分)   160, 162, 168, 174
견분 작용   166
견습생   405
결합 관계   349, 350, 351
계신(戒愼)   95, 97, 104, 114
계열 관계   349~351, 487
계열의 바꿈   499
고립된 주체   347
고요함   21
고정된 의미   391
공가능성   431
공공적 해석   318
공구(恐懼)   114
공덕신(功德身)   201
공사상(空思想)   119, 121, 142, 155, 157, 159
공성   124~127, 134, 164, 167, 169, 195
공속   306, 328, 329
공식적인 공간   411
공여래장(空如來藏)   195, 202
공유 관계   328
공주관   132~134, 155, 156
공주관 구성   156
공주관 구성 읽기 교육   155
공통감   416
관계적 자아   60~62, 67
관념 관장 주체   127, 150
관념 구성 능력   137
관념 내용의 공성   183

관념 연상 작용 423
관념소(觀念素) 165
관념의 공성 148
관념의 이데아 156
관념의 이상화 143, 145~147
관념의 일체성 186
관념의 자성 177
관념의 전체 세계 448
교섭 활동 289
교육적 기대의식 217
구성 활동 283, 284, 294, 296
구성주의 관점 271
구심적 관념 99, 102
구심적 관념 구성 99, 101, 102, 105, 112
구체적인 진리 239
구현 52
구현된 자아 60
국어 능력 70
궁리(窮理) 55
균형성 87
근원적 의식 301
근원적 읽기 욕망 298
근접발달영역 369
기계적 관념 구성 154
기능 중심 읽기 271
기발(旣發) 88, 106
기질(氣質) 100
기질적 자아 92, 93, 111
기투 304, 315, 318
기호의 구조 342
깨치기 210, 211
깨침 가능성 216, 218
깨침 공유 222
깨침 읽기 191, 206~208, 213, 214, 217, 219, 221, 225
깨침의 가능성 208
깨침의 다양성 224
깨침의 단서 223

깨침의 방법 222
깨침의 싹 212
깨침의 씨앗 209
깨침의 인자 211, 218, 223
깨침의 활동 222
내면화 26
내적 정당화 112
내향적 자아 65~67, 75
내향적 탐구 72~74
내향적 활동 72
노에마 296
노에시스 296
논리적 합리화 144
능동적 관념 구성자 158
능숙한 독자 233
다름의 존중 401
다문서 중심 읽기 271
단독자 234, 236~239, 248, 258
닫힌 구조 343
달도(達道) 86, 114
담화공동체 180
대상 인식의 전체성 452
대상의 본질 284, 285
대상적 자아 53~56, 67
대상화 작용 296
대승불교 198, 221
대승불교철학 159
대승의 공사상 152
덕행 95, 104
덜어냄 17, 31
데카르트 260
독단적 근거 제시 144, 145
독단적 이미지 415, 418
독자 발전 능력 137
독자 이념 486, 488, 490, 495
독자 자아 379, 380, 385, 388~393, 397, 399
독자 중심 읽기 교육 136, 149
독자 중심의 읽기 178

독자 현존재   304, 305, 309, 310, 312~314, 316, 322, 324, 332, 334
독자 현존재의 존재 본질   327~329, 331
독자의 공성   121
독자의 깨침 가능성   191
독자의 내적 성장   137, 150, 156, 287
독자의 눈   220
독자의 연기적 특성   122
독자의 의식 변화   229
독자의 존재 본질   332, 333
독자의 지식 정보망   214
독자의 현실 세계   462
동일성   389, 391, 396
동일성 반복 읽기   471
동일성 유지   391
동일성 의미의 반복   478
동화   143
동화적 의미   469, 470, 472, 476, 478
들뢰즈의 기호   407, 408, 424
라캉   340
마음씀   324~326, 332, 333
마음의 단속   96
마주침   421, 426, 427, 429, 433
만하이머   263
말 걸기   388
말나식(末那識)   167
말하려는 것   399
말해진 것   311, 386, 399
말해질 것   311, 313, 316
맹목적인 읽기 주체   154
명덕   73
무기(無記)   167
무명   198
무위(無爲)   17, 43
무위자연   30, 35
무위적 읽기   18
무자성(無自性)   160, 164
무주관   33~45

무지(無知)   17, 43
무지의 때   209, 214, 217
무착(無着)   118
무한성   389, 392
문제적 자아   31
문제제기적 이념   488
문지방   105
미래의 존재 이해   333
미발(未發)   88, 106
미세 지각   484, 500, 501
미행   232, 242, 246~248, 261, 265
미행자   264
반성 관념 구성   103, 104
반영   26, 27
반응중심비평   271
발전된 자아   77
발전적 자기 구성   120
발현   31, 41, 42, 175
발현된 자아   59, 72, 73, 79, 394, 397
배경지식   125, 151, 179, 249, 476
배려   325
배려 관념 구성   104
배움   404, 405, 414, 421, 464
배움의 세계   433
배제   290, 291
번뇌   197, 198
법신(法身)   201
변계소집성(遍計所執性)   161, 162, 167, 170, 171
병립   291
보신(報身)   201
보편 주관   71, 80
보편적 신념   234
보편적 자아   63~68, 70, 71, 80
복수 텍스트   45
본래적 독자 현존재   318, 321, 326
본래적 현존재   309, 315, 316, 321
본성적 자아   92, 93, 111

본질 속성　24
본질적 진리　253, 254
본질주의　424, 425
부분 세계　448, 451
분별 작용　162, 164, 166
불공여래장(不空如來藏)　195, 202
불교철학　118
불성(佛性)　194, 200, 205
불안　333
불확실성　261
비계설정　369
비고츠키　368
비본래적 독자 현존재　318, 321
비본래적 현존재　309, 315, 316
비움　21
빈말　319
사교계의 기호　410, 411
사랑의 기호　410, 411
사유 주체의 선한 의지　415
사유의 이미지　414
사회성　343
사회적 상호작용 중심 읽기 교육　136, 149
사회적 상호작용 중심의 읽기　178
산파술　206, 263
삼매　210
3자적 관계　354, 371
상동적 의미　469, 470, 472, 474
상동적 의미의 반복　475
상분　162, 168, 175
상분(相分)　160
상상계　344, 355, 356, 363
상상계 독자　357
상징계　356, 358, 359, 363
상호텍스트성 중심 읽기　271
새로운 이해　219
생각 줄기　129, 130
생물적 유전　173
생활세계　274

석가모니　193
선종 불교　212
선험적　27
선험적 존재　456
섭수정법(攝受正法)　202
성의　57
성찰　31, 42
세계-내-존재　308, 329, 331, 334
세우기　77, 79
세친(世親)　119, 159
소쉬르　342
소크라테스　26, 41, 206, 230, 240, 244
손충(損沖)　21
솔성(率性)　86, 111, 112
수기(授記)　202
수도(修道)　86, 111, 112
수동적 관념 수용　120
수동적 관념 수용자　158
수신(修身)　60
수용이론　271
수직적 의미 전달 관계　475
스키마　137, 272, 365
스키마 이론　143
승화된 주체적 지식　266
신독(愼獨)　58
실재계　356, 361~363
실재계의 독자　372
실제 관념　163, 184, 186
실존　302, 308, 409
실존성　331
실존적 의식　259
실존적 이해　332
실존적 읽기　304, 305
실천 의지　104
실천적 삶　84
실현된 자아　77
실현적 가치　72
심려　326

심재(心在)　57
쌓아가기　295
아뢰야식(阿賴耶識)　165, 173~175
아브라함　235
아비달마 사상　152
안목　31, 35, 37, 39, 45
알기　77, 208
암묵적 명령　144
애매성　319, 320
양심　318, 323
여래(如來)　192, 193, 196
여래안(如來眼)　194
여래의 지혜　197
여래장(如來藏)　190, 194, 198, 215, 217, 221
여래장 사상　190, 196, 198, 202, 208
여래지(如來智)　194
연기(緣起)　125
연기성　134, 164, 167
연기적 결합　129, 130, 150
연기적 관계　142, 148
연기적 관념 구성　120, 148
연기적 의존성　131
연리지　433
열린 인식 세계　462
염려　325
예수　230, 240, 244
예술의 기호　410, 413, 414
오류　418
온관념　32, 33, 35, 43, 45
온관념의 조화성　44
온삶　18, 19, 23, 27, 29, 33, 35, 40, 43
온전한 인식 세계　463
완결된 것　463
완미(玩味)　92
완색(玩索)　92, 93
완전한 것　463
외재적 존재　382
외향적 실천　72, 74, 75

외향적 자아　65~67, 75
외향적 활동　72
욕망 이론　369
용수(龍樹)　118, 121, 152, 159
우연적 속성　427
우연한 마주침　409
원리학습　138, 139
원성실성(圓成實性)　161~163, 170, 172, 176, 186
원심적 관념　99, 103
원심적 관념 구성　99, 102, 103, 105
유식학(唯識學)　159, 161, 162, 168, 176, 177, 181
유식학적 관점　179
유식학적 읽기 관점　180
유식학적 접근 관점　177
유의미성　331
유학사상　98, 115
은유 관계　352
응신(應身)　201, 204
의미 교섭　178, 180
의미 구성　249
의미 구성적 읽기　271
의식 대상　277
의식 작용　277
의식 주관　166
의식의 빈자리　459
의식의 초월　272
의식의 확립　112
의식의 확장　112
의식적 관계 맺기　271
의식적 관계 맺음　270, 274, 277
의식적 무지　246
의식체계　30
의존적 결합　153
의지적 사고 활동　101
의타기성(依他起性)　161, 162, 169, 170, 172, 179

이념적 차원   483, 485, 487, 489, 491, 495, 496, 500
이념적 차원의 읽기   494
이념적인 차이   414
이숙(異熟)   436
2자적 관계   354, 356, 371
이중반사   26, 231, 234, 242, 245, 253, 261, 264
이중화   266
이차반사   39, 243~245, 247, 257, 258, 261~263, 265
이치   16, 24, 25, 27
이치 실천   112
이치 터득   32, 37
이치의 깨침   16, 94
이타(利他)   89, 95, 96
이해 가능성   208, 216
인격의 형성   90
인식 객관   160, 168, 169
인식 원인   172
인식 종자   168
인식 주관   160, 162, 168, 169
인식 주체   20, 160, 168
인식종자(認識種子)   165, 174, 178, 181
인식종자의 생성   182
인지적 관점   179
인지적 문제   249
인터넷 텍스트 중심 읽기   271
일방적 소통   261
일상성   319
일상적 텍스트 이해   321
일의성   434
일차반사   39, 243, 257, 261, 265
읽기 능력   70
읽기 욕망   339, 341, 342, 355, 361, 363, 371, 372, 374
읽기 주체   30, 32, 127
읽기 주체의 고정성   155

읽기 주체의 공성   129, 135, 142, 150
읽기 주체의 교섭 활동   290
읽기 주체의 절대성   135, 137, 150
읽기 주체의 절대화   138, 141, 146
읽기 주체의 활동 효율성   137
읽기 지향성   275
읽기 행위 주관자   342
읽기 행위 주체   150
읽기관   35
읽기의 공성   123
읽기의 지향성   272, 288
자각적 자아   56, 58, 67
자겸(自謙)   57
자기 계발   301, 321
자기 구성 능력   137
자기 깨침   325
자기 삶의 성찰   294
자기 이해   229, 378, 384, 409
자기 인식   54
자기 존재   112, 335, 336
자기 존재 이해   334, 335
자기 존재의 의미   256
자기규명   90
자기규정   54, 55, 91
자기다움   100
자기반성   241
자기완성   104, 108
자기중심 동일시   357
자기중심적 관념 구성   176
자기중심적 의미 구성   185
자기중심적 이해   358, 363, 370
자기중심적 텍스트 이해   357
자기화   247, 259
자득(自得)   230, 232, 242, 247, 258, 262, 335
자득의 방법   263
자득적 읽기   253
자아   25, 27
자아 갖기   229, 243, 258, 259, 260, 262

자아 발전　91, 93, 95, 101
자아 발전 관념　99
자아 생성　400~402
자아 성찰　42
자아 정립　263
자아 형성　31, 91, 94, 100
자아 형성 관념　99
자아 확인　378
자아실현　78, 83~85, 90, 95~98, 105, 108, 113, 114
자아의 발현　51, 52, 66, 67, 72
자아의 부분 세계　454
자아의 실천 의지　36
자아의 의식 내용　290
자아의 의식 내용 배제　291
자아의 의식 내용 초월　287, 291, 292, 297, 298
자아의 전체 인식 세계　456
자아의 현실 세계　448, 449
자아의 현재 세계　452
자아확립　37, 42, 49~51, 65, 69, 71, 74, 76, 77, 80, 83~85, 90, 91, 94, 95, 111, 112, 384
자아확립의 방법　113
자연적 태도　273, 299
자유변경　296, 297
자의성　343
자의식의 형성　113
잠재 세계　445, 446, 451
잠재된 인식종자　182
잠재적 차원　482~484, 486, 490, 491, 500
재인　417
재현　417
적극적 관념 구성　120
적용학습　138, 139
전략 중심 읽기　271
전성　42
전체 세계　448, 464
전체 인식 세계　450, 451, 455, 459

전체성　389, 390
절대 접근 금지 명령　144
절대적 권위　135
절대적 다름　382
절대적 신념　234
절대적 읽기 주체　129, 147
절대적 진리　236, 243, 245
점검　256
점검 활동　295
정립　256
정립 활동　256
정법　204
정신적 유전　173, 174
정심　57
정연된 자아　60
정해진 의미　390
정향　282
제가(齊家)　60, 61
조절　143
조화(調和)　106
존재　302, 303
존재 가능성　308, 310, 314, 315, 321, 325, 330, 458
존재 가치　341, 348
존재 물음　316, 317, 324, 336
존재 본질　409
존재 본질의 초월　330
존재 이해　337
존재의 공유　306
존재자　302, 304
존재자의 고유성　303
주관자 역할　127
주관적 진리　231, 233, 234, 236, 239~241, 243, 245, 248, 250, 252~254
주관적 진리의 깨침　242, 243
주관주의　423
주제 찾기　271
주체　25, 342

주체의 의식 작용   280
주체의 이데아   156
주체의 지향성   282
주체의 초월 활동   285
주체적 의식   248, 307
주체적 읽기   133
주체적 존재   236
주체적 지식   253~255, 257~260, 262, 264,
   265, 267
주체적 지식의 깨침   259
주체적인 이해   363
주희(朱熹)   277
중관사상(中觀思想)   153
중관학(中觀學)   159
중용   86~90, 98, 108, 171, 184
중용적 관념   105, 106
중용적 관념 구성   85, 98, 99, 107
중용적 삶   84
중용적 이치   108
중용적 읽기   85, 98, 105
중용적 자아확립   101
중용적 주체   115
중주관(中主觀)   106, 107, 115
중주관 구성   106, 107
지각 활동   281, 282
지각장   443, 449, 450, 453, 456, 457
지성(至誠)   89
지칭   419
지칭 차원   419
지평의 융합   393
지평적 지향성   277
지향(志向)   59
지향 활동   284
지향성   45, 269, 270, 273, 275, 278, 285, 286,
   292
지향적 관계   283
지향적 활동   269, 281
직접전달   231, 265

진리 깨침   238
진리의 자득   251
진실한 지혜   177
진정한 관심   146
진정한 나   76
진정한 독자   340, 341, 348, 363, 372
진정한 소통   393
진지한 읽기   37
진짜 읽기 욕망   340
질적 동질화   401
질적인 차이   425
차원의 순환   500
차이 그 자체   435, 480
차이생성   428, 434, 465, 468, 478, 479, 482,
   483, 494, 498, 501
차이생성 읽기   469~471, 487, 490, 496, 499,
   500, 502
차이생성 작용   490
차이생성의 과정   491
차이생성의 반복   480
차이화   480, 481
참된 기독교인   230, 234, 238, 248
참된 독자   230, 248, 257, 267
참된 이치   239
참된 지혜   244
채우기   77, 78
책의 환경적 특성   220
청정한 마음   202
체현(體現)   52, 59, 60, 62
초월   250, 287, 322, 326, 330
초월 활동   279, 285, 287, 289, 290, 294
초월적 가치   286
초월적 의식 내용   286
초월적 주관   285
초월하기   273
초월한 자아   63
초점화   292, 294, 295
초점화된 집중   224

촉발   280

치국(治國)   63, 64

치지(致知)   54, 55

친민(親民)   71, 73

키에르케고르   230, 240

키우기   212

타자 중심 동일시   357

타자 중심적 이해   358

타자의 목소리   397

타자의 얼굴   398

타자의 인식 세계   441

타자의 잠재 세계   448, 449, 452, 462

타자의 표현   456

타자의 호응   400

탐색(探索)   92

터득   30, 31

(텍스트)세계-내-존재   323, 331, 334, 335,
    337

텍스트 구조 분석하기   271

텍스트 이념   486, 488, 490, 495, 497

텍스트 존재자   304, 305, 313, 322

텍스트 존재자의 본질 의미   329

텍스트 존재자의 존재   312, 324

텍스트 중심 읽기 교육   136, 148

텍스트 중심의 읽기   178

텍스트 진리   251, 256, 261, 265, 267

텍스트 타자   377~380, 384~386, 388, 389,
    391~394, 398

텍스트의 공성   124

텍스트의 본질   294

텍스트의 본질 의미   333

텍스트의 본질적 진리   257, 258, 261, 262

텍스트의 존재   309, 313

텍스트의 존재 본질   328

통달   212

통찰   32, 189, 203, 205, 209, 217, 223

통찰력   32

퇴락   317, 319, 320, 326

특이점   485~487, 496, 497, 498

8조목   50, 51, 60, 63, 76, 80

패러독스   267

펼치기   77, 79

평균적 해석   318

평생 독자   36

평천하(平天下)   63, 64

평형화   143

폭력적 속성   427

표현 차원   419

피벽(避僻)   61

하이데거   302

학숙(學熟)   436

항상성   87

해(解)   420

해석공동체   470, 475

해석학   272

행도(行道)   97, 105

행위 주체   127

허정(虛靜)   21, 39

헐어내기   295

현상학   270, 272, 288

현상학적 관점   272, 273

현상학적 세계   274

현상학적 태도   274, 296~299

현실 세계   442, 444, 446, 458, 461, 464

현실적 차원   482, 483, 486, 489~491, 493,
    495, 500

현존재   302~306

혈구(絜矩)   64, 71

협력적 소통   261

형성   26, 42, 52, 53, 263, 264

형성된 자아   73

형식적인 관계   411

호각   436

호기심   320

호인(好仁)   64, 71

호혜적 관계   27

화신(化身)    201
환대    379
환대적 소통    385, 395
환대적 읽기    379
환유 관계    352, 353

활연(豁然)    55
활연관통    215
훈습(薰習)    173, 182, 198, 199
훈습의 속성    182

## [ 지은이 김도남 ]

춘천교육대학교 졸업
한국교원대학교 대학원 졸업
서울교육대학교 교수

〈저서〉
상호텍스트성과 텍스트 이해 교육(2014)
읽기 교육의 프리즘(공저, 2022)
읽기 교육의 프라임(2023)
유목적 읽기 교육론(2023)
생성적 읽기 교육론(2024) 외 다수

〈논문〉
기관 없는 몸체와 텍스트 이해(2024) 외 다수

## 읽기 교육의 파레르곤

© 김도남, 2024

1판 1쇄 인쇄__2024년 08월 15일
1판 1쇄 발행__2024년 08월 25일

지은이__김도남
펴낸이__양정섭

펴낸곳__경진출판
　　　　등록__제2010-000004호
　　　　이메일__mykyungjin@daum.net
　　　　사업장주소__서울특별시 금천구 시흥대로 57길 17(시흥동, 영광빌딩), 203호
　　　　전화__070-7550-7776 팩스__02-806-7282

값 32,000원
ISBN 979-11-93985-33-5 93370